한국법사학
연 구 소
번역총서

002

한양대학교
한국법사학연구소
번역총서
2

시가 슈조, 청대 중국의 법과 재판

지음 시가 슈조
옮김 문준영
김한밝

清代中國の法と裁判

민속원

저자 서문

이 책은 기존에 발표한 논문 4편을 개정, 증보하는 한편 새로운 원고 1편을 덧붙여 책의 본체를 구성하고, 기존에 발표한 글 1편을 부록으로 넣은 논문집이다.

제1장의 논문이 세상에 나온 것은 이미 이십여 년 전의 일이다. 형사적 측면에 한정하여 저술되었고 미진한 점도 많지만, 꽤 주도면밀한 사료적 실증에 근거하고 있으며, 『청국행정법淸國行政法』 등 선배의 저작을 비판적으로 소화해 청대 사법제도를 개설한 것이다. 지금까지 비슷한 주제를 다룬 일본어 저작이 눈에 띄지 않고, 강의에서 참고문헌으로 지정하기에도 적합하다. 다만 원래의 논문이 수록된 논문집이 일찍이 품절되어 입수가 어려워졌기에, 어떤 형태로든 재간행의 기회가 있었으면 하고 염원하고 있었다. 1982년 4월 도쿄대학東京大學 법학부를 정년퇴직할 시기가 가까워졌을 때, 소분샤創文社 사장 구보이 리츠오久保井理津男 씨가 도쿄대학 재직 중의 연구를 정리하여 하나의 책을 간행한 후 퇴직할 것을 간절히 권유하였다. 그것을 받아들인 것이 위 논문과 이후 집필한 동일계통 몇 편의 논문을 합쳐 이 책으로 재간행하는 계기가 되었다.

작업을 진행하면서 기존에 발표한 논문을 개정하여 재간행한다는 것이 가필의 분량이 많고 적음과는 관계없이 얼마나 고된 일인지를 알았다. 특히 제4장의 모태가 되는 논문은 게재된 학술지의 지면 제한 때문에 전반적으로 지나치게 간략한 데다가, 특히 마지막 부분을 대폭 삭감하여 마무리했기 때문에 개정하기에 난삽하였다. 결국 옛 원고는 그대로 두고 새 원고 1편을 새로 써서 결말을 붙이는 방침으로 전환하였다. 새 원고 작성에 정력을 쏟게 된 까닭에 구보이 씨에게 권유받은 목표 시점에서 2년 반 정도 늦어진 지금에서야 작업을 끝낼 수 있었다.

각장을 구성하는 논문은 각각의 시기에, 그 시점에 관심을 가졌던 특정 주제하에 집필한 것이고, 나중에 이것들을 하나의 책으로 정리하려고 의식하지도 않았으며, 스타일도 제각기 다르다. 그러나 이렇게 정리하고 보니 역시 그 가운데 일관된 관점이 있음을 깨닫게 된다. 그것은 청대淸代를 무대로 삼아 전통 중국에서의 사법司法, 즉 재판의 존재양태를 세세하게 밝힘으로써, 이 사회에서 법이라는 것을 어떻게 파악할 것인가라는 문제에 다가가려 한 관점이다. 긴 시간에 걸쳐 그때그때 작업해 온 것이지만 필자 자신도 불가사의하게 생각할 정도로 기본적인 견해가 흔들림 없이 일관되어 있다. 제2장의 논문은 다소 예외이지만, 전체적으로 앞의 논문에서 맹아적으로 착상하고 있던 사항 또는 앞의 논문을 완성하면서 남겨진 문제로서 의식하게 된 사항을 후속 논문에서 본격적으로 전개한다는 맥락이 차례차례 이어지고 있다. 형사刑事에서 출발하여 이윽고 민사民事로 중점이 옮겨가면서 형사 · 민사를 포괄하여 총체적으로 파악하는 방향으로 발전하였다. 그리고 새로운 원고인 제5장의 논문에서는 다년간의 발걸음에 나름의 결말이 지어졌다는 생각이 든다. 이것들을 여기에 한 권의 책으로 정리한 것은 편의상 원고를 모아놓은 것이 아니라 유기적인 의미가 있는 것이다. 다만, 제1장의 논문 제2절에서 할애해야 했던 소송절차상의 제도들을 자세히 서술하는 작업은, 후속 논문들의 주제에서 제외된 채 지금까지 완성되지 못하였다는 점을 깨달았다. 그러나 그것은 별도로 다루면 될 것이고, 그 기본적 성격에 대한 인식이 이론적으로 단단하다면, 그 아래에서 비교적 어렵지 않게 진행될 수 있는 작업이라고 생각한다.

제5장의 논문에서 도달한 것은, 정리情理와 관습은 별개의 것이 아니며, 법률은 정리情理의 작용에 단서를 주는 부분적인 실정물實定物로, 대체로 정

리情理와도 관습과도 융합된 존재였다는 것이다. 이러한 관점은 필자의 전작 『중국 가족법의 원리中國家族法の原理』(創文社, 1967)에서 다뤘던 방법론과 깊게 관련되어 있다. 전작에서는 사람들의 가슴 속에 공통적으로 살아있는 법의식法意識이란 것을 상정하였다. 법의식 자체는 어디에도 기록되어 있지 않기에 실정적으로 포착할 방법이 없는데, 이것을 끊임없이 주의 깊게 살펴보면서 법률, 재판사례, 관행조사기록 등을 종합적으로 평가하고 안배함으로써 가족법이라는 하나의 실체법 분야의 윤곽을 그려낸다는 방법이었다. 여기서 말하는 법의식과 이 책에서 해명에 힘썼던 정리情理는 기이하게도 서로 연관되어 있다. 양자가 어떤 관계에 있는지 자세히 설명할 필요가 있다고 생각하지만, 지금은 그것을 설명할 때가 아니다. 필자로서는 이 지점에서 두 저서가 확실히 서로 결합하게 되었다는 점에 실로 기쁨을 느낀다.

부록의 논문은 원래 의뢰를 받아 수상隨想란에 집필했던 것이다. 사법시험 공부에 열중하는 사람들이 잠시 숨돌릴 때 두뇌 체조로 좋지 않을까 하여 쓴 것이지만, 어딘지 애착을 느끼는 글이고 약간의 논쟁을 유발해냈다는 의미도 있으며, 현대 중국의 형법을 이해하는 데도 도움이 되므로 이번 기회에 이 책에 부록으로 싣게 되었다.

과거 몇 명의 동료 학자와 함께 '청대 판어判語의 연구'라는 이름의 종합연구를 기획하고 1972년, 73년 두 해 동안 문부성의 과학연구비 보조금을 받은 적이 있다. 그것이 이 책 제3장 이하의 논문들을 작성하는 데 헤아릴 수 없는 도움이 되었다. 위 종합연구에서 필자는 '판어에 나타난 민사적 법원法源'을 분담과제로 했는데, 이 책의 제4장 및 제5장은 그 연구성과가 어느 정도 숙성된 결과라고 할 수 있다.

이 책을 완성하는 데 가나자와대학金澤大學 법학부 교수 나카무라 시게오中村茂夫 씨는 소분샤 사장 못지않게 옆에서 강력하게 격려해주셨고, 옛 원고의 여기저기서 발견되는 오류와 의문을 나열하여 개정작업의 참고자료로 보내주셨다. 그 덕분에 느슨해질 수 있는 마음이 얼마나 다 잡혔는지 모른다. 도쿄대학 대학원생(인문과학연구과 동양사전공) 크리스챤 다니엘스 씨는 영문 목차를 작성하는 데 첨삭의 수고를 하여 협력을 아끼지 않았다. 치바대학千葉大學 법경학부法經學部 조수 데라다 히로아키寺田浩明 씨는 전문적 학식과 젊음의 특권인 예리한 시력으로 교정에 많은 도움을 주었을 뿐만 아니라 두세 가지 유익한 시사를 주었다. 셋째 딸 도시코敏子도 교정작업을 도와주었다. 이상 도움을 주신 여러분을 기록하여 깊은 감사의 뜻을 표한다. 물론 이 책의 결점에 대한 모든 책임은 필자 한 사람에게 있다.

마지막으로 사적인 일이지만, 평생의 반려, 1남 4녀의 어머니이자 아내인 에이코瑛子가 존재함으로써 나의 모든 작업이 깊은 곳에서부터 지지받고 있었음을 새삼 떠올린다. 다년간의 노고를 위로하고 아내의 환갑을 기념하는 의미를 담아 이 책의 출판을 그를 위한 선물로 삼고 싶다.

1984년 7월 15일

시가 슈조滋賀秀三

차례

일러두기

1. 이 책을 구성하는 여섯 장 가운데 제1, 2, 3, 4장 및 부록논문은 옛 원고를 개정, 증보한 것이며, 제5장은 새 원고이다. 옛 원고의 원제와 게재지는 다음과 같다.

   제1장: 「청조시대의 형사재판—그 행정적 성격. 약간의 연혁적 고찰을 포함하여清朝時代の刑事裁判—その行政的性絡。若干の沿革的考察を含めて」, 법제사학회法制史學會 편, 『형벌과 국가권력刑罰と國家權力』, 소분샤創文社, 1960, pp.227-304.

   제2장: 「청조의 판례에 보이는 종족의 사형私刑—특히 사적인 사형死刑에 대한 국가의 태도에 대해清朝の判例に現れた宗族の私刑—特に私的な死刑に對する國家の態度について」, 『국가학회잡지國家學會雜誌』 83권 3 · 4 합병호, 1970, pp.1-49.

   제3장: 「청대 사법에 있어 판결의 성격—판결의 확정이라는 관념의 부재清代の司法における判決の性格—判決の確定という觀念の不存在」, 『법학협회잡지法學協會雜誌』 91-8, 1974, pp.47- 96; 92-1, 1975, pp.1-64.

   제4장: 「청대 소송제도에서 민사적 법원法源의 개괄적 검토清代訴訟制度における民事的法源の概括的檢討」, 『동양사연구東洋史研究』 40- 1, 1981, pp.74-102.

   부록: 「당률에 있어서 공범唐律における共犯」, 『쥬리스트 별책 법학교실 제1기ジュリスト別冊法學教室 第1期』 8, 1963, pp.78-83.

2. 개정에서 삭제된 사항은 극히 적다. 제4장에서 예시 사료 중 하나가 다른 해석도 성립한다는 것을 깨달아 다른 것으로 교체한 것이 실질적으로는 거의 유일하다(p.326 주46). 본문에 가필한 것도 많지는 않다. 제1장에서 장수長隨와 그 일종인 치당值堂(pp.29, 74), 제3장에서 매우 단문인 비批의 예(p.190), 제4장에서 현대 학자의 논저(p.315), 부록논문에서 위력행사에 관한 내용(p.455)을 첨서하였다. 그 외에는 기존에 다룬 사료와 비슷한 다른 사료를 보충하거나 원문뿐이었던 인용사료에 번역문을 첨가한 부분이 있는 정도이다.

   용어로 '필요적 복심覆審'(옛 원고에서는 '상신上申'), '재정裁定'(옛 원고에서는 '재판裁判')이라는 말을 새로 사용했다. 그러나 옛 원고의 용어 전부를 바꾼 것은 아니다.

3. 증보는 각주에서 많이 이루어졌다. 특히 그 점을 명시할 필요가 있을 때 증보한 부분의 앞머리에 [후기]라고 표기하였다. 물론 [후기]로 구분하지 않고 개정 증보한 부분도 적지 않다. 각주의 번호는 모두 예전 그대로 두고, 새롭게 삽입한 각주는 숫자 아래에 a, b를 붙였다.
4. 조판 진행 중에 새롭게 발견한 사료 또는 잊고 있다가 깨달은 사항을 본문 중 적절한 위치에 편입시키는 것이 불가능했으므로, 각장의 말미에 '보유補遺'로 적었다.
5. 이 책 전체에 걸쳐 대청율례의 판본으로는 원칙적으로 『대청율례증수통찬집성大清律例增修統算集成』(광서光緒25년 간행)을 이용하고, 조례는 같은 책의 배열순서에 따라 번호를 붙여 표시하였다.
6. 인용사료의 출처 표시에서〔 〕표시는, 대청율례의 율조의 명칭, 형안刑案 · 판어判語 · 관잠官箴 등의 표제명 등을 나타내기 위해 사용했다. 한적 선장본漢籍線裝本의 면수는 아라비아 숫자와 앞뒷면을 나타내는 a, b의 조합으로 표시했다. 이것은 같은 책의 다른 판본에서는 통용되지 않으므로 보조적 의미만 있지만, 다른 판본이 없을 것으로 추측되는 서적의 경우 면수만으로 출처를 표시한 곳도 있다.
7. 각주에서는 문헌 표시에 다음과 같은 생략 표기를 사용했다.

   『대청율례』　大清律例增修統纂集成(광서25년 간행)

   『광서회전』　欽定大清會典(광서)

   『회전사례』　欽定大清會典事例(광서)

   『육부처분칙례』　欽定六部處分則例(광서21년 간행)
8. 정밀하고 소략한 차는 있지만, 권말에 지금까지 읽은 한에서 판독判讀 문헌의 목록을 실었다. 제4, 제5장에서 어떤 것이 "없다"든가 "적다"는 식으로 논했는데, 어느 정도의 자료에 근거하여 말한 것인지 분모를 나타낼 필요가 있다고 느꼈기 때문이다. 따라서 이 목록은 서지적으로 완전하거나 망라적인 것을 의도하는 것은 아니다.

   그 밖의 사료문헌과 연구문헌의 경우 각주를 통해 알 수 있으므로, 별도로 목록으로 제시할 필요는 없다고 생각한다.

역자 일러두기

1. 원서에서는 수록된 각 논문을 '제1 논문', '제2 논문'과 같이 지칭하고 있으나, 역서에는 편의상 제1장, 제2장, 제3장으로 하였다.
2. 주註에서 일러두기 7에 열거된 사료를 인용하며 '상란上欄'이라 한 것은, 해당 사료 간본에서 법문의 위쪽 칸에 기재된 사항을 가리킨다.
3. 원서의 미주를 각주로 바꾸었다. 한편, 원서는 각기 다른 곳에 수록한 논문을 재록한 형태이기 때문에 각주 번호를 붙이는 방식이 통일되어 있지 않다. 역서에서는 원서와의 대조 시 편의를 고려하여 원서의 미주 번호를 그대로 따라 각주 번호를 매겼다.
4. 독자의 이해를 돕기 위해 필요한 경우 '[역주]'라 표기하고 역자들의 역주를 넣었다. 한편, 사료 원문의 인용에서 '※'로 표시된 것은 저자에 의한 것이다.
5. 저자 시가 슈조가 일본어로 풀이하여 제시한 사료는 사료원문보다 저자의 해석을 살려 번역하였다. 저자가 풀이하지 않고 인용한 사료는 역자가 해석한 것이나, 본고 내에서 저자의 사료 번역과 역자의 사료 번역을 따로 구분해 제시하지는 않았다. 한편, 사료의 번역문 중 몇몇 단어나 구절의 괄호 안에 뜻풀이해 놓은 것에는 저자가 한 것 외에 역자가 덧붙인 것도 있다.
6. 율문 등의 소주小註는 [ ]로 표시하였다.
7. 원서에는 일반적인 목차 외에 본문의 각 단락의 개요를 기재한 세부 목차 및 일본어를 모르는 독자를 위한 영문 목차가 있고, 저자의 일러두기 9에서 그 취지를 언급하였다. 그러나 본 역서에서는 영문목차와 일러두기 9를 모두 생략하였다.
8. 중국 인명의 표기는 청대 이전의 인물은 한자의 우리말 독음에 따라 적고, 근대 이후의 학자는 중국어 발음에 따랐다.

9. 각주의 문헌 표시에 다음과 같은 생략 표기를 사용했다.

『강희회전』	欽定大淸會典(강희)
『옹정회전』	欽定大淸會典(옹정)
『가경회전』	欽定大淸會典(가경)

그 외 빈출하는 문헌은 원서명을 표시하지 않고 한글로 적었다.

『예안전집例案全集』, 『예안속증전집例案續增全集』

『형안회람刑案匯覽』, 『형안회람속편刑案匯覽續編』

『강소성례江蘇省例』

『청국행정법』	臨時臺灣舊慣調查會, 『臨時臺灣舊慣調查會第一部報告 淸國行政法』, 臨時臺灣舊慣調查會, 1905-1913.
『민상사습관조사보고록』	司法行政部 編, 『民商事習慣調查報告錄』, 司法行政部, 1930.

한양대학교
한국법사학연구소번역총서

01

청대의 형사재판

그 행정적 성격, 약간의 연혁적 고찰을 포함하여

머리말

이 글은 1958년 가을 '형벌과 국가권력刑罰と國家權力'을 공통과제로 교토대학京都大學에서 열린 법제사학회 연구대회에서 발표한 것을 보완하여 논문으로 만든 것이다. 위의 공통과제위원회로부터 필자에게 맡겨진 것은 '중국의 형사재판절차와 국가권력中國における刑事裁判手續と國家權力'이라는 과제이다. 그러나 중국의 형사재판제도 자체에 대한 지식이 아직 충분히 제공되고 있지 않은 학계의 현 상황에서 국가권력의 성격과의 관련성이라는 특정한 논점에만 고찰을 집약하는 것은, 곤란할뿐더러 적절하지도 않을 것이다. 무엇보다 먼저 형사재판의 역사적 사실 그 자체에 대한 선입견 없는 해명과 서술을 시도하여, 그것이 자연스레 국가권력 문제의 일각과 이어지는 결과가 된다면 필자의 소임을 달성했다고 생각하고 싶다.[1]

한마디로 중국이라 하더라도 그 역사는 길다. 형사재판과 같은 하나의 실정적인 법제도를 충분한 구체성을 가지고 논하기 위해서는 싫든 좋든 특정 시기—편의상 예를 들면 하나의 왕조—에 한정하여 서술을 진행하지 않을 수 없다. 한편, 하나의 시기에 관해 명확하게 논해진 것이, 특히 그것이 기본적인 사항일수록 다른 시기에도 공통되는 것은 중국사에서 자주 경험하는 일이다. 그런 의미에서 서술을 특정 시기에 한정하기 위해 '이론적'인 근거를 붙이는 것은 쉽지 않은 일이다. 중국의 정체성停滯性이란 것은 단어의 쓰임에 따라서는 물론 올바르지 않기는 하나, 중국의 긴 역사가 기본적으로 하나의 움직이지 않는 틀 속에서 영위되고 있었다는 사실 자체는 부정할 수

---

1 당연하지만, 이 글은 국가 법정에서의 재판만을 대상으로 한다. 민간단체가 담당하는 사법적 기능의 문제에 관해서는 같은 연구대회에서 니이다 노보루(仁井田陞) 씨가 발표한 바 있다. 그의 저술 「中國舊社會の構造と刑罰權－國家的非國家的とは何か」, 法制史學會 엮음, 『刑罰と國家權力』, 創文社, 1960(『中國法制史硏究(刑法)』, 東京大學出版會, 1959에도 수록)을 참조.

없다. 다만 그러한 틀도 시간적으로 무한하게 지속된 것은 아니다. 19세기 후반 이후의, 한마디로 말하면 중국근대화의 고뇌와 성과는 완전히 새로운 의미를 지닌 역사 현상이다. 하지만 그것을 잠시 제쳐놓고 위로 거슬러 올라가 생각해보면, 진秦 · 한漢 및 진 · 한으로 연결되는 체제를 이미 개별적으로 구축하고 있던 전국戰國 7국 시대까지가 상한선이다. 그 이상 올라가면 아직 틀이 잡히지 않은, 동적인 발전으로 가득 찬 역사가 전개된다. 이러한 춘추春秋 이전의 역사는, 고정된 틀로부터 사고를 해방하여 풍부한 상상력을 발휘해야 하는 것이며, 그 상상력의 원천으로서 다른 여러 문명 발생기의 역사로부터 많은 것을 배움으로써 비로소 해명할 수 있는 역사인 것이다.

따라서 만약 중국사의 시대구분을 한다면, 필자는 가장 크게 보아 두 가지 분기점을 두어 전체를 세 시대로 나누고 싶다. 첫 번째 분기점은 춘추와 전국의 경계에서 찾을 수 있다. 물론, 시대는 한 시점을 경계로 급격하게 변하는 것이 아니다. 이미 춘추 중기, 공자가 생존한 무렵부터 신시대의 태동을 볼 수 있는 반면, 구시대의 완전한 청산, 신시대의 완전한 안정은 한무제漢武帝 때까지 기다려야 한다. 공자부터 한무제까지는 두 시대가 서로 겹치면서 점진적으로 이행하는 시기로 보아야 한다. 두 번째 분기점은 일단 청조의 멸망에서 찾을 수 있다. 이 점과 관련해서도 마찬가지로, 적어도 아편전쟁 이후 신시대의 태동을 확인할 수 있는 한편, 구시대의 완전한 청산은 지금도 객관적으로 파악하기는 어렵다고 해둘 수밖에 없다.[2] 이렇게 구분했을 때, 두 번째 시대가 틀에 박힌 시기라는 것은 결코 그 시대에 발전이 없

---

2 이러한 시대구분은 중국사 자체에 대한 선입견 없는 관찰에서 비롯된 것으로, 기타의 사회사 발전과정과의 비교에 직접적으로 기초하고 있지는 않으며, 더욱이 모종의 공식론(公式論)과는 아무 관계가 없다. 그러므로 만약 세 시대에 이름을 붙인다면, 가능한 한 중립적인 용어를 골라, 상대(上代) · 중대(中代)(또는 황제지배체제 시기) · 근대라 명명하고 싶다. 필자의 서술 가운데 어딘가에서 혹시 중국 고대라는 용어를 사용했다면, 그것은 모두 여기에서 말하는 '상대'의 의미이다.

었다는 의미가 아니다. 기본적으로는 틀을 유지하면서도 세상은 역시 시간의 흐름과 함께 그 나름대로 변천한다. 이와 같은 움직이지 않는 틀 속에 있으면서도 또한 계속해서 움직이는 발전의 양상을 추적하는 것은 중국사 특유의 큰 흥밋거리이다. 그러한 의미에서의 발전의 선을 따라 두 번째 시대를 다시 몇 개의 작은 시기로 나누는 것은 충분히 가능할뿐더러 반드시 필요하기도 하다. 다만, 얼마나 작게 구분해야 할 것인가에 대해 선학의 주장을 경청하면서도, 자신 나름의 완성된 입장을 아직은 갖지 못한 상태이다.

지금 여기서 이 이상 시대구분을 논할 겨를이 없으나, 전술한 시대관이 필자의 머릿속을 지배하고 있음은 숨길 수 없는 사실이다.[3] 이 글에서 특히 청대를 다루는 것도, 한정된 지면으로 두 번째 시대 전체에 관하여 논하는 것이 불가능하기에 다분히 편의적인 의미에서 시기를 한정한 것으로, 특별히 청대가 하나의 완결된 시대를 형성하고 있다는 인식에 근거한 것은 아니다. 따라서 필요하다면 그때그때 다른 시기에 관해서도 약간 언급하기도 하였다.

앞서 말한 두 번째 시대 중국의 재판에서 민사와 형사는 분화되어 있지 않았다. 청대도 예외가 아니다. 민사 · 형사라는 구분법뿐만 아니라, 그 외의 어떤 방식으로든, 별도로 구분되는 몇 가지 소송절차를 제도적으로 병치시키는 현상이 중국에는 존재하지 않았다. 모든 재판은 경중의 차는 있더라도 형벌로 이어질 가능성을 내포하고 있었다. 그런 의미에서 중국의 재판은 모두 형사재판이었다고 말하는 것도—그것만으로 사리를 남김없이 설명하고 있지는 않지만— 일단 틀린 말은 아니다.[4]

---

3 학생을 대상으로 한 강의에서는 1957년 이래 이에 대해 설명하고 있다.

4 『周禮』〔秋官大司寇〕 정현(鄭玄)의 주석에서 "'송(訟)'은 '재화'로 서로 고하는 것을 말한다(訟謂以財貨相告者)", "'옥(獄)'은 '죄명'으로 서로 고하는 것을 말한다(獄謂相告以罪名者)"라고 한 것이 중국에도 민사(訟)와 형사(獄)의 구별이 있었음을 가리키는 사료로 자주 인용된다. 하지만 송(訟)이든 옥(獄)이든 제도로서의 소송 '절차'가 아니라 개개의

그러나 그것은 민사적인 사안을 국가의 법정에 가져오는 일이 없었다는 의미가 아니다. '호혼전토戶婚田土' 또는 '호혼전토전채戶婚田土錢債'의 안건이라는 용어는, 상속 · 혼인(특히 혼약의 불이행) · 부동산 · 소비대차 등을 둘러싼, 우리가 보통 민사라고 의식하는 사안을 예시적으로 총칭하는 말로서, 청대의 법원法源이나 일반문헌 가운데 자주 등장한다. 다만 주의할 점은 이러한 사안들이 하나의 카테고리로 구분되어 호칭되는 것은, 그것이 '민사'이다—즉, 사권私權의 보호를 주제로 하는 사안이다—라는 관점에서가 아니라, 오히려 대체로 경미한 형벌밖에 초래하지 않는 중요도가 낮은 사안이라는 관점에서 비롯되었다는 것이다. "각 성省 이사청理事廳의 관원은 기인旗人이 인명 · 강도의 중대 사안을 범하면 법에 따라 주현관州縣官과 회동하여 심리하지만, 전토 · 호혼 · 부채와 같은 일체의 경미사안細事은 관할 주현에 제소하여 심리한다凡各省理事廳員, 除旗人犯命盜重案, 仍照例會同州縣審理外, 其一切田土戶婚債負細事, 赴本州縣呈控審理"[5]는 등의 표현에서 가장 명료하

'사안'을 가리키는 문자이다. 양자 사이에 정현이 말하는 의미의 차이가 있다 하더라도, 그것은 아래에 서술하는 '호혼전토의 작은 일(戶婚田土細事)'과 '인명, 강도의 중대안건(命盜重案)'이라는 청대의 호칭 구분에 정확히 상응한다. 따라서, "옥과 송의 한 쌍은 대개 송은 작고 옥은 큰 것이니, 원래는 승패를 가르는 것과 죄의 유무를 가르는 것의 구분이 없었다(凡獄訟對文者, 皆訟小而獄大, 本無爭敗爭罪之別)"(孫詒讓, 『周禮正義』 권66)라는 견해도 충분히 성립되는 것이다. 아무튼 옥송(獄訟)이란 문자에서 두 종류의 절차가 존재했다고 논할 수는 없다. 고(告)(타인의 죄를 고소하다)와 소(訴)(자신의 억울함을 호소하다)라는 두 문자의 구별도, 그 내용에 따라 대략 분류한 것으로서 다분히 화자의 주관에 따른 구분이며, 형식적으로 다른 두 종류의 고소를 표현하는 것은 아니다. 자세하게는, 滋賀秀三 譯註, 〔名例〕(律令研究會 엮음, 『譯註日本律令 五—唐律疎議譯註篇一』, 東京堂出版, 1979, p.49 주1)를 보기 바란다. 더욱이 청대에는 고(告)와 소(訴) 어느 한쪽에 편중된 어감을 수반하지 않는 '공(控)' 자가 고소를 표현하는 말로 가장 보편적으로 사용되었다. 오다 요로즈(織田萬)의 『청국행정법』은 민사와 형사가 상이한 기관의 관할에 속해있었다는 견지에서 일관되게 이를 강조하고, 높게 평가했으나 그의 서술은 곳곳에서 사료에 부합하지 않는다(이하 이 책 p.34, p.60 주130, p.29 주28 참조). 중국 제도의 맥락 속에서 민사와 형사의 관계를 어떻게 볼 것인가에 대해서는 필자 자신의 견해에 발전이 있었다. 여기서는 모두 다루지 못하기에, 이 책 제4장 서두의 요약을 보기 바란다.

5 『대청율례』 권30〔軍民約會詞訟〕조례4.

게 나타나듯이, 호혼전토는 인명(살인 · 치사 등 사람의 생명에 대한 침해를 내용으로 하는 사범을 총칭하여 인명人命(간략히 '명命')이라 한다) · 강도* 등의 '중대사안重案'에 대비되는 '경미사안細事'으로 파악되고 있었다. 민사관계가 갖는 고유한 의미나 법칙에 대한 성찰에서가 아니라, 단지 형사성刑事性, 즉 문제성이 희박하다는 소극적인 면에서만 다뤄지고 있었다. 따라서 제도면에서도 이와 같은 경미사안 때문에 관민 모두가 번거로워지는 것을 가급적 회피하려 하는 간이화簡易化의 고려가 나타날 뿐,[6] 특별히 그것을 처리하기 위해 원리적으로 다른 별종의 수단이 마련되지는 않았다.[6a]

사실, 호혼전토의 안건도 경미하게나마 형사성을 수반하고 있다. 주지하다시피, 고대 이래 중국의 성문법은 형벌법규를 중심으로 발달했다. 반도의적 · 반사회적이라고 생각되는 일체의 행위에 대해 형벌을 규정하고 그 양형의 기준을 상세하게 단계화하여 설정함으로써, 어떤 행위의 반도의성 · 반사회성 정도를 공적으로 각인하여 표시하는 것이 중국법의 기본적인 구조였다. 따라서, 혼약의 불이행, 토지 경계의 침범, 채무변제의 지체 등에 관해서도 각각 형벌이 규정되어 있었다. 물론 이러한 사항에서는 형벌이 논해지는 것에 병행하여, 혼약의 이행이나 손해배상, 토지경계의 확정, 채무의 지급 등 민사적 관계 자체의 처리에 관해 재판관이 지시를 내렸다. 그러나 그것은 인명이나 강도 등 명확히 형사라 할 만한 사안에서 형벌에 부수하여 매장은埋葬銀(장례비 명목의 위자료. 범인이 사형에는 해당되지 않는 경우 지급

---

* [역주] 일반적으로 명도중안(命盜重案)의 도(盜)는 강도를 말하는 경우가 많다.

6 복심(覆審)을 요구하지 않고(p.37 주50 참조), 상소(上訴)도 잘 수리하지 않으며(p.61, p.57 주119), 농번기에는 심리를 행하지 않는(『대청율례』 권30〔告狀不受理〕조례1〕등.

6a 호혼전토의 안건이 경미사안으로 인식되었다는 것은, 그것이 간단히 해결되는 사안이었다는 의미는 절대 아니다. 오히려 그 반대로, 호혼전토는 왕왕 사실관계가 뒤엉켜 있는 성가신 사안으로 의식되었다(p.64 (1)을 참조). "소송문서가 한 척이나 쌓였다(案牘盈尺)"(p.173)라 할 정도로 난해한 사건이 되는 것도, 많은 경우는 이른바 호혼전토의 안건—그것이 원인이 되어 살상사건을 일으키는 경우를 포함하여—이었다고 생각해도 틀리지 않을 것이다.

이 명령된다)의 지급이나 장물의 반환이 지시되는 것과 실질적으로 다르지 않다. 이렇게 생각하면, 사안이 형사적인가 민사적인가 하는 것은 정도의 차이밖에 없다. 한편으로는 반역이나 사염私鹽(식염의 밀조 · 밀매)과 같이 민사적 관계를 포함하지 않는 순수하게 형사적인 사안이 있었고, 다른 한편으로는 형벌 법규에 저촉하는 요소를 포함하지 않고 민사적 관계의 처리만으로 마무리되는 사안도 있었다.[7] 그리고 이 양극단의 중간에 농도를 달리하며 형사면과 민사면을 함께 가지는 사안이 있었던 것이다. 더구나 각 사안의 형사적 측면과 민사적 측면은 분리되지 않고 아주 자연스럽게 하나의 절차로 처리되었다. 사안에 따라 형사와 민사 중 어느 한 면만 가지고 있는 것이 있더라도, 그것을 처리하는 절차에서 보면 언제나 양면을 합쳐 처리할 수 있는 태세에 있었다. 재판절차란 것은 이와 같이 포괄적인 형태로만 생각되고 있던 것이다.

결국 형사사건이든 민사사건이든 정도의 차밖에 없었다. 이를 전제하면서 굳이 대략적인 선으로 양자를 나눈다면, 그 선은 귀결되는 형벌의 정도에 착목하여 도형徒刑과 가호枷號 사이에 그어질 것이다.[8] 태장笞杖(현실에서는 '죽판竹板'으로 집행)이나 가호는 구성요건에 대응하는 법률효과로서 법에 규정되어 있는 한 적어도 형식적으로는 명백한 형벌이다. 그러나 다른 면에서 이것들은 법의 적용으로서가 아니라 단지 공무수행상 필요한 강제수단이기도 했기에, 명문의 법규를 기다리지 않고 관헌에 의해 상당히 자유롭게 사용되기도 하였다. 조세 체납자, 법정에 불량한 행위를 한 자, 관이 부과한 임무를 게을리 한 자 등, 요컨대 관의 사무에 지장을 주는 자에게, 가호枷號나 죽판竹板을 가하는 것은 관할 내에 대한 지배권('감림監臨의 지위')의 당연

---

7 『대청율례』 권30〔越訴〕조례17에 "전채(錢債)의 작은 사건이나 토지를 둘러싼 분쟁 같은 경우, 모두 각 안건에 근거할 죄명이 없기에 …(至錢債細事, 爭控地畝, 並無罪名可擬各案 …)"라 했듯, 입법자도 그러한 사안이 존재하는 것을 당연한 일로 상정하고 있다.

8 형벌의 종목에 대해서는 p.38 주53.

한 일부로서 포괄적으로 지방관에게 맡겨져 있었다.[9] 또한, 그것들이 형식상 형벌로 규정되어 있는 경우에도 실질적인 기능에서는 다분히 강제집행의 한 양태(간접강제)로서의 의미가 있었다고 생각되는 경우도 적지 않다.[10] 어쨌든 가호나 죽판은 일률적으로 형벌이라고만 단언할 수 없는 면을 포함하고 있었다. 이에 반해 도형徒刑 이상은 순수한 형벌이며, 이를 부과하기 위해서는, 후술하겠지만 각별하고 신중한 상신上申과 복심覆審의 절차를 거칠 필요가 있었다. 이러한 견지에서 보면, 도형 이상의 형에 해당되는 사안을, 일단 실질적 의미에서의 형사사건, 또는 형사성이 강한 사안으로 보고, 그 이외의 사안을 민사성 경미범죄 사건으로 하여 양자의 구별을 고려해 보는 것도 불가능하지는 않다.

'형사재판'을 과제로 하는 이 글은 자연스럽게 위와 같은 의미의 형사성

---

9 『대청율례』 권37〔決罰不如法〕 율문에서는 '감림책타인(監臨責打人)', 즉 담당관이 공사(公事)로 인해 사람을 구타하는 것을 '관사결죄인(官司決罪人)', 즉 관사가 죄인을 처벌하는 것과 완전히 동등한 것으로 보아, 어느 경우든 법에 정해진 형구(刑具)로 법에 정해진 신체부위에 시행해야 한다고 규정한다. 즉, 구타 자체는 재판의 결과로서 태장을 집행하는 것과 마찬가지로 완전히 합법적이었다. 또한, 같은 조문의 총주(總註)에 따르면, 전술한 공사(公事)란 세량의 독촉과 징수, 공사의 국문, 물품제조의 지휘, 건설공사의 감독, 군마의 조련, 무예의 연습, 병력의 지휘, 성과 못의 수리(催徵錢糧 · 鞫問公事 · 提調造作 · 監督工程 · 操鍊軍馬 · 演習武藝 · 督軍征進 · 修理城池) 및 기타 일체의 공무를 말한다. 같은 조문 상란(上欄)에 있는 사성장(謝成章)의 사례는 법정에서 너무나 터무니없는 말을 하는 관계인을 '판(板)'으로 때린 후 돌려보낸 실례이다. 『회전사례』 권723, 乾隆元年議准, "전량을 징수함에 있어 본디 응당 '소죽판(小板)'과 '가벼운 가호(輕枷)'를 사용하여 가볍게 징계를 보이고, 완납 여부와 무관하게 즉시 석방해야 한다(至徵比錢糧, 本應用小板輕枷, 薄以示懲, 不限完糧, 卽行釋放)"; 『대청율례』 권36〔囚應禁而不禁〕 조례7, "가호하는 죄인은 조례에 정식조목이 있거나, 세량 징수를 독촉함에 작은 가호를 사용하여 아침에 구속했다가 밤에는 풀어주는 경우 외에(凡枷號人犯, 除例有正條, 及崔徵稅糧, 用小枷枷號, 朝枷夜放外)" 등의 이야기를 보더라도 징세의 강제수단으로 판(板)과 가호가 사용되었음을 알 수 있다.

10 예를 들면 회혼(悔婚)(혼약의 이행을 거부하고 그것의 파기를 꾀하는 언행)에 대한 벌조(『대청율례』 권10〔男女婚姻〕), 차용금의 변제지체에 대한 벌조(『대청율례』 권14〔違禁取利〕) 등은 그러한 의미였다고 생각된다. 지주(地主)가 소를 제기함에 따라 관헌이 소작료 납부를 독촉할 때의 강제수단도 정규적인 것으로는 역시 장(杖)과 가(枷)였다(『강소성례』, 同治七年臬政〔比佃不准…〕).

이 강한 사안을 주로 염두에 두고 있으며, 사안의 민사적 측면의 처리에 관한 문제는 후일로 미루고 오직 사안의 형사적 측면만을 고찰할 것이다. '형사'라는 한정은 그 정도의 의미만을 가지는 것이다.

그런데, 역사적 사실의 선입견 없는 서술을 당면의 과제로 하면서도, 제반 사실—그것은 하나하나 우리의 눈에는 기이하게 보이지만—이 결코 제각기 고립적이지 않고 하나의 기본적인 성격으로 결합하고 있다는 데 절로 생각이 미친다. 그러한 기본적 성격으로서 떠오르는 것이 '재판의 행정적 성격' 또는 '행정의 일환으로의 사법'이라고 칭할만한 성격이다. 그 구체적인 의미에 대해서는 본문에서 차차 서술하기로 하고 여기서는 췌언을 피하겠다. 어쨌든 제반 사실의 서술은 저절로 이 점에서 한데 모여 결말을 찾게 된다. 특히 제2절은 지면의 사정으로 절차를 처음부터 끝까지 설명하지 않고 그 성격을 두드러지게 보여주는 두세 가지 점에만 초점을 맞추게 되었다.

한편, 위와 같은 관점에서 이하에서 서술하는 사항과 관련하여 서양 근세 초기의 절대왕정과 일본의 에도시대 등에서도 어느 정도 유사현상을 발견할 수 있을 것이다. 그러나 그러한 성격을 가장 순수하게, 또한 그 밖의 체제는 있을 수 없는 것처럼 완전히 자연스럽게 극히 장기간에 걸쳐 지속해 온 점, 나아가 그러한 성격에 기초하는 한에서 발달의 극치에 다다랐다고도 말할 수 있다는 점에 중국의 특색이 있다고 생각된다. 일반적으로 중국의 역사는 여러 가지 점에서 인류가 보편적으로 내장하고 있는 가능성 가운데 어떤 면을 극도로 전개한 형태를 보여준다. 그런 의미에서 인간이라는 것을 이해하기 위해 확실히 연구할 가치가 있는 역사이다.

제1절 재판기구[11]

1. 각급 재판기관

주지하다시피 중국에는 전국戰國시대, 진한秦漢시대 이래 관료제가 발달하였다. 청조에서도 천하의 통치는 관료—직접적이든 간접적이든 궁극적으로는 모두 황제에게서 권한을 부여받고 황제에 의해 자유롭게 임면되는 관료—에 의해 이루어지고 있었다. 재판 또한 통치의 중요한 일환으로서 관료의 손으로 행해졌다. 지방 말단부터 최종적으로는 황제 본인에 이르기까지 관료제적 통치기구의 대략을 아는 것은, 곧 어떤 재판기관이 존재했는지를 아는 길이기도 하다.[12]

주州 · 현縣 · 청廳

관료기구의 말단으로 직접 인민과 접하는 관서는 주와 현, 그리고 조금 특수한 것으로 청이 있다. 어느 것이나 성벽으로 둘러싸인 지방 주요 도시에 소재하며 주변 일대를 지배하는 것이 통상적인 모습이다.[13] 주와 현 사이

---

11 현행 소송법학에서는 소송조직 또는 소송주체로서 법원(法院)과 당사자를 함께 논하는 것이 보통이지만, 이 절에서는 재판기구만을 다룬다. 당사자에 관해서는 제2절에서 약간 언급할 것이다. 또한, 서술하는 범위를 지역적으로 내지(內地) 18성(省)—그 가운데서도 묘족(苗族) 등 소수민족의 주거구역을 제외한 부분—에 한하고, 원칙적으로 일반민을 대상으로 하는 재판만을 논하며 관원 · 기인(旗人) 등을 대상으로 하는 재판은 다루지 않음을 미리 말해두고자 한다.

12 이하에 기술하는 민정관(民政官)의 위계와 거의 나란하게 무영(武營)과 교직(教職)의 위계가 있었다. 무영은 도적 체포의 임무가 있고, 교직은 생원(生員)(이름은 학생이지만 실질은 하급 과거 시험에 합격한 지방 신사(紳士))에 대한 징계 권한이 있다는 점에서, 사법 제도와도 관련성이 있기는 하나 여기에서는 서술을 생략한다.

13 경우에 따라서는 하나의 도시에 둘 이상의 현이 설치되는 경우도 있다. 북경에 대흥(大興)과 완평(宛平)의 2개 현이 설치된 것을 비롯하여 그러한 예는 전국에서 열 곳을 넘는다. 강소성의 소주(蘇州) 같은 곳에는 오(吳) · 장주(長洲) · 원화(元和)의 3개 현이 설치되어 있었다(『광서회전』 권13-16의 소주(小註)에 기재된 각 부의 치처(治處)를 통해 알

에는 주가 더 격이 높다는 차이가 있을 뿐 직무내용에 차이는 없다. 청이란 부府의 좌이관佐貳官인 동지同知 · 통판通判(이에 대해서는 후술한다)이 주재하여 일정 지역의 인민을 직접 통치하는 형태의 것을 말한다.[14] 다수는 새로 개척된 변경 지역에 설치되었다. 직무내용은 주 · 현과 같으나 주현보다 격이 높다고 여겨졌다.

주현의 관원으로는 장관에 해당하는 지주知州 · 지현知縣 1명—주현의 공인公印을 사용할 권한을 갖고 있기에 통칭 '정인관正印官', 줄여서 '인관印官'이라 한다—이 있었다. 그 외에도 좌이관(주에는 주동州同 · 주판州判, 현에는 현승縣丞 · 주부主簿) 1, 2명(전혀 없는 주현도 있다), 수령관首領官(주에 이목吏目, 현에 전사典史) 1명, 잡직雜職(주요한 직으로는 순검巡檢이 있으며, 극히 드물게 창대사倉大使 · 세과대사稅課大使 · 삽관牐官 · 역승驛丞 등이 있다) 1, 2명(전혀 없는 주현도 많다)이 배치되었다.[15] 좌이관은 징세徵稅 · 포도捕盜 · 수리水利 등 특정

수 있다). 이 경우 현성(縣城)의 시가지나 그 주변의 농촌지대도 각각 이분, 삼분되어 통치되었다. 이는 현이 천하적 관료기구의 순수한 말단에 해당하여 자치체적 요소를 갖지 않았음을 잘 보여준다.

14 『광서회전』 권4에서 주 · 현의 지주 · 지현 등과 나란히 청의 동지 · 통판을 들고 있다. 이것이 부의 좌이관인 동지 · 통판과 다르지 않음은 『회전사례』 권152〔浙江省〕, "도광3년, 영파부의 해방동지(海防同知)를 옮겨 석포에 주둔케 하고, 석포청을 두었다(道光三年, 移寧波府海防同知, 駐石浦, 爲石浦廳)"는 등의 예로 봤을 때 의심할 여지 없다. 『광서회전』 권4〔府分其治於廳〕의 주석에도 "대개 무민동지 · 통판, 이사동지 · 통판으로 지방을 전관하는 자를 청이라 한다. 지방을 전관하지 않는 동지나 통판은 부의 좌이관에 해당하며 청의 반열에는 들지 않는다(凡撫民同知 · 通判, 理事同知 · 通判, 有專管地方者爲廳, 其無專管地方之同知通判, 是爲府佐貳, 不列於廳焉)"고 쓰고 있다.

15 일본의 율령(律令)시대에는 제반 관청이 4등관(四等官)으로 구성되어 있었고, 그것은 당나라의 제도를 다소 간소화하여 성립한 것이었다. 마치 그에 대응하는 것처럼 명청시대에는 각 관청을 정관(正官) · 수령관(首領官) · 속관(屬官)(또는 소속아문)으로 구성하는 제도가 행해지고 있었다(『강희회전』 권3-5, 『옹정회전』 권3-5에 가장 명료히 적혀있다). 정관은 관청으로서 의사결정을 하는 인원이다. 원칙적으로 복수이며 제1석 · 제2석 · 제3석으로 부를 만한 서열로 나뉜다. 속관은 사무를 분담하는 인원으로 원칙적으로 다수가 있다. 수령관은 부외(部外)에서 안건을 접수하여 이를 속관에 분배하고 속관의 입안(立案)을 정관에게 전하고 정관의 재결을 거친 문서를 부외에 발행하는 등, 말하자면 관서 내부에서 문안의 움직임을 일일이 체크함으로써 사무의 진행 전반을 살피는 것을 임무로

사무를 분담하며 인관과 동일한 도시, 즉 주성州城·현성縣城에 위치하는 경우와, 관내의 다른 요지에 주재하는, 말하자면 출장소로서의 역할을 하는 경우가 있었다. 전자를 '동성同城', 후자를 '분방分防'이라 한다. 수령관은 동성하여 인관을 보좌하는 직책으로, 특히 순검과 함께 포도捕盜를 임무로 하며 사옥司獄(옥을 관리하는 관)을 겸한다. 순검은 항상 분방하고 포도를 담임한다. 다만, 좌이관 이하가 포도 등의 특정 사무를 담임하는 것은, 그 건에 관하여 인관을 보좌하는 것이지 인관과 권한을 나눈다는 의미는 아니다.[16] 인관은 관내의 제반 정무에 대해 백성 가까이서 책임과 권한을 가졌기에, '친민관親民官', '부모관父母官'이라 칭해졌다. 재판권은 이들 인관에 전속하였으며, 기실 재판이야말로 인관의 가장 주요한 직무였다고 해도 과언이 아니다.[17]

주현에서 관官으로 칭해지는 것은 위에 적은 것들뿐이며, 좌이관 이하는 동성하는 경우에도 인관과 별도로 사무소를 갖추고 있었다.[18] 따라서 인관

하는 의미의 관직으로 생각된다. 1명 또는 극소수가 배치되었다.
지방관청도 원리적으로 상술한 제도에 입각하여 구성된다. 그러나 거기서는 각 관의 기능에 상당한 변질이 발생했다. 즉, 지방관청에서는 정관 가운데 제1석에 권한이 집중된다. 그것이 곧 인관(印官)으로, 제2석 이하는 좌이관으로 구별된다. 속관은 지방에는 일절 배치되지 않고 약간의 소속아문(본문에 기술한 잡직이 이에 해당한다)이 설치되었을 뿐이다. 그에 따라 수령관도—적어도 주현에서는— 본래의 의미를 잃고 좌이·잡직과 동류로 간주되기에 이른다.

16 따라서, 예를 들어 도적이 일정 기한까지 체포되지 않았을 때 주현의 인관(印官)과 포관(捕官)(이목(吏目)·전사(典史)·순검(巡檢))은 똑같이 징계를 받았다(『육부처분칙례』 권41〔外省盜案〕). 이목·전사와 순검 사이에는 지역의 분담이 있었으나, 인관은 전 지역에 걸쳐 책임이 있었다.

17 여러 관잠서(官箴書)에서 재판사무에 관한 교훈이 큰 비중을 차지하고 있는 것에서 쉽게 상상할 수 있다.

18 지방관의 관아가 노후·파손된 때는 예산상 급하지 않은 항목을 일시 유용하여 관아를 수리하고, 관원의 양렴은(養廉銀)(직무수당이나 기밀비라 할 만한 것)에서 매해 분할상환하는 규정이 있다. 이 경우 유용할 수 있는 최고액이 주현의 인관에 대해서는 1,000량(兩), 수령·좌잡(左雜)에 대해서는 200량으로 각각 별도로 정해져 있었다. 이를 보면 인관과 좌이관이 각각 별도의 관아를 갖고 있었음을 알 수 있다(『회전사례』 권264, 乾隆三十年論). 지방관의 거주공간과 관아는 합쳐서 하나의 구조를 이루고 있었으므로 자연스

의 관아에 근무하며 서무 제반을 처리하는 것은 모두 서리胥吏와 아역衙役이었다.[19] 서리는 붓을 쥐는 사무원, 아역은 육체적인 업무(범인의 체포, 소송 관계인이나 조세체납자의 소환 · 연행, 죄인의 간수 등 권력을 실제로 행사하는 일은 모두 그들의 역무에 포함된다)에 종사하는 자이다. 양자의 지위는 다분히 공통되는 성격이 있기에, 둘을 합쳐 '서역胥役', '서역書役', '이역吏役', '서차書差' 등으로 불렀다. 이들은 단기간에 임지를 옮기는 타향 출신의 관원과는 대조적으로, 말하자면 관청 한 곳에 둥지를 틀고 사는 존재였다. 서역의 인사는 사실상 관헌의 권한 바깥에 있어 그 지위는 주식株式처럼 매매되기도 하고,[20] 신참이 고참 동료에게 입회금을 납부함으로써 획득되기도 했다.[21] 관으로부터 매우 소액이나마 '공식工食', 즉 수당을 지급받는 서역의 정원이 하나의 주현당 100명이 넘는 경우는 적었을 것이다.[22] 그럼에도 불구하고

럽게 각 관의 관아는 별도로 두는 이치이다. 서리도 각 관에 따로따로 배속되었다(『회전사례』 권148).

19 서리 및 후술할 막우에 관해서는 宮崎市定, 「清代の胥吏と幕友: 特に雍正朝を中心として」, 『東洋史研究』 16-4(宮崎市定, 『アジア史論考』 하, 朝日新聞社, 1976에도 수록. 이하 쪽수는 후자에 의함) 및 T'ung-tsu Ch'ü, *Local Government in China under the Ch'ing*, Harvard University Press, 1962 등을 참조. 전자는 중앙과 지방의 상급관청까지 포함하여 고찰하고 있다. 후자는 주현아문에 초점을 맞춘 저술로서 장관 · 좌이잡직의 관(그 중요성이 적은 것) · 서리 · 아역(衙役) · 장수(長隨)(가정(家丁)) · 막우 등 주현아문을 구성하는 각 요원, 그리고 향신(鄕紳)과 주현아문의 관계까지 다루면서, 주현아문의 일상적인 기능을 상세하게 설명하고 있다. 원논문을 집필할 때는 이 책이 나오기 전이라 참고하지 못하였다.

20 宮崎市定, 『アジア史論考』 하, p.325; Ch'ü, *op. cit.*, p.52. 매매계약서의 실물도 전해지고 있다. 山根幸夫, 「(資料紹介)胥吏缺讓渡文書」, 『明代史研究』 2, 1975 및 『東洋文化研究所所藏 · 中國土地文書目錄 · 解說』 상, 東京大學東洋學文獻センター, 1983, pp.90-94의 사진을 참조.

21 후술할 도대(道臺)의 아역(衙役)에 관련된 것인데, 건보(健步)라는 역(役)이 사망함에 따라 결원에 보충된 자가 정수은(頂首銀) 25량(兩)을 내어, 5량은 사망한 전임자의 매장비에 사용하고 20량은 "여럿이 공용하였다(衆人公用)"는 청대 초기의 사례가 있다(李之芳, 『棘聽草』 권1 〔分守道一件爲昧天大蠹事〕).

22 예를 들면, 동치6년(1867), 안휘성에 와양현(渦陽縣)이 신설될 때, 해당현에 인정된 공식(工食)의 정원은 지현과 전사(典史) 두 아문을 합쳐 합계 86명이었다. 더욱이 각종의 아역만 언급하여 서리에 관한 언급은 보이지 않는다(『회전사례』 권264). 미야자키 이치사다

현실에서는 수백에서 수천에 이르는 인원이 모여 있었다.[23] 그도 그럴 것이, 일이 있을 때마다 관계된 인민에게서 징수하는 수수료가 그들의 주된 수입원이었기 때문이다.[24] 인민이 관헌과 관계되게 되면, 반드시 서역이 개입하여 모종의 이득을 취했다. 소송사건도 그들에게 중요한 수입의 기회로서 왕왕 인민을 악랄하게 착취하는 폐해를 낳았다.[25] 서역은 관원으로부터는 항상 불신 · 경계의 시선을 받았고, 인민으로부터는 '관의 앞잡이'로서 미움받았지만, 그들 없이는 관아가 제 기능을 할 수 없었다.

서역을 신뢰할 수 없었던 인관이 의지할 수 있었던 자는 임지에 대동하는

(宮崎市定)가 서리는 무급이었다고 주장한 것은 일반적으로는 타당하다고 생각된다. 그러나 사천성 노주(瀘州)의 주판(州判)을 구성(九姓)에 주재시키도록 정한 기사에서는 독포방전리(督捕房典吏) 1명, 서식(書識) 1명, 염차방전리(鹽茶房典吏) 1명, 염서(鹽書) 1명 등 명백히 서리를 공식의 정원에 넣고 있다(『회전사례』 권264, 道光十五年又覆准). 공식을 아역의 급료로 정의하여 서리와는 관련이 없다고까지는 할 수 없다. 한편, 후술하겠지만, 아역 중에도 정원 외의 무급자인 이른바 백역(白役)이 무수히 있었다. 급료가 수입원으로 큰 의미가 없었다는 점에서는 서리와 아역 모두 비슷했다고 이해해도 무방할 것이다.

23 宮崎市定, 『アジア史論考』 하, p.352 주1. 서리만으로 3-4백 명에서 2-3천명이 있었다. 『육부처분칙례』 권16〔嚴禁白役〕가경11년(1806)의 상유(上諭)에 따르면, 직예(直隸) 정정현(正定縣)은 "이역이 많게는 900여 명에 이르고(吏役多至九百餘名)", 절강성 인화(仁和) · 전당(錢塘) 등의 현은 "백역으로 있는 이가 천오륙백 명을 밑돌지 않는다(正身白役不下一千五六百名)"고 한다. 이것은 아역만의 수치일 것이다. 다음 주석을 참조하라.

24 따라서, 선정이 이루어져 관의 일이 줄어들면, 그들은 수입원을 잃고 사방으로 흩어졌다. 도광연간 사천성 파현(巴縣)의 지현이 된 유형(劉衡)에 따르면, 그는 소송에서 먼저 원고를 꼼꼼히 신문하여 허구의 소를 엄격히 배척하는 것에 힘썼다. 그로 인해 소송사건이 격감한 결과 "무엇보다 스스로 위안이 되는 것은, 파현의 아역이 7천인데 내가 부임한 지 1년 후 각종의 역 가운데 먹을 것을 얻을 곳이 없어져 흩어져 돌아간 자가 6천 7, 8백 명이며, 남은 자는 극히 적어 백여 명뿐"이 되었다고 한다(『蜀僚問答』 권2). 여기에서 아역은 좁은 의미가 아니라, 서리를 포함하는 의미일지도 모른다.

25 이는 그들이 뇌물을 받고 판결에 영향을 주는 것과 같은 악행을 저질렀다는 의미만이 아니다. 오히려 그 전 단계에서 서역의 욕심을 충족시킬 수 있는 금액을 선뜻 내놓지 않는 당사자를 얼마든지 '괴롭힐' 수 있었다. 무뢰한이 자산가에게 트집을 잡아 소송을 제기하면, 서역은 관에 빌붙어 신속히 소송을 수리시키고, 소환 영장을 손에 넣으면 몰려들어서 피고에게 금품을 짜낸다는, 이른바 송곤(訟棍)과 아두(衙蠹)의 결탁 현상은 도처에서 나타나는 악폐였다.

넓은 의미의 일족—동족, 친척, 친구의 자제, 가복家僕 등—이었다. 특히 장수長隨, 가정家丁, 가인家人 등의 이름으로 불리는 공무 담당의 가복家僕이 정형화된 직능으로 성립하였으며, 이러한 무리가 직분에 따라 나뉘어 요소에 자리잡고 인관의 심복으로 기능하였다.[25a] 이에 더해 완전히 사적으로 객원으로서 초빙하는 막우幕友가 필수불가결한 존재였다. 막우는 법률실무를 전문으로 습득하고,[26] 초빙에 응하여 여러 곳을 돌아다니는 직업으로, 형명刑名(재판사무 담당), 전곡錢穀(징세와 재정사무 담당) 및 그 밖의 직분으로 나뉘어 동시에 2, 3명 혹은 4, 5명이 초빙되는 것이 보통이었다.[27] 재판에서 형명막우가 인관의 참모 겸 비서로서 수행하는 역할은 극히 컸다.[28]

또한, 주현뿐만 아니라 대개의 관청에는 서역이 있고, 독무督撫 이하 지방관은 모두 막우를 초빙하는 것이 보통이었다.[29]

가경嘉慶 연간의 숫자에 따르면, 천하의 청 · 주 · 현이 모두 합쳐 1,603곳,

25a 이러한 부류의 인원의 성격과 기능에 대해서는 Ch'ü, *op.cit.*에서 특히 "Personal servants"라는 장을 할애하여 상세히 설명하고 있다.

26 "막객(幕客)이 법률을 사용하는 것은 마치 수재(秀才)가 사자서(四子書)를 사용하는 것과 같다(夫幕客之用律, 猶秀才之用四子書也)"거나, 사서(四書)를 잘못 이해하면 시험에 낙제할 뿐이나 율을 잘못 이해하면 사람의 목숨에 관계된다는 왕휘조(汪輝祖)의 말에서 그들의 마음가짐을 볼 수 있다(『佐治藥言』〔讀律〕). 막우는 관아 내부의 사람들에게서 '사야(師爺)'라고 존칭되었다. [역주] 高浣月, 『淸代刑名幕友研究』, 中國政法大學出版社, 2000도 좋은 참고가 될 것이다.

27 막우에 절강성 소흥(紹興) 출신이 많았던 것에 대해, 瀧川政次郎, 『支那法制史研究』, 有斐閣, 1940, p.326을 참조.

28 막우에 형명과 전곡이 있는 가운데 재판사무는 보통 모두 형명막우가 맡았다. 『청국행정법』 5, p.110에서 "민사는 전곡막우, 형사는 형명막우"라고 한 이유는 의문이며 적어도 일반적인 사례는 아니다. 막우로서 시종 형명을 맡아온 왕휘조가 그 경험을 토대로 교훈을 기술한 『좌치약언(佐治藥言)』에서 구각쟁투(口角爭鬪), 호혼세고(戶婚細故)도 자주 언급하고 있는 것이 그 근거이다. 특히 "내가 막우였을 때 매매나 대출의 계약서가 첨부된 소장을 올릴 때는, 모두 긴요한 문서의 뒷면에 도기(圖記)를 찍어" 서리가 멋대로 문서를 고치는 것을 방지했다(『學治臆說』〔據筆蹟斷訟者宜加意〕)고 기술하고 있는 것은, 이른바 민사도 형명막우가 취급했다는 명백한 증거이다.

29 예외적으로 군기처(軍機處)에만 서리가 없었던 것에 대해, 宮崎市定, 『アジア史論考』 하, p.351을 참조.

인구는 3억 3천 5백만여 명이므로 인구 20만여 명당 1명의 친민관親民官이 배치되었던 셈이다.[30]

부府 · 직예주直隸州 · 직예청直隸廳

아래로는 다수의 주현을 통할하고, 위로는 성성省城의 포정사布政司와 안찰사按察司의 양사兩司에 예속하는 중급지방관청으로서 부府가 있다. 부는 주현을 감독할 뿐이고 직접 인민을 통치하지 않는 것이 원칙이지만,[31] 극히 드물게 일정 지역을 직접 통치하는 경우도 있다(그러한 지역을 부의 친할親轄지방이라 한다). 부에는 인관(지부知府), 좌이관(동지同知 · 통판通判), 수령관(경력經歷 · 지사知事 · 조마照磨 · 검교檢校 가운데 1, 2명)이 있고, 좌이관은 동성과 분방의 구별이 있는 것이 주현과 같으며, 이 가운데 분방의 좌이관이 친할지방을 가지는 경우 이를 청廳이라 함은 앞서 기술한 것과 같다. 명대에서 청대 초기에 걸쳐 부의 좌이관 중 재판사안의 예비조사를 전담하는 추관推官이라는 직책이 있었으나 강희康熙6년(1667)에 폐지되었다.[32]

주 중에는 스스로 1개의 주로서 친할지방을 갖는 동시에 주위 여러 현을 통할하며, 위로는 부에 예속하지 않고 직접 양사에 예속하는 것이 있었다. 이를 직예주直隸州라고 한다.

청에도 양사에 직접 예속하는 것이 있었다. 다만 이러한 직예청直隸廳이 속현屬縣을 가지는 것은 매우 예외적이다.

---

30 『가경회전』 권4, 권11. 『광서회전』의 인구통계는 완전하지 않아 『가경회전』에 따랐다.

31 따라서 부(府)가 소재하는 도시에는 따로 현(縣)이 두어졌다. 그러한 산하의 현을 '부곽(附郭)'이라 한다. 마찬가지로, 성성(省城)에 위치한 양사(兩司) 산하의 부를 '수부(首府)'라고 한다.

32 (萬曆) 『大明會典』 권177. 이는 원나라의 제도에서 유래한다(岩村忍, 「元典章刑部の研究—刑罰手段」, 『東方學報(京都)』 24, 1954, p.52 참조). 『회전사례』 권26에 "강희6년, 각부의 추관 142인을 삭감하였다(康熙六年, 裁各府推官一百四十二人)"라 되어 있고, 이후 같은 권에서 추관이라는 이름은 나오지 않는다.

포정사布政使 · 안찰사按察使, 그리고 도道

한 성省의 정무를 통괄하는 상급 지방관으로 포정사布政使와 안찰사按察使(정확하게는 승선포정사承宣布政使 · 제형안찰사提刑按察使)가 있다. 각각의 관아를 포정사사布政使司(줄여서 포정사布政司, 통칭 '번사藩司'), 안찰사사按察使司(줄여서 안찰사按察司, 통칭 '얼사臬司'라고 한다).[33] 전자는 '전곡錢穀의 총회總匯'라 불리듯이 재정을 중심으로 한 행정 일반을 관장하며, 후자는 '형명刑名의 총회總匯'로서 사법을 관장한다. 양자는 나란히 존재하는 두 개의 아문으로서 상하를 두어 통할 · 소속하는 관계는 아니었으나, 격은 포정사 쪽이 위라고 여겨졌다.

도道(통칭 '도원道員', '도대道臺')라는 것은 본래 포정사와 안찰사의 좌이관이다. 명대 이래에 포정사의 좌이에 해당하는 참정參政 · 참의參議를 수도守道, 안찰사의 좌이에 해당하는 부사副使 · 첨사僉事를 순도巡道라고 칭하는 관례가 있었는데, 청조 건륭18년(1753) 이후 수도 · 순도라는 이름이 독립된 관명으로 인정되기에 이른 것이다.[34] 다만 이러한 수守와 순巡의 구별은 적어도 청조에서는 직무상의 차이를 의미하지 않는 단순한 명목이 되었다. 도에는 (1) 특정 종류의 사무를 분담하는 것, (2) 특정 지역을 분담하는 것, 즉 성내 3, 4개의 부 또는 직예주, 직예청에 대한 감독을 분담하는, 말하자면, 양사의 분서分署 기능을 수행하는 것(이를 분수도分守道 · 분순도分巡道라 한다)과, (3) 앞의 (1)과 (2)를 겸하는 것이 있다. 대부분은 (2)이거나 (3)이었다. 그 중 다수는 분방分防의 형태를 취하고 있었음은 말할 것도 없다.

총독總督 · 순무巡撫

포정사와 안찰사 위에 자리하며 이를 지휘 · 감독하는, 한 성 정무의 최고

---

33 강소성에는 특별히 포정사 2곳(남경(南京)과 소주(蘇州)), 안찰사 1곳이 설치되었다.

34 『회전사례』 권25.

책임자로는 각 성에 순무를 두고, 다시 2, 3개의 성을 합쳐 그 통솔자로 총독을 두었다. 양자를 연칭하여 독무督撫라 한다. 다만, 몇몇 성에는 순무를 두지 않고 총독이 겸순무사兼巡撫事로서 해당성의 정무를 담당하고, 몇몇 성은 순무만을 두고 총독은 두지 않았다.[35] 지방에서 중앙으로의 공식적인 상신上申은 모두 총독(겸순무사)이나 순무의 이름으로 행해졌고,[36] 중앙에서 지방으로의 명령도 그들을 통해 내려졌다. 순무를 겸하지 않는 본래의 총독은 일상적인 정무에 관해 보고를 받는 일은 있더라도 일일이 손을 거치는 일 없이, 넓고 큰 시야에서 관내를 감독하고 지방의 정세를 중앙에 보고 · 진언하는 것을 임무로 삼고 있었다고 생각된다.[37] 그리고 총독과 관내 각 성 순무와의 사이에는 격의 상하는 있어도 통할 · 종속의 관계는 없었다.[38] 법

---

35 독무의 배치에는 끊임없는 변동이 있었지만(성의 수도 청대 초기에는 14개였다), 『광서회전』에 따르면, 직예(直隸) · 사천(四川)에는 순무 대신 한 성을 전담하는 총독이 있었고, 감숙(甘肅) · 복건(福建)은 순무 없이 섬감총독(陝甘總督) · 민절총독(閩浙總督)이 해당 성의 순무를 겸했다. 북경에 가까운 산동(山東) · 산서(山西) · 하남(河南)의 세 성에는 순무만 있고 총독은 없었다.

36 황제에 대한 사적인 서신이라 할 만한 주접(奏摺)은 포정사나 안찰사도 보낼 수 있었다. 옹정연간에는 그것이 지부(知府)의 선까지 허용되고 또 장려되었다(宮崎市定, 『雍正帝』, 岩波新書; 『アジア史論考』 하, p.228. [역주] 전자의 국내 번역서로 미야자키 이치사다 지음, 차혜원 옮김, 『옹정제』, 이산, 2001). 건륭 이후 원래대로 돌아왔으나, 가경4년 다시 도원(道員)까지 주접의 발신이 허용되었다(『회전사례』 권25, "가경4년 황상께서 유(諭)하였다. 옹정연간에 도원과 지부, 동지 등의 관원도 모두 주접을 허락했다. … 이후 지부 이하의 관원은 여전히 주접을 허락하지 않지만, 각성의 도원은 모두 포정사와 안찰사의 예에 비추어 주접을 허락한다(嘉慶四年諭. 雍正年間, 道府同知等員, 俱准封章奏事. … 嗣後除知府以下等官, 仍不准奏事外, 其各省道員, 均著照藩臬兩司之例, 准其密摺封奏)").

37 『청국행정법』 5에서 총독 관하의 순무는 재판권이 제약된다고 하고, "총독과 순무를 병치한 성에서는 반드시 연서(連署)하여 상주(上奏)한다"(p.76)라고 설명한 것은 사실에 반한다 할 수 있다. 『예안전집』과 『예안속증전집』 등에 보이는 구체적 사안을 살펴보면 연서의 실례는 거의 보이지 않으며, 각 성 모두 대부분의 사안은 순무가 보고하였다. 드물게 총독이 보고하는 것은 관원의 징계를 포함하는 것과 같은—특히 순무도 징계의 대상이 되는 등— 특수한 사안인 경우가 많다.

38 양사가 독무에게 올리는 문서는 '상(詳)'이고 그에 대한 회답은 '비(批)'이므로, 명확하게 상하 간에 통할 · 종속의 관계에 있었으나, 총독과 순무 사이의 문서는 상호 '자(咨)'로 하였다(『강소성례』에 수록된 문서들에서 보인다). 상문(詳文)과 자문(咨文)에 대해서는 p.52 주105, p.39 주54.

원法源에서 '독무'라고 하는 경우 그것이 모든 총독 · 순무를 의미하는지, 한 성의 집정자(순무 또는 겸순무사)를 특별히 의미하는지는 각각의 경우별로 판단해야 하며, 반드시 명확하지만은 않은 경우가 많다.

독무 휘하에는 좌이 · 수령 등의 관을 일절 두지 않는다.[39] 그러나 독무는 후보인원을 장악하고 있어 필요에 따라 그들을 사용할 수 있었다. 중앙의 이부吏部에서 하급 지방관(도와 부의 일부 및 주현 모두)을 임명할 때 관직명과 성省만을 이부에서 지정하고, 구체적으로 어느 주 어느 현에 부임시킬 것인지는 해당 독무에게 맡기는 것이 관행이었다. 그 결과 새롭게 지방의 관직을 얻은 자는 우선 성성省城의 독무에게 와서 성내의 어딘가에 결원이 생겨 보임을 얻을 때까지 상당 기간 성성에서 대기한다. 이들을 후보인원이라 한다. 후보인원들은 한편으로는 수입을 취하고, 한편으로는 재능을 인정받기 위해, 어떤 임시적인 사무(차사差使)를 얻고자 하였기에 독무 쪽에서 보면 가장 쉽게 쓸 수 있고, 쓰는 효과가 있는 인원이었다.[40] 많은 성에서 그들 가운데 재판관계 사무에 종사할 만한 인원을 선발하여 발심국發審局(또는 언국讞局이라고도 한다)이라고 하는 일종의 대기소를 만들어, 독무나 안찰사가 처리해야 할 사안을 맡기거나 지방으로의 출장심리, 중요범인의 호송 감독 등에 국원을 사용하였다.[41]

형부刑部, 그리고 호부현심처戶部現審處

수도 북경北京에는 이(문관의 인사), 호(재정), 예(문교文教 · 제사 · 외교), 병(무

---

39 이들은 본래 황제의 특사로 정규 지방관이 아니었기 때문이다.

40 『청국행정법』 2, p.195, p.236 이하.

41 『강소성례』, 同治八年臬例〔籌議淸釐京控章程〕; 光緒三年藩例〔待質公所章程〕; 光緒十七年臬例〔讞局委員…〕 등을 참조. 가경12년 금광제(金光悌)가 강서성에 적체된 안건의 일소를 위해 성성에 설치한 '총국(總局)'이라는 것도 같은 성질의 기구였을 것이다(『회전사례』 권122).

관의 인사, 군정), 형(사법), 공(토목과 건축, 수리)의 육부를 비롯하여 많은 중앙관청이 설치되어 있었다. 육부의 하나인 형부야말로 천하 '형명刑名의 총회總滙'에 해당하는 중요한 재판기관으로, 독무로부터 상신되는 중요안건을 심사하는 한편, 어떤 경우에는 스스로 초심의 재판을 했다. 육부는 황제에 직속하며, 독무 또한 황제에 직속한다. 따라서 이론적으로는 부와 독무 사이에는 상하관계가 없다.[42] 다만 독무가 황제의 재가를 받고자 보내는 사무적인 상신(구제具題)은 모두 부를 거쳐 이루어지며, 또한 일정 안건에 대해 독무는 부의 의견을 물은 뒤(자부咨部) 사안을 결정해야 한다. 더욱이 육부는 각각 전문기관으로서 전국의 사정과 과거의 사례에 정통하여 그 판단이 대체로 독무보다 정확하기 때문에, 부와 독무의 의견이 다를 때 황제는 보통 부의 의견을 받아들인다. 이렇게 해서 부는 독무의 상급관청인 것 같은 사실상의 권위를 갖기에 이른다. 이러한 의미에서 우리는 형부를 독무의 위에 자리하는 재판기관으로 파악할 수 있다. 형부의 조직에 관해서는 나중에 다시 기술한다. 육부를 비롯한 중앙관청은 합의에 따라 의사결정을 하는 '당관堂官'과 사무분담자에 해당하는 '사관司官'—그리고 덧붙이면 양자를 이어주는 수령관守領官—으로 구성된다.[43]

한편, 호부에 소속된 현심처現審處라는 기관이 있었는데, 이것은 기지旗地를 둘러싸고 기인旗人과 민인 사이에 일어나는 소송만을 다루는 완전히 특수한 기관이었다. 또한 현심처에 의한 것 외에는 호부가 인민을 재판한 사실은 확인되지 않는다. "호부는 민사에 관한 일체의 사건을 재판하는 … 최상급의 민사법원"이었다는 설은 근거가 없다.[44]

---

42 『청국행정법』 1, pp.189-190.

43 주15 참조. 정관(正官) · 속관(屬官)의 조금 친근한 통칭이 당관(堂官) · 사관(司官)이다.

44 이것은 『청국행정법』 5, p.48에 보이는 설인데, 같은 책이 인용하는 사료 자체에 현심처(現審處)란 기지(旗地)를 둘러싼 소송을 다루는 기관이었음이 확실히 나타나 있다. 기지나 기인이 존재하지 않았던 명대에는 현심처도 존재하지 않았고, 청대에도 초기에는 이

삼법사三法司

중앙관청 중 형부刑部 · 도찰원都察院 · 대리시大理寺의 삼자를 총칭하여 삼법사라 한다. 사형을 결정하기 위해서는 삼법사의 심의를 거치는 절차가 필요하다. 도찰원은 배하에 감찰어사監察御史 및 급사중給事中이란 인원을 둔 유력한 관청이었던 반면, 대리시는 삼법사의 하나로 사형 사안에 관여하는 것 외에는 직무를 갖지 않는 작고 고요한 관청이었다.

황제皇帝

이들 모든 관료기구 위에 모든 권한의 근원인 황제가 자리하고 있었다. 최고의 재판권은 황제가 보유하고 행사하였다.

황제의 고문 겸 비서로 내각대학사內閣大學士가 있었다. 그 지위는 주현 인관의 막우처럼 생각해도 좋을 것이다.[45] 황제의 이름으로 발표되는 엄청난 수량의 입법 · 훈령 · 행정처분 · 판결 등—내용에 따른 구별 없이 모두 '유諭' 또는 '지旨'로 칭해진다—에 있어 어느 정도가 실질적으로 이들 측근의 조언을 받아들인 것인지는 대부분 확인할 방법이 없다. 하지만 청조의 역대 황제는 대체로 영명하였으므로, 황제 자신의 판단이라는 요소를 결코 무시할 수 없다는 것만큼은 분명하다.[46]

이상을 요약하면 각성의 양사兩司와 중앙의 육부 단계에서만 사법기관의 분화를 볼 수 있고, 정점의 황제와 말단의 지방 인관에서는 재판도 행정사무 일반과 함께 동일인에 의해 처리되는 구조였다. 또한, 어느 단계에서 사법기관이 분화되어 있었다고 하더라도 그것은 말하자면 국무의 분담이라

것을 '팔기사(八旗司)'라고 하였다. 이것이 건륭30년 현심처로 개명된(『회전사례』 권121〔部院承審事件〕, 乾隆三十年又奏准) 연혁으로 보더라도 의심할 여지가 없다.

45 宮崎市定, 「清代の胥吏と幕友」, p.330.

46 內藤虎次郎, 『清朝史通論』(『內藤湖南全集』 8 수록) 제1강. 특히 옹정제에 관해서는 宮崎市定, 『雍正帝』.

는 일반적 현상의 일환에 지나지 않는다. 인사를 이부가, 재무를 호부가 분담하는 것과 완전히 똑같은 의미에서 형부가 사법을 분담하는 것일 뿐이다. 따라서 형부의 직무를 맡기 위한 특별한 임용자격으로 법률지식이 요구되거나 하지도 않았다. 가끔 다년간을 형부의 사관 등으로 근무했기에 자연히 법률통으로 여겨지는 인물이—마치 오늘날의 행정기관 내부에서 어떤 분야의 전문가expert가 자라나는 것과 마찬가지로— 나타나는 정도이다(p.77). 결국 재판기구는 행정기구의 한 측면으로밖에 파악할 수 없다.

2. 재판기관의 상하관계

상술한 각급 관청은 어떤 식으로 재판기능을 분담하며 서로 어떤 관계에 놓여 있었는가? 이것은 오늘날의 관할이란 개념으로는 온전히 설명할 수 없는 사항이다. 전속관할專屬管轄의 규정에 따라 하급심의 심리가 배제되거나 하급심이 내린 판결에 대해 당사자가 불복을 제기하거나 했을 때 비로소 상급심이 움직이기 시작하는 것이 아니라, 하나의 안건을 판결까지 이르게 하는 과정에서 상급기관과 하급기관이 복잡하게 관계하고 있었다. 이하에서 그 양태를 중국의 현실에 들어맞게 분석 · 서술해 보겠다.

필요적 복심覆審

사안을 전부 우선 하급기관이 다루면서, 한편으로 그 결정권은 사안의 중요도에 따라 일정한 상급기관의 손에 맡김으로써, 중요한 사안은 자동적으로 몇 개의 심급審級을 거듭하도록 정해진 구조, 이것을 임시로 필요적 복심제라 부르기로 하자. 중국에서는 역대에 걸쳐 행해져 온 것이며—한대漢代에는 아직 명료하게는 형성되어 있지 않았으나, 당의 율령에서는 이미 분명히 나타난다— 청대가 되면 매우 세밀하게 제도화되어 있었다.

청조의 제도에서 소송은 원칙적으로 우선 관할 주현에 제기해야 하며, 주현은 원칙적으로 모든 사안에 대해 심리를 행할 권한과 의무가 있다.[47] 다만, 주현의 권한 내에서 판결(완결完結)하여 집행(발락發落)[48]할 수 있는 것은 태笞 · 장杖 · 가호枷號[49]의 형벌까지, 즉 도徒 이상의 형을 결과로 하지 않는 사안에 그쳤다. 이것을 주현자리州縣自理의 사안이라 한다. 민사적 성격이 강한 이른바 호혼전토戶婚田土 사안은 많은 경우 여기에 포함된다.[50] 주현이 도형 이상의 형을 과할 만하다고 판단한 때에는 인정된 사실과 그것에 대한 법 적용의 '원안原案'을 서면으로 작성하여—이것을 '의擬', '정의定擬'라 한다— 범인의 신병과 함께 부府로 보낸다. 부에서 서류와 대조하면서 범인을

---

47 주현을 건너뛰고 직접 상급기관에 제소하는 것을 월소(越訴)라고 하며, 월소자는 처벌하고(태50), 멋대로 소를 수리한 관원도 징계를 받도록 되어 있었다(『대청율례』 권30〔越訴〕 율문 및 조례10, 13; 『육부처분칙례』 권47〔濫准越訴〕). 다만, 월소가 수리되어 상급기관이 심리에 나선 때는 관원의 징계가 문제되기는 할지라도 재판 자체의 효력이 다퉈지는 일은 없었다. 또한 소에 의하지 않고 관헌의 체포에 의해 개시되는 재판(후술 p.83)은, 상급기관에서—예를 들면, 부(府)가 도적을 체포했을 때는 그 부에서— 초심이 이루어지기도 하였다.

48 사형 이외의 형을 집행하여 사안을 종결하는 것을 '발락(發落)'이라고 한다. 사형을 집행하는 것은 '정법(正法)'(법을 바로하다)이라 한다.

49 형의 종목에 관하여는 아래의 주53을 참조.

50 『광서회전』 권55, "호혼, 전토의 안건은 모두 정인관에게 처리하게 하며, 죄가 도(徒)에 이르는 것은 상사에게 보내어 심사케 한다(戶婚田土之案, 皆令正印官理焉, 罪至徒者, 則達於上司以聽覈)." 태 · 장뿐 아니라 가호도 주현에서 자리(自理)할 수 있었던 것에 관해서는, 북경 성내의 사건에 관해 "오성(五城) 및 보군통령아문(步軍統領衙門)에서 안건을 심리함에, 예컨대 호혼, 전토, 전차(錢借)의 작은 안건 및 절도, 폭력, 도박의 죄인을 붙잡은 경우, 그리고 일체의 일반 고소안건에서 <u>심사해 밝힌 죄가 가호(枷號), 장(杖), 태(笞)에 그친다면, 법에 따라 스스로 행하여 완결한다</u>. … <u>응당한 죄명이 도(徒), 유(流) 이상이면</u> 비로소 <u>형부에 보내어</u> 심판한다(五城及步軍統領衙門審理案件, 如戶婚田土錢借細事, 並拿獲竊盜鬪毆賭博, 以及一切尋常訴案, <u>審明罪止枷杖笞責者, 照例自行完結,</u> … <u>如應得罪名在徒流以上者</u>, 方準<u>送部</u>審辦)"(『대청율례』 권37〔有司決囚等第〕 조례2)라는 규정이 있다. 일반 주현에서도 마찬가지였을 것임은 왕휘조의 저서에서 "정례에서 도죄(徒罪) 이상은 상부에 상문(詳文)을 보내고, 장과 가호 등의 죄는 모두 주현이 발락하게 하니, 편의를 위한 것이다(定例, 徒罪以上通詳, 杖枷等罪均聽州縣發落, 所以歸簡易也)"(『學治臆說』 권상〔尋常訴案不宜輕率申詳〕)라 한 것에서도 분명하다. 여기서 사안의 중요성이 형사적 측면에서만 저울질되었다는 것은 주목할 점이다. 억만장자의 상속 분쟁이라 하더라도 도형 이상에 해당하는 범죄를 동반하지 않는다면 주현자리의 안이었다.

신문하여 원의原擬가 타당하다고 인정하면 다시 신병과 서류를 안찰사에 보낸다. 직예주直隷州가 속현의 사안을 심리할 때에도 마찬가지이지만, 직예주의 친할지방에서 발생한 사안은 해당 주에서 초심한 후 원칙적으로 관할의 도道로 보내어 복심하고 다시 도에서 안찰사로 보낸다(직예청 및 부의 친할지방에서도 마찬가지이다).[51] 안찰사에서 심리를 반복하여 원의가 타당하다고 인정하면 이를 성의 집정자인 독무에게 상신한다. 독무의 재가가 있으면 인명人命(p.20의 서술 참조) 이외의 죄로 도형을 과할 사안은 이로써 완결된다.[52] 즉, 독무의 재가가 판결이 되는—정확하게 말하면, 주현에서 부와 안찰사를 거쳐온 원의가 독무의 재가를 얻어 판결로 바뀌는— 것이다. 이것을 독무비결督撫批結의 안이라 한다. 인명침해의 사안 및 죄의 종류를 불문하고 유형流刑·충군充軍(줄여서 군軍이라고 한다)·발견發遣(줄여서 견遣이라고 한다)[53]에 처할 사안에 대해서는, 독무도 의죄擬罪하여 원안을 작성하는 데 그

---

51 『광서회전』 권55, "심리가 완결되면 상사에게 보내어 심사케 한다(獄成則解上司以審轉)"의 소주(小註).

52 『대청율례』 권37〔有司決囚等第〕 조례27, "외성의 도죄(徒罪) 안건은 인명에 관계됨이 있다면, 모두 충군, 유죄(流罪)의 죄인에 비추어 안찰사로 보내어 심사한 후 독무가 전안자부(專案咨部)하여 심사토록 하되, 연말에 모아서 상주한다. 일반적인 도죄 안건은 각 독무가 비를 내려 완결한 이후, 재판기록을 상세히 서술하여 계절마다 형부에 보내어 검토하게 한다(外省徒罪案件, 如有關係人命者, 均照軍流人犯, 解司審轉, 督撫專案咨部核覆, 仍令年終彙題. 其尋常徒罪, 各督撫批結後, 卽詳敍供招, 按季報部查核)". "전안자부(專案咨部)"란 안건마다 부의 의견을 구한다는 의미이다(주55 하단 참조). 『청국행정법』에서 이 구절을 "독무의 전속재판(專屬裁判)"(5, pp.69, 79)이라고 해석하여 독무에게 인명사건 도죄(徒罪)의 결정권이 있다고 한 것은 완전히 부당하다. 이는 같은 책에서 독무에게 유형의 결정권이 없다고 정확하게 판단한 대목과(p.78) 자기모순에 빠진 것이기도 하다. 또한 같은 책이 '비결(批結)'을 사후적 비준(批准)의 의미로 해석하여 부(府)나 안찰사에게도 일반 도죄(徒罪)의 판결권이 있었다고 판단한 것도(pp.69, 72) '결(結)'자의 일반적 용례에 반한 독단이기에 부당하다. 일반 도죄도 원칙적으로 성성(省城)까지 죄인의 신병을 보냈다는 것은, 도광 이후 성성으로부터 먼 주현에만 그것을 면하는 특례가 생겼다는 점에 비추어 의심할 여지가 없다(본문 p.44 참조).

53 청조에서 주된 형벌의 종목을 가벼운 것부터 들면, 태(笞)·장(杖)·가호(枷號)·도(徒)·유(流)·충군(充軍)·발견(發遣)·사형(死刑)이다. 도형·유형·충군·발견에는 반드시 장형이 병과되고, 가호도 다른 형과 병과되는 경우가 적지 않다([역주] 충군과 발견에

치고 '자咨'라는 서면으로 형부의 의견을 묻는다. 형부가 동의하여 회답—이 또한 '자咨[54]'라 한다—을 주면 비로소 완결한다.[55] 이를 자결咨結의 안이라고 한다. 사형을 과해야 할 사안이라면 독무는 양형의 판단을 구제具題(황제에게 올리는 상신서)의 서식으로 작성하여 이를 형부로 보낸다.[56] 특별히 지

반드시 장형이 병과되었던 것은 아니다).
태 · 장에 관해 율이나 조례에 기재된 숫자는 명목상의 것으로, 실제로는 더 적은 수의 판(板)(판이란 대나무를 맞붙여 만든 납작한 막대일 것이다)으로 환산하여 집행했다. 가호(枷號)란 야간에는 감금하고 낮에는 목제의 칼을 씌워 길거리에 전시하는 것을 일정 일수 반복하는 형벌이다.
도형은 일정한 햇수(1년부터 반년 단위로 3년까지) 역체(驛遞)에 배치하여 노역에 복무시킨다는 것이 법의 원칙이기는 하나, 역에 배치하는 것은 사문화하여 실제로는 한 성(省) 내에서의 유기추방(有期追放)과 같은 것이었다. 유형(2천리 · 2천5백리 · 3천리)과 충군(부근(附近)(2천리) · 근변(近邊)(2천5백리) · 변원(邊遠)(3천리) · 극변(極邊)(4천리) · 연장(烟瘴))은 모두 다른 성으로의 종신추방이다. 충군은, 명대에는 군적에 편입하여 황무지에 둔전케 하는 의미가 있었으나, 청대에는 유형과 실질적으로 다르지 않았다. 다만 연장충군은, 운남 · 귀주 · 광동 · 광서의 4성 가운데 특히 풍토가 나쁜 주현을 지정받는다는 의미가 있다. 이상 유기 · 무기간 추방된 이들은 지정된 토지를 벗어나는 것이 금지되었을(도주했다가 붙잡히면 무겁게 처벌되었다) 뿐이고 신병이 구속되지는 않는다. 자활할 수 있는 자는 자활하고, 자활이 어려운 자는 관청의 잡역에 종사하며 날을 보낸다. 발견(發遣)은 만주(滿洲) 북부나 신강(新疆) 등 외지로의 종신추방이다. 얼굴에 죄명과 발견할 지역을 먹줄로 써넣고, 해당 지역의 개간에 할당한다. 죄가 무거운 자는 해당 지역의 기인에게 하사하여 노(奴)로 삼는다. 사형의 종류에 대해서는 본문 p.41에서 기술한다. 이상, 형벌의 종목과 실태, 연혁에 대해, 자세하게는 滋賀秀三, 「刑罪の歴史—東洋」, 莊子邦雄 등 엮음, 『刑罰の理論と現實』, 岩波書店, 1972를 참조.

54 대등한 관청 사이에서 주고받는 문서를 자(咨)라 한다. 독무도 형부도 모두 황제에 직속하기 때문에 독무의 문의도, 형부의 회답도 모두 자(咨)라 한다.

55 주52에서 인용한 조례. 또한 『예안전집』 및 그 속증편에 담긴 구체적 사안을 약간 확인해 본 것에 한하더라도, 사형을 포함하지 않는 사안은 통상 "형부가 어떤 사안에 대해 쓴다. … 모 독무가 어떤 자문에서 말하기를 …(刑部爲某事, … 據某督撫某咨稱 …)"로 시작하여(즉 전안자부(專案咨部)), "응당 해당 독무가 심의한대로 완결하며, 연말에 모아 상주하도록 한다(應如該所督撫擬完結, 于歲底彙題可也)" 등의 말로 끝나고, '지를 받는다(봉지(奉旨))'라는 문구는 없다.

56 사형을 결정하기 위해서는 황제의 재가를 요한다. 이를 "참교의 중대안건은 법으로 응당 안건마다 구제(具題)해야 하나, 충군, 유형 등의 죄는 안건마다 부의 의견을 구하되, 연말에 모아서 구제한다(斬絞重案, 例應專本具題, 軍流等罪, 例止專案咨部年終彙題)"(『회전사례』 권848, 乾隆五十三年又議准)와 같이 서술하여 설명하는 구절은 찾을 수 있지만, 이것을 정면에서 일반적으로 규정한 조문은 찾기 힘들다. 오히려 여러 조문에서 자명한 전제로 삼고 있다. 또한 구제(具題)도 형부를 경유하여 이루어지는 것은 "제본(題本)과 자

정된 흉악한 범죄에 관해서는 구주具奏라는 서식을 쓴다.[57] 형부는 이와 같이 황제 앞으로 상신된 사안—사형을 과할 만한 사안이기도 하다—을 심사하여 타당하다고 인정되면, 서류를 도찰원·대리시에 송부하여 동의를 구한다. 이른바 삼법사의 회의에 회부하는 것이다.[58] 삼법사 간에 이의가 없으면, 그것을 상주하여 황제의 재가로써 완결한다.[59] 이를 제결題結의 안이라 한다. 자결·제결을 합쳐 내결內結이라 하며, 독무비결督撫批結을 외결外結이라 한다.[60] 이상을 요약하면 아래와 같다. 태·장·가호의 형에 대한 결정권만 주현에 주어지고, 일반안건의 도형은 독무에게, 인명사안의 도형 및 유형·충군·발견의 형은 형부—다만 외성外省의 사안은 독무와 의견이 일치한 때에 한한다[61]—에게, 그리고 사형은 황제에게, 각각의 결정권이 맡겨

문(咨文)을 분별하되, 안건마다 형부에 보고한다(分別題咨專案報部)"(『육부처분칙례』 권47,〔外省徒犯承審限期〕), "외성에서 제본과 자문을 형부에 보낸다(外省題咨到部)"(『대청율례』 권30〔越訴〕 조례17) 등의 용례에서 명확하다.

57 『대청율례』 권37〔有司決囚等第〕 조례49에서 구제(具題)가 아닌 구주(具奏)의 서식에 따라야 하는 사안을 열거하고 있다(『청국행정법』 5, p.82에서 해당조례에서 말하는 구주의 주체를 형부라고 해석한 것은 잘못이다. 조례 말미의 여러 행을 읽어보면, 그러한 해석이 나올 리가 없다. 또한 조례의 자구에 대해 『회전사례』 권845를 볼 필요가 있다). 구주는 황제에게 올리는 서신이라는 의미의 서식으로, 아마도 이것은 황제가 직접 읽은 후 형부에 하달되었을 것이다.

58 『광서회전』 권53, "형이 사형에 이르면, 삼법사를 모아 판결한다(凡刑至死者, 則會三法司以定讞)"; 『건륭회전』 권68, "다섯째로 사형이 있으니, 교형이 있고 참형이 있지만, 모두 삼법사에 내려보내 심의하게 한다. 죄가 마땅하다면 감후(監候)는 추심(秋審) 이후 처결하고, 입결(立決)에 해당한다면 삼법사가 상주하여 지(旨)를 얻으면 집행한다. 만약 죄악이 매우 크다면 효수하여 사람들에게 보이거나 능지처사하는데, 모두 즉시 집행한다(五曰死刑, 曰絞曰斬, 皆下三法司覈擬. 罪當者監候秋後處決, 其罪應立決者, 三法司奏上得旨迺行刑. 若罪大惡極者, 梟首示衆, 凌遲處死, 皆決不待時)". 주61에 인용한 조례에서도 보인다.

59 일반적으로 황제가 재가를 내리는 경우 신하가 제출하는 문서의 말미에 "의논한대로 하라(依議)"라고 적을 뿐이지만, 사형을 재가할 때에는, "아무개는 양형한 것에 따라 교입결(絞立決)·교감후(絞監候), 참(斬)입결·참감후함이 마땅하며, 나머지는 의논한대로 하라"라는 형태로 반드시 그 뜻을 개별적으로 명시한다(『예안전집』 및 『예안속증전집』에 수록된 여러 예가 모두 그러하다).

60 제결(題結)·자결(咨結)·비결(批決)이란 말은 『회전사례』 권729, 乾隆元年諭를 참조. 외결(外結)·내결(內決)이란 말은 『강소성례』, 光緒二年臬例〔查弔當贓一案詳批〕 등에서 보인다.

져 있었던 것이다.[62]

한편, 사형은 '입결立決'과 '감후監候' 두 종류로 구분된다. 사형 가운데 능지처사凌遲處死(신체를 잘게 잘라내는 형벌)는 말할 것도 없이 입결로 취급되지만, 참 · 교의 경우 그것이 입결 · 감후 중 어느 것인지 법률상에서도 각각의 조문마다 지정되었고,[63] 판결에서도 그 중 어느 것인지가 반드시 명시되었다. 먼저, 입결은 판결이 있으면 바로 집행된다. 즉, 황제가 입결을 재가하면 그 재가는 판결인 동시에 집행명령의 의미가 있다. 감후는 다시 집행명령이 내려질 때까지 감금되는 것이다. 이 집행명령은 개별사안마다 수시로 내려지는 것이 아니라, 1년에 한 번 동지 전에 한꺼번에 내려졌다. 그리고 그에 앞서 각 사안에 대해 해당연도에 집행하는 것의 가부에 관한 신중한 심사가 이루어졌다.[64] 이 심사절차를 조심朝審(형부에 감금된 죄인에 대해)과

---

61 형부가 일반 인민에 관한 유형 · 충군 · 발견의 결정권을 가지는 것(범인이 관원 등의 특수신분일 경우는 별개로)에 대하여, 『청국행정법』은 "명문이 … 없다"(5, p.81)라고 하나, 적어도 재판중인 안건에 대해서는 "형부가 특별히 맡게 된 사건에서 심사해 밝히니 과할 죄가 없다면, 응당 주접(奏摺)을 갖추어 복주한다. 만약 죄가 참교에 이른다면 삼법사와 회동하여 검토한 후 특별히 구제(具題)하여 완결한다. 그 외의 안건은 장형과 가호 등은 최종적으로 발락(發落)하고, … 일반 안건의 도형, 유형, 충군, 발견에 해당하는 죄는 재판이 완결되는 날에 먼저 발락한 후, 계절마다 모아 구제한다(刑部奉特交事件, 卽審明無罪可科, 應具摺覆奏. 如罪至斬絞, 仍會同三法司核擬, 特題完結. 其他案件, 除杖枷等罪竟行發落外, … 尋常徒流軍遣等罪, 於審結之日先行發落, 按季彙題)"(『대청율례』 권37 〔有司決囚等第〕 조례4)라는 규정이 있다.

62 결정권이 있는 기관이라도 반드시 결정해야만 했던 것은 아니다. 결정해도 될 사안을 상신한 예도 보인다.

63 조례에서는 반드시 본문에서, 율에서는 협주(夾注)로 이를 지정한다. 율에 협주가 없는 것은 입결을 뜻한다. 『대청율례』 권26 〔謀殺祖父母父母〕 상란의 집주(輯註)에서 "이는 시마친 이상의 존장을 모살하여 교 · 참하는 것으로, 모두 감후라고 부기하고 있지 않으니 응당 입결이다(此謀殺緦麻以上尊長絞斬, 皆不註監候, 則應立決矣)"라고 하고, 권29 〔罵祖父母父母〕 상란의 집주에서 "감후라고 부기하고 있지 않은 것을, 총류에서 찾으면 입결이다(不註監候, 査總類則立決)"라 한다. 『淸史稿』 「刑法志」에도 "율에서 감후라고 부기하지 않은 것은 모두 입결이다(凡律不注監候者, 皆立決也)"라고 명시하고 있다.

64 심사에 시간이 걸리기 때문에 일정한 마감일을 두고 그 이후에 판결된 사안(臣部題結之案)은 원칙적으로 다음 해로 넘긴다. 마감일은 운남 등에서는 전년말이고, 직예는 3월 30일까지인 등 성에 따라 달랐다. 예를 들면 4월에 판결이 있었다면, 적어도 다음 해 겨울까

추심秋審(외성外省에 감금된 죄인에 대해)이라 한다. 추심은 각성 독무가 주재하는 준비절차에서 시작하여,[65] 상신을 받은 형부가 원안을 작성하고—조심은 처음부터 형부에서 원안을 작성—, 이것을 구경九卿 · 첨사詹事 · 과도科道[66]에 해당하는 광범위한 관원의 대규모 합의에 회부한 후, 그 결과를 상주하여 황제의 재단에 맡기는[67] 수순에 따라 행해진다. 이러한 절차에 의해 사형수는 정실情實(사형집행에 적합함), 완결緩決(이듬해로 돌림), 가긍可矜(감형減刑) 및 특수한 부류로서 유양留養(범인을 처형하면 늙고 병든 부모가 부양자를 잃게 되는 것에 대한 특별 고려)으로 분류된다. 그리고 황제는, 정실로 결정된 자 가운데 다시 약간을 골라 이들에게 구결勾決(집행명령)을 내린다.[68] 해에 따라서는, 구결을 모두 면제하는 취지의 은조恩詔가 내려지는 일도 있다. 정실이

지는 연명하는 것이다(『대청율례』 권37〔有司決囚等第〕 상란; 『회전사례』 권849, 嘉慶四年又奏准).

65 이 때 범인은 원칙적으로 성성에 호송되어 독무나 포정사 · 안찰사의 면접을 받는다.

66 육부와 도찰원 · 대리시 · 통정사사(通政使司)의 당관(堂官)을 총칭하여 구경(九卿)이라 한다. 첨사(詹事)(첨사부의 당관)는 한림원(翰林院)(진사(進士) 우등급제자의 대기소)의 선배격에게 주어지는 명목적인 관명이다. 과(科)는 육과(六科)의 급사중(給事中), 도(道)는 15도의 감찰어사로서 모두 도찰원의 속관이다. 이상의 관원을 합하면 모두 100명가량이 된다. 이 범위에서 사안의 기록을 인쇄하여 배포한다. 한편, 앞서 서술한 구경의 말뜻에 관해서는, 『건륭회전』 권3〔官制一〕의 서두에서 "내각은 조칙을 담당하는 직으로, 정치의 근본이 달려있다. 육부 · 도찰원 · 통정사사 · 대리시를 구경으로 하고 형부 · 도찰원 · 대리시를 삼법사로 하여 국시를 상세히 의논하고, 정치와 형명을 공평하게 한다(內閣絲綸是職, 政本繫焉. 六部 · 都察院 · 通政使司 · 大理寺爲九卿, 刑部 · 都察院 · 大理寺爲三法司, 以詳議國是, 均平政刑)"라는 명문의 전거가 있다.

67 황제가 신하의 양형판정을 고치는 경우도 있었다. 예를 들면 『회전사례』 권847, 乾隆十四年又諭, "이번에 잡아 심리한 관리의 탐장(貪贓) 안건에서 독무가 가볍게 의죄(擬罪)했는데 구경(九卿)이 고쳐서 정실(情實)에 넣은 것과, 구경이 완결(緩決)에 넣었으나 짐이 정상을 가리켜 정실로 바꾼 것이 있다(此次勾到辦理侵貪各案, 有督撫輕擬, 九卿改入情實者, 有九卿混入緩決, 經朕指示情節, 改入情實者)."

68 구결이란 황제가 붓을 들어 이름의 옆에 갈고리 모양으로 표시한 것에서 나온 말일 것이다. 다만, 청조 말기에는 정실(情實)에 해당하는 범인들의 이름을 기재한 지면 위에 황제가 붉은 색으로 적당히 원을 그리고, 그 붉은 색 원에 닿은 인명을 구결로 하는 것이 상례였다고 한다(Ernest Alabaster, *Notes and Commentaries on Chinese Criminal Law*, 1899, p.28. 다키가와 마사지로(滝川政次郎) 박사도 법제사학회 석상에서 동캉(董康)씨의 이야기라고 하며 그렇게 말한 바 있다).

면서 구결을 면제받은 자 및 완결인 자는 이듬해 다시 심사를 반복한다. 그리고 몇 년인가—그 햇수는 죄의 양태에 따라 다르다— 연속하여 완결로 정해진 자는, 다음 해에는 가긍에 포함되어 사형을 면하고 발견發遣 등에 처해지는 것이 관례였다. 조심과 추심은 이론적으로는 황제의 법외法外의 인자함에서 나오는 것이지만, 실제적으로는 법에 필연적으로 수반되는 일반화 경향을 완화하고 개별 사안에 대한 구체적인 평가의 길을 여는 기능을 가진 것으로, 본래 법적 규제의 바깥에 있어야 할 것이다. 그러나 다년간 어떤 양태의 죄는 조심, 추심에서 어떤 부류에 넣을 것인가에 대해, 자연스럽게 기준이 성립하고 어느 정도는 그것이 명문화되기도 하였다.[69] [70]

사형의 결정권이 황제에게 맡겨지는 것에 대해, 극히 드물기는 하지만 중대한 예외로 '공청왕명恭請王命'이란 제도가 있다. 공청왕명이란 각 성의 독무가 범죄사실이 확인되면 즉각 사형을 집행하고, 동시에 신속히 상주하여 그것을 사후보고하는 것을 말한다. 몇몇 특별히 흉악한 범죄에 대해 이것이 규정되어 있다.[71] 또한, 일시적인 예외조치로서 도광 말년경 태평천국의 난

---

69 2백여 조로 이루어진 〔추심정실완결긍완비교조관(秋審情實緩決矜緩比校條款)〕이라는 것이 있는데, 다수의 대청율례 사판본에 부록으로 붙어있다.

70 이상의 조심 · 추심에 관해 사료적으로는 『대청율례』 권37 〔有司決囚等第〕; 『회전사례』 권844-850에 기초한다. '정실(情實)'이란 본래 '정진(情眞)'이라 했던 것을 옹정 이후 황제의 휘 윤진(胤禛)을 피휘하여 생긴 말이다(內藤乾吉, 『中國法制史考證』, 有斐閣, 1963, p.126). 『청국행정법』 5, p.86에서 구경회의(九卿會議)를 형사의 종심(終審)법원이라 한 것은 추심이 이미—삼법사의 논의를 거쳐— 판결이 내려진 자의 집행에 관한 심사절차라는 것을 간과한 것으로 적절하지 않다. 또한, 청조에서 종심법원이란 이름에 합당한 것은 황제 본인 외에는 있을 수 없다.

71 자손으로서 조부모나 부모를 살해한 자(『대청율례』 권37 〔有司決囚等第〕 조례53), 일가에서 3명 이상을 살해한 자(『대청율례』 권26 〔殺一家三人〕 조례10) 등 명문으로 정해진 경우가 있고, 그 외에 사형에서 1등을 감하여 발견(發遣)된 범인이 도망하여 도(盜)를 범하는 등 명문이 없더라도 "그 정상을 조사하니 죄가 실로 중대하여 조금도 처형여부를 논의할 필요가 없다(核其情罪實在重大, 不容稍稽顯戮)"라고 생각될 때(『대청율례』 권5 〔徒流遷徙地方〕 상란, 嘉慶二十二年三月上諭; 『대청율례』 권37 〔斷罪引律令〕 상란)가 있다. 왜 '공청왕명(恭請王命)'이라 하는지에 대해서는 張偉仁, 「清內閣大庫法制檔案的研究」, 『食貨復刊』 7-8, 1977, p.71 주13에 상세한 고증이 있다. 황제의 권위를 상징하는

으로 천하의 치안이 악화된 때 편법으로 정해진 '취지정법장정就地正法章程'이 있다. 그 정확한 내용은 아직 명확하지 않으나,[72] 요컨대 지방에서 비적匪賊을 체포했을 때 신병을 이송하는 도중에 동료에게 탈환되는 위험을 피하기 위한 것이다. 지방관이 서면으로 독무에게 상신하여, 독무의 재가에 따라 그 자리에서 사형을 집행한 후 중앙에는 사후보고로 끝내는 것을 허용한 것이었다고 생각된다. 일단 한 번 이 편법이 인정되자, 통상의 인명·강도 사안도 같은 식으로 처리하거나, 심지어 독무의 재가도 얻지 않고 사형을 집행하는 지방관도 생겨나, 정규적인 절차로 구제具題되는 안건은 열에 한두 건도 없게 되어 버렸다고 한다. 그 폐해를 통감하여 광서8년(1882) 많은 독무의 강한 반대를 물리치고 감숙·광서를 제외한 나머지 성에서 이 장정이 폐지되었다.[73]

그런데, 앞서 말했듯이 사안의 복심을 위해 범인의 신병이 상급 관청으로 보내지는데, 이를 '해심解審', '초해招解'[74]라고 한다. 해심은 원칙적으로 성성省城까지이다. 그리고 안찰사·독무의 조사가 끝나면, 다시 신병을 돌려보내 주현의 옥에서—혹은 보석되어— 판결, 집행을 기다리는 것이 원칙이었다.[75] 이러한 신병의 왕복에는 비용도 들고[76] 관민 모두 번거로운 일이므

'왕명기패(王命旗牌)'라는 것을 지참하여 형장에 세우고, 그 앞에서 형을 집행한다.

72 도광28년(1848), 임칙서(林則徐)의 주청으로 운남·광서의 두 성에 대해 "무리가 많은 비적이 있다면, 해당 관할 도·부로 압송하여 사안을 규명하여 안찰사에게 서류를 송부하고 안찰사가 독무에 상문(詳文)을 상신하여 독무가 재가한 후 해당 지역에서 사형을 집행(如有黨與衆多匪犯, 准其批解該管道府, 於審明移交臬司, 具詳督撫覆准後, 就地正法)"하는 것이 5년에 한해 허락되었다(『회전사례』 권50). 각성 독무가 잇달아 자기의 성에도 이를 본받는 것을 주청하여 내용적으로도 느슨하게 된 것이 이른바 '취지정법장정(就地正法章程)'이 아닐까 한다.

73 『회전사례』 권850, 光緖二年論, 七年論, 八年論.

74 '초(招)'는 '공초(供招)', '승초(承招)' 등의 경우와 마찬가지로 진술을 뜻한다. '해(解)'는 물건이건 사람이건 현물을 보내는 것을 뜻한다. '초해(招解)'라는 것은 범인의 진술을 확실히 받고 신병을 보낸다는 의미이다.

75 사형이 원칙적으로 주현에서 집행된 것은 『대청율례』 권37〔有司決囚等第〕의 여러 조례에서 명백하다(입결에 대해서는 조례20, 48, 57을 참조. 감후범이 주현에 감금되어 있다

로, '취지정법장정'과 같은 비상조치와는 별개로, 약간의 간이화 조치가 취해졌다. 성성과 멀리 떨어진 지방의 사안은, 사형 등의 특정 사안을 제외하고, 부府 다음으로는 각각 지정된 인근의 도道까지 신병을 보내게 하고, 도에서 안찰사로는 서류를 보내는 것으로 끝내거나(도광 연간에 시작),[77] 특정 죄목에 대해서는 해심은 부까지(직례주에서 초심한 사안은 도道까지)—즉 면접심리는 2심까지—로 하거나,[78] 어떤 종류의 경우는 해심을 완전히 생략하고 서면심리만으로 복심하는 경우가[79] 그것이다. 범인이 관원인 경우(이를 관범

가 추심준비절차를 위해 성성(省城)으로 호송되고, 다시 주현으로 돌려보내지는 것에 대해서는 조례33, 40을 참조). 예외적으로 입결할 범인을 성성에 체류시켜 두었다가 형을 집행할 때라도, 그 목은 범죄지로 보내 대중 앞에 내보였다(조례39). 견 · 군 · 유 · 도형의 범인도 일단 주현에 돌려보내졌다가 다시 집행되었음은, 집행을 게을리 하여 지연했을 때 가장 먼저 주현관을 징계하였음을 통해 알 수 있다(『대청율례』 권5〔徒流遷徙地方〕 상란, "이후 군류도범은 모두 지시를 받은 날로 시작하여 2개월 이후에 보낸다. 만약 이유 없이 기한이 넘도록 보내지 않으면, 주현관은 강일급조용(降一級調用)하며, 독촉하지 않은 상사는 벌봉 6개월로 죄를 묻는다(嗣後軍流徒犯, 俱以奉文日爲始, 俟兩箇月起解. 如無故逾限不解者, 州縣降一級調用, 未經行催之上司罪俸六箇月)").

76 비용의 지불방법은 주현마다 갖가지여서 공비(公費)(혹은 관원의 양렴은(養廉銀)일지도 모른다)에서 약간이 지출되는 곳도 있고, 전혀 지출되지 않는 곳도 있었다. 더구나 비용으로는, 실질적인 지불항목 외에도, 죄인을 받는 쪽인 상급기관의 아역(衙役)이 요구하는 누규(陋規)를 예상해야 하는 경우도 있었다(누규에 관해서는 『육부처분칙례』 권16〔衙役滋事〕에 함풍5년(1855) 제정된 금령이 있다). 이렇게 부족한 금액으로 호송을 맡아야 했던 아역은, 자신의 수완으로 사건에 관계된 이들에게서 돈을 뜯어내어 부족함을 채우고, 또 자신의 일당도 그 안에서 벌어들였던 것이다. 관원도 이를 알고 있어서 다소의 악행은 묵인하지 않을 수 없었다. 강소성에서는 이러한 폐해를 막기 위해 상급기관 아역의 누규를 엄금하고, 관에서 일정 상당의 금액을 지출해야 함을 규정한 바 있다(『강소성례』, 同治七年臬政〔禁革招解規費〕,〔招解命盜雜案由官給費〕).

77 『대청율례』 권37〔有司決囚等第〕 조례54. 그러나 이 자료에서는 조례 첫머리의 두 글자가 탈락되어 있다. 『회전사례』 권845와 그 밖의 자료에는 "성(省)에서 멀리 떨어진 부 · 청 · 주 소속의 각 청주현에서, 통상의 견 · 군 · 유 · 도형의 죄인 및 인명사안으로 도형이 의죄된 죄인은 모두 성까지 보낼 필요가 없으며 …(距省寫遠府廳州所屬之各廳州縣, 尋常遣軍流徒人犯, 及命案擬徒人犯, 均毋庸解省 …)"라 되어 있는 것이 정확하다. 같은 조례 말미에 있는 "인명사건의 견 · 군 · 유범은 그대로 성으로 보내어 복심한다(其命案內遣軍流犯, 仍各解省覆審)"는 구절과 대응된다. 즉, 사형과 인명 사안의 견 · 군 · 유형을 제외한 도형 전부 및 인명 이외의 견 · 군 · 유형이 특례의 대상이 되는 것이다.

78 『대청율례』 권37〔有司決囚等第〕 조례59, 61.

79 친조부모 · 부모에게 쫓겨난 불효한 자손이 발견(發遣)에 처해질 때(『대청율례』 권 37

官犯이라 한다)에는 형부까지 신병을 보내기도 한다.[80] 또한, 수도 북경의 성안에서 발생한 사건은 수도의 경찰권을 쥔 오성병마사五城兵馬司 및 보군통령步軍銃領이 조사하는데,[81] 도형 이상의 사건으로 판명한 때는 그대로 신병을 형부로 보내어 형부의 심리에 맡긴다.[82] 이처럼 형부에서 면접심리하는 사안을 형부 '현심現審'의 안이라 한다.

필요적 복심의 각 단계에서 원안의 판단이 부당한 경우 및 소홀하거나 누락되었다고 인정되는 경우, 상급기관은 당연히 더 위로 전달하거나—결정권이 있는 기관이라면— 결안結案하는 것을 거부했다. 이를 '박駁'이라 한다. 박은 사실규명이 부족하거나 의문점이 있음을 이유로 하는 것도 있고, 법률적용이 부당함을 이유로 하는 것도 있다. 원안의 양형이 너무 무거운 것을 질책하는 경우도 있고 그 반대의 경우도 있다. 원안의 내용이 처음부터 미비하기 때문에 박이 되는 경우도 있고, 범인이 진술을 번복하였기 때문에 박할 수밖에 없는 경우도 있다.

'박'이 된 안건은 어떻게 처리되었는가? 부府가 주현의 원의原擬를 박하는 때는 범인의 신병을 원심 주현으로 돌려보내 재심리를 명하는 것이 보통이었다.[83] 원심관이 기존의 견해를 고집하고 전에 한 말을 반복하는 때는 관

〔有司決囚等第〕 조례12), 부인이 간죄(姦罪)를 범했으나 도죄(徒罪)를 속(贖)하여 장형이 집행되는 때(『대청율례』 권36〔原告人事畢不放回〕 상란), 그 밖에 일반적으로 죄상이 비교적 가볍고 사실이 매우 명료한 때(『대청율례』 권36〔鞫獄停囚待對〕 조례8, "죄정이 본디 가볍고, 진술함이 명확하여 조금도 의심됨이 없으면, 역시 해송하여 일을 벌이거나 지연시켜 누를 미칠 필요가 없다(其或情罪本輕, 供證明確毫無疑竇者, 亦不必概行解送, 致滋稽延拖累)")에 해당한다.

80 『회전사례』 권489, 嘉慶五年諭에서 "또한 각성의 관범 가운데는 형부에 넘겨보내 감금하는 것이 많다(且各省官犯中, 多有令其解交刑部監禁者)"라고 쓰고 있다.

81 병마사(兵馬司)는 도찰원에서 파견되는 오성순성어사(五城巡城御史)의 관하이다. 보군통령은 팔기의 보군을 지휘하고 수도를 경비하는 기인(旗人)의 아문이다. 북경 성내의 경찰과 사법은 이들 양자의 관할로, 대흥(大興)·완평(宛平) 두 현의 권한은 그만큼 배제되어 있었다.

82 주50에 수록된 조례의 밑줄 부분.

83 이를 '박령복심(駁令復審)'(이 말은 『육부처분칙례』 권47〔承審限期〕에 보인다), '박회

하의 다른 주현관에게 옮겨 심리시킬 수도 있었다.[84] 사정이 중대한 경우는 관계자 일동을 소환하고 원심의 기록 일체를 가져오게 하여 부에서 재심리하는 일도 있었다.[85] 이렇게—부府에 한정하지 않고 일반적으로— 상사가 직접 법정을 여는 것을 '제심提審', '친제親提'('提'는 가져오다는 의미이다)라고 한다. 사실의 확정에 소홀하거나 빠뜨린 것은 없고 단지 법의 적용만이 문제되는 때는 범인을 돌려보내지 않고 문서로 취지를 제시함으로써 주현이 다시 의죄擬罪하도록 하였다.[86] 이때 주현이 원안을 고집한다면 부는 독자적 판단으로 양형을 고쳐 위로 보내버릴 수도 있었다.[87]

독무 · 안찰사가 박하는 때에도 앞의 설명에 준하여 처리된다. 다만 성성省城에서 멀리 떨어져 있는 주현의 사안에 관해서는 주현에 돌려보내 재심리하게 하는 대신에, 주현관을 성성으로 출장오게 하여 심리에 임하게 하였다.[88] 또한, 사정이 중대하여 직접 심사할 필요가 있을 때는 발심국發審局의

령의(駁回另擬)'(뒤의 주87) 등이라 한다.

84 『회전사례』 권122, 乾隆六年覆准, "지방의 안건에서 원심관이 심사해 판단한 것이 적절하지 않거나 기존 견해를 고집하여 마땅히 다른 관원을 위임하여 다시금 심사토록 해야 하는 경우 …(地方案件, 原問官審斷未當, 固執成見, 必應改委別員承審者 …)". 이 때 명을 받은 관원이 출장하는 경우도 있고(『육부처분칙례』 권7〔審案展限〕에는 그것이 예상되어 있다), 범인을 이송하는 경우도 있었을 것이다.

85 『강소성례』, 同治十三年臬例〔命盜案件奉批再行擬解〕, "각 부주는 각속이 해심(解審)하는 안건을 처리함에, 만약 죄정과 양형이 부합하지 않거나, 의문스러운 부분이 많다면, 즉시 부근에서 박(駁)하여 다시 별도로 조사, 심리하기를 명한다. 혹은 증인을 소환하여 대질, 조사하여 명확히 한 후 다시금 보내어 조사토록 한다(各府州如遇各屬解審之案, 倘有情罪未符, 或案多疑竇者, 亦卽就近駁飭, 另行核審. 或行提人證質訊明確, 再行解勘)."

86 『대청율례』 권37〔斷罪不當〕 조례3. "주현에서 안건을 심사하여 올려보냄에 진술이 부합하여도 죄명이 들어맞지 않는다면, 해당 상사는 죄인을 돌려보낼 것 없이 문서로 박할 수 있으며 …(凡州縣審解案件, 如供招已符, 罪名或有未協, 該上司不必將人犯發回, 止用檄駁 …)."

87 『육부처분칙례』 권48〔上司駁審〕, "주현에서 사건을 심사함에 의죄(擬罪)하여 죄인을 올려보내면, 상사가 율에 따라 고치거나, 박하여 돌려보내 새로 의죄케 하거나, 위원으로 하여금 심사해 바로잡게 하거나 …(州縣承審事件, 定擬招解, 經上司按律改正, 或駁回另擬, 或委員審正 …)"에서 말하는 첫 번째 사항이 그것이다.

88 『회전사례』 권122, 乾隆二十七年覆准, "성으로부터 멀리 떨어진 주현에서 해심하는 안

국원에게 심리를 담당시키거나,[89] 수부首府(성성에서 다스리는 부)에 넘기거나,[90] 혹은 해당 주현을 관할하는 지부知府를 성성으로 출장오게 하여 심리하도록 하는 것이 보통이었다.[91] 하나의 편법으로 범인의 신병은 성성에 두고, 위원을 원래의 주현에 파견하여 관계인을 신문하게 하여 심리의 부족을 보충하기도 했다.[92]

독무가 안찰사를 박하는 것은 드문 일이었을 것이지만, 역시 그 실례가 없지는 않다.[93]

신병이 보내진 범인은 각 단계의 상급관사의 면전에 섰을 때 언제든지 원심의 진술을 번복하고 억울함을 호소할 수 있었다. 이것을 '번이翻異'라 한다. 번이는 많은 경우 원심관의 불법한 전단專斷을 폭로하는 의미를 수반한다. 이러한 경우 사태는 중대해지며, 번이에 다소라도 이유가 있다고 인정

건 가운데, 응당 박해야 하는 부분이 있고 안건이 중대한 경우는, 해당관할 지부(知府)를 성에 와서 재심하게 하거나, 위원으로 하여금 함께 심사케 할 것으로, 원심한 주현관이 함께 심사할 필요는 없다. 일반적인 경우 인명, 강도 사건을 박했을 때, 원심 주현관이 성에 가서 회심하게 하는데, 모두 독무가 헤아려 처리할 것이지, 원심 주현으로 돌려보내 다시 심사하도록 하여 시일이 지연되어서는 안 된다. 주현관이 성으로 와서 함께 심사하는 안건에서, 조사해보니 원심관이 의죄를 잘못하지 않았다면, 수부(首府)의 지부에게 넘겨 심사케 하되, 마찬가지로 원심지부가 모두 연명하여 상신케 한다(距省遙遠之州縣解審案件, 如有應行指駁之處, 案情重大者, 或令該管知府赴省再審, 或委員會審, 毋庸令原審州縣官會審. 其尋常指駁命盜事件, 准令原審州縣官赴省會審, 均聽督撫酌量辦理, 總不得發回原審州縣另審, 致稽時日. 其州縣官赴省會審之案, 審明原審官並無出入者, 即由附省知府審轉, 仍許原審知府一體列銜申詳)." 『대청율례』 권37〔辯明冤枉〕 조례5는 이 복준(覆准)을 조문화한 것인데, 매우 이해하기 어려운 문장으로 되어 있다.

89 『강소성례』, 光緒十七年臬例〔讞局委員承審案件功過章程〕.

90 『강소성례』, 同治十三年臬例〔命盜案件奉批再行擬解〕, "만약 박하여 돌려보내지면, 먼 길을 왕복해야 하니, 비용이 많이 들고 복잡할 뿐아니라 (죄인을) 소홀하여 놓치는 것도 심히 우려된다. 만약 박한 이후 수부에 보내어 제심(提審)하거나 위원이 가서 조사하면, 또한 시일이 소모되게 된다(若一經駁回, 則長途往返, 不特多費周折, 而且疎脫甚虞. 若駁交首府提審, 或委員馳往訪查, 則又動須時日)."

91 주88 밑줄 부분.

92 주90 밑줄 부분.

93 『예안전집』 권22〔過失殺收贖…〕; 『예안속증전집』 권34〔改造口供誣陷…〕 등.

한 상급기관은 이제는 원심인 주현으로 환송하지 않고 스스로 심리하거나, 따로 위원을 명하여 재심리하게 하거나, 원주현에 환송하더라도 위원을 보내어 원심관과 회동하여 심리에 임하게 하는 등의 처치를 취해야 했다.[94] 일반적으로 번이는 후술할 상소上訴와 같은 성질의 현상으로 파악할 수 있다.

독무의 의擬를 형부가 박할 때 자결咨結의 안에 해당하면, 형부는 자신의 이름으로 박한다. 이를 자박咨駁이라 한다. 제결題結의 안에 해당하면, 황제의 지旨를 얻어 박한다. 이것을 제박題駁이라 한다.[95] 이 중 어느 것이든 법의 적용에 국한하여 이의가 있을 때는 그 취지를 제시하고 의를 바꿀 것을 촉구한다. 그에 미치지 않는 때는 형부가 스스로 의를 고쳐 쓰고 구제具題하여 완결한다.[96] 사실에 관해 의문과 불비不備가 있다고 인정되는 때는 문제 있는 심리를 보충한 후 재차 자咨 · 제題할 것을 촉구하였다.[97] 그 이후 박을 받

---

94 『육부처분칙례』 권47〔承審限期〕, "원심관이 심리해 판단한 것이 부당하거나, 범인이 공술한 것이 심사에 넘겨진 후 번이(翻異)될 때, 해당상사는 별도로 현명한 관원에게 맡겨 다시 심리하게 하거나, 위원으로 하여금 원심관과 회동하여 심리하게 하는데, 모두 1개월을 기한으로 한다(原問官審斷不當, 或犯供於解審後翻易, 該上司另委賢員覆審, 或委員會同原問官審理, 俱扣限一箇月)." 『대청율례』 권30〔越訴〕 상란, 道光十六年上諭, "각성의 주현에서 소송을 심리해 진술을 취한 후, 각 상사에게 보내어 전해 심사하게 할 때, 공술이 번복되거나 공소한 원심이 진실되지 않다면, 위원을 보내 다시 심사해야 한다(各省州縣審理詞訟承招後, 詳解各上司核轉, 遇有供詞翻異, 及控訴原審不實者, 不得不委員覆審)." 이렇게 하여 위원의 임무를 맡는 것은 다른 주현의 관원일 수도 있고, 언국(讞局)의 인원 등이 될 수도 있다.

95 제박(題駁) · 자박(咨駁)이란 말은 『회전사례』 권848, 乾隆五十三年又議准; 『대청율례』 권37〔有司決囚等第〕 조례42 등에서 보인다. 『駁案新編』 권18에 수록된 이화위(李化爲)의 안은 자박의 예이며, 『예안속증전집』 권41〔黑夜毆死竊賊…〕은 제박의 예이다.

96 형부에서는 형을 경감하는 방향으로만 의죄(擬罪)를 고치는 것이 허용된다. 가중의 방향으로 정정하려 할 때는 반드시 박(駁)하여 돌려보내 독무로 하여금 의를 고치게 해야 한다고 정한 조례가 있다(『대청율례』 권37〔斷罪不當〕 조례2). 아마도 형부는 서면심리임을 고려한 규정이겠지만, 실례에 비춰보면 이 규정이 반드시 지켜진 것은 아니다. 다른 규정에 의하면, 형부는 세 번 박한 후라면 스스로 의를 고치는 것이 가능했다(『육부처분칙례』 권48〔固執原題〕 조례2). 이 세 번이란 것도 역시 실제로는 지켜지지 않았다.

97 한 예로 『예안속증전집』 권39〔圖財謀命重案贓據懸虛…〕을 보자. 이 안건에서 총독은 강도살인이라 하여 참입결로 의죄(擬罪)하여 구제(具題)하였다. 그런데 형부는 구제에서 든 장물과 흉기의 진위가 불분명하고 진술에도 의심스러운 점이 있다고 지적하며, "마땅

은 독무가—범인은 통상 이미 원주현으로 돌려보냈으므로— 원주현에 명하여 심리, 보고하도록 하는 경우도 있겠으나, 원심에 대해 강한 불신을 품는 때는 다른 인원에 명하여 심리하도록 하였다.

이상을 통해 이루어진 상급자의 박을 원심관이 부당하다고 생각하는 때는, 그 상급자를 감독하는 더 상급의 기관에 그 뜻을 호소하는 것이 가능하다는 규정이 있었다.[98]

삼법사 회동의 사안에서 도찰원과 대리시가 형부의 원안에 이의를 주장하는 것 또한 박駁이라 한다. 이때 삼자의 당관은 한 당堂에 모여 의견을 조정하였다.[99] 아무리 해도 전원의 의견이 일치하지 않을 때는 다수의 의견으로 결정하되 소수의견을 첨부하여 상주할 수 있었다. 다만, 한 아문의 관원이 담합하여 하나의 의견을 고집하는 것은 금지되었다. 즉, 삼법사 회의는 관원 개인을 성원으로 하는 단일한 합의체였지, 아문을 단위로 하는 연락 · 협의 기관은 아니었다. 또한, 소수의견에 대해 다시 다수자가 반박문을 붙이는 것은 허용되지 않았다.[100]

히 해당 독무로 하여금 별도로 현명한 인원에게 맡겨 이 안건의 장물과 증거를 상세하게 심사해 명확히 해야하니, 의죄한 것에 따라 구제하는 것은 심사후에 다시 의논함이 옳다(應令該督另委賢員, 務將此案贓據詳審明確, 按擬具題, 到日再議可也)"라는 지를 얻어 총독의 의견을 물리쳤다.

98 옹정6년(1728) 상사의 박에 불복한 자는 직접 삼법사에 제소하는 것을 허용하는 조례가 마련되었다. 건륭5년에 이 조례는 폐지되었는데, 그것은 "지부(知府)가 혼박(混駁)하면 양사(포정사와 안찰사)에 호소하는 것이 좋다. 양사가 혼박하면 양원(兩院)(독무)에 호소하는 것이 좋으며, … 한 가지 일이 비박(批駁)된 일로 직접 삼법사에 호소하여 성내(省內)의 상사 전부와 불화를 초래할 자는 사실상 없을 것이므로" 등의 이유에 따른 것으로, 폐지 후에도 순차적으로 상부에 호소하는 길은 열려 있었다(『회전사례』 권843). 『청국행정법』 5, p.58은 이 조례 폐지의 의의를 다소 지나치게 중시하고 있다.

99 『대청율례』 권5〔斷罪無正條〕조례1. 형부에서 정고검인(定稿鈐印)한 원안(아마도 형부의 당의(堂議)를 거친 확정적 원안을 말하는 것일 것이다)을 송부받은 도찰원 · 대리시는 8일 이내에 승인, 서명하여 돌려보내거나 이의를 주창하거나 해야 했다. 이의가 있을 때는 형부가 기일을 정하고, 도찰원 · 대리시의 인원이 형부로 와서 회의를 열었다(『광서회전』 권69, "사형 안건은 삼법사의 논의가 하나로 모인 후에야 심리가 완결된다(凡重辟, 三法司之議協於一而後獄成)"의 소주(小註); 『대청율례』 권7〔官文書稽程〕조례3).

황제는 삼법사의 의견이 갈린 사안에 관해서는 물론, 그것에 국한하지 않고 일반적으로 구제具題·구주具奏의 사안에 대해 완전히 자유로운 입장에서 재단을 내릴 권능을 가지고 있다. 물론, 대부분의 경우 신하의 의擬를 단순히 재가하였겠지만, 신하가 의擬하는 것보다 더 가볍게 혹은 더 무겁게 죄를 재단하는 경우도 적지 않고, 또한 재가를 거부하고 삼법사보다 더 넓은 범위의 관원의 합의에 부쳐 재고를 명한 사례도 있다.[101] 나아가 법적 평가에 관해서가 아니라, 인정된 사실 그 자체에 대해 황제가 의문을 품고 재심리를 명하는 것도 있을 수 없는 일은 아니었다.[102]

보고

상술한 필요적 복심에 부수하여 다수의 예비적, 사후적 보고가 의무화되어 있었다.

---

100 『광서회전』 권69 "사형 안건은 삼법사의 논의가 하나로 모인 후에야 심리가 완결된다. 합쳐지지 않으면 두 견해를 허락하니, 황제의 판단을 기다려 결정한다. 〔주〕 삼법사가 사죄 안건을 의론함에 만약 두 견해 모두 옳지만, 한 두 사람의 의견이 통일되지 않는다면 각기 소견을 쓰도록 허락하되 지(旨)를 기다려서 결정하였다. 다만 한 아문이 하나의 의견을 세우는 것은 허락하지 않았다. 명백하게 형부와 의견을 달리하여 이론이 있으면, 형부가 제본(題本)을 올릴 때 스스로의 의견이 옳음을 주장하고 이론이 그릇됨을 지적하여 박하는 내용을 끼워 넣어서는 안된다. 다만 두 의론을 나란히 진술하여 가만히 황상의 결정을 기다릴 뿐이다(凡重辟, 必三法司之議協於一而後獄成. 不協, 許兩議, 候上裁決焉. 〔註〕 三法司擬重案, 如迹涉兩是, 有一二人不能盡歸劃一者, 許各抒所見, 候旨酌奪. 但不得一衙門立一意見. 判然與刑部立異, 其有兩議者, 刑部進本時, 亦不得夾片申明前議之是, 指駁後議之非. 惟當兩議並陳, 靜候上裁)." 회전의 문장 일부는 건륭6년에 어떤 사건에 관련되어 내려진 상유에서 유래한다. 『예안속증전집』 권25 〔扭奪確櫬撞傷…〕에서 그 상유가 보인다.

101 다만, 이러한 경우 법의 해석과 적용이 잘못된 것을 황제가 시정한 것으로 보이는 예보다는, 법대로 처치하면 경중이 적정하지 않는다 하여 황제가 독자적으로 판단을 내리고 있는 예가 많다. 즉, 황제의 단계까지 이르면, 거기에서는 최고의 재판권·입법권·은사권 등이 혼연일체가 되어 하나의 인격에 귀속되고 있었던 것이다(제3절 참조).

102 추심에 즈음한 때이기는 하나, 황제가 "정절에 아직 의심할만한 점이 있다(情節尚有可疑)"고 보아 순무에게 넘겨 "상세히 신문(詳細訊問)"하게 하여 새로운 사실이 발견되었다는 예가 있다(『대청율례』 권37 〔有司決囚等第〕 상란, 嘉慶十二年二月上諭).

예비적 보고로서 명命 · 도盜[103] 안건에 관해서는 이를 담당하는 주현이 즉시 독무, 안찰사, 도와 부 등 성내의 각 상사에게 일단 보고하도록 의무화되어 있었다.[104] 이 보고에는 '통품通禀'과 '통상通詳' 두 종류가 있는데,[105] 동일 안건에 대해 이 두 가지 보고를 해야 한다. 통품이란, 우선 서신의 형식으로 사건의 발생과 일단의 정황을 보고하는 것을 말한다. 주현관은 사건의 신고가 있으면 즉시 현장을 검증하고, 검증일로부터 명안命案의 경우 5일, 도안盜案의 경우 3일 이내에 통품해야 한다.[106] 통상通詳이란, 검증의 결과 및 피해자를 비롯한 관계인의 주장을 정확하게 기재한 후 관인을 찍은 공문서 형식으로 보고하여 상사에 기록으로 보존시키는 것을 말한다. 이는 검증일로부터 10일 이내에 제출해야 하는 것으로 되어 있었다.[107] 그리고 범인

---

103 명(命)은 인명(人命, p.20에서 서술)을 가리킨다. 도(盜)는 협의로 강도만을 의미할 때가 있다. 여기서는 그 정도로 협의는 아니지만, 사소한 절도는 포함하지 않았을 것이다.

104 명도(命盜) 이외의 안건에 대해 명문화한 의무는 없지만, 역시 보고가 행해지는 일이 많았을 것이다.

105 『學治臆說』 권상〔禀揭宜委曲顯明〕에서 "상부로 올리는 문서로는 험(驗), 상(詳), 품(禀)이 있다. 험은 안건을 세우는 것에 그치지만, 상은 반드시 비(批)를 돌려보내야 한다. 부(府)의 비만은 내서(內署)에서 조사해 처리하나, 도(道) 이상이 되면 모두 실무자가 의비(擬批)하므로 상관이 훑어볼 겨를이 있기도 하고 없기도 하다. 그러나 품은 친히 보지 않음이 없다. 때로 정절이 번잡하여 상(詳)에 넣지 못하는 것이나 상으로 처리할 일이 아닐 경우는 품이 아니면 불가하다(申上之文, 曰驗, 曰詳, 曰禀. 驗止立案, 詳必批回. 然惟府批由內署核辦, 自道以上, 皆經承擬批, 上官有無暇寓目者. 禀則無不親閱. 遇有情節繁瑣不便入詳, 及不必詳辦之事, 非禀不可)"라고 하고 있듯이 품(禀)과 상(詳)은 모두 아래에서 위로 보내는 서류의 서식 이름으로, 품은 사적인 서신, 상은 사무적 공문이다. 마치 황제에 대한 주(奏)와 제(題)에 해당하는 것이라 말할 수 있다. 또한 통상(通詳)을 속칭 통보(通報) · 상보(詳報) 등이라 한다.

106 『육부처분칙례』 권43〔開檢遲延〕, 권41〔州縣官報盜〕. 『강소성례』, 同治十一年臬例〔命盜案件依限禀報〕에서 인용된 함풍 11년 상유에서도 "이후 각주현에서 명도안건이 있다면, 관에 이른 즉시 현장에 나아가 검토하는데, 도안은 3일을 기한으로, 명안은 5일을 기한으로 하며, 우선 대략의 정황을 사실대로 통품한다(嗣後各州縣凡遇命盜案件, 一經到官立卽前往勘驗, 盜案限三日, 命案限五日, 先將大概情形切實通禀)"라고 쓰고 있다.

107 『육부처분칙례』에서 "지방의 인명안건은 주현관이 직접 가서 검증한 후, 즉시 공문으로 통상한다(地方人命案件, 州縣官於親詣相驗之後, 卽用印文通詳)"(권43 〔命案詳報遲延〕), "지방의 도안은 주현관이 녹영과 함께 직접 가서 조사한 후, 즉시 공문으로 통상한다(地方盜案, 州縣官於會營詣勘之後, 卽用印文通詳)"(권41〔州縣官報盜〕)라 할 뿐 따로

이 검거되었다면, 그를 신문하여 일단의 진술(초공初供)을 기록하여 이것을 통상해야 한다. 강소성에서는 그 기한을 1개월 이내로 정하고 있었다.[108] 그렇지만 사건 발생 직후 범인이 검거된 때에는 한 번의 통상으로 끝낼 수도 있었을 것이다.

통품을 의무화한 취지는 두 가지가 있었을 것이다. 하나는 자신의 근무성적에 손상이 갈 것을 두려워하는 주현관이—특히 사건이 미궁에 빠질 우려가 있을 때— 사건의 발생 자체를 숨기는 폐해를 막는 것이다.[109] 다른 하나는, 상사가 때를 놓치지 않고 범인 체포를 위한 유효한 대책을 강구하는 것을 가능하게 하기 위한 것이다.[110] 통상을 의무화한 것도 두 가지 목적이 있

기한을 정하지 않았다. 다만 그 뒤의 단락을 보면 10일이 기한이었음을 알 수 있다. 범인도 거명하지 않고 통상(通詳)도 하지 않은 채 주현관이 전임(轉任)해버린 경우, 사건발생부터 전임까지 10일 이내라면 통상 지연의 징계를 면하도록 규정하고 있기 때문이다. 또한, 명안(命案)에 대해 건륭22년 의준(議准)한 것으로 "이후 주현에서 인명사건이 있으면, 시신의 상처를 검시할 때 도착한 증인으로부터 사실에 근거한 진술을 물어 취하고, 안건의 죄인이 모두 모였는지 아닌지, 주요한 범인이 붙잡혔는지 아닌지 등을 험시도격(驗屍圖格)과 함께 책으로 만들어 10일 내에 독무에게 보고한다. 해당 독무는 주현의 검증한 상문에 근거하여 부과(部科)로 옮겨보내 기록하게 한다(嗣後州縣遇有人命案件, 務於檢驗屍傷時, 訊取已經到案犯證切實供詞, 並將案內人犯是否齊全, 及有無要犯未獲之處, 同驗屍圖格造冊, 於十日內申報督撫. 該督撫即據州縣驗詳, 轉咨部科備案)"(『회전사례』 권853)라고 하고 있다(다만 마지막 부분의 부과에서 기록하게 하는 것은 건륭27년에 폐지되었다). 도안(盜案)에 대해 양강총독(兩江總督)은 관내에서 "이후 강도 · 절도안건이 보고되면, 당일 녹영과 함께 가서 조사하는데, 절도사건은 10일을 기한으로 하고, 강도사건 안건은 반개월을 기한으로 하여 장물의 가격을 기록한 장부를 만들고, 조사한 사정을 통상하여, … 각주현에서 강도 · 절도 죄인을 체포하면 응당 한 달 내에 확실한 진술을 받아 통상해야 하며, 법의 기한대로 의죄하여 초해(招解)한다(嗣後報有盜竊之案, 即日會營詣勘, 盜案定限十日, 搶竊案件定限半月, 估造贓冊, 將勘驗緣由通詳, … 各州縣拏獲盜竊人犯, 應限一月內, 訊取確供通詳, 仍遵例限按擬招解)"(『강소성례』, 同治五年臬例〔詳報盜竊等案期限〕)라고 명하고 있음을 참조하라.

108 주107에서 인용된 강소성례 중 밑줄 부분. 동치11년 강소순무(江蘇巡撫)의 포고 중에서도 "1개월 내를 기한으로 하여, 진술을 기록해 통상한다(限一月內, 錄供通詳)"라는 말이 있다.

109 사건을 흐지부지하기 위해 고의로 통품(通稟)을 게을리하면 '휘명(諱命)', '휘도(諱盜)'로서 무겁게 징계받았다.

110 『강소성례』, 同治十一年臬例〔命盜案件依限稟報〕, "명도(命盜) 안건은 심문에 임하는

다. 첫째, 사건 직후의 신선한 데이터가 상사의 손에 기록으로 보존되어 있으면, 주현이 나중에 사실을 왜곡하여 그럴듯하게 체제를 갖춰 의죄擬罪하고 초해招解해 보내거나, 범인이 완전히 가공의 사실로 진술을 번이하거나 했을 때 상사가 그 허위를 간파하기 쉽다는 점이다.[111] 둘째, 심리해야 할 요점에 관해 상사가—특히 형명刑名의 총회總匯인 안찰사가 전문적 입장에서— 적절한 지시를 내리는 데 보탬이 된다는 점이다.[112] 주현의 의擬가 이미 정해지고 범인의 신병이 호송되어 오고나서 심리의 미비점이 발견되어 박이 행해지면, 범인을 다시 돌려 보내는 등 매우 번거로운 일이 된다. 때문에 상사는 그것을 되도록 미리 방지하기 위해 통상을 받은 단계에서 꼭 심리하여 확인해야 할 사항들에 대하여 지시하였으며, 주현 또한 상사의 지시를 받은 후에 정식으로 의를 정해 신병을 보내도록 되어 있었다. 또한, 비적匪

기한이 명백하게 설정되어 있으니, 조금이라도 어겨 지체해서는 안된다. 조사, 검증한 정황은 마땅히 서둘러 보고하여, 상사가 비칙(批飭)해서 죄인을 붙잡아 확실히 조사할 수 있게 해야 한다. 한번 지연이 발생하면, 도안에서는 도적과 장물이 사라져버릴 것이니, 체포를 기약할 수 없다. 명안이라면 공모해서 유리한 진술을 할 것이니, 부차적인 곡절만이 번져 일어날 것이다(命盜案件, 承審固有例限, 不容稍事違逾. 而勘驗情形, 尤應及早禀報, 以便批飭通緝確審. 一經延緩, 在盜案則賊逸贓銷, 難期破獲, 若命案則串供避就, 枝節橫生)."

111 물론, 통상(通詳) 당시의 초공(初供)과 초해(招解) 시점의 확정적인 진술 간에 불일치가 생기는 것은 상관없다(주107에서 인용된 건륭22년 의준한 것에서 이어 쓰기를, "복심시에 돌연 사실을 말한다면, 사실에 근거해 상문한다. 심사를 넘겨받은 상사와 검토해 논의하는 법사가 허실을 직접 살핀다(其於覆審時究出實情, 據實詳敍. 審轉之上司, 並覈議之法司, 虛衷體察)"라 하고 있다). 따라서, 통상에 쓸데없는 것을 적어 상사에게 트집잡을 재료를 제공하지 않는 것이 현명한 막우(幕友)라면 주의할 사항이었다(『佐治藥言』〔審初報〕). 또한, 범죄에 의한 것이 아닌 변사 사안 등도 통상해 두면, 나중에 교활한 무리가 그것을 빌미로 날조된 소송을 일으키는 것을 막는 데 도움이 되었다(『회전사례』 권851〔檢驗屍傷不以實〕, 乾隆二十二年議准; 又奏准).

112 『강소성례』, 同治十三年臬例〔命盜案件奉批再行擬解〕, "서안찰사(署按察司) … 본 아문은 형명의 총회되는 곳으로, 매번 각속에서 명도(命盜) 및 일체의 잡안을 보고함에, 만약 정절이 어지럽거나 진술이 거짓된다면, 모두 즉시 비칙(批飭)하여, … 여전히 부합하지 않는다면 재차삼차 명확히 지시해서 세밀하게 심사를 더하도록 하여, 성으로 보내진 후 심사가 박되어 내려오는 번거로움을 면하게 한다(署按察司 … 本署司衙門爲刑名總滙之所, 每遇各屬禀詳命盜及一切雜案, 如有情節支離, 供詞扭捏, 皆經隨時批飭, … 仍有未協者, 亦復再三明切指示, 令其細加確審, 以免解省後輾轉駁審之煩)."

賊 등의 중대사건이나,[113] 자백이 명백하게 불합리하다고 여겨질 때 등은 통상을 받은 단계에서 상사가 개입하여 주현으로부터 사안을 가져와 스스로 심리하는 일도 있었다.[114]

사후적 보고로는 먼저 휘보彙報 · 휘제彙題 제도를 들 수 있다. 독무는 도형을 과해야 할 통상의 사안을 자신의 재가로써 완결完結, 즉 비결批結할 수 있었으나, 재가한 사안을 3개월마다 일괄하여 하나의 안건마다 사안의 전말을 상세하게 기록하여 형부에 사후보고해야 했다. 일괄하여 보고하는 까닭에 이를 휘보라 한다. 마찬가지로 인명사안의 도형 및 유형 · 충군 · 발견 등 형부에 자咨하여 완결한 사안의 경우, 독무는 1년마다 일괄하여 황제에게 사후보고(휘제)해야 했다. 또한 형부는 직접 현심現審, 즉 면접심리를 행하여 완결한 도형 · 유형 · 충군 · 발견의 사안에 대해 3개월마다 휘제하는 것이 규칙이었다.[115] 형부든 황제든, 이러한 휘보, 휘제를 심사하여 오판을 발견했을 때 이미 종결한 사안을 뒤집는 것도 이론상 가능했다고 생각된다. 적어도, 휘제 안에서 법의 해석 · 적용의 잘못이 발견되어 장래의 주의사항

---

113 순무가 부(府)가 체포한 적도(賊徒) 일당을 즉시 성으로 보내게 하고, 스스로 양사를 이끌고 엄히 조사한 사례가 『刑部說帖』(大木文庫, 抄本)에 있다. [후기] 이 책은 현재 大木文庫 · 法類 · 例案 45의 번호로 서가에 배치된 2질 12책의 초본(抄本)이지만, 서명, 찬자 등이 기재되어 있지 않아, 사실 성질을 알 수 없는 책이다. '형부설첩'이란 제목은 단지 목록에서 그렇게 말할 뿐이고, 책의 어디에도—표지와 질면(帙面)에서조차— 그 서명이 기재되어 있지 않다. 내용은 『예안전집』 등과 같은 종류로, 결코 설첩(說帖)(이 책 제2장 주105를 참조)은 아니다. 이 주에서 말하는 사례는, 『刑部說帖』의 〔襄陽府拏獲糾夥結盟搶奪婦女姦汚之沈添重等一案〕(가경8년)을 가리킨다.

114 건륭41년 안휘성 영산현(英山縣)의 승려 광명(廣明)의 사건은 두여의(杜如意)의 외숙인 승려 광명이 두여의의 처와 간통했는데, 두여의의 아버지 두득정(杜得正)의 감시가 싫어 그를 살해한 사건이다. 지현(知縣)은 광명의 말에 미혹되어 원고 두여의를 고문하여 "두여의는 그의 아버지가 그의 처와 간음하는 것을 현장에서 조우하여 도끼를 잡고 치려 했다. 광명은 마침 옆에 있다가 그것을 도왔다"라고 허위진술을 받았다. 통상(通詳)에서 이 진술을 보고 의문을 품은 직예주지주(直隸州知州)가 사안을 문제 삼고 스스로 심리를 행하여 억울함을 풀어주었다(『대청율례』 권37〔官司出入人罪〕 조례4와 5는 이 사건이 계기가 되어 생긴 법이다. 사건의 상세는 같은 조 상란 및 『회전사례』 권843에 있다).

115 주52, 55, 56, 61에서 인용한 사료의 밑줄 부분.

으로서 올바른 해석이 지시된 실례가 있다.[116]

주현자리의 안에 대해서는 이처럼 상세한 사후보고가 요구되는 일은 없다. 다만, 주현은 스스로 처리한 안건을 매 월말에 구관舊管(전월에서 이월), 신수新收(월내에 수리), 개제開除(월내에 해결), 식재寔在(다음 달로 이월)의 네 항목으로 분류하여 그 안건명과 간단한 내용을 기재한 일람표를 작성한 후 각 상사에게 제출해야 했다. 이것을 순환부循環簿, 사주간명청책四柱簡明淸冊 등이라 한다.[117] 이 순환부 제도는 주로 재판의 지연을 막는다는 사법행정적 의미가 있었다. 그러나 가호 이하의 형에 대해 상사가 전혀 간섭하지 않았는가 하면, 반드시 그렇지는 않다. 예를 들면, 주범主犯을 도형 이상에 처할 만한 사안에서, 종범從犯이나 관계인 가운데 태 · 장에 해당하는 자가 있다면, 그에 대해서는 주현 내부에서 집행하고 방면한다. 다만 그러한 취지가 주범에 관한 상신문에서 언급되게 된다. 이를 검토한 상사가 주현에서 과한 태 · 장이 부당하다고 판단한 때는 개정을 명했다. 더 가볍게 하라는 개정이면 주현관의 근무평정에서 실점이 될 뿐이지만, 더 무겁게 하라는 개정이라면, 차감계산에 따라 죄인에게 형이 추가되었다.[118]

그밖에 형 집행의 보고, 죄인 중 사망자가 발생한 때의 보고 등 수많은 사

116 『예안속증전집』 권37〔旗奴告主應問徒者…〕. [후기] 사후적 보고의 기능에 대해 여기서 신중한 발언에 그친 것은 연구 부족 때문이었다. 이 책 제3장 p.273 이하를 함께 읽기 바란다.

117 『대청율례』 권36〔告狀不受理〕 조례2, 4, 5, 9; 『강소성례』, 同治六年藩政〔月報詞訟監押各冊式〕.

118 『대청율례』 권36〔原告人事畢不放回〕 조례2 및 그 상란, "먼저 장으로 처벌한 범죄자를 부(部)가 도죄(徒罪)로 개정했다면 법에 따라 장을 덧붙인다(先行發落杖犯, 部改徒罪, 照例貼杖)." 『예안전집』 권43〔詞訟事無輕重…〕, "조사해보니, 각성에서 구제한 안건 내의 태장 죄인은 법에 따라 응당 (태장을) 먼저 집행하는데, … 죄는 가벼운데 법은 무겁거나, 죄가 없는데 법을 잘못 쓴다면 이미 집행했기에 박하여 고칠 수가 없다. 이후 … 그릇되게 원용했기에 삼법사가 지적하여 박한 경우, 승심관 역시 출입인죄(出入人罪)율에 따라 부(部)에 넘겨 의처(議處)한다(査, 各省具題案內笞杖人犯, 例應先行發落, … 其罪輕法重, 及無罪而悞用法者, 已經發落無由駁正. 嗣後 … 其有援引失宜, 經三法司指駁者, 將承審官亦照出入人罪律, 交部議處)."

법행정상의 보고의무가 규정되어 있었다.

상소上訴

필요적 복심제는 하급기관의 판단을, 말하자면 자동적으로 상급기관의 비판에 노출함으로써 재판의 공정을 기하는 제도이다. 다른 한편, 하급기관의 판단이 공정하지 않다고 생각한 당사자가 자발적으로 상급기관에 호소하여 그 시정을 구하는 제도 역시 존재하였다. 그러한 소를 법원法源에서는 보통 '상공上控'이라고 부르고 있다. 상공은 원심 재판이 끝난 후 그 결과에 불만족하여 이루어지기도 하고, 원심의 심리중에 심리의 진행방법이 불법하거나 태만한 것에 대한 구제를 바라고 이루어지기도 했다. 이것을 일단 상소上訴로 부르기로 하겠으나, 현재 일본의 사법제도에서 말하는 상소와는 상당히 실질적 차이가 있음은 아래에서 서술하는 바로 분명해질 것이다.

첫째, 주현자리의 안, 즉 도 이상의 형으로 결말지어지지 않는—민사적 색채가 강한— 사안은 복심제의 대상이 되지 않으므로, 그에 대한 주현의 판결이 불만이거나 심리의 지연으로 고생하는 사람은 원고건 피고건 상소하여 구제를 바라는 수밖에 없었다.[119] 둘째, 원고가 판결에 불만족스러울 때, 즉 타인에게서 침해를 당해—예를 들면 일가친척이 살해되어— 주현에 호소했음에도 납득할 수 있는 해결을 얻지 못했을 때 원고는 상소할 수 있었다. 특히, 관헌이 단순한 무사안일주의로 인해, 또는 사회적으로 세력이 있는 피고에게 농락당해 성실히 심리를 진행하려고 하지 않기 때문에 상소

---

119 그렇게 할 때 민사적인 관계를 있는 그대로 서술하는 정도로는 상사가 종종 '사소한 말다툼(口角細故)'으로 보아 진지하게 대하지 않기도 했다. 이 때문에, 있는 일 없는 일을 늘어놓고 마치 중대한 형사사건을 포함하는 것처럼 꾸며 상사를 움직이게 하는 것, 이른바 '날사용청(捏辭聳聽)'이 자주 행해졌다. 그리고 이는 상소(上訴)에 한정되지 않았다. 소장에는 반드시 과장이 동반되는 것이 중국인의 상식이었다. 속담에도 "무황불성장(無謊不成狀)(거짓이 없으면 소장이 되지 않는다)"(『佐治藥言』〔核詞須認本意〕)라 한다.

가 행해지는 사례가 많았을 것이라 생각된다.[120] 셋째, 원죄冤罪를 뒤집어쓴 자는 필요적 복심제에 따라 신병이 보내지는 상급관사에서 번이할 수 있었다. 이 때의 번이가 상소와 같은 성질의 것임은 전술했지만, 이 경우 본인뿐 아니라 가족 등이 나서서 상소할 수도 있었다.[121] 특히, 신병이 보내지는 것은 성성까지, 경우에 따라 도 · 부까지이므로(pp.44-45), 이 단계에서 여전히 억울함을 풀지 못했을 때는 북경이나 성성으로 가서 상소할 필요가 컸다. 이 때 본인의 신병은 얼마간 구속을 받고 있었으므로 가족 등이 대신하여 상소하러 가는 것이 보통이었을 것이나, 본인 자신이—아마도 보석중에 빠져나갔을 것이다[122]— 북경에 와서 상소하는 일도 드물지는 않았던 것 같다.[123] 또한 이러한 억울함을 풀기 위한 상소도, 단순히 혐의를 받은 사실을 부인하는 정도의 순수하게 방어적인 형태를 취하는 경우는 적다. 원심관이나 상대방의 죄과를, 경우에 따라서는 날조해서라도 들추어냄으로써 상대적으로 자신을 방어하려는 경우가 많았다. 따라서, 원고의 불만으로 제기된 상소와 형식상으로 명료하게 구별할 수 있는 것은 아니다.[124] 넷째, 심리

---

120 예를 들면, 『대청율례』 권36〔鞫獄停囚待對〕 상란에 보이는 가경12년 지부(知府) 명청(鳴淸)의 안건이 그 전형이라 할 것이다. 시친(屍親)(살인피해자의 친족)이 부에 두 번 호소하여도 지부(知府)가 심리를 하지 않았기에, 다시 도(道) · 사(司) · 독무(督撫) 등 상사 두셋에 호소하였고, 상사는 모두 부에 비(批)를 내려 심리를 촉구했다. 지부는 9개월 후에 비로소 심리를 개시했지만, 핑계를 대며 심리를 게을리하여 결론을 내지 않았다. 이에 시친이 북경에 와서 공소(控訴)하자 특사가 파견되어 심리하여 해결(원고가 자신의 주장이 무리함을 납득)한 사건이다.

121 『대청율례』 권30〔誣告〕의 율문에서 그것이 예상되고 있다. 순치17년(1660) 목방조례(木榜條例)에서도 "무릇 민간에서 원억(冤抑)이 있으면 반드시 직접 가서 고해야 한다. 행여 신병이 감금되어 있다면, 응당한 친족이 직접 … 해야 비로소 대신 고하는 것을 허락한다(凡民間冤抑, 必親身赴告. 果本身羈禁, 亦應的親正身, … 方准抱告)"(『회전사례』 권1042)라 한다.

122 『대청율례』 권30〔越訴〕 상란의 진정유(陳廷瑜) 안건은, 형부의 재판으로 죄가 정해진 자가 "보석 중 몰래 도주하여(在保潛逃)" 심리를 담당한 사관(司官)의 불공정을 호소한 사례이다. 참고로, 청대의 보석은 보증인을 세우게 하고 그에게 책임을 맡기는 방법으로 행해졌다.

123 다음 주석에서 인용한 법원(法源)에도 그것을 예상한 표현이 보인다.

중에 관으로부터 불법적인 학대를 받았을 때 피해자는 즉시 상소할 수 있었다. 일반적으로 인민은 관리에게 불법이 있는 경우 그 사실을 언제라도 감독하는 지위에 있는 상급기관에 호소할 수 있었다.[125] 이는 재판에 관련된 불법에 대해서도 마찬가지였다.

그런데, 필요적 복심제에 관해서는 아래에서 위로 순차적으로 어느 기관을 경유할 것인지가 명확하게 정해져 있던 데 반해, 상소에 관해서는 거의 그러한 규정이 없었다. 주현을 거치지 않고 직접 상급기관에 호소하는 것이 금지되어 있었을 뿐이다.[126] 주현에서 만족하지 못하는 사람은 부에 호소하고, 그래도 불만이 있는 때는 도 · 사(포정사와 안찰사) · 독무로 순차적으로 위에 호소하는 것이 아마 보통이었을 것이다. 이것이 관의 눈에도 바람직한 일로 여겨지고는 있었으나,[127] 명확히 그것을 요구하는 법규정은 보이지 않는다.[128] 또한 필요적 복심에는 전혀 관계하지 않는 포정사나, 예외적으로

---

124 『대청율례』 권30〔越訴〕 조례14의 상란, 嘉慶二十年七月通行; 『회전사례』 권750, 嘉慶十二年諭 등 여러 법원(法源)이 무엇을 대상으로 문장을 만들었는지 매우 이해하기 어려운 것도, 결국 양자가 확실히 구별되기 어렵기 때문일 것이다. 또한, '원(寃)'이란 단어도 원죄(寃罪)만을 의미하는 것이 아니다. 진정(眞情)을 인정받지 못한 것이 모두 원(寃)이다.

125 그러므로 "이들 나쁜 백성은 평상시 과세할 때 재촉하여도 납부하지 않고 소송할 때 판결에 맞서며 따르지 않다가, 지방관이 재판하고 징세함에 조금이라도 형벌을 시행하면 즉시 소장을 날조해 상소하여 보복하기를 꾀한다(此等莠民, 平日賦稅則任催不納, 詞訟則抗斷不遵, 地方官決獄催科, 小施刑罰, 輒即捏詞上控, 希圖報復)"(『회전사례』 권816, 嘉慶五年諭)는 것처럼 지방관을 애먹이는 무리도 있을 수 있었다.

126 주47에서 인용된 여러 법원(法源)에도 주현에서 만족하지 못한 때 어느 상사에게 호소해야 하는지 규정이 없다.

127 『회전사례』 권816, 嘉慶十七年諭의 앞부분(규범정립 부분이 아닌 정황설명 부분)에서 "주현관의 판단이 불공정하면 부(府) · 도(道) · 사(司) · 원(院)에 차례로 상소하고, 만약 실제로 원억이 있고 사정이 중대하면, 형부 · 도찰원 등의 아문에 정소(呈訴)하는 것을 허락한다(州縣官聽斷不公, 則由府道司院以次申訴, 如實有寃抑重情, 准於刑部 · 都察院等衙門呈訴)"는 정도의 말은 보인다.

128 실제로 아래의 예가 있다. 상해(上海)의 해창공소(海昌公所)가 동료 1명이 희생된 방화사건을 추궁하는 과정에서, 회심아문(會審衙門, Mixed Court)의 심리에 진전이 없자 먼저 도(道)에 호소하여 사안을 지현(知縣)에게 이관할 것을 청했다. 그리고 지현의 심리도 진전이 없자 부(府)와 안찰사(按察司)에 동시에 호소하여, 사안을 부로 이관할 것을 청하는

만 관계하는 도원道員도 상소는 수리하였다.[129] 더구나 포정사와 안찰사 사이에 사안의 내용에 따른 분담 규정은 존재하지 않고, 당사자는 선호하는 쪽에 호소할 수 있었다.[130] 단지 포정사는 형명—아마도 도형 이상의 형을 가리킬 것이다—에 대하여 판결할 때 안찰사의 회동을 구해야 한다고 되어 있었을 뿐이다.[131] 요컨대, 원심관에 대해 감독권을 가지는 상급기관이라면

수순을 취했다(根岸佶, 『上海のギルド』, 日本評論社, 1951, p.89).

129 본문 p.64에서 해설한 조례의 원문 중 '사도(司道)'의 사(司)는 포정사와 안찰사의 두 곳 모두를 의미한다. 이는 조례에 집대성된 과거의 조례들에서 '번얼양사(藩臬兩司)', '독무번얼(督撫藩臬)' 등이 언급되고 있는 것에서 명백하다(『회전사례』 권843). 가경12년 금광제(金光悌)가 강서순무로 부임했을 때, "순무아문에서 미결인 사송이 695건 이상이며, 포정사 아문에서 미결인 것이 268건 이상, 안찰사 아문에서 미결인 것이 582건 이상, 염순도(鹽巡道)와 양순도(糧巡道)에서 미결인 것이 65건 이상(巡撫衙門未結詞訟, 卽有六百九十五起, 藩司衙門未結者, 有二百六十八起, 臬司衙門未結者, 有五百八十二起, 鹽糧各巡道未結者, 有六十五起)"(『회전사례』 권122)이었다고 한다.

130 『청국행정법』에서는 "포안이사(布按二司)가 상소사건을 심판할 때 … 형사사건은 안찰사사(按察使司)의 관할에 속하고 민사사건은 포정사사(布政使司)의 관할에 속하며, 형부 및 호부의 관할도 또한 이와 취지를 같이 함은 특기할 사항이라 할 만하다"(5, p.56)라고 한다. 이 견해가 형부 · 호부의 관계에 관해서는 부정되어야 하다는 것은 본문 p.34에서 서술하였다. 포정사와 안찰사의 관계에 대해, 예를 들어 p.71에서도 어떠한 사료적 근거도 들지 않고 있다. 『회전사례』 권122, 乾隆三十五年又議定에서는 "각 성의 안건으로 독무와 양사에서 관원을 파견하여 복심한 것에서, 사소한 사정 및 원심관과 복심관이 의죄(擬罪)한 명목이 크게 다르지 않아 다시 의논할 필요가 없는 경우 외에, 만약 원심관의 조사가 부실하여 그 의정한 죄명이 생사의 부당함에 이르렀으나, 심리를 위임받은 관이 사안의 실정을 규명하고 율에 따라 판결을 개정(各省案件, 經督撫兩司派員覆審, 除細小事情, 及原覆審官所擬罪名不甚相懸者, 毋庸置議外, 如原問官承問不實, 所擬罪名, 以致生死失當, 經委審官究出實情, 按律改正)"했을 때, 심리를 위임받은 관을 포상하도록 정하고 있다. 이는 사형을 포함할 수 있는 사안의 상소도 '양사(兩司)', 즉 안찰사만이 아니라 포정사 또한 수리하는—그리고 원심과는 별도의 관원에게 비를 써서 복심하게 하는—일이 있을 수 있음을 보여준다. 이 점에서도 『청국행정법』의 견해는 부정되어야 한다.

131 『예안전집』 권25〔藩臬徑將刑名批結〕에서 포정사 곽홍(郭洪)은 "체포에 항거하다 사망한 사건을 끝내 법사와의 회동없이 서둘러 비결(將拒捕殞命事件, 竟不會同法司, 徑行批結)"한 까닭에 벌봉(罰俸) 6개월의 징계를 받았다. 한편, 포정사가 형명(刑名)을 포함하는 사안을 단독으로 종결하지는 못하지만, 사안을 수리한 후 하급자에게 비발(批發)하여 심리하게 할 수는 있다(앞의 주130)는 것은 결코 불합리하지 않다. 이 때 심리의 결과는 포정사에 보고됨과 동시에 만약 도형 이상에 해당할 때는 정규의 경로로 안찰사에게 상신(초해(招解))되기 때문이다(주145).

어디에 상소해도 좋고, 또 그에 상응하는 효과를 기대할 수 있던 것이다.

지방에서 만족하지 못한 자는 북경에 가서 중앙정부에 상소하는 것이 가능했다. 이것을 '경공京控'이라 한다. 경공이란, 각성 독무에 호소하여 만족을 얻지 못했을 때 비로소 하는 것으로 일단은 정해져 있었다.[132] 그러나 그렇지 않은 경우에도 일률적으로 거부당하지는 않았다. 경공은 주로 도찰원과 보군통령이 접수하였다. 말하자면 이 두 아문이 경공의 창구였다.[133] 그리고 관청을 통한 호소로는 결말이 나지 않는다고 생각한 자들은 궁궐문 앞에서 무릎을 꿇고 있거나 황제가 행행行幸하는 길을 막고 황제에게 직소直訴하는 일도 있었다. 이를 '고혼叩閽'이라 한다. 행행길을 막아서는 것에 대해서는 명대 이래 이를 금하는 조례가 있었다. 고혼을 범하는 자는 충군에 처하고 사안은 수리하지 않는다는 규정이었다.[134] 궁궐 문앞에서 무릎을 꿇는 것은 청조 초기에 종종 행해진 바가 있다. 처음에는 단지 협박에 해당하는 행위 등이 단속되었지만, 나중에는 이를 일절 금하기에 이르렀다.[135] 이러한 고혼은 금지되고 있었으나, 여전히 이따금—대부분은 행행의 길을 가로막고— 하는 자들이 있었고, 그럴 때 황제도 일률적으로 이를 물리치지는 않았다. 받아들여 심리를 명하고 그 결과 억울함을 푼 이들에게는 금령을

---

132 위반한 것에 대해, 가경4년 이전에는 원칙적으로 수리되지 않았다(주139). 가경4년 이후에는 월소(越訴)의 죄를 과한 후에 이를 수리했다(『회전사례』 권816, 嘉慶五年諭; 『대청율례』 권30〔越訴〕조례16).

133 과거 형부에서도 경공을 접수하는 일이 없지는 않았으나, 사료에서 가장 보편적으로 나타나는 것은 이 두 아문이다. 또한 형부는 가경11년 제정한 조례에 의해 일체의 소송을 스스로 접수하는 것이 금지되는 데 이르렀다(『대청율례』 권30〔越訴〕조례17, "대개 형부를 통해 소송을 접수하는 것은 허락하지 않는다(概不准由刑部接收呈詞)"). 또한, 등문고(登聞鼓)라는 것이 있었다. 처음에는 도찰원, 나중에는 통정사사(通政使司)의 관리하에 두어 원억(寃抑)이 있는 인민이 자유롭게 칠 수 있도록 하기 위한 것이었으나, 이것은 거의 장식적 의미밖에 없었을 것이라 생각된다.

134 『대청율례』 권18〔衝突儀杖〕조례1.

135 『회전사례』 권816의 첫부분에 연달아 나타난다. 강희7년에 "고혼의 예를 영원히 정지하였다(叩閽之例, 永遠停止)" 한다.

범한 죄를 면제해주는 경우가 많았다.[136]

상소는 어떻게 처리되었는가? 먼저 경공에 대해 살펴보면, 시대에 따라 다소 변천이 있었다. 가경4년 이전에는 도찰원·보군통령이 신청한 내용을 살펴 구주具奏(황제에게 상주하여 처치를 청함)·자회咨回(해당 성의 독무에게 교부하여 심리를 촉구함)·박척駁斥(각하却下)의 세 종류로 나누어 처리했다.[137]

---

136 건륭46년 왕진수(汪進修)라는 자가 적(翟)씨 일족에게 괴롭힘을 당하고 있는 사정을 두 세번 관헌에 호소하였으나 구제받지 못하자 항주(杭州)에서 고혼(叩閽)하였다. 사실이 밝혀졌기 때문에 과거에 심리를 담당한 관원은 징계를 받고, 왕진수는 "은혜를 베풀어 즉시 석방하고 죄는 면하게(加恩, 卽予釋放, 免其治罪)" 되었다(『대청율례』 권18〔衝突儀杖〕 상란). 가경10년에는, 홍명의(洪明宜)라는 자가 황제의 봉천(奉天) 행행에 즈음해 도로공사에 내몰린 종형제가 관역(官役)의 능학으로 목숨을 잃은 사건을 직소한 일이 있었다. 사실이 밝혀져서 가해자와 원심관은 엄중하게 처벌받았다. 홍명의는 "월소한 내용이 사실이며, 망자의 부모를 대신해 한 것인만큼, 비록 망령되이 고혼한 죄는 응당 받아야 하지만, 그 마음은 진실로 아름답다 할 만하니 은혜를 내려 죄를 면한다(控訴得實, 並聽從屍親囑托, 雖冒昧叩閽罪有應得, 而其心究屬可嘉, 著加恩免罪)"라고 한 예가 있다(『대청율례』 권37〔辨明寃枉〕 상란). 법규정으로도 광서19년에는 "앞으로 고혼 안건은 … 호혼, 전토, 전채 등의 작은 일이나, 인명에 관련된 중대안건이지만 정황이 지리하여 명백하게 날조하거나 청탁받은(嗣後叩閽案件, … 戶婚田土錢債等項細故, 牽涉人命重案, 情節支離, 顯係揑砌聳聽)" 경우만 '충돌의장(衝突儀杖)'의 조례를 적용하도록 시달되었다(『대청율례』 권30〔越訴〕 상란). 다른 한편, 이치에 부합하지 않는 일을 "곧바로 어가 앞으로 와 소리쳐 호소하는 것(直至轎前喊訴)"과 같은 특히 불령(不逞)한 고혼은 조례의 규정 이상으로 교감후(絞監候)에 처해진 예도 있다(『대청율례』 권18〔衝突儀仗〕 상란, 이지지(李知止)의 사건).

137 『회전사례』 권750〔事應奏不奏〕, 嘉慶四年諭, "과거에는 각성의 민인이 북경에 와서 도찰원이나 보군통령아문에 정공(呈控)한 안건의 경우, 해당아문이 구주(具奏)하는 것과 자회(咨回)하여 각기 해당성의 독무가 심판하게 하는 것, 곧장 박척(駁斥)하는 것이 있어 처리하는 방법에 세 가지가 있었다. 이러하다면 그들이 받아들이거나 박척함에 필경 자의적인 판단이 있을 것이다. 이제 널리 언로를 열어 가림이 없게 하려 함은, 본디 아래의 정황을 모두 위로 전하게 하려 하는 것이다. … 앞으로는 … 모두 박척을 허락하지 않는다. 안건의 정상이 비교적 중대한 것은 마땅히 즉시 구주하고, 설령 자회하여 본성에서 심판할 안건이라 해도 한 달, 혹은 두 달마다 경공안건의 다과를 고려하여 모아서 한 번에 상주하되, 각안건의 세부 정상을 주접 내에 명료하게 기재하여 짐의 지시를 기다리도록 한다(向來各省民人赴都察院·步軍統領衙門呈控案件, 該衙門有具摺奏聞者, 有咨回各該省督撫審辦者, 亦有徑行駁斥者, 辦理之法有三. 似此則伊等准駁, 竟可意爲高下. 現當廣用言路, 明目達聰, 原俾下情無不上達, … 嗣後 … 俱不准駁斥, 其案情較重者, 自應卽行具奏, 卽有應行咨回本省審辦之案, 亦應於一月或兩月, 視控案之多寡彙奏一次, 並將各案情節, 於摺內分析註明, 候朕批閱)."

구주된 것도 결국은 칙명에 의해 독무에게 교부되는 것이 보통이었다. 사안에 따라서는 특사(흠차欽差)가 파견되어 심리를 담당하는 때도 있고, 형부가 명을 받아 신병과 기록을 건네받아 심리하는 때도 있었다.[138] 이렇듯 경공은 일단 중앙에서 수리된 후, 또 대부분 독무의 손으로 되돌아갔다. 독무 측에서 볼 때 이를 '경공발교京控發交'의 안—구주를 거친 것이라면 '봉지발교奉旨發交'의 안—이라고 한다. 호혼戶婚 · 전토田土 · 전채錢債의 경미한 일로 경공하거나 독무를 뛰어넘어 경공한 것은 특별히 사안의 정상이 중대한 것이 아닌 한 박척되었다.[139] 가경4년 이후 아래의 정황을 위로 전하는 것에 조금의 방해라도 제거한다는 의미에서 박척은 일절 금지되었고, 자회한 사안들에 대해서도 1, 2개월마다 모아서 상주하도록 하였다.[140] 그러나 이 조치는 다른 측면에서 남소濫訴의 폐해를 낳았기에, 광서8년에 이르면 다시 어느 정도의 박척은 허락되었다.[141] 또한, 지방에서 죄를 물은 사람이 원죄冤罪

---

138 『대청율례』〔越訴〕조례14, "외성의 민인이 경사에 와서 공소하면 … 해당범인은 형부에 넘기고 잠시 감금한다. 해당 성의 문건을 찾아 경사로 보내와 비교, 조사하고 대질, 심문하거나, 해당 성의 독무에게 넘겨 심판케 하고, 혹은 대신을 파견해 보낼 것을 청해야 하니, 그때그때 헤아려 지(旨)를 올려 조사해 처리한다(外省民人赴京控訴, … 將該犯交刑部, 暫行監禁. 提取該省案卷, 來京核對質訊, 或交該省督撫審辦, 或請欽派大臣前往, 臨時酌量請旨查辦)." 실례로서, 주120에서 든 명청(鳴淸)의 안은 특사를 파견한 예이다. 한편 도광4년 염사호(閻思虎)의 안은, 지현이 강간(强姦)을 화간(和姦)으로 판단하여 부녀자가 격분해 자살한 사건을 유족이 경공한 사건이다. 황제가 지를 내려 해당 성의 순무에게 심리하게 하였으나 순무 또한 화간으로 판정하여 보내왔다. 이에 대해 어사(御史)가 의문을 제기하여 "범인과 관련서류를 형부로 보내어 심문하고 조사"하게 하니, 비로소 진상이 밝혀졌다(『대청율례』 권37〔辨明冤枉〕상란, 권30〔越訴〕상란).

139 『회전사례』 권815, 건륭34년의 조례(『대청율례』 권30〔越訴〕조례14의 전신) 참조.

140 주137 밑줄 부분. 『대청율례』 권7〔事應奏不奏〕조례3(가경15년 편찬).

141 광서8년 상유(上諭)에 의해 "말다툼과 같은 작은 다툼이나 일체의 작은 사유로 타인을 연루시키고자 하여 정황을 날조해 망령되이 고발하는 경우, 해당성으로 보내어 증인을 전해 소환하게 되니 누를 끼침이 점점 불어난다. 이는 교활한 무리들이 남을 모함하는 계략을 이루게 하는 것으로, 양민이 입는 해는 말로 다할 수 없다(其有以口角微嫌及一切細故, 意圖牽累, 揑情妄控者, 一經發交本省, 傳提人證, 輾轉滋累. 是徒使刁狡者得遂其傾陷之計, 良民受害不可勝言)"는 이유로 아래와 같이 규정했다. "앞으로 경공안건에서 … 만약 고소한 문장이 자질구레하고 사정이 지리멸렬하며, 본성아문에 고발된 적 없는 것이라

를 풀기 위해 북경에 온 때는 형부로 보내어 청원의 취지와 독무가 보내온 문안을 비교하게 하여, 재심리할 필요가 있다고 판단되었을 때에만 상술한 것과 같은 조치를 취했다.[142]

이상은 경공에 관한 것이지만, 독무 이하 지방의 상급관청이 상소를 수리할 때도, 적절히 관내의 하급관청에 교부하여 심리하게 하고 그 결과를 보고하게 하는 방식으로 처리하는 경우가 많았다. 이것을 '위심委審'이라고 하며, 심리를 위임받은 쪽에서 보면 그 사안을 '상사비발上司批發'의 안이라 한다. 사안이 중대한 때는 '친제親提', 즉 상사가 친히 심리하였다. 형률 단옥斷獄 편 〔변명원왕辯明寃枉〕 조례7에서는 어떠한 사안을 친제, 혹은 위심해야 하는지 상세히 정해놓았다. 그 대략의 요지는 다음과 같다.

(1) 독무는 경공발교京控發交[143]된 사안을, 사司(포정사 · 안찰사) · 도道 이하의 각관은 상사비발上司批發의 사안을 각각 친제해야 한다. 즉, 다시 위심해서는 안 된다. 다만, 호혼전토의 사안으로 사실관계가 복잡하게 얽혀있는 경우라면 위원을 파견하여 조사하게 하고, 그 보고를 검토하여 종결하여도 지장이 없다.

(2) 원심한 관원이 영사왕법營私枉法(뇌물을 받아 부정을 행함) · 남형폐명濫刑斃命(불법적인 고문으로 죽음에 이름)의 행위를 하였다고 인민이 호소한 때는 친제해야 한다. 그밖에 "사안이 중대하거나 의혹이 있어 해결이 어려운" 것

면, 즉시 박척하여 접수하지 않는다(嗣後遇有京控案件, … 如控詞瑣屑, 情節支離, 並未在本省督撫衙門控告, 卽予駁斥, 不准接收)"(『대청율례』 권30 〔越訴〕 상란).

142 『대청율례』 권30 〔越訴〕 조례14, 23.

143 조례에는 '봉지발교(奉旨發交)'라고 되어 있다. 그러나 광서2년 어사의 상주를 형부에 내려보내 의논하도록 하고, 그 의논해 상주한 것을 재가한 안건(『회전사례』의 용어법에 따르면 '의준(議准)'이라 칭해야 할 것) 가운데, 이 조례를 충실하게 준수할 것을 재확인하는 대목에서는 "경공으로 심사에 넘긴 안건은 상주할지 자문(咨文)할지를 막론하고 모두 친제(親提)하여 판결한다(其京控交審案件, 無論奏咨, 均應親提審辦)"라 하고 있다(『대청율례』 권37 〔有司決囚等第〕 상란). 친제라 하더라도 실질적인 심리는 다수의 발심국(發審局) 인원 등이 담당하도록 하였을 것이다.

은 친제한다.

(3) 원심의 재판이 끝나고 그 결과에 불만족하여 상소한 경우 및 원심에서 심리중이라도 억륵화공抑勒畫供(진술서에 억지로 화압畫押(서명)하게 함)[143a]·남행기압濫行羈押(불법으로 신병을 구속함)·연불신결延不訊結(고의로 방치하여 판결을 내리지 않음)·서역사장무폐書役詐贓舞弊(서역胥役이 능학하거나 착취함)의 사정이 있어 상소한 경우는 아래와 같이 한다. 독무에 호소한 것이라면 포정사·안찰사 또는 도에 위심하고, 사·도에 호소한 것이라면 원 주현을 관할하는 지부 또는 인근의 부·주·현에 위심하며, 부·주에 호소한 것이라면 친제한다. 어느 쪽이든 원심으로 돌려보내거나 원심관을 심리에 참가시켜서는 안 된다.

(4) 위심委審의 결과에 불만족하여 다시 상소하면, 상사는 더는 위심하는 일 없이 친제해야 한다.

(5) 원심에서 심리 중인데 앞의 (2)·(3)에서 열거한 사유 없이 상소하면 원심으로 돌려보내 심리를 속행續行하여 그 결과를 보고하게 한다.[144]

이처럼 조례에서는 위에서 수리하여 아래로 내려보내는 처치를—그것

143a '화압(畫押)'이란 기능적으로 말하면 서명(署名), signature에 해당하나, 성명을 직접 써넣을 필요는 없다. 다른 사람에 의해 갖춰진 문면 위에 이름이 적힌 본인 스스로 어떤 기호를 표시함으로써 승인의 의사표시를 확고부동하게 부여하는 것을 말한다. 계약문서 등의 실례로 보면, 두세 가지 문자를 조합한 복잡한 문양의 것도 있지만, 간단히 '十'자 표시밖에 없는 것도 있다. 담신당안(淡新檔案)의 준결(遵結)(이 책 제3장에 후술함)에서는 자주 먹을 묻힌 지장이 사용되며, 드물게는 손모양이 찍혀있는 것도 있다. 형식 여하를 불문하고 모두 화압이라 하지 않을 수 없다. 정확히 맞는 번역어를 찾기 어려우므로 이하에서는 원어 그대로 사용하기로 한다.

144 이러한 조례도 충분하게는 장려, 시행되지는 않았다. 겨우 상소를 하여도 다시 아무렇지도 않게 원심으로 되돌려지는 일도 상당히 있었던 모양이다(주143의 사료에서도 현 상황의 폐해를 서술하며 "일단 상공하여도 여전히 다시 원심 주현에게 보내어 심판케 한다. 해당 주현은 근무성적을 신경써서 매번 덮어두고 심리하지 않는 경우가 많으니, 소민의 원억이 해소되지 못한다(一經上控, 仍復發交原問州縣審辦. 該州縣自顧考成, 每多迴護, 不爲審理, 小民寃抑莫伸)" 하고 있다. 『회전사례』 권122, 嘉慶八年又諭에도 비슷한 말이 보인다).

이 안이하게 흐르지 않도록 어느 정도 제한을 가하면서— 일반적으로 인정하고 있다. 이때 아래에서는 사안을 내려보낸 상사에게 심리의 결과를 보고해야 했다.[145] 말하자면 그만큼 상사가 날카롭게 주시하고 있는 사안인 까닭에 소홀히 할 수 없고, 자연스럽게 공정, 신속한 심리가 보증되는 것을 의도한 것이다.

하지만 현실의 사태는 반드시 만족스러운 것은 아니었다. "관은 관을 감싼다官官相護"라는 관행으로, 상소에 이유가 있다고 내심 인정하여도 원심관의 체면을 생각하여 쉽게 원안을 뒤집지는 않고, 상소한 이를 달래 타협을 꾀하거나 그대로 방치하고 결론을 내지 않는 등의 폐해가 있었다.[146] 동시에 다른 한편으로는 교활한 일부 인민이 타인의 제소나 관헌의 추급을 견제할 목적으로 상대방이나 관헌의 악행을 날조 · 과장하여 마구 상소하고

---

145 한편, 도 이상의 형에 해당하는 사안이라면, 정해진 상사(사안을 비발(批發)한 상사로 한정되지는 않는다)에게 범인의 신병을 보내 필요적 복심의 절차에 회부시켰다. 조례에서 말하는 "법에서 초해(招解)하도록 하고 있는 경우라면, 구례에 따라 초해한다. 법에서 초해하지 않는 것이면 위심의 인원이 상결한다(係例應招解者, 仍照舊招解. 係例不招解者, 卽由委審之員詳結)"는 것이다. 상결(詳結)의 상(詳)은 보고를 뜻한다(주105).

146 『대청율례』 권30〔越訴〕상란, 道光四年上諭, "만약 해당 어사가 상주한 것처럼, 자결(咨結)의 안(경공자회(京控咨回)의 사안)을 조사해보니, 상소하여 실리를 얻는 이는 백에 두셋도 되지 않는다고 한다면, 이는 명백히 위심하는 각관이 서로 사정을 봐주고, 해당 상사는 속리(屬吏)를 감싸주며, 근무평가를 고려하여 완결하고 있는 것이다(若如該御史所奏, 查核咨結之案, 所控得實者百無二三, 是明係委審各員瞻徇附和, 該上司迴護屬吏, 顧慮考成, 從而彌縫完結)." 『대청율례』 권30〔誣告〕상란, 道光十六年上諭, "만약 해당 어사가 상주한 것처럼, 근년 이래 외성에서 자결(咨結)하는 소송안건으로 심리해보니 진실로 다시 조사해 뒤집은 것과, 심리해보니 거짓으로 원고를 무고(誣告)로 처리한 것은 열 중 하나도 되지 못하며 태반이 조정으로 끝난다면, … 모두 심문하는 관이 사실을 거짓으로 만든 것이기에 원고의 마음을 납득시키고 입을 막을 수 없는 것이다. 다시 소송할 것을 우려하여 감히 무고하면 가등하는 율을 인용하여 그 죄를 다스릴 엄두를 내지 못하니 … 조정을 구실로 사안을 종결한다. 심지어 소송안건을 방치하며 화해하기를 기다리니, 이후 양측을 조사하여도 모두 무겁게 판결하지 않고 애매하게 종결한다(若如該御史所奏, 近年以來外省咨結控案, 審實平反, 及審虛將原告誣告辦理者, 十不得一. 大半皆以調停了事, … 皆因問官將實作虛, 無以服原告之心而杜其口. 懼其復控, 故不敢援誣告加等之律以治其罪, … 藉以調停完案. 甚至壓擱控案, 待其串和, 然後訊供兩造, 均不重辦, 含糊了事)."

관료기구의 복잡함을 이용하여, 말하자면 그 틈새를 노려 자신의 악행을 감추는 폐해가 있었다.[147] 황제는 자주 상유上諭를 내려 상소 안건—특히 경공발교京控發交의 안—을 엄정히 심리할 것, 무고반좌誣告反坐의 법(p.81)을 엄격히 적용할 것을 훈령하였으나, 폐해는 쉽게 제거되지 않았던 것같다.[148]

상소가 허용되는 기간의 제한은 일반적으로는 전혀 존재하지 않았다.[149] 이미 사형이 결정된 자가 추심 때 번이翻異하여 재심리를 받은 예도 드물지 않게 존재하며,[150] 바야흐로 사형이 집행될 장소에 임하여서 억울함을 호소하는 경우도 있었다. 이때는 집행을 중지하고 상주하여 황제로부터 특사를 파견받아 재심리를 하도록 정해져 있었다.[151] 또한, 유형 · 충군 · 발견에 처해진 자가 배소配所에 도착한 후에도, 호소하여 앞의 판결을 뒤집는 것이 가능했다.[152] 판결의 확정력이라는 관념이 충분하게는 성립되어 있지 않았다

---

147 『資治新書』 卷首〔論一切詞訟〕에서 "하루 상사에게 소송을 통과시킴으로써, 하루 하사(下司)의 구류를 면할 수 있다(做得一日上司准告, 可免一日下司拘提)"라고 한다. 이처럼 날조 · 과장된 말을 늘어놓아 상소하고는 나중에 교묘하게 말을 바꿔 무고반좌(誣告反坐)의 법을 피하는 건송(健訟)의 무리가 있었다.

148 주144, 146에서 인용한 상유는 모두 그러한 취지였다.

149 『회전사례』 권816, 康熙四年又覆准, "무릇 관민이 순치17년 이전에 이미 종결한 안건을 고혼(叩閽)하여 고발하면, 모두 수리하지 않으며 법에 따라 죄를 다스린다(凡官民將順治十七年以前已結之案, 叩閽控告者, 俱不准行, 仍照例治罪)"와 같이 개별적으로 제한된 예가 극히 드물게 존재할 뿐이다. 다만, 청조 이전의 상황에 대해서는 일률적으로 말할 수는 없다.

150 『예안속증전집』 권34〔秋審鳴寃照雪駁〕, 〔秋審呼寃〕; 권37〔失入人罪之案議處不准抵銷〕 등. 마지막 사례에서는 억울함이 밝혀져 판단이 뒤집혔다.

151 『대청율례』 권37〔辨明寃枉〕 조례6. 가경12년에 실제로 일어난 한 사건을 계기로 만들어진 조례이다(『회전사례』 권843).

152 『대청율례』 권30〔越訴〕 조례22는, 발견 · 충군 · 유형 · 도형 등에 처해진 자가 배소(配所)에서 상주하여 타인의 죄(특히 자기를 재판한 관원의 죄)를 신고하는 경우 가중처벌하는 규정이다. 그런데 그들이 "원래 안건에서 실로 굴억(屈抑)이 있어", "내외의 감찰아문(風憲衙門)에 가서 고발"하는 것은 허용하며, 그러한 때 "원래 안건은 인준을 받아 심리, 경정(更正)한다"고 하고 있다. 이 조례의 입안을 지시한 상유에서도 "죄수가 만약 원래 안건의 굴억으로 인해 관에 이르러 고발했다면, 형벌에 임하여 억울함을 호소하더라도 역시 금하지 않는다(罪囚如因本案屈抑, 到官申訴, 卽臨刑呼寃, 亦所不禁)"(『회전사례』 권816, 嘉慶十九年諭)라 한다.

고 말할 수 있을 것이다.[153]

더구나 주의할 점은 상소의 길은 이렇듯 널리 열려있으면서도, 법의 해석을 다투는 성질의 상소는 조금도 없었다고 생각된다는 점이다. 이것을 사료로써 적극적으로 증명하는 것은 어렵지만, 거꾸로 사료 중에서 그것을 암시하는 듯한 어구가 전혀 보이지 않는다는 점에서 볼 때, 그것이 중국인에게는 예상 밖의 일이었다고 추정해도 틀리지 않을 것이다. 상소뿐만 아니라 일반적으로 법의 적용은 법정에서 다투어져야 할 문제가 아니었다고 말할 수 있다(p.87에서 후술).[154]

순회巡回

상신을 받아서 하는 복심 및 상소를 수리하는 것과 병행하여, 상급기관이 관내의 하급기관에 나아가 사법사무를 감사하는 제도가 연혁적으로 큰 기능을 하고 있었다. 이는 특히, 필요적 복심이 아직 충분히 제도화되지 않았던 한대漢代에 현저했다.[155] 한대의 군수郡守는 매년 가을, 겨울 즈음에 관내의 현을 순시하거나 사자를 보내 죄수를 심록審錄하였다. 즉, 가는 곳곳의 현에서 옥에 갇혀있는 죄인을 면접하여 그 진술을 듣고, 기록서류를 조사하여 미결 사안을 신속히 결말짓고, 원죄冤罪로 판단되는 때는 원안을 뒤집어—이를 '평반平反'이라 한다— 구제하는 관행이 있었다.[156] 군수만이 아니라

---

153 죄가 없다고 판단된 경우에도 석방될 뿐, 따로 무죄판결 같은 것은 내리지 않는다. 따라서 다시 동일사건에 대해 죄를 묻는 일이 충분히 있을 수 있었던 것이다. 『예안속증전집』 권34〔秋審呼冤〕은 공범 4명 중 1명이 죄를 뒤집어쓰고 다른 3명은 죄를 면했으나, 수년 후 추심(秋審) 때에 진술을 번이함에 따라 진상이 판명되어 그 전에 방면된 다른 3명에게도 죄를 묻게 된 실례이다.

154 宮崎市定, 「宋元時代の法制と裁判機構」(『アジア史研究』 4 수록), p.212에서 지적하듯이 그것은 송대에도 마찬가지였다. "법은 관의 것이지 인민의 것이 아니었던" 것이다.

155 한대의 사법제도에 관해, A.F.P. Hulsewé, "The Administration of justice", *Remnants of Han Law*, 1995를 참조.

156 『後漢書』「百官志」, "무릇 군국(郡國)은 … 가을겨울에 해롭지 않은 관리를 보내어 여러

주州의 자사刺史도 군국郡國을 순회하며 죄수를 심록하였고,[157] 중앙의 정위廷尉(대리시大理寺의 전신, 당시 가장 주요한 사법기관)에서도 인원을 파견하여 천하를 돌며 같은 일을 행하였다.[158] 천자天子 스스로가 수도의 죄인을 심록하는 일도 행해졌다.[159] 당대唐代에 이르러서도, 주의 자사는 매년 한 번 소속 현을 돌면서 제반 정무를 감찰할 때 '죄수를 심록'해야 하는 것으로 정해져 있었다.[160] 명대에는 5년에 1번 형부 · 대리시 중에서 심록관審錄官을 임명하고 각 심록관이 하나의 성을 담당하여 순회하면서 죄수를 심록하게 하는 제도가 있었다.[161] 이러한 순회는 또한 일반 인민에게 손쉽게 상소할 수 있는 기회를 제공한다는 의미도 있었다.[162]

순회와 '상신에 기초한 복심'은 상호보완적인 제도였다. 후자가 필요적 절차로서 완비되면 전자는 자연히 그 기능이 감축된다. 명대에 5년에 1번 심록하는 제도는 청조 초기에 폐지되었다.[163] 그러나 청조에서도 또한 분수도分守道 · 분순도分巡道로 하여금 동절기에 소속 주현을 순력巡歷하게 하는, 일종의 순회제도가 존재했다. 그 주된 목적은, 주현자리州縣自理의 안건

죄수들을 심사하여 죄와 법을 고르게 한다(凡郡國 … 秋冬遣無害吏, 案訊諸囚, 平其罪法)." 경조윤(京兆尹)인 준불의(雋不疑)가 현을 순행하고 죄수를 심사하여 돌아오면, 어머니는 항상 평반(平反)하여 몇 사람의 목숨을 구했는지 물었다는 이야기도 있다(『漢書』「雋不疑傳」).

157 『後漢書』「百官志」 "여러 주(州)가 항상 8월에 소속 군국(郡國)을 순행할 때 죄수를 심사한다(諸州常以八月巡行所部郡國, 錄囚徒)."

158 이를 위해 정위평사인(廷尉平四人)이라는 인원을 두었다(『漢書』「刑法志」).

159 『後漢書』「安帝紀」 永初二年, 六年; 『後漢書』「鄧皇后紀」. 후자는 황제가 어려서 집정 중인 황태후가 행한 예이다.

160 『大唐六典』 권30. 중앙에서 복수사(覆囚使)를 파견한 적도 있다. 小早川欣吾, 「唐朝司法制度」, 『法學論叢』 41-5, 1939, p.76.

161 (萬曆) 『大明會典』 권177.

162 『대청율례』 권30〔告狀不受理〕 율문.

163 옹정3년에 "각성에서 정기적으로 관을 파견하여 휼형하는 일(各省按期差官恤刑之事)"이 이미 정지되어 있음을 이유로, 명대에서 유래한 조례의 자구가 개정되었다(『회전사례』 권852〔赦前斷罪不當〕; 권843〔辨明冤枉〕; 권739〔加減罪例〕).

에 대해 정리한 서류를 조사하여 심리의 지연을 적발하거나, 옥獄(유치소)의 설비가 양호한지 시찰하는 등 사법행정적인 감찰을 행하는 것이었다.[164] 그러나 상황에 따라서는 본래 독무 · 양사가 죄인의 신병을 성성에 호송시켜 진행해야 할 추심 준비절차를, 도원道員에게 동절기에 순력하는 겸 시행하게 하여 끝내는 경우가 있었다. 이 점에서 보면 청대의 순력은 사법내용적인 의미가 있기도 하였다.[165]

질품

어떻게 처리해야 할지 판단이 망설여지는 사안에 대해 상급자에게 질품하는 제도 역시 상신에 기초하는 복심과 상호 보완하는 것이다. 한대에는 복심이 제도화되지 않은 대신에 그러한 질품을 장려하는 조서가 자주 내려졌다.[166] 당대唐代에도 그와 같은 사안(의옥부결자疑獄不決者)을 대리시大理寺 · 상서성尙書省에 질품해야 하는 것으로 규정되어 있었다.[167] 청대에도 '자청부시咨請部示'라고 하여 독무가 형부에 질품하는 예가 많이 나타난다. 다만, 그 중 다수는 새로 제정된 법에 관한, 구체적 사안을 계기로 하지 않는 질품이거나,[168] 심리절차, 형의 집행, 은사의 적용 등을 둘러싼 문제에 대한 질품이고,[169] 구체적 사안의 재판에 즈음하여 실체적인 판단을 구하는 것은

---

164 『대청율례』 권30〔告狀不受理〕조례5, 9; 권36〔淹禁〕조례3.

165 『대청율례』 권37〔有司決囚等第〕조례31, 32.

166 『漢書』「刑法志」, "고황제(高皇帝) 7년, 어사에게 조칙을 내리기를 … 지금부터 현(縣)과 도(道)의 관옥에서 의혹이 있는 경우, 죄를 내린 것이 2천석 관이라면 2천석 관이 그 죄를 담당하여 보고하고, 해결되지 않는 바는 모두 정위에게 넘겨 보고케 한다. 정위도 해결하지 못한다면 상주하여 해당하는 율령과 견주어 전하게 한다(高皇帝七年, 制詔御史, … 自今以來, 縣道官獄疑者, 各讞所屬二千石官, 二千石官以其罪名當報之, 所不能決者, 皆移廷尉, 廷尉亦當報之. 廷尉所不能決, 謹具爲奏, 傳所當比律令以聞)." 이어서 경제(景帝) 시대에도 같은 조서가 보인다.

167 仁井田陞, 『唐令拾遺』 獄官令 35.

168 『회전사례』 권851, 乾隆三十八年議准. 새롭게 반포된 검골도격(檢骨圖格)이라는 검시(檢屍) 매뉴얼에 대해 인쇄가 잘못된 것 아닌가에 대한 질의가 보인다.

아니었다. 드물게는, 명백히 법에 모순이 있다고 인정되거나, 법 규정이 너무나도 막연한 용어를 쓰고 있거나 하여 판단이 어려울 때, 죄를 결정하여 상신하고 복심을 요청하는 대신, 질품의 형식으로 원안原案 없이 형부의 의견을 구하는 경우도 있었다.[170]

민국民國 초기의 최고법원인 대리원大理院에는 추상적인 질의에 답하여 법을 해석하는 권한이 인정되어, 대리원에 판결례와 나란히 해석례라는 것

---

169 『대청율례』 권4〔犯罪存留養親〕상란, 道光九年. 유양(留養)의 요건 유무를 조사하기 위해서는 범인의 부모를 성성(省城)까지 호출하는 것이 원칙이지만, 연로한 경우 위원을 파견하여 조사시켜도 될지를 질의하고 있다. 『대청율례』 권4〔贖刑〕상란(『회전사례』 권724), 乾隆二年, 가호(枷號)를 속(贖)하는 경우의 금액에 관한 질의; 『대청율례』 권4〔流囚家屬〕상란, 嘉慶五年, 발견(發遣)한 죄인이 사망한 후 가족의 처치에 관한 질의; 乾隆四十一年, 연좌(緣坐)하여 충군된 부인의 재혼에 관한 질의; 『대청율례』 권4〔常赦所不原〕상란, 乾隆四十九年, 어느 것이나 은사의 적용에 관한 질의.

170 『대청율례』 권30〔子孫違犯教令〕상란, 가경11년 강덕주(江德周) · 정안씨(鄭安氏)가 통간(通姦)한 사건에 대한 질의이다. 먼저 "부녀가 다른 이와 통간했는데, … 만약 원래의 남편이나 부모가 통간을 종용한 것으로 후에 통간하였음이 드러나자 자살하도록 겁박했다면, 간통한 당사자는 일반적인 간죄(姦罪)를 적용하는 데 그친다(婦女與人通姦, … 若本夫與父母縱容通姦, 後因姦情敗露, 愧迫自盡者, 姦夫姦婦, 止科姦罪)"(『회전사례』 권806)는 건륭30년 제정된 刑律 · 人命〔威逼人致死〕조례가 있다. 그리고 "자손이 간죄(姦罪)나 도죄(盜罪)를 범했는데 … 만약 조부모, 부모가 허락하고 숨겨주었다가, 훗날 발각되자 죄를 두려워해 자살하도록 (강요했다면), 간죄와 도죄를 범한 자손은 흑룡강으로 보내 피갑인(披甲人)에게 주어 노로 삼는다(凡子孫有犯姦盜, … 如祖父母父母縱容袒護, 後經發覺, 畏罪自盡者, 將犯姦盜之子孫, 發黑龍江給披甲人爲奴)"(『회전사례』 권819)라는 가경9년 제정된 刑律 · 訴訟〔子孫違犯教令〕의 조례가 있다. 이 두 조례가 서로 모순되는 점에 대한 질의이다. 형부는 날짜가 새로운 조례를 따르라고 회답하여 그 자리를 피했으나, 곧바로 조례개정을 주청하였다. 두 조례 가운데 전자는 같은 해에 개정되어 『대청율례』 권26〔威逼人致死〕조례2가 되었다. 『대청율례』 권5〔徒流遷徙地方〕상란, 가경 22년 이승선(李勝先)의 안을 보자. "연장충군된 죄인이 만약 배소에서 이유없이 도망하여 5일을 넘겨 붙잡혔다면, 도망 중에 범죄를 저질렀는가와 무관하게 지를 청하여 즉시 처형한다. 만약 5일 내에 붙잡혔다면, 해당관할의 장군 · 대신 · 독무가 엄히 심사하는데, 부근에 잠시 몸을 피한 정도로 멀리 달아나지 않고(煙瘴充軍之犯, 如在配無故脫逃, 已逾五日拏獲者, 無論有無行兇爲匪, 請旨卽行正法. 若于五日內拏獲, 該管將軍 · 大臣 · 督撫嚴行確審, 如僅仍在附近處所暫行躲避, 並未遠颺) … 했다면 사형을 면한다"(『대청율례』 권35〔徒流人逃〕조례14)에서 '부근'의 정의에 관한 질의이다. 형부는, 5일 안인지 밖인지가 요점이며 '부근'이란 문자에 구애되지 말라고 회답하였다. [후기] 청조 후기의 판례집인 『형안회람속편(刑案匯覽續編)』의 시기가 되면, 원안없이 혹은 두 가지 안을 병기하여 형부의 의견을 구하는 사례가 비교적 빈번히 나오는 듯한 인상을 받는다.

이 존재하였다. 이 역시 위와 같은 역사적 전통에 기초하는 것임은 에스카라Escarra가 주목한 대로이다.[171]

요약

이상을 통해 분명해진 것은, 각급 재판기관 간 상하관계의 양태는 현재 우리의 행정관청의 그것과 기본적으로 다르지 않았다는 점이다. 즉, 현대 일본에서 사법의 본질적 요청이라고 생각하는 각 심급의 자족완료적 성격은[172] 전혀 인정되지 않았다. 필요적 복심제는 행정관청에서 작은 일을 아래에 맡기고 큰 일의 결정은 위에 남기는 권한 분배 방식 그 자체이다. 또한 입안자로부터 결정권자에 이르기까지 다수의 도장이 잇따라 이어지는, 익숙한 현상과 궤를 같이 한다고 말할 수 있다. 게다가 어느 정도는 아래에 위임된 결정권이라는 것도 보고나 순회를 통해 감시를 받고, 사후에도—더욱이 상소가 없더라도 상급자의 감독권에 의해— 뒤집힐 수 있을 정도로 독립성이 약한 것이었다. 그리고 상소라는 것은 바로 그러한 감독권의 발동을 간청하는 행위로서, 마치 관공서의 창구에서 부당한 취급을 받은 자가 안쪽에 있는 담당 책임자에게 민원을 넣는 것과 비슷한 관계이다. 상소의 경로에 별도의 규정이 없던 것이나 일단 수리된 상소의 다수가 다시 아래로 교부된 것도 상소의 이러한 성격에서 나온 당연한 귀결일 뿐이다.

3. 재판기관의 내부구성

많은 재판기관 가운데 두 가지 서로 다른 전형이라고 할 만한 의미에서

---

171 J. Escarra, *Le droit chinois*, 1936. p.283 이하(谷口知平 옮김, 『エスカラ支那法』, 有斐閣, 1943, p.318 이하).

172 田中耕太郎, 「司法權と教育權の獨立」, 『法の支配と裁判』, 有斐閣, 1960, p.158.

주현州縣과 형부刑部를 골라 고찰하기로 하자.

주현은, 그 사법적 기능의 면에서 보면, 인관印官을 재판관으로 하는 단독제 법원이라 할 만한 것이었다. 좌이관佐貳官 이하는 재판권이 없고, 인관 또는 상급청으로부터 위임받거나, 인관의 부재시 법의 규정에 따라 심리 일부를 대행하는 경우 외에는 재판에 관여하는 것이 허용되지 않는다. 도적의 피해 등 긴급한 사건이 알려졌을 때 그들 역시 범인포획에 나서지만—어떤 자는 바로 그것을 임무로 삼는다—, 붙잡은 범인은 곧바로 인관에게 인도되어야 한다. 그러한 긴급성이 없는 통상적인 소를 좌이관 이하가 수리하는 것은 단호하게 금지되어 있었다.[173]

인관 아래에서 법정은 통상 거의 공개라고 할 수 있는 상태로 열린다. 공개가 명문으로 보장되고 있던 것은 아니더라도 굳이 비밀리에 할 것도 없었던 것이다.[174] 이 가운데 민사적 색채가 강한 사안에서는 법정에서의 대질만으로 사안을 결정하는 것이 가능하기도 하고 타당하기도 하였을 것이다. 다

---

173 『육부처분칙례』 권47 〔稽察佐雜〕; 『예안전집』 권43 〔佐雜官受司…〕; 『資治新書』 권5 〔嚴禁佐領擅受民詞〕 등을 참조. 인관의 부재중에 발생한 인명사건에 대해 검시를 행하는 등 법의 규정에 따라 심리의 일부를 대행하는 사례는 『대청율례』 권37 〔檢驗屍傷〕의 여러 조례를 참조하라. 그러나 소를 수리하는 것은, 특히 해당 아문의 서리에게 큰 유인으로 다가왔으므로, 이러한 금령은 종종 지켜지지 않았던 것 같다. 재판권이 없는 곳에 호소하는 자가 있을 수 있다는 것이 기묘하게 생각될 수 있다. 하지만 좌이관 이하에 재판권이 없다 하더라도 그것은 관(官)의 내규로, 인민 쪽에서 본다면 똑같이 관(官)이므로, 소가 수리되면 상대방에게는 사실상의 위압이 되어 상당한 효과를 기대할 수 있었다.

174 아마가이 겐자부로(天海謙三郎) 씨의 목격담(『東洋文化』 25, p.123); R. H. van Gulik, *T'ang-yin-pi-shih*(棠陰比事), 1956, p.60 등. 왕휘조도 소송은 가능한 내아(內衙)가 아닌 대당(大堂)에서 들을 것을 권하며, "내아(內衙)에서 소송을 들으면, 단지 양쪽의 다툼을 해결하는 데 그치고, 이로써 옆에서 듣는 이들을 두렵게 할 수 없다. 대당(大堂)이라면 당하(堂下)에 우두커니 서서 보는 자가 수백을 밑돌지 않는다"(『學治臆說』 〔親民在聽訟〕)라 하고, 경우에 따라서는 당하의 뭇사람 가운데 노성(老成)한 자 몇 명을 불러내어 당면의 문제에 대한 그 지역의 풍습을 묻는 것도 좋다(같은 책, 〔初任須體問風俗〕)고 가르친다. 대당(大堂)에서의 재판에 많은 방청인이 몰려들고 있는 모습이 눈에 보이는 듯하다. 또한 관원이 때때로 내아에서 청송(聽訟)하는 것을 좋아하는 것도, 『學治臆說』의 앞뒤 문장들에 따르면, 비밀리에 할 필요 때문이 아니라 위의(威儀)를 차리지 않아도 되는 편안함 때문일 것이다.

만 명命·도盜 등 형사성이 강한 사안에서는 법정에서의 대질을 전후하여 공범이나 증인을 따로 밀실에서 조사할 필요가 생기는 경우가 있었음은 당연하다.[175] 더구나, 그러한―현대 일본에서는 경찰관이나 검사에 의해 행해지는― 법정 밖에서의 조사와 법정 안에서의 심리가 제도적·개념적으로 구별되지 않고, 동일인에 의해 하나의 연속된 절차로서 행해진 것은, 공판이라는 개념을 골자로 하는 현대 일본의 사법제도와 현저하게 다른 점으로서 주목할 만하다. 그러나 청조의 제도에서도 죄상의 자백서에 화압을 받는 최종적인 절차(p.86)는 관아의 정당正堂에서 행하도록 정해져 있었다.[176] 이러한 절차는 어느 정도 공판을 보장하는 의미가 있었다고 할 수 있으며, 실제로도 시종 비밀리의 조사만으로 사안이 마무리되는 것과 같은 일은 일단 없었을 것으로 보인다.

인관을 보좌하는 자로서 형명막우刑名幕友는 큰 역할을 했다. 소환해야 할 관계인의 범위에 대해 대강의 기준을 잡고 개정기일의 일정을 짜는 등은 모두 막우의 일이었다.[177] 또한 심리의 결과에 대해 인관과 격의 없이 의견을 교환하고 그 결론을 일정한 스타일을 가진 문안으로 만들어내는 것도 막우의 일이었다. 하지만 막우는 어디까지나 사적인 보조자로, 책임은 일체 인관에 귀속되는 것이었다. 법정에서도 막우가―배후에서 귀를 기울이는 일은 있더라도― 모습을 드러내는 일은 없었던 것 같다.[178] 장수長隨(가정家丁), 즉 인관이 임지에 대동하는 공무 담당의 가복家僕 가운데에 치당値堂이라 하는 직분이 있다. 이는 법정에서 인관의 옆에 서서 만전을 기울이며 인

---

175 劉衡, 『蜀僚問答』〔要案隔別取供之法〕 등에서 그 필요성을 말한다.

176 『대청율례』 권37〔吏典代寫招草〕 조례, "각관이 사건을 심리할 때, 각방의 서리를 불러 공술을 기록하게 한다. 정당(正堂)에서 낭독하여 피고와 원고에게 들려주어 공술한 것과 다르지 않으면, 비로소 해당 죄인에게 화압하게 한다(各有司審獄時, 令招房書吏照供錄寫. 當堂讀與兩造共聽, 果與所供無異, 方令該犯畫供)."

177 『佐治藥言』〔詞訟速結〕,〔須示民以信〕,〔摘喚須詳愼〕.

178 『佐治藥言』〔草供未可全信〕.

관을 보좌하는 역할이었다.[178a] 법정에서의 기록 작성은 서리에 의해, 경비警備와 고문拷問의 시행은 아역衙役의 손으로 행해졌다. 표준어가 통하지 않는 지방에서는 법정에 통역을 두었다.[179] 관은 탁자를 앞에 두고 의자에 앉았고, 당사자는 바닥에 꿇어앉아 심리를 받았다.[180]

이상 주현에 관해 서술한 것은 부府 · 도道 등에도 거의 들어맞는다고 생각해도 좋을 것이다.

천하의 사법을 총괄하는 부서인 형부의 구성은 가장 우리의 흥미를 끈다.

178a 광서(光緖) 시기의 방대식(方大湜)은, 치당(值堂)의 사무는 관이 법정에 자리하면 서류를 탁상에 펼치고, 끝나면 정리하는 것뿐이므로, 근반(跟班)(시중역의 하인)으로 충분하며 특별히 치당을 둘 필요가 없다고 한다(『平平言』 권2, 20b〔用印值堂不必專派〕). 다른 한편, 세간에서 종종 치당이 주제넘게 나서는 폐해가 있음을 경계하여 다음과 같이 말하기도 한다. "치당을 맡은 가정(家丁)이 안건을 심리할 때 왕왕 많은 말을 어지러이 한다. 혹은 본관이 이미 말한 것을 말하고, 혹은 본관이 아직 말하지 않은 것을 말한다. 혹은 양측의 간사함을 꾸짖고, 혹은 증인들의 교활함을 질책한다. … 당하(堂下)에 있는 자가 이 모습을 바라보면, 앉아있는 자도 심문관이고 서 있는 자(즉, 치당) 또한 심문관이다. 또한, 소송을 처리하는 사람과 그 옆에 서 있는 자(치당) 사이에 변론이 오고가니, 다만 서 있는 자를 심문관으로 알고 앉아있는 자가 심문관임을 모르는 것 같다(『平平言』 권2, 63a〔不許家丁多言〕)." 관은 본래 그러한 난맥상을 용납해서는 안 된다. 龔德柏, 『也是愚話』, 傳記文學出版社, 1969에 수록된 「현령님(縣太爺)」이라는 글에 묘사된 '법정에 서 있는 이들(站堂的)'도 같은 것이다. 이들은 나무 인형처럼 관을 모시고 서 있지만, 지현이 어떤 착오가 있으면 발로 발을 쿡쿡 찔러 주의를 촉구하였다. 지현이 깨달으면 좋고, 의미를 파악하지 못하면 일단 휴정하고 배후에서 이유를 물을 수도 있다. 그 때문에 그 일은 대단히 중요하며, 모든 것을 파악하고 있는 베테랑이 아니면 감당할 수 없었다고 한다(p.60). 담신당안(淡新檔案)에 가끔 나타나는 '당사(堂事)'도 치당(值堂)의 다른 이름이라 생각한다.

179 『청국행정법』 5, p.63.

180 주현 법정에 관한 시각 자료로는 Arthur Smith, *Village Life in China*, 1899, p.218의 사진이 비교적 분위기를 잘 전하고 있다고 생각한다. 『臺灣慣習記事』 2-8의 권두 도판에도 복건성에서 촬영했다는 사진이 실려 있으나 대단한 것은 아니다. 中川忠英, 『淸俗紀聞』에는 '중국인(唐人)'에게서 들은 것을 기초로 상상하여 그린 것으로 보이는 삽화가 있으며, 이는 陶希聖, 『淸代州縣衙門刑事審判制度及程序』, 食貨出版社, 1972의 권두도판에 실려 있다. Sybille van der Sprenkel, *Legal Institutions in Manchu China: A Sociological Analysis*, The Athlone Press, University of London, 1962의 권두도판에는 서양인이 그린 출처불명의 에칭화가 실려있다. 臨時臺灣舊慣調査會, 『臺灣私法附錄參考書』 3하, p.470에서는 법정에서 인물의 배열을 도면으로 보여준다. 황족이라 해도 혐의를 받아 법정에 출석하면 "평민과 마찬가지로 무릎을 꿇고 심리를 받아야 했다(與平民一體, 長跪聽審)"고 한다(『대청율례』 권4〔應議者犯罪〕 조례7).

부部가 당관堂官과 사관司官으로 이루어지는 것은 전술하였다(p.34). 형부에서 사관(낭중郎中 · 원외랑員外郎 · 주사主事)은 18개(초기에는 14개)의 '청리사淸吏司'(이 명칭의 유래와 어의는 미상이다. 줄여서 단지 사司라 한다)에 편성되었고, 각 청리사는 만주인과 한인을 섞어 여섯 내지 여덟 명을 정원으로 했다. 18개의 청리사 가운데 독포사督捕司를 제외한 각 청리사에는 지역별로 분담이 정해진다. 대체로 지방의 한 성省과 형부의 한 청리사가 대응하는데, 예를 들면 산동순무로부터 보내진 문안은 산동청리사에 의해 처리되는 구조이다. 아마 각 사 내부에서도 각 건마다 담당자가 할당되었을 것이다. 어찌 됐든 독무에게서 형부로 보내진 안건은, 먼저 담당 청리사에 의해 검토되고, 형부가 내려야 할 준准(원안 승인) 또는 박駁의 판단 및 그 이유서가 청리사의 손에 의해 하나의 초안으로 정리되었다. 사관司官이 작성하는 이 초안이 사실상 안건의 운명을 크게 좌우하였다. 이는 형부가 원죄冤罪를 발견하여 상을 받거나 부당한 박을 행하여 징계를 받는 경우 대개 '초안을 정한 사관司官'이 상벌의 대상이 되었고[181] 당관이 상벌을 받는 일은 드물었다는 것에서도 짐작할 수 있다.

그러나 사관司官은 사안을 결정하는 권한이 없다. 초안은 당관堂官(상서尚書 · 좌시랑左侍郎 · 우시랑右侍郎에서 만주인과 한인 각 1명으로 합계 6명)의 합의, 즉 당의堂議에 올려져 이를 통과함으로써 비로소 결정된다. 당의는 다수결은 아니고, 각자는 이의가 있는 한 서명을 거부할 수 있었다.[182] 그러나 삼법사 회의(p.50)와 달리, 형부의 당의에 소수의견이 달렸음을 보여주는 사료는 눈에 띄지 않기에, 항상 전원일치가 요구되고 있었던 것 같다.[183] 이는 일견

---

181 『회전사례』 권843, 雍正五年議准은 초안을 정한 사관(定稿司官)의 근무평정 기준을 정하고 있다. 형부의 결정이 부당하다고 하여 상소할 때도 담당의 사관을 재소했다(p.58 주 122).

182 주185 참조.

183 瀧川政次郎, 「淸代司法制度槪說」, 『支那法制史硏究』, p.330에 소수의견이 있을 수 있다

모순처럼 보이지만, 실제로는 그렇게 끝나고 있었다. 즉, 아무리 논의를 거듭해도 전원일치에 도달하지 못하는 것과 같은 상황은 현실에서는 아무래도 일어나지 않았을 것이다. 형부의 당관 가운데 한 명, 형부의 사관 출신으로 법률의 권위자로 여겨지는 인물이 있어, 그자가 중심이 되어 의사議事를 정리했다고 한다.[184] 또한 당의가 나뉜 때는 초안을 담당한 사관도 어떻게든 궁리하여 전원의 서명을 얻을 때까지 노력했을 것이다.[185]

또한 형부 현심現審의 사안(p.46)은 한 건마다 추첨으로 각 사에 분배되어[186] 사관이 신문 · 심리했다. 당관도 만약을 위해 신문을 했는지, 혹은 사관이 작성하는 서면만 보고 당의를 결정했는지는 명확하지 않다. 형부의 현심은 주현과 달리 공개되지 않았을 것이다.[187]

삼법사 회동의 사안에서도 먼저 세 아문의 담당 사관이 모여 초안을 준비

고 서술했지만, 사료적 근거는 제시하지 않았다.

184 滝川政次郎, 「清代司法制度概說」, p.331에 인용된 동캉(董康)씨의 말. 1955년 8월, 무코야마 히로오(向山寬夫) 씨의 주선으로 당시 도쿄에 은거하던 차오 뤼린(曹汝霖) 씨의 회고담을 들을 기회가 있었는데, 차오 씨도 마찬가지의 이야기를 했다. 『光緒實錄』 권533, 光緒30年 7月 己丑, 급사중(給事中) 반경란(潘慶瀾)의 상주에서도 "형부의 당관은 늘 한 사람이 전체를 맡아 처리하는 관행이 있습니다. 나머지는 따라서 서명해 승낙하니, 이러한 적습이 이어져 내려오면서 폐단이 매우 큽니다. 청컨대 칙하시어 동료들도 사실에 근거해 강구토록 하십시오(刑部堂官, 向有一堂當家之說. 餘則隨同畫諾. 積習相沿, 流弊甚大. 請飭同僚, 切實講求)"라 하여 이를 폐풍(弊風)으로 지적하는 말이 보인다.

185 『육부처분칙례』 권11〔部院事件科道註銷〕, "형부가 일반안건을 심사함에 만약 심문이 되풀이되어 종결하기 어려운 사건에서 당관(堂官)의 서명이 일치되지 못한 채 기한이 만료된 경우라면, 해당 청리사가 의견이 일치되지 못한 이유를 주소책(註銷冊) 내부에 미리 기재토록 한다(刑部現審尋常事件, 如遇反覆推鞫, 難以速結之案, 堂畫未全, 適届限滿, 該司卽將未曾畫全緣由, 於註銷冊內預行聲明)." 이는 당관의 다수는 서명했으나, 여전히 서명을 거부한 한두 사람이 있어 사관(司官)이 고생하고 있는 모습을 상상케 한다.

186 『광서회전』 권56〔當月處〕, "현심은 당(堂)에 올리면 사(司)로 분배한다. [오성(五城) 및 보군통령(步軍統領) 등의 아문에서 안건을 보내와서 … 나열하여 당에 올리면, 담당관이 추첨하여 각청리사로 나누어 보내고 기록한다](現審則呈堂而分司焉. [五城及步軍統領等衙門移送案件 … 開列清單呈堂, 當堂掣籤分司註冊])."

187 『청국행정법』 5, p.161에 "청국의 재판은 공개하지 않는다"라고 하는 것은 형부나 안찰사에 한해서만 옳다 할 것이다.

하고 이를 각각의 당관에 올리는 수순을 밟았다. 삼법사에 회부해야 할 현심의 사안은 세 아문의 사관이 입회하여 심리한 후, 당관 또한 삼자가 입회하여 만약을 위해 신문을 반복했다.[188]

여기서 우리는 가장 중요한 사법전문기관인 형부의 내부구성에서 오늘날 우리가 말하는 소송법상 의미에서의 법원法院을 특정할 수 없다는 사태에 직면하게 된다. 당관의 합의체를 법원으로 파악하기에는 사관이 담당한 실질적 기능이 지나치게 크다. 그렇다고 해서 결정권이 없는 담당 사관을 법원으로 파악하는 것은 처음부터 타당하지 않다. 결국 그것은, 하료는 기안하고 상관은 결재한다는 행정관청의 사무처리 방식과 다를 것이 없다고 하는 것이 가장 솔직한 이해일 것이다.

형부에서 나타나는 이러한 하료기안 · 상관결재의 방식은 행태를 조금 바꾸어 각 성의 사법 총괄기관인 안찰사사按察使司에서도 행해지고 있었음을 주목할 만하다. 형부의 당관에 해당하는 자가 여기서는 장관인 안찰사 1인(좌이관은 도원道員으로 독립되어 있다(p.31)이며 단독제인 점은 형부와 크게 다르다. 또한 형부의 사관에 해당하는 듯한 다수의 속관屬官은 안찰사사에 설치되지 않았다. 한편, 안찰사사 내부에는 다수의 '방房'이 설치되었다. 대다수의 방은 형부의 17 청리사와 마찬가지로 지역할당에 따라 성내의 일정 주현을 담당하고 있었다고 알려져 있다.[189] 이들 방에 근무하는 인원으로 생각할 수 있는 자는 서리 외에 달리 없다. 사실, 안찰사사의 서리가 '고稿를 의擬하고' '시示를 청請하는' 현상은 적지 않게 사료에 등장한다.[190] 즉, 형

188 『광서회전』 권69〔都察院十五道〕의 소주(小註); 『회전사례』 권1043〔大理寺 · 讞獄 · 會題〕.

189 『청국행정법』 5, p.72.

190 『佐治藥言』〔定罪時有鬼物憑依〕에는 아래와 같은 이야기가 나온다. 안찰사의 방(房)에서 심야에 늙은 서리가 추심(秋審) 문안을 작성하고 있었다. 이때 살인사건 가해자의 아버지와 간음사건의 피해자인 부녀자가 망령으로 나타나 서리가 각 사안을 어떻게 처리하려 하는지 지켜보았다는 괴담 같은 이야기이다. 왕휘조는 이를 인용하며, "서리가 작성한 판결의 초안은 결국 지시를 청해야 하는데도 귀신이 그것을 엿보고 있다. 하물며 붓을 들

부에서 사관이 수행한 역할이 여기서는 바로 서리에 의해 수행되었던 것이며, 그들이 제출한 초고를 손에 들고서 안찰사는 사안을 판결하고 있었을 것이다.[191]

또한, 안찰사사에는 범인의 신병이 호송되어 온다. 그에 대한 면접심리는 역시 처음에는 각 방에서 행해졌을 것으로, 최종적으로 안찰사의 면전에서 신문을 받을 기회가 주어진 후 사안이 결정되었을 것이다.

제2절 재판절차상의 두세 가지 문제

1. 죄책 추궁의 양식

형사절차가 진행되기 위해서는 그 원동력으로서 사람을 죄에 빠트리려 하는 힘이 어딘가에서 작용하고 있을 터이다. 이 죄책 추궁의 기능을 누가 담당하는가에 따라 재판의 양식을 크게 나누면 아래와 같다. 우선, 재판관으로 하여금 동시에 죄책추궁자가 되게 하는 규문주의糾問主義와, 죄책 추궁자를 당사자로서 법정에 서게 하는 소추주의訴追主義로 나눌 수 있다. 그리고 후자는 다시 자격이 부여된 국가기관으로 하여금 소추하게 하는 공적

어 죄를 정하는 것에 신중하지 않을 수 있겠는가(吏之擬稿, 不過請示, 鬼猶瞷之. 況秉筆定罪者, 可勿愼歟)"라 한다. 그 외에, 『회전사례』 권146, 乾隆元年諭, "또한 듣자하니, 안찰사나 순무아문에서는 주현에서 보고한 사건을 매번 먼저 각방의 서리에게 보내어 비를 기초하고 문서를 올리게 한다(又聞司院衙門, 凡州縣申詳事件, 每先發各房書吏擬批送籤)", 주105의 인용문 중 "도(道) 이상이 되면 모두 실무자가 의비(擬批)하므로(自道以上, 皆經承擬批)"라는 말 등.

191 주현의 서리는 서기 이상은 아니었던 것에 반해, 안찰사사의 서리는 사안의 실체적 내용에까지 들어가는 입안자였다는 점이 주목할 만하다. 안찰사사가 봉쇄아문(封鎖衙門)이라 하여 집무중인 서리와 외부와의 연락을 금했던 것도 그 때문일 것이다(宮崎市定, 「淸代の胥吏と幕友」, p.328).

소추公的訴追와, 사인私人으로 하여금 소추하게 하는 사적 소추私的訴追로 나뉜다. 다시 이 후자를, 자신에게 직접 관계가 없는 사건에 관해서도 사인이 소추를 할 수 있는가 여부에 따라 공중소추公衆訴追와 피해자소추被害者訴追로 나눌 수 있다.

청대의 재판제도는 위 분류에 따르면, 사적 소추(표면상으로는 공중소추, 실제로는 대부분 피해자소추)를 원칙으로 하면서 규문절차도 병존시키는 형태를 취하였다고 할 수 있다. 당사자로서 법정에 서는 국가적 소추기관에 의한 공적 소추라는 관념은, 청대에 국한하지 않고 역사를 통틀어 중국인에게는 친숙하지 않은 것이었다.[192] 즉, 중국의 법정에서 원고는 사인私人이거나 혹은 원고가 존재하지 않거나의 둘 중 하나였다. 그리고 원고인 사인은, 특정한 친고죄를 제외하고, 피해자여야 할 필요는 없다는 것이 법의 원칙이었다. 그러나 실제로는 적어도 특정한 피해자가 있음직한 사안에 관해 제3자가 출소出訴하는 것은 이상한 일로, 관헌은 이러한 소를 의심하고 경계하는 마음으로 대하는 것이 보통이었다.[193]

이러한 문제에 관하여 다소 연혁적으로 고찰하면 흥미롭다. 당唐의 율령에 나타나는 재판제도에는 상당히 선명하게 소추주의訴追主義—물론 사적 소추—가 일관되고 있다. 우선, "무릇 옥사獄事를 국문鞫問함에 모두 마땅히 고장告狀에 의거하여 국문해야 한다. 만약 본래의 고장 내용 외에 별도로 다른 죄를 찾는 경우 '고의로 남의 죄를 더한 것'으로 논한다"라 하여 소訴가 없으면 재판이 없음을 원칙적으로 선언하고,[194] 또한 소를 제기하는 자에게

---

192 당의 어사대(御史臺), 청의 도찰원(都察院) 등 감찰·규탄기관은 항상 존재했으나, 관리의 부정을 적발하는 것이 임무였지 인민을 소추하는 기관이 아니었다.

193 사염(私鹽), 즉 소금의 밀조·밀매와 같이 특정한 피해자가 없는 범죄에 관해서는 관의 탐지나 공중의 소추 외의 방법이 있을 수 없었음은 당연하다. 일반적으로 공중소추가 행해지는 주관적 동기로는 현상금의 목적(사염 등의 경우), 원한, 공갈 수단 등이 많았을 것이다.

194 唐律·斷獄 제12조〔依告狀鞫獄〕. 다만, 고장(告狀)에 기초하여 수사한 결과 다른 죄가

는 중대한 책임(소의 상대방이 입을 위험에 정확히 필적하는 만큼의 위험)을 떠안게 하려는 것이 당의 율령의 원칙이었다. 소가 허구임이 판명된 때 원고는 소가 만약 진실이었다면 피고가 받았을 것과 같은 만큼의 형벌을 받아야 했다. 이를 무고반좌誣告反坐의 법이라 한다.[195] 말하자면 원고와 피고로 하여금 하나의 형벌을 맞걸게 하는 관계라고도 할 수 있다. 따라서 절차상에서도 양자는 평등하게 취급되어야 한다. 피고가 신병을 구속당한다면 원고의 신병도 같은 정도의 구속을 받아야 한다.[196] 피고가 고문(당대唐代의 고문은 장杖이었다)을 받아 법에 정해진 수의 장을 다 맞고도 자백하지 않는 때는, 반대로 원고가, 같은 수의 장으로, 무고가 아닌가 하는 고문(반고反拷)를 받아야 한다.[197] 이처럼 중대한 책임을 수반하는 소의 제기가 충분히 신중하게 행해질 수 있도록, 소를 제기하는 이에게는 무고반좌의 법이 존재함을 알려주고 확신 유무를 묻는다. 더구나 이 절차를 세 번, 날을 바꾸어 반복하는, 이른바 삼심三審의 제도가 제정되어 있었다.[198] 이렇게 하여 충분히 확신이 있는 자에게만 소를 제기하게 하고, 그러한 소가 있고 나서 비로소 남의 죄를 논하는 절차가 개시되었다는 것은, 억울한 자를 죄에 빠트리는 위험을 피하기 위한 극히 주도면밀한 배려였다고 할 수 있다. 또한, 원고와 피고를 어디까지나 평등한 입장으로 세우려고 하는 일종의 형식주의(대체로 중국법에는 형식주의적인 요소가 희박하지만)[199]라고도 할 만한 것이 인지된다는 점은 크게 흥미를 끄는 부분이다.

한편, 이렇게 많은 위험이 따르는 일임에도 소추訴追를 사인의 손에 맡기

드러난 때는 이를 심리할 수 있었으므로(같은 조의 소(疏)), 고발하지 않았다면 다루지 않는다는 원칙이 반드시 절대적이지는 않았다.

195 唐律 · 鬪訟 제41조〔誣告反坐〕.

196 『唐令拾遺』獄官令23, "피고를 가둬야 하면 원고 역시 가둔다(前人合禁, 告人亦禁)."

197 唐律 · 斷獄 제10조〔告囚限滿不首〕. 같은 편의 제9조도 참조.

198 『唐令拾遺』獄官令23.

199 Escarra, *Le droit chinois*, p.62(b)(谷口知平 옮김, 『エスカラ支那法』, p.67).

는 제도가, 범인을 확실하게 검거하여 처단한다는 형사사법의 다른 일면의 요구를 충분하게 충족시킬 수 있었는지는 크게 의문이다. 과연 당률에서도 절도나 살인 등 직접적으로 인민의 일상생활을 위협하는 두드러진 범죄에 대해서는, 피해자나 그 친족이 호소하는 경우에 한해 반좌 및 반고 규정의 적용을 배제하고 있다.[200] 즉, 이들 사건에 대해서는 소訴가 '피해 신고'적 성격의 것으로 취급되어, 그 재판에는 규문적 요소가 가미되어 있었다.

청조는 위와 같은 당률의 규정 가운데 기본적인 것을 답습하면서 엄격한 당사자 평등의 원칙은 크게 완화하는 한편, 규문절차를 정규로 인정하는 데 이르렀다. 한마디로 말하면, 재판관의 직권 작용에 넓은 영역을 인정하는 것이 청대 재판제도에서 당의 제도와 비교되는 성격을 이룬다 할 수 있다.

소 제기가 없으면 다루지 않는다는 불고불리不告不理의 원칙을 선언한 조문은 다소 문언을 바꿨을 뿐, 그대로 청률에도 답습되었다. 다만 이 조문과 관련된 판례가 거의 존재하지 않는 것은, 그것이 거의 실제적인 의미가 없는 조문이었음을 의미할 것이다.[201] 무고반좌의 법도 존재할 뿐 아니라, 그 규정이 당률보다 준엄했다(무고자는 타인에게 씌우려 한 허구의 죄보다 3등급 가중하여 처벌된다). 실제에서도 분명하고 악질적인 무고는 확실히 반좌의 법으로 문책받았다.[202] 그러나 다른 한편, 무고로 판명되더라도, '회의오공懷疑誤

---

200 唐律 · 鬪訟 제54조〔告人罪須明注年月〕, "살해, 강도를 당하거나 수화(水火)로 인해 재물에 손해를 입었다면, 의혹이라 할 것이 없으니, 허위라도 모두 반좌하지 않는다(卽被殺被盜, 及水火損敗者, 亦不得稱疑, 雖虛皆不反坐)." 斷獄 제10조〔告囚限滿不首〕, "살해, 강도를 당하여 가족이나 친속이 고한 경우 반고(反拷)하지 않는다[수화로 손실을 입은 자 역시 동일하다](其被殺被盜, 家人及親屬告者, 不反拷[被水火損敗者亦同])." 소(疏)에서 그 이유를 설명하기를, "살해와 강도는 사안이 무거우므로 은닉되는 경우가 많으며, 원고를 반고(反拷)하기에 감히 말하지 못하는 경우가 있다(以殺盜事重, 例多隱匿, 反拷告者, 或不敢言)"라 한다. 삼심(三審)의 법도 살인 · 강도 등에는 적용되지 않는다.

201 『대청율례』 권36〔依告狀鞫獄〕 율문. 해당율에 관해서는 조례가 1개 조(게다가 그 내용은 본조의 엄격한 적용을 완화하는 의미의 것) 있을 뿐이고, 형안회람 등에도 해당조목과 관련된 구체적 사안은 보이지 않는다.

202 『대청율례』 권30〔誣告〕 상란의 여러 예.

控'(의심하여 잘못 제소하였다), '사출유인事出有因'(합리적인 혐의가 있어서 제소하였다), '도안즉행공명到案卽行供明'(소환되어 곧 (충분한 근거가 없는 소임을) 자백하였다) 등의 이유가 있는 경우, 관헌은 대체로 반좌의 법을 적용하지 않은 것 또한 사실이었다.[203] 이를 보면 반좌의 법이 규정대로 적용된 것은 매우 특별한 경우였을 것이다. 여기에서도 실무상의 당사자 평등주의가 완화되고 있었음을 볼 수 있다. 반고反拷의 법이나 원고와 피고의 신병을 평등하게 구속해야 한다는 규정은 청대는 존재하지 않는다. 또한 삼심의 제도 역시 존재하지 않으며, 도리어 소를 수리할 것인지의 판단이 관의 자유로운 재량에 맡겨지게 되었다.[204] 다른 한편, 탐지나 풍문에 기초하여 직권으로 체포·신문하는 것을 방나訪拿(탐지에 따른 체포라는 의미)라 칭하여 하나의 정상적인 절차로 인정하고 있다. 소에 의한 것인지, 방나에 의한 것인지에 따라 사안을 '송안訟案'과 '방안訪案'으로 구분하여 부르는 용례도 존재한다.[205] 이러한 직권에 의한 절차의 개시가 이른바 호혼전토戶婚田土의 민사성이 강한 사안에 행해질 리 없었음은 사리상 당연하다. 하지만 법의 원칙상으로는 극히 적은 예외를 제외하고 모든 사안에 대해, 소에 의한 절차의 개시나 직권에 의한 절차의 개시 모두 가능했다.[206] 그리고 인명, 강도 사건(이는 당률에서

---

203 『대청율례』 권30 〔誣告〕 상란, 道光十六年上諭; 『대청율례』 권30 〔官吏詞訟家人訴〕 상란, 光緖二十年上諭 등에서 엿볼 수 있다.

204 소장을 접수하는 것을 '수(收)', 수리한다고 결정하는 것을 '준(准)', 각하하는 것을 '박(駁)'이라 한다. 접수한 소장이 준(准)인지 박(駁)인지는 후일 게시하였다.

205 『佐治藥言』에 〔訪案宜愼〕, 『學治臆說』에 〔尋常訟案不宜輕率申詳〕 등의 표제가 있다.

206 처가 남편을 구타한 때 남편이 고하기를 기다려 죄를 논하는(『대청율례』 권28 〔妻妾毆夫〕 율문 협주) 등 친고죄로 규정된 몇몇 경우에는 물론 방나(訪拿)가 허용되지 않는다. 반대로, 아편 흡인 등과 같이 방나만을 허용하고 주변 사람의 고발을 허용하지 않는 드문 예도 있다(『대청율례』 권30 〔誣告〕 조례27). 이처럼 직권에 의한 재판의 개시가 인정되는 제도하에서는 당사자의 소 또한 오늘날 소송법에서의 공소(公訴) 제기와 달리, 소송의 주제를 특정하는 의미가 없었다. 원고로서 법정에 출석한 것이 헛수고가 되고 도리어 자기의 악행이 발각되어 그대로 그 법정에서 죄를 받는 일도 있을 수 있었다(p.55 주114 두여의(杜如意)의 원죄(冤罪)는 그 한 예시이다).

도 특수한 취급을 받고 있다)에 대해서는, 피해자의 소(그것은 또한 피해신고라고도 할 수 있다)가 있었을 때는 물론이고, 단지 거리에서 타살된 사체가 발견된 경우에도 주현관은 즉각 현장을 검증하여 상사에 보고하고(p.52), 일정 기간 내에 범인을 검거하여 사건을 해결해야 하는 것이 의무화되어 있었다.[207]

위와 같이 직권의 발동에 많은 것을 기대하는 것, 특히 재판의 책무와 범인 검거의 책무를 동일인에게 귀속시키는 것은,[208] 억울한 자를 죄에 빠뜨릴 위험을 다분히 품고 있는 제도였을 터이다. 그러나 다른 한편으로, 주현의 심리 결과가 앞서 서술한 필요적 복심제에 따라 자동적으로 몇 개 심급의 재검토에 노출되었던 것이 이 위험을 상당히 유효하게 방지하고 있었다고 말할 수 있을 것이다. 더구나, 직권의 발동에 많은 것을 기대한다 해도 현실에서 직권을 행사할만한 인원은 매우 적었다.[209] 또한, 온 힘을 다해 아무 일 없이 끝나기를 바라는 것이 관원의 공통된 성질이기도 했으므로,[210] 역시 주로 당사자의 시끄러운 요구가 절차의 추진력이었다고 할 수 있다. 갖가지 사료를 통해 얻은 총체적 인상으로는, 직권을 남용하여 무고無辜한 자를 죄에 걸리게 하기보다는 오히려 범죄를 징벌하는 능률이 좋지 않았던 것, 그리고 서역胥役에 의한 착취 등이 청조 사법제도의 약점이었다고 말할 수 있을 것 같다.[211]

---

207 관내에서 흉악범죄가 발생하는 것, 더군다나 그 범인을 검거하지 못하는 것은 관원징계의 사유가 되었다. 『육부처분칙례』 권41, 42〔盜賊〕; 권43〔人命〕에 자세한 규정이 있다.

208 범인 검거가 임무인 포관(捕官)이 있었으나, 그는 어차피 재판관인 인관(印官)의 보조자에 지나지 않았다(p.26 주16 참조). "순포(巡捕)와 추국(推鞫)의 분리"(宮崎市定, 「宋元時代の裁判と裁判機構」, 『アジア史研究』 4, p.207)라는 것은, 적어도 청조의 제도에서는 충분한 의미로 말할 수 없다. 또 같은 논고가 동시에 논하고 있는 "추국(사실의 취조)과 검법(檢法)(법의 적용)의 분리"라는 것은, 청대에는 전혀 발견되지 않는 송대 특유의 매우 흥미로운 제도이다.

209 인구 20만에 대해 행정관을 겸한 재판관은 단 1명(p.30)으로, 더구나 그 수족이 되는 이들은 신뢰가 가지 않는 서역(胥役)이었다.

210 『佐治藥言』〔訪案宜愼〕에서도 방안(訪案)은 오판을 야기하기 쉬우므로 되도록 피하는 것이 주현관으로서 현명한 일이라고 쓰고 있다.

2. 증거와 자백

타인의 죄를 묻기 위해서는 원칙상으로 범죄사실이 본인의 자백으로 확인되어야 한다는 것이 황제지배체제의 중국帝制中國(서언에서 서술한 두 번째 시대)에서 일관되게 취해진 대원칙이다. 이것이 법의 규정상에서 정면으로 선언된 적은 일찍이 없었지만, 그것은 중국인에게 너무나도 자명한 원칙이었기 때문에 굳이 기술할 필요도 없었을 따름이다.[212]

서양에서도 근세 초기 무렵 '자백은 증거의 여왕'이라고 여겨졌던 적이 있다. 중국의 사정도 일단은 그에 가까웠던 것이기는 하나, 위와 같은 법언法諺은 중국에는 없었으며 또한 있을 수도 없었다. 중국인의 생각으로는 증거와 자백은 병립하는 두 가지로, 자백이 설령 여왕이라 하더라도, 증거 가운데 하나로 생각되는 일은 없었다.[213] 그리고 재판은 원칙적으로 자백에 기초하여 이루어져야 하며, 극히 예외적인 경우에 한해 증거만으로 재판하는

---

211 인민이 강도의 피해를 신고하여도 관이 자신의 근무평가에 흠이 가는 것을 꺼려 신고 내용을 절도로 고치게 하거나, 파견된 포역(捕役)이 범인을 찾기보다도 먼저 피해자의 집에 밀어닥쳐 음식과 금전을 요구하고, 그 때문에 인민은 피해가 있어도 신고를 망설이는 폐해도 있었다(『회전사례』 권126, 嘉慶十二年諭. 권786에도 중복되어 나온다).

212 그 예외가 명기되어야 했던 것을 통해(주214), 우리는 역으로 그 원칙의 존재를 알 수 있다. 또한, 그것은 Gulik, *T'ang-yin-pi-shih*, p.56; John Macgowan, *Lights and Shadows of Chinese Life*, 1909, p.156 등 많은 저자가 일관되게 인정하는 바이다. 명률(明律)의 계통을 잇는 일본의 신률강령(新律綱領) 및 개정율례(改定律例) 중 후자에만 "무릇 죄를 판단하는 것은 입으로 진술하여 종결한 안건에 의한다"(318조)라는 규정이 나타나는 것도, 명률에 더 가까운 전자에서는 문자로 기술할 필요도 없이 당연한 것으로 여겨지고 있던 원칙이, 후자에서 비로소, 서양의 법제도와의 대비에 의해 의식하게 되어 규정을 하는 데 이르렀다고 이해할 수 있을 것이다.

213 학술지 『政法研究』에 실린 샤오창룬(蕭常綸), 류쿤린(劉崑林) 두 사람의 논의는 이런 의미에서 흥미롭다. 즉, 전자가 "증거와 공술은 나란히 중시해야 한다"라고 논한 것에 대해(1955년 제1호), 후자는 공술도 증거의 하나이며, 병립하는 두 가지로 생각할 것이 아니라고 비판하였다(1955년 제4호). 공술을 객관적 증거로 중시해야 함을 강조한 점은 전자도 확실히 근대정신의 세례를 받은 것이지만, 공술을 증거와 병치하여 생각한 점에서 전통적 관념을 남기고 있다. 그것을 후자가 파고든 형태이다.

것이 허용되었던 것이다.[214]

청대의 법원法源에서 자백, 특히 기록된 자백을 '공초供招' 등으로 부른다. 황육홍黃六鴻, 『복혜전서福惠全書』* 권12에 따르면, 법원法源에서 한마디로 공초라고 불리고 있는 것 가운데는 공장供狀과 초장招狀의 두 종류가 있었음을 알 수 있다. 공장은 또한 초공草供 등으로 불리는데, 신문에 답하여 당사자나 증인이 진술한 것을 그때마다 기록하고 본인의 화압[215]을 받아 두는 것, 말하자면 심문조서이다. 이것은 본인이 진술한 그대로에 가깝게 될수록 구어를 섞은 문체로 기록된다. 이렇게 기록된 각자의 진술 사이에는 당연히 엇갈리는 점도 있을 것이므로 그것을 다시 캐묻고 또 물적증거와 대조하여 수상한 점이 있으면 그것도 추궁한다. 이렇게 하여 재판관 자신도 서서히 이미지를 만들어가면서, 범인에게도 서서히 진상을 실토하게 해나간다. 충분히 혐의가 있음에도 입을 열지 않을 때는 일정한 규제하에 고문도 사용했다. 이리하여 재판관의 가슴 속에 하나의 이미지가 굳어지고 범인도 진상을 남김없이 실토했다고 판단되는 상태에 이른 지점에서, 다시 죄상을 일정한 양식으로 정돈된 문장으로 작성하였다. 이것을 본인에게 읽어 주고 화압을 받았던 것이 초장招狀이다. 초장에 화압을 받아내서 결정적인 자백을 얻어낸 상태를 '성초成招'라고 한다. 이 초장은 이제 단순한 조서 · 기록이 아니라 죄상을 자인하는 의사표시이다.[216] 이 죄상을 자인하는 문서를

214 당률(唐律)에서 의청감(議請減)이라는 고귀한 신분 및 늙은이와 어린이, 불구자 등 고문이 금지된 자들에 대해(단옥(斷獄) 제6조), 그리고 장상로험(贓狀露驗)(죄적이 극히 명료)하여 합리적 의문의 여지가 없는 경우(단옥(斷獄) 제8조)에 한해 '여러 증거에 따라,' '상황에 따라' 죄를 정하는 것이 인정되었다. 청률에는 그러한 규정이 없다. 더 상세하게는 후일을 기약한다.

* [역주] 이 책은 한국어로 번역되어 있다. 황육홍, 『복혜전서』 1-3, 김형종 옮김, 서울대학교출판문화원, 2020.

215 이 책 p.65 주143a.

216 요소요소에 '불합(不合)'(해서는 안 될 일이지만)이라는 문자를 몇 번이나 반복하여 사용하는 것이 초장(招狀)의 정식이었다(黃六鴻, 『福惠全書』 권12). 이 '불합(不合)'을 초안

받아내는 것, 즉 성초에 의해 법정에서의 심리는 종료된다. 그 뒤는 자인한 내용을 토대로 하여 정리한 사건의 전말을 서술하고 그에 대한 법의 적용을 기술한 문서를 작성하여 범인의 신병과 함께 상사에게 보내는(초해招解) 것뿐이다. 법의 적용은 전적으로 관의 사무이고, 법정에서 당사자가 다퉈야 할 성질의 것은 아니었다(상소에 대해서는 pp.66-68에서 서술하였다).[217]

중국의 재판관은 번거로운 증거법상의 규칙에 구속되는 일이 없었다. 전문증거傳聞證據이든 사적인 지식과 견문이든 자유롭게 이용할 수 있었고, 오청五聽(사청辭聽 · 색청色聽 · 기청氣聽 · 이청耳聽 · 목청目聽. 『주례周禮』 추관소사구秋官小司寇에 전거가 있는 일종의 상투어)이라 하여 당사자의 안색이나 거동을 관찰하는 것이 판단의 단서로서 중시되기도 하였다. 또한 진상을 간파하기 위한 기묘한 꾀를 쓰는 일도 있어, 재판관은 경우에 따라서는 탐정일 수도 있었다.[218] 하지만, 이렇게 얻어진 재판관의 지식이나 인상은, 어차피 범인의 입을 열게 하기 위한 과정 · 수단으로서만 의미가 있었고, 결코 날 것 그대로 재판의 기초가 되지는 않았다. 확정적인 죄상은 결국 범인의 입으로부터 나와야 했던 것이다. 누구도 스스로 인정하지 않은 행위에 대해 죄가 물어지는 일은 없다. 거기에—그것은 필연적으로 고문이라는 다른 폐해를 용납하게 되지만— 절차상 엄격한 한 가지 보장이 존재했던 것이다. 현대

(招眼)(초장의 요점)이라 칭하는 것은 내각문고(內閣文庫) 소장, 『法家引用』의 초본(抄本)에서도 보인다. 이것이 의죄(擬罪)의 전제가 된다.

217 따라서 공인의 변호사제도도 존재하지 않았다. 소송상의 조언을 업으로 하며 음지에서 당사자를 조종하는, 이른바 송사(訟師)라는 이들은 관헌으로부터 항상 눈엣가시로 여겨지는 존재였다.

218 일단 석방하고 부하를 시켜 뒤를 밟아 누구와 만나는지 지켜보게 하거나(『棠陰比事』〔蔣常覘嫗〕), 사건의 관계인 두세명을 사실(私室)로 불러 조사하는 도중 방문객이 온 것처럼 가장하여 자리를 떠난 후 그들의 사담을 엿듣거나(『蜀僚問答』〔要案伏人潛聽私語之法〕), 살인의 하수인이 누군지 모를 때 피해자의 영혼과 대질시키라고 하며 한밤중에 뭇사람을 성황묘에 집합시키고 두려워하는 거동을 보이는 자를 간파하는(『鹿洲公案』〔幽魂對質〕) 등등.

일본의 재판에서 증거 하나하나를 공개법정에서 검토하게 하여 전단專斷이 방지되고 있는 것과 상응하는 것으로서, 중국의 법정에서는 사실인정의 과정이 아니라 결론을, 전반적으로 범인의 자인에 맡기는 것에 의해 전단이 방지되는 구조였다고 할 수 있다.

또한, 죄상의 자인을 얻더라도, 당연히 기대되는 증거의 뒷받침이 없거나 자백내용이 충분히 합리적이지 않으면, 필요적 복심의 과정에서 상사는 가차없이 이를 박駁하였으며, 또 범인의 번이翻異에 의해 원안이 뒤집히기도 쉬웠다.[219] 더욱이 그러한 일이 있으면 원심관은 '경솔하게 사안을 결정했다草率定案'는 이유로 징계를 받아 장래에 승진을 좌우하는 성적표에서 실점을 받게 된다.[220] 따라서 재판관은 충분한 확신을 갖지 못하면 간단히 사안을 종결할 수 없었던 것이다. 재판은 자백에 의한다는 원칙도, 이렇게 본다면, 결코 증거를 무시하는 것도 아니었고, 또 일률적으로 전단專斷·가혹으로 흐르는 것도 아니었음을 알 수 있을 것이다.

아무튼 위와 같이 재판은 자백을 기초로 하고, 법정은 죄상에 대한 자인서를 받는 것으로 끝났다. 이것은 우리가 재판이란 것의 본질로 생각하는, 서로 다투는 주장에 대해 공권公權적으로 내려지는 '판정判定'이라는 성격을, 중국의 형사재판은 가지고 있지 않았다는 것을 의미한다. 법의 해석·적용이 당사자가 다툴 문제가 아니었다는 점은 잠시 제쳐두고(그것은 다음 절에서 서술하는 법의 기본적 성격에서 유래한다), 사실의 인정 역시 결코 판정이라는 형태로 이루어지지 않았다.

판정이란, 진실 그 자체는 누구도 알 수 없음을 전제하면서도, 그럼에도 불구하고 진실을 알아야 할 절박한 실제적인 필요가 있기 때문에 특정인의

---

219 『강소성례』, 同治十三年臬例〔命盜案件奉批再行擬解〕등에서 주현관은 증거를 잘 확보해야 한다고 거듭 일깨우고 있다.

220 『대청율례』 권37〔官司出入人罪〕상란, 嘉慶九年通行.

판단으로 진실을 대신하는 것이라 할 수 있다. 물론 그 판단에는, 진실에의 근사성近似性—사람의 힘으로 생각할 수 있는 최고도의 근사성—이 보증되어야 한다. 이 근사성을 보증하는 것, 그것은 다름 아닌 법원法院의 구성 및 심리절차의 엄격한 규제이다. 그 점에서는 태고의 소박한 신판神判도, 현대의 극히 정교하고 치밀한 소송절차도 다른 점이 없다. 그때그때의 인간이 지닌 지혜의 수준에 맞춰 근사성의 보증을 사람들이 가장 강하게 느낄 수 있는 구조가 채용되어 온 것이다. 판정자인 재판관은, 양심에의 충성—이는 중국의 재판관에게도 당연히 요구된다—에 더해 절차에의 충성을 요구받는다. 동시에, 절차는 재판관을 보호한다. 기구적, 절차적 구속은 판정자에게 금욕을 강제함으로써 그의 판정을 신성화한다. 판정은 이제 그 개인의 것이 아니라, 그가 배역을 맡아 봉사하는 기구의 산물과 다름이 없다. 까닭에 판정이 상급심에 의해 뒤집히는 일이 있더라도 그 자체로 인해 재판관이 문책당하는 일은 없다. 그것은, 상급심의 판정이 더 높은 근사성을 보증한다는, 기구상의 약속에 따르는 것에 불과하기 때문이다.

중국의 재판관은 위와 같은 의미에서의 판정을 위탁받은 자는 아니었다. 그의 임무는 오히려 진실 그 자체를 밝히는 것이었다. 행위를 둘러싼 진실은 행위자 본인이 가장 잘 알고 있다. 본인을 마음으로부터 복종하게 하여 그의 입으로 진실을 말하도록 하는 것, 그것이 재판관의 임무였다. 따라서 그에게 요구되는 것은 절차에의 충성이 아니고, 마음과 정서의 기미를 잘 알아채는 '수완'이었다. 절차에 구속되지 않는 재판관은, 또한 절차로부터 보호받지도 않았다. 상사의 복심覆審이나 범인의 번이翻異에 의해 원안이 뒤집어지면, 그는 결과적으로 능력 부족으로 진실을 발견하지 못했다 하여 문책되고 징계를 받아야 했다(법률적용의 잘못에 대해서도 징계를 받는 것은 p.96에서 서술한 대로이다).

여기서 우리는 황제지배체제 중국(전국 7국시대를 상한으로 기원전 4세기 이래)의 긴 역사를 통해 국가의 법정에서 신판神判이 전혀 행해지지 않았다는,

특기할 만한 현상을 떠올리게 된다. 그것은 괴력난신怪力亂神을 말하지 않는 유교의 합리주의에 의한 것이기도 하겠으나, 더 본질적으로는 애초에 재판이란 것이 판정하는 일이 아니었기 때문이다. 또한, 재판의 확정력이라는 관념이 성장하지 않은 것도(p.67) 같은 이유에 의한 것이라 할 것이다.

말하자면, 중국의 형사재판은 검찰 단계에서 끝나는 것이었다. 즉, 재판관은 형사면에 관여하는 한 본질적으로는 검찰관이었다.[221] 다만 그것은 자기 자신을 재판에 복속시키는 일이 없는 절대적인 검찰관이었다. 따라서 누구와도 대립할 유인을 갖지 않는, 피해자와 가해자 사이의 공평한 재판자이고자 하는 검찰관이었다. 각 심급審級에 자족 완료적 성격이 없었던 것도(p.72), 오늘날 우리의 검사동일체의 원칙과 비교하여 생각해보면, 아주 자연스러운 것이다. 검찰이 행정의 한 분야인 것과 같은 의미에서 중국에서의 재판은 행정의 일환이었다고 할 수 있다.

제3절 재판의 준칙으로서의 법

본절에서 거론하려 하는 것은 '법에 따른 재판'이라는 이념이 청조의 형사사법에서 어느 정도로, 또 어떤 양태로 실현되고 있었는가 하는 문제이다. '법에 따른 재판'이라는 것에는 실체법적 측면과 절차법적 측면이 포함되어 있기에, 우리도 이 양면에 대해 고찰해야 한다.

문제의 실체법적 측면은 단적으로는 죄형법정주의罪刑法定主義의 부재라는 점에 집약될 것이다.

---

221 민사면에 대해서는 형벌이라는 위협 수단을 가진 조정자였다고 말할 수 있지 않을까? 이는 아직 하나의 예상일 뿐이다. [후기] 이것은 후에 예상 이상의 것이 되었다. 이 책 제3장 pp.294-298.

중국에는 어떤 의미에서 죄형법정주의라고 말할 수 있는 것이 확실히 존재하고 있었다. 죄를 단정함에는 반드시 그 법적 근거를 명시해야 함은 이미 당률에서 명확히 규정한 바이지만, 청조도 율에서 "무릇 죄를 단정함에는 마땅히 모두 상세하게 율례律例(율 또는 조례)를 인용해야 한다"(刑律 · 斷獄〔斷罪引律令〕)라고 규정하였다.[222] 그 외에도 조문의 문언을 인용하는 때는 의미를 왜곡하는 결과를 낳을 수 있는 생략을 금지하고,[223] 범죄사실에 문리상 적합한 조문을 일단 인용하면서 구체적인 범죄정상을 특히 무겁게 말하여 —이른바 억양자구抑揚字句를 사용하여— 형을 가중하는 것을 금지하는[224] 등이 조례에 규정되어 있다. 범죄시점과 판결시점의 중간에 법이 변경된 때는 원칙적으로 범죄시점의 법에 따르지만, 피고인에게 유리할 때에만 판결시점의 법에 따른다. 즉, 사후법事後法에 의해 사람의 죄를 묻는 것을 금지하는 것 역시, 기본법인 율이 개정된 경우는 차치하더라도, 조례의 개정—법의 변동은 거의 오로지 조례의 개정 · 제정의 형태로 이루어졌다—에 관한 명확히 인정되는 법원칙이었다.[225]

---

222 본조는 당과 명의 율을 답습한 것이다. 다만 당에서는 '율령격식(律令格式)의 정문(正文)', 명률에서는 '율령'으로 법원(法源)의 명칭을 시대에 따라 달리했을 뿐이다.

223 『대청율례』 권5〔斷罪無正條〕 조례1, "율례를 인용함에 만약 율 내에 여러 일이 하나의 조항으로 되어있어 모두 인용할 때 맞지 않는 부분이 있을까 우려하면, 죄를 범한 본죄 부분만을 끌어오는 것은 괜찮다. 하지만 한 조항이 하나의 일만을 다루고 있다면, 임의로 삭감하여 형량을 달리하는 데 이르러서는 안된다(引用律例, 如律內數事共一條, 全引恐有不合者, 許其止引所犯本罪. 若一條止斷一事, 不得任意刪減, 以致有出入)."

224 『대청율례』 권37〔斷罪引律令〕 조례1, "승문하는 각관은 조사해 밝혀 사안을 판정함에 반드시 일정한 율례를 인용해야 한다. 만약 하나의 예를 인용하고 다시 이 조례에 따라 치죄하기에 적합하지 않다고 말하며 거듭 조례를 인용하거나, 죄정이 매우 나쁘다는 글자를 더하여 죄를 주면, 고의로 남의 죄를 더한 것으로 논죄한다(承問各官, 審明定案, 務須援引一定律例. 若先引一例, 復云不便照此例治罪, 更引重例, 及加情罪可惡字樣, 坐人罪者, 以故入人罪論)." 그 외에 '죄값을 치르기에 부족하다(不足蔽辜)'거나 '무겁게 처벌한다(從重)' 등을 억양자구라 하여, 이를 쓰는 것을 금지했다(『대청율례』 권4〔贖刑〕 상란, 嘉慶十六年上諭). 다만 이 금령은 판례 관계의 사료에 보이는 실례에 비춰보면 충분히 지켜지지 않은 구석이 있다. 상세하게는 추후 고찰하기로 한다.

225 『대청율례』 권5〔斷罪依新頒律〕 율문. 해당 율문은 명률을 답습하여 "무릇 율은 반포한

죄형법정주의의 원칙을 완화하는 요소로 두 가지가 있다. 먼저 일종의 유추해석인 비부比附를 명확한 문장으로 인정하고 있다.[226] 그리고 '해서는 안 되는 것을 한 경우'라는 구성요건을 특정하지 않고 온갖 경범죄를 포괄적으로 포착할 수 있는 하나의 조문, 즉 불응위율不應爲律이 존재한다.[227] 이것

날을 시작으로 하니, 만약 범죄가 이전에 있었다면 모두 새로운 율에 따라 의죄하여 재단한다(凡律自頒降日爲始, 若犯在已前者, 並依新律擬斷)"라고 규정하고 있다. 하지만 그 협주를 보면, "만약 범죄가 법이 아직 정해지기 전에 있었다면, 그대로 율이나 기존의 조례에 따라 의죄한다. … 만약 조례로 가볍게 해야 할 것이면, 신례에 따라 준행한다(如事犯在未經定例之先, 仍依律及已行之例定擬. … 若例應輕者, 照新例遵行)" 하여 조례의 개정은 피고인에게 유리한 방향으로만 원용(援用)되어야 한다는 취지를 선언하였다. 또한 이 원칙은 『형안회람』 등에 보이는 실례에 비춰보더라도 잘 준수되고 있었다. 조례와 같은 부법(副法)([역주] 율령의 수정 · 보족을 위한 법령)에 소급처벌의 효력을 인정하지 않는 것은 전통적인 원칙으로, 당대(唐代)에도 격(格)에 의한 법의 개정에 대해 같은 취지의 규정이 있었다(『唐令拾遺』 獄官令22, 다만 조문의 복원에 다소 의문이 남는다). 기본법인 율 자체가 개정된 경우에 대해서는 당의 율령에는 규정이 보이지 않고, 명률에서 처음으로 위와 같이 일률적으로 새로운 율을 소급하여 적용한다는 취지의 규정을 두었다(홍무(洪武)원년(1368) 시행된 율령에서 이미 영(令) 가운데 이 규정이 마련되었다). 명에 앞선 원대(元代)에는 율은 존재하지 않았고, 또한 원말의 쟁란으로 형제(刑制)가 크게 문란하였다. 이러한 난세의 가혹한 형벌을 폐지하고 영원토록 바꾸지 않을 정상적인 형제(刑制)의 기초를 정하려고 한 것이 명률의 부모라고 할 명태조 홍무제의 마음가짐이었다. 이 시대적 배경과 입법자의 의도가 명률에 상술한 규정을 두게 한 것으로, 이를 가지고 명대에는 일반적으로 형법의 소급효력을 인정했다고 해석하는 것은 섣부른 생각이다. 또한, 명률은 태조에 의해 제정된 이후 명대를 통틀어 한 번도 개정되지 않다가 청률이 되었는데, 청대 초기에 여러 차례 미세한 개정이 가해졌을 뿐 청말까지 존속하였다. 문제의 규정도 명률 제정 당초를 제외하고는 거의 실제적 의미가 없었던 것이다. 이렇게 생각하면, 형법을 피고인에 불리하게 소급적용해서는 안 된다는 것은 거의 전 시대에 걸친 통념이었다고 할 수 있다. 이상에 대해서는 二井田陞, 『中國法制史硏究(刑法)』, p.248, p.292 이하를 참조.

226 『대청율례』 권5〔斷罪無正條〕 율문에서는 "율령이 미처 다 규정하지 않은 사항에 관하여 죄를 단정할 때, 정확하게 해당하는 조문이 없다면 (유사한 사항에 대해 규정한) 다른 조문을 인용한다. 그것과 동등하게, 또는 그보다 몇 등급을 가중 · 경감함으로써 형을 정하고 합당한 기관의 심의를 거쳐 상주하라. (상주하지 않고) 독단으로 판결 · 집행하여 경중이 적정함을 잃는 결과를 낸 자는 그것이 고의에 의한 것인지, 과실에 의한 것인지에 따라 각각 오판의 죄를 묻는다"는 뜻을 규정하고 있다. 이러한 법의 적용방식을 비부(比附)라고 한다.

227 『대청율례』 권34〔不應爲〕. 그러나 그 형벌은 무겁게는 장80, 가볍게는 태40이다. 일반적으로 태장 등은 정규의 형벌로서가 아니라도 과해질 수 있었음을 생각하면(p.21), 불응위율의 존재는 그렇게 크게 문제시할 것은 아니다. [후기] 자세히는 中村茂夫, 「不應爲考―『罪刑法定主義』の存否をめぐって」, 『金澤法學』 26-1, 1983를 참조.

이 학자에 의해 자주 거론되는 부분이다.[228] 이들 현상의 의미를 평가하기 위해서는 중국 법원法源의 일반적 성격을 배경에 두고 생각할 필요가 있다. 즉, 중국에서는 형벌법규에 관해 일관되게 절대적 법정형주의絶對的法定刑主義를 취하고 있다. 어떤 행위가 어떤 구성요건에 해당하는 것으로 판단되면, 그것에 의해 형벌이 필연적으로 확정되어 더는 양형의 문제를 남기지 않는 구조였다. 다른 한편, 중국의 형사사법은 범죄와 형벌의 균형—즉, 양형의 타당성—을 기하는 것에 극히 민감했다. 현대 일본의 형사사법—특히 형법학—이 죄가 '되는가 되지 않는가'의 판정을 중심과제로 삼고 있다고 한다면, 중국의 형사사법은 '어느 정도의' 죄인가를 측정하는 것을 중심과제로 삼고 있다고 말할 수 있다.[229] 인륜에 반하는 행위는 벌을 받아야 한다는 것은 자명한 대전제로 포괄적으로 승인되고 있기에, 단지 구체적으로 어떤 행위를 어느 정도로 벌해야 하는가의 기준을 정하는 것이 법에 부과된 사명이었다. 예로부터 고도로 정비되어 있었다는 점에서 세계에서도 유례가 드문 중국의 형률은, 그야말로 이러한 양형의 눈금으로서 발달한 것이다.[230] 이처럼 한편으로 절대적 법정형주의를 취하면서, 다른 한편으로 양형에 민감했다는 점은 결코 모순이 아니다. 즉, 거기서는 구성요건을 통해 양형이 의논되었던—양형에 영향을 미치는 제반 요건을 전부 구성요건화하였던— 것이다. 그것은 당연히 구성요건의 끝없는 세목화細目化·특수화特殊化를 촉진했다. 이것이 어느 시대에나 기본적인 율 외에 복잡한 보조적

---

228 仁井田陞, 『唐令拾遺』, p.265 이하를 참조.

229 무죄란 영(0)으로 양형되는 것과 다를 바 없다. 까닭에 적극적으로 무죄를 선언하는 판결은 존재하지 않는다(p.68 주153).

230 唐律·名例에서 "죄를 단정하는 데 들어맞는 조항이 없는 경우, 마땅히 죄를 감면해야 할 때는 무거운 것을 들어 가벼움을 밝히고, 죄를 가중해야 할 때는 가벼운 것을 들어 무거움을 밝혀라(諸斷罪而無正條, 其應出罪者, 則擧重以明輕, 其應入罪者, 則擧輕以明重)"라는 유명한 조문이 있을 수 있었던 것도, 율 전체가 양형의 눈금과 같은 성격의 것이었기 때문이다. 한편 위와 같은 조문은 명청대의 율에는 존재하지 않는다. 대신 비부(比附)의 규정이 마련된 형태가 되었다.

법령副法을 필요로 하였던 까닭이며, 청대에는 율에 부가된 2천 개조에 가까운 조례條例 속에서 그러한 의미에서의 법의 복잡화 양상이 또렷하게 보이는 것이다.

그러나 아무리 구성요소가 세목화된다 해도, 아니, 오히려 세목화될수록, 기존의 어떠한 구성요건에도 정확하게 해당하지 않는 사건이 발생하는 것은 불가피하다. 중국인 자신의 말에 의하면 "율례에는 정해진 것이 있지만, 진실과 거짓에는 한계가 없는"[231] 것이다. 따라서, 명확하게 인륜을 반하는 어떤 행위에 대해 마침 정확히 해당하는 조문이 없다 하더라도, 그것은 법이 그러한 행위를 벌하지 않는 것을 바라고 있기 때문이 아니라, 죄의 경중에 영향을 끼치는 모든 여건을 미리 법에 기재해 두는 것이 불가능하기 때문이다. 이러한 의미에서 법의 빈틈을 메우는 기능을 하고 있었던 것이 비부이며, 극히 경미한 죄에 대해서는 불응위율不應爲律이 그러한 기능을 하였다. 즉, 그것들은 양형의 말단까지 법에 실으려고 한 결과 어쩔 수 없이 생기는 현상이었다. 비부를 일단 유추類推로 바꿔 말할 수 있다 하더라도, 그것이 중국에서 명문으로 인정되고 있었던 것만을 지적하고, 우리의 형법이 중국법이 꿈도 꾸지 않는 넓은 양형의 폭을 재판관에게 부여하고 있는 점을 간과한다면, 단편적인 평가에 불과하다 할 것이다.[232] 또한 명청의 제도에서는 비부에 의해 죄를 판정하는 경우 모두 황제의 재가가 필요했는데,[233] 이

---

231 『예안속증전집』에서 심여돈(沈如焞)의 자서(自序)에 보이는 말.

232 사고의 형식면에서도, 비부(比附)가 우리가 말하는 유추와 일률적으로 동일하다고 말해도 좋을지는 역시 크게 고찰이 필요한 문제이다. 거기에는, 끝까지 파고들면 중국적 논리의 구조—그것은 언어의 구조와 밀접하게 관련된다—에까지 걸치는 굉장히 흥미로운 문제가 감추어져 있다고 생각된다. [후기] 비부에 대해 다룬 연구로, 中村茂夫, 『清代刑法研究』, 東京大學出版會, 1973([역주] 나까무라 시게오, 『(판례를 통해서 본)청대 형법』, 임대희 · 박춘택 공역, 서경, 2004으로 번역되었다), 제2장 「比附の機能」이 있다. 滋賀秀三, 「法制史の立場から見た現代中國の刑事立法」, 『法學協會百周年記念論集』 1, 有斐閣, 1983에서도 비부의 성격에 대해 논의하고 있다.

233 주226에서 든 율의 규정 외에, 같은 조에 붙어있는 조례에도 "해당 율례가 인용할 수 없어

점에서도 비부를 구실로 삼아 자의적인 해석이 비집고 들어갈 여지는 봉쇄되어 있었다.

이와 같은 죄형법정주의의 원칙이 현실에서 준수되는 것을 기구면에서 보장하고 있던 것은, 하나의 사안에 대해 법 적용의 입안에서 결정—경우에 따라서는 사후심사—에 이르는 과정에서 많은 단계의 관료를 관여시키는 복잡한 재판기구였다. 이는 앞서 필요적 복심제, 사후보고, 형부와 안찰사에서의 하료기안 · 상사결재의 방식 등에서 보았던 것과 같다. 각 단계의 복심에서 안정불확案情不確(사실 규명의 부족)이나 율례불부律例不符(법률적용의 오류) 어느 쪽의 결함이 인정되더라도 박회駁回의 이유가 되었다. 특히 법률의 적용이 타당한지는 서면상에 명확히 드러나 숨길 수 없는 성질의 것이므로, 각급 상사의 충분한 비판 앞에 놓이게 되어 자의적인 적용이 묵과될 가능성은 거의 없었을 것이다. 그리고 상급자는 상급자 나름, 이미 아래로부터 쌓여 올라온 원안이 있는 이상, 그것에 자의적인 변경을 새로이 가하는 것이 곤란했다. 부당한 박駁을 가하면, 더 상급의 기관이나 감찰기관을 향

별개의 조를 끌어와서 비부하는 경우, 형부는 삼법사와 회동하여 함께 의논해 죄명을 정하고, 상소에서 '율에 들어맞는 조목이 없어 지금 모율 모례에 견주어 판단하였다'거나 '모율 모례에 견주어 가일등, 혹은 감일등하여 판단하였다'라고 상세히 상주해 밝히고서, 유지를 기다려 준행한다(其律例無可引用, 援引別條比附者, 刑部會同三法司, 公同議定罪名, 於疏內聲明律無正條, 今比照某律某例科斷, 或比照某律某例加一等 · 減一等科斷, 詳細奏明, 恭候諭旨遵行)"라고 규정하고 있다. 연혁적으로 보면, 남송(南宋)의 경원조법사류(慶元條法事類)에서는 비부 전부가 아니라, 다소 문제가 있다고 생각되는 경우에만 재가를 청해야 한다고 되어 있었다(仁井田陞, 『唐令拾遺』, p.269). 한편 1980년 1월 1일 시행된 중화인민공화국형법에도 비부를 용인하는 규정이 있는데, 이를 위해서는 최고인민법원에 신청하여 허가를 얻지 않으면 안된다는 제어장치를 두고 있다(제79조). 그것도 1957년의 제1초안에서는 무조건적으로 비부를 용인하고, 1963년의 제33초안에서는 고급인민법원 또는 최고인민법원의 허가를 요한다고 했던 것을 격렬한 논의 끝에 최고인민법원의 허가 하나로 줄이게 되었다고 한다(陳逸松, 「中華人民共和國の新刑法—その立法經過と問題點」, 『法律時報』 52-1, 1980, p.141). 명청률에서 비부에 황제의 재가를 청해야 한다고 한 것은, 정확하게 이 현행형법의 방식과 대응하는 것으로. 당시로서의 진보성을 평가해야 마땅할 것이다.

해 하급자가 그 잘못을 주장할 가능성도 항상 있었다. 일체의 비평으로부터 자유로운 절대적 결정권을 가진 기관은 황제 외에 존재하지 않는 구조였던 것이다. 법의 적용을 그르쳐 죄를 의정擬定한 경우—잘못인지 여부는 결국 최종단계에서 어떻게 결정되었는가에 따라 정해지는 것이기는 하나— 원심관과 그에 동조한 각급 상사는 각각의 경우에 상응하는 소정의 징계처분을 받아야 했다. 이 점에서도 재판관은 신중하지 않을 수 없었다.[234] 사실, 이른바 예안例案류 서적에 수집된 많은 판례를 읽으면, 우리는 청조의 재판관이 얼마나 세심하고 신중하게, 그리고 항상 실정적 법원實定的法源에 의거하여 입론하는 데 힘썼는가, 자의와 전단專斷은 그들과—적어도 법률적용면에 있어서는— 얼마나 떨어져 있는 것이었는가 하는 느낌을 깊게 받는다. 앞서 말했듯이, 인민은 법의 해석과 적용에 관한 문제를 법정에서 다툴 수 없었다. 그 대신에, 관료 상호의 견제 기구와 법의 적용을 잘못한 관료에 대한 제재로서 법의 적정한 운용이 보장되는 구조였던 것이다.

상술한 것은 법이 지켜지고 있는지를 궁극적으로 감시하는 자는 황제 본인이었음을 뜻한다. 이러한 황제를 다시 법적으로 감시 · 구속하는 기구는 존재하지 않는다. 법은 황제를 지배하지 않는다. 반대로 황제가 법을 지배하고 있었던 것이다. 이런 의미에서 중국에는 죄형법정주의는 존재하지 않았다고 잘라 말할 수 있다.[235]

---

234 『육부처분칙례』 권49〔承問失入〕,〔承問失出〕이 해당 징계처분의 기본규정이다. 다만, 독무 이하의 단계에서 상사에게 박(駁)을 받아 고친 때는 처분을 면제받는다(『대청율례』 권37〔官司出入人罪〕 상란, 嘉慶六年則例에 인용된 구례(舊例)). 형부에서 박(駁)을 받아 비로소 고친 때는, 독무와 안찰사, 도대(道臺)는 면제받고, 부(府) 이하의 관은 기본보다 감경되었다(『육부처분칙례』 권48〔部駁改正〕). 박(駁)을 받고도 원의를 고집하는 등의 사정으로 인하여 형부, 기타의 상사에 의해 이른바 파기자판(破棄自判)된 때는 원심관은 기본규정대로 처분을 받는다.

235 이것은 연혁적으로 보아도 변함이 없다. 법적 안정성이란 가치에 대해 특이한 관심을 보인 한비자(韓非子) 등 법가(法家)의 학설에서도 법은 법이기 때문에 왕자(王者)라도 이를 따라야 한다는 사상은 보이지 않는다. 실정적 법규를 조금의 차이도 없이 만인에 일률적

구체적으로 말하면, 앞서 비부比附에 대해 서술했듯이, 법에 빈틈이 있는 경우 이를 메우는 기능이 황제에게 귀속되어 있었던 것 외에도, 신하가 법의 명문에 따라 죄를 의정擬定한 경우라도 그것이 결과면에서 실질적으로 균형을 잃는다고 판단될 때, 황제는 법의 규정에 얽매이지 않고 형을 올리거나 내릴 수 있었다. 법의 규정보다 형을 가볍게 변경하는 정도라면, 그것을 은사권의 발동으로 설명하지 못할 것도 없지만—사실 가볍게 변경한 실례가 물론 적지 않지만— 형을 보다 무겁게 변경한 실례도 사료를 조금 찾아보면 얼마든지 발견된다.[236]

이렇듯—비부의 경우도 포함하여— 황제에 의해, 현행법에 규정되지 않은 방식으로 처단이 이루어질 때, 어떤 경우는 일회성 처치에 그쳤지만,[237]

으로 적용하는 것이 왕자(王者)에게 최선의 치국(治國) 수단이라고 설명하는 데 그친다. 또한, 법과 나란히 군주의 가슴속에 간직해두어야 할 술(術)의 필요성도 주창하고 있다. 한나라의 정위(廷尉) 장석지(張釋之)가, 잘못하여 황제의 행행길을 침범한 자에 대해, 황제의 분노를 두려워하지 않고 법을 준수하여 벌금에 처했을 때에도, "그 당시에 상(上)께서 사(使)로 하여금 그를 주살시키면 그것으로 그만이다"라는 것만큼은 본인도 인정하고 있었다. 즉, 황제 자신이 처치한다면 자유이지만, 적어도 정위(廷尉)에게 내려진 이상, 정위는 법을 왜곡할 수는 없다는 것이 그의 입장이었다(『漢書』「張釋之傳」). 진대(晉代)에 죄형법정의 원칙을 엄수할 것을 주장한 유송(劉頌)도, 재판에는 "담당자는 명문에 따른다(主者守文)", "대신은 막힌 것을 푼다(大臣釋滯)", "군주는 변통해 판단한다(人主權斷)"라는 세 가지 레벨의 판단작용이 필요하다는 것을 인정하였다. 마찬가지로 동진(東晉)의 웅원(熊遠)도 "막힌 것을 열고 시의를 따르며, 도를 변통하여 사물을 다스리는 등은 인군이 해야할 일로, 신하가 전용해서는 안될 것이다(若開塞隨宜, 權道制物, 此是人君之所得行, 非臣子所宜專用)"라는 것을 인정하고 있었다(『晉書』「刑法志」). 당대(唐代)에도 "비상한 판단은 군주만이 행한다(非常之斷, 人主專之)"(唐律 · 名例 18조의 소(疏))라고 되어 있으며, "칙을 내려 죄를 정함에 때에 맞게 처분하는(制勅斷罪, 臨時處分)"(斷獄第18條) 것이 있을 수 있음을 법이 예정하고 있었다. 그러나 그렇다고 하여 황제가 실제로 구속받지 않았던 것은 아니다. 황제의 지상권(至上權)이 사리에 맞지 않은 거칠고 난폭한 방식으로 행사되려 하는 때는 신하가 나서서 이를 단념하도록 설득을 시도했다. 황제도 인심의 이반, 나아가서는 왕조의 파멸을 두려워하지 않을 수 없었기에, 이치에 맞는 신하의 간언을 무시하지 못하였던 것이다(『唐會要』 권40〔臣下守法〕은 이러한 간언을 수록하고 있다).

236 아래의 주237, 238, 239에서 형벌을 무겁게 고친 사례만 추려 보았다.

237 예를 들어, 『대청율례』 권30〔子孫違犯敎令〕상란, 가경4년 두매조(杜梅兆)의 사안을 보자. 어머니의 자살을 초래한 불효자를 삼법사는 교감후(絞監候)로 의죄(擬罪)하였다. 황

어떤 경우는 장래에도 같은 사안은 같은 식으로 처단한다는 뜻이 동시에 선언되었고, 이리하여 하나의 사안을 계기로 새로운 법이 탄생하는 결과가 되었다.[238] 또한 경우에 따라 황제는 현행법 규정대로 처단하면 균형을 잃는다고 생각되는 사안에 대해서 어떤 기준을 새로 세우는 것이 좋을지 신하에 자문하고, 신하가 입안한 것을 법으로 재결함과 동시에, 그 신법에 따라 문제 사안을 처단하는 일도 있었다.[239] 어느 쪽이든, 특히 황제의 재단과 관련

제는—원의(原擬)를 "정말로 법에 맞는 처치이다(固屬按例辦理)"라고 인정하면서— 죄정이 무겁다 하여 교입결(絞立決)로 변경하여 처단했다. 하지만 장래 같은 사안은 역시 종전의 법대로 의죄하되 본건을 참고로 부기하여 황제의 재결을 청하도록 명했다. 일반적으로 재판의 전례(前例)를 성안(成案)이라고 한다. 황제의 판단이 일회성의 처치에 그칠 때 역시 그것은 하나의 성안이 된다. 성안은 법은 아니므로, 관료가 이를 인용하여 의죄하는 것은 허용되지 않는다(『대청율례』 권37〔斷罪引律令〕 조례3). 그러나 성안도 어느 정도 참고할 가치를 지니는 것으로, 관료가 이를 인용하여 "다시금 이 예에 따라는 것은 어떻습니까"라고 청하는 것은 허용되었다. 옹정제는 이 '의(擬)'와 '청(請)'의 구별을 친절하게 상유하고 있다(『예안전집』 권35〔未通行之例援引兩請〕).

238 예를 들면 『대청율례』 권30〔越訴〕 상란, 가경19년 유근조(劉覲朝)의 사안이다. 병정이 상관에 원한을 품고 북경으로 와서 전혀 근거가 없는 중대사를 무고한 사건이다. 사천총독(四川總督)은 병정을 '곧장 경사(京師)로 와서 사실이 아닌 것을 월소한 예(蓦越赴京告重事不實例)'(〔越訴〕 조례8)에 따라, 변원충군(邊遠充軍)으로 의죄하였다. 황제는 이러한 나쁜 풍조에 대한 처리가 결코 길어지면 안 되며, 처치 또한 가볍다고 하면서, 가호(枷號) 3개월하고 기간이 끝나면 다시 40대를 치게 하고, 연장(烟瘴)지역으로 보내어 충군하도록 결정하였다. 또한 "앞으로도 병정이 관할관을 고소했는데 심사해보니 전적으로 거짓인 경우는, 즉시 이에 따라 처리하라(嗣後如有革兵控告本官, 審係全虛者, 卽照此辦理)"고 명했다. 이를 조문화한 것이〔越訴〕 조례20이다.

239 예를 들어, 『회전사례』 권734, 건륭44년 유미자(劉縻子)의 사안을 보자. 9세의 어린이가 같은 나이의 어린이를 살해한 사건이다. 사천총독은 율의 명례(名例),〔老小廢疾收贖〕 규정에 따라 쌍청(雙請)(죄를 면제하면 어떨지 청함)하였다. 이에 대해 황제는 가해자와 피해자의 연령차 등을 고려할 필요가 있어 일률적으로 쌍청을 허해서는 안 된다고 하고, 형부에 법안의 작성을 명하는 동시에 본건도 '신례(新例)'의 제정을 기다려 그것에 비춰 처치하라고 명했다. 이렇게 하여 탄생한 신례가〔老小廢疾收贖〕 조례7이다. 경우에 따라서는, 새로운 입법을 하면서, 해당 사건만은 그 신법보다 더 무겁게 처단한 예도 보인다(『대청율례』 권37〔官司出入人罪〕 조례4는, p.55 주114의 사건에서 영산현(英山縣) 지현(知縣)을 "경솔하게 안건을 판결했다(草率定案)"는 이유로 징계한 것 정도로는 지나치게 가볍다고 하여 새로 제정된 법이다. 그런데 문제의 지현 자신은 신법에 의한 장1백 도3년보다 한층 가중되어 "이리(伊犁)로 보내 영원토록 고향으로 돌아가는 것을 허락하지 않는다(發伊犁, 永遠不准回籍)"는 처분을 받았다). 또한 관원이 범죄한 경우, 사형이 아니더

되는 한, 사후법의 적용 금지는 존재하지 않았다. 아니, 이러한 소급적인 법의 제정이야말로 법의 발전을 촉진하는 주요 동인이었다. 청률에 부가된 조례가 성립한 유래를 검토하면, 상당히 많은 수의 조례가 어떠한 구체적 사안에 대한 형평성 있는 처치를 계기로 생긴 법이라는 것을 확인할 수 있는 것이다.[240]

요약하면, 관료를 구속하는 원리로서 죄형법정주의는 분명히 존재했다. 그러나, 그것은 황제를 구속하는 원리는 아니었다. 바꿔 말하면, 죄형법정주의는 황제를 머리로 하고 관료를 수족으로 삼는 통치기구를 한편에 두고, 이것과 인민을 마주보게 할 때 양자 사이에 세워진 약속으로서 존재하는 것이 아니라, 머리인 황제에 의해 수족인 관료에게 부과된, 통치기구의 내부규율로서만 존재했던 것이다. 물론, 이러한 사실로부터—관료는 어찌 되었든— 황제가 자의와 전단을 실제로 행했을 것이라고 생각한다면 그것은 선부른 생각이다. 오히려 황제는, 법의 문자에 속박당하는 관료의 의율擬律에 대해 법의 정신—한마디로 말하면 균형의 정신이라 할 수 있다—의 입장에 기초한 수정자修正者로서 기능하였다. 이것이, 적어도 청조에서는 현실상의 모습이었다. 재판에서 정치성政治性이라고 할만한 것은 거의 전혀 발견되지 않는다는 것이 사료로부터 받는 솔직한 인상이다.[240a]

지금까지 실체법적 측면에 대해 밝힌 사항은 절차법적 측면에 있어서도 그대로 타당하다. 즉, 재판의 절차적 규제 또한 관료기구의 내부규율로서

라도 황제에까지 상신되었다.

240 그와 같은 조례 성립의 유래는 『회전사례』 권723-854에 수록된 형부의 역대사례들과 대조해 보면 잘 알 수 있다. 약간의 실례로서 주238, 239 외에 p.67 주151을 참조하라. 또한 당대(唐代)의 격(格)에서도 같은 현상이 보이는 것에 대해, Karl Bünger, *Quellen zur Rechtsgeschichte der T'ang-Zeit*, Catholic Univ., 1946, p.53.

240a 다만 이는 형안(刑案)류 자료를 통해 얻는, 말하자면 민정(民政) 차원의 형사사법에 대한 인상으로, 이것과 차원이 다른 곳에서 이루어진 '문자옥(文字獄)'과 같은 정치적 재판의 국면도 있었음을 잊어서는 안 된다.

존재했다. 그것의 준수는, 위법한 절차에 대해 당사자가 그 효력의 하자를 주장할 수 있다는 형태가 아니라, 위반한 관료에 대해 위에서 내려지는 징계처분에 의해 보장되었고, 인민은 단지 그 반사적 이익을 받는 것에 그쳤다. 지금 이를 구체적으로 상세히 설명할 여유는 없다.[241] 하지만 한 가지 예만 들자면, 법으로 인정되지 않은 수단에 의한 위법한 고문 같은 것도, 그 책임자의 징계처분을 낳을 뿐 고문으로 획득한 죄상의 자백서를 '형식적으로' 무효로 만들지는 않았다는 점을 지적해 두겠다.[242] 오늘날의 소송에서처럼 소송행위의 연쇄를 통해 실체면의 법률상태를 한 단 한 단 채워 나간다는 관념이 애초에 중국인에게는 친숙하지 않았다. 소송의 실체면은 아무리 절차가 진행되더라도 항상 날것의 상태 그대로 살아남으며, 판결에도 충분한 의미에서의 확정력이 없었던 것이다(p.67). 따라서, 오늘날 우리의 소송법 관념에 끼워 맞춰 중국의, 혹은 시기를 한정하여 청조의 소송법을 구성하려고 시도하여도 그것은 실망으로 끝날 수밖에 없다. 다른 한편, 관리의 복무규율과 징계처분의 기준을 정한 『육부처분칙례六部處分則例』에서 제해提解 · 심단審斷 · 금옥禁獄 · 용형用刑 등의 여러 편이야말로 청조 사법제도의 설명을 위해 안성맞춤인 자료가 된다. 이 한 가지만으로도 절차가 어떤 '방식'으로 규제되고 있었는지 독자가 납득할 수 있을 것이다.

이상에서 서술한 것을 한마디로 말하면, 법이란 왕자王者가 세상을 다스리기 위한 도구였다는 것이다. 그는 단신으로 세상을 통치할 수 없기에, 수족으로서 관료를 필요로 한다. 그리고 다수의 관료를 실수 없이 통치의 목

---

241 지금까지 그때그때 다룬 것으로 p.37 주47, p.60 주131 참조.

242 『회전사례』 권723, 嘉慶十七年諭, "이후로 각독무에게 소속관을 엄히 조사하게 하여, 만약 규정되지 않은 형구를 사사로이 만들어 심문한 경우는 즉시 지명하여 탄핵하게 한다. 비록 자백을 받아내 재판을 끝냈다 하더라도, 사건이 무고나 중상이 아니라면 해당사건은 종결한다. 다만 담당관이 남형(濫刑)한 죄는 그대로 함께 탄핵하여 징계를 보인다(嗣後著各督撫嚴査所屬, 如有私造非刑問獄者, 即指名參處. 雖用以成招定讞, 案非誣罔, 除將本案擬結外, 其承審濫刑之罪, 仍一併附參示懲)."

적에 봉사시키기 위해서는, 그들을 하나의 기구에 조직하고 일정한 집무기준을 부여하여 이를 통제할 필요가 있었으며, 그러한 필요를 충족시키는 것이 법이었던 것이다. 바꿔 말하면, 법이란, 군주가 이를 정하고, 관료가 이를 지키며, 인민은 그 반사적 효과를 누리는 데 지나지 않았다. "감히 법을 논하지 않는 자는 민중衆庶이다. 죽음으로 법을 지키는 자는 관료有司이다. 시의에 따라 법을 바꾸는 자는 현명한 군주賢主이다"(『여씨춘추呂氏春秋』「찰금察今」)라는 말이 있다. 명백히 법가의 사상에서 유래하는 한 마디 속에 이후 2천 년에 걸친 중국법의 존재양태가—적어도 그 기본적인 일면이— 점쳐지고 있었던 것이다.[243]

중국을 일컬어 관습법의 나라라고 하는 것은 넓은 생활 분야가—특히 사법私法의 영역 대부분이— 관습인 채로 방치되고, 더구나 그것으로 별일 없이 생활이 영위되고 있었다는 의미에서는 확실히 옳다. 그러나 다른 한편, 거기에서는 관습적 규범이 결코 법원法源의 일종으로 생각되지 않았다는 것에 주목하지 않으면 안된다. 관습적 규범이 국가의 법정에서 적용되어 하나의 실정적 법체계로까지 성장하는 일은 없었던 것이다.

결국 치자와 피치자가 하나의 법공동체를 이루는 관계—무엇이 상호 간의 법인가를 말하는 재판관, 그 목소리에 귀를 기울이고 자신들의 법의식을 서로 확인하는 민중이라는 모습—가 황제지배체제 하의 중국에는 존재하지 않았다. 관료는 그 치하의 민중에게는 외부자였다. 당초에 '국가'라는 문자는 예로부터 중국어에서 현 왕조를 의미하는 말로,[244] 왕조와 인민을 포함

---

243 "무릇 법을 만드는 자는 군주이다. 법을 지키는 자는 신하이다. 법으로 바로잡히는 자가 백성이다(夫生法者君也, 守法者臣也, 法于法者民也)"(管子 · 任法), "죄를 관리가 판결하면 다스려진다. 권세를 군주가 재단하면 위엄이 생긴다. 백성이 그 법을 믿으면 친밀해진다(罪決於吏則治, 權斷於主則威, 民信其法則親)"(管子 · 七臣七主) 등의 말도 같은 사상을 표현한다. 中田薫, 「律令法系の発達について補考」, 『法制史研究』 3, 1953, p.52 이하(같은 저자, 『法制史論集』 4, 1964, p.161 이하)에서 요약한 중국법의 성격은 청대에도 잘 맞아떨어진다.

하여 하나의 법적 · 정치적 공동체로서 파악하는 말 자체가 없었다. '국가'가 '천하'를 영유領有하고 있다는 것이 중국인의 세계상이었다.[245] 그리고 법은 그러한 의미에서 '국가'의 것이었다.[246] 따라서 법을 해석 · 적용하는 행위, 즉 사법도 왕조가 천하를 다스리는 행위—천하의 관리管理(Verwaltung)—, 즉 행정의 일환일 뿐이었다. 그러한 법이 양형의 기준에 주안점을 두고 발달한 것도 이유가 없지는 않다. 무릇 양형은 본질적으로는 행정에 속하는 것이기 때문이다.[247]

맺음말

제1절에서 보았듯이 청조의 재판은 황제를 정점으로 하고 주현을 말단으로 하는, 구조는 복잡하지만 전체적으로 잘 통제된 단일한 관료기구에 의해 이루어졌다. 기구 내부에서는 재판 사무의 분배 문제는 있었으나 서양의 역사에서 볼 수 있는 재판권의 충돌 문제는 전혀 존재하지 않았다. 중국에서 국가권력의 성격을 논하려 한다면, 먼저 이 통치기구의 위대한 단일성이라는 사실에 주목해야 한다. 다음으로, 제2절, 제3절에 보았듯이 그러한 관료기구에 의해 행해지는 재판은 사실문제에 관해서나 법률문제에 관해서

---

244 명청대에는 '국조(國朝)'라는 말이 자주 사용된다. '국가'와 '국조'는 같은 뜻이다.

245 "국가가 천하를 취한 것은 나의 지략에 의한 것이다(國家有天下, 是我所謀)"(『舊唐書』「裴寂傳」, 배적(裴寂)은 이러한 불령한 말을 내뱉은 것을 이유로 규탄되었다)라는 말에서 그러한 표현이 보인다. 원대의 왕운(王惲)도 "이제 국가가 천하를 가져 60여 년이 되었다(今國家有天下, 六十餘年)"(『秋澗先生大全文集』 권90 「烏臺筆補」)라고 하고 있다. 천하라는 말은 천지 사이에 펼쳐진 인간 생활의 영위 그 자체를 가리키고, 그 이상으로 어떤 조직된 공동체라는 의미는 갖지 않는다.

246 "법이란 천자가 천하와 더불어 함께 하는 것이다(法者, 天子所與天下公共也)"(『漢書』「張釋之傳」) 등의 말도, 위에 선 사람이 삼가 하는 말이지 민중의 목소리가 아니다.

247 兼子一 · 竹下守夫, 『裁判法(新版)』, 有斐閣, 1978, p.285 주1.

나, 서로 다투는 당사자의 주장에 대해 내려지는 판정이라는 성격을 갖지 않았다. 오히려 그것은, 분쟁이건 범죄건 인간 세상에서 조화의 문란을 의미하는 사건에 대해 통치자로서 적절한 처치를 취하기 위한 절차였다. 처치의 전제가 되는 사실의 인정은 본인의 자백에 기대하고, 사실에 대한 처치방식은 통치기구가 내부적 절차에 따라 스스로 결정하는 재량의 문제였다. 어쨌든, 어떤 사실이 있었는지, 그것에 대한 법은 무엇인지를 당사자 및 민중을 위해—신성한 위탁에 응답하여— 확정해준다는 의미를 갖지 않았다.

그와 같은 재판에 대해 민중은 외적으로 두려움을 느끼는 일은 있더라도 진실의 발견을 향한 '내적인 참여'의 의식을 갖기는 어려웠다. 법정에 출석하는 것을 "법정에 포복"한다고 표현하는 것에서 단적으로 드러나듯이 법정에 나가는 것 자체는 선량한 민중이 결코 즐기지 않는 굴욕적인 일이었다. 그럼에도 불구하고 법정에 서는 자 및 세워지는 자의 심리는, 관을 움직여 그 권력을 자기에게 유리하게 작용시키려 하는 이용의 심리와 다름 없었다. 소訴의 과장 · 날조도 여기서 생긴다(주119, 125, 141, 147). 어차피 그들에게 관헌은 외부자였다. 평상시에는 경원시하다가, 필요할 때만 이용하면 좋은 존재였다.

이렇게 형사재판의 고찰로부터도 도출되는 관헌의 소외라는 것은 중국 국가권력의 성격을 규정한 지극히 중요한 원인이었다고 말할 수 있다. 즉, 중국, 적어도 청조에서는 국가의 기능 가운데 행정이라는 요소만이 지배적이고, 사법의 독자성은 물론 정치라는 요소도 결여되어 있었다는 것이 실로 이와 관련된다. 여기서 말하는 정치란, 사회가 나아갈 방향을 지시하고 그 방향을 향해 사람들의 에너지를 결집시키는 작용으로서의 정치이다. 이러한 정치는, 길을 지시하는 지도자와 그것을 도와 세우는 민중 사이에 긴밀한 일체감이 존재할 때 비로소 생겨날 수 있는 것으로, 관헌 소외의 심리는 실로 그 반대이다. 『회전사례』 등에 수록된 다수의 유지諭旨를 살펴보더라도, 거기에는 현존하는 사회구조를 세심하게 수선하고 또 수선하여 유지해가는 모습이 보일 따름이다. 그것이야말로 관리管理(=행정)라는 이름에 어울린다. 민중으로부터 소외된 관헌이 할 수 있는 것은 그것뿐이었던 것이다.[248] 이론상으로는 극히 강대한 전제적 권력을 가진 황제의 일방적인 통치가 실제에서는 결코 견디기 힘든 압정壓政으로는 느껴지지 않은 것도 그 때문이다.[249] 동시에 그것은, 19세기 후반 이후 서양 여러 국가와의 항쟁에서 중국이 고배를 마셔야만 했던 원인이기도 하다. 다른 한편, 관헌을 소외하는 민중은, 지방적인 자생권력을 육성해 세우거나 집요하게 지지하거나 하는 일도 없다. 그것이 결과적으로 대립자가 없다는 외연적 의미에서의 황제 권력의 강대함을 초래하였다. 또한, 역사적으로 보면, 이민족이 침입하여 나라를 세운 경우를 제외하고, 정권의 분열상태가 결코 길게 지속되지 않았던 원인도 여기에서 찾을 수 있을 것이다.

마지막으로 한 마디, 중국도 춘추시대 이전까지 거슬러 올라가면, 불충분한 사료에서 겨우 조금 엿볼 수 있을 뿐이라 해도, 지금까지 살펴본 것과 같은 행정의 일환으로서의 재판과는 현저히 다른—오늘날 우리에게 오히려 어떤 친숙함을 느끼게 만드는 듯한— 재판의 형태가 나타난다는 점을 지적하고 원고를 마무리하고 싶다.

주지하다시피, 춘추 이전의 사회체제는 각각 세습적인 권력기반을 가진 자립적인 여러 세력들 사이의 통합관계—군현제도의 반대개념인 이른바 봉건제도(자세한 고찰은 다른 기회로 미룰 수밖에 없으나)—였다. 근소하게 사료에 남아 있는 소송의 실례는 거의 모두가 그러한 봉건제도에서 치자治者 계급, 즉 크든 작든 자립적 기반을 가진 세력과 세력 사이에 다투어진 것이었다. 따라서 재판은 후세에서처럼 민정적民政的이지 않고, 오히려 국제적國制

---

248 부임지에서 소외된 관원에게 마음의 뿌리는 항상 출신지의 동족향당(同族鄕黨)과 연결되어 있었다. 즉, 관료세계에 들어가는 것도 본질적으로는 하나의 외지에서의 돈벌이(出稼ぎ稼業)일 뿐이었다. 강력한 정치력이 생기지 않은 원인은 여기에 있다.

249 황제 권력이 쇠약해진 난세에야말로 압정(壓政)은 행해지기 쉬웠다.

的이라고도 할 만한 성질을 띠고 있었다. 허영공許靈公과 정도공鄭悼公이 초楚로 가서 소송하거나(『좌전左傳』, 성공成公4년 · 5년), 주나라의 왕실에서 발생한 왕숙진생王叔陳生과 백여伯輿의 정권 다툼에 대해, 진晉의 범선자范宣子가 조정에 출장하여 소송을 처리하거나(『좌전』, 양공襄公10년), 진晉의 극지郤至가 주왕실의 전토를 다투자 주왕이 사람을 파견하여 진에서 소송하게 한 것(『좌전』, 성공11년)은 그러한 성격이 두드러진 예이다. 서주西周 시대에 승소자가 정鼎 등의 청동기를 제작하여 재판의 결과를 조각하는 관습이 있어 귀중한 사료를 우리에게 남기고 있는 것도,[250] 그러한 청동기를 주조할 정도의 재력이 있는 정도의 세력과, 그에 대립하는 다른 세력과의 소송이었음을 말해준다.

경우에 따라서는 군주와 신하가 법정에서 다투는 것도 있을 수 없는 일은 아니었다. 위성공衛成公과 그 신하인 원훤元喧이 진晉에 가서 소송한 것이 그 실례이며(『좌전』, 희공僖公28년; 『국어國語』「주어周語」〔노어魯語〕), 노魯의 중행헌자中行獻子는 자신이 시해한 여공厲公과 소송하는 꿈을 꿨다고 한다(『좌전』, 양공18년). 그러한 일은 진한秦漢 이후의 군신관계와는 유형적으로 다르다. 이는 한의 주발周勃이 재상의 높은 자리에 있으면서도 황제의 의심을 받고 일단 하옥되자 옥리獄吏(조사를 담당하는 말단관리)의 권세를 뼈저리게 실감했다는 사례를 보더라도(『한서漢書』「주발전周勃傳」) 충분히 짐작이 간다.

이러한 소송에서 재판하는 자와 당사자 사이에는 후세의 관 · 민과 같은 ―또는 옥리와 주발과 같은― 현격한 지위 차가 없다. 오히려 전술한 『좌전』의 여러 예에서 볼 수 있듯이 힘과 명망이 있는 자를 찾아 재판에 임하게 하는 형태를 취한다. 법정을 여는 때에 즈음하여 당사자는 일정한 금품(일정량

250 Henri Maspero, "Le serment dans la procédure judiciaire de la Chine antique", *Mélange chinois et bouddhique* 3, 1934; 白川靜, 「古代における裁判とその彝銘」, 『甲骨金文學論叢』 4 등이 그러한 자료를 구사한 귀중한 연구이다.

의 금속, 화살 다발 등)을 제공하는 관습이 있었다.[251] 그것이 재판자에 대한 보수를 의미하는지, 소송의 승패를 걸고 바쳐진 어떤 신성한 재물이었는지는 고찰이 필요한 문제이다. 그러나 아무튼 거기에서 옳고 그름의 판정을 재판에 맡기는 의지의 표시가 인식된다는 점에 주목할 필요가 있다. 진한 이후 국가의 법정에는 이러한 관습이 존재하지 않는다.[252] 또한 당시 당사자는 무장을 하고 법정에 출석하는 것이 관습이었다고 생각되나, 이 역시 진한 이후에는 상상할 수 없는 일이다.[253] 그리고 중국에서도 아주 옛날에는 신판神判이 행해졌다는 것은 '법法'이란 글자의 성립과 관련하여 이미 몇 차례 설명된 바 있으며, 최신 연구에 의해서도 더더욱 확실해지고 있다.[254] 다른 한편으로, 황제지배시대를 통틀어 폐지된 적이 없는 고문이, 춘추 이전에는 적어도 아직 그 존재가 입증되지 않고 있는 것은 충분히 주목해야 할 일이다.[255]

---

251 Maspero, *op. cit.*, pp.269-271; 白川靜, 『甲骨金文學論叢』 4, p.85. 화살은 맹세와 통하며, 또한 곧음을 의미했을 것이다.

252 A. F. P. Hulsewé, *Remnants of Han Law*, p.93.

253 진(晉)의 장어교(長魚嬌) · 청비추(淸沸魋) 두 사람이 삼극(三郤)을 암살한 때, "창(戈)을 뽑고 옷깃을 묶어 소송하는 자로 위장"하여 접근했다는 것이 그것을 가장 잘 말해준다(『左傳』, 成公十七年). 진(晉)의 형후(邢侯)가 뇌물 의혹으로 자신을 패소시킨 숙어(叔魚)와 소송상대방인 옹자(雍子)를 죽였다는 것도, 두 사람을 동시에 죽인 것을 보면, 아마도 재판이 있었던 그 자리에서 죽였을 것이다. 그렇다면, 역시 무장을 하고 있었다는 말이 된다(『左傳』, 昭公十四年). 꿈에서 여공(厲公)과 소송한 헌자(獻子)도 여공에게 창으로 목이 찔려 떨어트려지는 꿈을 꾼 것이었다(『左傳』, 襄公十八年). 혈투재판의 존재도 가능성으로 생각하지 못할 것은 아니다. 어쨌든, 명예를 걸고 주장을 다투게 하는 형태가 충분히 상상된다.

254 Maspero, *op. cit.*, pp.286-292; 白川靜, 『甲骨金文學論叢』 4, p.26; 白鳥淸, 『日本 · 中國古代法の硏究—神判 · 誓盟の硏究』, 柏書房, 1972, 특히 p.138 이하. 그 방법은, 먼저 두 당사자로 하여금 희생물의 피를 입술에 바르게 하고, 말에 거짓이 있으면 신의 벌을 받을 것을 맹세토록 한 후, 각각의 주장을 읽게 했는데, 그 가운데 희생으로 바쳐진 짐승이 달려드는 등 불상사가 어느 한쪽에 일어난다면, 그자를 패소로 하는 것이었다고 생각된다(『墨子』「明鬼」).

255 Heinrich Plath, *Gesetz und Recht in alten China*, 1865, p.97 등과 같이, 상대(上代)에 고문이 없었다고 하는 학자는 있어도, 고문의 존재를 주장하는 설은 들은 바 없다. 다음 주석에 든 크릴(Creel)의 논저도 제도로서 고문이 있었음을 보여주는 사료는 없다고 말한다(저서 p.176, 논문 p.32).

요컨대 거기에는 소박할망정 주장의 다툼에 대한 판정이라는, 재판 본래의 자태가 있었던 것에 흥미가 간다. 상대上代의 소송제도를 정돈된 형상으로 그려내는 것은, 여기서 다룰 문제가 아닐뿐더러, 매력적이기는 하나 쉬운 일이 아니다. 다만 그것이 후세와는 유형적으로 다르다는 것만큼은 명백해졌을 것이다.[256] 이것이 맨처음에 서술한 시대구분을 약간이나마 뒷받침하는 것으로 인정받는다면 다행이다.

---

256 본 논문 집필 이후에 등장한 연구인 Derk Bodde and Clarence Morris, *Law in Imperial China: Exemplified by 190 Ch'ing Dynasty Cases*, Harvard University Press, 1967, p.48 note 95에서는 "성문법 출현 전의 feudal China(즉, 이 글에서 말하는 상대(上代) 중국)의 분쟁처리"에 관한 참고문헌으로, 이 글 주250에서 든 마스페로(Maspero)의 논문을 들어 다음과 같이 말한다. "이들 분쟁에서 뚜렷한 기브 앤 테이크 정신은, 그것들을 황제지배시대(imperial times)의 수직적으로 놓인(vertically oriented) 법정 절차와는 확실히 구별되는 것으로서, 중국의 정치기구가 관료화한 후세에는 생각할 수도 없는, 정신면에서 서구사회에 훨씬 근접한 하나의 사회를 연상시킨다. 다만, 우리가 알 수 있는 (상대(上代)의) 분쟁은 모두 귀족계급의 성원 간의, 즉 크든 작든 사회적으로 대등한 상호 간의 분쟁이고 일반인민을 당사자로 하는 것은 포함되어 있지 않으며, 그 결과 우리의 이미지는 필연적으로 단면적이라는 점에 유의해야 한다." 필자로서는 여기에서 이 글에서 서술한 견해의 메아리를 듣는 듯하다. Herrlee G. Creel, *The Origins of Statecraft in China*, volume one: *The Western Chou Empire*, University of Chicago Press, 1970의 제8장 "The Royal Government: Justice"(pp.161-193) 및 거기에서 상세하게 논한 견해를 요약하는 동시에, 춘추 · 전국시대까지 포함하여 주대(周代)의 소송제도를 서술한 같은 저자의 논문 "Legal Institutions and Procedures during the Chou Dynasty", Jerome A. Cohen and others (eds.), *Essays on China's Legal Tradition*, Princeton University Press, 1980, pp.26-55는, 현재 상대(上代) 중국의 사법에 관한 가장 포괄적인 논고로 눈여겨 볼만하다. 방법론적으로는, 엄밀히 서주의 동시대적 문헌으로 인정되는 것(구체적으로는 주로 서경(書經) 가운데 몇 편과 약간의 금문(金文))에만 믿음을 두려고 하는—반면, 만약 일단 진서로 인정된 문헌에는 백 퍼센트 믿음을 둔다— 것, 내용적으로는, 서주왕권의 정치기능은 종래에 생각되고 있던 것보다 월등히 강력하게 정비되었다고 보는 것이, 이 논저를 일관하는 특색이다. 사법에 있어서도 서경의 강고(康誥)를 주요한 사료로 삼아, 권력의 발동으로서의 재판—규문(糾問)절차—을 그려내는 데 큰 역점을 두어 서술하고 있다. 필자로서는 오히려 반성을 촉구받는 것으로 대응해야 하겠지만, 크릴 역시 전술한 봇데(Bodde)의 말을—조금 당돌한 감이 없지는 않으나— 인용하고 또 긍정한다(저서 p.164, 논문 p.42). 한편, 필자 자신이 그 후 상대(上代)부터 황제지배시대로의 발전을 형벌의 측면에서 고찰한 논고로, 滋賀秀三, 「中國上代の刑罰についての一考察—誓と盟を手がかりとして」, 『石井良助先生還曆祝賀法制史論集』, 創文社, 1976가 있다. 지금 보면, 운몽진간(雲夢秦簡) 출현 이전의 것이라는 약점이 있으나, 함께 참고될 수 있으면 다행이다.

보유補遺

1. 중국에서의 신판神判의 존재 여부를 둘러싸고, T'ung-tsu Ch'ü, *Law and Society in Traditional China*, Mouton, 1961, pp.207-213에 자세한 논술이 있다. 취퉁쭈瞿同祖 씨도 총론적으로는, "중국에서 신판이 어느 시기에는 정규적 사법절차였음을 보여주는 듯한 역사적 자료는 존재하지 않는다"(p.209)고 단정한다. 다만 "선사 시대에 신판이 행해졌음을 나타내는 흔적"으로서 해치獬豸 전설 등이 있던 것을 지적하고, 그 연장으로서 "신판이 역사시대에도 여전히 때때로 존재하였음을 보여주는 것으로 『논형論衡』에서 하나의 사례를 인용할 수 있을지도 모른다"라고 하며 총론과는 다소 모순된 의미를 담아 『논형』 권16 「난룡亂龍」 편에 있는 이자장李子長의 설화를 소개한다(p.210). 이 마지막 부분은 납득할 수 없다. 이자장은 조사중인 수인囚人에 대해 진실을 모르기 때문에, 오동나무로 인형을 만들고 땅에 구덩이를 판 후 갈대로 관棺을 만들어 인형을 거기에 눕히고, 인형이 움직이는지 움직이지 않는지를 보았다고 전해진다. 움직이지 않으면 진범, 움직이면 억울한 죄라고 한다. 이것은 법관이 개인적으로 점占의 힘을 빌리려 한 것일 뿐 신판이 아니다. 점을 친 결과가 그가 나중에 할 조사의 진행 방식에 힌트를 주는 것은 있을 수 있더라도, 그것 자체가 증거가 된 것은 아니다. 애초에 밀실에서 행해진 것이 어떻게 신판이 될 수 있는가? 재판을 둘러싼 괴담 같은 이야기나 사람들의 신명神明에 대한 두려움을 이용하여 진상을 간파한 이야기 등과 마찬가지로, 신판과는 무관계한 것으로 이해해야 할 것이다. 이상 본문 pp.89-90에서 서술한 것의 각주로서 부기한다.

2. 본편의 옛 원고가 세상에 나온 후 지금까지 24년 동안 청대 소송제도를 둘러싸고 중국 및 구미에서 다수의 훌륭한 연구가 저술되었다. 특히 비교적 최근에 간행된 아래의 논저가 가치가 높은 것으로 주목된다.

다이 옌후이戴炎輝, 『청대 대만의 향치淸代臺灣之鄉治』, 연경출판사업공사聯經出版事業公司, 1979. 그중 제8편 「지방 관치官治의 조직과 운용地方官治組織及其運用」.

나 쓰루那思陸, 『청대 주현아문 심판제도淸代州縣衙門審判制度』, 문중철출판사文史哲出版社, 1982.

장 웨이런張偉仁, 『청대 법제 연구淸代法制硏究』, 타이완상무인서관臺灣商務印書館, 1983.

위 세 개의 연구 모두 본편의 각주에서 언급할 기회가 없었으므로 특별히 여기에 부기한다.

한양대학교
한국법사학연구소번역총서

02

형안刑案에 나타난 종족의 사적 제재로서의 살해

그에 대한 국법의 대처

1.

과거의 중국에서 국가와 개개의 가家 중간에 위치하는 자치적 조직으로서 종족宗族과 촌락村落, 길드가 주목되어야 한다는 것은 오늘날 학계의 정설이 되었다고 할만하다.[1] 과거 중국의 국가제도나 법을 충분한 형태로 논하기 위해서는 좁은 의미의 국가기구(관료제적 통치기구)와 그 작용을 논하는 것만으로는 부족하다. 위에서 든 민간의 자치조직도 동시에 시야에 두어야 한다. 또한, 양자를 분리하여 논하는 것이 아니라, 양자가 서로 어떻게 관계하고 있었는가라는 점을 깊이 파고들어, 하나의 종합적인 사회구조를 밝히지 않으면 안 된다.[2] 이 글은 직접 그러한 큰 문제에 손대려고 하는 것은 아니다. 문제를 종족에 한정하고, 그리고 종래 이 관점에서 주목되지 않았던 일군의 사료를 소개하는 것에 초점을 맞추어, 문제를 규명해 나가는 것에 일조하고자 하는 것이다.[3]

종족이란, 동일한 선조로부터 부계父系의 피를 이어받으며 갈라져 나온 자손 및 그들의 처를 총칭하는 말이다. 친족조직상의 개념으로서 관념적으로는 무한히 멀리까지 닿을 수 있는 부계 혈연이라는 사실 그 자체에 착목

---

1 가장 일찍 이 관점에서 체계적으로 논술한 저작으로는 清水盛光, 『支那社會の硏究』, 岩波書店, 1939가 있다.

2 Sybille van der Sprenkel, *Legal Institutions in Manchu China: A Sociological Analysis*, The Athlone Press, University of London, 1962는 청대 중국사회의 사법(司法)이란 것을 이러한 관점에서 종합적으로 다루려 한 대표적인 저작이다. 이 책은 자치적 사법을 지나치게 조직화된 것으로 보아 국가의 사법기능을 과소평가하는 경향이 있다고 말할 수 있을지 모른다. 어쨌든, 기존의 지식을 잘 정리하여 장래의 연구를 위해 항상 돌이켜볼만한 하나의 출발점을 놓았다는 의의가 있는 저작이다. 일본 학계에서는 仁井田陞, 「中國舊社會の構造と刑罰權—國家的非國家的とは何か」, 法制史學會 엮음, 『刑罰と國家權力』, 創文社, 1960 및 최근의 수확으로, 奥村郁三, 「中國の官僚制と自治の接點—裁判權を中心として」, 『法制史硏究』 19, 1969가 주목된다.

3 필자는 1964년 가을, 고베대학(神戸大學)에서 열린 법제사학회 연구대회에서 같은 내용의 보고를 한 적이 있다. 대단히 늦었지만 당시의 보고를 글로 정리하여 발표하는 책임을 지금 수행하고자 한다.

하여 사용되기도 하고, 사회학적 개념으로서 일정 범위의 족원이 크든 작든 자치 · 상조의 기능을 수행하는 사회집단으로서 존재하는 현실에 착목하여 사용되기도 한다. 이 글에서는 후자의 의미로 쓴다. 이러한 의미에서 종족의 집단으로서의 크기나 조직화 정도, 성원 간의 연대 강도 등은 개개의 족마다 다르고 그 차가 심대할 수 있다. 한쪽에는 수천의 족인族人이 모여 살며 한 마을을 형성하고, 사당祠堂에서 선조를 제사지내는 동시에 족중族中의 대사를 의논하며, 족전族田이란 형태의 기본재산을 임원의 손으로 운용하여, 족중의 빈자 구제, 혼례 · 장례의 부조, 뛰어난 자제子弟에 대한 장학금의 지급 등을 하고, 방대한 족보를 편찬 · 간행하여 족인의 연대감의 유지에 힘쓰는 등, 커다란 조직을 가지는 종족이 있다. 그 반면, 다른 한쪽에는 동족이 좁은 범위의 알려진 소수에 한정되고, 그 사이에서 비공식적인 친척 간 교제가 이루어지고 있는 것에 불과한 경우가 있을 수 있다. 그리고 당연하게도 조직을 가진 큰 종족일수록 뚜렷한 사료를 제공하고, 따라서 학자의 논술 대상이 되기 쉽다. 이 글 또한 거기에 편승하려는 것이기는 하나, 과거 중국인 모두가 그러한 조직을 가진 종족의 통제하에 있던 것이 아니었다는 사실은 미리 말해두고 싶다. 대체로 큰 종족조직은 화중華中, 화남華南에서 많이 보이는 현상이었다.

종족은 크든 작든 족중의 분쟁이나 족인의 비행을 자주적으로 해결하고 단속하는 것을 지향한다. 조직을 가진 종족에서는 성문화된 족규族規와 사당에서의 재판집회가 있는 경우가 적지 않다. 후푸안胡樸安의 『중화 전국 풍속지中華全國風俗誌』는 안휘성 합비合肥 지역의 관습을 서술하고 있는데, 아래의 대목은 종족의 자치기능에 관한 간명한 서술로서 종종 인용된다.

> 족중의 규례規例가 매우 엄중하여 제법 자치의 양식을 갖춘다. 대체로 족인이 작은 도랑을 놓고 다투는 따위의 일은 모두 족중의 현명한 자, 웃어른이 결정한다. 중대 안건으로 족인의 조해調解(분쟁의 조정을 뜻함)가 성립하지 않으면, 비로소 관에

호소한다. 관의 판단은 또한 족신族紳의 의견을 참고하도록 청했다. 족중에서 불법하게 일족의 명예를 훼손하고 무너뜨리는 자가 있으면, 족인은 회의를 소집하여 종족의 사당宗祠에서 그를 처분할 수 있다. 혹은 금전과 술자리로 그를 벌하기도 하고, 혹은 몽둥이로 꾸짖기도 하며, 무거운 것은 목졸라 죽이는 것에 이르기도 한다.[4]

종래 이 방면의 연구는 적지 않다. 연구에서 기초적인 사료로 이용되는 것은, 첫째로는 종보宗譜로, 말할 것도 없이 종족 쪽의 문헌이다. 둘째로는 앞서 든 풍속지風俗誌와 같이 넓은 의미에서 관찰자의 기록을 중심으로 하고 있다. 여기에 더해, 국가 쪽의 문헌, 특히 국가기관의 재판기록에 종족의 자치가 어떤 모습으로 나타나는가 하는 것 또한 돌아보아야 하지 않을까 한다.

과거 중국에서 넓은 의미에서 판례집이라 칭할 수 있는 문헌으로 지금까지 전해지는 것에는 크게 두 종류가 있다. 첫째는 형안류刑案類이다. 이는 중앙정부의 재판기관인 형부의 당안檔案을 소재로 삼아 취사·발췌·요약하고 분류, 편찬하여 사법실무에 종사하는 이들에게 참고용으로 제공하는 것을 목적으로 하는 출판물이다. 전국에서 발생하는 중대한 재판사건(구체적으로는 어느 정도 이상 무거운 형벌이 다루어지는 사안)은 주현에서 시작하여 각 성省의 총독 또는 순무에 달하는 몇 차례의 복심覆審을 거친 후 서면으로 형부에 상신上申하여 심사를 받고, 사형을 포함하는 안건은 황제에게 상주하여 재가를 받음으로써 비로소 판결이 정해지는 구조였다.[5] 형부는 그러한 구조의 요처에 있으며 전국적으로 판례를 통일하는 기능을 하고 있었다. 따라서 형안류 자료는 어느 정도 오늘날 일본의 최고재판소 판례집과도 비슷한 의미가 있는 문헌이라 할 수 있다. 다만 그 내용이 오로지 형사안건에 치우

---

4 胡樸安, 『中華全國風俗誌』 4하, 권5, 大達圖書供應社, 1936, pp.2-5.

5 이 책 제1장 p.36 이하 참조.

쳐 있는 것은, 전술한 제도의 구조가 그렇게 만드는 것으로서 어쩔 수 없는 일이다. 두 번째 문헌은 판독류判讀類이다. 이는 개인의 시문詩文이 모아 간행되는 것과 같은 의미에서, 어떤 사람이 지방관으로 재임했을 때 쓴 판결문을, 그것의 문장으로서의 작품가치를 전하려는 목적으로 모아 간행한 것이다. 판례집이라고 하기보다는 판결문집判決文集이고, 이것을 사료로 삼아 판례의 추이 등을 운운하는 것이 가능한 문헌은 아니다. 그렇다고는 하나, 그 내용은 형사만이 아니라 민사 · 행정에 걸친 안건을 풍부하게 포함하고, 또 인민의 생활을 비교적 여실히, 말하자면 인간미 있는 형태로 반영하고 있다는 재미가 있다. 이 글에서는 후자는 잠시 제쳐두고, 형안류 자료를 통해 종족의 자치적 활동을 보기로 한다. 그리고 형안의 전술한 성격으로부터 종족이 자치적 제재의 극단적인 수단으로 족중의 악인을 처형한 사건이 눈에 띄게 나타나기 때문에 여기에 초점을 맞추기로 한다.

먼저 형안 중에서 두세 가지 실례를 들어본다.

금문리 등이 금헌사를 모살한 사건金文利等謀死金獻賜一案(강소성. 강희49년(1710) 2월 27일 범행)[6]

금헌사金獻賜의 집이 가난하여 강희49년 2월 26일 밤, 족방族房 금중원金中袁 집의 쌀과 닭 등의 물건을 훔쳤다. 다음날 아침 금중원이 동족에 신고하자 여러 사람이 수색하여 금헌사로부터 장물을 찾았다. 금헌사를 그의 숙부 금문리金文利에게 넘겼다. 그 자리에 금헌제金獻齊가 있었는데, 그를 관에 보내 심문해 처리하도록 큰 소리로 촉구했다. 금문리는 따르지 않았다. 금헌사는 전에도 도둑질을 하여 폐를 끼친 적이 있으므로, 곧 뜻을 세워 그를 살해하고자 하여, 매간埋杆을 세워 잡아당겨 죽이고자 하였다. 금헌사의 아내 여余씨가 그 말을 듣고, 무릎을 꿇고 남편을 용서해 줄 것을 빌고 자신이 대신할 것을 원하였다. 금문리는 원안을 고집하여 거들떠보지 않았다. 그녀는 방으로 돌아가 스스로 목을 매었다. 금문리는 마침내 그

6 『예안전집』 권22, 3a〔聽從父叔主使致死尊長者減等〕.

의 아들 헌존獻尊, 조카 헌순獻純을 시켜 나무를 이용하여 기둥을 만들었다. 문리는 밧줄로 고리를 만들어 헌사의 목을 고리 안에 눌러넣은 후, 손을 들어 먼저 잡아당기고 또 헌존 · 헌순을 시켜 잡아당기게 하니, 이로써 금헌사는 사망에 이르렀다.

장태령 등이 비행을 저지른 족원 장아박을 생매장하여 죽게 한 사건蔣太齡等活埋族匪蔣阿璞身死一案(복건성. 건륭8년(1743) 7월 26일경 범행. 9년 12월 17일 결안結案)[7]

장아박蔣阿璞이 무복친無服親인 족형族兄 장아길蔣阿吉의 거위를 훔쳐 진초옥陳超玉과 함께 잡아먹었다. 곧 장아길에 발각되어 배상하여(속죄할 것을) 허락받았다. 장아길이 막상 그에게 돈을 받으려 하자, 장아박이 도리어 흉포하게 굴며 때리려 하였다. 장아길의 친동생 장아무蔣阿茂가 밧줄로 장아박을 묶고 끌고가 장태령에게 넘겼다. 장태령은 즉시 장아길과 함께, 약정約正 장율환蔣聿環, 족방장族房長 장명기蔣明基 · 장단조蔣丹照 · 장기봉蔣起鳳 · 장건호蔣建鎬 및 연총練總 장조강蔣祖康, 또 장아박의 친형 장아길蔣阿吉(蔣阿奇의 잘못일까)을 불러모아 함께 조사祖祠로 가서 의논하였다. 장아박을 관에 넘겨 처치하고자 하였다. 그러자 장태령이 큰 소리로 말하기를, 끌고 가 생매장하여 족해族害를 제거하자 하였다. 그때 장율환이 그 말에 따르고자 하였다. 장태령은 곧 전 30문을 내어 장방령蔣邦齡을 고용하여 구덩이를 파도록 했다. 장기봉 · 장건호는 감히 모의에 관여하지 않고 먼저 흩어져 돌아갔다. 장태령이 장아박을 끌고 앞장서고 장아길 · 장방령이 뒤에서 밀며 갔다. 장율환 · 장명기 · 장단조 · 장조강 · 장아기도 또한 뒤따라가 보았다. 이윽고 구덩이가 있는 곳에 도착하자, 장태령이 장아박을 밀어 넣고 장아길 · 장방령을 시켜 묻게 하니 장아박이 사망하기에 이르렀다.

7 『예안속증전집』 권22, 25b〔活埋犯竊親屬比擬寬減〕.

서영요(혹은 서윤요)와 서조상 등이 공모하여 그의 아들 서아로를 줄로 묶어 익사하게 한 사건徐永(允)耀與徐兆祥等同謀捆縛伊子徐亞老淹死一案(절강성 영가현永嘉縣. 건륭15년 7월 27일 범행, 17년 10월 21일 결안)[8]

서아로徐亞老는 평소 악행을 하였다. 일찍이 건륭8년에 무복친인 족형 서성양徐聖揚의 면화棉花를 훔치고, 10년에 다시 서강약徐康若의 은물銀物을 훔쳤다. 두 사건의 피해자가 현에 보고하여, 장물을 반환하도록 힐책을 받은 바 있었다. 서아로는 시종 아버지의 훈계를 듣지 않아, 다시 건륭15년 7월 15일 밤에 해당 현의 남계南溪에 주재하는 현승縣丞 하삼何森이 공무로 출타한 것을 틈타 관서에 들어가 목재 2주를 훔치고 고용인인 서운법徐雲法을 불러 도움을 받아 짊어지고 돌아갔다. 관아를 지키는 조아모趙亞毛란 이가 있었는데, 서아로의 무복친 족숙族叔인 서조상徐兆祥 집의 고용인이었다. 다음날 장물을 찾아 획득하고 해당 현승에 보고하니, 현승이 서아로를 체포하게 했다. 서아로는 곧 서조상에게 화풀이하였다. 서운법을 불러 함께 신묘神廟에 있는 향로를 서조상의 집안으로 갖고 들어가 던져두고, 또 칼을 지니고 서조상의 집에 가서 소란을 피웠다. 때마침 해당 현의 지현은 성省의 시험관으로 지명되어 성도省都에 들어가 있었다. 서조상은 부府에 제소했고, 부는 비批를 내려 조사시켰다. 서아로의 아버지 서영요徐永曜(혹은 서윤요徐允曜)는 서아로가 종전부터 절도를 범하여 검거되는 일에 얽혀 책임을 지고 배상한 적이 있었다. 지금도 서아로가 악행을 즐기고 반성하지 않으며, 칼을 갖고 흉악한 짓을 하였고, 게다가 서조상이 부에 제소하였다는 말을 듣자, 다시 연루될까 우려하여 서아로를 줄로 묶어 익사시키고자 하는 뜻을 세웠다. 7월 27일 서조상을 만나 도움을 구했다. 서조상은 거절하고, 그만둘 것을 권하였다. 서영요가 말로써 애원하자 서조상이 비로소 동의하였다. 서영요는 서조상으로 하여금 서성양을 불러 돕게 하였다. 서성양 역시 그만 둘 것을 권하며 거절하였다. 서영요는 서아로를 끌고 사당 안으로 들어가 서조상으로 하여금 머리를 제압하고, 서성양으로 하여금 발

---

8 『예안속증전집』 권23, 11b〔捆溺族匪致死帮同按足之人量減滿流〕.

을 붙잡게 하였다. 서영요는 서아로를 묶어 거적 안에 넣은 뒤, 서조상 · 서성양과 함께 들고 황교黃橋 위로 갔다. 서영요는 나이가 들어 힘이 약했다. 서조상의 도움을 받아 물에 밀어 떨어뜨리려 하였다. 서조상과 서성양은 다시 그만둘 것을 권하였다. 서영요는 고집하며 따르지 않았다. 서조상을 재촉하여 서아로를 물에 밀어 익사시켰다. 서성양은 직접 실행하지는 않았다. 서영요가 관을 준비하고 조아모를 불러 함께 시체를 건져 올려 염하여 매장한 후 이를 숨기고 보고하지 않았다. 그후 해당 부의 비批가 현에 내려오니, 현에서 차역差役에 명하여 붙잡아 심문하라 하였다. 해당 차역은 서아로가 아버지에게 익사당했다는 사실과 경위를 조사해 알아내자, 현에 보고하여 각 범인을 모두 붙잡았다.

이상, 원문에서는 위에서 읽어 내려온 것과 같이 사실인정을 한 후, 각각 법률적용에 관한 논의가 이어지는데, 그 부분에 대한 분석은 훗날로 미룬다. 여기서 위와 같은 사례가 다름 아닌 국가의 재판기록에 나타난다는 것은, 풍속지風俗誌에서 말하는 "무거운 것은 목졸라 죽이는 것에 이르기도 한다"라는 것이 합비현合肥縣에 한정되지 않으며, 반드시 과장도 아니었음이 일반적으로 실증된다.

또한 위 사례 가운데, 두 번째 사례는 첫 번째, 세 번째 사례와는 다소 양상이 다르다. 전자, 즉 두 번째 사례에서는 족의 장로들이나 사건관계자가 종사宗祠에 모여서, 충분히 조직적이지는 않았다 하더라도 일종의 재판집회가 열렸고, 가장 유력한 자의 주도로 생매장이 행해졌다. 모인 장로들이나 일을 주도한 장태령(특별히 기록되어 있지는 않으나, 그야말로 틀림없이 족장이라 칭할만한 인물이었을 것이다)은 모두 재판해야 할 인물과의 혈연의 친소를 문제 삼지 않고, 종족이라는 하나의 등질자等質者 집단의 지도층이라는 지위에서 행동하고 있다. 이것을 '단체원리團體原理'에 기초한 종족의 활동이라고 칭해두고 싶다. 후자는 이와 다르다. 예컨대 세 번째 사례에서는, 비행자의 아버지가 주체가 되어 타인에게 의뢰하여 실행하고 있다. 하지만 이

사례 역시 종사宗祠로 끌고 가 결박하고 거적 속에 넣었다는 기술이 확실히 보여주듯이, 아버지의 개인적인 분노에서 나온 행위가 아니라, 조상의 혼령이 지켜보는 아래 종족의 이름으로 행해진 제재이며, 그것을 아버지가 가장 가까운 직접적인 책임자로서 집행한 것이라고 보아야 한다. 아버지가 없다면 첫 번째 사례에서 보이듯 백부, 숙부 등의 근친 존속이 같은 역할을 수행하게 된다. 이처럼 족인族人을 모두 등질적等質的인 단체성원으로 보는 입장이 아니라, 개개의 족인 상호 간의 친소 · 존비 · 장유의 개별적 신분관계를 기본으로 놓고, 가장 가까운 존장尊長의 권위가 발동됨에 의해 자제子弟를 교도하고 징계하는 관계, 이를 '신분원리身分原理'에 기초하는 종족의 활동으로 이름 붙이고 싶다.

그런데, 비행자의 제재를 위해 살해라는 수단을 사용하는 것은, 종족의 활동 전반에서 본다면, 물론 극히 특수한 경우이다. 종족의 통상적 활동으로서 어떤 것이 행해졌는지에 관해서는 타가 아키고로多賀秋五郎의 『종보의 연구(자료편)宗譜の研究(資料編)』, 동양문고東洋文庫, 1960에 수록된 다수의 종규宗規가 풍부한 자료를 제공한다. 아래에서 그 개략을 살펴보자.

종족은 족내 분쟁의 조정調停과 비행의 제재라는 양면의 기능을 하고 있었다. 무엇보다도 조정과 제재를 명확한 한 선으로 구별하기는 곤란할 것이다. 분쟁이 발생하는 경우는 어느 한쪽, 혹은 양쪽에 잘못이 있는 것이 보통이다. 그 잘못의 정도에 따라 벌을 줌으로써 상대방을 달래고 화해시키는 일이 종종 행해졌다. 국가의 사법에서도 형사소송과 민사소송을 준별할 수 없는 상태에 있었던 것과 마찬가지의 관계이다. 그러나 대략적인 구분으로 조정과 제재를 나누어 생각할 수 있다.

먼저, 조정의 경우, 종규에서 족중에 다툼이 있으면 반드시 우선 족장에게 보내 그 판결을 듣고, 그래도 해결되지 않을 때 비로소 관에 호소해야 하며, 곧바로 관에 호소하는 자에게는 제재를 가한다고 규정한 것이 적지 않다. 또한, 족인과 족외자族外者 사이에 다툼이 생겨 재판사태가 벌어질 것 같을 때, 종족은 그 족인의 주장이 이치에 맞는지 조사하여, 이치에 맞으면 소송비용을 종족의 재원에서 지출하는 등 종족 차원에서 그를 원조한다. 그리고 이치에 어긋난다면 그를 꾸짖고 훈계하여 그만두게 함으로써 족외자와 화목을 도모한다는 취지의 규정을 두고 있는 것이 보인다.[9]

다음으로, 제재制裁에서 가장 일반적으로 사용되는 수단은 다음과 같다.

질叱 · 척斥(중질衆叱, 가척呵斥 등의 단어로 쓰인다): 말로 꾸짖는 것.

벌罰: 자발적으로 어떠한 보상을 하게 하는 것. 많은 경우 벌금, 벌석罰席(술을 돌리게 하는 것) 등. 조전장궤祖前長跪(사당에서 무릎 꿇고 있게 하는 것)나 피해자에 대한 사죄와 같은 의례적인 보상도 있다. 이들 모두 '벌'로 칭한다.

책責: 육체적인 고통 · 치욕을 주는 것. 주로 장책杖責, 즉 몽둥이로 때리는 것.[10]

정조停胙(불허입사不許入祠): 교제의 정지. 1년, 3년, 5년 등 기한이 정해진다.[11]

---

9 이상의 두 측면을 규정한 전형적인 예로서, 안휘성 합비(合肥)의 (광서원년) 『邢氏宗譜』가 있다. "ⓐ 무릇 족중에 말다툼이나 쟁투가 있으면, 먼저 호(戶)나 종(宗), 방(房)의 장에게 알려 그 판단을 들은 이후 현에 고소한다. 만약 호와 족에게 먼저 알리지 않고서 곧장 호기롭게 소송한다면, 비록 이치에 맞다해도 종족이 없는 것과 마찬가지이니, 족인이 모여 함께 벌한다. ⓑ 족인(族人)과 외인(外人)이 송사함에, 만약 족인의 이치가 마땅하다면 돕지만, 족인의 이치가 그르다면 금하도록 해야 한다. 또한 외인과 화해하려 함에 본종을 돌아보지 않고 도리어 외인을 돕고자 하여 족인을 탄압하면 족인이 모여 함께 벌한다(ⓐ 凡族中口角争鬪者, 必先鳴戶宗房長, 聽其剖決, 然後控縣. 若不先鳴戶族, 而即逞強刁訟, 雖然得理, 亦爲無宗, 合族公究. ⓑ 族人與外人争訟, 如族人理直, 即爲帮助. 族人理曲, 即當禁止. 再向外人陪過講和, 若不顧本宗, 反助外人, 欺壓族姓者, 合族公究)"(多賀秋五郎, 『宗譜の研究(資料編)』, p.738). 이 가운데, ⓐ의 면에 대해서 多賀秋五郎, 『宗譜の研究(資料編)』, pp.638, 656, 684, 686, 696, 700, 703, 710, ⓑ의 면에 대해서는 p.699 등에서 같은 취지의 종규(宗規)가 산견된다.

10 '벌(罰)', '책(責)'의 용례는 종보(宗譜)에 일일이 거론할 수 없을 만큼 많다. 소흥(紹興)의 『山陰州山吳氏族譜』에 보이는 "벌이라는 것은 절하거나 꿇어앉히거나, 은이나 쌀을 내게 하는 부류이다. 책이라는 것은 예로 때리고, 법으로 치는 것, 혹은 묶어두는 부류이다. 그때그때 종족의 장이 함께 헤아려 처리한다(所謂罰者, 或拜或跪, 或銀米之類. 所謂責者, 或以禮撲, 或以法捶, 或以礅鎖之類. 臨時聽宗長公同酌處)"(多賀秋五郎, 『宗譜の研究(資料編)』, p.697)라는 정의를 내리는 듯한 말은, 거의 모든 용례에 타당할 것이라 생각된다.

출족出族(영불허입사永不許入祠): 제명除名, 추방.

송관구치送官究治: 관헌에게 넘기는 것.

이 가운데 출족出族과 송관送官은 종종 병행된다.[12] 관에서 어떤 종류의 죄(특히 간죄姦罪)로 추궁될 때 족에서도 출족 처치를 하는 경우도 있다.[13] 출족까지가 족의 자치적 제재, 즉 '가법家法'에 의한 처치이며, 그 최고 단계를 다한 때부터 관헌에 기대게 된다. "작은 것은 곧 사당祠堂에서 가법家法으로 다스리고, 큰 것은 곧 공정公庭에서 관의 형벌로 다스린다"[14]라는 것은 이러한 사정을 잘 표현한 말이다. 요컨대, 종족은 관헌에 의한 국법의 발동을 언제나 후원자로 삼아 의지하면서, 가능한 한 거기에 이르지 않는 단계에서

---

11 정조(停胙)라는 말은 (도광28년)『南海廖維則堂家譜』(多賀秋五郎, 『宗譜の研究(資料編)』, pp.712-714) 등에서 자주 나온다. 위의 주10에서 인용한 『山陰州山吳氏族譜』에서는 "입사(入祠)를 허락하지 않는다는 것은 단지 입사하지 못하게 하는 것뿐 아니라, 비유자가 존장으로서 그를 대우할 필요가 없는 것이다. 그가 개과했다면 3년 후에 비로소 입사를 허락한다. 영원토록 입사를 허락하지 않는다는 것은 단지 그 자신이 입사하지 못하게 하는 것뿐 아니라 족보에서 이름에 주를 달아 정하여, 그 아들과 손자 역시 입사하지 않는 것이다. 그가 뉘우치고 개과하였으며, 자손을 잘 가르쳐 선하게 되어 자손이 큰 공덕을 쌓고, 과거의 허물을 덮을 수 있다면 비로소 입사를 허락한다(所謂不許入祠者, 非止不入祠已也, 卽卑幼者亦不必以尊長待之矣. 其人能改, 三年之後, 方許入祠. 所謂永不許入祠者, 非止本身不入祠已也, 族譜將名註定, 卽其子若孫亦不許入祠矣. 其人若能悔改, 教子孫爲善, 其子孫有大功德, 克蓋前愆者, 方許入祠)"라 한다.

12 (광서11년)『京江賜禮堂戴氏重修家乘』, "부모에게 불효하거나, 존장에게 거스르거나 인륜을 해치거나 집안의 명성을 더럽히는 일이 있다면 족인 등을 모아 함께 사당 안에 밀어넣고, 존장이 죄에 따라 꾸짖고 징벌하되 관대히 해서는 안된다. 만약 과거의 비행을 고치지 않는다면 사당에서 끄집어내서 관에 보고해 치죄토록 한다(其有不孝父母, 忤逆尊長, 傷害彝倫, 及玷辱家聲者, 合族人等, 公同押入祠中, 尊長按罪責懲, 決不寬恕. 如不改前非, 卽革出祠堂, 稟官究治)"(多賀秋五郎, 『宗譜の研究(資料編)』, p.640) 등의 사례가 있다.

13 앞의 주11에서 인용한 요성(廖姓)의 가보에서 "사음한 일이 행해져 여러 증거가 확실하고 피해자가 관에 보고했다면, 역시 먼저 족법에 의거하여 본인을 사당에서 꾸짖고 영원토록 출족(出族)한다(邪淫已成, 衆證確鑿, 若事主稟官, 亦要先依族法, 將本人在祠領責, 永遠出族)"(多賀秋五郎, 『宗譜の研究(資料編)』, p.712)라 정하는 등의 사례가 있다.

14 『蕭山朱家擅朱氏宗譜』(多賀秋五郎, 『宗譜の研究(資料編)』, p.635), "작은 일이라면 가규(家規)로 다스리고, 큰 일이라면 보고하여 법에 따라 다스리길 청한다(小則治以家規, 大則稟請律究)" 등, 같은 취지의 말은 같은 책, pp.710, 715 등에 산견된다.

일을 정리하고자 힘썼다.[15] 제재수단으로 살해를 명확하게 종규 안에 규정하고 있는 예는 두세 개가 보일 뿐 극히 적다.[16] 사람을 죽음에 이르게 하는

15 족규에서 가법의 재판에 반항하는 자는 관으로 끌고 간다고 정한 예도 보인다. (동치9년)『孫氏族譜』, "같은 조상을 둔 정을 생각하지 않고서 강자로서 약자를 능학하거나 다수로서 소수를 폭압하고, 악인들끼리 무리지어 양인을 해치며, 어린 자제를 꾀어내어 간음하고 오입질, 도박하는 경우, 족장이 족중의 재능 있고 덕 있는 이들을 모아 사당에 감금한 후 엄히 꾸짖고 벌을 가한다. 만약 강포함을 믿고 가법에 따르지 않으면 족원이 함께 진정하여 관에 보내 다스리게 한다(不思同宗共祖之情, 以強凌弱, 以衆暴寡, 黨惡害良, 引誘子弟姦淫嫖賭者, 族長糾族中有才有德者, 鎖入祠堂, 嚴加責罰. 倘恃強橫, 不遵家法, 合族共呈, 送官究治)"(多賀秋五郎,『宗譜の研究(資料編)』, p.818).

16 (광서9년)『桐陂趙氏宗譜』(안휘성 동성현(桐城縣)), "만약 타인의 재물을 훔치면 반드시 처분해야 하니 초범이라면 잘못을 뉘우치게 하고, 재범이라면 자진토록 한다(若盜他人財物者, 須爲處分, 一犯仍令改過, 再犯令其自盡)", "발총(發塚)·모살(謀殺)·고독(蠱毒)·위핍(威逼)·간음·투구(鬪毆) 및 욕지거리를 한 자는 각기 율에 의해 벌하여 다스린다. 형량이 참교 이상으로 사죄에 상당하면 처사(處死)한다. 만약 타인이 내부에 있다면 모두 관으로 보낸다(發塚·謀殺·蠱毒·威逼·奸淫·鬪毆及罵者, 各依律罰治. 凡係絞斬以上, 罪當死者, 處死. 若有他人在內, 俱送官)."(多賀秋五郎,『宗譜の研究(資料編)』, p.26 주71, p.740). 마키노 타츠미(牧野巽) 씨가 소개한 안휘성 동성현 시씨(施氏)의 종보에서도 "처음으로 도둑질 같은 짓을 범한 것은 헤아려 벌하고 스스로 잘못을 고치기를 기다린다. 혹 재범하거나 고의로 범죄한, 그리고 당을 결속시켜 무리를 이루어 사람을 상해하고 재산을 노략질한 자는, 즉시 합족(合族)하여 함께 그를 쳐서 자진(自盡)하게 하라"라고 하고 있다(牧野巽,『支那家族研究』, p.599. 多賀秋五郎,『宗譜の研究(資料編)』에는 수록되지 않음). (동치4년)『齊氏宗譜』(안휘성 동성현), "추후 마땅히 엄히 훈령하기를, 재물을 위해 몸을 파는 자는 쫓아내어 우리 조상을 욕되게 하지 않게 한다. 절도하거나 잘못을 저지른 자는 선조의 무덤에서 교살하여 영원토록 후대의 귀감이 되게 한다(自今以後當爲嚴訓, 有圖財自鬻者黜之, 毋玷我祖. 竊盜非爲者, 則縊之先塋, 永爲後鑑)"(多賀秋五郎,『宗譜の研究(資料編)』, p.861). (민국26년)『交河李氏八修族譜』(하북성 교하현(交河縣)), "족중에 법률을 준수하지 않고 강상을 깨트리거나, 도적질·방화 등 멋대로 악한 행동을 하는 이가 있다면, 족원을 모아 함께 의논하여 즉시 사형에 처할 것이니, 그 가속은 저지해선 안된다(凡族中有不遵法律, 敗壞倫常, 或做賊放火, 任意邪行者, 合族公議, 立刻處死. 伊家眷屬不得阻撓)"(多賀秋五郎,『宗譜の研究(資料編)』, p.26 주72, p.781; 奧村郁三, 앞의 논문, p.38; 仁井田陞『中國法制史研究(家族村落法)』, p.310 주34). (민국3년)『吳氏宗譜』(안휘성 회녕현(懷寧縣)), "윤리에 거슬러 강도질을 하거나 도둑질을 하고도 뉘우치지 않으면, 그 부형 및 친백숙이 나서서 즉시 익사시켜야 하니 관대히 해서는 안된다(至滅倫爲盜, 及行竊不改者, 責其父兄及親伯叔擧手, 卽行溺死不貸)"(仁井田, 같은 책, p.305 주31. 多賀秋五郎,『宗譜の研究(資料編)』, p.781에는 항목만 수록). 미국 콜롬비아대학이 소장하고 있는 다수의 종보(宗譜) 가운데 (민국8년)『張氏宗譜』및 (민국3년)『涇川小領曹氏宗譜』에도 각각, 비도(匪徒)를 장닉(藏匿)하는 자, 절도를 행하는 자를 죽음에 처하는 규정이 있다고 한다(Hui-chen Wang Liu, *The Traditional*

것은 국법에 맡겨야 하며 종족이 거기까지 하는 것은 과하다고 보는 것이 종족의 입장에서도 통념이었다 할 것이다.

이에 대한 국가의 태도는 어떠했는가 하면, 종족의 자치적 기능을 국가제도의 일부로 자리매기고 그것을 일정한 규제 아래 두면서 보조하고자 하는 성질의 입법은 거의 존재하지 않았다고 보아도 좋다. 분명 형법이 가해자와 피해자 간의 친족관계를 형의 경중을 정하는 데 꼼꼼하게 반영하고 있는 것, 즉 존장尊長의 비유卑幼에 대한 가해는 일반인보다 가볍게, 그 반대는 무겁게 벌하는 것, 그리고 근친일수록 그 간격을 크게 하는 것은, 존장의 비유에 대한 권위를 국법의 측면에서도 뒷받침하는 작용을 한다. 이에 따라 종족의 신분원리에 기초한 활동은 확실히 국가권력에 의해 보조되고 있었다고 할 수 있다. 그러나 종족의 단체원리에 기초한 활동에 대해서 국가는 대체로 냉담했다. 족장 혹은 그 밖에 어떤 이름이든 종족이라는 집단의 통괄자라는 지위를 특별히 평가하는 입법은 거의 발견되지 않는다. 드물게 보갑保甲제도와 관련하여, 동족 100인 이상이 모여 살며 마을을 이루고 있는 곳에서는 족정族正을 세우게 하여 그에게 일반지역에서의 보정保正·갑장甲長과 동일한 책임을 지게 한다는 규정이 보이는 정도이다.[17]

Chinese Clan Rules, J. J. Augustin Inc., 1959, p.38). 이상이 필자의 눈에 띈 모든 것이다. 족규의 처벌로서 살해를 명시한 경우는 극히 예외적이라 해도 좋을 것이다. 오쿠무라(奧村)씨도 왕 리우(Wang Liu) 여사도 같은 견해이다. 그리고 그러한 규정이 타가(多賀)씨가 지적하는 것과 같이(p.19), 안휘성 환동(皖桐) 지방의 족보에 많다는 사실과, 다른 한편, 이른바 난세인 민국시대의 족보에 많다는 사실은 주목할 만하다.

17 『대청율례』〔盜賊窩主〕조례11, "보갑을 편성함에 보정(保正)·갑장(甲長)·패두(牌頭)는 반드시 만사에 삼가고 능통한 이 가운데 뽑아 충원한다. … 도적을 힘껏 조사하여 사실에 따라 보고하면, 체포역이 도적을 절반 이상 잡은 예에 따라 이름을 들어 상을 준다. 만약 도적이 있는 것을 알면서도 비호하여 숨겨준다면 장80에 처한다. … 일체의 호혼전토 안건은 보갑에 물어서는 안되며, 오직 인명 등 중한 정황만을 이웃과 보갑에게 묻는다. … 또한 지방에 보루나 장원이 있어 족원 100인 이상을 모아 거주하기에 보갑이 조사할 수 없다면, 족원 가운데 품망 있는 자를 골라 족정(族正)으로 세운다. 만약 그릇된 무리가 있으면 지목해 보고하도록 하되, 만약 비호하여 용인하면 보갑의 예에 따라 모두 치죄한다(編排保甲, 保正·甲長·牌頭須選勤愼練達之人點充. … 果實力査訪盜賊, 據實擧報, 照

재판권이라는 단어를 사용한다면, 국가는 천하의 만사에 대해 재판권을 가지고 있다. 어떤 범위에서 종족, 기타의 자치적 조직에 재판권 일부를 제도적으로 이양하는 현상은 보이지 않는다. 국가의 입장에서 볼 때, 법이란 오로지 국법을 의미하며, 이른바 가법家法은 단순한 사실의 영역에 속하는 사항이었다.[18]

청조에 한하지 않고 역사를 통틀어 중국에서는 관료로 구성되는 국가의 통치기구와 인민 측에서 발생하는 자치적 조직이 제도적으로는 결합하기 어려운 성향을 갖고 있었다. 이 성향에 대한 역사상 거의 유일한 예외적 형상으로 들 수 있는 것이 명대 초기의 이노인里老人 제도이다. 이노인이란, 향촌마다 주민 가운데 인망이 있는 유덕자有德者를 천거하게 하여 관이 임명하는 직책으로, 인민의 교화와 민간 분쟁의 조정을 직무로 하였다. 경미한 사건은 먼저 이 이노인에게 호소해야 하고, 이를 넘어 직접 관헌에게 호소하는 것은 월소越訴로서 금지하도록 정해져 있었다.[19] 관헌에 의한 재판 전

捕役獲盜過半以上例, 按名給賞. 倘知有爲盜窩盜之人, 瞻徇隱匿者, 杖八十. … 其一切戶婚田土, 不得問及保甲. 惟人命重情, 取問地隣保甲. … 再地方有堡子村莊, 聚族滿百人以上, 保甲不能編查, 選族中有品望者, 立爲族正. 若有匪類, 令其擧報, 倘徇情容隱, 照保甲一體治罪).” 그밖에 종족의 사산(祀産) · 의전(義田) 등 족중의 재산을 도매(盜賣)하는 족인에 대한 처벌규정(『대청율례』〔盜賣田宅〕조례6)이 보이는 정도이다.

18 때로는 종규(宗規)를 관에 등록하는 일이 행해졌다(Hui-chen Wang Liu, *op. cit.*, pp.23-24. 다만, 해당연구가 근거한 사료는 모두 민국 시기의 것이다). 그렇다 해도 이를 등록하는 것을 종규가 국법체계 안에 편입되었다고 볼 것은 아닐 것이다.

19 이노인에 대해서는 이하의 서술을 참조하라. 和田清 엮음, 『支那地方自治發達史』, 1939, 제4장 제5절(松本善海 · 中村治兵衛 집필); 松本善海, 『中國村落制度の史的硏究』, 岩波書店, 1977, p.119 이하, p.465 이하; 小畑龍雄, 「明代極初の老人制」, 『山口大學文學會誌』 創刊號, 1950; 「明代鄕村の敎育と裁判—申明亭を中心として」, 『東洋史硏究』 11-5, 1952; 淸水盛光, 『中國鄕村社會論』, 岩波書店, 1951, 제1편 제3장 외 pp.128, 355; 淸水泰次, 「明代の民政」, 『東洋史硏究』 13-3, 1954; 栗林宣夫, 「明代老人考」, 『東洋史學論集(東京敎育大學)』 3, 1954; 『里甲制の硏究』, 文理書院, 1971, p.59 이하, p.242 이하, p.275 이하; Kung-chuan Hsiao, *Rural China: Imperial Control in the Nineteenth Century*, University of Washington Press, 1960, pp.553-555; 江原正昭, 「里甲制と老人」, 『歷史硏究(東京都立大學)』 2, 1957; 奧村郁三, 「中國の官僚制と自治の接點」, 『法制史硏究』 19, 1969, pp.33-34; 細野浩二, 「里老人と衆老人—敎民榜文の理解に關聯して」,

에 민간의 자주적 해결 절차를 앞에 놓고자 하는 사고방식이, 자치조직 쪽의 규약—예를 들면 종규宗規—에 종종 나타나는 것은 이미 살핀 대로이다. 하지만 이노인 제도는 그것을 국가 쪽에서 요구하여 지역사회의 자치적 기능을 국가제도의 일단으로 편입시키고자 한 것으로서, 실로 이색적인 제도라 할 만하다. 그러나 이 제도는 얼마 되지 않아 형해화하여 소기의 목적을 달성하지 못했다. 아마도, 진실로 선량한 인물은 관헌의 하청을 받는 성격을 띠는 직무에 얼굴을 내미는 것을 피하려고 하는 중국사회에서 뿌리 깊은 성향으로 인해 이노인에 적합한 사람을 얻을 수 없었기 때문이었을 것이다.[20] 이러한 실패의 실례로부터도, 관치官治와 자치自治가 얼마나 결합하기

『史學雜誌』 78-7, 1969.

20 細野浩二, 「里老人と衆老人—教民榜文の理解に關聯して」, p.67 주4에 인용한 고염무(顧炎武)의 말을 보자. "이후 맡은 자가 마땅치 않아, 관리들이 대체로 그들을 가볍게 대하였다. 이로 인해 나이가 많고 덕이 있는 자들은 대부분 피하며 맡으려 하지 않았으며, 기꺼이 맡아 마다하지 않는 자들은 모두 역으로 맡은 이들이었다. 이것이 어찌 태조께서 노인을 세워 교화를 널리 펼치고자 하셨던 본래 의도이겠는가(後因所任非人, 有司概輕遇之. 於是, 耆年有德者, 多避不肯爲, 而其樂爲而不辭者, 擧皆人役也. 是豈太祖設立老人, 以助宣教化之初意哉)"(『天下郡國利病書』 권87〔浙江〕). 이 말은 실로 그러한 추정을 뒷받침하고 있다. 또한 고염무는 『日知錄』에서도 이노인을 언급하고 있다. 그 말에 따르면, 청대 초기에 현문(縣門) 앞에 "무고는 3등을 더하고, 월소는 태50한다(誣告加三等. 越訴笞五十)"라고 게시한 곳이 많았다. 월소란 본래는 이노인을 거치지 않고 직접 현관(縣官)에게 제소하는 것을 뜻하지만, 당시 사람들은 이미 그 뜻을 알지 못하게 되었다고 한다. 『日知錄』 권8〔鄕亭之職〕, "오늘날 현(縣) 관아의 문 앞에는 '무고는 3등을 더하고 월소는 태50한다'는 내용의 방이 많이 걸려 있다. 이는 명대의 옛 제도이며, 또한 멀게는 법을 걸어 놓고 백성에게 알게 하는 제도가 남은 것이다. 오늘날 사람들은 현관(縣官)을 거치지 않고 곧바로 사부(司府)에 상소하는 것을 월소라고 한다. 그러나 그렇지 않다. 태조실록 홍무27년 4월 임오일 기사에, 관으로 하여금 민간에 나이가 많고 공정하여 일 처리를 맡길 만한 사람을 선택하여, 해당 마을의 송사를 처리하라고 명하였다. 가령 호혼, 전택, 투구(鬪毆)의 일이라면 이서(里胥)를 모아 처리하되, 사안이 중대하다면 비로소 관아에 보고하도록 했다. 이노인의 처분을 거치지 않고 곧바로 현관에 고소하는 것을 일러 월소라 하는 것이다(今代縣門之前, 多有牓曰, 誣告加三等, 越訴笞五十. 此先朝之舊制, 亦古者懸法象魏之遺意也. 今人謂不經縣官而上訴司府, 謂之越訴. 是不然. 太祖實錄洪武二十七年四月壬午, 命有司, 擇民間高年老人公正可任事者, 理其鄕之詞訟. 若戶婚田宅鬪毆者, 則會里胥決之, 事涉重者, 始白於官. 若不由里老處分, 而徑訴縣官, 此之謂越訴也)." 또한 홍희원년(1425) 7월 하문연(何文淵)의 말에서 "태조 고황제께서 천하의 주현에 명

어려운 것인지 알 수 있을 것이다.

종족의 자치도 국가의 통치로부터 확연히 분리되어 있었다. 양자는 서로 이격함으로써 비로소 각각의 특색을 살려서 기능할 수 있는 성질의 것이었다. 즉, '제도적'으로는 별세계에 병존하는 양자가, '기능적'으로는 상보相補하는 관계였다. 종족 측에서 관헌을 최후에 기댈 방패로 의식하고 있었던 것은 앞서 말한 대로이다. 관헌 측에서도 민사적인 분쟁이나 경미한 범죄가 종족의 손으로 처리되어 하나하나 국가의 법정까지 오지 않는 것이 '관의 일은 적어야 한다'는 정치의 이상을 실현하는 데 매우 바람직한 것이었음은 틀림없다. 양자가 어우러짐으로써 사회질서 유지의 기능이 능률적으로 수행된다. 그리고 그러한 상보 관계가 가능한 근저에는 국법도, 가법도, 무엇을 선으로 하고 무엇을 악으로 할 것인가 하는 가치체계에서 공통된 것을 가지고 있었다는, 즉 어느 쪽이든 유교윤리 위에 서 있었다는 사실이 지적되어야 한다.

그러나 이 글에서 문제로 삼는 것처럼, 종족이 자치적 제재를 위해 비행을 저지른 이들을 살해하는 극단적인 수단을 쓰는 경우에는, 국가의 통치와 종족의 자치 사이에 충돌이 발생한다. 가법의 이름 아래 행해진다 할지라도, 인명을 해쳤다면 그것은 국법상으로는 살인이라는 범죄와 다를 게 없으

하여 노인(老人)을 설치하도록 했다. … 이 해에 임명된 자들 중 다수가 적합하지 않은 사람이었다. 어떤 이는 노예 출신으로, 부역과 세금을 피하려 했다. 현관은 나이나 덕행이 어떠한지 살피지 않고, 무턱대고 임명하여 사용하였다. 이들은 관부에 기대어 제멋대로 위압과 복덕을 부리며, 방자하게 여염을 능학하였다(太祖高皇帝, 令天下州縣設立老人. … 此年所用多非其人. 或出自隸僕, 規避差科. 縣官不究年德如何, 輒令充應使. 得憑藉官府, 妄張威福, 肆虐閭閻)"라는 부분을 인용하면서 자신의 소견을 "요즈음 이노인들은 관으로부터 부림을 받으면서 하지 않는 일이 없다. 그래서 조금이라도 염치를 아는 사람들은 이를 맡으려 하지 않았다. 반면에 이를 기꺼이 하려는 자들은 대개 모두 간사하고 교활한 무리로, 권세에 기대어 백성을 능학하고자 하는 자들이었다. 이는 태조가 이노인을 설립한 본래의 취지와 어긋나는 것이다(近世之老人, 則聽役於官, 而靡事不爲. 故稍知廉恥之人, 不肯爲此. 而願爲之者, 大抵皆姦猾之徒, 欲倚勢以陵百姓者也. 其與太祖設立老人之初意悖矣)"라고 서술하고 있다.

며, 국가의 법정은 이에 대하여 무엇이든 처단을 내려야 한다. 국가가 어떠한 태도로 이 사건의 재판에 임했는가를 실증적으로 밝히는 것은 중국에서 관치官治와 자치自治의 관련성을 해명하는 데 하나의 불가결한 준비작업이라 해야 할 것이다. 이하에서 이 문제를 둘러싸고 청대의 입법과 판례의 추이를 따라가 보고자 한다.

2.

청조의 형법에 육살六殺이란 개념이 있다. 모살謀殺 · 고살故殺 · 투살鬪殺 · 희살戱殺 · 오살誤殺 · 과실살過失殺의 여섯 가지를 말한다. 모살 · 고살이 현재의 살인죄에 해당하고,[21] 투살 이하는 각각의 양태의 치사죄致死罪이다. 치사죄에는 이외에도 사람의 자살을 야기한 자에게 형사책임을 묻는 위핍치사威逼致死 등이 있다.[22] 사람을 죽인 자는 사형이라는 것이 고래 중국형법의 원칙이며, 청조에서는 육살 중 과실살을 제외하고 다른 것은 모두 사형으로 정하고 있다.[23] 상실된 인명을 인명으로 보상하는 까닭에 그러한 사형을 '저抵'(저당)라는 말로 표현한다. 일명일저一命一抵라는 성어도 있다. 다만 사형으로 판결된 자가 모두 집행된 것은 아니다. 사형은 입결立決과 감후

---

21 모살과 고살을 나누는 것은, 예모(豫謀)에 기초한 살인 쪽이 단순한 고의 살인보다도 죄가 무겁다는 사고방식에 근거한 것이 아니다. 모(謀)하여 살(殺)했다면, 그 수범(首犯)에게 고살(故殺)의 죄를 묻는다는 것은 당 · 명 · 청률을 통틀어 변하지 않는 원칙이다. 즉, 모살은 살인의 예비 · 음모 · 미수 및 그 공범의 형사책임을 파악하는 것에 의미가 있는 개념이다. 다만, 율은 이 원칙으로 관철하고 있으나, 청대의 조례 중에는 특수한 경우에 한한 것이는 해도, 모살의 형을 특히 가중하는 조문이 없지는 않다(『대청율례』〔謀殺人〕 조례1 등).

22 인명 침해의 여러 죄명들에 관해 中村茂夫, 『清代刑法硏究』, 東京大學出版會, 1973, pp.28-30를 참조. 위핍치사에 대해서는 같은 책, 제4장을 참조.

23 당률에서 희살 · 오살은 사형이 아니다.

監候의 두 종류로 나누어진다. 입결은 판결이 있으면 즉시 집행되기에 면할 여지가 없지만, 감후는 다시 집행명령을 기다려 비로소 집행되는 것으로, 그에 앞서 연 1회 추심秋審이라는 집행의 가부를 둘러싼 심사에 부쳐진다. 추심에서 정실情實(집행이 마땅한 부류)에 들어간 자의 명부가 황제에게 전해지면, 그 가운데 황제가 친필로 표시한 자만이 그 연도에 집행되었다. 완결緩決(집행연기)에 들어간 자는 다음해 같은 심사를 받는데, 이를 몇 번인가 반복하는 사이에 사형에서 한 등급이 감해지기에 이른다.[24] 육살의 사형은 모두 감후이다. 다만, 모살·고살은 추심에서 거의 항상 정실情實에 들어가는 것에 반해, 투살 이하는 완결에 들어가는 경우가 많다는 차이가 있었다.[25] 특히 희살·오살은 거의 확실하게 사형에서 한 등급이 감해지는 것을 기대할 수 있었기에, 사형이 명목적이었다.[26] 이상은 범인凡人, 즉 친족관계가 없

---

24 이 책 제1장 pp.41-43 참조.

25 『대청율례』에 부록으로 실려 있는 「秋審情實緩決矜緩比校條欵」을 보면, 모살·고살에 관해서는 "범인의 모살, 고살안건은 모두 응당 정실로 한다(凡人謀故之案, 俱應情實)"(〔人命〕3)고 쓰고 있다. 투살에 관해서는 "일반적인 투구(鬪毆) 살인 안건은 획일하기 가장 어렵다(尋常鬪毆殺人之案, 最難參酌劃一)"라 하며 정실(情實)인지 완결(緩決)인지의 판단에서 고려할 각종 요소를 누누이 개진하고, "이상의 각항은 역대의 성안(成案)에서 모두 획일하지 않으니, 모두 그때그때 헤아려 조사해야 한다. 먼저 정상을 헤아리고 후에 손상을 논한 후 모아서 비교하여 처리한다(以上各項, 歷年成案, 均不劃一, 總須臨時平日參核. 先衡情, 後論傷, 彙比辦理)"라고 한다(〔人命〕37). 사실, 투구의 사안은 통상 완결(緩決)에 들어가지만, 정실(情實)에 들어가는 일도 있어 그 분간은 매우 미묘하여, 주현에서 실무에 관여하는 자로서는 추심(秋審)에서 구제받는 길을 닫아버리지 않도록 세심한 주의가 필요하였던 것 같다. 汪輝祖, 『佐治藥言』〔求生〕에서는 "무릇 투살 등의 사건은 고의가 아닌 경우가 많다. 만약 정상이 심각하고 상처가 많지 않다면, 모두 완결로 하여 은혜를 얻을 수 있다. 다만 간혹 한 마디 말이 엇갈려서 완결과 정실의 사이에 놓인 것이 있으니, 안건을 판단해 죄를 정할 때에는 반드시 먼저 추심조관을 검토하여 실수를 방지해야 한다(凡鬪殺等案, 多出無心. 苟非情重傷多, 皆得緩決邀恩. 但亦有片詞之未協, 卽介于實緩之間者, 辦案定罪時, 不可不先査秋審條欵, 以免錯誤)"라 말한다.

26 이것들은 완결일차(緩決一次)로, 즉 한번 추심(秋審)에서 완결(緩決)이 되면—완결이 되는 것으로 정해져 있지만—, 다음해를 기다리지 않고 바로 장1백 유3천리로 감경되도록 정해져 있었다. 『대청율례』〔有司決囚等第〕조례52, "희살(戱殺)·오살(誤殺)로 … 응당 완결하는 안건은 추심(秋審)이나 조심(朝審)이 한 번 진행된 후, 형부가 조사해 헤아려 상주하여, 희살·오살한 죄인은 장1백 유3천리로 감경한다(戱殺·誤殺 … 應入緩決之案,

는 경우에 관한 것이다. 가해자와 피해자 사이에 친족관계가 있으면, 특히 근친이라면, 존장이 비유를 살해한 경우 사형이 되지 않거나, 비유가 존장을 살해한 경우 입결이 되는 일이 있다.

대략 위와 같은 제도하에서 종족의 자치적 제재로서의 살해는 모살 · 고살에 해당한다. 그것이 그 나름대로 정의의 실현을 의도한 행위라는 점을 고려하여 이를 특별히 취급하도록 정한 규정은 기본법인 율에는 존재하지 않는다. 다만, 비슷한 사항에 관한 규정으로 형률 포망捕亡편〔죄인거포罪人拒捕〕조에 천살擅殺 규정이 있어 때때로 이것이 확장해석에 의해 종족의 사형私刑 사안에 적용되었다. 또 그것이 실마리가 되어 율에 부속하는 조례의 형태로 종족의 입장을 고려한 새로운 입법을 낳기도 했다.

죄인거포조는 3단으로 나뉜다. 제1단에서는 죄를 범한 후 추포자追捕者에 저항하고, 나아가 그를 살상한 경우에 대한 범인의 형사책임을 규정하고 있다. 제2단에서는 죄인이 무기를 갖고 저항하여 추포자가 격투 끝에 그를 죽이거나(격살格殺), 혹은 죄수가 도주했는데 추적해 죽이거나 추적당한 도주자가 자살했을 때 추포자는 무죄라고 규정한다. '격살格殺'이란 이처럼

秋朝審一次之後, 刑部査核奏明, 將戲殺 · 誤殺之犯, 減爲杖一百流三千里)." 가경6년(1801) 해당 조목이 제정될 때는 희살 · 오살과 함께 후술할 천살(擅殺)이 병기되어 있었지만, 가경8년에 '천살'의 두 글자가 지워졌다(『회전사례』 권845, 1ab; 『형안회람』 권43, 23b〔故殺放火之小功堂弟〕 말미에 붙인 사어(査語)). 그러나 청말 광서32년(1906) 법제 근대화 작업의 일환으로 이러한 명목적 사형의 규정을 무의미한 것으로 보아 징역형으로 고칠 때, 천살도 희살 · 오살과 동렬로 취급되었다. M. J. Meijer, *The Introduction of Modern Criminal Law in China*, Koninklijke Drukkerij de Unie, 1949, p.29를 참조. 심가본(沈家本)의 손으로 완성된 그 당시의 상주문에는 "중국의 현행율례는 희살, 오살, 천살을 구분하지 않고 모두 투살에 비추어 교감후로 의죄한다. 추심에서 한 차례 완결(緩決)되면 유형으로 감등한다. 그 중 무거운 경우는 세 차례 완결되면 유형으로 감등한다. 대개 이름으로는 교죄이지만 실제로는 유죄(流罪)와 다름이 없으므로, 사죄로 의죄한다는 명목에 불과하며, 추심 한 번에 필요한 문서가 낭비될 뿐이다(中國現行律例, 不分戲 · 誤 · 擅殺, 皆照鬪殺擬絞監候. 秋審緩決一次, 即准減流. 其重者緩決三次減流. 蓋雖名爲絞罪, 實與流罪無殊, 不過虛擬死罪之名, 多費秋審一番文牘而已)" 하고 있다(『大淸光緖新法令』 第15冊, p.62 이하, 『沈寄簃先生遺書』寄簃文存 권1〔虛擬死罪改爲流徒摺〕).

격투하여 사람을 죽인 결과가 무죄가 되는 경우를 특별히 지칭하는 용어로, 이것과 다음의 '천살'과의 경계선은 미묘한 문제가 된다. 제3단에서는 천살에 관해 다음과 같이 규정한다.

> 추포자가 이미 체포된 범인 또는 체포에 저항하지 않는 범인을 살해하거나 골절상을 입힌 때에는 각각 투살鬪殺 또는 투상鬪傷으로 논한다. 그 범인이 사형에 해당하는 죄를 범한 자라면 그를 천살擅殺한 추포자는 장1백에 처한다. [체포 시 일시적인 격분에서 비롯된 경우를 가리켜 말한다. 만약 거기에 나쁜 계략이 개입되어 있다면, 별도로 죄를 논한다.]
>
> 若已就拘執及不拒捕而殺之, 或折傷者, 各以鬪殺傷論. 罪人本犯應死, 而擅殺者, 杖一百. [以捕亡一時忿激言. 若有私謀, 另議.]

상해의 경우는 잠시 접어놓고 살해에 관해 살펴보면, 일반적으로 천살은 고의의 살해이지만 고살이 아닌 투살로 논죄된다. 투살도 사형에 해당하지만, 고살은 참감후斬監候인 것에 비해 투살은 교감후絞監候이다. 교형과 참형이 다를 뿐 아니라, 이미 서술한 것처럼 고살은 추심에서 정실情實에 들어가기에 사형을 집행당할 가능성이 큰 것에 비해, 투살은 통상 완결緩決에 들어가 집행을 면하게 될 가능성이 크다. 투살로 논하는 것은 그런 의미에서 상당히 실질적인 경감이다.[27] 그뿐 아니라, 죽임을 당한 범인이 사형에 해당하는 죄를 범한 자였던 경우에는, 관의 재판을 거쳤다 하더라도 결국 죽을 목숨이 더 일찍 빼앗긴 것에 불과하다는 견지에서 목숨에는 목숨으로 보상抵한다는 원칙에서도 벗어나, 천살자는 장1백이라는 극히 가벼운 형으로 끝났다.[28] 다만, 율의 주석에서 명확히 말하듯이, 본조의 적용은 다른 특별

---

27 더구나, 앞의 주26에서 보았듯이, 추심(秋審)에서 실제의 투살보다도 관대하게 다뤄지는 것이 관례였다.

한 의도 없이 범인을 체포하는 가운데 살해를 범한 경우에 한정된다. 체포에 저항하지 않았지만 도망치려고 하여 죽였다든가, 일단 신병을 구속했지만 난폭하게 굴거나 추포자를 욕하거나 하는 소동이 있어 추포자가 욱하여 그를 죽여 버린 경우가 이에 해당할 것이다. 만약 추포자에게 평소의 원한을 풀고자 하는 의도가 있었거나, 타인에게서 살해를 의뢰받았거나, 피체포자로부터 돈을 뜯어내려 했는데 거절당한 사정이 있거나 하면, 본조에서 말하는 천살이 아니라, 모살 · 고살 본래의 죄로 문책되어야 한다.[29]

이 죄인거포조는 본래는 관의 포역捕役이 공무집행 시 범한 경우에 관한 규정이다.[30] 다만, 도盜, 간姦, 방화放火 등의 범인을 피해자가 붙잡아 죽이거

28 이 마지막 부분은, 명청률(明淸律)이 당률(唐律)과 매우 다른 점이다. 당률에서는 "맨손으로 체포에 저항하였는데 죽였다면 도2년에 처한다. 구속하였거나 저항하지 않았는데 죽이거나 골절상을 입혔다면 각각 투살(鬪殺)과 투상(鬪傷)으로 논죄한다. 날붙이를 사용했다면 고살(故殺) · 고상(故傷)에 따라 벌한다. 죄인 본인이 사죄(死罪)에 해당하는데 죽인 경우는 가역류(加役流)에 처한다(卽空手拒捍而殺者, 徒二年. 已就拘執及不拒捍而殺, 或折傷之, 各以鬪殺傷論. 用刃者從故殺傷法. 罪人本犯應死而殺者加役流)"(〔捕亡〕 제2조)라 규정한다. 무죄가 되는 격살(格殺)과, 투살(鬪殺)로 논해지는 천살(擅殺) 사이에, 맨손으로 체포에 항거한 자를 죽이면 도2년이라는 중간적인 규정을 두었다. 또한 칼을 갖고 하는 천살은 고살(故殺)로 논한다는 가중규정을 두는 한편, 사죄(死罪)를 저지른 범인을 천살하는 것은 단지 사형을 면할 뿐, 사형 다음의 최고형인 가역류에 해당하게 된다. 사죄 범인의 천살을 장1백으로 끝내버리는 명청률에 비해, 인명에 대한 신중함이란 점에서 보면, 당률이 뛰어나다고 할만하다.
또한, 천살이라는 말은 당률에는 없다. 명청율에서는〔罪人拒捕〕외에도, 예를 들면, 밤에 이유 없이 남의 집에 들어온 자를 붙잡아 천살하는 자는 장1백 도3년으로 하는 등의 문맥이(『대청율례』〔夜無故入人家〕) 다른 곳에서도 발견된다. 『광서회전』 권55에서는 "인명사건에는 모살, 고살, 투구살, 희살, 오살, 천살, 과실살, 의살이 있다(凡命案, 有謀殺, 有故殺, 有鬪毆殺, 有戲殺, 有誤殺, 有擅殺, 有過實殺, 有義殺)"라고 열거하고, 협주로 각각의 개념을 설명하고 있다. 이 글에서는 혼란을 피하기 위해 오직 죄인거포조 제3단을 가리켜 천살이라는 말을 쓰기로 한다.

29 『대청율례』〔罪人拒捕〕상란에서 인용한 집주(輯註)에서 "만약 체포자와 도망한 죄수가 원수지간이거나 남의 지시를 받은 경우, 재물을 수취하려다 따르지 않아 죄수를 죽였다면, 각각 모살(謀殺)과 고살(故殺)의 본율에 따르니, 이 조목의 범위에 있지 않다. 까닭에 주에서 '나쁜 계략이 개입되어 있다면 별도로 논한다'라고 한 것이다(若捕人與逃囚罪人有仇, 或受人指使, 或詐財不遂, 而殺之者, 各依謀故殺本律, 不在此限. 故註曰, 若有私謀另議也)."

30 『형안회람』 권54, 20b〔擅殺放火應死人未便擬杖〕(嘉慶九年說帖)에는 "조사해보니, 사

나, 사인私人이 범인을 관헌에 연행하는 도중에 범인의 욕지거리에 화가 나 죽인 경우 같은 사인의 천살행위에 적용된 실례가 있다. 도광12년(1832)에 이르러서는 과거의 판례가 통일되지 않았던 것이 문제가 되어, 통행通行, 즉 전 지방관청에 대한 통달通達이라는 형태로 해석의 통일이 이루어졌다. 그 결과, 관의 포역에 한정하지 않고, 일반적으로 체포해야 할 입장에 있는 자에 대해 같은 조의 적용을 인정하게 되었다.[31] 어쨌든, 관헌의 재판을 회피하기 위한 종족의 사적 제재행위에는 본래 적용할 수 있는 규정이 아니다. 청대 초기에는 그밖에 특별히 종족의 입장을 고려한 입법은 없었다고 생각된다.

금문리 등이 금헌사를 모살한 사안(강희49년 2월 27일 범행, p.115에서 소개)은 바로 그러한 초기에 발생한 사안이다. 앞서 번역해 소개한 바와 같이, 절도의 누범자를 그의 숙부가 주도하고 사촌 두 명도 돕도록 하여 목을 매달아 죽인 사건이다. 이에 대한 처단으로, 주범에 해당하는 피살자의 숙부 금문리는 "백숙伯叔이 조카를 고살"한 경우로 장1백 유2천리에 해당한다.[32] 금문리의 조카이자 피살자의 사촌형인 금헌순은 "대공복大功服의 아우를 모살"한 자로서 교絞,[33] 금문리의 아들이자 피살자의 사촌동생인 금헌존은

죄에 처해야 할 죄인을 천살한 경우 장형으로 의죄(擬罪)하는 율은 관사의 지시를 받은 포역을 가리킬 따름이다. 그 외의 평인이 천살한 각 조례는 존장이 사죄(死罪)에 처해야 할 비유를 죽인 경우 장을 치는 것으로 의죄하는 것 외에, 별도로 장으로 의죄하는 문구가 없다. 진실로 인명은 지극히 무겁기에 비록 죄인이 사죄를 범하였어도, 모두 관으로 보내어 다스려 형법을 밝게 집행할 것이지, 사사로이 천살해서는 안된다(査, 擅殺應死罪人擬杖之律, 係指官司差捕而言. 其餘平人擅殺各例, 除尊長殺死罪犯應死卑幼, 始擬杖責外, 別無擬杖之文. 誠以人命至重, 雖罪犯應死, 總宜送官究治, 明正刑章, 不得私自擅殺)"라 하고 있다. 위의 내용은 자신의 집에 불을 지른 방화범을 훗날 길에서 만나자, 그를 체포하여 관에 보내려 했는데, 방화범이 도리어 욕설을 퍼붓기에 화가 나 죽인 사건이다. 죄인 거포조의 적용은 인정되지 않고, 살해자는 교형으로 결정되었다.

31 『형안회람』 권25, 7b-9b〔應捕之人擅殺應死罪人通行〕. 통행(通行)에서는 "사후, 응당 체포해야 할 자가 사죄(死罪)에 처해야 할 죄인을 천살한 경우, 모두 '죄인 본범을 사죄에 처해야 하는데 그를 천살한 율'에 비추어 동일하게 처리하여 착오가 없게 한다(嗣後, 凡應捕之人, 擅殺應死罪人, 俱著援照罪人本犯應死而擅殺之律, 劃一辦理, 以免岐誤)"라 쓰고 있다.

32 『대청율례』〔毆期親尊長〕.

"시마緦麻 이상의 존장을 모살"한 자로서 참斬에 해당했다.[34] 다만, 이 두 사람은 평소 피해자와 원한이 있던 것도 아니고, 피살자의 도벽이 원인이 되어 아버지와 삼촌의 지휘에 따라 그를 죽음에 이르게 한 것이므로 "만약 율에 비춰 사형으로 의擬하면, 정상이 불쌍히 여길만한 점이 있기" 때문에, 모두 죽음은 면하고 변위충군邊衛充軍으로 하였다.[35] 처음에는 관에 보내라고 촉구하고서도 살해를 구태여 말리지는 않았던 금헌제는 "사람이 다른 사람을 모해謀害하려고 함을 알고도 즉시 저지하여 구호하지 않고, 피해 후에 신고하지 않은" 자로서 장1백[36]으로 낙착되었다. 2인의 종범從犯에 대해 사정을 헤아려 감경한 결과, 이 사건에서 형을 받아 죽은 자는 나오지 않았다. 이로부터 종족자치에 대한 국가의 어느 정도의 동정적 태도가 나타나고 있지만, 법 그 자체에는 별도의 법규가 없었음을 알 수 있다.

그런데, 옹정연간에 들어 돌연히 하나의 주목할 만한 입법이 나타난다. 형률 투구鬪毆편 〔동성친속상구同姓親屬相毆〕 조에 부속하는 조례로 옹정5년(1727)에 제정된 1개 조가 그것이다. 이하 편의상 단락 번호를 붙여 전문을 게재한다.

> ① 무릇 동족 중에 정말로 흉악하여 불법하거나, 절도나 강도, 성범죄 등을 범한 자가 있으면, 족인이 지방관에 아뢰어 밝히는 것을 허락하여 범한 본죄에 비춰 율에 따라 과단하고 당안檔案에 상세히 적는다. 만약 관을 거쳐 징치懲治된 후에도 다시 악을 행하고 고치지 않으면, 족인 공동으로 관에 고하는 것을 허용한다. 종전의 범행실적을 조사해 밝히고 해당 범인을 유3천리에 처해 안치하여, 몰래 원적原

33 『대청율례』〔謀殺祖父母父母〕, 〔毆大功以下尊長〕. 교(絞)는 감후(監候).

34 위와 같음. 참(斬)은 입결(立決).

35 순무(巡撫)는 법대로 의율(擬律)하였으나, 형부가 상술한 감경안을 발의하여 재가 받았다.

36 『대청율례』〔同行知有謀害〕.

籍으로 돌아와 사건을 일으키고 악행을 하는 것을 용납하지 않는다. ② 만약 족인이 불법하여 사건이 일어난 그때, 족이 함께 분노하여 관에 고하지 않고 가법家法으로 처치하였다가, 죄인이 죽음에 이르자 관에 고했다면, 해당 지방관은 죽인 이가 범한 악행의 발자취를 조사해 밝히는데, 명확한 실제 증거가 있으면, 이장里長·보장保長·갑장甲長의 공결公結(선서문)을 받아 갖춘다. 피살자가 만약 실로 죽여 마땅한 죄가 있다면 살해의 수범首犯인 자를, 죄인이 죽여 마땅하여 이를 천살擅殺한 율에 비추어 장1백에 처한다. 만약 피살자의 죄가 사죄死罪에 이르지 않고, 다만 그 소행이 족원 전체가 증오하는 바라면, 살해의 수범인 자를 응당 받아야 할 죄(살인 본래의 죄)에 비추되 1등을 감하여, 그가 사형으로 의죄擬罪되는 것을 면한다. ③ 만약 종족의 사람이 악을 행한다고 날조하여 칭하면서 공동의 분노라는 명분을 가탁하여 족인을 때려 죽였으면, 해당 지방관은 죽음에 이른 실제 정황을 조사해 밝혀 살인의 본률에 비춰 과단하라.

① 凡同族之中, 果有兇悍不法偸竊姦宄之人, 許族人呈明地方官, 照所犯本罪依律科斷, 詳記檔案. 若經官懲治之後, 尚復怙惡不悛, 准族人公同鳴官. 查明從前過犯實蹟, 將該犯流三千里安置, 不許潛回原籍, 生事爲匪. ② 儻族人不法, 事起一時, 合族公憤, 不及明官, 處以家法, 以致身死, 隨卽報官者, 該地方官審明死者所犯劣蹟, 確有實據, 取具里保甲長公結. 若實有應死之罪, 將爲首者照罪人應死擅殺律, 杖一百. 若罪不至死, 但素行爲通族之所共惡, 將爲首者照應得之罪, 減一等, 免其擬抵. ③ 儻宗族之人捏稱怙惡, 託名公憤, 將族人毆斃者, 該地方官審明致死實情, 仍照本律科斷.[37]

제1단에서 종족으로부터 관에 넘겨지는 상습범은 개개 범행의 죄가 가볍다 하더라도 누범이라는 사실을 평가하여 유3천리에 처한다고 한다. 말하자면 종족으로부터의 추방에 관이 손을 빌려주는 형태이다. 제2단에서

---

37 『회전사례』 권811, 1a.

는 종족의 사적 제재로서 살해행위를 들고, 피살자가 사형에 해당하는 죄를 범했던 경우에는 죄인거포조의 천살 규정을 준용하여 장1백, 그렇지 않은 경우에는 같은 조의 '투살로 논한다'는 규정보다도 한층 가볍게 하여 사형에서 1등을 감하는 것으로 한다. 그리고 제3단에서 사적 제재를 구실로 삼은 악의적 살해는 본조의 적용 대상이 아님을 분명히 한다. 요컨대 이것은 매우 확실하게 종족의 입장에 공감한 입법이다.

이 조례는 준지정례遵旨定例, 즉 황제가 상유上諭로 대강을 제시하고 신하에게 입안을 명하며 만들어진 것이다. 황제가 입안을 명한 것은 역시 한 사건을 계기로 한 것이었다. 강서성 영신현永新縣에서 일어난 사건이다. 동생이 종종 절도를 범하자 형은 자기의 토지를 내놓고 아들을 팔아서까지 대신 배상하였다. 그런데 또다시 다른 사람의 소를 훔쳐 붙잡혔기 때문에 형은 마침내 조카 한 명의 도움을 받아 동생을 살해했다. 해당 성의 순무도, 형부도, 형과 조카를 법대로 의죄하였다. 이에 대해 황제는 "가법家法으로 다스려 죽음에 이르게 한 것은, 악을 징계하고 후환을 예방하기 위한 방법으로, 이는 정상에 비춰 부득이하다"라 하며 두 사람의 죄를 관대히 감형할 것을 명하였다. 동시에 "이후 흉악하고 불법한 이들로 관에서 이미 처벌하였음에도 악행을 고집하여 고치지 않아 일족이 함께 미워하는 자가 있다면, 일족이 관에 알리는 것을 허락하라. 그를 멀리 유배하여 일족의 해악을 제거하게 하거나, 가법으로 처리하여 죽음에 이르게 하더라도 사죄를 묻지 않도록 하라. 구경九卿은 이를 상세히 논의하여 결정한 후 상주하도록 하라"고 지시를 내렸다. 즉 장래에도 일어날 수 있는 같은 종류의 사태에 대처하는 새로운 입법의 윤곽을 제시하고 세부사항을 채우도록 관료에 명한 것이다. 이를 받아 만들어진 것이 앞서 든 조례이다.[38]

---

38 『世宗憲皇帝實錄』 권57, 9a, 옹정5년 5월 10일 乙丑, "형부가 의논해 복주하였다. 서 강서순무(署江西巡撫) 매주(邁柱)가 상주하기를, '영신현의 민 주륜삼(朱倫三)이 조카 주

삼걸(朱三傑)과 함께 동생 주녕삼(朱寧三)을 죽인 사건에서, 주륜삼은 유배에 처해야 하고, 주삼걸은 도형에 처해야 합니다' 했다. 황제가 지를 내렸다. '예로부터 흉악하고 포악한 이들은 도둑질, 간음, 악행을 일삼으니, 악을 고집하고 잘못을 고치지 않아 백숙형제(伯叔兄弟)가 큰 피해를 입는 데 이른다. 본인이 저지른 죄가 국법에서 사형에 이르지는 않지만, 그 존장(尊長) 족인들이 흉악한 자를 제거하고 자제들을 훈계하기 위해 가법(家法)으로 다스려 죽음에 이르게 한 것은, 악을 징계하고 후환을 예방하기 위한 방법으로, 이는 정상(情狀)에 비춰 부득이하다. 율에 따라 의죄(擬罪)하여 죽음으로 죄값을 치르게 하는 것은 적절하지 않다. 여기서 주륜삼은 그의 동생 주녕삼이 누차 절도하여 그가 아들을 팔고 재산을 처분하여 배상금을 대신 갚게 하는 누를 입었다. 이후에도 다시 소를 훔치다 붙잡히자, 결국 주녕삼을 죽인 것이다. 주삼걸은 이 모의에 가담하지도 않았다. 주륜삼과 주삼걸에 대한 유죄와 도죄는 모두 관대히 면제한다. 이후 흉악하고 불법한 이들로 관에서 이미 처벌하였음에도 악행을 고집하여 고치지 않아 일족이 함께 미워하는 자가 있다면, 일족이 관에 알리는 것을 허락하라. 그를 멀리 유배하여 일족의 해악을 제거하게 하거나, 가법으로 처리하여 죽음에 이르게 하더라도 사죄(死罪)를 묻지 않도록 하라. 구경(九卿)에 이를 상세히 논의하여 결정한 후 상주하도록 하라.' 구경은 논의하여 답하였다. '흉악한 자를 백숙형제들이 가법으로 처리하려다가 그로 인해 죽음에 이른 경우, 반드시 율에 따라 처벌한다면 불법한 자제가 끝내 경계하고 두려워할 줄 모를 것입니다. 이후로는 족인이 지방관에 명확히 보고하도록 허락하여, 범죄에 따라 처벌하도록 하십시오. 만약 이미 관에서 처벌받았음에도 잘못을 고치지 않는다면, 해당 지방관이 과거의 범죄 실적을 조사해 밝혀 유3천리에 처하도록 하십시오. 만약 사건이 일어난 그때, 족인이 함께 분노하여 가법으로 죽였는데, 해당 지방관이 범한 바를 조사해 밝혀 사형에 처할 죄임이 확실하다면 주도한 자는 사죄를 범한 이를 멋대로 죽인 율에 따라 장(杖)에 처하십시오. 만약 죽은 이가 사죄를 범하지 않았었다면, 주도한 자는 응당 받아야 할 죄로부터 한 등급 감하여 사형됨을 면해주십시오. 그러나 죄인이 흉악불법하지 않고 아무런 범죄 사실이 없음에도, 족인이 무고하여 때려죽였다면, 주도한 자를 본율에 따라 처벌하십시오.' 이를 따랐다(刑部議覆, 署江西巡撫邁柱奏, 永新縣民朱倫三, 同姪朱三傑, 致死伊弟朱寧三一案, 朱倫三應擬流徙, 朱三傑應擬徒. 得旨, 從來兇悍之人, 偷竊姦宄, 怙惡不悛, 以致伯叔兄弟, 重受其累. 本人所犯之罪, 在國法雖未至於死, 而其尊長族人, 翦除兇惡, 訓誡子弟, 治以家法, 至於身死, 亦是懲惡防患之道, 情非得已. 不當按律擬以抵償. 如朱倫三因伊弟朱寧三, 屢次犯竊, 累伊鬻男變產, 代賠贓銀. 又復偷牛被獲, 故將朱寧三致死. 朱三傑竝未與謀. 著將朱倫三 · 朱三傑徒流等罪, 俱從寬免. 嗣後凡遇兇惡不法之人, 經官懲治, 怙惡不悛, 爲合族所共惡者, 准族人鳴之於官. 或將伊流徙遠方, 以除宗族之害, 或以家法處治, 至於身死, 免其抵罪. 著九卿詳悉定議具奏. 尋議, 兇悍之人, 伯叔兄弟, 治以家法, 因而致死, 若必按律擬抵, 則不法子弟, 終不知所儆懼. 嗣後許族人呈明地方官, 照所犯罪科斷. 若已經官懲治, 仍不悛改, 該地方官, 查明過犯實蹟, 流三千里. 儻事起一時, 合族公憤, 處以家法致死, 該地方官查明所犯, 確有應死之罪, 將爲首者, 照罪人應死而擅殺律予杖. 若罪不至死, 將爲首者, 照應得之罪減一等, 免其抵償. 若本人竝非兇悍不法, 無過犯實蹟, 而族人誣揑毆斃者, 將爲首之人, 仍照本律科斷. 從之)." 여기서 실록은 순무의 상주를 받은 형부의 의복(議覆), 황제의 지시, 구경이 상의한 결론까지 3개의 문건에서 요점이 되는 부분

이렇게 성립된 신법은 겨우 13년간 시행되었을 뿐, 건륭5년에 다시 폐지되었다.[39] 따라서 이 조례는 항간에 유포된 대청율례의 여러 판본에는 게재되어 있지 않다. 조례의 폐지는 양광총독兩廣總督 악미달鄂彌達이 건의하고 형부 율례관律例館이 심의한 후 그에 동조하여 상주해 재가를 얻는 과정을 거쳐 실현되었다. 폐지 후에도 이 조례가 옳다고 하는 주장이 있자, 내각대학사內閣大學士가 이를 논박하여 구례舊例의 잘못을 설명한 논의가 건륭10년의 기록에 보인다.[40] 이들 폐지론과 부활 반대론의 논지는 어느 것이나 대동소이하다. 폐지론의 근거로는 "일족이 크고 사람이 많으면 현명한 이와 어리석은 이를 변별하기 어렵다. 혹은 부유한데 인색하다 하여 뭇사람의 원망을 사고, 혹은 강직한 것으로 공동의 원수가 되며, 혹은 한 사람이 선동하고 무리가 부화뇌동하고, 혹은 함께 조그만 의심을 품고 경솔히 보복을 꾀하니, 말을 날조해 해를 입힘이 왕왕 있다"[41]는 실정이 있었다. 즉, 종족이든 가법이든 그것이 항상 이상적으로 기능한다고 할 수 없는 사정을 서술하면서, 문제의 조례는 한 발짝 잘못 적용하면 심각한 부정의를 낳을 우려가 있음을 논하고 있다. 또한 "생살生殺은 조정의 대권"[42]이란 원칙론에 입각한 논의도 보인다. 천자라 할지라도 "법사法司로 하여금 상세히 조사, 의논토

과 장구를 발췌하고 연결하여 문장을 만들고 있다. 까닭에 문맥을 치밀하게 더듬어 나가기는 어렵지만, 사건의 대강은 명확히 알 수 있다. 주륜삼이 당초 유형으로 의죄되어 사형이 되지 않은 것은 〔毆期親尊長〕조에서 "[기친의] 손위형제가 손아래 형제 … 를 때려 죽이면, 장1백 도3년이다. 고살한 경우 장1백 유2천리이다(其[期親]兄姉毆殺弟妹 … 者, 杖一百徒三年. 故殺者, 杖一百流二千里)"라는 규정에 따랐을 것이다. 주삼걸은 자신의 백숙부에 해당하는 인물의 살해에 손을 빌려준 것이 되는데, 이것이 도형으로 그친 것은 이상하다. 범죄를 도운 정도가 경미하다고 인정되었기 때문일까.

39 『회전사례』 권811, 2a, 乾隆五年議准. 다음 각주의 『예안속증전집』을 참조하면, 실질적으로 폐지되었던 것은 건륭2년이다. 건륭5년 조례찬수 시에 폐지되었다는 사실에 입각해 법전에서 조문 그 자체가 삭제된 것으로 짐작된다.

40 폐지의 경위 및 부활반대론 모두 『예안속증전집』 권22, 30a 〔致死族匪之例已停不便復議寬減〕에 보인다.

41 앞의 주39, 40에서 보이는 형부 율례관의 의(議).

42 위와 같음.

록 하여 법에서 벗어나는 것이 없게 하고 다시 반드시 세 차례 복심覆審하게 한" 후 사형을 집행하는데, "어찌 필부의 호오에 맡겨 생살의 대권을 조종" 하게 해도 좋을 것인가 하고 논하면서, 문제의 조례 같은 것은 일시적인 편의를 위한 법으로 "이를 시행하는 것이 오래되면, 반드시 폐해가 생길 것"이라 말한다.[43]

위 조례가 존재했던 시기에 발생한 다음과 같은 사건이 있다.

장황張璜이 시마친 숙부 장상재張相才를 구타해 죽인 사건(운남성 보산현保山縣, 옹정10년 9월 26일 범행, 11년 12월 11일 지旨를 받아 박회駁回됨)[44]

장상재는 평소 행실이 좋지 않고, 예전에 절도를 범해 붙잡힌 바 있어, 족인이 모두 그를 싫어하여 공의公議를 거쳐 말그대로 강에 던지려 했다. 그때 장상재는 "훗날 만약 다시 난행亂行을 하면, 장유를 물론하고 누구라도 자신을 죽여도 좋다. 죄를 승복합니다"라는 서약서를 적어 족장에 바침으로써 그 자리를 면할 수 있었다. 그러나 또 소행이 고쳐지지 않았다. 옹정10년 9월 26일 밤, 과부로 사는 소공小功 제부弟婦(6촌의 처) 남씨藍氏의 아들이 결혼하여 악가岳家에 사위로 들어가는 축하연이 있었다. 족인 일동이 모여 술을 마시고 돌아가는 도중, 장상재는 남씨가 홀로 사는 것을 생각해 내고 그 침실에 침입하여 강간하려고 하였다. 남씨가 저항하고 도와달라고 소리를 지르자, 이웃에 사는 족인 장상원張相遠 · 장황 · 장경張烱 · 장상채張相彩 등이 무기를 들고 달려와 장상재를 붙잡아 관에 넘기려고 했다. 그런데 장상재가 곤봉을 들고 난동을 부린 까닭에, 난투가 벌어져 장상재는 장황의 창에 의해 치명상을 입고 목숨을 잃었다.

이에 대하여 운남순무는, 율에 의하면 장황은 참형으로 의죄해야 할 것이

---

43 앞의 주40에 보이는 대학사(大學士)의 논(論).

44 『예안전집』 권43, 82b〔處死族人不法者照服制分別首從治罪〕.

나,[45] 살해된 장상재에게는 절도와 강간미수의 죄가 있고, 그 죄가 사형에는 해당하지 않을지라도 실로 "범행의 죄질이 나쁘고 증거가 확실하다所犯劣蹟, 確有實據"는 요건을 충족한다고 보았다. 이에 조례에 따라 장황을 유형으로 의죄하고, 난투에 가세한 장상원 등을 장형으로 의죄하여 사안을 형부에 보냈다. 형부는 이를 박회駁回했다. 그 이유로 문제의 조례가 〔동성친속상구同姓親屬相毆〕조에 부속되어 있는 점을 지적한다. 즉, 그것은 원래 무복친속無服親屬 사이에 적용되어야 할 규정으로 오복五服 이내의 족인에는 적용되지 않는다는 것이다. 장황은 시마숙緦麻叔에 해당하는 장상재를 죽였다. 더구나 장상재는 전술한 서약서를 바쳤으므로 다음날 족장을 모셔와 가법으로 처치하는 데 어려움은 없었을 터이다. 그런데도 비유의 신분으로 감히 존장을 죽음에 이르게 한 죄는 용서하기 어렵다. 장황은 율에 따라 논해져야 한다는 것이 형부의 논지이다. 이러한 형부의 해석에는 다소 억지스러움이 없지는 않다. 당장은, 존장을 살해한 유복有服의 비유에게 경감조치가 미치는 것을 막기 위해 나온 해석이라 하겠으나, 이 해석을 관철한다면, 존장이 비유를 살해한 경우 대공大功 · 소공小功 · 시마緦麻의 존장이라면 율대로 교감후가 되고,[46] 무복의 존장이라면 조례에 따라 사형에서 1등이 감해진다는 이상한 일이 된다. 황제의 분부에 따라 만들어진 이례적인 입법에 법사法司로서는 불안을 느껴 있는 힘껏 좁게 해석하려고 하는 심리도 어느 정도 작용하고 있었을지도 모른다. 다만 황제도 형부의 박회에 동의하였다. 장황이 결국 어떻게 심판받았는지는 적혀 있지 않다.

위 조례가 폐지된 후 얼마되지 않아 일어난 것으로 다음과 같은 사건이 있다.

---

45 『대청율례』〔毆大功以下尊長〕율문에 의해 참입결에 해당한다.

46 『대청율례』〔毆大功以下尊長〕율문.

팽국정彭國正 등이 팽람彭藍을 늑살한 사건(안휘성 홍현虹縣. 건륭8년 2월 13일 범행)[47]

팽람彭藍은 어려서 어미를 잃고, 동생 팽이생彭二生과 함께 백부 팽국정彭國正에게 양육을 받고 성장했다. 정해진 생업이 없고, 백부가 중매해 준 아내와는 1년도 되지 않아 이혼했으며, 나쁜 친구들과 돼지나 닭 등을 훔쳤기에, "범죄사건의 확실한 증거는 없지만 오랫동안 친족이 보고 들어 모두 싫어하게" 되었다. 팽국정은 종종 훈계하였으나 팽람이 악을 고집하고 잘못을 고치지 않으므로, 머지않아 그가 큰 도적이 되어 선조를 욕되게 할 것을 염려하여, 살해할 뜻을 세워 외숙 누원제婁元濟와 상담했다. 누원제는 그를 타일러 말리고, 그 자신도 팽람을 꾸짖었으나 효과가 없었다. 건륭8년 2월 13일, 팽람이 또다시 외출하여 날이 밝아도 돌아오지 않자, 팽국정은 마침내 살해를 결의하고, 누원제를 끈질기게 설득하여 승낙을 받아냈다. 사경四更(새벽 1-3시)이 되어 돌아온 팽람이 숙면에 든 것을 틈타 두 사람이 목졸라 죽이고 시체를 호수에 가라앉혔다. 다음날 아침, 근처에 사는 길주거吉柱擧 등이 이를 알고 지보地保(자경조직의 책임자)에게 알려 현에 보고하였다.

이에 대해 해당 성의 순무는 그야말로 '불법한 족인을 족중族衆이 천살한 경우 관대히 감형하는 예寬減族衆擅殺不法族人之例(옹정5년의 조례)'에 해당한다고 보았다. 팽국정을 기친비유期親卑幼를 고살한 죄 장1백 유2천리에서 일등을 감하여 장1백 도3년으로, 누원제를 소공비유小功卑幼를 모살한 종범의 죄 장1백 유3천리에서 1등을 감하여 장1백 도3년으로 의죄하였다. 형부는, 문제의 조례는 이미 폐지되었기 때문에 더는 원용해서는 안 된다는 이유 외에, 설령 조례가 존속하고 있다고 하여도, 본건에서는 피살자가 불법한 짓을 했다는 확실한 증거가 부족하고, "사건이 일어난 그때事起一時"도 아니거니와 "족인이 함께 분노한 것合族公憤"도 아니기에 조례에 해당하지 않는다는 이유로 박회駁回하였다. 순무도 형부의 의론에 따라 의율을 고치

---

47 『예안속증전집』 권25, 61b〔致死不法族人之例已經删除仍復援引駁改〕.

는 것으로 사건이 종결되었다.

전술한 장태령 등이 비행을 저지른 족원 장아박을 생매장하여 죽게 한 사건(앞의 p.116)도 거의 같은 시기에 일어난 사안이다. 이미 보았듯이 족인의 거위를 훔친 데다가 갑자기 태도를 바꿔 난폭하게 군 자를, 사당에서의 재판집회를 거쳐 장태령의 주도하에 생매장한 사건이다. 이에 대한 처단은 아래와 같다. 법에 비춰보면 주범인 장태령은 피살자의 소공형小功兄에 해당하므로 "소공제小功弟를 고살"한 자로 교감후,[48] 그의 지휘에 따라 흙을 덮은 장아길蔣阿吉(피살자의 무복족형)은 "사람을 모살함에 따라 가공從而加功"한 자로 교감후,[49] 마찬가지로 흙을 덮은 장방령蔣邦齡(피살자의 소공제)은 "시마 이상의 존장을 모살"한 자로 참입결[50]에 처하고 구덩이를 파고 품삯으로 받은 3천문을 몰수했다. 재판집회에서 부화뇌동한 장율환蔣聿環은 "사람을 모살함에 따랐으나 가공加功하지는 않은" 자로 장1백 유3천리[51]이지만, 70세 이상의 노령이므로 수속收贖하고,[52] 약정約正직을 면직하였다. 집회에 참여하였거나 현장까지 따라간 장기봉蔣起鳳·장건호蔣建鎬·장명기蔣明基·장단조蔣丹照·장조강蔣祖康·장아기蔣阿奇(피살자의 형)는, 모두 "사람을 모해할 것을 알고서도 즉시 저지하여 구호하지 않고, 피해 후에도 신고하지 않은" 자로서 장1백[53]에 처하고, 장조강의 연총練總직을 면직했다. 한편 형 장아길과 함께 그의 지휘로 피살자를 묶어 족에 넘긴 장아무蔣阿茂는 논죄를 면하였다. 피살자와 함께 거위를 훔쳐 먹은 진초옥陳超玉은 불응위중不應爲重(해서는 안 될 일을 했는데, 죄정이 무거운 것)의 율에 비춰 장80[54]으로 하였다.

---

48 앞의 주46.
49 『대청율례』〔謀殺人〕율문.
50 앞의 주33.
51 앞의 주49.
52 『대청율례』〔老小廢疾收贖〕율문.
53 앞의 주36.
54 『대청율례』〔不應爲〕율문.

다만, 여기서 형부는 강희49년 금헌순金獻純의 선례(앞의 p.115)를 인용하여 장아길 · 장방령 두 사람에 대해서는 정상참작할 것을 청했다. 그 글에서 아래와 같이 쓰고 있다.

> 지금 살펴보니, 장아박은 누차 범죄사건을 거친 상습범에 해당합니다. 장아길 · 장방령은 장태령의 주도를 따라 그를 도와 생매장했습니다. 만약 모두 율을 살펴 의죄한다면, 본래 죄정을 가엾게 여겨야 하는 것에 해당합니다. 그러나, 또한 살펴보면, 범인 장방령은 이미 죽은 장아박의 소공복제小功服弟입니다. 금헌순의 사안과 사정이 서로 같다고 할지라도, 결국 윤리에 관계되는 부분입니다. 만약 (장방령을) 장아길과 함께 똑같이 감등하여 충군充軍으로 의죄하면, 지나치게 가벼운 것 같습니다. 마땅히 장방령은 헤아려 약간 감등하여 참감후로 고쳐야 할 것입니다. 장아길은 이미 죽은 장아박의 무복족형에 해당합니다. 금헌순을 감등한 사안에 비춰 그 등급을 감하여 충군으로 의죄하도록 준해야 합니다.

강희연간의 선례에서 피살자의 당형인 금헌순과 당제인 금헌존은 장유를 논하지 않고 모두 사형에서 1등이 감등되었다. 그러나 이번에는 피살자와의 장유를 감안하여 존장에 해당하는 장아길만 사형에서 1등을 감하고, 비유에 해당하는 장방령은 참입결을 감후로 고치는 것에 그쳐야 한다고 하고 있다. 그만큼 논의가 세밀해진 것이다. 황제도 이를 재가하여 장방령은 참감후, 장아길은 변위충군邊衛充軍으로 결정되었다.

이듬해 건륭10년의 추심에서 도찰원의 좌부도어사左副都御史가 위의 장방령에 대한 동정적인 의견을 개진했다. 이와 더불어 이미 폐지된 옹정5년의 조례를 부활시킬 것이 논의된 것 같으나, 내각대학사가 반대하여 결국 '복제服制에 관계되는 사항'이라는 점이 중시되어 장방령은 정실情實로 정해졌다.[55]

이상 두 가지 사안을 통해 법령의 개폐가 관원 사이에 주지·납득되는 데는 얼마간 햇수가 걸렸다고 하는 청대법제사의 흥미로운 한 측면을 엿볼 수 있다.

아래의 사건도 같은 시기에 일어난 사건이며, 종족자치의 기능방식을 잘 보여주는 사례이다.

유대취劉大嘴 등이 이미 죽은 유빈劉賓과 함께 무복족숙 유채문劉彩文을 생매장하여 치사케 한 사건(복건성 영화현寧化縣. 건륭5년 11월 24일경 범행. 10년 6월 27일 결안)[56]

유채문劉彩文은 평소 행실이 바르지 않고, 이집李什이란 동료와 함께 유대취劉大嘴의 아버지 유장劉章의 농사일에 부리는 소 한 마리를 훔쳤다. 유장은 여기저기 얻어들어 이집의 집을 찾아냈고, 거기서 도난당한 소를 발견했다. 이에 따라 이집을 관헌에 넘기려 하자, 이집은 유채문이 도둑질을 같이 한 동료라는 사정을 실토했다. 이에 유장은 유채문을 끌고 와서 족원들에게 넘겼다. 당시 족장은 유빈劉賓이라는 자로 유채문이 도둑질하여 일족의 금기를 범한 것을 이유로 "벌은罰銀 80량兩으로 술자리를 만들어 일족에 사죄하라. 관에 보내 조사해 처리하는 것은 면제한다"라고 선고하고, 유채문의 신병을 유공윤劉公允에게 넘겨 유채문의 어머니 진씨陳氏에게 보내게 하고 진씨가 맡아 관리하도록 했다. 유채문은 어머니 진씨의 섬전贍田(부모가 자신의 소유로 유보한 토지)을 팔아 벌로 부과된 술자리 비용을 충당하려 했으나, 진씨는 허락하지 않았다. 그러자 유채문은 마구 소리를 질러댔을 뿐 아니라 진씨를 밀어 땅에 넘어뜨렸다. 유빈·유장·유대취·유한삼劉漢三·유문등劉文登 등은 유공윤의 집에 모여 함께 진씨의 집으로 가 유채문에게 벌금을 독촉했다. 이때 진씨는 유채문이 섬전을 팔라고 자신을 겁박하며 밀어 넘어뜨린 일을 사람들에게 알렸다. 그러자 유빈은 "유채문은 도적질을 한 데다가 불효자

55 앞의 주40『예안속증전집』.

56 『예안속증전집』 권22, 28b〔行竊毆母族憤活埋其從犯部議援案減軍聲請未准〕.

임이 명백해졌으니, 그를 파묻어 죽여 족인들에게 폐를 끼치지 않도록 하는 것이 가장 좋다"고 말했다. 유한삼도 옆에서 "유채문은 불초자식으로 살려두어도 쓸모가 없다. 생매장하는 것이 좋다"라고 했다. 진씨도 동의하였다. 이에 유빈은 유대취에게 개를 묶는 사슬을 갖고 오게 하여 유채문을 묶고 앞장서서 끌고 갔다. 유채문이 움직이려 하지 않자, 유문등에게 뒤에서 밀도록 했다. 진씨는 짚을 들고, 유채문의 동생 유상劉相 · 유아劉牙를 불러 함께 데리고 갔다. 도중에 유상은 먼저 도망쳐 돌아가고, 유아는 애원하며 용서를 구했으나 유빈은 들어주지 않았다. 유문등에게 구덩이를 파게 하고 진씨는 거기에 짚을 깔았다. 유빈은 유대취에게 사슬을 풀게 하고, 유대취와 둘이서 유채문을 구덩이에 밀어 떨어뜨렸다. 유문등은 진씨와 함께 흙을 덮어 매장한 후 모두 흩어져 돌아갔다. 유장은 유채문의 아내 이씨 등에게 뇌물을 주어 입막음을 꾀했다.

이 사건은 입막음과 위증이 효과를 발휘하여, 현의 초심에서는 어머니인 진씨가 유채문을 때려 죽인 것으로 인정되어 "자손이 부모를 때리고 욕하여, 부모가 때려죽인 것은 논하지 않는다(무죄)"[57]라는 율조에 비춰 무죄로 상신되었다. 형부가 이에 대해 의문을 품고 재심리를 명한 결과, 위 사실이 판명되었던 것이다. 그로 인해 사건발생으로부터 종결까지 5년의 시간이 소요되었다. 주도자 유빈, 옆에서 찬성한 유한삼, 흙을 덮은 유문등은 모두 이미 병사하였기에, 남은 사람 중에 가장 죄정이 무거운 유대취에게 "사람을 모살함에 따라 가공한 자"로서 교감후의 죄를 물었다. 그 밖에 위증한 유공윤이 장1백 도3년,[58] 피살자를 일족에 넘긴 유장은 "사람이 타인을 모해

---

57 『대청율례』〔毆祖父母父母〕 율문.

58 위증의 죄는 그 결과로 인해 피고인이 받아야 할 형이 부당하게 가감된 폭에서 2등을 감하는 식으로 양형된다(『대청율례』〔獄囚誣指平人〕 율문). 유공윤은 위증으로 사형에 처할 유빈을 무죄로 만들었다. 따라서 사형에서 2등을 감하여 장1백 도3년에 처해졌다.

하려는 것을 알고도 저지하지 않은" 자로 장1백,[59] 어머니 진씨는 "자식이 살해당했는데 부모가 사화私和"한 자로 장80, 아내 이씨는 "남편이 타인에게 살해당했는데 사화"한 자로 장1백 도3년, 동생 유아(다른 동생 유상은 이미 병사하였다)는 "기친期親인 존장이 살해당했는데 비유가 사화"한 자로서 장80 도2년이 되었다.[60] 여기서도 형부는 강희49년 금헌순의 선례를 인용하여 유대취를 변위충군으로 헤아려 감경할 것을 상청했다. 그러나 상청은 받아들여지지 않고, 유대취는 교감후로 결정되었다. 아마도 무복無服이라고는 해도 존장을 죽음에 이르게 한 것이 감경의 장애요소로 고려되었을 것이다.

서영요徐永耀와 서조상徐兆祥 등이 공모하여 그의 아들 서아로徐亞老를 줄로 묶어 익사하게 한 사건(건륭15년 11월 27일 범행, 17년 10월 21일 결안. 앞의 p.117 참조)도 같은 시기에 일어난 사건이다. 앞서 번역문에서 보았듯이 평소 행실이 바르지 않고, 관아의 임목을 훔치는 등 문제를 일으킨 아들을 그 아버지가 동족 두 명의 도움을 받아 강에 던져 살해한 사건이다. 그에 대한 처단으로, 아버지 서영요는 "자손이 가르침을 따르지 않아 부모가 도를 넘게 때려 죽인" 자로서 장1백,[61] 이를 도운 동족 두 명 중 서조상은 "사람을 모살함에 따라 가공한 자"로 교감후로 판결되었다. 서성양徐聖揚은 의율依律은 같으나 직접 손을 써 물에 던져 빠뜨린 것은 아니며, 몇 번이나 그만두도록 권한 사실이 있다는 사정을 헤아려 순무가 사정을 헤아릴 것을 상청하였고 그것이 받아들여져 장1백 유3천리에 처해졌다. 향장鄕長인 서유경徐維京·서극패徐克佩 두 사람은 "은닉하여 보고하지 않은 것"을 이유로 불응위중不應爲重의 율에 따라 장80, 임목 절도의 공범 서운법徐雲法은 절도의 종범으

---

59 앞의 주36.
60 『대청율례』〔尊長爲人殺私和〕율문.
61 앞의 주57.

로 태50과 자자刺字에 처해졌다.[62] 시체의 매장을 도운 조아모趙亞毛는 이미 병사하여 처벌받지 않았으며, 임목이 도둑맞은 것을 보고하지 않은 영가현永嘉縣 현승縣丞 하삼何森은 벌봉 9개월(다만, 그 후 행해진 은사의 대상이 되어 면제)에 처해졌다.

종족이 자신의 힘으로 단속하지 못하는 족인을 관에 보내려 끌고 가는 도중에 너무나도 심하게 욕설을 퍼부었기에 화가 나서 그를 죽였다는 사건도 적지 않다. 아래의 사건이 그 예시이다.

곽상휘郭相輝 등이 곽붕만郭朋萬과 등씨鄧氏를 생매장하여 치사케 한 사건(사천성 대죽현大竹縣. 건륭16년 2월 19일 범행, 17년 8월 결안)[63]

곽붕만은 소공小功 당형의 과부 등씨와 친밀하여 동거했다(양자는 결혼을 금한 친족관계로, 그들의 동거는 당시 사회통념으로 불륜이고, 법률상으로도 범죄이다. 정식 결혼은 할 수 없다). 장래 양쪽 모두 다른 사람과 혼인하지 않고, 등씨의 어린아이 관음보觀音保를 곽붕만의 후계자로 삼기로 맹세했다. 그러나 곽붕만은 결국 변심하여 따로 아내를 얻었기에 사이가 틀어졌고, 등씨는 관음보를 데리고 떠나려 했다. 곽붕만은 그렇다면 어린아이에 대한 지금까지의 양육비를 지급하라고 하며 문제를 종족에게 가져갔다. 곽붕만의 시마숙緦麻叔에 해당하는 곽상휘 등이 조정했으나, 두 사람이 불륜행위의 전말을 여러 사람의 면전에서 염치없이 진술했으므로 족인들은 차마 다 듣지 못하고 흩어져버렸다. 그러나 다툼이 여전히 진정되지 않았기 때문에, 곽상휘는 웃음거리가 되는 것을 염려하여 한 번 더 족인인 곽천림郭川林·곽전원郭殿元·곽만선郭萬先·곽한종郭漢宗·곽한장郭漢章·곽신륭郭新隆·곽영석郭榮錫 및 이웃의 원일광遠日光·종작사鍾作士·종붕고鍾朋高를 불러모으고, 등씨의 아우 등천인鄧天仁, 곽붕만의 동생 곽붕량郭朋亮도 입

62 『대청율례』〔竊盜〕율문. 임목 두 그루는 가격이 1량(兩) 이하였을 것이다.
63 『예안속증전집』 권23, 67b〔活埋有罪二命不照謀殺科斷〕.

회시켜 어떻게든 결론지으려 했다. 하지만 두 사람은 여전히 추잡한 일을 서로 말하여 꾸짖어도 멈추려 하지 않았다. 이에 두 사람의 손발을 묶어 들쳐메고 현으로 가서 관에서 살펴 징벌토록 하려고 했다. 묶인 곽봉만은 큰 소리로 욕하며 "반드시 원수놈들을 다 죽여버리겠다"라고 소리쳤고, 곽상휘는 분노하여 생매장하려는 뜻을 세웠다. 그 사이에 질색하여 흩어져 돌아간 자도 있어, 결국 곽상휘는 곽전원과 곽만선을 지휘하여 등씨를 들쳐메게 하고, 자신은 곽천림과 함께 곽봉만을 들쳐메고 산에 올라 구덩이 안에 넣었다. 곽전원과 곽만선은 길을 오르는 도중에 생각을 접고 등씨를 내버려두고 도망쳐 돌아가버렸기 때문에, 곽상휘는 곽천림과 함께 그를 구덩이까지 옮겨 두 사람을 함께 묻어 죽였다.

위 사건에 대한 처분은 아래와 같다. 피살자 두 사람이 근친상간의 '죄가 있는 사람'임을 고려하여, 주범인 곽상휘는 "죄인이 이미 붙잡혔는데 천살하면 투살로 논한다罪人已就拘執而擅殺, 以鬪殺論"는 율(앞의 p.130, 〔죄인거포罪人拒捕〕 조)에 따라 교감후, 곽천림은 사람이 타인을 위력으로 교사하여 제3자를 구타하게 하여 치사하게 한 경우 교사한 자를 주범으로, 실행下手한 자는 종범으로 1등을 감하게 하는 규정에 따라 장1백 유3천리에 처해졌다. 곽전원과 곽만선은 투살의 '여인餘人(그 외의 뭇사람)'으로 장1백,[64] 그밖에 곽상휘가 살해할 뜻이 생긴 것을 보고 도망쳐 돌아간 자는 "사람이 타인을 모해하려는 것을 알고도 바로 저지하거나 신고하지 않은" 자로서 장1백,[65] 관에 보내려 한 것을 알고 해산하여 돌아간 자 가운데 나중에 살해 사실을 안 자는 "경내에 죽은 사람이 있는데 관사에 보고하지 않은 자"로 장80에 처했으며,[66] 살해 사실을 알지 못했던 자 및 주범과 종범의 근친으로 고발의 의

---

64 『대청율례』〔威力制縛人〕 율문. 같은 조의 조례4에 의해 주사(主使)에 따른 자가 여러 명인 때는 가장 중한 상처를 입힌 한 사람이 위종(爲從), 즉 종범이 되고, 다른 사람은 여인(餘人)이 된다.

65 앞의 주36.

무가 법률로 면제된 이들은 무죄가 되었다.

여기서 죄인거포조의 천살 규정이 적용된 것은 해당 조목 본래의 취지를 넘어 확장해석한 것이다. 하지만 당사자는 원래 관헌에 고소할 것을 의도하여 행동에 나선 것으로, 살의는 도중에 촉발되어 일어났다는 점에서, 전형적인 종족의 사적 제재와는 성질이 다르기에, 해당조목을 원용하는 데 비교적 무리가 적었다고 할 수 있을 것이다.

이어지는 2, 30년 동안 위와 같은 유형에 속하는 사건이 여전히 몇 건 더 보이지만, 어떤 경우에는 고살로 묻고, 어떤 경우에는 "죄인이 이미 붙잡혔는데 천살한罪人已就拘執而擅殺" 죄로 묻고 있어 취급이 일정하지 않다.[67]

---

66 『대청율례』〔發塚〕율문.

67 이췌(李萃)와 감옥에서 죽은 이모(李謨)가 이지밀(李之密)의 주문대로 당형 이총(李聰)을 묶어 관에 보내려 끌고가다가 이지밀이 이총을 밀어 익사시킨 사건(사천성 평무현(平武縣). 건륭25년 11월 17일 범행, 28년 4월 5일 결안. 『駁案新編』 권22, 1b). 이총은 과부로 사는 형수와 혼인하려 했으나, 이지밀(소공당숙)·이췌·이모(모두 대공당제)가 이를 불륜이라 하여 저지하자 난투가 벌어졌다. 그들이 이총을 줄로 묶고 관에 보내려 끌고가는 도중, 이총이 "관이 재판하더라도 사형이 되지는 않을 것이다. 집에 돌아가면 가만있지 않을 것이다"라고 소리쳐대자, 이지밀이 격분하여 그를 하천에 떨어뜨려 죽이고, 이췌와 이모가 구해내려 하는 것을 꾸짖어 막았다. 피해자의 아들이 현에 보고하여 발각되었다. 그 처단으로, 이지밀은 "소공친인 비유를 고살"한 죄로 교감후에 처해졌다. 이췌·이모는 미리 모의하였거나 사정을 알면서 가공한 사실이 없다 하여, "함께 구타(共毆)한 경우의 여인(餘人)"으로 장1백인데, 피해자의 대공친 비유에 해당하므로 3등을 가중하여 장80 도2년으로 했다.
왕환문(王煥文) 등이 왕윤탄(王圇呑)을 생매장하여 치사케 한 사건(직예성 한단현(邯鄲縣). 건륭40년 11월 4일 범행, 42년 10월 21일 결안. 『駁案新編』 권22, 9a). 왕윤탄은 수년 동안 자주 절도를 하여 처음에는 그의 부친, 부친이 죽은 후에는 왕환문(왕윤탄의 시마친 숙조(叔祖))에게 누를 끼쳤다. 또다시 타인의 집에 도둑질하러 들어갔다 붙잡혔는데, 날이 밝기를 기다려 관에 보내라고 하여 왕환문에게 인도되었다. 그를 데리고 돌아가는 도중 왕윤탄이 훈계에 복종하지 않고 "관에서 험한 꼴을 당한다면 왕환문 일가를 살해하겠다"고 소리를 질러대자, 왕환문은 분노하여 생매장하겠다는 마음이 들어, 자기의 손자 왕림보(王林保)(윤탄의 시마복제(緦麻服弟)), 윤탄의 무복족형 왕복성(王福成)을 불렀다. 두 사람이 주저하며 수습해보려 하는 말을 듣지 않고, 억지로 명령하여 구덩이를 파게 하여 왕윤탄을 파묻고는 다음날 관헌에 신고하였다. 이에 대한 처단은 다음과 같다.
왕환문: 직예총독은 시마질손(緦麻姪孫)을 모살한 자로서 교감후(絞監候)로 의죄(擬罪)했으나 박회(駁回)를 받아, 이미 죄인을 붙잡아 가두었음에도 천살한 것으로 하여 교감후로 했다. 다만 감옥에서 사망하였다.

아래의 사건도 같은 유형에 속하나, 새로운 조례 제정의 계기가 된 점에서 주목된다.

소재지邵在志가 유복친 조카 소박邵樸을 구타상해하여 치사케 한 사건(사천성. 건륭55년 12월 9일 범행, 56년 11월 11일 결안)[68]

소박邵樸은 소재지邵在志의 조카로서 다른 집에 입양되어 복服은 소공小功이다. 평소 성질이 방탕하여, 과거 다른 사람의 물건을 훔친 것을 소재지가 배상하였다. 건륭55년 12월 5일, 부황符璜의 집에서 숙박하다 거기에 있던 백포白布를 훔쳐 달아났다. 부황에게서 피해 신고를 받은 소재지는 이를 배상했다. 12월 9일 밤, 소재

왕복성: 사람을 죽이고 시체를 매장한 사안에서, 지휘에 따라 들쳐메고 매장한 범인으로, 조사 결과 현장에서 도와 구타하여 율에서 장1백에 해당하는 이라면, "시신을 유기하였으나 잃어버리지는 않은 본율"에 비추어 장1백 도3년에 처하는 예(『대청율례』〔發塚〕 조례8)에 따라 장1백 도3년으로 처리되었다.
왕림보: 시마존장을 살해하고자 하여 기수한 자로 참입결(斬立決)로 의죄하였으나, 형부가 요청하여 참감후로 변경되었다(본건에서 만약 모살로 죄를 묻는다면, 악당 한 사람의 목숨값으로 3명이 목숨을 잃게 되는 것이기에, 이는 적절하지 못하다는 것이 형부가 박회한 하나의 이유가 되고 있다. 천살 규정이 원용된 것은 그를 구제하는 방편으로 볼 수 있다).
역소씨(易蕭氏)가 남편의 조카 역소화(易紹華)를 결박하여 치사케 한 사건(사천성 의롱현(儀隴縣). 건륭54년 7월 16일 범행, 56년 7월 11일 결안. 『駁案續編』 권3, 1a). 역소화는 역소씨의 남편의 조카로 분거한 지 이미 오래되었다. 모친은 죽고 부친과 형은 타지로 나가 돌아오지 않았다. 역소화는 일찍이 다른 집의 옷가지 등을 훔쳐 역소씨가 배상하여 마무리한 적이 있는데, 또다시 역소씨의 곡물을 훔쳤다. 역소씨는 아들 역소부(易紹富)(역소화의 대공당형)와 함께 그 잘못을 이치를 따져 꾸짖었으나 반항했기에 죽편으로 구타상해하고, 또한 결박하여 관에 보내려고 하였다. 냇가에서 휴식하는 중에 역소화가 "관에 나가도 죽을 죄가 되지는 않는다. 나중에 반드시 역소씨를 살해하겠다"고 소리를 치자, 역소씨는 화가 나 돌연 살의가 생겨 그를 하천에 빠뜨려 죽였다. 역소부와 이웃 장문찬(張文燦) 등이 달려왔으나 미치지 못했다. 그들은 몰래 매장하고 관에 보고하지 않았으나, 현의 조사에 의해 발각되었다. 그 처단은 다음과 같다.
역소씨: 사천총독은 이미 죄인을 붙잡아 가두었음에도 천살하였으므로 투살로 논하며, 남편의 형이나 아우, 아들을 구타살해한 경우에 따라 장1백 유3천리로 의죄하였으나 박회되었다. 남편의 형이나 아우, 아들을 고살한 자로서 교감후에 처해졌다.
장문찬 등: 경내에 죽은 사람이 있는데 관사에 보고하지 않고 경솔히 매장한 자로서 장80.
역소부: 범인 역소씨의 근친이므로 몰래 매장하여 신고하지 않은 것에 대해 문책하지 않음. 무죄.

68 『형안회람』 권43, 22a〔尊長殺死爲匪卑幼分別科罪〕. 『駁案新編』 권22, 13a에도 보인다.

지는 형 소재공邵在恭과 함께 소박을 찾아 데리고 돌아왔고 장물도 찾아냈다. 소박의 할머니(소재지의 어머니) 당씨唐氏가 보고 그를 훈책하자, 소박은 당씨를 밀어 넘어뜨렸다. 당씨는 화가 나서 소재지 등을 시켜 소박을 기둥에 묶게 하여 날이 밝으면 관으로 보내려 했다. 당씨가 취침하고, 소재공이 물을 길으러 간 후, 소박은 소재지가 개심을 권하는 말을 들으려 하지 않고, "관에 보낸다고 해도 설마 죽을죄가 될 리는 없다. 집에 돌아오면 반드시 불을 지르고 죽여버리겠다"라고 하며 마구 소리쳐댔다. 소재지는 소박이 도둑질로 조상을 욕보인 데다 참회하지 않고 발악하는 것에 한때의 분노가 촉발되어 살의를 일으켜 호미로 안면을 때려 즉사시켰다.

사천총독은 소재지를 율에 따라 교감후로 의죄했으나, 그것을 받은 형부는 황제에게 감경을 청했다. 소박은 도둑질을 하고 또 조모의 훈계에 복종하지 않고 오히려 밀어 넘어뜨렸다. 악역惡逆의 흉악함으로, 그 죄는 사형에 해당한다. 소재지가 만약 그 자리에서 그를 때려죽이고 어머니와 함께 관에 신고했다면, 당연히 "사형에 해당하는 죄인을 천살한" 가벼운 죄명으로 일은 마무리되었을 터이다. 소재지는 어머니 당씨가 취침한 후에 살의를 일으켜 살해한 것이어서 어머니를 구하기 위해 그 자리에서 때려죽인 것과는 다르다. 그렇지만 결국 조상에 욕됨이 미칠 것을 염려하고 공분하여 죄 있는 비유를 죽인 것이니, 특별히 사적인 원한을 풀었다는 사정은 없다. 이것을 존속의 지위를 빙자하여 죄 없는 비유를 참살한 행위와 마찬가지로 죄를 논하는 것은 적당하지 않다. 죄정을 헤아려 1등을 감하여 장1백 유3천리로 하고 싶다는 것이 형부가 상청한 대략적인 뜻이다. 형부는 다시 말을 이어나가 장래를 위해 이러한 경우의 감경조치를 입법화할 것을 청하고 그 문안을 제시했다. 형부의 의론은 모두 재가되었고, 그 입법의 문안은 즉시 '통행通行', 즉 전국의 각급 관청에 대한 통달의 형태로 법적인 효력을 부여받았다. 다음번 조례 찬수纂修의 기회(건륭60년)[69]에 자구와 문체를 정돈하여 형률 투구鬪毆편〔구기친존장毆期親尊長〕조에 부속하는 조례의 1개 조로 입법되었다. 그 전문은 다음과 같다.

유복有服의 존장尊長이 죄 있는 비유卑幼를 살해한 사안에서 만약 그 비유의 죄가 정말로 사형에 해당한다면, 모살謀殺인지 고살故殺인지 묻지 않고, 일을 주도한 존장은 모두 "사형에 해당하는 죄인을 천살擅殺"한 자에 대한 율조에 비춰 장1백, 지시에 따라 실행한 자는 존장인지 친족관계가 없는 일반인凡人인지를 불문하고 각각 장90에 처한다. 죄는 범하였으나 사형에 해당하지 않는 비유로, 훈계하여도 행실을 고치려 하지 않는 자를, 존장이 조종祖宗이 치욕을 당하는 것을 우려하여 격분해 살해하였다면, 모살 · 고살을 불문하고, 주도한 존장은 모두 복제服制를 살펴(친속 등급의 원근에 따라) 비유를 때려죽인 자에 관한 각각의 율례律例[※] 규정에서 1등을 감하고, 지시에 따라 실행한 범인은 존장과 일반인을 불문하고 각각 종범 또는 여인餘人의 본죄로부터 1등을 감하여 처단한다. 만약, 공분公忿의 명목을 빌려 사적인 원한을 보복하거나, 혹은 누를 끼침을 우려해 재물을 도모하거나(배상 책임을 뒤집어쓰는 것을 꺼려), 꺼리는 마음으로 뇌물을 탐하는(타인에게서 금전으로 부탁을 받아) 등의 사정이 있으면, 본조를 지나치게 인용해서는 안 된다.
有服尊長, 殺死有罪卑幼之案, 如卑幼果實屬罪犯應死者, 無論謀故, 爲首之尊長, 俱照擅殺應死罪人律, 杖一百. 聽從下手之犯, 無論尊長 · 凡人, 各杖九十. 其罪不至死之卑幼, 果係訓誡不悛, 尊長因玷辱祖宗起見, 忿激致斃者, 無論謀故, 爲首之尊長, 悉按服制, 於毆殺卑幼各本律例[※]上, 減一等. 聽從下手之犯, 無論尊長 · 凡人, 各依爲從餘人本罪上, 減一等定擬. 若有假託公忿, 報復私讎, 及畏累

69 건륭5년(1740) 이래, 5년에 한 번(처음에는 3년에 한 번이었으나, 곧 5년에 한 번으로 변경되었다) 조례를 전반적으로 검토하여 수정하는 것이 규정이었다. 실제로 이러한 조례의 찬수가 행해진 것은 건륭5년에 이어 다음의 해이다(『회전사례』 권740). 건륭8년, 12년, 16년, 21년, 26년, 32년, 37년, 43년, 48년, 53년, 60년(1795년); 가경6년(1801), 11년, 15년, 19년(1814); 도광원년(1821), 5년, 10년, 15년, 20년, 25년(1845); 함풍2년(1852); 동치9년(1870). 이를 마지막으로 하여 이후 청말 선통연간의 대청현행형률(大清現行刑律)에 이르기까지 조례의 찬수는 행해지지 않았다.

圖財, 挾嫌貪賄各項情節者, 均不得濫引此例.[70]

※ 여기서의 "예例"는 불필요한 글자일 수 있다.

이를 앞서 소개한(p.133) 옹정연간의 조례 제2단 · 제3단과 비교해 보면, 내용이 매우 비슷하고, 일단 폐지된 조문이 다시 상세한 형태로 부활한 것 같은 모습이다. 다만, 두 가지 점에서 옹정연간의 법에 비해 이 신법 쪽이 적용범위를 좁게 한정하고 있는 점이 주목된다. 하나는, 신법이 적용범위를 유복有服 존장이 주도하여 비유를 살해한 경우에 한정하고 있는 점이다. 옹정연간의 법은 이러한 제약이 없다. 오히려 반대로 무복친無服親에만 적용되는 규정이라는, 조금 억지가 아닌가 생각되는 해석이 행해졌을 정도이다. 둘째는, 신법이 종범에 대해 두 차례 "존장과 일반인凡人을 불문하고"라고 반복하며 비유를 제외하고 있는 점이다. 존장(실행자 자신 쪽에서 보든 비행자 쪽에서 보든 존장에 해당하는 인물)의 항거하기 어려운 명령에 따른 경우일지라도, 실행자 자신 쪽에서 보아 존장에 해당하는 비행자에게 손을 댄다는 것은, 인륜의 근본에 관계되는 중대사건이므로 법이 정하는 일률적인 감경조치는 받을 수 없다고 보는 것이다. 이 점은 옹정연간의 법도 규정이 미비하다 말할 수 있을 뿐, 비유에게도 적극적으로 감경조치를 미치게 하는 것이 입법자의 의사는 아니었다고 생각된다. 그것이 원래 무복친을 대상으로 한 입법이라 하는 조금 무리한 해석이 이루어진 것도 그 목적을 상기할 필요가 있다. 즉, 이 해석으로 실제 달성하려 한 목적은, 유복의 비유가 관련된 사례에서 유복의 존장에게 해를 입힌 비유를 법 적용으로부터 제외하는 데 있던 것이다.

이 새로운 조례의 적용이 문제가 된 사안으로 다음과 같은 사건이 있다.

---

70 『회전사례』 권812, 7b.

나기중羅其中이 소공친 질녀 이나씨李羅氏가 이회옥李懷玉과 간통한 일로 나홍씨羅洪氏를 교사하여 이나씨를 상해해 치사케 한 사건(사천성. 건륭59년 11월 16일 범행, 가경2년 7월 14일 결안)[71]

나성羅姓으로 태어나 이첨석李添錫에게 시집을 온 부인 이나씨李羅氏는 이웃 사람과 수 차례 간통하여 그 현장을 붙잡혔다. 남편은 이를 관헌에 고소하였다. 그런데도 처가의 존장 나기중羅其中(이나씨의 소공숙, 이나씨가 출가함에 따라 복服을 내려 시마)은 부인이 "일가의 풍기를 무너뜨리고 조상을 욕되게" 한 것에 분개하여, 차라리 목 졸라 죽여서 법정에서 추태를 보이는 것을 피하려고 했다. 이에 자신의 조카며느리에 해당하는 족중의 부인인 나홍씨羅洪氏를 무리하게 설득하여 실행하게 했다. 나홍씨는 이른 아침에 이나씨의 방에 들어가 아직 침상에 있던 그녀의 목을 졸랐으나 완수하지 못하였다. 그러나 그때의 상처가 원인이 되어 이나씨는 3일 후에 목숨을 잃었다.

사천총독은 이 사안에 전술한 조례를 적용하여, 나기중을 시마친 비유를 구타살해한 죄인 교형에서 1등을 감하여 유형으로 의죄하여 상신하였는데, 형부는 이를 박회하였다. 다른 가문에 출가한 여성에 대해 친정의 존장도 조례에서 말하는 유복존장 가운데 포함되는지가 문제가 된 것이다. 형부는, 원칙적으로는 조례에서 말하는 존장이란 시가와 친정의 존장을 모두 포함한다는 것을 인정하면서, 다른 한편으로, 아내의 비행을 감독하는 일차적 책임은 남편에게 있음을 강조하였다. 남편이 아내의 간통을 문책하여 이혼하고 친정으로 돌려보낸 후라면, 또는 남편이 감독의 책임을 다하지 못하고 아내의 간통을 방임하고 있는 사정이 있다면, 친정의 존장이 제재에 나서는 것은 순리에 맞기에 확실히 조례에 해당할 것이다. 그러나 본 건에서는 남편이 이미 관헌에 고소했으므로, 판결을 기다리지 않고 제재에 착수한

71 『駁案續編』 권3, 2a.

친정 존장의 행위는 조례에서 정한 감경을 받을 수 없다는 것이 형부의 견해였다. 결국, 나기중은 "죄인이 이미 붙잡혔는데 천살한罪人已就拘執而擅殺" 율에 비춰 교감후, 나홍씨는 그 종범으로 유형으로 정해져 사건이 낙착되었다. 모살이 아니라 죄인거포조의 적용으로 처리한 배경에는, 아마도 한 명의 유죄피살자의 목숨을 두 사람의 것으로 갚게 하고 싶지 않다는 심리가 작용하고 있었겠지만,[72] 앞서 본 곽상휘 사건 등에 비하여 천살 개념이 한층 대담하게 확장되었다고 하지 않을 수 없다. 더구나 이 점에 대해 형부는 한 마디도 이유를 붙여 논하고 있지 않다.

그런데 건륭60년(1795)의 상술한 조례는 가경6년(1801)에 상당히 큰 개정, 증보가 가해졌고, 다시 가경19년에도 극히 사소한 가필이 행해져 청말에 이른다. 개정 후의 전문에서, 주된 증보와 개정 부분에 밑줄을 그어 제시하면 다음과 같다.

> 기친期親 이하의 유복 존장이 죄 있는 비유를 살해한 사안에서 만약 비유가 범한 죄가 사형에 해당한다면, 수범인 존장은 사죄에 처해야 할 사람을 천살한 율에 따라 장1백이며, 지시에 따라 실행한 범인은 존장과 범인을 막론하고 각기 장90이다. 죄가 사형에 이르지 않는 비유가 정말로 상습적으로 비행하여 악을 고집하고 고치지 않으며, 이것이 사람들이 모두 아는 바로서 확실한 증거가 있고, 존장이 조종을 욕보일까 생각하여 분격하여 살해했다면, 모살과 고살을 논하지 않고 수범인 존장은 모두 복제에 따라 비유를 구타살해한 각각의 본율, [혹은 본례에서] 감일등한다. 지시에 따라 실행한 범인은 존장과 범인을 막론하고 ① 각각 여인餘人에게 적용되는 율에 따라 장1백에 처한다. 만약 비유가 비행했다는 증거가 없는데 존장이 공분公忿을 가탁하여 사사로이 보복한 경우, 혹은 한순간의 일로 악을 고집

72 만약 여기서 천살이 아닌 모살로 문죄한다면, 나기중의 형벌은 참감후가 되며, 나홍씨의 형벌은 종범으로 가공한 자로서 교감후가 된다.

하고 뉘우치지 않은 정황이 없는데도 참혹하게 살해한 경우, ② 본범의 최근친 복속은 살해할 의도가 없는데 소원한 친속이 살해하고자 하여 죽인 경우[예컨대 조부모와 부모가 있다면, 기친 이하의 친속은 소원으로 논한다. 조부모와 부모가 없고 기친 복속만 있다면, 대공, 소공, 시마 이하는 소원으로 논한다. 나머지도 이에 따른다] 모두 비유를 모살, 고살, 투살한 본율, [본례]에 따라 의죄하되 이 예를 과도하게 인용해서는 안된다.

期親以下有服尊長, 殺死有罪卑幼之案, 如卑幼罪犯應死者, 爲首之尊長, 俱照擅殺應死罪人律, 杖一百. 聽從下手之犯, 無論尊長 · 凡人, 各杖九十. 其罪不至死之卑幼, 果係積慣匪徒, 怙惡不悛, 人所共知, 確有證據, 尊長因玷辱祖宗起見, 忿激致斃者, 無論謀故, 爲首之尊長, 悉按服制, 於毆殺卑幼各本律[本例]上, 減一等. 聽從下手之犯, 無論尊長 · 凡人, ① 各依餘人律, 杖一百. 若卑幼並無爲匪證據, 尊長假託公忿, 報復私讎, 或一時一事, 尚非怙惡不悛情節, 慘忍致死, ② 及本犯有至親服屬, 並未起意致死, 被疎遠親屬起意致死者[如有<밑줄>祖父母父母者, 期親以下親屬以疎遠論. 雖無祖父母父母, 尚有期親服屬者, 功緦以下疎遠論. 餘倣此] 均照謀故毆殺卑幼各本律[本例]定擬, 不得濫引此例.[73]

이를 보면, 해당 조례는 사죄死罪에 해당하는 자, 또는 확증이 있는 비행 상습자에 대한 사적 제재에 관한 규정임을 명료히 하기 위해 두세 군데 표현이 고쳐진 외에, 두 곳에서 법 내용이 개정되었다(①, ②의 표시 부분). 첫째, 사형에는 해당하지 않는 비행자를 치사하게 한 경우 종범의 죄를, 건륭60년 제정 당시에는 가공加功의 정도에 따라 '수종한 자爲從'와 '여인餘人'으로 나누고 각각 1등을 감하는 것으로 한 것을 개정하여, 모두 '여인餘人'으로서 장1백에 처하는 것으로 했다. 둘째, 본법의 적용에서 제외되어야 할 경우의

---

73 『대청율례』〔毆期親尊長〕조례9. 두 곳에 있는 [ ] 안의 '본례(本例)'라는 글자만이 가경19년에 가필된 것이다.

하나로, "본범의 최근친 복속은 살해할 의도가 없는데 소원한 친속이 살해하고자 하여 죽인 경우[예컨대 조부모와 부모가 있다면, 기친 이하의 친속은 소원으로 논한다. 조부모와 부모가 없고 기친 복속만 있다면, 대공, 소공, 시마 이하는 소원으로 논한다. 나머지도 이에 따른다]"라는 조항을 추가했다. 이 마지막 부분은, 제정 당시부터 옹정연간의 법에 비해 적용 범위를 좁게 한정하고 있던 신법에, 다시 부가된 제3의 한정요소라는 점에서 주목할 만하다. 앞서 '나기중이 소공친 질녀 이나씨가 이회옥과 간통한 일로 나홍씨를 교사하여 이나씨를 상해해 치사케 한 사건'을 보자. 남편과 남편의 일족 존장의 의향을 무시하고 직접 제재 행동에 나선 친정의 소원한 존장 나기중의 행동 등은, 바로 이 제한조항에 저촉되어 당연히 적용되지 않게 되는 것이다. 상상해 보면, 앞의 나기중 사건과 같은 일이 있어 형부에 의한 박회 등의 문제를 낳은 것이, 이윽고 조문 자체 안에 제한조항을 추가하는 계기가 되었을지도 모른다.

이후 이 조례의 적용을 둘러싼 사안이 몇 개인가 보인다. 그러나 일반적으로 어느 조문이 논의의 여지 없이 단순하게 적용되어 종결된 사안은 실무상 참고할 가치가 적으므로 판례집을 편찬할 때 경시되기 쉽다. 문제의 조례에 관해서도 요건에 해당하는 전형적인 사례는 소수가 간략하게 기록으로 남아 있을 뿐, 우리 눈에 띄는 다수는 무엇인가 문제를 품고 있는 사례이다.[74] 그중에서도 두드러지는 것은 무복 존장에 의한 살해 사건이다. 이런

---

74 비교적 단순하게 조례가 적용된 예로 이하의 사건이 있다. 장옥공(張玉恭)이 장옥명(張玉明)을 눌러죽인 사건(張玉恭砸死張玉明一案)(산동성. 가경19년 설첩); 진이례(陳以禮)가 친동생 진이희(陳以僖)가 여러 번 장노공(張老公) 등의 집에서 의복을 훔쳐 조상을 욕되게 하였기에, 살의를 일으켜 대공 당형 진이폭(陳以幅)을 불러, 함께 진이희를 묶고 물에 빠뜨려 절명케 한 사건(陳以禮因胞弟陳以僖屢竊張老公等家衣服以其玷辱祖宗起意邀同大功堂兄陳以幅將陳以僖捆溺斃命一案)(사천성. 도광6년 설첩)(두 안건 모두 『형안회람』 권43, 23a〔故殺爲匪卑幼應照例文減罪〕에 실려 있다); 정세학(鄭世學)이 비행을 범한 사촌동생 정세찬(鄭世燦)을 물에 밀어 떨어뜨려 절명케 한 사건(鄭世學推溺爲匪堂弟鄭世燦身死一案)(사천성. 가경17년 설첩)(『형안회람』 권43, 23b). 사건의 내용은 추상적으로만 기재되어 있으며, 여기서 피살자의 비행은 모두 상습절도 또는 절도 및 부녀

사건은 법의 명문에 따라 조례의 적용에서 제외되어야 할 터이다. 하지만 구체적 사안에 임하면, 법을 다루는 자의 균형감각으로 볼 때 꼭 그렇게만은 정하기 어려운 경우가 생기는 것이다. 아래의 세 건 모두 그런 종류의 사안이다.

동대조童大潮 사건(강소성. 가경20년 결안)[75]

동재상童在祥이란 자가 어머니에게 욕설하여, 어머니가 분통하여 자살하였다. 족장 동대조는 그의 불효에 화가 나서 살해할 마음이 일어나 동재상의 동생 동연상童連祥에게 무리하게 명령하여 동재상을 묶어 강에 던져 살해하였다.

부모에게 욕설하여 그 때문에 부모가 자살했다면, 이는 중대한 범죄로서 그 죄가 참입결에 해당한다.[76] 동대조는 사형에 해당하는 죄를 범한 비유를 제재하여 죽음에 이르게 한 것이지만, 그는 동재상 쪽에서 보면 조부 세대에 해당하며 족중에서 '항렬이 가장 높은 사람輩分最尊之人'일 뿐, 동재상과의 사이에 복제服制는 없다. 즉, 유복존장有服尊長이라는 법의 요건을 충족하고 있지 않다. 따라서 법에 정한 감경조치를 적용받을 수 없을 터이다. 그러나 비유의 죄가 부모를 자살로 몰아넣었다는 인륜의 근본에 저촉되는 중

에 대한 추잡한 구애이다.
서나씨(徐羅氏)의 사건(사천성. 가경7년 설첩)(『형안회람』 권43, 24a〔聽從伊母勒死行竊爲匪胞弟〕), 정서현(丁西顯)이 정조아(丁造兒)를 교사하여 자신의 아들 정보운(丁步雲)을 베어 상해하여 절명케 한 사건(丁西顯主使丁造兒割傷伊子丁步雲身死一案)(섬서성. 도광11년 설첩)(『형안회람』 권43, 24b)의 두 가지는 부모가 상습적으로 비행을 저지른 아들을 살해한 사건이다. 부모 자신은 "자손이 가르침에 따르지 않아 조부모·부모가 과도하게 구타하여 살해한 경우 장1백(子孫違犯教令, 而祖父母父母非理毆殺者, 杖一百)"(刑律·鬪毆·〔毆祖父母父母〕)에 처하는 율에 따라야 하기에, "유복존장이 죄 있는 비유를 죽인 경우(有服尊長殺死有罪卑幼)"의 조례와는 무관하다. 다만, 부모의 뜻을 받아 실행한 종범은 후자의 조례에 의거해야 한다는 것이 명시되고 있다.

75 『형안회람』 권43, 27a〔無服族長活埋忤逆應死族婦〕에 실려있다.

76 『대청율례』〔威逼人致死〕조례8.

죄라는 것과, 그 비유에게 다른 유복존장이 존재하지 않는 것(즉, 근친존장을 건너뛴 행위가 아니라는 것)이 고려되었다. 그 결과, 유복존장에 비해 1등을 더해, 즉 장1백에 1등을 가중하여 장60 도1년으로 결착되었다. 또한, 족장의 명령에 따라 자신의 형에게 손을 댄 동연상에게는 처음부터 법에서 감경조치를 규정하고 있지 않다. 그 죄는 능지처사에 해당한다.[77] 이 점에 관해서는 협첨성명夾簽聲明(개별적 정상참작의 주청)이 이루어져 참감후로 변경되었다.

나소성羅紹成이 나구경羅九莖 등을 교사하여 비행을 저지른 무복 족질 나석화羅錫華를 구타상해하여 절명케 한 사안羅紹成主使羅九莖等毆傷爲匪無服族姪羅錫華身死一案(사천성. 도광9년 결안)[78]

나소성은 이전부터 나성羅姓 사당의 족장을 맡고 있었다. 무복족질손無服族姪孫(먼 동족으로 손자 세대에 해당하는 자)인 나석화는 소행이 불량하여 어머니 팽씨彭氏에 의해 자주 사당에 보내졌고, 그때마다 나소성이 훈책訓責하였다. 나석화는 또다시 타인의 물건을 훔쳤다가 붙잡혀 족장에게 넘겨졌다. 나소성은 어머니 팽씨, 숙부 나구경·나구발羅九發, 형 나찬화羅贊華 등 나석화의 근친존장을 불러모아 함께 사당으로 가서 나석화를 훈책했다. 그러나 나석화는 반항하며 어머니 팽씨를 밀어 넘어뜨려 팽씨가 엉덩방아를 찧어 상처를 입었다. 나소성은 나구경 등에 명하여 죽편竹片으로 나석화의 양팔과 허벅지를 연타하게 했다. 그 상처가 원인이 되어 18일 후 나석화는 사망하였다. 나소성은 죄를 두려워하여 은 40량兩을 입막음의 대가로 팽씨에게 건내어, 어머니 팽씨 자신의 손에 의한 흉행兇行으로 신고하게 했으나, 탐문수사에 의해 실제 정황이 발각되었다.

나소성에 대해 사천총독은 처음에는 '유복존장이 죄 있는 비유를 살해한 有服尊長殺害有罪卑幼' 조례를 적용하였지만, 유복존장有服尊長이라는 요건

---

77 『대청율례』〔謀殺祖父母父母〕율문.

78 『형안회람』권43, 27a〔母將爲匪子送責被族長責斃〕; 권50, 22b〔子被他人殺死其母受賄項兇〕.

을 충족하지 않는다는 점에서 의율擬律이 잘못되었다 하여 박회되었다. 이에 일반적인 투구鬪毆에서 상처로 세균이 들어가 날이 지나 사망한 경우의 규정에 따르되,[79] 입막음하여 사건을 무마하려 했다는 이유로 가중하여 충군充軍으로 의죄하였다. 그러나 결안結案이 되기 전 나소성이 옥중에서 사망하여 최종적인 처단 없이 종결되었다. 또한, 직접 구타한 나구경 · 나구발 · 나찬화는 모두 기친 존장에 해당하기에 비유를 구타하여 독질篤疾에 이르게 한 것은 율에 비추어 무죄[80]로 처리되었다. 스스로 범행을 뒤집어써서 사건을 무마하려 한 어머니 팽씨는 '아들이 살해되었는데 부모가 뇌물을 받아 사화私和'한 자로서 장1백에 처하되,[81] 부녀자이므로 수속收贖하였다.[82]

오덕인吳德仁의 사건(강소성. 도광10년 설첩說帖)[83]

오덕인은 오허씨五許氏의 시아버지 오균중五均重의 무복 족제族弟에 해당한다. 오허씨가 종종 오균중의 가르침을 위반하였기에, 오균중은 밥상도 제대로 올리지 않는다고 타박하며 오허씨를 꾸짖었다. 오허씨는 마구 욕설을 하며 오균중을 밖으로 내쫓아 버렸다. 오균중은 편지로 아들 오수도吳修道에게 이 일을 알렸다. 오수도는 생업에 묶여 집에 돌아올 수 없었으므로, 답장을 써서 "족에 신고하여 처치토록 하십시오"라고 말했다. 얼마 안 있어 오균중은 집에 돌아갔지만, 오허씨는 여전히 음식을 올리려 하지 않았다. 이에 오균중은 종사宗祀로 가서 오허씨의 패륜한 행실을 족중에 알리고, 아울러 오수도의 편지를 꺼내 여러사람에게 보여주었다.

---

79 『대청율례』〔保辜限期〕 조례6. 상처 부위의 치명 · 비치명, 상처 정도의 중 · 경에 따라 5일 내지 10일을 기한으로 하여, 기한을 넘어 사망한 경우 가해자는 사형을 면제받아 장1백 유3천리가 되었다.

80 『대청율례』〔毆期親尊長〕 율문의 협주, "구타하여 독질(篤疾)이나 골절 이하에 이르면, 모두 논죄하지 않는다(篤疾至折傷以下俱勿論)". 같은 조 조례4.

81 앞의 주60.

82 『대청율례』〔工樂戶及婦人犯罪〕 율문; 〔贖刑〕 조례15.

83 『형안회람』 권43, 26a〔無服族長活埋忤逆應死族婦〕. 설첩의 의미에 대해서는 주105 참조.

그후 집에 돌아와서는 분한 마음을 품고 목을 매 죽어버렸다. 사람들은 이 일을 알게 되자, 족내에서 항렬이 가장 높은 인물인 오덕인에게 가서 알렸다. 격분한 오덕인은 오허씨의 죄가 사형에 해당하지만, 만약 지보地保에게 신고하여 관에 보내 처단을 요청하면 왕복하는 데 시간이 걸리므로 오허씨를 생매장하여 죽이려는 뜻을 세웠다. 그래서 오현폭吳顯幅 등을 시켜 관을 두 개 사오도록 하여, 우선 오균중의 시신을 입관하고, 이어서 오허씨에게 스스로 관 안에 들어가도록 명했다. 오허씨는 울면서 떼를 썼다. 오덕인이 다른 사람의 손을 빌려서라도 집어넣겠다고 하며 재촉하자, 오허씨는 스스로 관 안에 기어들어갔다. 오덕인 등은 관뚜껑에 못을 박고, 짊어지고 조산祖山으로 가서 매장했다. 얼마 지나지 않아 풍문이 관헌의 귀에 들어가 검거되기에 이르렀다.

강소순무는 오덕인은 무복 존장이기 때문에 조례에 정한 요건에 해당하지 않아 본래대로라면 모살죄로 문책해야 하지만, 살해당한 오허씨의 죄는 사형에 해당하는 죄 가운데에서도 특히 더 무거운 죄임을 고려하여 헤아려 감경하면 어떠할지 형부에 문의하였다. 형부가 회답한 요지는 아래와 같다. 사형에 해당하는 죄인을 천살했는데 장1백으로 마무리하는 것은, 유복존장이 비유를 천살한 경우와 관사의 차역差役이 체포한 죄인을 천살한 경우에 한정된다. 오덕인은 그 어느 쪽도 아니다. 그러나 이를 단순히 모살의 죄로 물어 공분公忿에 격동한 족장의 목숨으로 살해당한 중죄인의 목숨에 보상하는 것은 확실히 균형을 잃는다(정상이 가벼운 데 비해 법이 무겁다未免情輕法重). "살피건대, 오덕인은 유복존장은 아닐지라도, 오허씨는 결국 사형에 해당하는 죄인이고, 또 그 남편은 편지에서 족에 신고하여 처치하라고 하였으며, 그 시아버지는 생전에 종사에 가서 알렸으므로, 범인 오덕인은 곧 체포의 책임이 있었다는 말이 된다. 정상을 참작한 판결로서, 죄인이 체포에 항거하지 않음에도 그를 천살한 율에 비춰 의죄하는 것이 타당할 것이다"라 하였다. 사건의 결말은 기록되어 있지 않으나, 형부의 견해에 따르면 오덕인은 장1백으로 끝나게 된다.

상술한 세 가지 사례 가운데 첫 번째와 세 번째는 비유가 범한 죄가 부모나 시부모를 자살로 몰아넣은 중죄라는 점, 이를 제재한 존장은 법의 규정대로 논하면 사형이 된다는 점에서 공통된다. 이러한 경우 법을 주관하는 관청으로서는 무엇인가 고려하지 않을 수 없는 상황에 직면하게 된다. 그 해결책을, 첫 번째 사례에서는 비부比附의 수법에서 찾았고.[84] 세 번째 사례에서는 죄인거포罪人拒捕 조의 천살擅殺 규정의 준용에서 찾았다. 이 세 번째 사례에서 취한 해석은 이윽고 도광12년의 통달通達에 따라, 체포하는 입장에 있는 일반인에게 천살 규정의 적용이 인정되는 데 이르면서(앞의 p.132), 의존할 수 있는 선례로 정착해 나간 것이 아닐까 상상된다. 그러나 그 이후의 시기에 관해서는 입수 가능한 자료가 대체로 부족하기 때문에 현 시점에서는 무엇도 확실히 할 수 없다.[84a]

---

84 비부(比附)에 대해서는 이 책 제1장 pp.94-95 주232, 233을 참조.

84a 이보다 뒤 시기의 형안 수록사료로서, 이 글 집필 후에『형안회람속편』전32권이 문해출판사(文海出版社)의 영인으로 손쉽게 이용할 수 있게 되었다. 여기서 앞서 든 조례 중 "본범의 최근친 복속은 살해할 의도가 없는데 소원한 친속이 살해하고자 하여 죽인 경우(本犯有至親服屬, 並未起意致死, 被疎遠親屬起意致死者)"는 특례의 적용 외로 한다는 조항에 해당하는지의 여부가 미묘한 문제가 되었다, 다음과 같은 안건이 보인다.
이식소(李植紹)라는 비행청년이 있어 정업(正業)에 힘쓰지 않고, 여러 차례 도둑질을 일삼아, 어떤 때는 족중 앞에서 개과천선하겠다는 서약서를 쓰게 한 적도 있지만, 여전히 도벽은 멈추지 않았다. 최근친 존장인 포백(胞伯)(사망한 부친의 형) 이상정(李相定)은 병약한 몸이었기에, 이 젊은이의 단속을 자신과 같은 세대이고 최연장자인 당형(사촌) 이상일(李相一)에게 의뢰했다. 이식소가 다른 성(姓)의 가택에 침입해서 의류를 훔쳐 그 피해를 고지받았을 때, 이상일은 이식소의 대공형(大功兄) 이식병(李植炳)에게 명하여 이식소를 조사(祖祠)로 데려 오게 하고, 이상정 및 이식소의 소공형 이식운(李植雲)을 불러 함께 조사해 물었다. 이식소는 범행을 인정하면서도 장물은 돌려주지 않겠다고 우겨댔다. 그를 관에 보내 다스리고자 하여 그 양손을 묶자 온갖 욕설을 멈추지 않았다. 고민 끝에 생매장할 뜻을 세워 이상정에게 상담하자 이상정도 이의가 없어 "이식소는 악행을 하여 조상을 욕되게 하고 훈계에도 복종하지 않았다. 이상일은 친방(親房)(이씨 종족 중에서 자신들과 근친의 집단)의 최연장자이며 이식소 쪽에서도 연장의 존속에 해당하므로, 그 판단대로 처치해야 한다"고 말하고, 병을 이유로 먼저 자리를 떠났다. 그 후 이상일은 이식병·이식운을 지휘하여 이식소를 산 채로 묻어 죽였다.

위에 든 두 사례에서는 비유가 범한 죄가 특히 무거운 것이 하나의 요소로 고려되고 있다. 그것이 더욱 무겁고 극악 비도하다고 할 만한 경우에는, 비유를 살해한 존장의 죄를 조례가 정한 것보다 한층 가볍게 취급해야 하지 않는가 하는 것이 문제가 된다.

그러한 사건으로 무모훈繆慕勳이 무신보繆愼保 등을 교사하여 죄를 범한 것이 능지에 해당하는 동족 조카 무운손繆雲孫을 늑살한 사건繆慕勳主令繆愼保等勒死罪犯凌遲之胞姪繆雲孫一案(절강성. 도광10년)이 있다.[85] 사소한 말다툼으로 자신의 어머니를 살해한 범인 무운손을, 그 숙부가 자신의 처와 범인의 시마비유에 해당하는 족인 두 사람의 도움을 받아 목 졸라 죽인 사건이다. 절강순무는 조례에서 말하는 "범한 죄가 사죄에 해당하는罪犯應死" 비유란, "보통의 사죄에 해당하는 악행을 했기에 죽여 마땅한 죄를 가리켜 말하는 것이다. 만약 범한 것이 인륜을 역행하는 지경에 이르렀다면, 단지 보통의 사죄死罪로써 논죄해서는 아니 되고," 본 사건 같은 것은 "죄에 정확히 맞는 조문正條이 없다" 할 만하다는 입장이었다. 그래서 숙부와 그의 처를 무죄로 하거나 불응위경률不應爲輕律(태40)로 죄를 물을지, 두 사람의 족인이 시마비유인 것을 불문에 부치고 불응위중률不應爲重律로 물을지, 혹은 조례에서 말하는 "지시에 따라 실행한 존장과 일반인聽從下手之尊長凡人"에 비추어 장90으로 하면 어떨지, 자청부시咨請部示, 즉 형부에 질의하였다. 논의를 세우는 방식이나 그에 대한 형부의 회답 모두 여러모로 다른 사례와의 균형론

해당 순무(호북 또는 호남)는 본건이 조례에서 정한 "본범의 최근친 복속은 살해할 의도가 없는데 소원한 친속이 살해하고자 하여 죽인 경우"에 해당하는지 여부의 판단이 어려워 형부에 질의하였다. ① 해당하지 않는다고 판단하여 조례가 정한 감경규정을 적용할 것인가, ② 제한조항에 해당한다고 판단하여 모살 · 고살로 처단하는 것으로 한 후, 정상을 참작하여 감경할 것인가 하는 두 가지 안이었다. 형부는 제2안을 택하여 이상일은 소공당질(小功堂姪)을 고살하면 '교(絞)'에 처하는 것에서 1등을 감하여 장1백 유3천리로 하고, 이식병 · 이식운은 이상일의 유죄(流罪)에서 다시 1등을 감하여 장1백 도3년으로 하였다(『형안회람속편』 권24, 65a-69a, 동치7년 설첩).

85 『형안회람』 권43, 24b〔模殺逆倫卑幼從犯〕.

등을 담아내어 자못 정교하고 치밀하다. 결론적으로 형부는, 부모를 살해한 능지처사의 죄라 하더라도 역시 사죄死罪에 해당하므로 원칙적으로 특별한 고려를 해야 할 것은 아니지만, 피살자가 비유인 까닭에 조례의 적용을 받지 않는 족인 두 사람의 경우, 자신의 처와 간통한 존장을 살해한 자에 대한 취급[86]에 비추어 유형으로 헤아려 감경하도록 상청함이 마땅하다고 회답하였다.

3.

지금까지 조금 장황하게 같은 유형의 재판기록의 개요를 나열하였다. 이를 통해 우선, 사회에서 실제로 일어나고 있던 사정에 대한 인식을 다소나마 더 분명히, 또 깊게 이해할 수 있었다.

살해라는 비일상적인 사건을 둘러싼 재판사례이기는 하나, 비극적 결말에 이르기까지 경위의 기록 속에서 종족의 일상적인 활동의 일단을 엿볼 수 있었다. 여러 사건이나 다툼이 '족에 신고된다投'. 말다툼한 족인이 조정을 바라며 족에 신고하고,[87] 며느리의 학대에 괴로워하는 노인도 구제를 바라고 족에 신고하며,[88] 자식의 비행 때문에 애를 먹는 모친이 엄히 꾸짖기 위해 자식을 사당祠堂으로 보낸다.[89] 절도의 범인이 족인이었다고 판명되면, 피해자는 그를 연행하여 제재를 요구하며 족에 신고했다.[90] 절도의 초범은 벌로 술과 음식을 대접하거나, 개과천선을 맹세하는 서약서를 바치는 것으

86 『대청율례』〔殺死姦夫〕조례17.
87 p.146, 전술한 곽상휘의 사건.
88 p.159, 전술한 오덕인의 사건.
89 p.158, 전술한 나소성의 사건.
90 p.143, 전술한 유대취의 사건.

로 정리되었다.[91] 족인이 족외자의 물건을 훔쳤을 때, 피해자는 붙잡은 범인을 그의 근친이나 족장에게 넘긴다.[92] 이때 먼저 족외의 피해자에게 배상하고, 그 후 족내에서 제재가 행해진다. 절도의 피해를 알게 된 자가 족에 신고하면 분담하여 장물과 범인을 수색하는 경우도 있다.[93] 이들 갖가지 사건의 처리가, 평소 족중의 중심인물로 여겨지는 자, 즉 족장族長—'항렬이 가장 높은輩分最高' 사람, '사당의 족장을 맡은' 사람—의 손에 맡겨졌다. 하지만 족장은 결코 단독으로 천단적擅斷的인 권력을 휘두르는 자는 아니다. 장로를 불러모아 일을 의논하고, 결정의 집행에는 족중의 젊은이를 동원한다. 이들 뭇사람의 동의 위에 비로소 일이 진행된다. 비행자의 살해와 같은 극단적인 수단에 호소하려 하면, 도망가버리는 자가 생긴다. 만약 모두 도망가버리면 족장이라 해도 아무것도 할 수 없는 것이 도리이다. 이상, 종보宗譜 등을 자료로 그려지는 것과 거의 동일한 이미지가 재판기록을 통해서도 떠오른다고 보아도 좋다. 다른 한편, 종족의 자치가 기능함에 있어, 항상 가능한 한 관헌의 개입이 기피되었다는 식으로 너무 고정적으로 생각해서는 안 된다는 것 또한 알 수 있다. 족인의 물건을 훔친 비행자를, 피해자가 그때마다 관에 신고한 사례도 발견된다.[94]

제재의 극단적인 수단으로 왕왕 일족의 손에 의해 비행자가 살해되었다는 사실 또한 확실히 의심할 여지가 없게 되었다.

그것은 많은 경우, 관에 보내어 처리토록 하는 것과 대비되어 선택된 수단이었다. 대상이 되는 것은 가장 많게는 절도의 누범과 부모, 시부모에 대한 반항·학대 행위이고, 다음으로 근친상간이나 간통이 대상이 되기 쉬웠

91 p.138, 전술한 장황의 사건; p.143, 전술한 유대취의 사건.

92 p.149, 전술한 소재지의 사건; p.159, 전술한 오덕인의 사건; 주67, 왕환문의 사건, 역소씨의 사건.

93 p.115, 전술한 금문리의 사건.

94 p.117, 전술한 서영요의 사건.

다고 볼 수 있다. 사건발생지는 사천 · 강소 · 복건의 세 성에 가장 많고, 운남 · 안휘 · 절강 등 여러 성이 뒤를 잇는다. 이 글의 각주에서 다룬 것 중에는 직예 · 산동 · 섬서의 사건도 1건씩 보이지만, 대체로 사건은, 그중에서도 전형적인 일족의 의논에 기초한 사형私刑 사건은, 화중華中 · 화남華南에서 발행하고 있다고 말할 수 있다. 살해의 방법은 생매장과 익살溺殺이 많다. 더욱이 그것이, 전형적인 사례에서는, 순간적인 흥분 상태에서가 아니라 상당히 냉정하게 집행되는 것이 인상적이다.

이러한 행위는 물론 국법상으로 범죄이며, 국가는 그에 대해 묵인하는 태도를 취하지는 않았다. 그것은 위에서 본 적지 않은 사례가 인민의 고소 · 고발을 받아서가 아니라, 탐지에 기초하여 관헌이 능동적으로 움직이기 시작함에 따라 드러나고 있는 것, 사건의 종결시에 중핵적인 범인 외에 사건의 은닉을 꾀하거나 알고도 고하지 않은 자에게 '사사로이 화해한私和', 혹은 '보고하지 않은不報' 죄를 물은 것으로도 알 수 있었다. 청조의 법제에서 일반적으로 형사재판은 고소 · 고발에 따라 개시되는 경우와 직권에 의한 체포에 따라 개시되는 경우가 있다. 전자를 '송안訟案', 후자를 '방안訪案'이라 한다. 전자에는 사인私人인 원고가 있으나, 후자에는 원고가 없다. 그리고, '마땅히 방안을 삼가야 한다', 즉 직권에 의한 체포를 통해 절차를 개시하는 것은 최대한 피하는 편이 무난하다고 보는 것이 지방관 되는 이의 마음가짐이었다.[95] 그러한 배경하에서, 위에 든 사례 가운데 '방안'이 적지 않다는 사실은 주목할 만하다. 그것은 관내에서 발생한 인명침해 사건을 뭉개버리거나, 탐지 · 검거에 허술함이 있었던 것이 훗날 다른 방면에서 발견된다면, 지방관이 징계를 받는 제도였기 때문이다.[96]

이렇게 해서 관에서 다뤄진 사건은 국법의 입장을 관철한다면 모살 · 고

95 이 책 제1장 p.84 주210.
96 『육부처분칙례』 권43.

살의 죄를 묻지 않으면 안 된다. 그러나 종족의 입장에서 보면, 그것은 정의의 실현을 의도한 행위이기에, 국가로서도 이를 통상의 살인과 일률적으로 취급하는 것은 타당하지 않다. 그러나 그렇다고 해서 사형私刑에 대한 단속이 지나치게 느슨하면, 국가로서는 생살의 대권을 사적 조직에 맡기는 것이 되어 또한 폐해를 낳는다. 이런 상반되는 요구 사이의 어디쯤에서 균형점을 찾아야 할 것인가 하는 문제를 둘러싸고, 입법에서도 왔다갔다하는 진폭振幅이 있었고, 개개 사건의 재판에서도 사안 각각의 개성에 따라 미묘한 논의가 반복되었다.

크게 보아 두 가지 입법을 주목할 수 있다. 첫째는 옹정5년의 조례로, 종족이 순수하게 정의감에 기초하여 행동한 것으로 인정될 때 살해의 죄를 1등 감하거나 장1백으로 종결하도록 규정한 것이다. 이것이 종족의 입장에 가장 동정을 표한 입법이었다. 하지만 이 조례는 겨우 13년간 시행되고 폐지되었다. 폐지 후 50여 년이 지나 건륭 말년에 다시 새로운 조례가 제정되었다. 해당 조례의 구성과 그것이 법전 가운데에 편입된 위치는 옹정조의 조례와 다르고 양자 사이에 직접적인 계보 관계는 없다. 하지만 실질적인 내용은 매우 비슷하여, 일단 폐지되었던 입법이 예기치 않게 부활하고 있다. 다만, 후자는 비행자의 '유복' 존장에 한하여, 특히 가경6년 개정 이후는 비행자의 '최근친' 존장이 살해의사를 일으킨 경우에 한하여 감경조치의 적용을 인정한다는 제한을 두고 있다. 이 점에서, 옹정 연간의 법에 비해 훨씬 소극적이다. 이 글의 서두에서 정의한 단어를 사용한다면, 그것은 '단체원리'에 기초한 종족의 활동을 지원하는 것을 피하고, 오로지 '신분원리'에 기초한 종족의 활동에 대해 동정을 표시하는 데 그친 입법이라고 말할 수 있다.[97]

97 촌락과 길드에 대해서는, 여기서 본 종족에 관한 것에 대응하는 입법이 발견되지 않는다. 이 둘은 신분원리라는 측면이 없기 때문에 종족보다 공감의 대상이 되기 어려웠다고 여

상술한 어느 조례나 구체적인 사건을 계기로 생긴 것이었다. 어떤 사건을 앞에 두고 종래의 법에 미비함을 느껴 새로운 입법이 이루어질 때는 새로 태어나는 신법의 내용이 얼마간은 급진적이고 세련되지 못한 것이 되기 쉬운 사정이 있었을 것이라고 상상된다. 이러한 의미에서, 어느 조례에 관해서나 제정 후 얼마 지나지 않아 발생한 사건에 대해, 해석을 거쳐 신법의 적용을 거부한 사례가 나타나고 있는 점이 주목된다.[98] 이는 지나치게 어느 한 방향으로 나아가는 것에 대해 이윽고 세심한 반성이 일어나게 되는 현상으로 볼 수 있을 것이다. 옹정연간의 조례는 곧 폐지되었으며, 건륭연간의 조례는 가경연간의 개정에 따라 한층 더 제한이 가해졌다. 여기서 옹정연간의 조례가 단순히 폐지된 결과는 역시나 또한 법의 불비로 감지되었고, 조금 지나서 건륭연간의 조례가 탄생하게 되었던 것이다. 새로운 조례에 대해서는 개정에 의해 제한이 가해진 반면, 유복존장에 한정한다는 제한은 경우에 따라서는 지나치게 좁은 것으로 느껴져, 실질적으로는 이를 회피하는 이론이 구성되기도 하였다.[99]

해당 문제를 직접 다룬 입법은 위에서 서술한 대로이지만, 죄인거포罪人拒捕 조의 준용이나 개별적인 정상참작의 주청에 따라 개개 사안별로 조정하는 조치가 취해진 사례도 적지 않다. 특히 비유가, 족장과 같은, 자기와 비행자 양쪽 모두로부터 존장에 해당하는 인물의, 저항하기 어려운 지휘에 따라 살해에 가담한 경우, 해당 비유는 '복제服制에 관계된 바'가 중대하다는 명분론 때문에 입법에 의한 감경조치로부터 항상 배제되어 있었다. 그리고 특별히 사정이 불쌍히 여길 만한 경우는 개별적 정상참작에 따라 해결된다.[100] 대개 정상참작은 본질적으로 개개 사안에 한하는 것이지만, 이 또한

겨진다.

98 장황의 사건, 나기중의 사건.

99 동대조의 사건, 오덕인의 사건.

100 동대조 사건의 동연상, 주67 왕환문 사건의 왕림보 등.

선례의 참조 · 원용이라는 형태로 가능한 한 객관적 표준에 의거하려는 노력이 기울여지고 있었다.[101] 입법의 보편타당한 문구를 둘러싸고는, 구체적 사안에 당면하여 개별적 조정에 관한 논의가 전개되고, 구체적 사안에 관한 정상참작은 머지 않아 선례가 되어 나름대로 일종의 법칙을 낳는다. 보편에서 개별로, 또 개별에서 보편으로라는 양면의 지향이 서로 얽혀 있었다고 할 수 있다. 그것은 바꿔 말하면, 다양한 사안 각각의 개성에 맞추어 타당한 해결을 끝까지 찾으려는 실질적인 정의 · 형평의 요구와, 같은 유형의 사안은 언제 어디서나 마찬가지로 재판될 것을 요구하는 법적 안정성의 요구가 서로 얽힌 것이었다. 법을 관장하는 자의 흉중에서 움직이는 자연적인 균형감각이, 직접적으로는 아니더라도 무엇인가 실정적인 법원(선례까지를 포함한 넓은 의미에서의 법원法源)에서 애써 단서를 찾아 표명된 것이다.

이 글에서 살펴본 입법, 판례의 추이를 어떠한 시대적 작용으로 볼 수 있는가 하면, 그럴 가망은 희박하다. 굳이 말하자면, 건륭말경까지의 청조 전반기에는, 옹정연간의 조례만을 예외로 하면, 대체로 국법의 입장이 비교적 엄격하게 고려되었고, 청조 후반기가 되면 종족의 입장에 대해 비교적 관대하게 동정이 표해진 것은 아닌가 하는 인상이 있다. 또한, 존장의 살해에 가공加功한 비유를 둘러싼 명분론은 초기에는 비교적 대략적으로 다루어진 데 반해, 시간이 지남에 따라 엄격, 치밀해져 간다고 하는 경향이 지적될 수 있을지도 모른다.[102] 그러나 어느 것도 확실하지는 않다. 하물며 입법이나 판례의 추이를 사회정세의 변화와 결부시켜서 설명하는 것은 이 글의 경우 거의 불가능하다. 그것은 흡사 무게추를 더하고 덜어 저울의 평형을 찾는 것과 같은, 미묘한 조정 과정에서의 진동으로 이해하는 수밖에 없는 성질의 것이다.

---

101 강희말년 금문리의 사건은 이후 자주 선례로 인용되는 저명한 예이다.

102 후자에 관해서는 p.142에서 다루고 있다.

중국사에서 법의 변동의 원동력을 지배자와 민중 사이의 힘의 대항관계에서 찾으려는 견해가 있다. "법은 궁극적으로 지배자에 의해 결정된다. 그러나 지배자는 어쩔 수 없이 법을 변경하게 된다. 즉, 지배의 수단을 바꾸어 나갈 수밖에 없다. 법에 의한 강압도, 법의 참작도 모두 힘의 대항 사이에서 발생한다. 힘의 대항, 모순대립이 법의 역사를 추진해 온 원동력이었다"라고 말한다.[103] 필자도 법제사에서 힘의 요소를 무시해서는 안 된다고 생각한다. 그러나, 단 하나의 관점으로 모든 것을 덮어 버리는, 실제와 유리된 고답적인 설명방식에는 찬동하지 않는다. 원리적인 발언에 앞서, 구체적으로 어떤 입법의 성립 · 개정 · 폐지의 과정—어떤 사건이 계기가 되어 어떤 논의가 오고갔는지—을 추적하는 실증적인 연구가 축적되지 않으면 안 된다. 힘의 대항에 따라 법이 움직였다고 실증되는 국면에 마주친다면—특히 지방의 입법에서 그러한 국면을 찾아낼 수 있을 것이라 필자는 예상한다— 거기서는 그렇게 설명하면 된다. 그러나 그렇지 않은 국면을 만나면, 거기서는 다른 설명을 해야 한다. 이 글에서 다룬 국면은 명백히 후자에 속한다. 힘의 대항이라는 계급투쟁적인 분석시각은 여기서는 도움이 될 것 같지도 않다. 그리고 잘 생각해보면, 중국법제사의 운동에서 오히려 대부분의 국면은, 이 글에서 본 것처럼, 관료제적 통치기구의 내부에서 조용히, 그러나 끈질기게 계속되는 조정작업의 결과였다고 필자는 생각하지 않을 수 없다.

원래, 각각에게 있어 합리적인, 그리고 상호 모순되는 여러 요청—이 글에서 다룬 국면에 관해 말하자면, 국법의 입장과 종족의 자치기능—이 있기에, 그 사이에서 균형점을 찾는 조정작업이 필요하게 되는 것이다. 그런데 모순되는 요청들이라는 것이 모두 힘의 대항이라는 거친 도식에 잘 들어맞는 것은 아니다. 반대로, 힘의 대항으로 법이 작동했다고 입증될 수 있는 국

103 仁井田陞, 『中國法制史研究(刑法)』, 東京大学出版會, 1959, p.38.

면을 상상해 보면, 그 또한 맹목적인 힘의 투쟁은 아니며, 자각이 있든 없든, 종래의 불균형을 시정하고 새로운 균형점으로 이행하는 움직임일 것임이 틀림없다. 그리고 이 균형이란, 바꿔 말하면, 정의와 다름이 없다. 예로부터 정의의 상징은 저울이었다. 중국의 법사法司가 일상적인 행위로서 '정情', 즉 죄책罪責과 '법法', 즉 형벌의 균형을 찾아 얼마나 고심을 했는가를[104] 이 글에서 주된 사료로 이용한 성안成案(판례)과 설첩說帖(형부 부내의 의견서) 등을 통해 똑똑히 읽어 낼 수 있다.[105] 이 또한 정의에의 지향이다. 즉, 정의에의 지향이라는 것이야말로, 법의 일상과 그 변동을 포함하여, 무릇 법이라고 하는 것 및 법의 역사의 근저에 존재하는 가장 근원적 · 보편적인 요인이었다고 말할 수 있다고 필자는 생각한다.

---

104 법 담당기관의 논의에서는 '정(情)이 가벼운데 법(法)이 무겁다'거나 '정이 무거운데 법이 가볍다'라는 표현이 자주 나타난다.

105 설첩(說帖)이란 일반적으로 형부 내부에서 상사에게 제출하는 의견서를 가리키는데, 여기서 말하는 것은 형부 율례관(律例館)의 설첩이다. 율례관이란, 원래 율례의 편찬을 위해 임시로 설치되는 작업팀인데, 5년에 한 번 조례를 찬수하는 제도가 확립됨에 따라 사실상 상설기관이 되었다. 이들은 평소에도 차기의 조례 찬수시에 검토대상이 될 재료로 수시로 발표되는 유지(諭旨)나 의준(議准)(신하의 입안을 황제가 재가한 것) 가운데 형량에 관계되는 기록을 정리해 두는 외에, 의문이 있거나 난해한 사안에 관해 당관(堂官)의 자문에 답하여 설첩을 제출하는 것을 직무로 삼게 되었다. 『광서회전』에 의하면, "통상 당관이 정하여 만인과 한인 각 4인의 제조(提調)를 둔다(常年由堂官設提調滿漢各四人)"라 했다. 즉, 형부 내의 다른 부서(청리사(淸吏司))처럼 낭중(郎中) · 원외랑(員外郞) 등의 정규 정원이 정해져 있는 것이 아니라, 형부 부내의 파견 인사로서 인재를 발탁하여 율례관의 사무를 담당하게 한 것이었다. 형부의 당관은 담당 사관(司官)으로부터 박회해야 한다는 의견이 있는 사안 및 사관의 의견에 의문을 느낀 사안을 모두 율례관에 회부하여 그 의견을 구했다(『광서회전』 권57〔律例館〕; 『沈奇簃先生遺書』 奇簃文存 권6〔刑案匯覽三編序〕 참조). 율례관의 설첩은 연대순으로 파일화되어 율례관에 보존되었는데, 필사되어 세상에 나온 것도 있으나 그 자체가 인쇄된 적은 없었다. 이 가운데 중요한 것을 발췌한 것이 『형안회람』에 수록되어 있었다(『형안회람』의 소재 중 절반 이상이 이러한 설첩이다). 설첩은 내부문서이므로, 성안(成案)과는 달리, 다른 사안에서 인용되는 일은 없다. 그러나 결론에 도달하기까지의 논리 과정을 자세히 기록했다는 점에서는 성안보다 더 가치가 있다고 생각된다. 『형안회람』이란 서적에 수록된 것 자체가 법실무에 임하는 자에게 참고할 가치가 있었음을 이야기해주고 있다. 이 글에서 가경연간 이후의 사안에 대해 종종 결말을 밝히지 않고 있는 것은, 해당사안은 『형안회람』에서 인용한 것으로 원래 설첩에 있었던 것이기 때문이다. 설첩 자체에는 당연히 결말이 적혀 있지 않다.

03

판결의 확정력 관념의 부재

특히 민사재판의 실태

서언

과거 중국에서 소송안건을 다루는 지방관이 어떠한 재정裁定*을 부여하는 의미로 기재한 문장을, 일단 '판어判語' 또는 '판독判牘'으로 총칭한다면, 그러한 문장은 상당히 많은 수가 전해져 존재하고 있다. 오직 판어만을 모은 서적이 있는가 하면, 일부를 판어의 집록集錄으로 채운 서적도 있다. 여러 사람의 판어를 모아 엮은 것도 있는가 하면, 개인의 것을 모은 것도 있다. 남송南宋 시대의 『명공서판청명집名公書判淸明集』이 가장 유명하며,[1] 확실히 내용적으로 가치가 높은 기록이다. 청대의 경우, 다수는 개인의 판어를 모은 것이고, 적어도 분량적으로는 월등히 많은 판어가 존재하고 있다. 그것들은 아직 충분히 연구되지 않았으며, 중국법제사에서 장래 개척될 것을 기대하고 있는 것으로, 여러 제약은 있을지라도 하나의 중요한 사료 분야를 이루고 있다.[2]

그런데, 이러한 판어류 자료를 어느 정도 많이 살펴보는 가운데 얻게 된 하나의 일반적 인상으로 깨닫게 되는 것이 있다. 과거 중국의 소송에서는

---

* [역주] 저자가 본장 서언 말미에서 밝히듯이 저자는 본장(및 그 이하의 장)에서 청대 관헌이 내리는 판결을 지칭할 때 저자가 생각하는 엄밀한 의미에서의 '재판', '판결'과 구별하기 위해 '사바키(裁き)' 또는 '재정'(裁定)이란 표현을 쓰고 있다. 원문에서 사바키(裁き) 또는 재정(裁定)이란 한 것을 모두 '재정'으로 옮겼음을 밝혀둔다.

1 二井田陞, 「清明集戶婚門の研究」, 『東方學報(東京)』 4, 1933(『中國法制史研究(法と道德 · 法と慣習)』, 東京大學出版會, 1964에 수록)에 소개된 이래 중요한 연구자료로 취급되어왔다. 판어의 원류를 논한다면 당연히 당대(唐代)의 '판(判)'에 맞닥뜨리게 되지만, 여기서는 그것을 다루지 않기로 한다.

2 二井田陞, 「大木文庫私記—特に官箴 · 公牘と民衆とのかかわり」, 『東京大學東洋文化研究所大木文庫分類目錄』, 1954, pp.149-168; 「清代の取引法等十則—秀山公牘 · 汝東判語 · 樊山批判その他のなかから」, 『中國法制史研究(土地法 · 取引法)』, 東京大學出版會, 1960, pp.462-473에서 어느 정도 소개되었으며, 滋賀秀三, 『中國家族法の原理』, 創文社, 1967의 여기저기에서 몇 가지 사례를 판지(判旨)의 실질을 해명하면서 이용하고 있는 등에 그친다. [후기] 최근, 나카무라 시게오(中村茂夫)의 논저(이 책 제4장 주32, 98)에서 판어가 활용되고 있다.

일단 재정이 내려지더라도 왕왕 다시 사안이 재론되어 쉽게 결착을 보는 데 이르지 않는 일이 자주 있었다는 것이다. 하나의 상투어로 '누단누번屢斷屢翻'(몇 번이나 재정이 있었으나 그때마다 불복의 소가 제기되었다)이라고 일컬어지는 현상이 그것이다. 그 결과, 십 년 이상 다툼이 계속되어 사건을 다루는 지방관은 타처로 전임轉任하여 몇 명이고 교체되면서 '안독영척案牘盈尺'(기록이 1척 두께가 된다)의 상황이 되기도 한다. 과거에는 판결이라는 것이, 문제를 종국적으로 잘라버리는 힘을 충분히는 갖고 있지 않았던 것처럼 생각된다.

이것은 서적에 수록된 판어가 아니라 지방관청의 당안檔案, 즉 보존기록의 현물을 조사할 기회를 가졌던 사람들이 다 같이 지적하는 바이다. 오늘날 타이완의 신주新竹에 소재했던, 옛날에는 담수청淡水廳, 나중에는 한때 대북부臺北府가 되었다가, 다시 조직개편과 명칭변경을 거쳐 신죽현新竹縣이 된 지방관청의 당안을 다년간 정리 · 연구한 다이 옌후이戴炎輝는 다음과 같이 말한다.

> 당유堂諭란, 재판을 열어 지방관이 선고하는 것도 가리킨다. 따라서 재판이라고 해도, 오늘날과 같이 판결이나 결정의 구별이 있었던 것이 아니다. 중간판결, 최종판결, 혹은 절차에 관한 판결, 실체법에 관한 판결 등, 그것들을 나란히 늘어놓고 당유라고 하고 있다. 또한, 민사사건의 경우뿐 아니라, 행정적인 여러 가지 절차에서도 역시 당유라고 했다. 이처럼 당유는 현재의 판결이란 말로써는 설명하기 어려운 것이다. …
>
> 끝으로, 현행법에서 이른바 판결의 실질적 또는 형식적 확정력의 문제가 남아 있다. 전술한 당유가 내려진 경우, 당사자로부터 보통 '준의결장遵依結狀'이란 것을 받는다. 판결을 준수하여 결장하는 것—문서로 적는 것이 '결結'—이며, 이를 보통 '구결具結'이라 한다. 즉, 그 판결에 복종한다는 의미이고, 당사자에게서 이를 받는 것이 보통이다. 준의결장을 받아두면, 그 판결을 뒤집으면 안 될 터이나, 실제로

는 이것을 받았으면서도 그후에도 쟁송을 계속하여 재차 소송을 되풀이하는 사례가 종종 발견된다. 따라서, 판결의 실질적 또는 형식적인 확정력이라는 것이 어느 정도까지 실현되었는지 의문이고, 어쩌면 애당초 처음부터 그런 것이 없었던 것이 아닌가 생각되기도 한다.[3]

또한 만주에서 다년간의 관행조사를 통해 각지의 소송관계 당안을 실제로 살필 기회를 가졌던 아마가이 겐자부로天海謙三郎는 아래와 같이 말했다.

그러한 것에 관련되어 있는 일련의 서류를 읽어 보면, 전에 내려진 판결이 전혀 집행되지 않고 있습니다. 그것을 상급심 또는 다른 아문에 가져가 재심을 청하면, 예의 '말을 날조하여 소송을 일으킨다捏詞聳訟'는 문구를 써 각하하거나 하는 경우도 상당수 있습니다. 그것은 당사자가 관헌의 판단에 굴하지 않고 여전히 자신의 정당함을 주장하는 경우, 판결에 절대적인 강제력이 수반하지 않는 예가 상당히 있었음을 보여주는 것이 아닐까 생각합니다.[4]

말의 뜻이 명료하지 않은 대목도 있지만, 그 역시 같은 실체를 보고 있다고 생각된다.

필자는 당안을 실제로 살필 기회를 아직 얻지 못했다.[5] 서적으로 만들어

---

3 戴炎輝, 「清代臺灣における訴訟手續について—淡新檔案を資料として」, 『國家學會雜誌』 81-3, 1968, pp.129-131. 해당 학술지에 해제기사는 없으나, 이것은 1967년 10월 도쿄대학 법학부 기초법학연구회에서 행해진 강연을 토대로, 녹음본을 문자화한 후 강연자의 교열을 거쳐 게재한 것이다.

4 天海謙三郎, 「中國舊慣の調査について—天海謙三郎氏をめぐる座談會」, 『東洋文化』 25, 1958, p.120.

5 臨時臺灣舊慣調査會, 『臺灣私法附錄參考書』 3상, 1910의 후반 곳곳에 당시 조사에 이용한 항춘현(恒春縣)의 당안이 흑백 2색 인쇄로 가능한 한 원형을 방불케 하는 방법으로 활자화되어 수록되어 있다. 이는 귀중한 자료이지만, 역시 발췌한 것으로서, 하나의 기록을 처음부터 끝까지 수록했다고 보이는 것이 한 건도 발견되지 않는 점은 유감이다. [후기]

진 판어란 것은, 소장訴狀이나 소환영장의 사본, 진술조서 등을 모두 이어 모아 한 세트의 서류로 보존한 당안 가운데에서 관의 판단을 제시한 문언 부분만을 초록抄錄해 모아 서적으로 간행한 것이다. 판단의 전제가 되는 당사자의 주장 등을 보여주는 다른 문서로부터 분리되어 버렸기 때문에, 어쩔 수 없이 구두 위로 발등 긁는 격의 느낌을 지울 수 없는 사료이다. 그렇다고는 하나, 한편으로는, 시대적으로도 지역적으로도 한 곳에 치우치지 않고, 더구나 합쳐보면 상당한 분량에 이르는 사료가 현존하고 있다는 이점이 있다. 그뿐만 아니라, 관청의 등급면에서, 주현뿐 아니라, 부府 · 도道 등에서 내린 판단의 문언을 수록한 서적도 적지 않다. 이들 판독 및 기타 일반서적 가운데 보이는 사료를 통하여 동일한 문제를 고찰하여 보는 것도, 우리의 시야를 넓히고 인식을 확실히 하는 데 결코 무의미한 일이 아니라고 생각한다.

필자 자신은 일찍이 청대의 형사재판을 논하면서 "판결의 확정력이라는 관념이 충분하게는 성립되어 있지 않았다고 말할 수 있을 것이다"라고 지적한 바 있다.[6] 당시의 시야는 형사에 한정되었으며, 입증도 충분하지 않고, 의견도 조심스럽게 밝히는 데 그쳤다. 형사뿐만 아니라 민사도 포함하여, 또한, 오늘날 우리가 생각하는 것과 같은 판결의 확정이라는 관념이 과거 중국의 판결에는 '충분하게는 성립되어 있지 않았다'는 것이 아니라, '원리적原理的으로 존재하지 않았다'는 명제를 세우려는 것이 본 장의 목적이다.

그러나 본 장의 주제인 '확정'의 문제에 들어가기 전에, 우선 '판결'이라는 말을 문제로 놓아야 한다. 우리에게 판결이란 결정이나 명령과 함께 재

1979년 4월, 타이베이에 1주일 동안 출장한 때에 다이 옌후이 씨의 호의로 연일 담신당안(淡新檔案)을 손에 쥐고 탐독할 기회를 가졌다. 그 후 동경대학 법학부연구실에 당안 전체의 마이크로필름을 요청하여 입수했다. 그리하여 알게 된 것에 의해 본 논문에서 논한 바가 뒷받침되는 점은 많지만 고쳐야 할 점은 거의 없다고 생각된다. 당안에 천착한 연구는 장래를 기약하고, 원래의 원고에는 거의 수정을 가하지 않은 채 이 책에 수록하였다.

6 이 책 제1장 pp.67, 90, 100에서도 재차 말하고 있다.

판 형식의 일종이며, 가장 신중하고 엄격한 형식이라는 점에 있어 다른 두 가지와 구별된다. 청대의 소송제도에서 이것에 정확하게 대응하는 재판의 형식상의 구별이 존재하지 않았음은 앞서 본 다이 옌후이 씨의 말이 시사하고 있는 대로이다. 따라서 청대의 현상을 논할 때 판결이라는 말을 어떠한 형식적으로 특정된 의미로 사용할 수는 없다. 그러므로 우선, 청대의 제도에서 '재裁(さばき)'라는 것이 말하는 것—청대의 용어로는 '단斷'. 이하 재정裁定이라 부르기로 한다—이 어떠한 형식으로 부여된 것인가 하는 점에 관해 실태에 입각하여 정리된 전체상을 그려 볼 필요가 있다.

제1절 재판의 표현형식—비批 · 유諭 · 준결遵結

1.

주지하다시피 청대의 제도에서 도형 이상의 형에 관련되는 사안은 자동적으로 몇 개의 심급을 거듭하는 구조로 되어 있다. 이들 사안에 관해서 주현은 심리는 행하지만 결정권은 없고, 인정된 사실과 그에 대한 법의 적용의 원안原案을 기술하여 상급청에 송부한다. 이러한 사무처리 또는 그 문안은 '의를 정하다定擬' 혹은 '죄를 의하다擬罪'는 등, 의擬라는 문자로 표현된다. 말하자면 판결의 원안이다. 송부를 받은 상급청은 심리를 반복하여 다른 의견이 없으면, 다시 이를 상급청으로 보낸다. 이렇게 하여 결정권을 가지는 단계—그것은 사안의 중요성에 따라 정해진다—에 도달하여 그 재가를 얻은 때에, 판결 원안은 판결로 변화한다. 만약 하급기구의 의죄擬罪에 의문점이 있으면, 상급기구와 하급기구 사이에서 여러 가지 의견 교환이 이루어진다.[7] 이 관계의 문안, 특히 판례통일의 기능을 지닌 중앙의 형부 단계의 문안을 수록한 책이 다수 존재하며, 그것들은 서지학상 '형안刑案'이라는 명칭 아래 분류된다. 형안류는 실질적으로는 형사판례집이라 부를 만한 것이지만, 그 형식을 논하면, 상급 · 하급관청 간을 왕복한 문서, 또는 형부설첩刑部說帖[8]과 같이 한 관청의 부내 문서를 집성한 것으로, 당사자를 수신인으로 선고하는 형식의 문장은 아니다. 당사자에 대한 형의 선고가 어떻게 행해졌는지는 사실 명확하지 않다. 명확하지 않다는 것은 그에 관한 뚜렷한 사료가 보이지 않는다는 것이다. 바꿔 말하면, 판결의 선고라는 공식적인 절차가 특별히 요구되고 있지 않았던 까닭이라고 생각된다.[9]

태장笞杖 · 가호枷號 및 법에 규정은 없으나 사실상 관용적으로 사용된 모종의 체벌—예를 들면 '장책掌責'[10]— 등의 가벼운 형벌 및 민사관계의 처리는 주현의 판단에 맡겨져 있었다. 이를 '주현자리州縣自理'의 사안이라 칭한다. 이들 사안을 둘러싸고 만들어지는 문안을 수록한 서적이 '판독判牘'이란 이름 아래 분류된다. '판判'이라는 말은, 후술할 것처럼, 비批의 상대어로

---

7 상세하게는 이 책 제1장 pp.36-51을 참조하라.

8 이 책 제2장 p.170 주105; 中村茂夫, 『淸代刑法硏究』, 東京大學出版會, 1973, p.12를 참조하라.

9 당률(唐律)의 단옥(斷獄) 제22조에는 "무릇 형안의 심사가 종결되면, 도형 이상은 각각 죄수와 그 가속을 불러 상세히 죄명을 고지하고, 죄수로부터 승복이나 변론의 말을 취한다. 만약 불복하면 그가 자리(自理)함을 허락하고, 거듭 자세히 심리한다. 위반한 자는 태50이며, 사죄의 경우 장1백이다(諸獄結竟, 徒以上, 各呼囚及其家屬, 具告罪名, 仍取囚服辯. 若不服者, 聽其自理, 更爲審詳. 違者, 笞五十. 死罪, 杖一百)"라는 규정이 있다. 이 규정은 청률에서도 약간 문구를 고쳐서 답습되고 있지만(『대청율례』〔獄囚取服辯〕율문), 청대에 이 규정이 살아 움직이고 있던 흔적은 없다. 조례, 판례 및 그 외에 이 규정의 적용을 둘러싼 문헌이 전혀 없기 때문이다. 자동적으로 상급청으로 보내 복심하는 제도가 발달한 청대에는 쓸모없는 규정이 되었을 것이다. 이와 관련하여 청대에 작동하고 있었던 것은 『대청율례』〔吏典代寫招草〕조례1, "각관원이 옥사를 심리할 때는 방(房)의 서리를 불러 진술에 따라 녹사(錄寫)하고, 지방관 앞에서 두 당사자에게 읽어주도록 하여 함께 듣게 한다. 과연 진술한 것과 다름이 없으면, 비로소 해당 죄인으로 하여금 진술서에 서명하게 한다"(옹정7년 정례(定例))라는 규정이었다. 죄명, 즉 형벌보다 진술, 즉 범죄사실에 관해 이의가 없는지 확인하는 것에 중점이 옮겨져 있다.

10 실제로 행해진 체벌 가운데 '장(掌)'에 관련되는 것으로, 뺨을 손바닥으로 때리는 체벌과, 손등을 대나무 주걱으로 때리는 체벌이 있다. 장책(掌責)이라는 말이 어느 것을 의미하는가는 추후의 고찰을 기다려야 할 것이나, 아마도 전자일 것이다.

서 좁은 의미로 사용되는 경우가 있지만, '판독'이란 말은 이처럼 넓은 의미로 해석해 두어도 괜찮다고 필자는 생각한다. 형안과 판독은 문체에 현저한 차이가 있다. 한마디로 말하면, 전자는 법기술적 색채가 농후한 것에 비해, 후자는 대체로 상식적이다. 전자에서는 실정법의 해석과 적용을 둘러싼 까다롭고도 자세한 논의가 전개되는 데 반해, 후자에서는 일상적인 평형감각이 주도한다. 청대의 제도에서 우리가 생각하는 의미에서의 민사소송과 형사소송의 구별을 세울 수는 없다 하여도, 당시 제도의 문맥에 따라 논한다면, 도형 이상의 형을 과하는 절차라는 것이 바로 형사절차, 곧 법률절차로서, 주현자리의 절차와는 확연히 구별되고 있었다고 볼 수 있다.

주현자리의 안건도 당사자의 상소에 따라 상급청과 관계를 맺게 된다. 그리고 이 관계에서도 상하급 관청 간을 오가는 문서가 만들어진다. 널리 판독이라고 불리는 것 가운데는 그러한 성질의 문서도 포함되어 있다. 상소를 받은 상급청이 스스로는 법정을 열지 않고 하급청으로부터 송부받은 사건서류를 심사하여 판단을 내리는 경우, 원심인 하급청에 지시하는 형태로 재정을 표현하는 경우가 있다.[11] 다른 한편, 상급청이 상소를 일단 수리한 후, 원심 또는 기타의 관내 하급청에 내려보내 심리를 명한 경우, 이 하급청은 심리의 결론을 상급청에 보고하는 형식으로 기술하고 채택 여부를 상급청의 판단에 맡긴다. 여기에는 형사에서의 '정의定擬'와 닮은 성질의 문안이 생겨난다.[12] 재판사례의 내용을 연구하는 재료로는 이들 모두가 유용하지

11 徐士林, 『徐雨峰中丞勘語』에서 산견되는 "해당 현에서 보내온 … 사안의 묶음이 부(府)에 도착한 것을 받아보았다(據該縣申送 … 一案, 卷宗到府)"라고 쓰기 시작하여 판단의 과정이나 이유를 상세히 논한 후, "이를 위해 패(牌)를 내린다. 해당 현의 관리는 … 패에 쓰인 사리에 따라 …(爲此牌. 抑該縣官吏, … 照牌事理, …)" 등으로 시작하는 문구로, 붓을 고쳐잡고 재정(裁定)의 주문(主文)을 서술하여 끝맺는 식의 문장 따위가 그것이다(권2, 13b 이하; 권4, 4b 이하 등).

12 예를 들면 盧見曾, 『雅江新政』의 간어(看語) 부분에 나타나는 문장을 들 수 있다. "살펴보니(看得)"로 시작되어 "헌대께 지시를 받아 처리함에 그 뜻에 마땅하게 행하였는지 제가 감히 독단하기 어려우니(緣奉憲批事理, 是否允協, 卑職未敢擅便)" 운운으로 끝맺고

만, 지금 여기서는 형식적 측면의 고찰에 집중하여 내용적 요소는 고려하지 않기로 한다.

이상과 같이 정리하고 나서 소송당사자를 향해 관이 판단을 선고하는 형식의 문장으로 떠오르는 것에 '비批'와 '유諭'의 두 가지가 있다. 한마디로 말하면, 비批란, 당사자가 제출한 서면에 대하여 마찬가지로 서면으로 회답하는 말이며, 유諭란, 구두변론을 펼친 후 그 결론으로 주는 말이다. 형식적으로는 유諭인 것을, 내용적으로 보아, 이를 다시 '판判'이라 칭하기도 한다. 이것이 판判이라는 글자의 좁은 의미의 용어법이며, 이러한 의미에서는 '비批'와 '판判'이 쌍을 이룬다.[13] 참고로, '단斷'이라는 문자는, 비批이건 유諭이건 형식의 여하를 묻지 않고, 요컨대 재정이라는 실질에 착목하여 쓰는 말이다.[14]

당사자가 제출하는 문장은 일반적으로 '사詞', '장狀' 등으로 불린다. 그 형식면에서 일반 인민이 제출하는 '정呈'과 신사紳士가 제출하는 '품稟'의 구별이 있으나, 정呈과 품稟에 법적인 효력 · 기능상의 질적인 차이가 있지는 않다.[15] 이하에서는 일반적으로 소장訴狀이라고 칭하기로 한다. 다만, 여기에 소장으로 칭하는 것의 양식과 오늘날 우리의 그것 간에는 중대한 차이

있다. 黃六鴻, 『福惠全書』도 이 종류의 문장을 '간어'라고 칭하여, 결정권이 있는 자의 판단의 말인 '심어(審語)'와 구별한다(권12〔看審贅說〕).

13 樊增祥, 『樊山批判』은 서명 자체가 비(批)와 판(判)이라는 뜻이며, 전14권에 비를 수록하고, 별권으로 판을 부록하였다. 다만, 비도 포함하여 판이라 하는 경우도 있다. 董沛, 『吳平贅言』 권1-3; 『汝東判語』 권1-5; 『晦闇齋筆語』 권1에서 "아무개 등이 소송한 것에 대한 판(某人等呈詞判)"이라는 제목을 붙인 문장의 실체는 비(批)이며, "아무개 등이 소송한 안건의 판(某人等控案判)" 또는 "아무개 등을 심문한 판(提訊某人等判)"이라는 제목의 문장이 좁은 의미의 판(判)이다.

14 汪輝祖, 『續佐治藥言』〔勘案宜速結〕에, "비단(批斷)이든 신단(訊斷)이든 마땅히 그 마음을 설복시킬 수 있어야 한다(或批斷或訊斷, 自能折服其心)"라 쓰고 있다. 비(批)로써 재정하는 것이 비단(批斷), 신문(訊問)하여 재정하는 것이 신단(訊斷)이다.

15 戴炎輝, 「清代臺灣における訴訟手續について—淡新檔案を資料として」, p.123. 판독에도 빈번히 나타난다.

가 있고, 그것이 나아가서는 소송의 구조 전체의 차이도 이루고 있다는 점을 미리 말해두고 싶다. 즉, 오늘날 우리에게 소訴의 핵심을 이루는 중요한 기재사항으로서, 말하자면 소장의 주문主文을 구성하는 부분인 '청구의 취지'라는 것이[16] 청대의 소장에서는 특별히 강조되어 기재되는 일이 없었다. 그것에 해당하는 말은 보통 소장의 끝맺음 부분에 나타나지만, 그 부분은 '부디 분부를 바랍니다'라는 문투로 자못 특정성이 결여된 표현을 취하는 일이 자주 있었다. 아래에 대만 항춘현恒春縣의 당안에서 채록된 소장의 일례를 들어보겠다.[17]

(아래 사료 가운데 본문 부분의 번역) 소장 제출인 진노재陳老在는 장물이 발견되었고 증언이 명확함에도 증인이 뇌물을 받고 말을 뒤집었으므로 그를 소환, 신문하여 처벌해 주시기를 바랍니다. 황송하오나, 저 진노재는 이번달 초순에 도둑에게 암컷 물소 한 마리를 도둑맞았습니다. 저는 즉시 사방팔방을 찾아다녔습니다만 종적이 없었습니다. 15일이 되어 같은 마을의 동산저董山猪가 와서, 소가 이표李標의 집에 있다고 알려주었습니다. 저는 즉각 그곳으로 가서 소귀의 소유자 기호를 확인하였는데 과연 도둑맞은 소였습니다. 이표가 그 소는 자신의 소라고 주장하여 서로 언쟁을 했습니다. 그러나 이 소에 관해서는 진차陳車, 즉 진지陳枝가 증인이 될 수 있습니다. 이 소는 이전에 진차의 밭에서 작물을 훔쳐 먹었기 때문에, 그가 집으로 끌고 가서 며칠간 붙잡아 둔 후 제가 변상을 마치고 소를 데리고 돌아왔던 사정이 있기 때문입니다. 저는 진차를 찾아가 이표의 집까지 오게 하여, 소귀의 기호가 이전에 끌고 갔던 소의 것임을 확인시켰습니다. 세 명이 대질을 하니, 이표는 말이 막혀버렸습니다. 그런데 뜻밖에도 시간이 지남에 따라 상황이 이상해졌습니다. 나중에 진차가 이 소는 이전에 데려갔던 소가 아니라고 말했던 것입니다.

---

16 三ヶ月章, 『民事訴訟法』, 有斐閣, 1959, p.70.
17 『臺灣私法附錄參考書』 3상, p.282.

이것은 분명히 뇌물을 받고 일관되지 않게 말한 것에 틀림없습니다. 이리하여 저는 이표와 계속해서 언쟁하게 되었습니다. 여기에서 시비를 확실히 해두지 않으면, 장래에 일이 생길 걱정도 있습니다. 어쩔 수 없이 지현知縣 나리 앞에 머리를 조아리니, 소를 수리하시어 이표 · 진차를 소환하여 출두시켜 조사하실 것을 바랍니다. 곡직은 즉시 판명될 것입니다. 간절히 바랍니다.

具狀人陳老在, 年四拾八歲, 住 里楓港壓

具呈人陳老在, 爲贓獲證確, 賄賂反證, 乞恩提訊究辯事. 竊在于本月初旬, 被盜偷去水牛牯一隻. 在登叩四處跟尋並無跡. 至于十五日, 有本莊董山猪到來, 報知在於李標家中. 在卽到去認牛耳號, 果係被盜偷牽之物. 李標所說係伊自己之牛, 互相辯論. 然此牛有陳車叩陳枝可證. 前因偷食陳車田禾苗, 被伊牽回家中, 留住數日, 在賠還淸楚, 將牛牽回. 在邀陳車到李標家中, 認得牛耳號, 係從前牽回之牛. 三面對質, 李標無言可答. 不料事久多變. 隨後陳車又說, 此牛非從前所牽之牛. 顯係受人賄賂, 始終異詞. 致使在與李標嘵嘵置辯. 不分是非, 將來恐生端. 不得已, 叩乞

大老爺台前, 恩准提李標 · 陳車到案訊究. 曲直立分. 沾感切叩.

光緖八年八月拾九　　　　　　　　　日叩

위와 같이 소장은 자신이 어떤 굴억屈抑을 받고 있는가를 진술하는 것에 주안이 두어지며, 결론은 요컨대 조사해주기를 바란다고 하는 청원에 그친다. 그렇다고는 하나, 모든 소장이 이와 같다고는 할 수 없다. 예를 들면, "어쩔 수 없어 나리께 간절히 바라오니, 소장을 수리하여 소환을 명하시고, 원금과 이자를 받아내주십시오. 바라건대 생계와 자본을 잃는 일이 없도록 은혜를 청합니다不得不懇乞青天大老爺, 恩准飭差, 追還母利. 庶免虧生血本無歸, 沾恩上叩"라거나,[18] "빌린 돈의 원금과 이자를 징수해 주었으면 한다"라는 등,

---

18 『臺灣私法附錄參考書』 3상, p.170.

특정된 탄원 취지를 적은 것도 적지 않다. 하지만 이것조차도, '금 ○○만원을 지급하라는 판결을 구한다'라는 형태로 청구취지를 주문으로 간결·명료하게 기재하는 오늘날의 방식과는 현격한 차가 있다. 청대의 소장 간에는 정도의 차이가 존재하고, 그것들과 오늘날 우리의 방식 사이에는 질적인 차이가 있다고 해야 한다. 즉, 거기에서는 굴억屈抑의 사정을 진술하는 것—이것 없이는 관은 움직이지 않는다—이 당사자의 역할이며, 그에 대하여 어떠한 조치로 만족시키면 좋을 것인지 판단하는 것은 본질적으로 관에 맡겨져 있었다.[19] 다만, 사정에 따라서는 구제조치로 생각할 수 있는 것이 저절로 한정된다. 그러한 경우, 당사자 쪽에서 관이 판단할 것을 미리 읽어내거나, 혹은 관의 판단을 촉발하는 의미에서 구제조치를 어느 정도 구체적으로 표현하여 청원하는 경우가 있었다고 이해해도 좋지 않을까 생각된다. 어쨌든, "나리 앞에 간청하오니叩乞大老爺台前" 운운하는 대목이 어떻게 쓰여 있는가 하는 약간의 표현 차이가 해당 소송의 성격 규정(주제의 특정)과 직결되는 중요한 의미를 가졌던 것은 아니다. 심판의 대상, 즉 소송물訴訟物이라는, 우리의 소송법에서 극히 기본적인 개념이 청대의 제도에는 통용되지 않는다.[20]

---

19 경우에 따라서는, 상대방을 적절히 징치하는 것도 만족의 한 요소로 계산된다. 민사·형사의 엄격한 구별은 없다.

20 소(訴)의 성격을 짧게 표현하려 할 때, 우리는 일상 대화에서도 '소유권의 확인', '가옥의 명도(明渡)', '손해배상' 등의 소를 제기하였다 하여 청구의 취지를 거론해 말할 것이다. 반면, 청대에는 "그래서 '판결에 위배하여 종종 (나무를) 베었다'는 이유로 소를 제기했다(即以悖諭迭砍等情具控)"거나(『槐卿政蹟』 권3, 17a), "수상한 승려가 간통하고 유괴했다(妖僧奸拐)" 하여 제소하거나(『徐雨峰中丞勘語』 권2, 40b), "나무를 훔치고 은량을 속였다(竊樹昧銀)"고 제소하는(『判語錄存』 권4, 2a) 등, 상대의 횡포든 자기의 고충이든 사실을 들어 표현하는 것이 보통이다. 1942년의 화북 지방의 농촌관행조사에서도 아들의 실종 때문에 아내의 친정으로부터 이혼을 요구받은 노인이 있었다. 그가 말하기를, "내가 거절했더니, 처가는 현으로 가서 '저속하고 모질어 버티기 어렵고 오래도록 돌아오지 않으니, 평생 의지할 수 없다(卑虐難渡, 未久不歸, 終身無靠)'며 이혼한다고 제소했다"(『中國農村慣行調査』 5, 岩波書店, 1957, p.40 상단) 하는데, 이는 전통적인 상투어가 나타난 것이다. 여기서 오늘날 우리와의 사이에 기본적인 사고방식의 차이가 보인다고

위와 관련하여 청대의 제도에서 소장이라 칭하는 것은, 일의 진전에 따라 당사자 쌍방이 연달아 몇 통이든 제출할 수 있는 것이었다.[21] 복잡한 사건에서는 구두변론도 몇 차례 열린다. 그것을 전후하여 소장의 제출이 계속 이어진다. 양자가 서로 주고받아 직조하며 하나의 사안을 형성해가는 것이었다. 그 사이에 사안 자체도 복잡화한다. 처음부터 존재하고 있었으나 초기에는 주장되지 않았던 모종의 사정(진실이든 만들어 낸 것이든)이 새롭게 제시되어 올 뿐 아니라, 사건 그 자체가 발전한다. 예를 들면, 차용금의 변제를 요구하여 시작된 소송이, 그 진행 중에 실력행사, 폭력사태, 자살 등을 파생하면—게다가 거기에는 자주 과장이나 허구의 주장이 이루어진다— 그 후발의 사정 일체를 포함하여 하나의 재정이 내려지게 된다. 출발점에서의 청구취지가 충분히 특정되지 않기 때문에, 관련 사항의 범위를 하나의 선으로 구획할 수 없는 것이다.

소장은 원칙적으로, 매달 3일이나 8일 등, 주현마다 정해진 정례일에 접수되었다. 접수된 소장이 모두 수리된 것은 아니다. 소장을 접수한 지방 장관이 제일 먼저 해야 하는 일은, 그 형식 및 내용을 심사하여 '준准'인지 '부준不准'('박駁')인지, 즉 수리하여 법정을 열 것인지 수리하지 않을 것인지 처치를 결정하여, 비批로써 그 뜻을 선고해 보이는 것이었다.

비批는 소장의 말미에 적어주는 것이었다. 소장용지(장식지狀式紙)는 바둑판 모양의 글자 기입란, 고정문구와 주의사항 등을 인쇄한 후 관의 허가를 받은 상인을 통해 발매되는 것이었는데, 여기에는 비를 위한 여백이 마련되

생각된다.

21 孫鼎烈, 『四西齋決事』 권2, 12ab, "살펴보니, 이 안건의 원래 판결에는, 양 당사자가 각각 경계를 침범해 점한 것이 있다. 따라서 동수옥(董秀鈺) 또한 옳지 않음이 있다. 이에 작년 2월 소송을 제기한 후 올해 11월 4일 판결에 이르기까지 동수옥이 구정(具呈)(소장을 제출)한 것이 21장의 분량에 이른다. 본 지현이 부임하여 방고(放告)(소장을 접수)하니 처음에는 10일이 걸렸고, 다시 소장을 제출한 것이 두 차례였으니, 건송(健訟)의 정황을 알 만하다"고 한 예도 있다.

어 있었다. 문서의 말미에 이를 처리한 담당관이 판단의 말을 써넣은 것은 고래의 전통이다.[22] 청대에는 소장 말미에 적힌 비의 원문을 다시 사본으로 작성하여 이를 현청縣廳의 게시판에 내거는 관행이 있었다.[23] 따라서 소장 제출자뿐만 아니라 상대방도, 또한 대중도 동시에 이것을 보았을 것이다. 이로 인해 크든 작든 분쟁 진정의 효과, 경우에 따라서는 불복이 있으면 법정을 여는 것을 전제로 한 약식재판이라고도 할만한 효과, 그리고 나아가 지방주민 일반에 대한 교육적 효과도 가질 수 있었다. 자세하게 곡절을 짚은 명문화한 비가 나오면, 사람들은 앞다투어 이를 옮겨적었다고 한다. 지방관은 비의 문언을 막우幕友에게 기초하게 하는 경우가 많았다. 과거 막우 경험자의 추억담에 따르면, 비 중에서도 특히 비박批駁, 즉 '부준不准'의 비는 '일종의 간이판결'이라고도 할만한 성질을 띠고 있는 까닭에 중대한 영향을 미칠 수 있어 막우가 가장 고심하였다고 한다.[24] 건륭연간 막우(나중에는 지현)로 이름이 높던 왕휘조汪輝祖에게도, 동료의 제지를 뿌리치고 망설이는 주인主人을 자신의 직을 걸고 설득하여 과단성 있는 내용의 비를 발표함으로써, 18년에 걸친 어느 부유한 가문의 후계를 둘러싼 분쟁을 종식으로 이끌었다는 회고 기록이 있다.[25]

---

22 內藤乾吉, 『中國法制史考證』, 有斐閣, 1963, p.223 이하 참조. 돈황문서(敦煌文書) 중 과부 아룡(阿龍)의 소송(Peliot 3257)에서도 그 생생한 실례를 볼 수 있다. [후기] 위의 페리오 문서에 대해, 池田温, 「開運二年十二月河西節度都押衙王文通牒―十世紀敦煌の土地争いの一例」, 『鈴木俊先生古稀記念東洋史論叢』, 山川出版社, 1975에서 빈틈없는 해석 · 번역 · 해설을 했다.

23 『臺灣私法附錄參考書』 3하, p.464; T'ung-tsu Ch'ü, *Local Government in China under the Ch'ing*, Harvard University Press, 1962, p.118.

24 張偉仁, 「清季地方司法—陳天錫先生訪問記」, 『食貨』復刊 1-6, 1971, pp.39-40. 고심하여 쓴 비(批)에 의해 어려운 사건이 수습되고 평판을 얻어, 그 문장을 "옮겨베낀 것이 매우 널리 퍼졌다"는 등 흥미로운 체험담이 보인다. 번증상(樊增祥)도 『樊山批判』의 자서(自序)에서 그의 비를 "민간에서 빈번하게 옮겨베꼈다"고 적고 있다.

25 汪輝祖, 『病榻夢痕錄』 권상, 건륭25년. T'ung-tsu Ch'ü, *op. cit.*, pp.98-99. 이 책 제5장, pp.368-371에서 상세히 설명.

이하 극히 평범한 비의 실례를 몇 가지 소개한다. 앞서 본 항춘현의 소장에는 본문 말미와 날짜 사이의 여백에 "서 항춘현 정당 겸관초무사무 채 비署恒春縣正堂兼管招撫事務蔡 批"라고 서두를 쓰고,[25a] 다음과 같은 비가 내려졌다.

> 소장訴狀에 따르면, 너는 이번 달 초순 암컷 물소 한 마리를 잃었는데, 소식을 듣고 그 소가 이표李標의 집에 있는 것을 알았다고 했으나, 정확히 초순의 어느 날인지 소장에는 서술되어 있지 않다. 동산저董山猪가 알려준 후 진지陳枝가 동행하여 틀림없음을 확인하여 이표가 말이 막혔으므로, 장물贓物은 이미 되찾은 것이 되었다. 그 장소에서 바로 담판하여 소를 데리고 돌아올 수 있지 않았는가? 혹은 총리總理(마을의 책임자)나 두인頭人(미상. 총리와 비슷한 자로 추정)에게 가져가서 이야기를 매듭지었을 수 있지 않았는가? 어째서 전혀 따지려 하지 않고 그 장소에서는 참고 돌아와서, 진차陳車가 훗날 말을 바꾸는 지경에 이르렀는가? 소訴의 취지에 조리에 맞지 않는 점이 있다. 아마도 거기에 여전히 무엇인가 명백하게 밝히기를 꺼리는 사정이 있을 것이다. 아무튼 차差(아역衙役)를 파견하여, 알려준 자(동산저)와 증언한 자(진차) 등을 소환 · 신문하여, 합당하게 처단하는 것을 기다려라.
>
> 據呈, 爾於本月初旬, 失去水牛牯一隻, 報知牛在李標家中, 究竟初幾之事, 未據聲明. 既有董山猪報知, 又有陳枝可※同往認明屬實, 李標無言可對, 是贓已拿獲. 當時卽可向討牽回, 或指交總理 · 頭人理論. 何以絶不計較, 隱忍而返, 致使陳車復行改口異詞. 所呈情節支離, 恐其中尙有未確. 姑候派差查傳報證人等質明, 分別究斷.
>
> ※ 연(衍) 자를 잘못 옮긴 것일까.

이리하여 그 소장은 '준准'의 취급을 받은 것이다. 마찬가지로 '준准'의

25a 실제로 본 담신당안의 양식에서 추정해 보면, 이 문자는 양식지의 거의 중앙에 전반의 바둑판 모양의 빈칸과 후반의 여백을 구획하는 형태로 인쇄된 정형구이다.

예를 서적으로 만들어진 판독 가운데서 찾으면, 아래의 것이 있다.

빚을 갚으면서 차용증서를 반환받지 않은 것은 아무래도 믿기 어렵다. 설령 그것이 사실이라고 해도, 그것은 스스로 귀찮은 일의 씨앗을 뿌린 것에 다름없다. 웅진씨熊陳氏가 거부하여 증서를 넘겨주려 하지 않은 때에 어째서 현에 출두하여 사건으로 신고하지 않았는가. 또한, 9천여 전錢을 빌리면서, 겨우 느릅나무 한 그루를 담보로 삼았다는 것은 너도 꽤나 유리한 거래를 한 것이다. 아무튼, 일동을 소환하여 신문하는 것을 기다려라.

還錢而不抽約, 殊難憑信. 卽使果眞, 亦是自貽苦累. 當熊陳氏抗不給約之時, 何不來縣立案. 且欠錢九千有餘, 僅以一根楡樹作抵, 爾亦太佔便宜. 統候集案質究.[26]

결론으로 '준准'을 주었으므로 언젠가는 호출하여 추궁하게 될 것이나, 단순히 사무적으로 그 뜻을 선언하는 데 그치지 않고, 소장을 본 것만으로 생긴 의문점의 지적, 즉 관으로서 한 차례 비평하는 말을 내리고 있다. 이 단계에서 이미 관과 당사자 사이에 커뮤니케이션이 시작되었다고 해도 좋다. 아픈 곳을 찌르는 적절한 비를 내림으로써 당사자가 두려워 복종하게 해 놓으면, 나중에 법정을 개정한 때 심리가 쉽게 진행될 수 있는 효과가 있었을 것이다.[27]

묘廟의 제사에서 연극을 상연하는 것은 공무의 수행이 아니다. 공동으로 무대에

---

26 『樊山批判』 권2, 16b〔批熊天祥呈詞〕.

27 『樊山批判』의 자서(自序)에서는 아래와 같이 쓰고 있다. "하나의 비(批)를 낼 때마다, 잘못되거나 빠뜨린 것을 잘 골라내어 종종 규요(窺要)에 넣는다. 무정(無情)(주장에 이유가 없는)한 자에게 과장이나 허위를 못하게 하고, 억울한 자에게 우선 이치를 밝혀줄 것임을 기대할 수 있게 한다. 아직 신문을 거치지 않았으나 인심이 진동하게 된다. 당(堂)에 올라 판결할 때는, 정(情)을 공평하게 하여 사안을 판단한다. 곡직을 밝게 구분하여 보는 이가 한 목소리로 통쾌하게 말하게 한다. 이 또한 관(官)에 있는 하나의 즐거움이다."

쓸 재목을 운반하는 것은, 어떻게 보아도 위로부터 부과되는 요역과 동류로 생각할 것은 아니다. 곽영길郭永吉 형제 2명은 무대의 운반에 가담하려 하지 않았다 하여 소가 제기되었다. 결국 어떤 죄를 물어야 하는지 본 지현도 실은 잘 모르겠다. 너희 스스로 곽영길 형제를 부드럽게 설득하여 운반을 위한 분담금을 내게 하는 것이 좋겠다. 소송 따위는 일으켜서는 안 된다. 간절히 당부한다.[28]

敬神演戲非辦公也. 公送戲台木料, 究非公事可比. 郭永吉弟兄二人, 不送戲台, 即被稟控. 究竟應辦何罪, 本縣實所不知. 仰即自行婉勸郭姓, 出錢運送. 勿得牽訟. 切切.[29]

너의 여동생이 사망하여 그 남편인 왕창인王昌寅이 사람을 보내어 불행을 알려 온 것은 네가 유해를 실제로 보기를 기다려 입관하기 위해서였다. 네가 설령 출타중이었다 해도, 너의 집에 누구 한 명도 가서 실제로 볼 수 있는 자가 없었을 리 없다. 지금, 입관과 매장이 끝난 후에 아직 유해를 보지 못했다는 이유만으로, 사인에 의문이 있다고 억측하여 시끄럽게 소송을 일으켜왔다. 생각해보라. 왕창인이 통지해 오지 않았다면 잘못은 그에게 있을 것이다. 통지하였음에도 너는 가서 직접 보려 하지 않았다. 이것은 연락을 받은 당시부터 너에게 트집을 잡아 시비를 일으키려는 마음이 있었던 것이다. 실로 뻔뻔하기 그지없다. 수리하지 않는다.

爾妹身故, 妹夫王昌寅遣人報喪, 原俟爾看明棺殮. 爾即出外, 爾家豈遂無一人前往看視. 今於殮埋之後, 僅以未見屍身, 臆謂身死不明, 來案率瀆. 殊不知王昌寅不來通知, 則曲在彼. 通知而爾不往看. 是於得信之始, 早存訛賴之心. 實屬混帳已極. 不准.[30]

---

28 다른 곳에서 자주 볼 수 있듯이, 이 건도 기독교민이 마을의 제례(祭禮)에 참가를 거부한 것으로 인한 분규일지 모른다.

29 『樊山批判』 권3, 15a〔批郭天舍呈詞〕.

30 『樊山批判』 권1, 17b〔批劉全倫呈詞〕.

위의 두 건은 '부준不准'의 예이다. 어느 것이나 수리하지 않는 이유를 서술하고 있으나, 하나는 달래고 하나는 혼내어, 그 어조에는 완급의 차이가 있다. 그밖에, 소송을 제기하는 것보다 제3자의 조정에 의한 화해를 권하는 것, 소장의 내용에 모순이나 불분명한 점이 있다 하여 그 보충 설명을 요구하는 것 등, 비의 내용은 가지각색이다. 길이도 가지각색으로 여기서는 비교적 단문의 것을 손닿는 대로 골라보았다. 하지만, 이 예에서 보더라도, '부준'의 취급은 형식적 미비만이 아니라, 실질적 평가에 기초하여 이루어진다는 것, 그리고 그 판단은 지방관의 자유재량에 큰 폭으로 맡겨지고 있음을 알 수 있을 것이다. 오늘날 현행법에서의 '부적법, 각하'와는 성질이 다르다.

비에 의해 상당히 실질적인 재정이 내려진 예로는 다음과 같은 것이 있다.

> 호노사胡老四가 처음에 딸을 시집보낼 때, 이미 번순흥樊順興에게서 재례財禮(혼약의 선물로 주는 돈)를 받았다. 이번에 번호씨樊胡氏(번가에 시집온 호노사의 문제의 딸)가 전운田雲과 재혼하여 그 처가 되는 것은, 번가의 과부로서이지, 결코 호가胡家의 규수로서가 아니다. 재례의 금전은 모두 당연히 번순흥에게 주어 빚을 갚는 용도로 충당하게 해야 하며, 호가에 넘길 것이 아니다. 따라서 본건은, 전운에게 명하여, (채권자 남배신藍培信과 채무자 번순흥의 사이에 맺은) 합동合同(같은 문서 2통으로 맺은 계약서) 및 관련 서신을 조사한 후, 재례 150관串을 전삼신田三信의 입회하에 남배신에게 따로 지급하여 수령하게 한다. 이렇게 해도 여전히 채권에 잔액이 있지만, 그것은 남배신이 양보하여 빚을 청산하거나 전삼신이 메우도록 한다. 요컨대, 차용증서를 돌려받아 변제완료로 하는 것을 위주로 하라. 호노사에게는 추왕전追往錢(과부재혼의 승인료로 관습적으로 지급되는 금전을 뜻하는 지방어로 보인다) 20관을 취득하는 것만 허용한다. 그 이상은 1문文도 손대서는 안 된다. 혹여 탐욕, 횡포의 행위가 있으면, 법정에 소환하여 용서없이 체벌을 가할 것이다.
>
> 胡老四初次嫁女, 早已得受樊順興之財禮. 此刻樊胡氏再醮田雲爲妻, 乃樊家之

寡婦, 並非胡家之閨女. 所有財禮錢文, 自應與樊順興還債, 不得付之胡家. 此案卽著田雲, 驗明合同信函, 將財禮百五十串, 眼同田三信, 撥給藍培信收受. 下餘欠項, 或藍培信情讓, 或田三信補交. 總以抽回借約, 了淸債項爲主. 胡老四只准得追往錢二十串, 其餘不得動用一文. 如再貪橫, 帶案重責不貸.[31]

위 사료에서 소장의 제출자 전삼신은 과부 재혼의 중매인으로 나선 인물로 추측된다. 과부의 친정과 첫 번째 혼가의 채권자 쌍방에게서 재례財禮를 건네줄 것을 요구받아 곤혹스러워 소를 제기하였을 것이다. 그것에 대한 비에 의해 친정의 요구에 이치가 없다고 하는 명확한 재정이 이른 시점에 내려졌다. 이것으로 낙착되면 좋고, 만약 친정의 호노사가 다시 불복을 주장하더라도 "법정에 소환하여 용서없이 체벌을 가할 것이다"라는 것은 으름장을 놓는 문구일 뿐이었을 것이다. 느닷없이 태를 치는 것이 아니라, 우선은 양자의 주장을 듣고, 결국은 구두변론이 열리게 될 것이다. 실로 비가 일종의 약식재판에 해당하는 기능을 띠고 있는 일례이다.[32] 비로 재정을 받은 당사자가 불복하는 경우, 같은 관청에 다시 소장을 제출하면 되겠지만, 그렇게 하지 않고 곧장 상소하는 것도 가능했다.[33]

---

31 『樊山批判』 권2, 32b〔批田三信禀詞〕.

32 같은 종류의 예로, 『樊山批判』 권6, 17a〔批石懷玉呈詞〕를 들 수 있다. 이미 작물을 심은 농지를 전매(典賣)로 내어놓고서는 그해 수확 전에 되갚으라고 한 자와, 그것을 거부하는 승전인(承典人) 간의 분쟁이다. 이에 대해 "이 안건은 소환신문할 필요가 없고, 곧바로 비(批)로써 종결한다. 땅은 곽배성(霍培成)(전매로 내놓은 사람)이 돌려받는 것을 허락한다. 이 땅 안의 추화(秋禾)는 기(紀)(승전인)·곽(霍) 양가가 각각 절반씩 수확하라. 다시 쟁송하는 일이 없도록 하라. 이에 칙(飭)한다"라 하여 아주 명쾌한 판단을 내리고 있다. [역주] 전매(典賣) 또는 전(典)이란, 토지소유자가 상대방에게서 전가(典價)라는 금전을 받고 상대방으로 하여금 전(典)의 목적물인 토지를 사용·수익하게 하고, 약정 기간 경과 등의 사유로 계약을 종료하는 경우 전가 상당의 금액과 해당 토지를 서로 반환하는 것을 내용으로 하는 계약이다. 토지소유자가 해당 토지를 전(典)으로 제공하는 것을 출전(出典)이라 하고, 상대방이 이를 전(典)으로 취득하는 것을 승전(承典)이라 한다.

33 그 실례로, 『四西齋決事』 권1, 3a〔倪福生批〕 및 그 사건의 연속인 권2, 19b〔倪如龍判〕을 들 수 있다. 아들이 없는 예복생(倪福生)의 후사를 둘러싼 분쟁으로, 앞서 받은 비(批)에

이미 서술한 것처럼, 한 사건의 소송을 진행하는 가운데 양 당사자 및 참가자로부터 많은 소장이 계속해서 제출될 수 있었다. 그리고 그 각각에 대해 어떤 식으로든 비가 내려졌다.[34] 그 내용도, 길이도 물론 제각각이다.

당안 가운데 특히 하나의 소송이 진행중인 중간단계의 소장에 대한 비를 예로 들어보겠다.

> 해씨該氏(소장제출자, 여성)가 임주량林綢凉을 집에 숨겨 놓고 성매매를 시켰다는 (상대로부터 트집을 잡힌) 것이 사실인지는, 한번 법정에서 조사하면 허실이 저절로 판명된다. 차역差役을 보내 일동을 소환하여 신문한 후에 재정을 내릴 것을 조용히 기다리도록 명한다. 함부로 쓸데없는 주장을 할 필요는 없다.
>
> 該氏有無留林綢凉賣姦情事, 一經庭質, 虛實自分. 着即靜候勒差傳集訊斷. 毋庸多瀆.

이와 같이 실체적인 판단 내지는 비평의 요소를 전혀 포함하지 않는 내용의 것, 그리고 "차역을 독촉하여 신속하게 소환하여 신문 · 재단할 것을 기다려라候催差赶傳訊斷", "일동을 소환하여 취조하기를 기다려라候催集訊究"와 같은 극히 단문의 비가 무수히 나타난다.[34a] 한편에서는 이러한, 말하자면 소송을 지휘하는 내용의 비가 있고, 다른 한편에서는 전술한 바와 같은

의해 예복생은, 자기의 선택에 따라 예금보(倪金甫)를 양자로 하여 후계를 잇도록 할 것을 인정받아, 법정에 나올 필요도 없다는 재정을 얻었다. 이에 불복한 족인 예여룡(倪如龍)이 "또 다시 사안을 숨기고 지부(知府)에게 함부로 상소하여," 부(府)로부터 내려보내져 현(縣)에서 법정이 열렸다. 그 결말이 '판(判)'으로, 판에서도 비에서 취해진 조치가 재확인되었다.

34 董沛, 『汝東判語』 등에서 동일사안에 관한 몇 개의 비를 모아 수록하고 있는 예가 적지 않게 보인다. 또한 판독(判牘) 중에는 비의 문장으로 볼 때 명백히 몇 차례의 구두변론이 열린 후, 심지어 일단 심사를 종결한 후에, 과거 제출된 소장에 대해 비를 내렸다고 판명되는 것이 적지 않다.

34a 이상의 예시는 모두 담신당안(淡新檔案) 21202에 따름.

약식재판적인 내용의 비가 있어, 이 양 끝 사이에는 무한한 뉘앙스가 있을 수 있다. 내용 여하에 상관없이, 소장에 대해 하나하나 말미에 적어주는 답변이라는 형식에서는 동일하다. 이 형식의 문장이 곧 비批라고 불린 것이다.

2.

다음으로 '유諭'에 대해 서술한다. 유는 구두변론을 거쳐 내려지는 것이지만, 그렇다고 해서 유가 모두 판결이었던 것은 아니다. 단적으로 말하면, 소장이 제출되면 그에 대해 일일이 비批가 내려지는 것처럼, 구두변론이 열리면 그때마다 어떠한 유가 내려졌다. 실례를 제시하면, 하은황何恩煌의 『완릉판사일기宛陵判事日記』라는 책이 있다. 안휘성 선성현宣城縣의 지현으로, 광서29년(1903) 윤5월부터 6월에 걸쳐 내려진 유를—아마도 취사선택하지 않고 전부를— 날짜순으로 수록한 책이다.[35] 그 중 동일 당사자를 둘러싼 다음과 같은 일련의 유를 찾아볼 수 있다.

> 윤5월 29일
>
> 당유堂諭. 하수귀何守貴는 인품이 지극히 점잖아 보인다. 소訴의 취지도 완전히 지어낸 이야기는 아닌 것 같다. 하지만 도노삼涂老三, 즉 도성발涂盛發은 진씨陳氏(하수귀의 처)를 빼앗아 데리고 달아난 사실이 없다고 극구 주장한다. 따라서 진씨의 어머니인 진라씨陳羅氏를 소환하여 출정시켜 문초하지 않으면 재정을 내릴 수 없다. 도노삼은 다시 구치소로 돌려보낸다回押. 하수귀는 곧장 돌아가서 아내의 친모 진라씨를 설득하여 즉시 출정시키도록 하라. 그 후에 다시 신문하여 재정을 내

---

35 何恩煌, 『宛陵判事日記』. 필자는 이것을 미국의회도서관 Far Eastern Law Division에서 열람하고 복사를 신청하였다. 권1이라고 되어 있지만 권2 이하가 없는 것은 잔결본(殘缺本)이기 때문일지도 모른다.

릴 것이다. 이에 유諭한다.

閏五月二十九日

堂諭. 察看何守貴人極老實. 所控不盡無因. 惟涂老三即涂盛發, 堅供無奪陳氏帶逃情事. 是非傳陳氏之母陳羅氏到案質明, 難以定讞. 涂老三仍回押. 何受貴著即趕回, 邀爾岳母陳羅氏投案. 候復訊究斷. 此諭.

6월 6일

당유. 각 인원이 진술하는 바가 계속 대립하고 있다. 후일 다시 조사할 것을 기다려라. 도노삼, 즉 도성발은 다시 구치소로 되돌려 보낸다. 이에 유한다.

六月初六日

堂諭. 據供各執一詞. 候復訊察究. 涂老三即涂盛發仍還押. 此諭.

6월 17일

당유. 하수귀를 신문하니, 그 진술의 요점은, 도성발이 처음에 하수귀의 처 진씨와 간통했다가, 마침내는 유괴하여 행방을 감추게 했다는 것이다. 진실인 것처럼 생각된다. 그러나 도성발은 진씨와 간통한 것은 사실이라고 인정하면서, 유괴나 도망의 사실은 없다고 진술했다. 후일 상해현上海縣에 이첩移牒하여 장덕부張德富 및 진씨의 신병을 본 법정으로 이송케 하여 한번 문초하면 금방 사실이 판명될 것이다. 그러나 하수귀는 품을 팔아 생활하고 있는 자이기에, 도저히 소송으로 장기간 묶어두어 임금을 헛되이 쓰게 할 수는 없다. 바로 농작업으로 돌아가게 하라. 객지에 머무르며 처분을 기다릴 필요는 없다. 하수귀는 이미 서약서를 제출하여 아내 진씨를 돌려받기를 단념하되, 단지 도성발을 엄히 추궁하여 진씨의 신병을 내놓게 하고, 합당한 처벌을 가하는 것만을 바란다는 의사를 분명히 하였다. 이 신청대로 조처하기로 한다. 도성발은 다시 구치소에 돌려보낸다. 이에 유한다.

六月十七日

堂諭. 查訊何守貴所供各節, 則涂盛發始佔伊妻陳氏, 繼拐逃逸. 尚屬可信. 惟涂盛發供認, 僅與陳氏姦好則有之, 拐逃則未也. 候備文移滬, 查提張德富並陳氏到案, 一質即明. 但何守貴係傭工爲生, 斷難因案久羈, 致拋工值. 着即歸農, 不必守候. 既據結求不願完娶, 只冀嚴追凃盛發交出陳氏, 聽憑發落. 應即俯如所請辦理. 凃盛發仍回押. 此諭.

위의 유는 타인의 처와의 간통 및 유괴사건을 둘러싸고, 20일 남짓의 기간에 세 차례 법정이 열렸음을 보여준다. 제1회는 중요참고인의 호출이 필요하다는 결론으로 폐정되었고, 제2회는 어떤 성과도 없이 다음을 기약하여 폐정되었다. 제3회에서 간통한 남성이 간통 사실만을 인정하였으나, 남편은 '결結'(서약서)을 제출하여—혹은 오히려 제출하도록 요구받아— 아내를 돌려받겠다는 요구를 포기하고 시골로 돌아갔다. 그러나 상해현에 이첩하여 부인의 신병을 보내게 하는 등의 일이 나중에 제대로 행해졌을 것으로는 생각되지 않고, 결국 간통한 남성은 1개월 남짓 신병을 구속당하는 괴로움을 당했을 뿐, 어영부영하는 사이에 죄를 면하게 되었을 것이다. 이렇게 재정으로서의 실질이 있는지 여부와 관계없이 법정이 열리면 어떠한 유가 내려졌다.

그러나 요령부득인 채로 몇 번인가 법정이 열렸다는 위의 일례가 청대 소송제도의 전모를 대표하는 것은 아니다. 태반의 사건은 단 한 차례의 법정으로 해결되었다는 실제 목격담이 있고, 그것이 아마도 진실에 가까웠을 것이다.[36] 거기서는 틀림없이 실질적인 재정裁定을 담은 유가 내려졌을 것이

---

36 龔德柏, 『也是愚話』, 傳記文學出版社, 1969 가운데 〔縣太爺〕라는 글에서 말하기를, "보통 안건은 한 차례 재판으로 종결하는 것을 원칙으로 하지만, 중요한 안건을 만나면, 특히 채무소송의 경우, 수차례의 재판으로도 종결하지 못했다(普通案子以一堂結案爲原則. 但遇重要案子, 尤其錢債訴訟, 也有經過三五堂還不能結)" 한다(p.67). 과거 막우 경험자인 천 티엔시(陳天錫) 씨도 "청대의 재판은 절차가 간단했지만 상당히 신속했다. 오늘날의 소송절차는 주도면밀한 것은 뛰어나지만, 별것 아닌 안건에 관해서도 왕왕 많은 시일을 소비하여 당사자를 곤란하게 만드는 폐해가 있는 것은 아닌가"라고 감상을 말하고 있

다. 몇 번째인가의 법정에서 실질적인 재정에 도달할 때도 마찬가지이다. 하지만 그것들이 형식적으로는 모두 똑같은 유이고, 재정의 실질을 가진 유와 그렇지 않은 유 사이에는 정도의 차이밖에 없었다는 점이 청대의 제도적 문제점이다.[37]

그러나, 청대 제도의 또 하나의 특이점이 있다. 유를 통해 실질적인 재정을 부여한 때에는, 그에 대응하여 당사자로부터 재정을 수락하고 준수하겠다는 취지의 '감결甘結', 즉 서약서를 제출하게 하는 것이 상례였던 것이다. 에도시대 일본의 제도에서 재허청증문裁許請證文과 유사한 방식이다.[38] 다만, 일본에서는 한 통의 청증문에 양 당사자가 연서하도록 하는 것에 비해, 청조에서는 양 당사자는 물론, 사정에 따라서는 기타 중요 관계인에게서 각각 한 통을 받아 갖춘다는 점이 다르다. 어쨌든, 청대의 제도에서 판결이라는 말에 거의 해당하는 것을 찾는다면, 당사자의 감결을 취하는 성질의 당유라는 것이 떠오르게 된다. 앞서 소장과 비를 제시한 항춘현의 사건에 대해 살펴보면, 다음과 같은 당유가 주어졌다.[39]

> 조사해보니, 진노재陳老在가 소를 훔쳐 끌고 갔다고 이표李標를 고소한 사건이다. 이표의 소가 산에 방목되어 있는 사이, 진노재에 의해 귀의 소유자 기호가 바뀌었

다(『食貨』 復刊 1-7, p.53). 담신당안(淡新檔案)을 통계적으로 처리하면, 총 건수 가운데 58.5%는 1년 이내에 해결되었음이 명백해진다고 한다. David C. Buxbaum, "Some Aspects of Civil Procedure and Practice at the Trial Level in Tanshui and Hsinchu from 1789 to 1895", *The Journal of Asian Studies* 30-2, 1971. p.269에 통계표가 제시되어 있다.

37 『宛陵判事日記』에서는 일의 전말부터 설명하기 시작하여 실질적인 재정을 내리는 장문의 유(諭)에 한하여 '당단(堂斷)'으로 시작해서 '차판(此判)'이란 말로 끝맺음한다. 이를 통해 '당유(堂諭)'로 시작해서 '차유(此諭)'로 끝맺는 일반적인 유와 형식적으로 구별하고 있다. 그러나 이는 개인의 방식으로 일반적으로 행해진 방식은 아니었다고 생각된다.

38 石田良助, 『日本法制史概說』, 弘文堂, 1948, p.477; 中田薰, 『法制史論集』 3, 岩波書店, 1943, p.872 이하, p.901 이하.

39 『臺灣私法附錄參考書』 3상, p.284.

다. 이 소를 이표가 집으로 끌고 왔고, 이윽고 보름이 되어갈 무렵에 비로소 진노재가 찾아가서 그것이 자신의 소라고 주장했다. 이표가 동의하지 않아, 서로 언쟁한 끝에 소송이 되었다. 호출하여 신문한 바, 이표는 진술하기를, "이 소는 그때 장정張丁의 콩을 훔쳐 먹었는데, 그 후 집으로 끌고 돌아온 것이 보름이나 되었습니다. 만약 훔쳐서 끌고 온 것이라면, 절대로 그간 마을 안에서 키웠을 리가 없습니다"라고 했다. 이것을 진차陳車에게 묻자, 그가 진술하는 바도, 역시 이것은 이표의 소이며, 진노재에 의해 귀의 소유자 기호가 바뀌었는데, 진노재는 그것을 빌미로 자신의 소라고 거짓말한다는 것이었다. 그것이 거짓인지 진실인지 이웃들의 눈을 속일 수는 없다. 그뿐 아니라, 진차는 진노재가 증인으로 지명한 인물이지만, 그의 말은 극히 명료하여 의문을 품을 여지가 없다. 진노재는 매우 대담하게도 다른 사람의 소를 가리켜 자기의 것이라고 주장하고, 천연덕스럽게 거짓말을 늘어놓아 사람을 무고하였다. 원래대로라면 엄중히 처치해야 할 것이나, 한번 법정에 출두하고서는 곧바로 스스로 이치에 맞지 않음을 깨달아 죄를 승복하겠다고 한 사정을 참작하여, 그 자리에서 진노재에게 얼마간의 체벌을 가하여 반성을 촉구하고, 무고하는 자에 대한 본보기로 삼는 정도로 해두었다. 물소 한 마리는 이표에게 넘겨서 끌고 돌아가게 하였다. 더불어, 진노재는 벌로 기와 3천 장을 내게 하여 풍항장楓港莊 토지묘의 건축자재로 충당하게 한다. 양 당사자 모두 이 재정에 승복하였다. 그 서약서를 본건 서류에 첨부한다. 이에 유諭한다.

訊得, 陳老在控李標盜牽牛隻一案. 因李標之牛放山牧養, 被陳老在私改耳號. 此牛經李標牽回家中, 已將半月, 陳老在始前往冒認. 李標不肯, 互相争執, 以致涉訟. 提訊李標供稱, 此牛當日盜食張丁荳仔, 嗣後牽回家中, 半月之久. 如果盜牽, 斷無留養庄中之理. 質之陳車, 據稱乃係李標之牛. 因被陳老在私改耳號, 冒稱自牛. 屬虛屬實, 難瞞隣居之目. 且陳車又係陳老在指證之人, 言鑿鑿毫無疑竇. 陳老在胆敢冒認他人之牛, 俙詞誣控. 本應重辦, 姑念一經到案自知理短, 甘願服罪, 當將陳老在責懲示儆, 以爲誣控者戒. 水牛一隻交李標帶回. 並罰陳老在瓦片三千傀, 起蓋楓港莊土地廟之用. 兩造遵依. 結附卷. 此諭.

비批에서 이미 의문점을 지적당한 원고는 법정에서도 패소하여 무고를 이유로 징벌받게 되었다. 이 당유에 대응하여 양 당사자의 감결, 양 당사자 각각에 대한 보증인 1인의 보결保結 및 증인인 진차의 감결, 총 다섯 통이 수록되어 있다. 양 당사자의 것만을 들면 아래와 같다.[40]

서약서를 제출하는 풍항장의 진노재는 여기 지현나리 앞에서 서약합니다. 제가 소를 훔쳐 끌고 갔다고 이표를 고소한 사건에서, 이제 신문하여 밝히심에 따라, 그 소는 이표의 소라고 판명하여 소는 이표에게 넘겨주고 돌아가게 하며, 저는 벌로 기와 3천 장을 내어 토지묘의 건축재료에 충당하고, 또한 이후 다시는 분쟁을 일으켜서는 안 된다는 재정斷을 받았습니다. 저는 마음으로 재정에 따르겠습니다. 따라서 서약서를 제출하오니 상술한 대로입니다.

具甘結, 楓港莊陳老在, 今當

大老爺臺前結得. 在控李標盜牽牛隻一案, 今蒙訊明, 此牛係李標之牛, 斷交李標領回, 罰在出瓦三千傀, 以起蓋土地廟之用.

並令以後不得再滋事端. 在甘原遵斷. 合具是實※

光緒八年九月初二日　　具保結字人※※陳老在

※ 원문에 "合具是實"이라 한 것은 具 자 뒤에 "甘結" 두 글자 혹은 "結" 한 글자를 빠뜨린 것으로 보인다.

※※ "具保結字人"이라 되어 있는 것은 같은 장소에서 여러 명에게서 어수선하게 1장씩 받았을 때 생긴 오기誤記일 것으로 맥락상 "具甘結人"이 되어야 한다.

서약서를 제출하는 풍항장의 이표는 여기 지현나리 앞에서 서약합니다. 제가 소를 훔쳐서 끌고 갔다 하여 진노재에게 고소당한 사건에서, 이제 신문하여 밝히심에 따라, 그 소는 저 이표의 소이며, 진노재는 몰래 소의 귀에 자기소유의 기호를

40 『臺灣私法附錄參考書』 3상, pp.285-286.

붙여둔 후 도둑맞은 소가 여기서 발견됐다며 트집을 잡은 사실이 판명되었습니다. 진노재는 벌로 기와 3천 장을 내어 풍항장 토지묘의 건축재료로 충당하고, 소는 제게 넘겨 끌고 돌아가도록 하며, 이후 다시 분쟁을 일으키면 안 된다는 재정을 받았습니다. 저는 재정에 따르겠습니다. 여기 서약서를 제출하오니 상술한 대로입니다.

具甘結, 楓港莊李標, 今當

大老爺臺前結得, 標被陳老在控盜牽牛隻一案, 今訊出此牛係標之牛, 陳老在私割耳號, 誣冒認. 斷令陳老在罰瓦三千塊, 起蓋楓港莊土地廟之用, 此牛交標領回, 以後不得再爲生事. 標遵斷. 合具結是實.

光緖八年九月初二日　　　具甘結人 李標 拇印

그런데, 이러한 유諭—그것은 또한 '판判'으로도 불린다—가 언제, 누구에 의해 작성된 것인가에 관련해서는 조금 까다로운 문제가 있다. 앞서 든 두 종류의 유 가운데, 전자는 자신의 이름으로 서적에 수록한 것이라는 점에서, 후자는 주필朱筆로 기재되었다는 점에서,[41] 어느 쪽이나 지현이 자필로 쓴 것임이 틀림없다. 그러나 한편으로는, 서리書吏가 판判의 초고를 쓰는 일이 있었음을 보여주는 사료가 존재하며, 또한 지방의 장관이 직접 쓴다고 해도 언제 쓰는지에 관해 문제가 남는다.

우선, 지방관 스스로 법정 현장에서 판을 써준 사례가 있음은 확실하다. 『완릉판사일기宛陵判事日記』 자서自序에서 하은황何恩煌은, 어린 시절 절강성의 지방관이었던 부친을 따라 관아 내에 기거했는데, 부친의 재판을 엿본

41 붉은색은 현의 관아 내에서 지현 본인 외에 누구에게도 허용되지 않았다. 왕휘조의 『病榻夢痕錄』에서는 "영원현(寧遠縣)에서는 무엇보다 주시(朱示)(주필(朱筆)의 게시)를 중시한다. 주필은 타인의 손을 빌려서는 아니되기 때문이다"라 하고 있다(권하, 8a). 다만, 繆全吉, 『淸代幕府人事制度』, 中國人事行政月刊社, 1971, p.40에 따르면, 주필을 가지고 지방관의 대필을 하는 것을 임무로 하는 특정한 막우가 있었다고 한다.

때의 기억을 서술하며 다음과 같이 말한다.

나는 어려서 절강성의 임지에서 시중을 들며 봉양하였다. 부친이 당황堂皇(법정, 재판관석)에 앉는 것을 볼 때마다 몰래 옆에서 엿보았다. 뜻은 주도면밀하며 말은 어긋남이 없다. 판判을 쓸 때는 언제든지 리吏에게 명하여 계하階下에서 낭송하도록 한다. 감동하여 울음을 터뜨리는 자도 있었다.

煌少侍養於浙任所. 每值先君子坐堂皇, 竊從旁瞷視. 意周詳, 言無弗. 至書判, 就命吏琅誦堦下. 至有感且泣者.

법정의 결말로서 판判을 써서 이를 서리에게 낭독시켜 법정에 있는 자들에게 들려주는 것이 그의 부친의 방식이었던 것이다. 또한, 괴덕모蒯德模의 『오중판독吳中判牘』에 부쳐진 유월兪樾의 서문은 그 능필을 칭송하여 다음과 같이 말한다.[42]

금년, 촉중蜀中에서 글을 보내오면서 더하여 판사判詞 1책을 부쳐 보이셨다. 모두 옛날 지방관이었을 때, 정상에 의거하여 판결을 정함에 붓을 들어 곧바로 적은 것이다. 그 일을 대하는 밝은 고찰이나, 논論을 주장하는 공평함은 물론 말할 것도 없으며, 급히 붓을 들고서도 형형하게 문장을 쓴다. 다른 이들이 턱을 괴고 무릎을 흔들며 온종일 하여도 하지 못하는 것을, 그대는 당황堂皇에 높이 앉아 예졸隷卒이 둘러싸고 있을 때 마음으로 읊으면서 손으로 문장을 쓴다. 소위 문장이란 원래 타고나는 것이며, 묘수妙手는 우연히 얻는 것이니, 소동파蘇東坡의 판어判語와 같은 풍취가 있다.

今年自蜀中貽書, 并寄示判詞一冊. 皆昔年爲牧令時, 據情定案, 援筆直書者也. 其遇事之明察, 持論之公平, 固不待言, 而率爾命筆, 燦然成章. 有他人支頤搖膝,

42 蒯德模, 『吳中判牘』(『嘯園叢書』 第6函 수록).

竟日不能得者, 君於堂皇高坐, 隷卒環侍之時, 成誦在心, 借書於手. 所謂文章本天成, 妙手偶得之. 與東坡判語, 同一風趣.

여기서는 많은 속리가 나란히 서있는 가운데 판判을 쓰는 것이 보통 사람에게는 어려운 일이었다는 부분도 함께 이야기되고 있다. 웅빈熊賓, 『삼읍치략三邑治略』의 범례 1개 조에서 아래와 같이 쓰고 있는 것도 마찬가지이다.

(이 책에 수록한) 당판堂判은 법정 현장에서 쓴 것이다. 이번에 간행하면서 한 글자도 더하지도 빼지도 않았다. (당판을 부여한) 각 현에 모두 당안이 남아 있으므로 확인할 수 있다.

堂判係當堂所書. 此次刊刻, 並未刪改一字. 各縣皆有案可稽.

여기서는 자신의 능필能筆을 자랑하는 마음이 드러나고 있다.

이상은 뛰어난 개인의 실례인데, 가경 · 도광연간에 각각 지방관을 지냈던 유형劉衡은 이것을 무릇 지방관인 자가 노력해야 할 사항으로 설명하고 있다. 장문이지만 전문을 게재한다.

하나의 안건을 심사해 종결하면, 반드시 마땅히 당堂에 임하여(법정 그 자리에서) 판어를 주서硃書해야 한다. 민간의 인명사건 및 계투械鬪(마을 간의 집단적 쟁투)와 같은 큰 사건에서, 분쟁이 발발하는 원인은 이따금 자잘한 이유에 기초하니, 신중하지 않으면 안 된다. 사소한 부채, 평범한 말싸움 따위가 자잘한 일에 해당한다. 이미 관에 제소했더라도 준准하지 않으면 곧 멈춘다. 일단 준하였더라도, 판단이 심히 명료하지 않거나, 혹은 명료했더라도 심리 후에 때마침 정신이 지쳐서 급히 당에서 물러나 서리나 아역으로 하여금 양 당사자를 데리고 외간外間에 있게 한 채, 당상堂上에서 직접 결단한 말에 비춰 결結(서약서)을 내게 하면, 당에서 결단한 말을 들은 것이 심히 불분명할 수 있다. 설령 매우 분명하다 하더라도 양측의 무뢰한들이 제각각 따라서 도발한다. 그리하면 반드시 양 당사자의 결結은 제각각 말한 것을 취한 것이 되어, 당에서 결단한 말과 모두 부합하지 않기에 이른다. 심한 경우 서역書役이 손을 놀려 결국에는 공供(구두진술서)과 결結 역시 자연히 둘로 갈리게 된다. 혹은 일부러 틈새를 남겨두거나, 혹은 짐짓 모순을 보임으로써 번이翻異하는 지경이 된다. 이와 같으면, 판단이 뒤집히고 다른 사고를 빚어내지 않음이 없다. 이것이 주판硃判(주필로 쓴 판)을 반드시 거르지 않아야 하는 이유이다. 매 안건에서 심단審斷을 이미 마쳤으면, 일의 대소를 막론하고, 관이 잠시라도 급히 물러나 음식을 먹어서는 안 된다. 당황堂皇 위에서 직접 유諭한 판단의 말을 점명단點名單의 연월 부분에 붉은 글씨로 써야 한다. 그 날의 공무가 다소 적다면, 자세히 사건의 전말을 서술한다. 만약 매우 번거롭고 바쁘다면, 또한 긴요한 판단의 말만을 취하여 명료하게 적어야 한다. 쓰기를 마치면 양 당사자로 하여금 주판을 스스로 한 차례 읽게 한다. 만약 향촌의 우매한 자로서 글자를 모른다면, 즉시 방서房書(서리)에게 명해 큰 소리로 읽게 하여, 양 당사자가 귀기울여 듣게 하여 명백히 한다. 이렇게 하면, 시비곡직이 소송에 얽힌 각각에게 저절로 명백해질 것이다. 그 후 원차原差(담당 이역)로 하여금 양 당사자를 데리고 내당內堂에 들어오게 하여, 주판에 따라 각각 준결遵結을 갖추도록 하고, 법규에 따라 이어붙여 한 두루마리로 만들고 검인鈐印하여 보존한다. 이와 같이 하면, 공供과 결結이 서로 엇갈리지 않게 되고, 더욱이 사건 중의 모든 관계인의 결 또한 한결같아진다. 서리가 그 손을 놀리는 일도 없고, 또한 후에 바꿔치기하는 등의 여러 폐해를 막을 수 있다. 혹시 장래에 번이가 있더라도 사건의 두루마리를 펼치면 명료하기가 손바닥 보듯하여, 혼란과 분쟁을 면할 수 있다.

審結一案, 必須當堂硃書判語也. 民間命案, 及械鬪巨案, 其起釁之由, 往往基於細故, 不可不愼也. 如些小錢債, 尋常口角之類, 其事微矣. 既經控官, 不准則已. 一經准理, 倘審斷不甚明切, 或雖已明切, 而審後神思偶倦, 遽爾退堂, 令差人帶兩造在外間, 照堂上面斷之語出結, 毋論堂斷之言, 聽者不甚了了. 即甚了了, 而兩邊棍蠹, 各從而挑撥之. 必至兩造之結各執一詞, 與堂斷之言俱不符合. 甚則書役高下其手, 竟致供與結亦自兩岐. 或故留漏洞, 或故示矛盾, 以爲翻異地步. 如此則未有不翻案, 及釀成他故者. 此硃判之所以必不可少也. 每案審斷旣畢, 毋論事之大小, 官且勿遽退食. 卽於堂皇之上, 將面論之斷語, 硃書於點名單年月之內. 其日公事稍簡, 則備敍全案之由. 若十分忙冗, 亦應將緊要斷語, 明切書之. 書畢, 令兩造將硃判自讀一遍, 如鄕愚不識字, 則飭房書大聲宣讀, 俾兩造傾聽明白. 則是非曲直, 訟者各自了然. 然後令原差帶兩造入內堂, 照硃判各具遵結, 照例粘連成卷, 鈐印存案. 如此則供與結不至兩岐, 而通案人證之結, 亦歸一律. 書吏無從高下其手, 且可杜日後抽換諸弊. 卽將來或有翻異, 而展卷瞭如指掌, 可免混爭也.[43]

위의 문면에서 다음과 같은 것을 알 수 있다. (1) 재정은 1차적으로는 "당상에서 직접 결단한 말堂上面斷之語", "당에서 결단한 말堂斷之言", "직접 유한 판단의 말面論之斷語" 등으로 불리는 것처럼, 법정에서 구두 선고로 내려지는 것이었다. 그것은 사전에 준비된 것이 아니라, 당일 법정에서 주고받은 것을 통해 법관(법정에 앉는 지방관을 이렇게 부르기로 한다)이 도달한 판단의 표명이며, 당일의 절차를 매듭짓는 결론이다. 그리고 이것이 말하자면, 재정의 원본이었다. (2) "직접 유한 판단의 말面論之斷語"이 구술인 채로 있으면 안정성이 결여되기 때문에 그 내용을 문장화해 놓는 것이 판判이었다. 붉은 먹硃으로 쓰이기 때문에 주판硃判이라고 한다. (3) 판은 점명단點名單이라는 종이에 기재되었다. 점명단 혹은 명단名單에 관해서는 다이 옌후이戴炎輝의 설명과 『대만사법 부록 참고서臺灣私法附錄參考書』 제3권 상편에 수록된 몇 개의 실례를 합쳐보면, 그 이미지를 그릴 수 있다.[44] 점명단은 모

---

43 劉衡, 『庸吏庸言』 권상, 41a 이하(〔理訟十條〕의 제6).

44 戴炎輝, 「淸代臺灣における訴訟手續について—淡新檔案を資料として」, p.128에 따르면, 명단(名單)은 현대 중국어에서 말하는 '바오다오(報到)'(출두하였다고 신고하는 것)의 역할을 함과 동시에, 지방관이 판결을 적는 곳이기도 했다. 黃六鴻, 『福惠全書』 권11,

두에 당일 호출되는 인물의 이름, 담당 서역胥役의 이름 등을 기록하고, 말미에 개정일자를 기록하여 중간에 큰 공백을 둔 종이로서, 서리가 준비하여 사전에 법관의 탁상 위에 놓았다. 그 공백 부분에 붉은 먹으로 판, 즉 당유堂諭를 적는 것이다. (4) 주판을 작성한 법관은, 당사자에게 이를 보여주거나 낭독해 들려주어 판지判旨의 철저한 전달을 꾀하였다. 다만 판을 적는 것은 필수적인 절차는 아니고, 사람에 따라서는 구두로 재정을 내리기만 하고 퇴정해버리는 법관도 있었다. 유형은 그것이 적절하지 않다고 말한다. 아무리 바쁜 날이어도 요점만은 반드시 주판으로 써 둘 것을 권했다. (5) 주판이 있고 없음에 관계없이, 재정을 받은 당사자는 폐정 후 서리에게 재촉받아 별실에서 준결遵結, 즉 재정을 수락하는 뜻의 서약서를 적어 제출했다.[45] 따

20b〔審訟〕에서 "무릇 차역이 죄인을 잡아오면, 빨리 당(堂)에 데려와 집합시킨다. 먼저 보단(報單) 및 원표(原票)를 갖추어 서로 같은지 확인한다. … 도착한 죄인은 명단과 대조하여 이름을 점호하여 과당(過堂)(입정)시킨다"라고 한 부분이 여기서 연상된다. 여기서 말하는 '보단'이 '명단과 대조하여 이름을 점호하는 것(照單點名)'에서 '점명단(點名單)', 줄여서 '명단(名單)'이라 불리게 된 것이 아닐까. [후기] 훗날 담신당안(淡新檔案)을 실제로 보고 알게 된 것도 완전히 같다. 제신명단(提訊名單)이라고 제목을 붙인 종이의 우상단에 나열된 인명의 각 첫글자를 덮을 듯이 붉은 먹으로 굵직굵직하게 점이 찍혀 있는 것이 인상적이다. 이것이 법정출석 확인의 표시인 것은, 이 붉은 점이 보이지 않는 인명이 있는—그는 출정이 예정되어 있었지만 실제로는 나오지 않았을 것이다— 것으로도 상상이 간다. '조단점명(照單點名)'이란 출정을 확인하면서 붉은 점을 찍는 작업을 말하는 것임에 틀림없다. 거기서 떠오르는 것은, "당상의 붉은 점 하나는 민간의 천 방울 피(堂上一點硃, 民間千點血)"(천 방울 피(千點血)는 한 방울 피(一點血 · 一片血)라고도 한다)라는 숙어이다. 법정에 불려 나오는 것은 인민에게 있어 매우 성가신 일이기 때문에, 소환영장을 내는 것은 필요최소한도에 그치도록 경계하는 문맥에서 관잠서(官箴書) 등에서도 종종 인용되는 숙어이다(『佐治藥言』〔省事〕; 『平平言』 권2〔爲百姓省錢〕; 『강소성례』, 光緒十七年臬例〔聽訟挈要〕; 『耐菴公牘存稿』 권2〔飭州縣聽斷宜勤明箚〕 12b 등). "당상의 붉은 점 하나"란 틀림없이 이 명단에 점을 찍는 것으로, 이 점 하나마다 인민은 피를 흘린다는 뜻임이 틀림없다.

45 고정요(高廷瑤)는 관의 면전에서 준결(遵結)을 적도록 하는 것이 좋다고 말한다. 말하기를, "재정을 내린 후 바로 서리에 명하여, 당상(堂上)에서 백성을 대신하여 준결을 적게 하고 거기에 본인의 화압을 받아 그가 문을 나가는 것을 지켜봐 준다면, 서역은 수탈하려 해도 끼어들 틈이 없다(斷案後, 卽命書辦, 在堂上代百姓出遵結畫押, 親看其出門而去, 書役無從需索)" 한다(『宦遊紀略』 권상, 28ab). 하지만 그도 항상 이를 힘써 행한 것은 아니다. 같은 책에 다음과 같은 실화의 한 장면도 보인다. "그 자는 황송해했다. 그래서 서역을

라서 기록상으로는 관의 판어가 없음에도 당사자의 준결이 남아있는 경우나, 적어도 판어보다 먼저 준결이 작성되는 경우가 있을 수 있었다. 그리고 양 당사자 및 모든 관계인의 서약서 내용이 일치하고, 나아가 진술기록과도 일치하고 있는 것이 훗날을 위한 가장 확실한 근거가 되었다.

그러나 유형의 이러한 권유에 대해 광서연간의 사람 방대식方大湜은 반론하여 다음과 같이 서술하고 있다.

> 염방簾舫(유형의 자)의 설說은 물론 정론이다. 다만, 판관의 붓끝에 민완함과 둔함이 같지 않고. 당堂에 임하여 주판硃判함에도 모자란 것이 있거나, 혹은 말이 그 뜻에 미치지 않는다면, 오히려 번공翻控의 문을 열게 된다. 차라리 당에서 물러난 후에 판어判語를 헤아리는 것이 더 적절할 것이다. 양 당사자의 결結이 제각각 말한 것을 취한 것이 되는 것은, 양 당사자 모두 아직 판단에 승복하지 않았기 때문이다. 설령 주판이 있다 해도 아직 판결이 정해진 것이 아니다. 혹시 틈새가 있을까 염려된다면, 그로 하여금 보충하게 하면 된다. 사건 중의 모든 관계인의 결이 획일하지 않으면, 그로 하여금 고쳐서 하나로 만들면 된다. 공供과 결結이 서로 일치하지 않는다면, 착오는 초방招房(법정기록을 담당하는 서리)에게 있다. 그로 하여금 바로잡게 한다.
>
> 簾舫此說, 自是正論. 但問官筆下, 敏鈍不一. 當堂硃判, 如有滲漏, 或詞不達意, 反開翻控之門. 不如退堂後斟酌判語, 較爲周妥. 至兩造之結, 各執一詞, 是兩造並未遵斷. 卽有硃判, 亦非定讞. 若恐有漏洞, 令其添補可也. 通案人證結不劃一, 令其改歸一律可也. 供與結兩岐, 錯在招房, 令其更正可也.[46]

불러내어 준결을 적게 했다. 얼마 후 서역은 본인이 만족하지 못하여 준결을 적지 않는다고 보고해왔다. 그래서 다시 그 자를 소환하여 말하기를, …(其人恐煌. 呼役帶出具遵. 久之, 役以不甘禀復. 復傳其人曰, …)"(권상, 19a).

46 方大湜, 『平平言』 권4, 25a〔審結案件不必當堂書判〕; T'ung-tsu Ch'ü, *op. cit.*, p.126.

글에 능하지 않은 사람이 무리하여 법정 현장에서 주판을 쓰는 것은 오히려 적절하지 않으며 나중에 여유롭게 생각하며 쓰는 편이 좋다는 것이 그 논지이다. 판判을 아예 쓰지 않는 것은 아니고, 폐정 후에 천천히 쓰는 방식도 있을 수 있음을 알 수 있다. 이때 당사자는 이미 퇴정해버렸으므로 면전에서 선고하지는 못하며, 판은 기록으로서의 의미만을 가지게 된다.[47]

이상 살펴본 것에 한할 때, 판이란 것은 쓰는 시기야 어찌 되었건 지방 장관 자신이 쓰는 것으로 생각된다. 그러나 다른 한편으로, 서리가 판의 원고를 작성했음을 보여주는 사료가 나타난다. 『번산비판樊山批判』의 자서自序에서 번증상樊增祥은 글 가운데 비批만 많고 판判이 적은 이유를 설명하며 다음과 같이 말했다.

> 지금 여기에 있는 것에 비는 많고 판은 적다. 소장에 비批하는 것은 오는 대로 답해 나가기 때문이다. 사안이 조사를 거치면 서리가 공供을 기록하고 판判을 의擬한다. 만약 큰 틀에서 서로 어긋나지 않으면, 다시 윤색하지 않는다. 다만, 사안의 정상이 비교적 무겁거나 괴이쩍은 경우만은 사안에 따라 손수 판判을 짓는다.
>
> 今玆所存, 批多判少, 良由批詞隨來隨答. 至案經訊結, 則由吏人敍供擬判. 苟大意不相背謬, 卽亦不復潤飾. 惟案情較重, 及近怪者, 乃據案手自作判.

위에 따르면, 법정이 끝난 후 서리가 공供, 즉 진술서를 정리하고, 판判을 '의擬'(초고 작성)하는 것이 일반적인 관습이며, 자신은 대부분의 경우 서리가 쓴 것에 거의 손을 대지 않았다고 한다. 또한, 동치연간 호북성 송자현松滋縣에 광동성 출신으로 북경어를 하지 못하는 지현대행이 부임해왔는데,

---

47 여기서 방대식(方大湜)이 "당에서 물러난 후에 판어判語를 헤아린다"라고 말하는 것이, 문장을 가다듬은 후에 명단(名單)에 주필로 기입해 놓으라는 의미인지, 혹은 본문에서 다음에 서술하는 것처럼, 작성한 문안을 서리에게 주어 묵필로 정서해두라는 의미인지는 잘 모르겠다.

법정에서도 뜻모를 방언으로 일관해서 사람들이 몹시 곤란을 겪었다고 하는 재미있는 이야기가 전해져 온다.

> 안건을 심문할 때 말끝마다 방언이니 흡사 새가 지저귀는 소리 같아, 원고와 피고, 증인, 향약과 보갑 및 서역과 차역 등이 모두 알아듣지 못했다. 판결 후에도 누가 이겼고 누가 졌는지를 모른다. 원고와 피고 가운데 교활한 자는 소송을 졌으면서도 자신이 승소했다고 하고, 증인으로 편드는 자 또한 각각 편드는 쪽의 사람이 이겼다고 한다. 사람들은 어림짐작하여, 오늘 아무개가 책責(체벌)을 당했으므로, 대략 그 아무개가 심리에서 패한 것이 아닐까 하고 말할 뿐이다. 초방招房의 서판書辦(기록 담당 서리)은 상관이 어떻게 유諭했는지 모르고, 당판堂判을 받아 적는 데 의지할 것이 없다. 반드시 상관과 동향 출신의 가정家丁에게 뇌물을 주어야 비로소 그 대략을 알 수 있다. 가정과 서역, 차역은 기회를 틈타 부정을 범하고, 그 결과 민의 원망이 들끓기에 이르러, 탄핵을 당해 파직되었다.
>
> 每逢審問案件, 滿口鄉音, 鉤輈磔格. 原告 · 被告 · 中證 · 約保, 及書差人等, 均不通曉. 斷結之後, 亦不知誰勝誰負. 原被之狡黠者, 訟卽負亦自以爲勝. 衆人則以意揣度, 謂今日某人被責, 大約是某人審輸而已. 招房書辦, 不知本官如何吩諭, 無從錄寫堂判. 必賂本官之同鄉家丁, 始略得其大概. 家丁 · 書差乘機舞弊, 以致民怨沸騰, 被參革職.[48]

위의 이야기에 따르면, "당판을 받아 적는" 것, 즉 법관이 구술한 재정을 문서로 기록하는 것이 가정에게 뇌물을 줘서라도 수행해야 하는 서리의 직무였음을 알 수 있다.

이렇게 서리에 의해 기록된 판은, 당연히 주판과는 별개의 것으로 생각해야 한다. 여기서 상기되는 것은, 담신당안의 경우 주필로 당유堂諭가 적힌

---

48 『平平言』 권2, 61a〔說官話〕.

명단 뒤에, 공사供詞, 즉 당사자나 증인의 진술 기록이 이어지고, 이 공사 뒤에 다시 당유가 묵필로 적혀 있는 것이 통상적인 형식이라고 이야기된다는 것이다. 다이 옌후이는 주유硃論에 대해 "서기가 한 번 더 해서체의 묵필로 공사 뒤쪽에 옮겨쓰는 형태였던 것 같으며, 이것은 말하자면 사본과 같은 것이다"라고 했다.[49] 상상에 맡겨보면, 여기에는 다음과 같은 사정이 있지 않았을까. 즉, 주판硃判은 본질적으로는 지방관의 메모였다. 따라서 이미 보았듯이 그것은 필수불가결한 것은 아니었다. 정규 기록으로서는, 공供, 즉 진술의 뒤에 판判을 해서체의 묵필로 기재해야 했다. 그것은 오늘날 우리의 일상생활에서 정규의 기록문서는 타이핑되는 것과 비슷하다. 또한, 묵필의 판判이 작성되는 과정은 오늘날 우리의 각종 회의—예를 들어, 대학의 교수회의—에서 의사록이 작성되는 과정과 비슷하다. 즉, ① 기록 담당자가 회의 중의 발언이나 의결사항 등 당일의 회의 내용을 간단명료하게 기록한 원고를 작성하여, ② 이를 의장이 교열 · 첨삭하고, ③ 다음번 회의에서 낭독하여 확인을 구하는 형태이다. 이 가운데 ③은 지금 여기에서 비유할 대상은 되지 못하므로 고려하지 않고, ②의 단계에서 의사록이 확정되는 것으로 해보자. 청대의 법정기록 담당자인 서리는 바로 위의 ①에 상당하는 직책을 맡고 있다. 즉, 당일의 법정에서 당사자 및 기타 법정출석자의 진술을 간명하게 기재한 '공供'과, 지방관이 유論한 말을 간명하게 기재한 '판判'이라는 원고를 작성하는 것이 그들이 직책이었다. 이 원고가 지방관의 교열 · 첨삭—특히 판判의 경우 첨삭할 필요가 크고 또 첨삭의 자유가 있었을 것이다—을 거쳐 정규 기록으로 확정된다. 그때 지방관이 주판硃判을 적어 제시해 준다면, 서리는 판에 관해서는 그것을 정서正書하기만 하면 되었을 것이다. 하지만 현실에서는 지방관이 주판을 적지 않고 폐정해버리는 경우도 적지 않

49 戴炎輝, 「清代臺灣における訴訟手續について—淡新檔案を資料として」, p.128.

았다. 그때는 서리가 지방관이 구술한 말을 기초로 하여 스스로 원고를 작성, 즉 '판을 의擬'하였던 것이다.[50]

이상을 염두에 두고 보면, 다음 글의 의미가 어느 정도 이해될 것이다. 이것은 광서연간 절강성 회계현會稽縣 지현이 내린 비批이다.

> 본 지현이 안건을 심리해 판단함에, '당판堂判①'은 전부 모두 친히 재결한 것에서 나온다. 혹은 당堂에서 옮겨 적고, 혹은 추후에 기록한다. 보통의 신공尋常訊供은 초서招書(법정기록담당 서리)가 진술을 적은 후[51] 판判에 비춰 옮겨 기재한다. 진술을 확인할 때를 기다려 그대로 두거나 수정한다. 모두 주필硃筆로 점을 찍는 것으로 준準한다. 초점抄粘(사본을 소장에 첨부하여 제출)한 7월 8일의 '당판②'를 살펴보니, 본 지현이 아직 점을 찍지 않은 고稿에 해당한다. 이 고가 원래 판을 내린

---

50 黃六鴻, 『福惠全書』 권11〔審訟〕에 "매번 신문을 거쳐 진술을 얻음에 가져와서 직접 한번 두루 훑어보아야 한다. 아마도 긴요한 말을 놓친 것이 있을 것이다. 그렇다면 추가하여 더해야 한다. 읽어보았다면, 서리나 서역이 이후 감히 고쳐 써서 폐단을 만들지 못할 것이다. 심리를 마치면 폐정 날짜를 기입하여 해당 심리자료를 모은 문서철에 끼워놓고, 내아(內衙)에 가져간다. 문의(問擬)해야 할 안건은 심간어(審看語)를 내릴 때를 기다려, 이후 문서철에 같이 묶어 서초(敍招)를 발출(發出)한다. 그리하면, 담당 서리가 서초 안에서 다시 고치는 짓을 하지 못한다"(26a)라 하고 있다. 같은 책 권12〔問擬餘論〕에서 "간어(看語)는 반드시 진술을 증빙으로 삼고, 서초는 반드시 간어로써 정한다. 아직 간어를 내지 않았다면, 먼저 서초를 발해서는 안 된다. 만약 먼저 서초를 내면, 간어는 필시 서초에 의거하게 되어 권력이 서리에게 돌아가버린다. 먼저 간어를 내린다면, 서초는 모름지기 간어에 따르게 될 것이니, 권력이 비로소 관에 있다. 그러나 왕왕 초방(招房)으로 하여금 간어의 원고를 짓게 하는 자가 있다. 이는 그에게 권력을 주는 것이다"(9b)라고 한 부분도 참고할 수 있다. 위 문장 중 '출(出)', '발(發)', '발출(發出)'이란 동사는 무엇을 의미하는지, '서초'와 같은 책의 다른 곳에서 보이는 '초장(招狀)'이 서로 어떤 관계에 있는지 등 의문점이 많다. 억측을 피하고 싶지만, 본래 간어(여기서는 심어(審語)도 포함한다)는 지방관이 작문해야 하는데, 서리에게 그 초고를 쓰도록 하는 자가 강희연간부터 이미 있었다는 점이 흥미롭다. 이것이 인습화하여 특별히 지시받지 않아도—반대로 말하면, 특별히 관이 문안을 만들어서 주지 않는 한은— 판(判)을 의(擬)하는 것이 서리의 직책이 되었던 것이 아닐까.

51 원문의 '서공(敍供)'은 주50 黃六鴻, 『福惠全書』의 '서초(敍招)'와 같거나 비슷한 뜻의 명사일지로 모른다. 추후의 고찰을 기대한다.

뜻과 맞지 않아 십 중 칠팔을 고쳐 쓴다. 즉, 해당 서리가 경솔하게 본디 의擬한 건을 베껴주어 정呈(소장)에 이어붙인 것이다. 이는 심리하여 재단하는 권력이 해당 서리에 의해 조종되는 것이다. 매우 황당무계하다. 이에 즉시 전안傳案(소환)하여 도대체 누가 베껴주었는지 신문하였더니, 너는 여전히 실토하지 않으려 했다. 이에 이미 사정을 밝혀내어 주朱 초서招書를 불러 경계하였다. 너희는 이후 삼가서 남에게 속아서는 안 된다. 이에 따라, 원차原差(이전부터 담당한 아역)에게 명하여 진무귀陳茂貴를 법정에 데려와 추징할 것이니 이를 기다리라. 즉시 따라 받들어라. 本縣審斷案件, 堂判悉出親裁. 或當堂繕寫, 或隨後敍錄. 其尋常訊供, 間由招書, 於敍供後, 照判錄寫. 俟點供時, 分別存改. 總以硃筆點定爲準. 玆閱抄粘七月初八日堂判, 係本縣未經點定之稿. 此稿因與原判意旨未協, 改抹什之七八. 乃該書輯將原擬之件, 抄給粘呈. 是審斷之權, 直自該書操之也. 殊屬荒謬. 當經傳案, 訊問究由何人抄給, 爾尚不肯吐實. 玆既究出情由, 將朱招書, 傳案申儆. 爾等嗣後, 愼勿受人誑騙. 仍候着原差, 將陳茂貴帶堂押追. 仰卽遵照.[52]

위의 글에서 처음에 나오는 '당판堂判①'은 주판硃判을 의미할 것이다. 이는 폐정 중이나 폐정 후에 관이 스스로 짓고 스스로 쓴다. 이것과 뒤에 나오는 '당판②'는 구별하여 생각해야 한다. "보통의 신공尋常訊供"이란 말은 다소 정체를 알기 어렵지만, 명단名單의 뒤에 풀로 이어붙이는 진술내용을 기재한 종이를 의미하는 것이 아닐까 한다. 같은 종이에서 진술내용 뒤편에 묵필로 다시 당판堂判②가 적힌다. 위 글에서는 특히 이 당판② 부분을 가리켜 '신공'이라고 말하고 있는 것처럼 보인다. 이것은 서리의 손으로 "판判에 비춰 옮겨 기재한다"고 한다. 이 판은, 뒤에서 "원래 판을 내린 뜻"이라고 한 것과 마찬가지로 관이 구두로 발표한 재정의 말을 의미하고 있음이 틀림없다. "진술을 확인한다點供"는 데서 알 수 있듯, 서리가 기록한 진술

52 『四西齋決事』 권1, 23a〔錢鴻江批〕.

내용은 후에 관의 교열을 받는 것이었다. 그때 서리가 의擬하여 진술내용 뒤에 적은 당판②는 "분별하여 그대로 두거나 수정한다分別存改", 즉 주필로 첨삭되었다. 이렇게 해서 확정된 당판②에 대해, 당사자는 서리에게 부탁하여—누규陋規, 즉 수수료가 필요했음이 틀림없지만— 그 사본을 교부받을 수 있었다. 본건에서 보았듯이, 그러한 사본을 후속하는 소장에 첨부하여 제출하는 일도 있었다. 상소하거나 관련하여 다른 관청에 소장을 내거나 할 때, 최초 판결의 사본을 첨부하는 것은 유용성이 한층 더 컸을 것이다. 그런데, 본건에서는 서리가 담당관의 교열이나 첨삭을 거치지 않고, 자신이 적은 원고를 기초로 한 사본을 교부해 버렸다. 그러한 서리를 적발하여 문책해 두었음을 밝히고 당사자는 서리에게 속지 말라고 하는 것이 전문의 취지이다.

이상, 일단 해석을 시도해 보았으나, 어쨌든 당안 자료를 실제로 검토한 적이 없는 자로서는 여러모로 풀리지 않는 것이 많다. 후일의 고찰을 기다려 높은 가르침을 받고 싶다. 다만 이하의 사항만은 분명해진 것 같다는 생각이 든다. 즉, '유諭', 또는 '판判'은 오늘날의 판결서와는 달리, 충분한 시간을 들여 작성한 후 선고에 의해 발효하는 성질의 문서가 아니었다.[53] 판결 선고만을 위한 특별한 개정기일開廷期日이라는 것은 존재하지 않았다. 중요한 것은, 구두변론이 이루어지는 법정 현장에서 무엇이 명령되고, 어떠한 이해가 성립하였는가 하는 것이다. 문자로 쓰인 '판'은 훗날 문제가 발생한 경우에 대비하여, 추후에 작성되는 기록이다. 당사자는 원한다면 그 사본을 교부받을 수 있다. 그것은 이미 받은 재정을 확인하기 위해, 또는 다른 일과 관련하여 원용하기 편하게 하기 위해서였다. 더구나 '판'의 작성은 통상

53 이상 살펴본 한에서, 막우는 비(批)의 작성에는 깊이 관여하면서도 판(判)의 작성과는 관련성이 옅은 것 같은 인상을 받는다. 그것이 진실인지, 혹은 거기에 어떤 의미가 있는지에 대해서는 추후의 고찰을 기대한다.

서리에 의해 처리되었다. 그것은 당연히 사무적으로 추궁을 피하기 위한 정도의 낮은 수준의 문장이었을 것이다. 관이 스스로 경위를 자세히 밝힌 격조 높은 판을 작성하는—그러한 것이 판독判牘으로서 서적이 되어 세상에 전해진다— 것은, 법정 현장에서 써서 주는 것이 보통이었던 상황에서 이례적이었을 것이다. 까닭에 문장력이 좋거나, 안건을 종결할 때마다 판을 쓰는 데 힘쓴 예외적으로 근면한 인물 외에는 특별히 필요를 느끼는 안건에 대해서만 행해졌을 것이다.[54]

더구나 훗날을 위한 증거로서 판에 못지 않게 중요한 것은, 폐정 후 각 당사자가 퇴청하기 전에 그들로부터 제출받아 모아두는, 재정을 수락한다는 취지의 서약서였다. 각 당사자의 서약서 내용이 일치하지 않으면, 앞서 본 방대식方大湜의 말에도 있듯이, "설령 주판硃判이 있다 해도 아직 판결이 정해진 것이 아니"어서, 하나의 사건이 결착한 것은 아니었던 것이다.

---

54 『判語錄存』 이균(李鈞)의 자서(自序)에 "스스로 처리한 안건에서 진술을 기록하여 분별한 외에 한 글자의 평도 남기지 않았다. 구두로 유한 것이 상세하기 어려운 데, 하물며 시간과 장소가 변한 지금, 그 당시 어떠한 판단을 내렸는지 원래 조사했던 관리라 해도 전혀 기억하지 못한다. 만약 번복되는 일이 있다면, 장차 어떻게 이를 굽힐 수 있겠는가(至自理之件, 除錄供分別, 無一字之評. 無論口諭不能詳盡, 況時移境遷, 其當日作何定斷, 卽原問官亦茫不記憶. 脫有反覆, 又將何以折之)"라는 대목이 있다.
이는 그가 지부(知府)로서 필요하여 현(縣)에 지시해 송부받은 사건기록 가운데는 대부분 서리가 받아적은 구두진술과 그 요약 같은 것이 있을 뿐, 관의 판어가 기재되어 있지 않았다는 사실을 말해준다고 생각된다. 이균 자신도 안건을 심판할 때마다 판어를 적는 데 힘썼으나, 혹은 바빠서 경황이 없고, 혹은 기록이 너무 번다하기 때문에 요약에 곤란을 느껴 내팽개치는 일이 적지 않았다고 한다. "나는 서생으로, 행정일에는 익숙하지 않다. … 심리가 끝나면 직접 판어 한 편을 작성하여 문서의 말미에 덧붙였다. 이는 시비의 곡직을 당사자들이 분명히 이해하도록 하기 위함이며, 또한 훗날 참고할 자료로 삼기 위해서였다. 헤아려보면 재주와 힘이 부족하거나 다른 일에 휘말려 고루 살피지 못하는 경우도 있었고, 혹은 문서가 너무 많아 두루 미치지 못하는 경우도 있었다. 그래서 지난 수년간 사안을 종결한 것은 많지만, 판을 남긴 것은 극히 드물었다(余章句書生, 未嫻吏事. … 獄成又自撰判語一則, 附之牘尾. 其是非曲直, 既可使案中人曉然共喩, 且以備異日之參稽. 顧才力孱弱, 或以他事牽擾, 不能兼顧而止, 或以案牘紛繁, 不能遍及而亦止. 故數年來, 結案雖多, 而有判者亦復寥寥)."

3.

당사자가 제출하는 서약서의 양식은 앞서 본 항춘현 당안의 실례에서 살핀 대로이다. 그것은 서식으로서는 '감결甘結'이었다. 감결이란, 장래에 어떤 일을 하거나 하지 않을 것을 서약하는, 또는 어떤 사실의 유무에 관한 진술에 거짓이 없고, 만약 거짓이 있다면 달게 죄에 승복할 것임을 맹세하는 내용의 서면이었다. 요컨대 관청이 인민에게서 서약이나 증언을 획득하려 할 때 널리 사용된 서식의 이름이다. 그것이 소송을 매듭짓기 위해서도 이용되었던 것이다. 재정에 따른다遵는 뜻의 감결이기 때문에 이를 '준결遵結'이라고 불렀다. '준의遵依'라는 말도 있는데, 동사로 사용하면 재정에 승복하는 의사를 표시하는 의미이며, 명사로 사용하면 준결과 같은 의미이다.[55] 준결을 제출하는 것을 일컫는 '구준具遵', '구결具結' 등과 같은 간략한 표현도 자주 사용되었다.

준결은 당연히 본질적으로는 당사자의 자유의사에 의해 작성된다. 따라서 관이 재정을 내려도 당사자가 승복하지 않아 준결을 쓰지 않고 버티는 경우도 있을 수 있었다. 다음에 드는 것은 그 한 예이다. 광동성 신회현新會縣의 토지(단, 물가에 물이 범람하여 생긴 새로운 토지로서 일반적으로 가장 분쟁이 일어나기 쉬운 토지였다) 소유권을 둘러싼 분쟁으로, 다투기를 십수 년 하는 동안 지현의 교체가 8, 9대에 이른 어려운 사건이었다. 나아가 함풍7년(1857) 수확에 즈음하여는 실력행사로 인한 충돌로 5명의 사망자가 나온 사건으로 발전하였다. 당시 지현 섭이강聶爾康이 이를 심리하고 상급청에 보낸 장문의 보고서 몇 통 중 하나에서 다음과 같은 부분이 보인다.

(도광8년(1828), 여성余姓은 마안산馬鞍山 석패사石牌沙라 불리는 지역에서, 모래

---

55 다만, 준결(遵結)이란 말 자체도 동사로 사용되는 경우가 없지 않다.

땅의 개간 허가증을 발급받았으나, 해당 토지는 이미 다른 여러 성씨에 의해 개간되어 있어 끼어들 틈이 없었다. 여러 해가 지나, 조성趙姓이 배후가 되어, 여성余姓, 이성李姓을 조종하여 각종 위장공작을 펼쳐, 다른 지역에 있는 막성莫姓의 토지를 가리켜 여성余姓이 개간허가를 받은 것은 이 토지라고 말하였기에 폭력사태와 소송이 계속 이어졌다.)

도광30년에 이르러, 구邱 지현知縣이 잘 살피지 않고 재정하여 토지를 여성余姓에게 돌려주게 하고, 다시 상급관청에 보고하여 간조墾照(개간허가증)를 보충해 발급하였다. 여성余姓과 이성李姓은 일이 이루어지자 물러났다. 따라서 간조를 받은 날 토지를 조성趙姓에게 매도하였다. 조성趙姓은 그날 즉시 투세投稅(거래세를 납부하여 계약서에 관인官印을 받는 절차)와 과경過耕(점유이전)을 행하여 증빙으로 삼았다. 대저 이에 이르러 막성莫姓의 토지가 비로소 정말로 조성趙姓의 재산이 되었다. 하나는 북에, 하나는 남에 위치하여 중간에 수십여 경頃 거리가 있음을 몰랐던 것이다. 상전벽해한들 그 위치를 옮길 수는 없다. 산을 끼고 바다를 건너는 능력이 있지 않으면, 언덕을 옮기고 단段을 바꾸어 북쪽을 남쪽으로 삼기가 매우 어려움은 분명하다. 이것이 막성莫姓이 도저히 승복하기 어려워 결단코 결結을 제출하지 않으려는 까닭이다. 그 이후 다시 누누이 감신勘訊(현장검증과 신문)을 거쳤다. 그러나 조성趙姓에게는 간조가 있고 계약서가 있으며, 소송기록이 있고 판判이 있으니, 철통같이 흔들리지 않는다. 다시 누가 능히 번이翻異할 것인가. 막성莫姓은 형세상 다투기 어려움을 분명히 알고, 마음으로는 정말 달갑지 않지만, 결국 이 토지를 진陳 지현이 다시 조사한 때에 스스로 원하여 이 전토를 자수의학紫水義學에 기부하고 고화膏火(장학금)의 자본으로 제공하여 갈등을 끊고자 했다. 막성莫姓은 이 토지에 관해서는 이미 오랫동안 이를 불문不問에 두었다. 그런데 조성趙姓은 진 지현이 비준批准(소장의 수리)한 후, 숨어서 관에 나아가지 않았다. 모두 아직 결結을 제출하지 않았다고 주장하며 여전히 창할搶割(약탈적인 수확)이 빈번히 반복된다. 그런데 자수의학의 담당자는 모두 말하기를, 토지가 이미 공公에 충당되었으니 반드시 마땅히 관官에 보고하여 압할押割(관헌의 실력으로 수확)해야 한다고 한다. 이후 서로 쟁탈하니, 다과多寡에 관계없이 오직 발빠른 자가 먼저 얻을 뿐이다.

治至道光三十年, 邱任不察, 將田斷歸余姓, 復爲詳請補給墾照. 而余姓與李姓者, 亦卽功成身退. 因於領照之日, 將田賣與趙姓. 趙姓卽於是日, 立刻投稅過耕, 以爲炳據. 蓋至是而莫姓之田, 始眞爲趙姓之業矣. 殊不知一北一南, 中隔數十餘頃. 雖滄桑可易, 而部位難移. 是非有挾山超海之能, 其斷難移坵換段, 易北爲南也明矣. 此莫姓之所以萬難強服, 而斷不肯具結者也. 自是以來, 又復屢經勘訊. 而趙姓有照有契有卷有判, 鐵案不磨, 尙復唯能翻異. 莫姓於此, 明知勢難與較, 無如心實不甘, 遂以此田, 於陳任復訊時, 自願捐歸紫水義學, 以資膏火, 以斷葛藤. 是莫姓之於此田, 久已置之不問矣. 乃趙姓於陳任批准之後, 匿不赴案. 以爲幷未具結, 仍然搶割頻仍. 而該義學首事, 咸以田已充公, 必須稟官押割. 自後互相爭奪, 多寡不拘, 亦唯捷足者先得耳.[56]

(이렇게 발빠른 자가 승리하는 수확 다툼이 계속되는 사이에, 어느 날 밤 의학義學의 요청으로 출동한 병사들이 대포를 쏴 조성趙姓의 5명이 사망하는 사건이 발생했다.)

위에서 조성趙姓 측에는 구邱 지현이 경솔하게 내린 재정—이는 '판'으로서 기록에 남는다(인용문에서 "소송기록이 있고 판이 있으니"라고 한 대목에서 '판'이 이것이다)—을 기회로 삼아 재빠르게 자신의 소유를 기정사실로 만들었다. 이에 대해 막성莫姓은 구결具結, 즉 수락서약서를 제출하는 것을 거부하고 "다시 누누이 감신을 거치는" 소송 속행의 상태로 몰고갔다. 얼마 지나지 않아 지현이 교체되고, 진陳 지현 아래에서 문제의 토지를 의학에 기부한다는 막성莫姓의 청원이 받아들여졌다. 조성趙姓의 것으로 인정된 토지를

56 聶爾康, 『岡州公牘』 권2, 〔趙莫兩姓勘語〕 12b. 교토대학 문학부 소장. 미야자키 이치사다(宮崎市定) 교수가 알려주었다.

막성莫姓의 의사로 기부할 수 있을 리 없으므로, 이는 이론적으로는 진 지현이 전임자인 구 지현의 재정을 뒤집은 것이 된다. 조성趙姓은 진 지현의 밑에서는 출정하지 않고, 그러한 재정에 대해서는 수락한 적이 없다고 하며 실력행사를 계속했다.

위와 같이 명백하게 재정이 내려졌으나 당사자가 수락을 거부한 실례가 그 밖에도 없지는 않겠지만,[57] 예상하는 만큼 사료에 빈번히 나타나지는 않는다는 인상을 받는다. 그 이유 가운데 하나는, 앞서 보았듯이, 재정이라는 것은 법정에서 주고받는 가운데 즉석에서 생겨나는 성질이 강하였기에, 관이 어떤 재정안을 꺼내들어도 당사자가 그것에 불복하여 다툼이 진정되지 않는다면, 당장에는 재정을 유보하고 후일 다시 개정開廷한다는 조치를 취하는—이와 같은 사정은 기록에 남기 어렵다— 일이 많았기 때문이다.[57a] 다른 하나는, 후술하는 바와 같이, 어느 단계에 달하면 준결遵結을 받기 위해 꽤 강압적인 수단이 사용된 까닭에, 당사자는 형세가 나쁘다고 보면 당장은 준결을 제출하고 물러나거나 혹은 거기서 상소를 단행하는 일이 많았기 때문일 것이다. 사료에서 "거부하여 판단에 따르지 않는다抗不遵斷", "구결하려 하지 않는다不肯具結", "거부하여 구준하지 않는다抗不具遵" 등이 나타나는 사례를 조사해 보면, 대부분은 현縣의 재정에 대한 구결具結을 거부하여 상소했다는 사례이다. 이는 결코 드물지 않다. 상소하여 수리된 후 다시 원래

57 沈衍慶, 『槐卿政蹟』(『槐卿遺稿』와 합본, 近代中國史料叢刊 378, 文海出版社에 수록) 권4, 12a 〔覇佔洲地事〕에, "흔근(衅根)(분쟁의 뿌리)은 모두 주(洲)에서 일어났다. 몇 차례 각 전임 지현의 판단을 거쳤다. 혹은 황(荒)(무주지)으로 해두라고 하고, 혹은 양쪽에 나누라고 했지만, 어느 쪽이든 아직 준결(遵結)하지 않았다"라는 대목도 마찬가지의 예라고 할 것이다. 사건의 성질도 본건과 매우 비슷하다.

57a 동호현(東湖縣)에서 널리 알려진 웅빈(熊賓)의 공적으로, "재판이 공정하다. 매번 한 안건을 심판함에 반드시 소상히 깨우쳐 이끌어, 양측이 진심으로 승복하게 한 후에야 비로소 판결을 내렸다(斷獄公允. 每審一案, 必委曲開導, 使兩造眞心輸服, 始予判結)" 하고 있다. 그 결과, 부(府)나 도(道)에 상소하는 자가 조금도 없었다고 말하는 것에서도 그러한 사정을 읽어낼 수 있다. 『三邑治略』 권1, 7a 〔荊州道余請照章記功稟稿〕.

재판했던 현에 내려져, 현의 제2차 재정에서도 다시 준의遵依하지 않고, 몇 번이고 오르내리는 사이에 점점 유리한 조건을 획득해 나가는 사례도 있다.[58]

이렇게 당사자가 승복하지 않는 한 사건이 낙착되지 않는다고 한다면, 그것은 이미 재판이 아니라 조정이 아닌가. 이 문제에 대해서는 나중에 다루기로 한다. 여기서는 당사자의 준결遵結을 받기 위해 어떠한 수단이 사용되었는지 살펴두고자 한다. 첫째로는, 말할 것도 없이 설득이다. 여기서 우리는, 먼저 직업적 변호사에 의한 소송대리의 제도가 존재하지 않고, 아마추어인 당사자가 민의 부모된 권위를 갖고 임하는 지방관 앞에 호출되어, 신문을 받고 대질하게 되는 법정의 방식을 염두에 둘 필요가 있다. 또한 법정에서 당사자가 주장하는 말에는, 크건 작건—우리의 감각에서 보면 오히려 상당히 크다고 할 수 있는— 과장과 허구의 사실이 포함되는 것이 보통이었다.[59] 당사자 가운데 어느 한쪽, 혹은 양쪽 모두가 그 점을, 즉 자신의 주장이 사소한 부분까지 모두 진실이라고는 할 수 없다는 것을 의식하면서 법정에 나오는 경우가 많다. 이러한 정황 아래 법관이 상당한 통찰력을 가지고 당사자의 주장에서 약점을 찌르고 엉클어진 것을 정리해 나간다. 그러하면 약간 저항하였던 당사자를 마침내 "이치가 꿀리고 말이 궁하여 고개를 숙이고 수락의 서약서를 제출한다理屈詞窮, 俯首具遵"[60]는 결말로 몰아넣는 것도 어렵지는 않았을 것이다. 한편, 소송을 재정하는 수법으로서 어느 한쪽의

---

58 李鈞, 『判語錄存』 권1, 26a〔虧東抗債事〕 등.

59 이것은 판어류 자료를 읽을 때 항상 느끼는 일반적인 인상이다. 속담에도 "거짓 없이는 소장이 되지 않는다(無謊不成狀)"라고 한다(汪輝祖, 『續佐治藥言』, 1b〔核詞須認本意〕; 胡學醇, 『問心一隅』 권하, 21b〔控毆不實〕 등에 보인다). 중일전쟁 중에 화북지방의 농촌에 대한 조사에서도 "소송하기 위해 허위의 신고나 침소봉대한 것을 말해도, 심문에서 대결하면 알아버리는 것 아닌가? (답) 호출을 받은 때 중개자가 화해시켜 소를 취소했다"라거나 "재판에는 언제나 과장되게 써서 신청하는 것인가? (답) 과장되게 적지 않으면 재판을 접수하지 않는다" 등의 문답이 기록되어 있다(『中國農村慣行調査』 3, p.154 중단).

60 『槐卿政蹟』 권3〔強造閉害事〕, 11b. 동족 간의 택지 경계를 둘러싼 분쟁. 증서에 있는 토지의 사방경계와 실제 현황의 관계를 맞춰 밝힘으로써 승복시켰다.

권리를 충분히 실현시키기보다 양쪽이 각각 양보하게 하여 원만히 해결하는 방법이 즐겨 채용되었다. 그 경우 다소 무리한 양보라도 '고구개도苦口開導',[61] 대국적으로 보았을 때의 손익을 간곡히 설명하고 타이름으로써 납득시키는 일도 있을 수 있었다. 또한, 쓸데없는 요구를 포기하고 준결을 적어내면 관이 인정해 준 만큼의 요구는 즉시 실현할 수 있다는 것이, 당사자에게 있어 어느 정도의 지점에서 타협할 결심을 하기 위한 유인이 되었으리라는 것도 상상하기 어렵지 않다. 광서연간 절강성 회계현會稽縣에서 있었던 아래의 사건은 관이 의식적으로 그와 같이 계획한 예이다.

(장소헌章少軒은 장교제章咬臍에게 전錢 2,300,000문文을 주고 토지 49무畝 7분分을 전典으로 취하고 있었다. 장교제는, 이를 회속回贖*한 후 타인에 매각하여 그 대금에서 전매가를 공제한 약간의 금전을 얻고자 했다. 이에 양은洋銀 1800원元(양은 1원과 전 1000문은 등가라는 전제에 입각해 있다)을 장소헌에 넘겼다. 장소헌은 토지의 분할 회속에 응하지 않고, 더구나 회속 요청의 취소(일단 수령한 금액의 반환)에도 응하지 않아 장교제를 궁지에 빠뜨렸다. 다행히 장교제는 다른 곳에서 양은 550원을 융통받아 이를 법정에 제출했다. 그 가운데 50원은 1무당 1원의 회속 수수료(이것이 원래 계약에서 정해져 있었다)로서 장소헌에 지급한다는 의미였다. 하지만 관은 본건을 둘러싸고 과거 말다툼이 있어 민간의 조정에 따라 장교제가 사죄를 위해 향응을 마련해야 했던 사정이 있음을 참작하여, 이를 지급할

---

61 『四西齋決事』 권7〔王永春判〕, 16b. 왕금씨(王金氏)가 가산분할에 부정이 있었다고 하여 죽은 남편의 형 왕몽감(王夢鑑)을 제소한 사건. 왕금씨는 정신이상의 징후가 있고 주장하는 세 가지 점이 모두 이치에 어긋났다. 관(官)은, 그녀가 가난하고 기댈 곳 없기 때문에 왕몽감에게 매월 곡식 1석(石), 전(錢) 2천의 부양료를 내라고 명했다. 그러자 "왕금씨가 흔연히 기뻐하여, 먼저 단(斷)에 준(遵)하기를 원하였다. 왕몽감이 '늙고 자식은 어려서 힘이 미치지 않는다'라고 말했지만, 본 지현이 거듭하여 타이르자, 그 또한 대의를 알고 결국에는 고집하지 않고 함께 구결(具結)하여 종결하였다."

* [역주] 전매가를 상환하고 전典으로 내준 부동산을 돌려받는 것.

필요가 없다고 판단하고 다음과 같이 말했다.)

당堂에서 양은 50원을 장교제에게 주어 수령하게 한다. 장소헌은 이미 수령한 양은 1,800원 외에, 여수형餘穗馨(장교제에게 자금을 융통해준 남자인가?)의 양은 500원을 첨簽(서명하여 봉인하는 것?)하여 두고, 준결을 제출하기를 기다렸다가 지급해 수령하게 한다. 속계贖契는 3일 후 다시 장교제에게 주어 회수하게 한다. 장소헌이 다시 흠표欠票(차용증서)도 함께 징수할 것을 고집하며 단斷에 따르고자 하지 않았다. 제출한 흠표를 살펴보니, 본래 '호號'자 호 개전戤田의 결흠리전結欠利錢('호'자 호의 토지를 담보로 돈을 빌린 때의 이자채권인가?)이다. 보통의 차용증과 같지 않다. 또한 도광29년이란 옛날의 진표陳票(오래된 증서)이고, 표 안의 '호'자를 고쳐써 '진珍'자로 만듦으로써 속이고자 하였다. 어느 시점의 계약서인지 따질 것 없이, 한번 고쳐 쓴 것이라면, 결코 증빙으로 삼기에 충분하지 않다. 따라서 원래의 표票에 도소塗銷(무효의 도장을 찍음)하여 보존할 것. 장교제에게는 명하여 우선 준결遵結을 제출케 하여 보존한다. 이에 판判한다.

當堂將洋五十元, 給咬臍收執. 少軒除收過洋一千八百元外, 餘穗馨簽洋五百元存案, 候具到遵結給領. 讀契俟三日後, 檢給咬臍收回. 少軒復堅執欠票一併索償, 不肯遵斷. 察閱呈案欠票, 本係號字號戤田結欠利錢, 與尋常借票不同. 又係道光二十九年遠年陳票. 此將票內號字塗改作珍字, 希圖朦混. 無論何項契券, 一經塗改, 斷不足憑. 應將原票塗銷存案. 章咬臍著先具遵結存查. 此判.[62]

위에서 당사자 가운데 한쪽은 먼저 준결을 쓰고 지불해야 할 금액을 관에 공탁한 모습이다. 상대방은 여전히 딸려있는 채권이 있다고 말하며 준의遵依를 주저하고 있기는 하지만, 근거가 불확실해 보이는 쓸데없는 주장을 취소하고 준결을 쓴다면 공탁된 금액을 수령할 수 있다.

둘째, 설득과 표리관계를 이루는 상당한 정도의 압박 수단이 사용되었으

---

62 『四西齋決事』 권2 〔章少軒判〕, 47ab.

리라 생각된다. 어떤 경우에는 체벌을 가함으로써 억지로 수락을 강요하는 일조차 있었다. 형사사건에서 상당히 명백한 증거가 있음에도 자백을 거부하는 경우 고문이 사용된 것과 쌍을 이루는 현상이다. 이치가 통하는 항변이 불가능해졌으면서도 완고하게 승복을 거부할 때, 적어도 관이 주관적으로 그러한 인상을 받았을 때 사용된 수단이라고 생각된다. 실례로 도광19년 12월, 섬서성 봉상부鳳翔府 지부知府 대행 구황邱煌의 판어 가운데 다음과 같은 대목이 있다.

(우영牛榮은 당삼黨參(약용 인삼)을 재배하고 있었다. 다른 곳에서 생계를 꾸리던 아들 우중선牛中選이 장영張榮에게서 돈을 빌리면서 무단으로 부친 우영의 당삼을 담보로 삼았다. 우중선이 부채를 남기고 사망하자, 장영은 힘으로 우영의 당삼을 수탈하여 돈으로 바꾸었다. 우영은 현縣에 재소했다. 여러 방면으로 조사가 이루어졌으나, 현은 결국 빼앗은 당삼의 수량에 관해 대개 장영의 주장을 받아들이려 한다.)

해당 지현이 심문해보니, 장영이 진술한 바에 따르면, 캐낸 우영의 당삼은 인공人工(품삯) 60여 관串을 들였음에도 단돈 56관에 팔았을 뿐이다. 오히려 모자란 돈이 10여 관이다. 이를 우중선의 빚 35관과 합치면, 우영은 장영에게 합계 40여 관을 빚지고 있는 것이다. 우영이 연로하므로 지현은 재정하기를 장영이 반드시 받아내야 하는 것은 아니라고 하였다. 우영은 당삼이 모조리 캐내어졌는데 여전히 돈을 추가 지급해야 한다는 재정에 끈질지게 승복하지 않았다. 몸에 세 차례 체벌을 받고서야 겨우 준결을 써서 제출하였다. 본 지부가 부임하자 우영은 부에 가서 제소하였다. 양 당사자를 소집하여 이전의 사정을 자세히 조사하였다.

該縣訊據張榮供稱, 挖掘牛榮黨參, 用過人工六十餘串, 只賣錢五十六串. 尚短錢十餘串. 合之牛中選所欠三十五串, 計牛榮尚欠張榮錢四十餘串. 因牛榮年老, 斷令張榮不必取討. 牛榮因黨參俱被掘盡, 且尚須找給錢文, 堅不輸服. 因身受形責三次, 只得寫具遵給(結). 本府到任, 牛榮赴府申訴. 提集兩造, 訊悉前情.[63]

(이렇게 하여 사건은 부府에서 다루어지게 되었으며, 이하에 구황 자신의 판단을 말이 이어진다.)

위에서 우영은, 작물은 빼앗긴 데다가 기억에도 없는 부채가 더 남아 있다고 단정되었다. 그러면서 노인이기도 하므로 무리하게는 독촉하지 않는다는 일견 자비로운 재정으로 사건을 종결하려 하였기에 승복을 거부하는 것도 당연하다 할 것이다. 그럼에도 불구하고 '형책刑責', 즉 죽판竹板으로 볼기를 때렸는지 손바닥으로 뺨을 때렸는지 구체적으로는 알 수 없는 어떤 체벌로써 심하게 몰아붙임을 당하자, 당장은 말하는 대로 서약서를 한 장 써서 벗어나는 수밖에 없었다.

또한, 준결을 쓸 때까지는 돌려보내지 않겠다고 하며 신병을 구속하기도 하였다. 마찬가지로 구황邱煌의 판어집 가운데 어떤 사건의 판어에서 서두 부분에 인용된 당사자의 상소장에서 그 실례가 보인다. 상소장의 한 견본을 제시하는 의미도 겸하여, 아래에서 인용된 부분에 한해서 전문을 게재한다. 사람을 고용하여 운반하게 한 뗏목 5척 중 4척, 목연木椽(서까래. 혹은 서까래 등에 사용하는 가느다란 목재를 일반적으로 칭하는 말일까) 5,360여 개를 폭풍으로 잃은 사람과, 표류한 대량의 목재를 습득하고도 조금만을 신고한 사람 사이의 다툼이다.

연緣※, 소인은 작년 □월, "여러 사람을 이끌고 목연木椽을 창탈搶奪했다"는 제목으로 감생監生 이지무李枝茂 등을 관아(여기서는 포정사사布政使司를 가리킨다)에 제소했습니다. 관아의 비批에 따라 현縣에서 조사가 행해졌습니다. 11월, 조사에 의해 창탈한 사실이 있었음이 판명되어 장물 가액을 배상하라는 유諭가 있었습니

63 邱煌, 『府判錄存』 권2, 19b, 20a. 필자는 미국 콜롬비아대학 East Asian Library에서 이 책을 열람하고, 마이크로 파일을 청해 얻었다.

다. 그들은 그들의 마을 어느 집이나 장물을 보유하고 있다고 진술하였으므로, 소인은 현의 아역인 교귀喬貴 · 양귀楊貴와 함께 가서 조사하였습니다. 후장侯莊 · 후대성侯大成 등이 진상을 털어놓았기에 소인은 생원生員 후준侯俊에게 부탁하여 자필로 장부를 작성하여 장물을 하나하나 기입하게 했습니다. 이를 근거로 어렵지 않게 철저히 추궁할 수 있을 터입니다. 그런데, 그들이 어떤 수를 쓴 것인지는 모르겠습니다만, 재차 신문하는 때에 지현은 전혀 진상을 추궁하지 않고, 아역도 뇌물을 받아두고 진실을 말하지 않았습니다. 요컨대 강물이 불어나 충격을 주었다는 (그 때문에 뗏목이 풀려 표류하였다) 결론을 내리고, 소인을 무리하게 강요하여, 자백에 있었던 386개의 목연만을 거두어들이도록 했습니다. 소인은 수락하지 않고 있었는데, 미현郿縣의 지현은 그들을 편들어 깊이 추궁하지 않았습니다. 이번에는 그들이 자백한 바 있는, 타인이 다른 상인으로부터 훔쳐 다른 집에 보관하고 있는 목연 수십 개로 소인의 목연 수를 벌충한다 하며, 문서를 보내 두었으니 그곳에 가서 장물을 징수하라고 하며 억지로 소인으로 하여금 수취하도록 했습니다. 생각해 보면, 다른 사람의 목연에는 자신의 것과는 다른 소유자 기호가 찍혀 있는데, 어떻게 가로채서 취하거나 할 수 있겠습니까. 그러자 지현은 가련하게도 소인을 두 달 동안이나 구금하고 억지로 준의遵依를 쓰게 했습니다. 울면서 생각하니, 소인은 보계현寶鷄縣에서부터 매우 단단하게 뗏목을 엮어서 왔으므로, 도끼로 자르지 않는다면 흩어져 흘러가버리는 일은 있을 수 없습니다. 스스로 해체한다 해도 3일이나 5일만으로는 전부 다 운반할 수 없습니다. 하물며, 뗏목은 백양수촌白陽樹村에 있어 그들의 마을에서 5리도 넘게 떨어져 있습니다. 설사 물에 부딪혀 부숴졌다고 해도, 3백 명이나 5백 명으로는 역시 다 건져올릴 수 없습니다. 어떤 이유로 이 물건들이 모조리 그들의 마을에서 발견된 것이겠습니까. 이는 명백히 임삼任三(고용되어 뗏목에 탑승하여 강을 내려가는 남자) 등에 뇌물을 주어 공모하여 창탈한 것입니다. 소인이 관아로 달려 들어가 엄히 조사하도록 재차 간원하지 않으면, 진실을 왜곡한 이 사건으로부터 구제될 수 없습니다.

緣※小的客歲□月間, 以率衆搶奪木椽等情, 控監生李枝茂等在轅. 蒙批縣訊. 於十一月間, 訊明搶奪屬實, 諭令照贓補賠. 伊等供出, 伊村逐家有贓. 小的同縣差喬貴 · 楊貴赴查. 經侯莊 · 侯大成吐露眞情, 小的懇生員侯俊, 親筆按贓開單註明. 無難根究. 不知如何播弄, 覆訊之時, 并不追問寔情, 而差役受賄, 亦不實禀. 總以河水漲沖爲詞, 勒令小的將招出三百八十六條椽具領. 小的未允, 鄖主袒不深究. 又將伊等供出, 他人竊奪別商, 在別家存貯之椽數十條, 塘塞小的椽數, 移文赴彼起贓, 勒令小的具領. 查他人木椽, 現有外號, 焉敢冒領. 可憐將小的拘押兩月, 勒具遵依. 泣思小的由寶鷄, 綀筏最艱, 非斧砍不能流散. 卽自己折卸, 三五日亦搬運不完. 況筏在白陽樹村, 離伊村五里之遙. 卽經水沖, 三五百人亦撈不及. 因何諸物盡從伊村查出. 顯係賄通任三等搶奪屬實. 小的若不奔轅再懇嚴訊, 寃案莫伸.[64]

※ 연緣은 문장을 시작하는 말로 특별히 번역할 정도의 의미가 없다. 굳이 말하자면, "일의 시작은"과 같은 어감일까.

성省의 포정사布政使에게 제출된 이 호소가 이번에는 부府에 넘겨져 구황이 재정하게 된 것이다. 이상의 두 사건 모두 구황 밑에서 원심보다는 유리한 새로운 재정을 받았다.[65]

이처럼 신체에 고통이나 구속을 가함으로써 준결遵結을 강요하는 것은 상소를 위한 절호의 이유가 되었고, 원심관으로서 결코 칭찬받는 일은 아니었다. 그러나 일반적으로 지방관은 체벌이나 신병구속 등을 법적인 근거를 제시하는 일 없이 자신의 재량으로 부과할 권한을 갖고 있었다. 관이 그러

---

64 『府判錄存』 권1, 5ab.

65 다만 두 번째 사건에서 상소인이 상대방은 고의로 뗏목을 해체하여 훔쳤다고 주장한 것은 물론 인정되지 않았다. 소장에서의 과장 · 허구의 한 본보기이다. 또한 두 번째 사건과 비슷한 예로, 方濬師, 『嶺西公牘彙存』 권5, 9a에 "주기찬(周岐贊) 측은 함부로 신병을 구속하여 강제로 준의(遵依)시켜 부족한 금액을 억지로 수령하게 했다는 등의 말로 상공(上控)하였다(周岐贊一造, 卽以濫押勒遵, 短價逼領等詞上控)"는 문장이 보이는데, "함부로 신병을 구속하여 강제로 준의(遵依)시켜 부족한 금액을 억지로 수령하게 했다"는 이유에 따른 상소이다.

한 권한의 발동을 내비치면서 엄한 어조로 몰아세우면, 당사자에게는 쉽게 저항하기 어려운 위압이 되었음이 틀림없다. 옹정 연간에 안휘성 안경부安慶府의 지부知府 서사림徐士林이 내린 판어 중 하나에는 지금까지 사건의 경과를 말하는 다음과 같은 대목이 있다.

(회녕현懷寧縣의 지금은 은퇴한 아역衙役 하옥현何玉鉉이, 아내의 본가로서 과거 명문이었던 오성吳姓의 묘지 가운데 조성된 조상의 분묘에 인접하게 돌연 자기 가문의 무덤을 축조하여 분쟁이 발생하였다. 그 땅에는 하성何姓의 먼 조상의 무덤이 있어서 그것에 더하여 장사지냈다는 것이 하옥현의 주장이다.)

하옥현은 전임 지현대행이 성城(현청 소재 시가지)을 나가는 때를 엿보아, 친감親勘(직접 임하여 실지검증하는 것)을 청하였다. 십면十面의 기병奇兵이 벌써 매복하였다(동시에 재빨리 손을 써두었다). 가린街隣(현지의 주민)이 산을 가득 채우고 한꺼번에 강방扛幫하였다(입을 모아 하옥현의 편을 들었다). 전임 지현대행은 아직 조사한 적이 없으나, 분묘의 경계가 인접하고 있고, 또 오보성吳寶城이 전에는 평지라 진술하다가 나중에는 말을 바꿔 옛무덤이라 했으므로, 마침내 여럿에 유諭하여 압화押和(강제적으로 화의和議를 체결)하게 했다. 향약鄉約(마을 일을 보살피는 직책의 일종) 사홍도謝洪濤 등이 즉시 많은 사람을 불러 모아 강제로 약정을 세웠다. 그 안에는 "하성何姓의 분묘에 비석을 세우고 각자의 조상을 모신다"라고 기재했다. 오영삼吳英三 · 오보성은, 지현대행의 유諭가 엄할뿐더러 여러 사람의 입은 쇠도 녹이는 것이기에, 그 화禍를 사는 것이 두려워 뜻을 접고 따라서 화압畫押하니 관官에 올려 관인을 찍게 되었다. 하옥현은 뜻한 바를 이루었고, 그에 따라 7월 내에 경계를 세우고 비를 세웠다. 오성吳姓의 무덤 경계 동쪽에는 결국 오성의 한 조각 땅도 없게 되었다. 오문서吳文西 등이 부府로 가서 첩공疊控(몇번이고 소장을 제출하는 것)하였다.

玉鉉伺前署縣出城, 禀請親勘. 十面奇兵, 早已埋伏. 街隣滿山, 一氣扛幫. 前署縣並未察審, 止以墳界毗連, 又因寶城先供平地改供古塚, 遂諭衆押和. 鄉約謝洪濤等, 卽號召多人, 硬立議約. 內載何墳立碑, 各祀各祖. 英三 · 寶城因縣論嚴切, 兼以衆口鑠金, 恐其買禍, 曲從畫押, 呈官用印. 玉鉉得志, 隨於七月內, 立界立碑. 吳墳石圍之東, 吳姓竟無寸土矣. 文西等赴府疊拱.[66]

이는 과거에 아역을 역임하여 관아의 사정에 정통한 남자가 지현이 다른 용건으로 외출한 기회를 틈타, 겸사겸사라며 그럴듯한 말로 구슬려, 급조된 현지 재판으로 끌고 간 진귀한 예이다.[67] 그러나 "지현의 유가 엄하였다縣論嚴切", 즉 지현이 엄한 어조로 닦달하는 것에는 저항하기 어려웠다. 이렇게 당장은 주장을 굽히고 문서 한 장을 올리는 것은 통상의 법정에서도 보이는 현상이었음에 틀림없다. 1942년 만철조사부滿鐵調査部에 의한 화북지역의 농촌관행조사가 있을 때, 조사원이 마을사람의 의뢰를 받아 현성縣城에 있는 성황묘城隍廟의 화상和尙과의 소송사건에 관여한 사건이 있었다. 이에 관해 조사원이 적어놓은 기록 가운데 다음과 같은 기사가 보인다.

승심원承審員의 의견을 현縣의 고문에게 전해 그의 조력을 부탁했다. 그는 화상을 큰소리로 질책하고 만약 주장을 바꾸지 않으면 현에서 퇴거를 명할 것이라 했다. 화상은 이상할 정도로 아무렇지 않은 얼굴을 하고 있다. 결국, 석문촌石門村의 향화지香火地에는 손을 대지 않을 것을 승인하였으나, 그 일에 대해 서약서를 쓰라고 하자, 문자가 서툴다거나 서식을 모르겠다거나, 윗사람과 상담한 후에 하겠다고 하며 좀처럼 승낙하지 않았다. 그래서 조수 유준산劉峻山에게 견본을 쓰게 하여, 엄히 꾸짖으며 그대로 화상이 베끼게 하였다. 그 전문은 다음과 같다.[68]

---

66 『徐雨峰中丞勘語』 권1, 37b〔何玉鉉冒祖壆墳案〕.

67 이것이 가능했던 배경에는 하옥현(何玉鉉)이 아역으로 직무를 담당하며 그 지방에 아는 사람이 많았던 것과, 오성(吳姓)이 이것저것 근린의 원한을 사는 행위가 많았다는 사정이 있었음이 판어의 뒤쪽에 보인다. 그런 까닭에 한마디만 나오면, 사람들이 덩달아 신이 나서 줄줄이 나타나 오성(吳姓)에 뭇매를 때렸다.

68 『中國農村慣行調査』 1, p.203 상단.

이어서 "서약서를 제출하는 사람具結人 …"으로 시작되는 서약서의 전문도 실려 있다. 당시, 위엄을 갖춘 옛날의 지현아문知縣衙門은 이미 사라지고, 외국인인 조사원이 관여하는 등 전혀 체모를 갖추지 않은 재판이었음이 틀림없다. 하지만 변명하며 벗어나려는 당사자를 꾸짖어 서약서를 쓰게 한다는 방식은 옛부터의 일처리 방식을 방불케 하는 점이 있는 것 같다.

그런데 이렇게 하여 준결을 취하여 갖추었다는 것만으로, 항상 사건이 낙착되었다고는 할 수 없다. 다이 옌후이가 "이를 받았으면서도 그 후 다툼이 계속되어 다시 소송을 되풀이하는 예가 때때로 눈에 띈다"라고 지적한 것은 대만에서만 보이는 현상은 아니었다. '번이翻異', '번공翻控' 등으로 불리는, 소송을 다시 끄집어내어 제기하는 행위는 사료의 곳곳에 나타난다. 가장 의문의 여지 없는 예로 『번산비판樊山批判』 가운데 광서연간 섬서성 함녕현咸寧縣 · 위남현渭南縣의 비批 두 가지를 골라 해설하고 요점만 원문을 들어보겠다.

〔장서신張書紳이 올린 소장에 대한 비批張書紳呈詞〕

일은 이갑里甲 조직의 재편성과 관계된다. 비批의 문면만으로는 정확한 사정을 이해하기 어렵지만, 새로운 편성에 불만을 가진 자의 소장에 대한 비라는 것은 명확하다. "전에 이미 서약서를 제출하였으면서 어찌 다시 번이하는가. 또한 청원 내용도 어느 것이나 과장이다前已具結, 何又翻異. 且所稟各情, 俱屬過火"라고 쓰기 시작하여, "너희들은 몇 번이나 법정에 나와 말이 궁하고 이치가 꿀리자 서약서를 제출하여 안건을 종결한 바 있다. 그 후에 다시 부추김을 받고 번이한 것은 실로 유감스럽기 그지 없다. 본 건에 관해서는 현재 본 지현이 각 상급청에 질의하고 있는 중이다. 회답을 받기를 기다려 다시 명확한 고시告示를 내어 신구新舊의 각 갑甲으로 하여금 한결같이 준수하도록 할 것이다而爾等屢次過堂, 於詞窮理屈, 具結完案之後, 又復受唆翻異, 實屬可恨已極. 此案現經本縣通稟列憲, 請示飭遵. 俟奉批之日, 再行剴切出示, 諭飭新舊各甲, 一體遵照可也"라고 끝맺고 있다.[69]

〔고조길이 올린 소장에 대한 비批高照吉呈詞〕

양증복楊增福이란 자가 기근 시에 관의 허가를 얻은 후, 과부로 사는 동생의 처 양채씨楊蔡氏를 은 30량兩을 받고 왕기성王紀盛에게 개가시켰다. 그렇게 하면서 왕기성이 그녀를 속여 취하였다고 소송을 일으켰다가 패소했다. 재판이 마무리된 후 양채씨의 시아버지에 해당하는 고조길이 다시 일을 문제 삼아 소송을 제기한 것에 대한 비批이다. 전반부에서는 양증복을 패소시킬 때 증거가 된 사항을 하나하나 지적한 다음 "양증복이 자신이 혼주가 되어 양채씨를 결혼시킨 것에는 조금의 의문도 없다. 따라서 본 지현은 그 자리에서 따끔하게 질책하고, 양채씨는 왕성王姓의 처가 되고, 양증복은 본적지로 돌아가 얌전히 있으라는 단斷을 내렸다. 그 준결遵結을 취해 갖추어 사건기록 가운데 넣어두었다. 그런데 사안을 종결한 지 몇 달 뒤, 너는 생원生員의 신분으로, 또 직접 관계가 없는 사람이면서 돌연히 본 지현에게, 담당하는 서리와 아역을 교체하고 (다시) 소환신문해줄 것을 신청해왔다. 망령되기 그지 없고, 괴이하기 그지 없다其爲增福自己主婚, 毫無疑義. 當經本縣痛加責罟, 斷令楊蔡氏歸王姓爲妻, 楊增福回籍安分. 具有遵結在案. 乃斷結數月以後, 爾以身列膠庠, 事外無干之人, 突請本縣改差傳訊. 胆妄已極, 詫異已極"고 하며 그 잘못을 추궁하였다. 아울러 물러나지 않으면 법정에 세워 중책重責(체벌), 상혁詳革(생원신분의 박탈)하고, 가호枷號 3개월에 처할 것이라며 으름장을 놓는 문구로 끝맺고 있다.[70]

위의 두 건 모두 번이를 질책하여 물리치고 있다. 즉 '부준不准'의 비批인 것인데, 이미 두루 갖추어진 서약서의 형식적 효력을 방패로 삼아 각하하는 것이 아니라, 실질적인 논의로써 답하고 있는 점에 주목해야 한다. 이러한 일은 주현보다 상급의, 예컨대 부府의 재판에서도 일어날 수 있는 일이었다. 섬서성 봉상부鳳翔府에서 있었던 구황邱煌의 판어 속에서 두 차례의 판判

---

69 『樊山批判』 권3, 14b.
70 『樊山批判』 권8, 8a.

을 수반한 다음과 같은 개요의 사건이 있다.

> 조진씨趙陳氏는 외조카인 범선례范先禮에게 부탁하여 투자 목적으로 가옥을 구입하려 하였다. 범선례는 무생武生 유승선劉承先에게 조력을 부탁하여 알맞는 물건을 315,000문에 입수했다. 범선례는 곧 사망하였다. 후에 유승선이 이 가옥 가운데 두 칸을 잘라 전록田祿에게 팔았고, 조진씨가 그것을 힐난하여 분쟁이 되었다. 유승선은 이 가옥이 조진씨와 아무 연관도 없다고 한다. 확실히 증서에는 "유劉, 범范 두 사람에게 팔아 재산으로 삼게 한다"라고 되어있어, 조진씨의 이름은 없다. 그러나 증인과 기타의 증거에서 조진씨가 전錢200,000문을 변통하여 범선례에게 주었다는 사실이 증명된다. 유승선은 조진씨에게서 그것을 수령한 사실을 인정했으며, 조진씨는 남은 115,000문을 아직 넘기지 않았다는 사실을 인정했다. 이에 따라 단斷하니, 유승선으로 하여금 전 200,000문을 조진씨에게 반환하게 하고, 가옥은 유승선의 소유로 하며, 전록에게 나누어 판 2칸은 전록의 소유로 정한다. 그리고 "각각으로부터 서약서를 취하여 사건기록에 합본한다. 이에 판을 내린다取具遵甘各結附卷. 此判"라는 말로 제1의 판어는 끝맺어졌다.

위가 첫 번째 내지는 주된 판어의 대략이다. 그 일시는 도광20년 2월 22일이다. 그 뒤에 부기되어 있는 두 번째 판어가 지금 여기에서 흥미의 중심이 된다. 아래에 그 전문을 번역한다.

> 이 사건에서 유승선은 본 지부의 심리에 의해 기한을 정해 금전을 넘기는 것을 약속한 후, 10여 일이 지나 돌연 다시 번복하였다. 그 진술 중에 "범선례의 동생 범선의范先義가 사람을 시켜 저 유승선에게 부탁하여 말하기를, '돈을 건네지 말아 달라, 지금 자신이 부府에 나가 소를 제기하려 하는 중이다' 했습니다"라고 했다. 본 지부는 범선례의 형 범선문范先文을 소환해 출두시켰다. 신문해보니, 범선문은 진술하기를, "이전부터 범선례가 조진씨를 대신하여 기산岐山에서 가옥을 산 일을

알고 있습니다. 그 돈은 그가 다른 사람에게서 빌려 지급하였습니다. 조진씨는 도광15년에 토지를 500관串에 팔고서야 비로소 이 돈을 범선례에게 상환하였습니다. 현재 범선례의 아들은 아직 어리고, 범선의는 전혀 집에 들르지 않고 이전부터 한중漢中일대를 돌아다니고 있습니다. 부에 나와 소송을 제기한다는 등의 말은 전혀 없습니다. 그것은 유승선에게 이름을 사칭당한 것에 틀림없습니다"라고 말했다. 이에 따라 범선문에게 그러한 취지의 감결甘結을 제출하게 했다. 이렇게 하여 이 가옥이 조진씨가 돈을 내어 산 것이라는 사실에는 이미 의문이 없다. 이를 유승선에게 캐묻자 변명하지 못하고, 다만 무턱대고 지연시키는 것만 꾀하며 돈의 교부를 승낙하지 않으니 정말 악랄하다. 무생武生 신분의 박탈을 신청하고 심문하지 않으면 돈을 징수할 수 없을 것 같다. 한편, 유승선의 의도는, 본 지부의 전임轉任이 가까워졌기 때문에 신분박탈의 절차를 밟을 여유가 없다고 보고, 감히 고의로 지연시키고 있는 것일 것이다. 하지만 생각해 보라, 시비를 둘러싼 공평한 판단력은 사람들에게 똑같이 갖추어져 있다. 이 사건은 이미 여러 증거가 확실하다. 유승선이 교활하게 책임을 피하려 하여도, 훗날 재판관 자리에 앉는 자가 높이 걸린 거울과 같이 비춘다면, 그 통찰력 있는 눈을 피할 수는 없을 것이다. 후임자가 유승선을 위해 무생의 신분을 보전해 주고 싶어도, 조진씨가 타지에서 의지할 데 없는 과부살이를 하면서 앉은 채로 속임을 당하는 것이 동정을 끌지 않을 수 있겠는가. 나는 유승선이 스스로 불행의 씨앗을 뿌리고 있는 것에 불과함을 잘 알 수 있다. 도광20년 3월 20일, 급히 쓰니 이를 판判한다.

此案經本府訊明劉承先具限交錢之後, 越十餘日, 忽復翻悔. 聲稱范先禮之弟范先義, 遣人囑伊, 不可交錢, 現欲來府具控, 等語. 本府查傳范先禮之胞兄范先文到案. 訊據范先文供稱, 從前曾知范先禮代趙陳氏在岐山買過房屋. 其錢係向他人挪借. 趙陳氏於十五年將地出賣五百串, 始將此項償還. 現在先禮之子尚幼, 先義并未在家, 早往漢中一帶客遊, 並無來府控告之說. 係屬劉承先誣指, 等供. 隨據范先文出具甘結. 是此房係趙陳氏出錢置買, 已無疑義. 質之劉承先無可置辨, 惟一味延抗, 不肯措交, 實屬刁狡. 若非詳革究辦, 斷難著追. 而劉承先之意, 只因本府卸事在卽, 不及詳辦, 故敢有意拖延. 殊不思是非之公, 人人同具. 此案旣經衆證確鑿. 劉承先雖欲狡卸, 他日坐黃堂者, 金鏡高懸, 難逃洞鑒. 雖欲爲劉承先保全靑衿, 而趙陳氏異地孤孀, 坐受誆騙, 獨不邀衿恤乎. 吾知劉承先只自詒伊戚矣. 道光二十年三月十日, 走筆判此.[71]

여기서는 번공翻控을 받은 법관이 당사자 및 새로운 관계인을 불러내 신문한 것이 주목된다. 즉, 당사자는 사건을 재점화하여 다시 법정을 열게 하는 데 성공한 것이다.

전임 지방관 아래에서 의준한 자가 그의 전임轉任을 기다려 후임자에게 번공하거나, 하급청에서 준결을 쓴 자가 상급청에 상소(이 또한 번공이라 불린다)하는 것도 많은 실례가 보인다.[72] 그때 사건을 재론으로 가져가는 논법으로서, 원심관이 저항할 수 없는 강제수단에 의해 준결을 작성하게 했다고 하거나, 원심관이 뇌물을 받았다고 하거나, 막우 · 차역 등의 부정행위가 있었다고 하거나, 혹은 한 차례 재판에서 준의遵依한 사실을 완전히 묵비하

---

71 『府判錄存』 권3, 22a-25b.

72 『四西齋決事』 권2, 11b〔董秀鈺判〕에 "이미 전임 유(兪) 지현이 직접 조사하여 밝혀 올해 11월 4일에 판결을 내려 종결짓기를, 각자에게 양보하여 땅의 경계부분을 내라고 명하니 … 각기 준수하겠다는 서약서를 작성하였다. 그런데 차역에게 명하기 전에 곧 유 지현이 이임하니, 사건은 후임에게 인계되었다. 본 지현이 처음 와서 소송을 접수하자마자, 동수옥(董秀鈺)은 동정완(董正緩)이 경계석을 뽑아 훼손하였다고 고소해왔다. 열흘 내에 두 차례나 소장을 올리니, 이미 종결된 사건에서 소송이 다시 일어나게 되었다(經兪前縣親涖勘明, 於本年十一月初四日斷結, 令各讓出界址. … 各具遵結在案. 未及飭差, 旋卽交卸, 案准移交. 本縣初次放告, 卽據董秀鈺以董正緩拔毁界石來控. 十日內兩次具呈, 而已結之案, 訟端復起矣)"라 한 부분은 후임자에게 번공한 예이다. 董沛, 『吳平贅言』 권3, 3b〔陳宜接等控案判〕에서 "왕애당(王藹堂)은 전임 지현 앞에 서약서를 제출하고, 시신을 확인하고 수령했다. 해당 서약서는 분명히 그 차남 왕정상(王貞祥)이 직접 작성한 것이다. 그런데 일이 있은 지 20여 일이 지나 다시 상부에 번공하였으니, 특히 합당하지 않은 것이다. 염두한 것은 자식의 사정을 가슴 아파한 뜻으로, 또한 노년에 처해 있으니, 우선 무고죄를 묻지 않는다(王藹堂在前縣當堂具結, 攔驗領屍. 該結實其次子王貞祥手寫. 乃事隔二十餘日, 又復上府翻控, 殊有不合. 念係痛子情切, 且在耄年, 姑免究誣)"라 한 것은 상급기관에 번공한 예이다.

는 등의 일이 행해졌다. 상당한 거짓을 적어 상소하였더라도 그 결과 실질적으로 원억冤抑이 있었음이 인정되면, 상응하는 구제를 얻을 수 있었다.[73]

요컨대, 당사자가 제출한 준결은 청대의 제도 안에서는 소송의 재정이 낙착하였음을 보여주는 가장 확실한 문서였음에 틀림없다. 하지만 그렇다고 해도 그 형식의 힘으로 실질적인 논의를 봉쇄하고, 장래에 재론의 길을 막을 정도로 절대적인 힘을 갖는 것은 아니었다. 한편, 준결이라는 형식이 갖추어지는 데 이르지 않더라도, 지방관이 판判이나 비批를 통하여 제시한 판단은 하나의 권위 있는 소리로서 의미를 가진 것이었다. 준결이라는 절차를 밟지 않았더라도 당사자가 관의 재정을 행동에서 받아들여 분쟁이 자연히 종식될 수 있었고,[74] 또한 이미 보았듯이 사안의 곡절을 남김없이 밝힌, 실

---

73 강제에 의한 준결이라 한 것에 관해서는 전술하였다. 『徐雨峰中丞勘語』 권3, 65a 이하〔呂永龍圖産爭繼案〕에서 "지현서리가 이임하고, 여영룡(呂永龍)이 다시 여이공(呂爾公) 등과 결탁하여, 한쪽에서 고소하면 다른 쪽에서 응수했다. 여영룡은 끝내 왕씨(汪氏)의 유복자를 날조한 것이라 하거나, 혹은 서리지현이 금품을 매장하였다고 하거나, 혹은 막부(幕府)와 내통하였다고 하는 등, 이치에 어긋나는 말로 번공하였다. 새로운 지현이 조사하였으나 결론을 내리지 못하니, 여아왕(呂阿汪)이 부에 나아가 직접 소장을 제출하였다(乃署縣離任, 永龍復與呂爾公等串通, 此告彼應. 永龍竟以汪氏遺腹爲詐捏, 或稱署縣金埋, 或稱內通幕府, 狂悖其詞翻控. 新縣審而未斷, 呂阿汪赴府具控)"는 대목은 전임자나 그의 막우(?)가 뇌물에 움직였다고 하여 후임자에게 번공한 예이다. 『徐雨峰中丞勘語』 권3, 8b 이하〔太湖縣民蔡方來冒祖佔葬案〕에서 "채영(蔡永)이 고소한 말은, 현의 판결에 준의(遵依)한 사정을 숨기고, 차역이 뇌물을 받아 방해했다고 가공하여 고소한 것으로, 심사해보니 이는 사실이 아니며, 또한 합당하지도 않다. 우선 채방래(蔡方來)가 무덤을 점유한 것은 사실로, 현의 심리가 잘못되어 원억이 발생한 점을 고려하여, 관대하게 죄를 의논치 않기로 한다(蔡永告詞, 隱匿縣斷遵依情由, 架控差役受賄阻踏, 審係虛誑, 亦屬不合. 姑念方來佔墳是實, 縣審誤斷, 致有屈抑, 從寬免議)"(11a)라는 대목은 현에서 준의한 것을 숨기고 상소한 예이다.

74 일례로 『槐卿政蹟』 권3, 16b〔悖諭迭砍事〕. 소성(蕭姓)의 무덤이 있는 산의 수목을 그 북쪽에 산을 가진 유성(劉姓)이 들어가 벌채한 일로 일어난 분쟁이다. 도광4년 당시의 지현은 양자 모두 산의 소유권을 증빙하는 충분한 증거문서가 없다는 것을 이유로, 공금(公禁), 즉 양자 모두 산의 수목 벌채를 금지한다고 단(斷)하였다. 소성(蕭姓)으로서는 그래도 무덤의 정면을 지키는 수목은 보호받는 것이 되므로, "양 당사자 모두 구준(具遵)하지는 않았지만, … 결국 그럭저럭 화목하게 지냈다." 20년 후 유성이 또 나무를 벌채하였으므로, 소성은 "유(諭)를 거스르고 계속하여 베었다", 즉, 과거 지현의 단에 대한 위반이라고 소를 제기하여, 그때의 지현 심연경(沈衍慶)이 재정하게 되었다. 『府判錄存』 권4,

질적으로 타당한 하나의 비에 의해 분쟁을 초기 단계에서 해결 · 진정시킬 수도 있었다. 그리고 비 · 판 · 준결 및 구두진술, 그 외 일체의 유관문서가 당안으로 보존되어, 장래에 문제가 재점화한 경우 각각 상응하는 의미가 있는 것으로서 참조되었다.

이러한 형태의 재판을 어떻게 성격 규정해야 할 것인지는 다음 절의 고찰을 거친 후 되돌아와 생각해 보고자 한다.

제2절 재판의 경정更正 가능성

1.

오늘날 우리의 제도에서 판결은 머지않아 통상의 절차로는 더는 다툴 수 없는 단계에 도달한다. 즉, 확정된다. 너무나 현저하게 부당하다는 의심이 드는 확정판결에 대해서 재심의 길이 열려 있기는 하나, 그 조건은 엄격히 제한되어, 보통의 절차와는 단절된 매우 예외적인 별개의 구제수단으로 자리매김되어 있다. 왜 오늘날의 제도에서 판결의 확정이라는 현상이 생기는가 하면 이하의 이유 때문이다. 첫째, 대개 법원은 소송사건에서 일단 선고한 판결을 다시 스스로 취소하거나 변경할 수 없다는 대원칙이 존재한다.[1]

34a-37a, 도광20년 3월 10일의 〔心得鳳翔縣民劉芳義控劉玉劉淪等一案〕은, 지연을 꾀하는 한쪽 당사자에게서 억지로 준결을 받지 않고, 다른 확실한 증거문서를 기록해 남김으로써 종결한 예이다. [부언] 판독(判牘)에 나타난 "現據…", "昨據…", "未據…", "卽據…", "只據…"등의 용어법에서 '據'라는 글자는 각각 위의 부사를 강조하는 역할을 할 뿐, 특별한 의미가 없는 경우가 많다. 본문 p.185의 비(批), pp.192-193의 유(諭)의 번역에 관련하여 이를 부언해 둔다.

1 이 원칙에 대한 경미한 예외(일본 민사소송법 제193조의2, 제194조 등)는 지금 여기서 문제 삼을 필요가 없다. [역주] 저자가 인용한 일본 민사소송법은 일본의 현행 민사소송법(1996년 법률 제109호 제정. 1998년 1월 시행) 시행 전에 시행된 구 민사소송법이다. 참

둘째, 상소가 허용되는 기간이 한정되며, 또 최후에는 더는 상소를 허용하지 않는 종심終審 법원이 존재하기 때문이다. 필자는 청대의 형사재판에 관해 논한 앞부분의 "상소가 허용되는 기간의 제한은 일반적으로는 전혀 존재하지 않았다"는 명제에 대해, 두 번째 점만을 들어 확정력 관념의 부재를 시사했다.[2] 더 근본적인 첫 번째 점, 즉 판결의 기속력羈束力(자기구속력) 개념의 존재 여부에 관해 언급하지 않은 것은 크게 미비한 지점이었다. 이 점을 보완하여 인식을 확실히 해 두고 싶은 것이 이 절을 쓰게 된 큰 동기이기도 하다.

그런데, 주현자리州縣自理의 안건이 되는 민사적인 소송에서 주현이 그 권한에 기초하여 내리는 재정裁定 및 당사자의 상소에 의해 부府, 도道 등 지방상급관청이 그에 관여하여 내리는 재정의 경우, 오늘날 말하는 판결의 기속력에 상당하는 관념이 존재하지 않았음은 앞 절에서 본 청대 재판의 형식으로부터 거의 가늠이 갈 것이다. 왜냐하면, '기속력'이라는 속성을 띠어야 할 실체로서의 '판결'이라는 특별한 재판형식이 애당초 존재하지 않았기 때문이다.

오늘날 우리에게도 재판, 즉 법원이 행하는 공권적 판단 또는 의사의 표시 전부가 기속력을 띠고 있는 것은 아니다. 결정 및 명령은 이를 내리는 법원 또는 재판장 자신이 다시 이를 경정할 가능성이 있다는 점에서 판결과 본질적으로 다르다. 즉, 결정이나 명령에 불복한 당사자가 항고를 제기했

고로 조문을 소개하면, 구 민소법 제193조의2 ① 판결이 법령에 위배하였음을 발견한 때는 재판소는 그 선고후 1주일 내에 변경의 판결을 할 수 있다. 다만, 판결이 확정된 때 또는 판결을 변경하기 위해 사건에 관해 다시 변론할 필요가 있는 때는 그러하지 않다(이하 ②, ③ 생략). 제194조 ① 판결에 계산착오, 오기, 기타 이와 유사한 명백한 오류가 있는 때는 재판소는 언제라도 신청에 따라 또는 직권으로 경정결정(更正決定)을 할 수 있다(이하 ②, ③ 생략). 일본의 현행 민소법 제256조, 제257조에 같은 취지의 규정을 두고 있다. 우리나라의 현행 민소법 제211조는 위 일본 구 민소법 제194조와 같은 취지이다.

2 이 책 제1장 p.67.

을 때, 먼저 원심법원이 이를 검토할 기회를 갖고, 항고에 이유가 있다고 인정한 때에는 그 재판을 경정한다(이른바 재도再度의 고안考案에 의한 경정). 원심법원이 항고에 이유가 없다고 판단한 때는 의견을 첨부하여 이를 항고법원으로 보내며, 여기서 비로소 상급심의 판단을 구하게 된다(일 · 구민소 제417조, 일 · 형소 제423조②; 한 · 민소 제446조, 한 · 형소 제408조).* 또한, 소송지휘에 관한 결정이나 명령은 당사자의 불복신청을 기다리지 않고 법원 자신의 판단으로 언제든지 취소할 수 있다(일 · 구민소 제205조, 한 · 민소 제222조).

판결과 결정 · 명령이라는 재판형식의 구별 및 그 속성의 차이는, 법원에 요청되는 행위 자체 속에서의 종류 구별을 인정하고, 각각에 적합한 제도적 표현을 부여하려고 한 궁리의 산물이다. 현행법에 관한 전문가가 아니라는 점에 양해를 구하고 대략적으로 말한다면, 다음과 같이 말할 수 있을 것이다.

소송은 청구취지를 간결하고 확정적으로 표시한 소의 제기로 개시되고, 그 청구를 인용할지 거부할지의 판정을 내리는 것으로 끝난다. 그러한 소송 한 건의 진행과정에서 법원 또는 재판장은 소송이라는 국가 행위의 주재자로서 행동한다. 그리고 이 입장에서 내려지는 재정을 위해, 결정 · 명령이라는 제도적 표현이 준비되어 있다. 이렇게 생각할 때, 법원은 국가 행위를 담당하는 여러가지 행정관청들과 본질적으로 다르지 않고, 나라의 높으신 관청(오카미お上)으로서 당사자 앞에 나타난다. 그 자리에서 내려진 결정이나 명령은 행정처분 일반과 마찬가지로 기속력을 동반하지 않는다.[3]

---

* [역주] 저자는 본장에서 본문의 서술과 관련되는 일본의 민소법(구 민소법)과 형소법의 조문을 밝히고 있다. 번역문에서는 이를 각각 '일 · 구민소'와 '일 · 형소'로 표기하는 한편, 우리나라 독자를 위해, 상응하는 한국의 현행 민소법('한 · 민소')과 형소법('한 · 형소') 조문을 병기하였다.

3 三ヶ月章, 『民事訴訟法』, p.290는 "소송절차의 각종 파생적 또는 부수적 사항의 해결이나 소송지휘상의 처치"에서 "사법작용으로서의 성격이 희박하고 … 행정작용의 실질을 띠고 있다"라고 설명한다. 소송법상의 '항고(抗告)'와 행정법상의 '소원(訴願)'이, 원어는 모두 Beschwerde이고, 본질적으로는 결코 서로 다른 것이 아니라는 흥미로운 사실에 대해서는 이하를 참조하라. 三ヶ月章, 「法と言語の關係についての一考察」, 三ヶ月章, 『民

나랏일을 하시는 관청인 법원의 영도 아래 절차가 다 끝난 후, 절차를 통해 획득된 모든 데이터를 종합적으로 평가하여 청구를 인용할지 거부할지, 즉 해당 안건에 대한 판정을 내리는 것이 중요한 일이 된다. 이 단계에서 법원은, 소송이라는 국가적 행위의 주재자에서, 법과 정의의 판정자로 바뀐다. 절차의 공정하고 원만한 운행이라는 선善에 복무하는 관리자에서, 사실이 어떠하였는가, 법이 무엇인가하는 진실에 다가가는 데 힘쓰는 탐구자로 변한다. 판정자로서의 법원은 더는 높으신 관이 아니고, 법공동체 그 자체를 위한 판결의 발견인이자 공동체의 살아있는 입이 된다. 자기 안에 법공동체의 목소리를 빙의하여 그 목소리대로 신탁神託의 결론을 말하는 자와 다르지 않다. 이런 의미의 판정을 담는 그릇으로서 판결이라는 형식이 준비되어 있는 것이며, 이것으로 심급審級이 완결되고 사안은 해당 법원의 손을 떠난다. 빙의 상태에서 내린 신탁은 이미 신탁을 매개한 자를 벗어나 있다. 법원은 자신의 손을 떠난 사안을 뒤쫓아가 정정할 수는 없다. 판결의 기속력과 심급 이탈의 효과는 실체가 동일한 것을 두 가지 측면에서 표현하는 말로 볼 수 있을 것이다. 이처럼 이탈이라는 관점에서 보는 편이, 이를 자박성自縛性이라고 표현하는 것보다 한층 더 사태의 본질에 닿아있는 것이 아닐까 한다. 우리의 현행제도에서는, 소송의 주재와 사안의 판정이라는 두 기능을, 단독 혹은 복수의 판사로 구성되는 법원이라는 동일 주체에 부담시키고 있다. 그렇지만, 역사적으로는 두 기능을 별개의 주체에게 담당시키는 제도도 있을 수 있었다.[4] 현대에서 영국과 미국의 배심제도가 두드러지

事訴訟法研究』 7, 有斐閣, 1978, p.293 주3.

4 게르만 시대의 훈데르트샤프트(Hundertschaft) 법원은 귀족이 순회 재판관으로서 이를 주재하며 그의 질문에 답하여 자치적인 재판민 단체가 판결을 발견한다는 구성이었다. 그리고 "재판관과 판결 발견인을 분리한다는 것은 게르만적 재판제도의 기본적 특색이며, 이 특색은 놀라울 정도로 장시간에 걸쳐 유지되었다"(Heinrich Mitteis-Heinz Lieberich, *Deutsche Rechtsgeschichte*, 13 Aufl., 1974, p.34(世良晃志郎 옮김, 『獨逸法制史概論(改訂版)』, 創文社, 1971, p.67)). 고대 로마의 법률소송 및 방식서 소송(方式書

는 예이다. 판결에 기속력이 수반하는 것은 배심이 평결을 고칠 수 없다—평결을 부여함으로써 주체에 해당하는 배심 그 자체가 해산해 버린다—는 것과 동일한 이치라고 해도 좋을지 모른다.[5]

이미 살펴보았듯이, 청대의 소송은 처음에 청구취지의 확정적 표시를 결여한 것처럼, 마지막에서도 인용인지 거부인지 칼로 자르듯 분명한 판정을 결여하고 있다. 거기서는 법정에 자리한 지방관이 처음부터 끝까지 높으신 관청으로서 당사자를 대하고 있다. '비批'나 '판判'은 모두 관으로서의 목소리이지 법공동체의 신탁은 아니었다. 따라서 판결의 기속력=심급이탈이라는 현상은 본질적으로는 일어날 수 없었던 것이다.

그러나 본질적으로는 나랏일을 하는 관청이지 판정자는 아니었다 하더라도, 관으로서의 위신을 지키고 분쟁이 쓸데없이 길어지는 것을 막는다는 실제적인 고찰로부터, 일단 내린 재정은 절대로, 혹은 쉽게는 취소하지 않는다는 태도를 취하는 것이 추천, 장려되어 암묵적인 원칙이 되었다는 것도 하나의 가능성으로 생각할 수 있다. 사실은 어떠했을까. 가네코 하지메兼子一 교수는 판결의 자박성(자기구속력)을 설명하면서 "'과오를 바로잡는 것에

訴訟)이, 법무관(praetor)이 주재하는 법정 절차(in iure)와 시민 가운데서 선임된 심판인(iudex)에 의한 판정, 즉 심판 절차(apud iudicem)의 2단계로 구분되어 있던 것도 이것과 비교해 생각할 수 있다. 原田慶吉, 『ローマ法』 하, 有斐閣, 1949, p.159 이하; 船田享二, 『ローマ法』 5, 岩波書店, 1972, 제2장.

5 일본의 현행제도에서 상소심에서 하급심으로 환송(還送)하는 경우, 한번 재판에 관여한 재판관이 다시 동일 안건을 다루는 일이 일어날 수 있을까. 형사소송에 있어서는 이 가능성이 완벽히 닫혀 있다(일 · 형소 제20조⑦, 한 · 형소 제17조⑦). 즉, 이탈이 철저하다. 민사소송에서는 상고심에서의 파기 환송에 한하여 원판결에 관여한 재판관을 제척하는 취지의 규정을 둘 뿐(일 · 구민소 제407조③)이고, 항소심에서 환송하는 경우에는 이 가능성이 남아 있다. 제1심에서 소를 부적법으로 각하한 경우 외에도 항소심에서의 환송이 있을 수 있음을 법은 상정하고 있다(일 · 구민소 제389조). 한편, 1, 2심 모두 부적법 각하로 한 판결을 상고심에서 파기하고 실질 심리를 명하여 환송하는 경우도 이론상으로 있을 수 있다는 점을 생각하면, 민사소송법의 이러한 입법의 이유가 어디에 있는지 이해하기 어렵다. [역주] 참고로 한 · 민소 제41조④은 이전 심급의 재판에 관여한 것을 법관의 일반적 제척사유로 규정한다.

는 거리끼지 말라'는 격언도 재판에서 그대로 적용하는 것은 용납되지 않는다"라고 말한다.[6] 청대의 지방관도 동일한 인식이 있었을까. 결론부터 말하면, 오히려 반대이다. 오늘날의 재판에서는 용납되지 않는다는 보는, '과오를 바로잡는 것에는 거리끼지 말라'는 격언이 청대 지방관의 재판에서는 그야말로 행동기준이 되어 있었다고 말해도 좋을 것이라 생각된다.

2.

먼저 동일한 지현이 일단 재정을 내리고, 이후에 그것을 취소하여 변경하는 취지의 두 번째 재정을 내린 실례로 가장 두드러지는 것을 2개만 소개한다.

심연경沈衍慶이 도광23년부터 25년에 걸쳐 강서성 태화현泰和縣 지현이었던 시기에 취급한 사건 가운데, '기존의 유해를 없애고 바꾸어 장사지낸 사건滅骸換葬事(前後兩判)'이라는 제목으로 그의 판어집에 수록된 사건이 있다.[7] 여기에는 먼젓번의 판어와 그것을 스스로 뒤집은 후속 판어를 함께 수록하고 있다. 그 요지는 아래와 같다.

증정가曾貞柯는 곽만빈郭滿賓으로부터 분묘용의 토지 4혈穴을 매수했다. 여기에 곽능일郭能一이란 인물이 있었는데, 문제의 4혈은 증정가와 자신이 공동으로 매수하여 2혈씩 나눠갖는 것으로 알고 있었다. 곽능일은 자기가 나눠가졌다고 믿는 2혈 가운데 1혈을 윤재문尹載文에게 매도하였고, 윤재문은 거기에 부친의 유해를 이장했다. 증정가는 1혈이 윤재문에 팔린 사정을 모르고, 4혈 각각에 친족의 선조 이름을 새긴 비석을 세웠다(장래에 이장할 의도로 우선 비석을 세운 것이라 짐작된다). 그래서 윤재문이 멸해환장滅骸換葬(이미 장사지낸 유해를 없애고 다른 유

---

6 兼子一 · 竹下守夫, 『裁判法(新版)』, 有斐閣, 1978, p.270.

7 『槐卿政蹟』 권4, 3b 이하.

해를 장사지내는 불법행위)이라 하여 소송을 제기하니, 곽능일도 편을 들며 소송에 가담했다.

증거로서 곽만빈이 쓴 매도증서에는 매수인으로 증정가의 이름이 있을 뿐 곽능일의 이름은 없다. 다만, 증서 말미에 "무덤자리 4혈 중 곽능일과 증정가가 각 2혈을 자기의 것으로 한다該處葬穴有四, 伊與貞柯各管其二"는 주기註記가 첨부되어 있다. 그러나 주기의 필적은 증서 본문과는 다른 사람의 것이며, 법정에서 곽능일에게 쓰게 한 글자의 필적과 합치한다. 게다가 증서는 응당 증정가의 것일 터인데, 곽능일의 손으로 법정에 제출되었다. 최초의 매도인인 곽만빈이나 매매에 입회한 중개인을 신문하여도 곽능일의 입장을 보강하는 진술은 얻을 수 없다. 이에 따라, 지현 심연경은 곽능일이 증서를 속여서 가져간 후 멋대로 주기를 덧붙인 것으로 인정하고 다음과 같은 재정을 내렸다.

"곽능일을 처벌한 후, 곽민빈 등에게 명하여 별도로 증서를 작성하게 하여 증정가에게 주어 묘혈 소유의 증거로 삼게 한다. 멋대로 주기를 덧붙인 증서는 말소한다. 또한, 기한을 정하여 곽능일로 하여금 편취한 무덤자리의 대가를 반환하게 한다. 윤재문이 가진 (1혈의) 부정매매의 증서는 파기한다. 윤재문은 신문 결과, 사정을 알면서 공모한 것은 아니라고 인정된다. 윤재문 및 (비석을 세웠을 뿐이며) 아직 묘를 파괴하지는 않은 증정가 등은 모두 죄를 묻지 않는다. 또한, 기한을 정하여, 윤재문으로 하여금 (이미 장사지낸 부친의 유해를) 다른 곳에 이장하게 한다除將能一懲處外, 仍飭滿賓等, 另書契給貞柯執業. 其私註之契, 即行塗銷. 並限能一, 將騙去穴價繳還. 載文爲售契紙查毁. 載文訊非知情同謀. 應與並未滅墳之貞柯等, 均免置議. 仍限載文, 即行起遷可也."

위와 같은 내용을 담은 첫 번째 판判 다음에 이를 뒤집은 두 번째 판이 이어진다. 그 대략적인 요지는 아래와 같다.

후일, 곽능일은 다시 제소하여 "문제의 분묘용 토지는 사실 증정가와 반반씩 사들인 것이지만, 자신은 평소 지관地官을 업으로 하고 있기 때문에, 자신이 나서면 매도인이 가격을 올리리라 염려하여 증정가만 계약 당사자로서 얼굴을 내밀게 했다. 이후 증정가에게서 다시 분할의 증서를 받지 않고 원래의 증서에 주기하는 정도로 끝내고 만 것이 화의 근원이 되었다"는 취지로 변명했다. 사리에 맞다고 생각되는 대목이 있으므로 지현은 다시 법정을 열도록 결정했다. 그러자, 증정가의 모친 시씨施氏가 양심의 가책을 느껴, 곽능일의 권리, 따라서 또한 윤재문의 권리를 인정하고, 새롭게 각각 증서를 작성하는 사태가 발생했다本縣正提案覆鞫平反, 而柯母施氏天良不昧, 將墳地之半, 仍歸能一. 能一亦仍售其半中之半, 與尹載文案葬. 遞立契據. 증정가는 죄를 두려워하여 출두하지 않고, 증상회曾尚僖라는 자를 대리인으로 출두시켜 과오를 뉘우치는 뜻을 표명하고, 곽능일 또한 증정가의 과거 행동을 면책해 달라고 청했다. 이에 따라 지현은 "원래 재정에서 윤재문은 무덤을 넘기고 곽능일은 대가를 반환하라고 한 부분은 취소한다所有原斷, 載文起遷, 及能一繳錢處, 俱毋庸議"라고 했다. 증정가는 굽히지 않았지만, 곽능일이 청한 바에 따라 죄를 묻지 않는다는 취지의 재정을 내렸다.

이상의 두 가지 모두 판어의 문체를 그대로 재현하면 오히려 난해해질 것을 염려하여, 내용을 위주로 서술하여 소개한 것이다. 두 번째 판어 말미에 심연경은 다음과 같이 소감을 말한다.

다만 사건의 정황은 천변만화한다. 이치가 없다 해도 어찌 일이 있지 않겠는가.[8] 재판을 담당하는 이가 선입견 없이 자세히 살피지 않으면, 어찌 법정에 억울한 민이 많지 않겠는가.[9] 본 지현은 더욱 두렵고 또한 부끄럽다. 원래의 재정을 그대로

---

8 추리해 보면 역시 있을 수가 없다고 생각되는 것이 어쩌면 사실일지도 모른다는 의미일 것이다. "이는 본디 이치에 없는 것이나, 실제로는 일에 있는 것이다(此固理之所無, 而實爲事之所有)"(『徐雨峰中丞勘語』 권3, 35b) 등도 같은 종류의 표현이다. 인지(人知)의 유한함과 현실의 무한함을 대조하는 말로 깊이 음미할 만하다.

두고 삭제하지 않는 것은 내가 허물을 기록하여 경계를 보이기 위함이다.

惟是案情萬變. 理之所無, 何莫非事之所有. 折獄者非虛衷詳察, 幾何不庭多寃民耶. 本縣益滋懼且愧矣. 原讞存弗削者, 以誌吾過, 並示戒也.

이것은 원래의 재정, 즉 첫 번째 판어도 버리지 않고 함께 채록한 이유를 서술한 것으로, 판어를 서적으로 편집할 때 부가한 말임에 틀림없다.

이 사안에서는 일단 승소한 당사자가 나중에 상대방의 주장이 옳았다고 전면적으로 인정해버렸으므로 결론이 뒤집히는 것도 당연하다. 그러나 그러한 인정과 승낙의 행위가 지현이 법정의 재개를 결정한 것을 계기로 발생했다는 점이 중요하다. 지현으로서는 패소 당사자의 두 번째 신청을 받고 그 주장에서 어렴풋이 진실됨을 느꼈을 때, 일단 내린 재정을 스스로 철회할 수 없다는 입장을 취할 것인지—불복한다면 상급기관에 상소하라고 내칠 것인지—, 스스로 재차 심리를 행할 것인지 결단이 필요했을 것이다. 제도적으로는 어느 쪽의 선택도 가능하였는데, 심연경은 후자의 길을 선택했다. 그 결과, 사태는 생각지 못한 전개를 보였고, 지현으로서는 사건의 정황을 헤아리기 어려운 것에 대한 두려움과 기존의 견해를 고집하는 것을 스스로 경계해야 한다는 생각이 새삼 들었을 것이다.[10] 과오를 알았다면 이를 바로잡는 것은 물론이고, 과오의 가능성에 대해 모쪼록 민감해야 한다는 자타에 대한 교훈의 뜻을 담아 이 사건을 그의 문집 속에 채록한 것이다.

또 하나, 옹정11년(1733)부터 13년까지 복건성 정장도汀漳道로 있었던 서

---

9 조금 눈에 익지 않은 문장이기는 하나, 다른 곳에도 "어찌 시비가 뒤바뀐 것이 아니겠는가(幾何而不是非倒置耶)"(『槐卿政蹟』 권4, 10a) 등 유사한 용례가 있다. 부정표현에 반어를 쓴 것일 뿐이다.

10 여기서 곽능일은 왜 초심에서 자신의 정당한 주장을 충분히 진술하지 않았을까. 이상하게 생각되지만, 이른바 "지현의 유(諭)가 엄한 것(縣諭嚴切)"(이 책 p.182)에 압도되어 그 자리에서는 입을 다물어 버린 것일까.

사림徐士林의 재정이 확인되는 '용암현의 민 양명충이 황문헌 등을 고소한 사건龍巖縣民楊明忠告黃文獻等案'을 보자.[11] 황성黃姓과 양성楊姓 사이에 산장山場의 경계 분쟁이 있었는데, 현의 재정에 불복하여 도道에 상소되었다. 동고서저의 산 중턱 경사면에서 황성은 북쪽, 양성은 남쪽을 점유하고 있었다. 중간에 한 줄기 윤崙(조금 솟아오른 산주름 같은 것일까)이 동서로 뻗어있으나, 이것이 확정된 경계로 인정되어 온 것도 아니다. 증거서류로 양성楊姓에게는 이 땅을 옛날에 선조가 매수했던 때의 매매계약서가 있지만, 거기에는 사방의 경계가 기재되어 있지 않다. 황성은 명대 영락永樂 연간의 매매계약서를 제출하였으나 이는 위조로 판정되었다. 이상이 판어의 문면에서 알 수 있는 사건의 대략적인 배경이다. 판어는 전반부에서는 도道에 상소되기까지의 경위에 대해 사실기술과 비평을 중간중간 섞어서 서술하고, 후반부에서는 도대道臺로서의 재정을 내리고 있다. 개요를 순차적으로 살펴나가 보자.

지현은 초심에서 다음과 같은 취지의 재정을 내렸다.

> 산은 윤척崙脊을 경계로 하여, 윤에서 남쪽은 양성의 것으로, 북쪽은 황성의 것으로 한다. 다만, 윤의 중간부분에 황성의 무덤이 하나 있고, 그 아래(즉, 서쪽)에도 황성의 횡좌橫坐(옆을 향한 상태?)한 무덤이 있다. 윤척을 따라 곧게 선을 그으면, 황성의 분묘가 양성의 영역에 끼어있는 형태가 되어 유지해 나가는 데 불편이 생긴다. 그러므로, 중간에 있는 황성의 무덤에서 위쪽(동쪽)으로 12궁弓(1궁은 5척)을 헤아리고, 거기서부터 남쪽으로 1장丈 남짓 비켜난 지점에 하나의 경계표지를 설치하고, 이것과 횡좌橫坐한 무덤을 직선으로 이어 황성의 상하 두 무덤 모두가 황성의 영역 내에 포함되도록 하라.
>
> 山憑崙脊分界, 崙南歸楊, 崙北歸黃. 又因崙之中截, 有黃姓一墳, 再下橫坐之墳. 分脊直下, 則黃墳入楊界, 不便管業. 因令自中截黃墳, 量上一十二弓, 擺向崙南

11 『徐雨峰中丞勘語』 권4, 14b 이하.

丈餘, 開一大界, 直透横墳, 使黃姓上下之墳, 俱包黃姓界內.

이 재정을 양 당사자 모두 수락하여 준의遵依를 제출했다. 때는 전년 11월 19일이었다兩造於上年十一月十九日, 已各具遵依在案. 그런데 이 재정에 기초하여 현장에서 경계표지를 설치하는 단계가 되어 두 집안 사이에 또다시 분쟁이 일어났다. 양 당사자는 각각 상대의 불법한 횡포를 제소하는 소장을 제출했다. 같은 해 9월, 지현은 하는 김에 다시 현장을 검증하여 두 번째 재정을 내렸다. 이 두 번째 재정에서 지현은 앞서 판을 내려 보인 것을 크게 변경하여 다음과 같이 명했다.

조사해보니, 해당 지현이 다시 판을 내려 말하기를 "중간에 있는 황성黃姓의 무덤에서 위로 12궁弓을 헤아려 거기서부터 남쪽으로 방향을 바꾸어 75궁을 헤아린다. 다시 서쪽으로 방향을 바꾸어 곧장 윤각崙脚 아래까지 헤아리면 80궁으로, 이 선을 잔정剗定(지표를 깎아 평평한 선을 긋는 것일까)하여 경계로 삼아라" 했다. … 판어 내에 또 말하기를 "산의 형세가 비스듬하고, 황성의 무덤은 높은 곳에 위치해 있다. 장래의 일까지 생각하여 대비해 두지 않으면, 양성楊姓은 강하고 황성은 약하기 때문에 장래에 황성은 반드시 무덤이 깎여나가 빼앗기는 재난을 입게 될 것이다. 본 지현은 지세를 내다보고 미리 후환을 염려하여 이와 같이 정하는 것이다. 양성도 앞의 판어 속에 있던 '장여丈餘'(1장 남짓)라는 두 글자를 근거로 하여 멋대로 일을 일으켜서는 안 된다" 했다.

乃查, 該縣復斷讞語內稱, 自黃中墳, 量上一十二弓, 擺向南邊, 横量七十五弓. 復湾向西, 直量至崙脚下八十弓, 剗定界限. … 讞語內又稱, 山勢側落, 黃墳在上. 不遠爲之防, 楊強黃弱, 基後必遭剗剝之害. 本縣相度形勢, 預爲後患而定. 楊氏亦不得藉原讞丈餘二字, 妄生枝節, 等語.

최초의 판어에서 남쪽으로 서로 겹치지 않게 "1장 남짓" 비키라고 한 것을 명시적으로 취소하고, 새롭게 75궁(37장 5척) 남쪽으로 비켜날 것을 명한다는 큰 폭의 변경을 굳이 행한 것이다. 양성楊姓은 당연히 불만족하여 도道에 상소했다. 한편 상소장에서 지현이 재정을 바꾼 배경에는 황성이 뇌물로 움직인 의혹이 있다고 주장한 것 같다. 이하에 도대 서사림의 재정이 이어진다. 단락을 나누되 생략 없이 전문을 싣는다.

> 산장山場을 다투어 소송하는 경우, 계약한 경계가 있으면, 그 경계로써 판단한다. 계약된 경계는 없으나 여러 해 동안 관장하여 증거가 있으면, 여러 해 관장해온 경계로써 판단한다. 만약 계약된 경계가 없고, 또 종래 관장했다는 확실한 증거가 없는데 수차례 다투어 그치지 않으면, 현재의 형세에 비추어 헤아려 판단한다. 두 당사자에게 서로 방해하지 않게 하고, 피차 정情을 고르게 하면, 온당하고 적절하게 될 것이다. 해당 지현이 전에 내린 단斷이 바로 이것이다.
>
> 夫争控山場, 其有契界者, 斷以契界. 其無契界, 而歷來掌管有據者, 卽斷以歷掌之界. 如既無契界, 又無歷掌確據, 屢争不止, 卽照現在之形勢酌斷. 使兩不相礙, 彼此平情, 庶爲妥協. 該縣之前斷是也.

위의 내용은 일반론으로, 이 글과의 관련보다는 오히려 토지법을 논할 때 주목할 만한 말이다. 산장山場의 경계 분쟁에서, 첫째로, 계약된 경계, 즉 권리의 근원을 증명하는 증서에 기록된 사지四至를 증거로 하여 재정한다. 계약된 경계가 없는, 바꿔 말하면 증서가 없거나 증서가 있더라도 사지四至의 기재가 없는 경우는 제2의 증거를 따른다. 종래 관장해왔다는 확실한 증거, 즉 다년간에 걸쳐 특정 지점 이내를 평온하게 점유해 왔음을 보여주는 뚜렷한 물건이 있으면, 그것에 따라 재정하는 것이다. 그런데 계약된 경계도 종래 관장해왔다는 확실한 증거도 없으면, 제3의 조치로서 땅의 형세를 살펴 어느 쪽에도 무리가 없도록 적정한 심판을 내린다. 이것이 원칙이며, 지현의 처음의 판判은 이 원칙 중 셋째 것에 부합한다는 것이 그 논지이다. 이어서 아래와 같이 지현이 단斷을 바꾼 것을 비난하고 있다.

지금 해당 지현은, 홀연 양성楊姓은 강하고 황성黃姓은 약한 것에 생각이 미쳐, 미리 후환을 막는다고 하여 자신이 판단하고 스스로 번복했다. 그 결과, 윤崙 남쪽의 산장에서 나중에 75궁을 잘라내어 황성에 귀속시켰다. 이는 해당 지현 스스로 일을 만든 것이다. 그런데도 여전히 소민小民이 일을 일으키지 않기를 바라는가. 이는 해당 지현이 조삼모사한 것이다. 그런데도 양 당사자가 영원토록 새로 정한 경계를 준수할 것을 바라는가.

今該縣忽慮及楊強黃弱, 預防後患, 自斷自翻. 意將崙南山場, 後割七十五弓, 歸於黃姓. 此該縣之自生枝節, 而尚欲禁小民之不生枝乎. 此該縣之朝三暮四, 而尚欲使兩造之永遵定界乎.

특별히 해설이 필요한 부분은 없을 것이다. 그런데 재정을 변경하는 것 자체가 무조건적으로 불가능하다는 것은 아니다.

무릇 관官은 훼필毁筆함이 없다는 것은 애당초 잘 모르고 하는 소리이다. 만약 정말로 먼저 내린 단斷이 확실하지 않고, 나중에 조사하여 사실을 얻었다면, 곧바로 고쳐 바로잡는다. 숨김없이 공정하게 하면, 민도 구실로 삼지 못한다.

夫官無毁筆, 原屬鄙說. 如果前斷未確, 後勘得實, 卽行改正. 坦白虛公, 於民不能藉爲口實.

세간에서 "관官은 훼필毁筆함이 없다"라고 하며[12] 일단 내려진 재정은 잘못되었을지라도 관철하는 것이 좋다고 주장하는 자가 있기는 하나, 그것은 속설에 불과하다. 먼저 내린 재정이 적절하지 않았음을 깨달았다면, 숨김없이 공정하게 고치면 된다고 서사림徐士林은 말한다. 하지만 그렇다고 할

12 복음서에 보이는 "내가 한번 썼으면 그만이오"(요한복음, 19:22)라는 빌라도의 말을 연상시킨다.

지라도, 이 사안에서 단斷을 바꾼 것은 너무 근거가 박약하지 않은가 하는 것이 이어지는 논의이다.

> 지금 양성楊姓의 전산田山에서 구계舊契에 경계를 기재하지 않았다 하더라도, 그 계약서는 진짜이다. 황성黃姓은 명조明朝 영락永樂 연간의 계약을 날조하였다. 해당 지현은 이미 부정을 조사하여 말소한 바 있다. 아울러 처분을 가하지 않았던 것은 이미 너그럽게 봐준 것이다. 즉, 살피고 따져 판정하고 양 당사자가 준의遵依한 후에 갑자기 후환을 생각하여 예방한다고 하며 황성에게 산을 많이 주었다. 계약서가 진짜인 자는 실익을 얻지 못하고, 계약서가 가짜인 자는 반대로 큰 상을 받았다. 어찌하여 황성에게 후하고 양성에게 박하기가 이와 같은가. 인연관설夤緣關說이라는 말은 피책被責의 입에서 나온 것으로, 선뜻 믿어서는 안되었음에도, 무정무리無情無理한 변경을 한 것으로, 아마도 해당 지현 또한 이를 스스로 해명할 수 없을 것이다.
>
> 今楊姓田山, 舊契雖無界址, 然其契則眞. 黃姓揑造明朝永樂年間之契. 該縣既經查弊塗銷. 並不加以懲處, 已屬寬縱. 乃於相度判定, 兩造遵依, 忽爲思患預防, 而多與之山. 契眞者不得厚實, 契假者反邀重賞. 何厚於黃而薄於楊, 若是耶. 雖夤緣關說, 出自被責之口, 未可遽信, 而無情無理之變更, 恐該縣亦無以自解.

본건과 같이 돌연 판단을 변경하면, 인연관설夤緣關說, 즉 뇌물을 보내 뒤쪽에서 영향을 주었다는 의심도 사게 될 것이다. 하지만 그것은 피책被責, 즉 징벌을 받은 사람의 입에서 나온 것이다. 문면에는 기재되어 있지 않지만 양성楊姓이 재심 때 지현으로부터 어떤 체벌을 받은 사실이 있고, 그가 주장하는 것이므로, 원망에 기초한 중상의 말로서 이를 진지하게는 다루지 않기로 하자. 하지만 객관적으로 보아 무정무리無情無理, 이치에 맞지 않는 변경이라는 것에 대해서는, 지현으로서도 해명의 여지가 없을 것이다, 라고 다그쳐 가는 필봉은 실로 날카롭다. 다음으로 재정의 이른바 주문主文이라 할 만한 부분이 이어진다.

> 즉시 원래 정한 산의 경계에 따르도록 한다. (차역에게) 명하여 (일동을) 윤척崙脊의 중단에 있는 황성의 무덤으로 끌고간다. 위로 12궁弓을 재고, 윤崙 남쪽으로 나오기를 1장丈 남짓한 곳에 경계의 표지를 둔다. 곧바로 아래로 내려와 황성의 무덤을 경계 내에 있게 하고, 양성楊姓과 각자의 재산을 관장하여 다툼을 멈추고 소송을 그만두게 한다. 뒤에 정한 불공평한 경계는 즉각 삭제하라. 각각의 준의遵依를 받아 갖추어 보사報査(보고하여 심사받는 것)하라. 본 도원道員은 악을 없애고 교활함을 징계한다. 꾸며낸 말을 근거로 해서 시비를 논하지는 않겠지만(상소자의 감언이설에 속지는 않겠지만), 사건의 사정을 조사하면 전말이 모두 드러난다. 해당 지현은 삼가서, 미혹되고 집착하여 깨닫지 못하거나 스스로 비방을 초래하는 일을 해서는 안 된다. 이에 사건서류를 주어 돌려보낸다.
>
> 仰卽照依原定山界. 飭押在於崙脊中截黃墳. 量上十二弓, 擺出崙南丈餘, 開界直下, 使黃姓墳在界內, 與楊姓各掌各業, 杜争息訟. 其後定偏枯之界, 立卽剗削. 取具各遵依報查. 本道除惡懲刁. 縱不以架詞爲是非, 但查核案情, 鬚眉畢現. 該縣愼勿迷執不悟, 自速官謗也. 此繳卷發回.

이렇게 현의 초판初判을 부활시키는 것으로 판어는 종료되고 있다.

이 한 사건을 통하여 우리는, 우선 분명한 하나의 실례를 볼 수 있다. 지현이 일단 재정을 내리고 양 당사자가 준의를 제출한 후 동일 안건이 다시 문제화하자, 같은 지현에 의해 이전의 재정을 명백히 변경하는 두 번째 재정이 내려졌던 것이다. 더구나, 이와 같은 두 번째 재정이 상소 결과 파기되었는데, 그것은 실질적으로 이유 없는 변경이라고 판단하였기 때문이지, 형식적으로 변경은 허용되지 않는다고 여겼기 때문이 아니다. 일단 내린 재정도 사정에 따라서는 허심탄회하게 개정해도 좋다, "관官은 훼필毁筆함이 없다"라는 말은 정론이 아니라고 보는 것이 책임 있는 상급자의 견해였다는 점을 다시 한 번 이 사건을 통해 알 수 있다.

3.

이상의 구체적인 안건을 통해 확인했던, 재판에서 과오가 있을 때 스스로 고치기를 꺼려서는 안 된다고 하는 정신은, 일반적으로 관리된 자가 가져야 할 마음가짐을 설명하거나 자신의 체험을 이야기하는 사람들의 언설 속에서도 찾을 수 있다. 건륭연간의 뛰어난 막우로 이름이 높았던 왕휘조汪輝祖는, 만년에 잠시 호남성 영원현寧遠縣에서 지현으로 근무했는데, 당시의 일을 다음과 같이 쓰고 있다.

> 내가 일찍이 양 당사자에 유諭하여 말하기를, "관官이 사안을 심문하는 것은 벽을 사이에 두고 그림자 연극을 보는 것과 같아 적확하기가 매우 어렵다. 다만, 감히 사사로움을 좇아 금전을 얻지 않고, 일체 선입견이 없어야 할 뿐이다. 시비를 가림에 공평함을 잃는 것은 관의 허물이지, 민이 욕될 것이 아니다. 다시 하소연하면 마땅히 복심해야 한다. 상소上愬(상급기관에 호소)는 삼가라" 하였다. … 당堂(법정)에 있는 것이 사시巳時에서 유시酉時에 이르며, 때로는 술시戌時, 해시亥時에 이르니, 피곤하여 버티지 못한다. 바야흐로 물러나서 식사하려 할 때, 양 당사자가 안건을 가져와 조사를 요청하면, 또한 성실히 응하여 기다리지 않도록 한다. 내 좁은 성정은 민이 양해할 것이다. 재판을 진행함에 반드시 모두 적확한 판결이 내려지지는 않는다. 어떤 이가 "우리 관我們官께서 오늘은 틀리셨다"라고 말했다. 옆에서 보던 자가 나를 위해 변명해주기를, "우리 관께서 왜 잘못했는가. 분명 네가 자신의 무리함을 생각해보지 않은 것일 뿐이다" 했다. 혹은 상소上愬한 이를 달래 말리면서 말하기를, "우리 관께서조차 이렇게 말씀하셨는데, 다른 곳에 하소연해도 무슨 이익이 있겠는가"라고 했다. '우리我們'라고 하는 것은 영원寧遠지방의 풍속에서 관을 친밀하게 부르는 말이다. 나는 이것을 듣고, 반드시 반복체방反

覆體訪하였다. 과연 억울함이 있다면, 반드시 기일을 정해 다시 심문하고, 평반平反을 꺼리지 않았다. 까닭에 민이 더욱 나의 정성을 믿는다.

余嘗諭兩造曰, 官之問事, 如隔壁看影戲, 萬難的確. 但不敢徇私得錢, 總無成心. 剖斷失平, 官之咎, 非民之辱. 再愬當覆審. 愼勿上愬. … 在堂自巳至酉, 或至戌亥, 疲不可支. 將退食, 有兩造到案求訊, 亦勉應之, 俾免守候. 硜硜之性, 爲民所諒. 折獄不必皆中. 或曰, 我們官今日錯了. 旁觀者曲爲余解曰, 我們官那得有錯, 必汝不知自省. 或勸上愬曰, 我們官尙如此, 他愬何益. 稱我們者, 寧俗親官之詞也. 余聞之, 必反覆體訪. 果有屈抑, 必示期再鞫, 不憚平反. 故民益信余拙誠.[13]

위와 같이 왕휘조는 당사자가 불복하면 상소하기 전에 우선 자신에게 재소할 것을 권했다. 그뿐만 아니라 재소가 없더라도 공평하지 않다는 소문이 귀에 들어오면, 반복체방反覆體訪, 즉 다시 한번 상대의 입장이 되어 조사하고, 필요하다면 직권으로 법정을 다시 열어 과거의 재정을 변경하는 것을 꺼리지 않았다고 한다. '평반平反'이라는 말은 상급자가 하급자가 내린 판결을 변경하여 원죄寃罪를 구원한다는 문맥에서 『한서漢書』 등에도 나타나는 오래된 말이다.[14] 그렇지만 여기서처럼 동일인물이 자신이 과거에 내린 결정을 변경하는 의미로도 사용되었음을 알 수 있다.

가경연간에서 도광연간에 걸쳐 명 지방관으로 활약한 유형劉衡이 지방관으로서의 마음가짐을 설명한 말도 위와 거의 궤를 같이 한다.

다만, 사안은 백방에서 나오며, 거짓과 속임수로 얽혀있다. 하물며 복잡한 사안에서는 판독의 말이 번잡해진다. 설령 지방관이 아주 총명하고 강직하더라도 반드

---

13 『病榻夢痕錄』 권하, 47ab, 건륭56년 부분.

14 『漢書』 권71 「雋不疑傳」, "(준불의(雋不疑)가) 매번 현(縣)에 행차함에 죄수와 형도(刑徒)들을 살피고 돌아오면, 그 어머니가 매번 준불의에게 평반한 것이 있는지, 몇 명이나 살려주었는지 물었다(每行縣, 録囚徒還, 其母輒問不疑, 有所平反, 活幾何人)" 등.

시 실수가 없으리라고는 보장할 수 없다. 혹은 사후에 검토하여 그것을 알게 되고, 혹은 소송자가 글을 올려 다시 간청한다. 민을 사랑하는 자라면 모두 선입견 없이 다시 조사해야 한다. 정말로 재고할 만하다면, 즉시 평반平反을 주어야 한다. 생각건대, 아래를 다스리고 위를 섬기는 것에는 결코 다른 도리가 없다. 위로 상신하는 안건에 혹여 잘못이 있으면, 으레 그 잘못을 지적하고 바로잡는 글을 쓴다. 소송을 듣는 것 역시 그렇다. 단지 잘못만 고쳐야 하는 것은 아니다. 미미하게 치우침이 있어 아직 적절하게 처리되지 못한 것 같은 경우 역시 다시 한번 검토해도 무방하다. 만약, 관이 백성을 대함에는 체제體制가 있으니 착오를 인정하는 것은 이치에 맞지 않다 하면서 끝끝내 전의 잘못을 눈감으면, 아마도 원심에서 다 풀지 못한 사정이 있어 억울한 자가 반드시 불평을 하소연할 것이다. 소민의 상공上控(상급기관으로의 소)이 많아지는 것은 장관이 지나치게 자신하는 데서 비롯한다고 말할 수 있다.

但案情百出, 變詐多端. 況繁劇之區, 牘詞冗雜. 地方官縱極聰強, 不能保其必無失誤. 或事後檢點及之, 或訟者陳詞再懇. 愛民者均須虛心覆核. 果有可商之處, 卽應立予平反. 蓋臨下與事上, 並無二理. 詳上之件, 設或失誤, 例有檢擧之文. 聽訟亦然. 不但失誤當改也. 卽微有偏倚, 未能恰到好處, 亦不妨一再推求. 若必以爲官之於民, 體制所在, 斷無認錯之理, 竟爾迴護前非, 恐原審既有不盡之情, 則負屈者必有不平之懇. 是小民上控之滋多, 未必不由於長官自信之太過也.[15]

여기서도 또한 당사자의 재소에 따라, 또는 사후에 스스로 점검하여 오판을 깨닫게 되거나, 오판이라 할 정도는 아니라도 다소 적절성이 떨어진다고 생각될 때는, 수고를 아끼지 말고 재차 조사하여 재정을 변경, 수정하는 것이 양심 있는 지방관의 책무라고 하고 있다. 이러한 신조를 지니고 일에 임하였던 왕휘조, 유형 모두 자신의 재임 중에 재정에 불복하여 상급관청에

---

15 劉衡, 『庸吏庸言』 권하, 42b〔理訟〕10조의 8.

호소하는 자가 끊겼다는 것을 자랑으로 삼고 있었던 것이 주목할 만하다.[16]

고정요高廷瑤의 『환유기략宦遊紀略』이라는 책에는, 가경10년(1805) 10월, 그가 안휘성 육안주六安州 지주知州 대행의 임무를 마치고 떠날 때 지역의 신사와 노인들이 모여 열어준 송별회 자리에서 오간 이야기가 능란한 필치로 기재되어 있다.[17] 그는 "당사부堂事簿(자신의 법정비망록)에 따르면 재임 10개월간 판결한 안건이 1,360여 건에 이르는데, 그 가운데는 필시 재정을 잘못했다고 생각되는 것도 적지 않을 것이니, 여러분이 아는 바가 있다면 지적해 주었으면 좋겠다"라고 의견을 청했다. 일동은 모두 잘못된 안건은 없었다고 말했다. 그 밑에는 비판을 바라는 유도 질문과 찬사의 응답이 계속되었지만, 결국 잘못을 지적하는 자는 없었다. 여기서 고정요는 아래와 같이 말했다.

> 시험 삼아 재정을 잘못한 두 건을 들어 여러분께 들려드리겠습니다. 염閻 지주가 서徐 지주를 상대로,[18] 염성閻姓의 조상 무덤에 (서성徐姓의 유해를) 몰래 장사지냈다는 이유로 소를 제기한 사건에서, 저는 처음에는 서성이 거기에 장사지낸 것은 정당하다고 재정하였습니다. 나중에 서성이 증거로 삼은 증서가 가짜였음이 발각되었기에 이번에는 유해를 이장하고 무덤을 인도하라고 재정했습니다. 또한, 탕성湯姓이 어느 감생監生을 상대로, 탕성 조상의 무덤 근처에 못을 팠다는 이유로 제소한 사건에서, 속하 인원에게 맡겨 실지를 검증하게 하였더니, 문제의 못은 옛 못, 즉 이전부터 거기에 있던 것으로 새로 파낸 것이 아니라고 보고해왔습니다. 이에 일동을 모아 법정을 열었을 때, 인근 거주자나 지보地保(인보隣保 조직의 책임

16 汪輝祖, 『學治臆說』 권상, 15b〔親民在聽訟〕; 劉衡 『庸吏庸言』 권상, 18a〔嚴禁蠹役札〕; 43a〔理訟〕 10조의 제8.

17 高廷瑤, 『宦遊紀略』 권상, 25a-26b.

18 두 사람은 과거에 지주(知州)를 역임한 신사이기 때문에 이렇게 불리는 것으로, 현직은 아니다.

자) 등이 모두 저것은 옛못이라고 진술했습니다. (무고를 이유로) 원고 탕성에게 죽판竹板 10대를 치는 체벌을 가했습니다.[19] 그런데, 탕성이 제가 직접 실지검증해 줄 것을 요구하여 검증한 결과, 과연 그것은 새 못이었습니다. 그래서 피고인 감생에게 엄하게 체벌을 가하고 못을 메워서 복구하도록 명했습니다. 이 두 사건은 잘못이었다고 할 수 있지 않습니까.

試擧斷錯二事, 爲諸兄言之. 閻知州告徐知州盜葬祖墳, 始則准其葬. 繼查出契是假的, 乃斷其遷. 湯姓告某監生逼近祖墳開塘, 委員查勘, 以舊塘復. 集訊是, 隣佑·地保皆供是舊塘. 將湯姓責十板. 湯姓求余親看, 實新塘. 重責該監生, 而斷其塡塘. 此二事, 非錯乎.

그 자리에 두 사건의 진상을 아는 자가 있어 그자가 사안의 진상을 털어놓는 정말 재미있는 이야기가 이어지지만, 여기서는 생략한다. 한 차례 오고 간 이야기의 기록을 마무리하며, 고정요는 다음과 같이 소감을 말하고 있다.

이전에 나는 이 두 사건에 대해 영단另斷(영另은 별別과 같은 뜻. 재차의 재정)을 내려 바로잡았다. 그 때문에 그 자리에서 이를 언급한 것이다. 관이 백성을 위해 일을 처리할 때 만약 잘못이 있었다면, 즉시 그를 위해 재차 재정을 하는 것이 좋다. 그것으로 비로소 마음도 편해지고, 후에 번공翻控도 일어나지 않는 것이다. 만약 아집을 부리고 치우쳐 고집하여 잘못을 인정하려 하지 않고, 끝까지 잘못으로 일관한다면, 백성은 억울함을 지녀 평생 한을 품을 것이다. 이와 같다면 어찌 옳다 하겠는가.

先是, 此二案另改正. 故席間言及之. 官爲百姓辦事, 如有錯, 卽爲之另斷. 於心始安, 後亦不至翻控. 若任性偏執, 不肯認錯, 而使之錯到底, 百姓含寃負屈, 抱恨終身. 如之何其可也.

---

19 이것이 “선고하였다”는 의미가 아니라 “집행하였다”는 의미임은 인용을 생략한 부분의 대화내용에서 의문의 여지없이 알 수 있다.

동종의 언설은 찾으면 더 많이 발견될 것이지만, 일단은 이상으로 충분할 것이다.[20]

4.

일단 재정을 내린 지방관이 자기의 손으로 다시 그 재정을 변경 · 수정할 수 있었다고 한다면, 마찬가지의 일이 해당 지방관이 이임한 후 후임자의 손에 의해 행해질 수 있는 것 또한 이치상 당연할 것이다. 경우에 따라서는, 관의 전임轉任이 재소再訴의 유인이 되기도 하였다. 즉, 어떤 지방관 아래 구제를 받지 못한 당사자가 후임자에게 희망을 걸고 재차 소를 제기하거나, 휼계를 간파당해 일단 패소한 불량한 당사자가 관의 전임을 기다렸다가 다시 소를 제기하여 욕망을 달성하려 꾀하는 것은, 오히려 자연스러운 흐름으로 일어나기 쉬운 일이었다. 후임자가 전임자의 재정을 뒤집은 실례, 나아가 몇 대의 지현이 동일 안건에 대해 각각 다른 재정을 내린 실례 등은 일일이 들 여유가 없을 정도이다. 증거로 한두 가지 예를 든다.

심연경沈衍慶이 강서성 태화현泰和縣에서 행한 재판 가운데 〔위매모탄사僞買謀呑事〕라는 제목의 사건이 있다.[21] 황문위黃文偉 내외는 모두 사망하여 후사가 없고, 80세가 넘은 모친 나씨羅氏만 남았다. 황문위의 당형 황수정黃

---

20 方大湜, 『平平言』 권4, 26a〔斷案錯誤須覆訊〕에서 "사람은 성현이 아니니, 누가 잘못이 없을 수 있겠는가. 판결을 내린 후에도 혹여 원고가 마음으로 승복하지 않고 간절히 재심을 청한다면, 반드시 주의깊게 다시 살펴보고, 선입견 없이 다시 심문해야 한다. 만약 정말로 착오가 있다면 즉시 바로잡아야 한다. 아울러 착오의 이유와 반드시 바로잡아야 하는 이유를 명확히 설명해야 한다. 관리가 정말로 사심이 없다면, 민도 자연히 이해할 것이다. 결코 이전의 잘못을 피하거나 감싸서 백성에게 화를 미쳐서는 안된다(人非聖賢, 孰能無過. 斷案之後, 或訟者心未輸服, 懇請覆訊, 卽須細意推求, 虛心再鞫. 如果錯誤, 便應改正. 並將所以錯誤之故, 必應改正之故, 明白曉諭. 官果無私, 民自相諒. 切不可迴護前非, 致負百姓)" 하는 것도 같은 취지이다.

21 『槐卿政蹟』 권3, 26a 이하.

守正은 나씨의 뒤에 황성黃姓의 사자嗣子를 세워 훗날 나씨의 재산을 이어받게 해야 한다고 주장했다. 사자가 될 유자격자가 황수정 본인 이외에 달리 없다는 사정이 있었던 것 같다. 나씨는 이를 달갑게 여기지 않았기에 분쟁이 된 사건이다. 나씨는 재혼한 여자로서, 모성毛姓의 전남편과의 사이에 2명의 자식이 있는 것이 사정을 복잡하게 만들었다. 하지만 그것이 주요한 문제점이 된 것은 아니다. 주된 다툼은 분쟁이 발생한 후 나씨에게서 부동산을 매수했다고 주장하는 소건륭蕭建隆이란 인물과 나씨의 법정상속인이라 할 만한 입장에 있는 황수정과의 사이에서 전개되었다. 판어는 우선 전임자에 의해 사안이 취급되어 온 경위를 다음과 같이 서술한다.

(황수정이) 나씨와 다투고 모성毛姓과 다툰 것은 상식적으로 생각할 수 있는 일이다. 그러나 소건륭이란 인물만큼 이해할 수 없는 자는 없다. 소건륭은 어수선한 틈을 타서, 사람들과 모의하여 매매증서를 작성해서 나씨의 토지를 부탁을 받아 그가 매수한 것으로 하고, 그 대가를 합계 12만 8천 문文이라 적었다. 또한, 나씨를 타일러, 법정에서 "대가 가운데 8만 8천 문은 이미 수령했다. 미지급된 4만 문은 소건륭에 맡기는 형식으로 하고 이자를 받아 일상 생활비에 충당하고 있다"라는 취지로 진술하게 했다. 그래서 전임前任인 양楊 지현은 진술에 기초해 재정을 내려, 목적물인 부동산을 소건륭에게 귀속시켰다. 그 후 황수정은 이에 불복하여 번공했다. 재심리 시점에서 나씨는 이미 사망했고, 이전의 증인들은 "문제의 토지는 소건륭이 매매했다고 꾸민 것으로, 나씨에게 대가를 전혀 지급하지 않았다"라고 진술했다. 그래서 전임의 주朱 지현은 진술에 기초하여 재정을 내려, 이번에는 목적물인 부동산을 황수정에게 귀속시키고, 소건륭으로부터 매매증서를 거둬들여 사건기록 속에 삽입하였다.

顧與羅氏争, 與毛姓争, 猶尋常意計之中. 幻莫幻於蕭建隆者. 乘擾攘之際, 將羅氏田業, 串人書契, 屬伊承買, 共價一百二十八千文. 並屬羅氏, 當堂供稱, 已收受價八十八千文, 其未付之四十千文, 存建隆處生息, 作爲日用之需. 此前縣楊之據供定斷, 業歸蕭掌也. 厥後守正不甘翻控. 覆審時羅氏已故, 前證人等又供稱, 係建隆僞買僞賣, 並未付羅氏錢文. 此前縣朱之據供定斷, 又以業歸黃掌, 而追繳建隆原契在案也.

이렇게 "전후의 재정이 서로 다른" 결과, 상대방의 소를 빼앗거나 문제가 된 토지의 작물을 실력으로 수확하는 등 자력구제적 행위가 끊이지 않았고, 한편으로는 "15년 동안 양 당사자가 번갈아가며 소를 제기하니 그 사정이 일치하지 않는다"라고 말해지듯 소송이 계속되었다. 심연경은 이를 재정하면서, 결론적으로 양楊 지현의 제1차 재정의 판단을 상당히 큰 폭으로 부활시켰다.

사정을 헤아리고 이치를 가늠하면(세상의 상식으로), 나씨는 황성에 시집가서 아들 황문위黃文偉를 낳았는데, 황문위가 사망한 후에도 황문위의 동당同堂 형제가 여전히 존재한다. 나씨가 부동산을 팔아 증서를 작성할 때, 어째서 황성의 사람이 시종 한 사람도 입회하지 않고, 마치 죽은 것과 같아 타인이 차지해버리는宛其死矣, 他人入室(『시경詩經』 당풍唐風〔산유추山有樞〕의 구절) 모양으로 있었는가. 확실히 그 사이 소건륭의 거동에 수상한 점이 없다고는 할 수 없다.
揣情度理, 羅氏既醮於黃, 生子文偉. 偉故, 其同堂兄弟猶存. 何以羅氏售業立契, 黃姓竟無一人在場, 宛其死矣, 他人入室. 固不得謂蕭建隆無所曖昧於其間.

심연경은 문제의 토지매매에서, 자식 없는 과부가 중요한 재산처분행위를 할 때 남편의 동족으로부터 동의를 구한다는 관습상 요구되는 절차를 밟지 않은 점을[22] 소건륭의 약점으로 먼저 확실하게 지적한다. 그러고 나서 이 점은 나씨 생전에 밝혀두어야 했었던 것으로, 지금에 와서는 깊게 추궁할

---

22 滋賀秀三, 『中國家族法の原理』, 創文社, 1967, pp.417-418 참조.

수 없다고 하고 있다.

> 만약 나씨를 호출하여 신문한 그때, 곧바로 간악한 기도를 자백하게 하여 그것을 쥐고 소건륭의 죄를 추궁했다면, 소건륭이라 해도 빠져나갈 수 없었을 것이다. 그러나 사실은 이에 반하여서, 액면의 대가 12만 8천문 가운데 8만 8천문은 이미 수령했다는 진술은, 다름 아닌 나씨 생전에 그 입에서 나온 말이다. 단지 공단供單(진술의 기록)과 준결遵結(재정 준수의 서약서)이 족히 증거가 될 뿐 아니라, 황수정 자신도 소장에서 "미지급한 4만문에 대해서는, 소건륭을 강제해서 차용증서를 쓰게 하여, 나씨의 생활비 및 매장비를 위해 별도로 둘 것을 청한다"라고 서술하고 있는 것이 증거가 된다. 재판은 최초의 정황을 중시한다(재판에서는 그 초기 단계의 진술이나 증거를 중시해야 한다). 나씨 사후 그 생전의 진술을 일률적으로 말살할 수 있겠는가. 목적물인 부동산을 전부 황수정에게 귀속시키라고 재정한 것은 왼쪽을 편들든, 오른쪽을 편들든 공평을 잃은 점에서는 차이가 없다.
> 然使當羅氏面質之時, 直破其奸, 執以罪建隆, 亦何說之辭. 乃契價一百二十八千, 已經收受八十八千文之供, 既出之羅氏生前活口. 微特供單 · 遵結足憑, 且有守正自遞呈稟, 請以所餘四十千文, 勒建隆書立字約, 存爲養葬等詞足據. 獄重初情. 何得於羅氏死後, 將前供一概抹煞. 斷業全歸守正, 左袒右袒, 其失維均.

위에서 "공단供單과 준결遵結이 족히 증거가 될 뿐 아니라"라고 말한 점은 특히 주목할 만하다. 즉, 양楊 지현이 최초로 재정한 때에 이미 당사자의 준결을 제출받았던 것이다. 그럼에도 불구하고, 그 재정은 후임인 주朱 지현에 의해 거의 정반대로 뒤집혀버렸다. 그리고 지금 심沈 지현(심연경)에 의해 그것이 다시 하나의 증거로서 재검토된다. 청대 제도의 틀 안에서 상대적으로 가장 최종성이 강한 문서일 터인 준결조차도, 그 형식의 힘으로 사안의 실질에 관한 논의가 재점화하는 것을 잘라내는 기능은 없었다. 그렇다고 하여, 그것이 법적 관계를 안정시키는 데 전혀 의미가 없었던 것은 아니며, 역시 하나의 실적으로서 어느 정도의 무게(그 무게는 사정에 따라 각양각색일 수 있다)를 가졌다. 분쟁이 다시 타오를 때마다 재정은 항상 제약 없는 실질논의에 기초하여 내려진다. 그때 과거에 내려진 재정은 하나의 요소로서, 다른 제반 요소—시간의 경과나 사정의 변경도 각각 하나의 요소가 된다—와 함께 고려할 사항에 넣어져 새로운 재정의 시점에 입각한 실질론이 형성되는 구조였던 것이다. 이렇게 하여 심연경은 아래와 같이 재정을 내렸다.

> 따라서 단斷을 내리니, 소건륭에게 명하여 전錢4만문文을 제출하게 한다. 그리고 이미 제출된 퇴계退契(나씨가 작성한 매매증서) 2장에, 황수정이 입회인으로서 서명을 추가로 기입하게 한다. 금전은 황수정에게 교부하여 수령토록 하고, 증서는 소건륭에게 반환하여 부동산 보유의 증빙으로 삼도록 한다.
> 應斷令蕭建隆, 將錢四十千文繳出. 卽將原呈退契二紙, 令守正補立中證押字. 其錢給守正具領, 而原契給還建隆執業.

이처럼 심연경은 거래의 성립을 인정하여 토지는 소건륭의 것으로 하고, 황수정에게는 미지급 대금 4만문을 취득하게 하여 만족시키려 했다. 그리고 이 재정을 "한 차례 조정으로 양쪽 모두 공평함을 얻으니, 풀기 어려운 매듭을 풀었다"라고 자화자찬한다. 하지만 이것으로 과연 실제로 분쟁이 종식되었을까. 그가 임무를 마치고 떠난 후 또다시 재점화된 적이 없었는지 사료상으로는 알 방법이 없다는 것을 우리는 유념해야 할 것이다.

상급 지방관청, 예를 들면 부府에서도 사정은 마찬가지였다. 도광19년 섬서성 봉상부에 있었던 구황邱煌의 판어에는 장상張相·장근張芹 형제의 재산분쟁에 관한 사건이 있다.[23] 그들의 아버지는 삼형제, 그들 자신은 사형제인데, 다른 사람은 모두 죽어 현존하는 자는 그들 두 명과 그 자손뿐이었다.

---

23 『府判錄存』 권1, 85a-88b〔道光十九年十二月初三日審訊得鳳翔縣民張芹控張相一案〕.

이러한 상황에서, 후사가 끊긴 형제와 종형제의 후사로는, 모두 장상의 아들이 사자嗣子가 되었다. 그런데 이제 다시 장상이 동생 장정張正(장근에게는 형)의 후사로 자신의 아들을 사자로 세우려 했기 때문에 장근의 불평을 초래하여 분쟁이 되었다.

> 몇 번인가 현과 부에 제소하니 친척 · 친구들이 조정하게 되었다. 조정인 등은 장근의 아들인 맥왜麦娃를 주어 장정의 사자嗣子로 하는 것이 좋다고 주장했으나, 장정의 처는 동의하지 않았다. 그래서 원래대로 방왜房娃(장상의 아들)를 사자로 하고, 장상은 따로 재산의 분여分與로 토지 10무畝 5분分을 장근에게 준다는 약정을 맺고, 부에 보고하여 사건이 낙착했다. … 본 지부知府(구황)가 착임하자, 장근은 다시 부에 출두하여 소를 제기했다.
>
> 迭控縣府, 經親友人等處和. 聲稱欲令張芹以子麦娃過繼與張正, 而張正之妻不願. 隨處令仍將房娃過繼, 議令張相另撥地十畝五分, 給張芹管業, 覆府完案. … 本府到任, 張芹復赴府具控.

즉, 전임 지부 아래에서 조정안을 승인하는 형식으로 낙착했던 사건이, 구황의 임기에 다시 소가 제기된 것이다. 구황은 관계인을 소환하고 사건의 기록을 가져오게 하여 심리를 진행했다. 그의 조사에 따르면, 문제의 조정안에서는 조부 이래의 재산 중 거의 6분의 5를 장상 부자가 점하게 되기에 여전히 지나치게 불공평하다. 또한 그의 조사로 장상 자신이 과거에 후사가 끊긴 백부의 사자가 되었다는 중요한 사실이 확인되었다. 그렇다면 장상 등의 친부의 계통은 모두 장근에 의해 이어져야 할 것으로, 이 점을 엄격히 논한다면, 장상 부자는 오랫동안 점거해 온 재산의 태반을 포기하고 장근에게 주어야 한다. 그러나 오로지 이치만을 적용하여 지나치게 큰 현상의 변경을 명한다면 오히려 장래에 분쟁을 격화시킬 염려가 있다. 결국 구황은 아래와 같이 결정했다.

본 지부知府는 거듭거듭 두루 생각했다. 단斷을 내려, 장상은 조정안에 더하여 토지 12무 5분을 내놓고, 주택 서편의 위장圍場(탈곡 등의 작업을 위한 공터인가) 한 곳을 내놓아 이를 장근에게 주어 보유하게 한다. 진촌陳村에 보유한 영업자산은 은 150량兩으로 평가하여, 이 금액을 장근에게 주어라. 이것으로 불공평한 가운데에서도 어느 정도 공평을 유지하는 의미를 보이는 것으로 한다.

本府再四熟籌. 惟有斷令張相再撥地十二畝五分, 又撥住宅西邊圍場一塊, 給張芹管業. 其陳村生理, 酌斷銀一百五十兩, 給與張芹. 庶於不平之中, 稍示持平之意.

이 안 역시 타협적이지만, 전임자 아래에서의 해결에 비하면 상당히 후한 이익을 주는 재정을 내리고 있다.

구황의 후배인 이성원李星沅은 위 사건을 "취안료안就案了案"의 전형적인 사례로 논평하고 있다. "사안案에 따라就 사안案을 해결了한다"는 것은, 원리로까지 돌아가는 일 없이, 이미 이루어진 현상에 입각하여 타협적인 해결을 도모하는 재판의 수법을 말하는 것으로 보인다. 이성원은 아래와 같이 말한다.

이때 만약 단斷하기를, 장근과 각각의 재산을 균분하게 해서 장상의 부자 형제들로 하여금 일단 재산을 잃게 했다면, 어찌 수긍하여 만족했겠는가. 그가 한동안 참는다 하여도, 반드시 다른 날에 분을 풀려고 할 것이다. … 또한, 이 안건은 이미 전임자의 논단을 거쳐, 모두 장상이 옳다고 보아 허물을 장근의 망령된 고소로 돌렸다. 수년 후 비로소 선생에게 부탁하니, 그로 인해 이치를 펴게 되었다(선생이 나타나 주장을 인정해 주었다). 이제 선생이 다시 이임하려 한다. … (지금 너무나도 엄격한 재정을 한다면, 떠난 후에라도 장상이 장근에게 위해를 가할지도 모르고, 그렇지 않다 해도 또다시 소를 제기할 것이다) 소송이 그치지 않아 이미 그 폐해가 견디기 어려운 정도이다. 다시 후임자로 황당黃堂(법정)에 앉는 자가 반드시 선생과 의견이 같을 것이라고는 보장하기 어렵다. 이미 극렬히 대립하고 있음을 보아하니, 곧 파벌간의 다툼이 열릴 것이다. 이는 더욱 장근이 능히 감수할 수 있는 바가 아니니, 파산하거나 경생輕生(자살)에 이를 때까지 그치지 않을 것이다. … 선생은 살핌이 노련하며 헤아림이 자세하다. 이로써 기왕의 것을 관대하게 하고, 사안에 따라 사안을 판단하여, 스스로 일신과 가족을 지키고 친목을 돈독히 할 것을 알게 하였다.

此時若斷令與張芹均分各產, 使張相父子兄弟等一旦失業, 豈肯甘心. 彼雖忍氣于一時, 必更洩忿于異日. … 且此案既經前任論斷, 俱以張相爲理直, 而歸咎張芹之妄訴. 數年之後, 始賴先生, 爲之申理. 今先生又將卸篆. … 控争不息, 已屬拖累難堪. 更難保後任坐黃堂者, 必能與先生意見相同. 既有水火之見, 卽啓門戶之争. 更非張芹所能甘受, 不至破產輕生而不止. … 先生刺之熟, 而權之審. 是以寬既往, 就案了案, 俾知自保身家, 永敦親睦.[24]

지방관이 전임자가 내린 재정을 재심하여 변경 · 수정하는 권한을 가지고 있었다는 것은, 뒤집어서 말하면, 자기가 내리는 재정이 후임자에 의해 변경 · 수정될 가능성이 항상 있었다는 것을 말한다. 이것이 심리적 억제가 되어 반대로 전임자의 재정을 뒤집는 데에도 신중하지 않을 수 없다는 측면이 있었다. 누구의 재정에도 형식적인 법적 안정성을 보장하지 않는 제도는, 또한 그 나름의 제도적 논리로서 모종의 안정화 작용을 내재하도록 하고 있었다고 말할 수 있을지도 모른다.

5.

상소를 둘러싼 여러 문제에 대해 이 글에서는 극히 간단히 다루는 정도로만 해두고 싶다. 각 심급에 독립성이 인정되지 않는 제도하에서의 상소라는

---

24 『府判錄存』 권5, 84b-86b.

것이 오늘날의 상소와는 현저하게 성질이 다른 것이 된다는 점은 형사재판의 측면에서 이미 어느 정도 논하였다. 이를 참조하기 바란다.[25]

상소를 수리한 상급기관은, 많은 경우 사안을 다시 하급기관에 내려보내 그 심리를 명했다. 이때 상급기관은 하급에서의 심리 결과에 관한 보고를 받고 그것을 승인하는 형태로 해당사건에 결말을 지었다. 상급기관에 의한 승인이라는 요소가 하나의 무게로 더해지는 것은 확실하지만, 그 상급기관 자체가 자신의 승인행위에 기속되지 않는 이상, 사태가 본질적으로 변하는 것은 아니다. 상급기관이 승인을 준 재정에 대해서는 하급 단계에서의 재소 및 재차의 심리가 허용되지 않는다는 식의 논리는, 이론적으로 생각할 때 성립하기 어렵다. 왜냐하면, 하급기관에서 재차 심리한 결과 새로운 재정에 도달하였다면, 그것이 타당한 것으로 여겨지는 한 상급은 그것을 다시 승인할 용의가 항상 있을 터이기 때문이다. 그리고 사실 그와 같은 논리는 통용되지 않았다. 사천성 홍아현洪雅縣에서는 강희연간에서 옹정연간 초년, 당사자 2세대에 걸쳐 30년이나 쟁송이 계속되었다는 토지 경계분쟁 사건이 있었다. 과거에 총독에게까지 상소되었다가 현에 내려져 심리 결과가 일단은 낙착되었으나, 현장에 임하여 경계 표지를 설치하는 단계에서 다시 다툼이 일어났다. 그 이후 "누차의 소송과 재정이 있었다. 그리고 다시 재정하자마자 소송이 일어나는累控屢斷, 亦卽旋斷旋控" 상태에 빠져 "십여 년간 일찍이 평안한 날이 없는" 경과를 거쳤다.[26]

물론 상소를 받은 상급기관이 사건기록을 가져오게 하여 심사하거나, 관계인 일동을 소환하여 법정을 열어 심리를 행하는 일도 없지는 않았다. 이때는 확실히 상급자 자신의 판단에 기초한 실질적인 재정이 부여되는 것이다. 하지만 이 재정에 대해 같은 상급자, 혹은 그 후임자에게 재소하는 것이

---

25 이 책 제1장 pp.36-68, 72.

26 盧見曽, 『雅江新政』, 25a 이하〔姜正淸控伍建極案〕.

가능했음은 이미 살핀 대로이다. 뿐만 아니라, 상급기관의 재정은 원심 하급기관에 대한 지시의 형태로 내려지는 일이 적지 않고, 일반적으로 상급기관의 재정이 있어도 다시 크든 작든 세부사항의 보충이나 시행상의 여러 문제가 하급기관의 손에 맡겨지는 경우가 많다. 더구나 그때, 하급자는 상급자가 제시한 판단에 반드시 구속되지는 않았던 것으로 보인다.[27] 실제로 현에서 소송을 시작한 당사자가 도중에 부에 상소하여 일단 부의 재정을 받았으면서, 그 뒤에도 다시 "현번헌안縣翻憲案(지현이 상급기관이 내린 재정을 뒤집었다)"이라는 이유로 다시 부에 상소한 실례가 있다. 이 사례에서 부府는 큰 틀에서는 자기가 내렸던 이전의 단斷을 유지하여 현이 고친 단을 배척하고 있다. 그러나 일단 재정을 내린 사안이라는 사실을 형식적으로 강조하지는 않고, 역시나 실질논의를 전개하고 있다. 더구나 부분적으로는 현의 수정 가운데 나타난 새로운 식견에 기초한 타당한 요소를 채용하여 자신의 단을 보완해 수정하고 있는 것이다.[28] 상소제도에 관해서는 아직 설명이 미진한

27 일본의 현행 재판소법(裁判所法) 제4조와 같은 원칙이 적어도 형식적 · 일의적으로 관철되어 있지는 않았다. [역주] 일본 재판소법 제4조(상급심 재판의 구속력) "상급심 재판소의 판단은 그 사건에 관하여 하급심의 재판소를 구속한다." 우리나라 현행 법원조직법 제8조(상급심 재판의 기속력)도 같은 취지이다.

28 『徐雨峰中丞勘語』 권2, 4b이하 〔陳阿謝立繼廢繼案〕 및 이어지는 〔覆審陳阿謝立繼案〕을 참조. 서사림(徐士林)이 안휘성 안경부(安慶府)의 지부(옹정5년-10년)로서 다룬 사건이다.

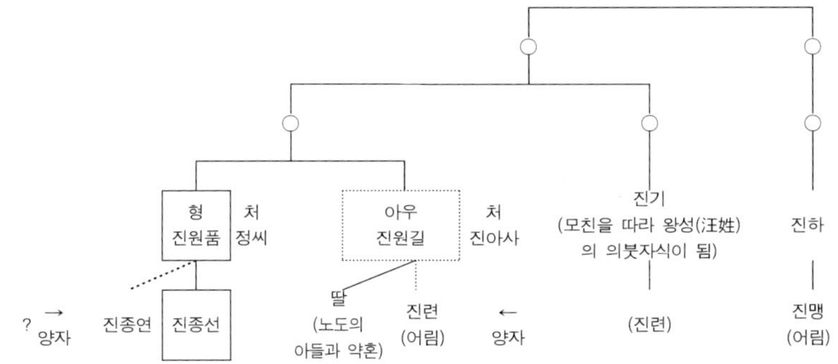

실선은 친생자 관계이며 점선은 양자 관계를 가리킨다. 실선의 사각형 안은 오래 전에 사

망한 인물이며, 점선의 사각형 안은 최근의 사망자이다. 진원품, 진원길 중 어느 쪽이 형인지 아우인지, 상호간에 모순된 표현이 있는데, 7a 마지막 행의 "원길의 아우 원품(元吉之弟元品)"은 오기로 보았다.

그림과 같은 동족 관계에서 진원길(陳元吉)이 사망하자, 남겨진 재산을 둘러싸고 진하(陳遐) · 진기(陳奇) · 진아사(陳阿謝) · 진종연(陳宗衍) 등의 사이에서 복잡하게 뒤얽힌 분쟁이 일어났다. 진원길의 딸의 미래의 시아버지 노도(路鍍), 진아사의 본가인 사성(謝姓)이 뒤에서 진아사를 조종하여 분쟁을 한층 더 기괴하게 만들었다. 진련(陳連)이 진원길에게 입양된 것은 진원길의 생전부터 정해졌던 것이 아니라, 종형제의 아들에 해당하는 근친자가 그 한 사람밖에 없기 때문에 자연스럽게 상주로 세워진 것으로 보인다.

뒤얽힌 판어의 서술로부터 주요한 분쟁의 줄거리를 정리하면, 첫째, 진원길 사후 20일이 지나지 않은 시기에, 진아사가 (진련의 명의로?) 전가교(田家橋)라는 지명에 소재하는 공산(公産), 즉 진원품(陳元品)과 진원길의 가산분할 당시 미분할인 채로 남겨진 재산인, 토지 5석(石)(아마도 5석의 볍씨를 뿌린 넓이를 의미)을 이행유(李行儒)라는 자에게 매도하였다. 이를 위법이라고 하여, 진종연이 다투었다. 둘째, 이에 대한 공격적 방어책으로서 진아사 및 그 배후의 일당은, 진종연이 계모 정씨(程氏)에 공손하지 않고, 과거 계모에 의해 관의 절차를 거쳐 쫓겨난 자라고 날조해 주장했다. 셋째, 진하와 진아사 일당은 어떤 연결이 있는 듯하며, 진맹(陳孟)에게 이익을 안기려는 듯한 움직임이 있다. 진종연을 쫓아내고 원길의 사자(嗣子)로 정해져있는 진련을 진원품의 후계자로 보내면서, 새로이 진맹을 진원길의 후사로 삼으려는 것이 일당의 목표로, 그 때문에 획책, 쟁송이 잇따랐다.

최초에 사건이 부에 상소된 경위는 분명하지 않다. 부는 사건기록을 심사하여—관계인을 소환한 흔적은 없다— 현에게 대략 다음과 같은 지시를 내렸다. ① 전가교의 토지는 해당 지현(이를 A지현이라 해두자)의 기존 판단대로, 거래를 파기하고 새로 공평하게 분할하라. ② 진련이 진원길을 계승하고, 진종연이 진원품을 계승하는 것은 전과 같이 하라. 바꾸어서는 안 된다. ③ 진아사나 그 일당, 혹은 토지의 매수인 이행유가 말을 듣지 않는다면, 그 신병을 부로 보내라. 이상 부의 지시는 A지현의 임기말, 또는 후임의 B지현, 즉 이참령(李參令)(참(參)은 탄핵, 령(令)은 지현을 의미한다. 이(李)라는 인물은 후에 어떠한 이유로 탄핵되어 징계면직되었기 때문에, 이렇게 불린다)의 부임 초기에 내려진 것으로 보인다.

부의 지시를 지침으로 삼아 B지현의 지휘 아래 마무리되었으나, 거기에서 상당한 일탈이 생겼다. 즉, B지현은 "① 진원길의 후계로는 진련 · 진맹을 나란히 세워 사자(嗣子)로 한다(대등한 두 사람의 공동상속이 된다), ② 진원길의 딸에게 결혼자금으로 재산의 3분의 1을 주어라"라는 재결을 내린 한편, 전가교의 토지 반환 및 재분할에 대해서는 흐지부지하며 손을 쓰려 하지 않았다. 이에 진기가 "현번헌안(縣翻憲案)"으로 부에 제소했다. 부는 다시 기록을 송부받아 심사하여, 부로서의 두 번째 재정(현에 대한 지시)을 내렸다. 그때 B지현은 이미 물러나고, 다음의 C지현의 대에 있었다(따라서 글에서 B지현은 전참령(前參令)으로 지칭되고 있다).

두 번째 지시에 대해 지부 서사림(徐士林)은, B지현이 재정의 이유로 서술한 말을 곳곳에 인용하고 그것에 반박을 더하는 형태로, 진련 · 진맹이 함께 대를 잇는 것이 불가한 까닭을 간곡하게 일깨운다. 그리고 B지현의 지도를 받아 이미 작성된 공동승계의 의정서를 점이 많지만, 최종적으로 움직이기 힘든 판결을 내리는 종심법원과 같은 것이 존재하지 않았다는 것만은 이상의 설명으로 이해할 수 있을 것이다.

요컨대, 관료적 통치기구 전체로 보아도 앞서 각각의 관료에 관해 본 경우와 마찬가지로, 일단 부여된 재정이 타당하지 않다고 생각되면 언제라도 이를 고친다는 것이 기본적인 자세였다. 거기서 법적 관계의 안정은, 몇 차례 재정이 반복되는 가운데 자연스럽게 마땅한 결론에 도달하여, 당사자가 더는 다투지 않게 된다는 모습으로만 실현된다. 여기에서 판결의 확정력Rechtskraft이란 개념은 형식적 확정력formelle Rechtskraft이라는 의미에서 보면 이미 무관한 것이었다.

판결의 형식적 확정력이 없는 곳에 실질적 확정력으로서의 기판력materielle Rechtskraft이란 개념이 발생할 여지가 없는 것은 자명한 이치이다. 지금까지의 서술 속에서 이미 그러한 사정이 명확히 되었다고 말해도 좋을 것이다. 한마디 덧붙인다면, 과거에 일단 재정이 있었다는 사실을 어떻게 평가할 것인지는 완전히 때와 상황에 따라 달라졌다. 보다 깊이 들어간다

파기하고, 진맹에게는 벼 10석을 위로금으로 주어 물러나도록 명하였으며, 진련 · 진종연의 지위는 움직여서는 안 된다는 것을 재확인한다. 그리고 다시 전가교의 토지분할을 명했다. 다만, 딸에게 가산의 3분의 1을 주는 점은, B지현의 뛰어난 아이디어로, 자신이 전의 지시에서 깨닫지 못한 것을 보완하는 것이라 하여, 진기의 반대에도 불구하고 이를 채용하였다. 그리고 아래와 같이 말하였다. "그러나 진아사에게는 현재 미혼인 딸이 있다. 탄핵된 전 지현은 단(斷)하기를, 가산의 3분의 1을 떼어 그녀의 장래의 혼례준비에 충당함으로써 죽은 진원길의 혼을 위로하고, 또 과부로 사는 진아사의 마음을 위로하라고 명하였다. 이 말은 특히 이치에 맞으며, 본 지부가 전에 내린 지시에서 배려가 부족했던 부분을 잘 보완하는 것이다. 진기가 이에 불복하여 '지현이 단(斷)하여 딸의 장래의 시아버지 노도에게 가산의 지분을 인정하도록 해달라' 하는 것은 궤변일 뿐이다. 본 지부는 사정을 공평히 하여 만물을 처리한다. 노도에게 뒤에서 진아사를 부추긴 간사함이 있다 해도, 진아사가 낳은 자식인 딸의 조처를 박하게 해서 되겠는가. 사씨(謝氏)(진아사)의 딸이 3분의 1을 취득해야 한다는 점은, 지현이 판단한 대로 하라(惟阿謝現有生女未嫁. 前參令斷令提家産三分之一, 以爲日後妝奩之資, 慰元吉於地下, 並慰阿謝於生前. 此言殊爲得理, 實補本府前檄之所不及. 陳奇控稱, 縣斷女翁路鍍應分家産, 殊屬刁訟. 本府平情理物. 豈肯因路鍍之奸唆, 隨薄阿謝親生之骨肉哉. 謝氏女鼎分一足, 應如縣斷)."

면, 훗날 재정을 담당하는 자의 가슴 속에 있었다고 해도 과언이 아니다. 아래의 예를 보자.

> 재산을 관리함에는 반드시 확실한 증서에 기대며, 사건을 판단함에는 반드시 옛 사건기록에 기댄다. 너희들은 빙거도 없는 빈말뿐이다. 어찌 전임 지부와 전임 지현의 명백한 결정이 빙거가 되지 않을 리 있겠는가.
> 管業必憑確據, 斷案必憑舊卷. 爾等既屬無據空言. 豈有前府前縣明明定案, 尚不作憑之理.[29]

위와 같이, 과거에 내려진 재정의 권위를 강조하여 거듭 소를 제기한 당사자를 비난하는 것이 가능했다. 반면 아래와 같은 사례도 있다.

> 살펴보았다. 장렴張嫌이 유劉·부傅·나羅·이李의 네 성姓에 소송을 걸었는데 소장의 말이 심히 장황하다. 그러나 네 성은 진술하기를 자신들이 대대로 소작해 왔다 하였다. 그럼에도 장렴은 즉且[30] 대대로 노복이라 한다. 노복과 소작인은 구별이 있다. 네 성은 진술하기를 그날 단지 전토를 팔았다고 한다. 그러나 장렴은 그것에 합쳐 가옥을 갖기를 원한다. 가옥과 전토 역시 구별이 있다. 이에 증인이 있는지 물으니, 증인이 없다. 계약서를 찾으니, 계약서가 없다. 단지 과거의 재판에서 근거를 취하려 한다. 옛 사건이 정말로 전부 족히 빙거가 된다면, 어찌하여 후에 다시 분쟁이 일어나겠는가.

---

29 『汝東判語』 권1, 5b〔饒永和續呈判〕.

30 여기서 원문 "嫌且稱爲世僕"의 '且'는 '則'에 가깝다고 보고, '즉'으로 읽었다. "겉으로는 여러 일을 모두 처리한다고 하지만, 실제인 즉 한 가지 일도 이루지 못한다(名爲諸事皆辦, 實且一事無成)"(『學治臆說』 권상, 24b) 등에도 같은 용례가 있다. "한편 …라고 한다면"의 의미이다. 이하도 같다.

看得. 張嫌訟劉 · 傅 · 羅 · 李四姓, 詞甚張皇. 但四姓共[※]係世佃, 而嫌且稱爲世僕. 僕與佃則有分矣. 四姓供當日止賣田, 而嫌且併欲有其屋. 屋與田又有分矣. 乃問之證, 證無有. 索其契, 契無有. 唯欲取憑于從前之斷案. 不思舊案果足盡憑, 何以又起後來之紛競乎.[31]

※ 공(供) 자를 잘못 옮긴 것일까.

이처럼 과거에 재정이 있었던 것만을 내세워 다투는 당사자를 역으로 나무라는 것도 가능했다. 어느 쪽으로든 그럴싸하게 말할 수 있었다.[32] 한편, 위에 인용된 2건은 모두 비批의 한 구절이다. 우선 그렇게 말하면서 소환 · 개정開廷으로 진행해 갔다.

6.

형사적 측면에서도 마찬가지로, 잘못을 고침에 기탄이 없어야 한다는 정신이 지배하여 판결의 기속력이란 관념은 알려지지 않았다. 그도 그럴 것이, 죄상을 규명하여 형벌을 헤아려 정하고 이를 집행하기까지의 일련의 작업이 하나의 '공사公事,' 즉 관청의 행정사무로서 처리되고, 소추訴追 과정에서 행형行刑 과정 사이에 공판정에서의 판결이라는 단절을 두지 않았기 때문이다. 사법이 일반관청사무와 동일한 정신 위에 서 있다는 기본적 성격은 이미 당률唐律에 확실히 나타나고 있다.

죄를 범한 자가 발각되기 전에 자수했다면, 원상회복이 곤란한 실질적 피해가 이미 발생한 경우를 제외하고는 일반적으로 그 죄를 용서하는 것이 당률에서(명청률도 마찬가지) 두드러지는 원칙이다.[33] 이 원칙에서 파생된 것으

---

31 李漁輯, 『資治新書』 권1, 29a〔行高安縣牌(李少文)〕.
32 다만 인상론적으로 말한다면, 역시 후자와 같은 쪽이 드문 예라고 생각된다.

로서 다음과 같은 규정이 있다.

무릇 공사에 실착失錯하였는데, 스스로 각거覺擧한 경우는 그 죄를 용서한다. … 그 죄를 단斷함에 실착이 있는데, 이미 집행한 경우는 이 율을 적용하지 않는다.
諸公事失錯, 自覺擧者, 原其罪. … 其斷罪失錯, 已行決者, 不用此律.[34]

"공사에 실착함公事失錯"이란, 소疏에 따르면, "공사公事로 인하여 죄를 지었으나 사곡私曲이 없는 것"이다. 즉, 공무수행과 관련하여 과오를 범했는데 법에 비춰보면 죄가 되지만, 이기적 동기도 없고 위법을 행할 고의도 없었던 경우, 율의 전문용어에서 말하는 '공죄公罪'에 해당하는 경우를 말한다. "각거覺擧"란, 알아차린 잘못을 스스로 신고하여 개정하는 조치를 취하는 것을 말하며, '사죄私罪'의 자수에 대응한다. 이에 따라 과실의 범죄를 면책받을 수 있었다. "그 죄를 단함에" 이하의 부분은 단서조항으로서, 과오의 결과 회복불가능한 실질적 피해를 발생시킨 경우에는 과오의 죄를 용서받지 못하는 것으로 하는 것이다. 가장 심한 것으로, 형사에서 오판을 범하여 그 형이 이미 집행되어 버린 경우가 있을 것이다. 죄를 단斷한다는 사법사무도 일반적인 공무의 일종이며, 각거라는 자발적 정정행위의 대상으로 여겨지고 있었다는 사정이 여기서 명료하게 확인된다. 율의 뒤에 아래와 같은 소疏가 붙어있다.

만약 누군가가 오판으로 인하여 도2년의 판결을 받아 이미 1년을 복역한 시점에서 관사가 비로소 깨닫고 정정 절차를 밟은 경우, (오판의 책임자는) 아직 복역이 끝나지 않은 도1년 분에 관해서는 각거覺擧의 효과로서 죄가 면해진다. 이미 복역

---

33 唐律 · 名例 37조〔犯罪未發自首〕.
34 唐律 · 名例 41조〔公事失錯〕.

한 도1년에 관해서는 '실입失入'의 죄를 물어 (도1년에서) 3등을 감하여 장80[35]에 처해지게 된다.

假有人枉被斷徒二年, 已役一年, 官司然始自覺擧者, 一年未役者, 自從擧免. 已役一年者, 從失入減三等, 科杖八十之類.

오판의 죄는 무죄를 유죄로, 경죄를 중죄로 한 경우를 '실입失入', 반대의 경우를 '실출失出'이라 한다. 본래 과해야 할 형벌(무죄는 그것을 0으로 본다)과 실제로 과해진 형벌 간의 등급차를 기준으로 하여, '실입'은 그 등급차에서 3등을 감하고, '실출'은 그것에서 5등을 감하여 죄를 묻는다는 것이 당률의 규정이었다.[36] 따라서 위의 소疏에 보이는 것과 같은 계산논의가 발생하는 것이다. 다만 여기서는 형의 집행 도중에 관사가 오판을 깨닫고, 기초가 된 판결을 자발적으로 개정하여 구제해주는 사태가 지극히 자연스럽게 상정되고 있음에 주목하고 싶다.

당률의 이 규정은 거의 그대로의 형태로 명청률에 답습되고 있다. 청률에는 소주小註가 붙어있는데, 그중 '첩단貼斷(추가단죄)'이라는 말이 나오는 것이 주목된다.

[관원과 서리가] 공사公事에 실착失錯하였는데 스스로 깨달아 정정하면 죄를 면한다. … ○ 죄를 판단함에 실착하여 [실입失入으로] 이미 의논해 처벌하였으면, [그대로 실입인죄失入人罪 율에 따라 논하여] 이 율은 쓰지 않는다. [사죄死罪 및 태장죄笞杖罪가 이미 집행이 끝났거나, 유죄流罪로 이미 죄인이 배소配所에 도착한 것, 도죄徒罪로 이미 역役에 임한 것을 말한다. 이들은 모두 이미 의논해 처벌한 것으

35 본래 관원은 장(杖)을 맞지 않는다. 대신 속동(贖銅) 8근(斤)으로 환산된다.

36 唐律 · 斷獄 19조〔官可出入人罪〕. 고의로 부당한 판결을 하는 '고출입(故出入)'은 사죄(私罪)이므로 지금 여기서 다루는 문제는 아니다.

로, 관사官司가 비록 스스로 검거檢擧하더라도 모두 죄를 면하지 않고, 각각 실입인 죄율에서 3등을 감하는 것과, 또한 관원과 서리의 등급에 따라 체감遞減하는 율에 의거하여 죄를 부과한다. 그러므로 이 율은 쓰지 않는다고 하는 것이다. 다만 실출인죄失出人罪는 이미 결방決放했다 하더라도, 아직 드러나기 전에 스스로 검거하여 첩단貼斷하였으면, 모두 그 실착한 죄를 면할 수 있다]

凡[官吏]公事失錯, 自覺擧者免罪. … ○ 其斷罪失錯[於入]已行論決者, [仍從失入人罪論], 不用此律. [謂死罪及笞杖已決訖, 流罪已至配所, 徒罪已應役. 此等並爲已行論決, 官司雖自檢擧, 皆不免罪. 各依失入人罪律, 減三等, 及官吏等級遞減科之. 故云不用此律. 其失出人罪, 雖已決放, 若未發露, 能自檢擧貼斷者, 皆得免其失錯之罪][37]

소주小註에 '검거檢擧'라고 되어있는 것은 청대의 용어로서 당률(및 청률 본문)의 '각거覺擧'와 같은 의미이다. 소주 가운데 마지막 밑줄 부분만이 당률이나 그 소疏에는 명확히 거론되지 않았던 요소이다. 그 취지는 아래와 같다. 오판에 의해 본래 부과되어야 할 형벌을 부과하지 않았는데, 다른 이들로부터 적발되기 전에 스스로 깨달아 개정하는 조치를 취하여 본래 부과되어야 할 형벌을 추가로 집행해냈다면, 실질적 피해가 발생하지 않은 것이므로, 원칙대로 '실출失出'의 죄를 면제한다는 것이다. 문장 가운데 "이미 결방決放했다 하더라도"에서 '결決'자는 율의 용례로서, 사형, 태장형 등 단번에 집행을 끝내는 성질의 형을 집행하는 것을 말한다. 따라서 이 구절은 잘못하여 무죄방면한 경우도 내포하고는 있지만, 문자 그대로는, 예컨대 도죄徒罪나 유죄流罪에 처해야 할 자를 잘못하여 태죄笞罪나 장죄杖罪로 판결한 후 이를 집행하고 석방해버린 경우를 의미한다. 그때 매우 복잡한 방법에 따라 이미 집행된 태 · 장형과, 판단을 정정한 결과 부과되는 도 · 유형

---

37 『대청율례』〔公事失錯〕율문.

사이에 차감 계산이 이루어지고,[38] 산출된 형종의 형량을 추가 집행하게 된다. '첩단貼斷'이란 이러한 의미를 포함한 말이며, 검거(각거)라는 관사의 자발적 정정행위가 피고인에게 불리한 방향으로도 작용할 수 있었음을 보여준다.

조금 여담이기는 하나, 청률의 위 규정 및 실입, 실출에 대해 정한 규정(이 또한 당률을 그대로 답습하고 있다)[39]은 어느 것이나 청대 중기 이후에는—그 정신이 제도상에서 사라진 것은 아니지만— 조문으로서는 작동하지 않는 공문空文이 되었다. 그 이유는 『육부처분칙례六部處分則例』라는 관리 징계처분의 규준을 정한 별개의 선례 집성적인 법전이 만들어졌기 때문이다. 현직 관원이 범한 위법행위에 대해서는 처분칙례의 규정이 우선 적용되고, 처분칙례에 규정이 없는 경우에만 율의 규정이 적용되는 것—이때 태10에서 장1백에 이르는 율에서 정한 형벌은, 환형換刑 규정에 따라 벌봉罰俸에서 강급降級을 거쳐 혁직革職에 이르는 징계처분으로 바뀐다—으로 되었기 때문이다.[40] '공사실착公事失錯'에 대해서도, '실입', '실출'에 대해서도 각각 처분

---

38 『대청율례』〔二罪俱發以重論〕, 상란 輯註.

39 『대청율례』〔官司出入人罪〕 율문.

40 『육부처분칙례』 권1〔公罪私罪按律定議〕. 그 제2조에 "하나, 공죄(公罪)와 사죄(私罪)는 모두 이 칙례의 처분에 따라 논의를 결정한다. 칙례에 적용할 조항이 없을 경우 비로소 율을 인용할 수 있다. 만약 율문에 인용할 조항이 없으면, 칙례 중에서 상황이 가까운 원용하여 따라 적용한다. 만약 율과 칙례 모두 적용할 조항이 없고, 따라 적용할 전례도 없다면, 해당 사(司)의 담당 관리가 사건의 정황을 상세히 조사하여 처분을 헤아려 의논한 후, 당관(堂官)에게 돌려보내 밝혀 함께 처분을 의논해 결정한다. 제본(題本) 내에 명확히 밝혀 지(旨)를 청하고, 이를 법으로 정하여 후일 인용할 수 있도록 한다(一, 凡公罪 · 私罪, 俱按照本例處分定議. 其例無正條者, 方准引律. 若律文又無可引, 則將例內情事相近者, 援引比照. 儻律例俱無正條, 又無可比照之案, 該司員將案情詳細察覈, 酌議處分, 回明堂官, 公同定議. 於本內聲明請旨, 著爲定例, 以備引用)"(『광서회전』 권11, 4ab에도 같은 취지의 문장이 있다). 환형(換刑) 규정으로는 『육부처분칙례』와 대청율례에 거의 같은 조문이 있다(『육부처분칙례』〔公罪私罪按律定議〕 제1조문; 『대청율례』〔文武官犯公罪〕,〔文武官犯私罪〕). 『청국행정법』 1하, pp.314-315에, 이를 환형으로 보지 않고, 태장의 형벌과 징계처분을 병과하는 것으로 설명한 것은 오해이다.

칙례에 규정이 있다. 후자에 대해 말하면, 오판의 폭을 기준으로 하여 일률적으로 그로부터 5등 또는 3등을 감하는 것이 아니다. 무죄인 자를 잘못하여 사형으로 판결하고 그 형이 집행되어버린 경우, 주된 책임자의 처분을 징계처분의 극한인 혁직으로 하고, 그 이하는 사정에 따라 차례로 낮춘다는 구조 안에서, 각각의 경우마다 처분의 정도를 규정하는 복잡한 규정이었다.[41] 전자, 즉 공사실착公事失錯하여 그 후에 '검거檢擧(자발적 개정)'한 경우에 관해서도 마찬가지로, 처분칙례에서는 각각 개별적으로 규정되어 있다. 총체적으로 보면, '검거'에 의해 실질적 피해를 회피할 수 있었을 때는, 처분을—율의 규정과 같이 전부 면책하는 것이 아니라— 거의 절반 정도의 무

---

41 『육부처분칙례』 권48, 3b〔承問失入〕, "하나, 관리들이 사건을 심문하면서 율을 부당하게 인용한 경우, 응당 참형(斬刑)이나 교형(絞刑)에 처해야 할 죄인을 잘못하여 능지(凌遲)로 판결했거나, 응당 감후(監候)하여 처결할 죄인을 잘못하여 입결(立決)로 판결한 경우, 승심관(承審官)은 1급 강등 후 조용(調用)하고, 심전관(審轉官)은 1급 강등 후 유임하며, 안찰사는 벌봉 1년, 총독과 순무는 벌봉 6개월에 처한다. 만약 충군(充軍)과 유형(流刑) 이하로 판결해야 하거나 무죄인 자를 잘못하여 능지로 판결한 경우, 승심관은 4급 강등 후 조용하며, … 만약 충군과 유형 이하로 판결해야 하거나 무죄인 자를 잘못하여 참형이나 교형으로 판결한 경우, 승심관은 3급 강등 후 조용하며, … [이상은 모두 잘못하여 판결했으나 아직 형벌이 집행되지 않은 경우를 가리킨다] 만약 잘못 판결하였는데 이미 집행되었다면, 승심관은 혁직(革職)하며, … 만약 도형과 장형 이하로 판결해야 하거나 무죄인 자를 잘못하여 충군이나 유형으로 판결하면, 승심관은 1급 강등 후 유임하며, … 만약 무죄인 자를 잘못하여 도형이나 장형으로 판결하면, 승심관은 벌봉 1년하며, … 안찰사나 도원으로부터 넘어온 사건이라면, 안찰사와 도원은 심전관의 예에 따라 의논해 처분한다. 이상 심문과정에서 실입한 각관은 형이 집행되었는지 아닌지를 막론하고 응당 강급조용, 강급유임, 벌봉 등의 처분을 받아야 하니, 임기내에 비록 가급(加級)한 기록이 있더라도 모두 이를 상쇄할 수 없다(一, 官員承問, 引律不當, 將應擬斬絞人犯, 錯擬凌遲, 及應擬監候處決人犯, 錯擬立決者, 承審官降一級調用, 審轉官降一級留任, 臬司罰俸一年, 督撫罰俸六個月. 如將擬軍流以下及無罪之人, 錯擬凌遲者, 承審官降四級調用, … 如將擬軍流以下及無罪之人, 錯擬斬絞者, 承審官降三級調用, … [以上皆指錯擬未決者而言]. 若錯擬已決者, 承審官革職, … 如將應擬徒杖以下及無罪之人, 錯擬軍流者, 承審官降一級留任, … 如將無罪之人, 錯擬徒杖者, 承審官罰俸一年, … 其由臬司 · 道員審轉之案, 臬司 · 道員卽照審轉官例議處. 以上承問失入各官, 無論已決 · 未決, 其應得降調 · 降留 · 罰俸處分, 任內雖有加級紀錄, 俱不准其抵銷)." 이어지는〔承問失出〕도 이와 비슷한 구성으로 처분의 정도는 가벼우며, "가급한 기록이 있으면, 모두 이를 상쇄할 수 있다(凡有加級紀錄, 俱准其抵銷)"로 끝맺는다.

게로 감하는 것으로 되었다.[42] 본절 3(pp.246-247)에서 인용한 유형劉衡의 말에는 이하의 대목이 있다.

> 대개 아래에 임하고 위를 섬기는 것에 결코 두 개의 리理는 없다. 위로 상신하는 안건에 만약 그르침이 있으면 으레 검거檢擧의 문장이 있다. 청송聽訟 또한 그러하다.

이는 실로 '검거'가 있는 경우 처분을 경감하는 처분칙례의 규정을 가리키는 말이다. "위로 상신하는 안건"이란 도형 이상의 형에 관한 안건을 가리키는데, 주현州縣에서 판결 원안을 작성하여 위로 보낸 것이다. 이것과 주현의 권한으로 처리하는 '청송' 안건, 어느 쪽이나 과오를 고치는 것을 꺼리지 않는다는 동일한 정신에 따라 관철되어야 한다는 것이 이 문장의 취지이다.

제1장에서 필자는 무죄를 확정하는 판결이라는 것은 존재하지 않았다고 하였다. 그리고 유죄로 판결되어 형을 받고 있는 자가 사실무근을 호소하는 것이 일반적으로 가능하여 오늘날의 재심에서와 같이 특별히 정해진 명백한 요건에 해당하는 경우에만 한정되지 않았다고 지적하였다.[43] 이러한 현

---

42 『육부처분칙례』 권1, 5b〔檢擧減議〕, "하나, 관원이 사건을 처리함에 처음에는 인지하지 못하였다가 이후 스스로 조사하여 검거(檢擧)한 경우, 경관(京官)에서 경당(京堂) 이상의 관리, 외성(外省)에서 포정사와 안찰사 이상의 관리는 해당 부가 법에 따라 받아야 할 처분과 검거 후에 관대히 처분을 면해줄 수 있는지 여부를 명확히 밝혀 유지(諭旨)를 청해야 한다. ○ 그 외의 경관 및 외성의 도원, 지부(知府) 이하 관리가 스스로 검거한 경우, 각기 이 칙례(則例)에서 정한 응당의 처분을 따르되, 참작하여 관대히 감등해준다. 칙례에서 마땅히 혁직해야 하는 경우는 감등하여 혁직유임하며, 마땅히 혁직유임해야 하는 경우는 3급 강등 후 유임한다. (이하 하나하나 규정되어 있다) … ○ 만약 범한 일이 진실로 사적인 이득을 취하려는 의도였거나, 검거하였더라도 그 일은 이미 정정할 수 없다면, 관대히 감등해주지 않는다(一, 官員辦理事件, 始初失於覺察, 後經自行查出檢擧, 在內自京堂以上, 在外自藩臬以上, 該部將照例應得處分及檢擧後可否寬免之處, 聲明請旨. ○ 其餘在京各員, 幷在外道府以下等官, 凡自行檢擧案件, 各按本例應得處分, 酌加寬減. 例應革職者, 卽減爲革職留任. 應革職留任者, 卽減爲降三級留任. … ○ 若所犯之事, 實係有意營私, 或雖經檢擧, 而其事已不可改正者, 仍不准寬減)."

43 이 책 제1장 pp.67-68 주152, 153.

상도, 여기서 밝힌 기본정신의 연장선상에 있는 것으로서 무리 없이 이해될 것이다.

7.

판결은 확정이 있고서야 비로소 집행력이 발생한다는 것은 오늘날 우리의 제도에서 거의 자명한 것으로 여겨지며, 생각해 보면 극히 중요한 원칙을 이루고 있다. 사람의 힘으로 생각할 수 있는 가장 주도면밀하고 공정한 절차를 다한 결과 발생한 결론을 우선은 움직일 수 없는 것으로 정하고, 그 위에서 그것에 기초한 강권強權의 발동이 시작된다. 뒤집어 말하면, 집행의 단계에 들어가면—현저히 예외적인 경우를 제외하고— 다시 그 기초가 되는 사실 및 법에 대한 판단 그 자체가 되물어지는 일은 없다. 이것은 한편으로는 잘못하여 발생할지도 모르는 부정한 판결로부터 구제의 길을 차단하는 위험을 확실히 배태하고 있기는 하다. 하지만 그로 인해 판결 확정에 이르기까지의 절차가 더욱더 신중하고 공정해야 함이 엄격히 요구될 수 있다. 나아가 그 때문에 강제집행 및 형벌이라는 공권력에 의한 폭력의 행사가 품위를 떨어뜨리는 일 없이 기능할 수 있다. 전체적으로 볼 때 이것이 인간성의 존엄을 유지하는 것에 작동하는 커다란 의의는 생각하는 것보다 훨씬 큰 부분이 있다. 청대의 제도에서 판결의 확정이라는 관념이 없었다고 한다면, 거기서는 판결과 집행이 어떤 관계에 놓여 있었을까.

이 문제를 생각할 때, 자연스럽게 청대 사법의 형사적 측면에 눈이 향하게 된다. 그것은 두 가지 이유 때문이다. 첫째, 청대의 민사적 강제집행 제도의 실태에 대한 지식이 아직 충분하게는 정리되어 있지 않다. 예상하는 바로는, 그것은 체벌이나 신병구속 등을 수단으로 하는 간접강제를 위주로 할 것이다. 전체적으로는 상당히 미비하고, 또한 판결절차와 강제집행절차 사이의 확연한 구별도 존재하지 않았다고 생각된다. 그러나 아직 많은 부분이

장래의 연구를 기대해야 하므로, 여기서는 더 깊이 들어가지는 않겠다. 둘째, 오늘날 우리에게도 민사소송법에서 원칙에 대한 예외가 존재한다. 어떤 경우 판결에 가집행 선고를 붙일 수 있는 것(일 · 구민소 제196조-제198조, 한 · 민소 제213조-제215조)도 그중 하나이다. 특히 권리보전이란 이름 아래 본안 판결에 앞서—심지어 본안 소송의 제기보다도 앞서— 국가권력의 발동을 구하는 가압류 · 가처분 제도의 작용은 중대하다. 미카즈키 아키라三ヶ月章가 지적하듯이, 가처분소송의 비대화와 그것의 본안소송화가 전후 일본에서 사법의 한 추세라고 한다면,[44] 청대 제도와의 거리는 보기보다 꽤 줄어들지도 모른다. 가처분소송이 본래의 제도 목적을 넘어 빈번히 이용되면, 확정판결에 기초하지 않는 강권의 행사가 일상화하게 되기 때문이다.

한편, 형벌이라는 것은 청대에도 극히 명료한 법현상으로서 포착할 수 있다. 판결은 확정을 기다려 비로소 집행력이 발생한다는 오늘날의 대원칙은 형사소송법에서 엄격하게 유지되고 있다. 판결의 선고와 동시에, 이른바 벌금 · 과료 · 추징금의 가납부假納付를 명할 수 있는 것(일 · 형소 제348조, 한 · 형소 제334조)이 극소수의 예외를 이룰 뿐, 가처분소송의 비대화에 따른 원칙의 형해화에 대응하는 듯한 현상은 형사소송에 관해서는 절대 일어날 수 없다. 따라서 여기에서 피아 제도 간의 구조적, 내지는 이념적 차이가 가장 뚜렷하게 나타난다.

이 글에서는 지금까지 '판결判決'이라는 말을 되도록 피하고, '재정裁定 · 裁き'이라는 애매한 말을 일부러 사용해 왔지만, 이하 형사적 측면의 논의에서는 역시 판결이라는 말을 사용하고 싶다. 형벌이라는 것은 의문의 여지 없이 공권적 · 강행적인 조치이며, 당사자의 의향 여하와 상관없이 관철된다. 그 집행의 기초가 되는 단정斷定이라는 말은, 현행 제도의 판결과 성

---

44 三ヶ月章, 「訴訟事件の非訟化とその限界」, 『民事訴訟法硏究』 5, 有斐閣, 1972, p.86.

격 · 양식이 다른 점이 많이 있지만, 역시 판결이라 부르기에 어울린다고 생각되기 때문이다.

판결은 소정의 절차를 거쳐 비로소 정해지고, 정해진 후 비로소 집행된다는 점은 청대의 제도에서도 마찬가지였었다. 소정의 절차가 어떠한 것이었는지는 이전의 장에서 자세히 논했으므로, 이하에는 그 요점과 미진한 점만을 서술하겠다.

태형笞刑 · 장형杖刑 · 가호枷號 및 법에 규정은 없지만 사실상 허용되었던 모종의 체벌은, 지주知州 · 지현知縣에게 판결과 집행의 권한이 부여되어 있었다. 요컨대, 이들 형벌에 관한 한 지방관이 법정에서 구두로 선고하는 말이 곧 판결이며 동시에 집행명령이었다. 서면을 낭독하여 선고하는 것도 아니고, 조문을 들어 법적 근거를 제시할 필요도 없었다. 체벌의 종류 및 집행횟수 등의 결정도 재량에 맡겨져 있었다. 벌을 받는 것이 부득이함을 충분히 납득시킨 후에 집행하는 것이 선량한 지방관의 마음가짐으로 여겨지고 있었을 뿐이다. 체벌이 조금 타당성을 결여하고 있다고 해도 문제가 되는 일은 거의 없었다. 이미 집행한 체벌이 명백하게 오판에 기초했다고 판명된 경우에도 벌을 받은 자는 보상을 받지 않았다. 지방관이 단순히 그 일 하나로 인해—거듭되어 이른바 민의 원망이 들끓으면民怨沸騰 어떨지 모르지만— 징계처분을 받는 일도 없었다.[45] 다만, 체벌이 가해졌다는 사실은 기록에 남겨졌다.[46] 상소 등에 의해 다른 관청에서 다시 심리를 받을 때 원심原

45 전술한 '기존의 유해를 없애고 바꾸어 장사지낸 사건(滅骸換葬事)'(pp.235-236)이나 고정요(高廷瑤)의 책에 나오는 탕성(湯姓)과 어느 감생(某監生) 간의 무덤 근처에 못을 팠다는 사건(pp.248-249) 등은, 이미 집행한 체벌이 후에 잘못된 것으로 판명된 실례이다. 어느 사례든 그것이 특별히 문제가 된 흔적은 없다.

46 판어류 자료를 손에 닿는 대로 차례차례 살펴보면, 한 사건의 종결, 재정의 주문(主文)이라고도 할 만한 부분에 자주 '태책(笞責)' 따위의 문자가 나온다. 예를 들면, "이 사건에서 심제천(沈濟川)이 날조하고 허위가 있으면 무고죄를 달게 받겠다고 약속하고서야, 전임 지현은 비로소 소장을 접수하였다. 그러나 심문해보니 허위의 무고이기에, 무겁게 태책한다(此案因沈濟川呈具捏造虛僞, 情甘坐誣切結, 前縣方始准理. 今訊係虛誣, 從重笞

審에서 한 번 체벌을 받았다면 거듭 벌하지 않는다는 배려가 이루어졌던 것이다.[47]

중죄 사건과 관련하여 부차적인 관계자가 태 · 장 등으로 문죄된 경우는 사정이 약간 다르지만,[48] 주현자리의 안건이라는 틀 속에서 상용되는 태 · 장(실제로는 죽판을 사용한다) 및 그밖의 체벌의 실태는 거의 전술한 것과 같다. 오늘날의 입장에서 보면 물론 이것 역시 형벌이지만, 청대 사람의 감각으로는 정말로 형벌이라 이름할 만한 도형 이상의 형벌과는 구별하여, 지방행정의 일상에 속하는 현상으로서 이를 보고 있던 것이 아닐까 한다.

도형 이상의 형벌에 관하여, 주현은 판결 원안을 작성하여 사건서류 및 범인의 신병을 상급기관에 보낸다. 원칙적으로, 부府와 성도省都의 안찰사에서—즉, 주현을 포함하여 전후 3회— 면접심리를 반복한 후, 총독 또는 순무의 재가를 받아 일반범죄의 도형 판결이 정해진다. 인명사안 및 일반적인 유형 · 충군 · 발견의 형벌에 관해서는 서면심리가 행해지고, 형부가 동의

責)"(『四西齋決事』 권2, 27b)라 하고 있는데, 여기서 심제천은 무고를 이유로 태형에 처해졌다. "맹대주(孟大柱)는 경계의 의미로 태책한다. 다만 가짜 계약을 대체 누가 날조한 것인지 응당 철저히 조사해야 한다(孟大柱笞責以儆. 惟僞契究由何人揑造, 自應根究)"(『四西齋決事』 권2, 37b) 하여, 맹대주는 허위 증서를 방패로 삼아 허위 주장을 했다는 이유로 태형에 처했다. "장책(掌責) 2백에 처했으나, 여전히 죄를 가리기에 부족함이 한스러울 따름이다(掌責二百, 猶恨不足蔽辜耳)"(『汝東判語』 권4, 21a)라는 부분에서는 이미 시집보낸 딸을 유괴하여 되찾은 부인이 장책(掌責)에 처해졌다. 열거할 수 없이 많은 이러한 기사들은—전후 문맥에서 특단의 사정이 있다고 여겨지는 경우는 별개이지만— 일반적으로 법정 현장에서 집행된 체벌의 기록으로 보아야 할 것이다. 판어는 폐정 후 작성되기 때문이다.

47 예를 들면, 李鈞, 『判語錄存』 권2, 21a〔争路事〕는 마문성(馬文成)과 이문거(李文擧) 두 사람 사이에 벌어진 이웃한 토지의 통행권을 둘러싼 다툼이다. 몇 차례 부와 도에 제소하여 "재정과 번공이 거듭되는(屢斷屢翻)" 사태가 이어졌다. 이균(李鈞)은 재정(裁定)해 말하기를, "응당 해당 지현의 첫 단에 따라야 한다. … 마문성이 누차 번공한 것은 매우 부적절하다. 이미 해당 현에서 때려 징벌하였기에 그에 대한 추궁은 관대히 면해준다. 관련되지 않은 이들은 풀어준다. 결장(結狀)을 받아 안건서류에 첨부하라(自應照該縣初斷. … 至文成屢次瀆控, 殊屬不合. 業經該縣責懲, 從寬免究. 無干省釋. 取結附卷)" 했다.

48 이 책 p.56 주118.

한 때에 판결이 정해진다. 사형의 판결은 삼법사의 의논을 거친 후 황제의 재가를 얻어 비로소 정해진다. 그리고 각각 집행된다. 사형에 관해서는 즉시 집행을 명하는 '입결立決'이라는 판결과, 다시 집행명령의 하달을 기다리게 하는 '감후監候'라는 판결이 있다.[49]

위에서 '정해진다'라고 쓴 것은 청조 제도의 구조 속에서 오늘날 우리의 제도에서 판결의 '확정確定'에 거의 대응하는 단계를 찾아 이렇게 말한 것이다. 이에 따라 집행력이 발생한다는 점에서 양자는 확실히 같다. 하지만 그 '정해짐'의 방식과 우리가 말하는 '확정'은 결코 같지 않다. 이미 살펴보았듯이 판결이 정해지고 집행이 개시된 후에도, 관에 의한 '검거檢擧' 또는 '첩단貼斷'이 일어날 수 있었다. 말하자면, 청대의 판결은 '확정'하는 것이 아니라 '발효發效'하는 것이며, '발효'에 이르기까지의 과정에서 그 나름의 신중한 절차를 다하는 것이다. 이는 다음의 한 사건에 의해 더욱 명확해질 것이다.

이미 서술한 것과 같이, 일반범죄의 도형 판결은 총독 · 순무의 재가에 의해 정해진다(발효된다). 그러나, 총독 · 순무는 3개월마다 기간 내에 재가한 도형안건을 일괄하여 형부에 사후보고하고 그 심사를 받아야 한다. 지난 졸고(이 책의 제1장)에서는 이 제도가 실제로 얼마나 의미를 가질 수 있었는지에 대해, 당시 아직 사료의 뒷받침을 얻지 못했기에 상당히 불명확한 표현을 썼다.[50] 그러나 그 후, 이 일괄보고가 단순한 형식으로 전락해버리는 일 없이 형부에서 진지하게 사후심사가 이루어지고 있었음을 말해주는 몇 가지 사료가 발견되었다. 다음의 사건은 순무가 일단 재가하여 집행을 개시한 판결이 형부의 사후심사에 의해 뒤집어진 실례이다.

강소순무江蘇巡撫가 도광7년 동계분冬季分의 외결外結 도범徒犯 안건을 자咨하였

49 이 책 pp.36-51.
50 이 책 p.56 주116.

다. 살피건대, 서류 안에 공유현贛楡縣의 민民 피상皮常이 맹금孟金을 칼로 상해한 사건이 있다. 살피건대, 율에 쓰기를, "과실로 사람을 상해한 자는 투상鬪傷에 준하되 율에 따라 수속收贖시킨다," 주에서 말하기를, "…"라 한다. 이 안건에서, 피상은 같은 주인의 고공雇工 맹금에게 원래는 감정이 없었다. 함께 풀을 베어 소에게 먹이는데, 피상이 칼을 들면 맹금이 오른손을 뻗어 칼 밑에서 풀을 잡았다. 피상이 칼을 실수로 떨어뜨려 맹금의 오른손이 잘리는 데 이르렀다. 정황이 쟁투와는 다르고, 부상은 예기치 않은 것이었다. 실로 과실살過失殺 율의 주석에서 말하는 "처음부터 남을 해하려는 뜻이 없고, 우연히 남에게 상해를 입힌 자"와 사정이 서로 같다. 당연히 과실상過失傷의 율에 비춰 수속해야 한다. 해당 순무가 피상을 사람을 칼로 상해한 율에 비추어 도형으로 의죄한 것은 매우 어울리지 않는다. 다만, 해당 죄인 피상은 이미 유배보내 장을 쳤고, 은사를 만나 감등되어 석방되었다. 다시 속은贖銀을 추징하여 허물을 거듭 묻는 것은 곤란하다. 마땅히 고미稿尾[51]에서 밝혀 적고, 경정하여 기록해두어야 한다. 도광9년 설첩.

蘇撫咨, 道光七年冬季分外結徒犯一案. 查, 冊內贛楡縣民皮常刃傷孟金一案. 查, 律載, 過失傷人, 准鬪傷依律收贖. 註云 … 等語. 此案, 皮常與同主雇工孟金素無嫌隙. 因一同鍘草喂牛, 該犯將刀提起, 孟金右手伸進刀下取草, 該犯將刀失手落下, 以致鍘落孟金右手. 情異爭鬪, 傷非意料. 正與過失殺律註所稱, 初無害人之意, 偶致傷人者, 情事相同. 自應照過失傷律收贖. 該撫將該犯照刃傷人律擬徒, 殊未允協. 惟該犯業已發配杖責, 遇赦減釋. 未便再追贖銀, 以致重科. 應於稿尾聲明更正備案. 道光九年說帖.[52]

---

51 설첩에는 '고미(稿尾)'라는 말이 자주 나타난다. 심가본(沈家本)의 설명에 따르면, "외성의 말에 대답하는 말을 일러 고미라 한다(覆外省之語曰稿尾)"(『沈奇簃先生遺書』奇簃文存 권6〔刑案匯覽三編序〕중의 할주) 했다. 즉, 형부에서 외성에 회답하는 정규 공문이다. 설첩 말미에서 용의주도하게 고미의 초고까지 붙어있는 경우가 있다. 그러한 경우, 같은 취지가 반복되고 있으나, 표현은 고미 쪽이 간결하다.

52 『형안회람』 권31, 17b〔鍘草喂牛夥伴取草鍘落右手〕.

위는 도광7년 동기冬期 3개월분의 사후보고(이것이 '책冊'을 이루고 있다)를 형부에서 심사한 때의 설첩說帖, 즉 부내의 의견서이다. 설첩의 연도가 도광 9년으로 되어있는데, 어떠한 사정으로 사후보고 시기보다 1년 이상이 경과하였는지는 알 수 없다. 소의 사료로 풀을 써는 작업 중에 잘못하여 동료의 손을 자른 자를 투상鬪傷으로 보아 도형을 선고한 순무의 판결은 부당하므로 이를 파기하고 과실상으로 고쳐 죄를 물었다. 다만 오판에 의한 형벌은 이미 집행을 마친 상태였다. '발배發配'란 여기서는 도형의 집행, 즉 동일 성省 내에서 배소配所를 정해 범인의 신병을 보내는—거기에서 범인은 정해진 햇수 동안 유배자의 신분이 된다— 것을 말한다.[53] 도형에는 반드시 장형이 부가되는데, 그것도 이미 집행되었다. 유배는 그 후 은사에 의해 이미 사면되었다. 따라서 과실상의 벌에 해당하는 속은贖銀의 징수는 면제하되, 판결을 고친 취지를 순무에게 전하고 기록에도 남겨두라고 한 것이다. 이 의견은 아마 실시되었겠지만, 그것을 여기서 물으려 하는 것은 아니다. 이러한 의견서가 작성되었다는 것만으로, 형부가 사후조사에 의해 이미 발효하여 집행에 옮겨진 판결을 사후에 변경할 가능성이 있었다는 것을 충분히 알 수 있다.

다음도 마찬가지의 예이다. 여기서는 피고인에게 불리한 방향으로 판결이 정정되고 있는 것이 주목된다.

> 산동순무山東巡撫가 도광7년 동계분冬季分의 외결外結 도범徒犯 안건을 자咨하였다. 살피건대, 유정씨劉鄭氏는 유호신劉虎臣의 무복無服 족심族嬸(동족 가운데 촌수가 먼 아주머니)에 해당한다. 유호신이 그를 구타상해하여 불구로 만든 것은 비유卑幼로서 존장尊長을 범한 일이다. 마땅히 동성친속이 서로 구타한 경우 비유

---

53 청대 도형(徒刑)의 실태에 대해서는 아래의 글을 참고하라. 滋賀秀三, 「刑罰の歷史(東洋)」, 莊子邦雄 엮음, 『刑罰の理論と現實』, 岩波書店, 1972, p.106 이하.

가 존장을 범하면 1등을 더하는 율에 비춰 의죄擬罪해야 한다. 해당 성省에서 유호신을, 구타상해하여 불구로 만든 일반적인 경우의 율문에 따라 만도滿徒(장1백 도3년)로 의죄한 것은 착오이다. 마땅히 고쳐야 하니, 남의 지체를 부러뜨려 불구로 만들면 만도하는 율에 1등을 더하여 장1백 유3천리로 해야 한다. 이에 따라 전자보부專咨報部토록 한다. 도광8년 설첩.

東撫咨, 道光七年冬季分外結徒犯一案. 查, 劉鄭氏係劉虎臣無服族嬸. 劉虎臣將其毆傷成廢, 係卑幼犯尊. 自應照同姓親屬相毆卑幼犯尊長加一等之律問擬. 該省將劉虎臣, 依凡毆傷人成廢律, 擬以滿徒, 係屬錯誤. 應改依折跌人肢體成廢滿徒律上加一等, 杖一百流三千里. 仍令專咨報部. 道光八年說帖.[54]

이것은 집행에 옮기기 전에 오판을 발견한 것 같으나, "동계분冬季分의 외결外結 도범徒犯 안건"이라는 서두를 볼 때 일괄보고된 것이다. 따라서 알아채지 못했으면 그대로 집행으로 진행되는 사안 중에서 검출된 사건임은 의심의 여지가 없다. 도죄徒罪로 종결되어 있던 안건이 유죄流罪에 해당함이 지적되고, 전자보부專咨報部, 즉 한 사건마다 형부의 사전심사를 구하는, 유죄 이상의 안건에 대해 일반적으로 요구되는 절차를 밟으라고 명해졌다.

요컨대, 총독 · 순무의 재가로 정해지는 도형 판결은, 한편으로 집행에 옮겨지면서도, 다른 한편으로 형부의 심사에 부쳐졌다. 이 사후심사의 과정에서 판결이 피고인에게 유리하거나 불리한, 어느 방향으로도 변경될 가능성이 있었던 것이다.

형부 단계에서 정하여 집행에 옮겨지는 유형 · 충군 · 발견의 판결에 관해서도 1년마다 이를 황제에게 일괄보고하여 심사를 받는 것이 제도였고, 이미 서술한 것처럼 집행이 개시된 후라도 당사자의 상소로 재조사가 행해질 수 있었다. 일반적으로, 판결에서 '발효'가 문제였지 '확정'은 문제가 아

---

54 『형안회람』 권40, 23a〔毆傷無服族嬸成廢應加一等〕.

니었다고 해야 한다.

8.

그렇다면 어떠한 단계까지 올라가면 거기서 판결은 더이상 움직이기 어려운 상태에 도달하는 것일까. 여기서 최고재판기관의 존재 양태가 문제가 된다. 청대의 제도 속에서 최고재판기관을 찾으려 하면, 그것은 황제 자신 외에는 달리 없었다. 그리고 여기서도 또한 판결의 기속력이란 관념이 없었다. 황제 자신이 일단 스스로 내린(재가한) 판결에 대해, 후에 재심리를 명하거나, 나아가서는 자신의 판단으로 즉시 변경을 명하는 일이 가능하였다. 다음의 상유上諭는 그 실례이다.

> 가경12년 2월 12일, 상유를 받들었다. "도찰원이 상주한 '사천성 파현巴縣의 감생監生 유각劉恪이 인명을 해하여 재산을 빼앗고자 하는 등의 사정을 고소하였으므로 칙지勅旨를 청하오니, 늑보勒保(사천총독의 이름)에게 교부하여 심판케 하십시오'라는 주접奏摺을 받았다. 호소한 사정을 자세히 살펴보니, 이 안건은 먼저 늑보가 제본題本을 올린 바 있다. 이르기를, '유각의 아들 유인패劉仁沛는 동생 유인호劉仁浩와 함께 전토에서 작물을 수확하였다. 유대모劉大模의 땅과 경계가 인접했다. 유대모는 술을 마신 후 길에서 만나자, 마음속으로 유인패 등이 훔쳐 베어 갔다고 의심하여 싸움을 걸었다. 유인패 등은 그를 묶고 때리려 했다. 유인원劉仁源은 그의 아버지가 묶여 사정이 급한 것을 보고, 휴대하고 있던 철총鐵銃을 점화해 쏘아 위협해 물러나게 하려 하였으나 유인패를 상해하여 사망에 이르렀다. 유인패는 유인원의 소공복형小功服兄에 해당한다. 유인원을 율에 따라 참입결로 의죄한다'라 하였다. 형부가 핵제의복核題議覆(사천총독의 상주문을 형부가 조사하여 심의한 결과 적절하다 하여 상주)하여 이미 칙지를 내렸다. 이르기를, '유인원이 아비를 구하려는 정이 간절하고, 우연히 유인패를 상해하여 죽인 것으로, 반드시

치사케 하려 하는 생각은 결코 없었다. 관대하게 고쳐 참감후로 하라'고 하였다. 지금, 유각이 호소하는 바에 의하면, 그 아들 유인패가 상처를 입고 사망한 경위는, 유대모 등이 재산을 가로채려 획책하였으나 이루지 못하자, 총과 목봉을 들고 유인패에게 싸움을 걸고 총을 점화해 쏘아 죽게 한 것이라 한다. 또한 말하기를, 총상이 32곳으로, 탄환이 안으로 뚫고 들어갔으며, 봉으로도 오른쪽 이문耳門에 상처를 입히고 두 눈이 돌출되었다고 한다. 또한 말하기를, 지역의 무뢰배 오정간伍廷簡이 도둑질에 능통하고 비적질을 한 일이 있다고 한다. 해당 총독이 당초 잘못하여 상해해 사망하였다고 상신한 것과 비교하면, 사건 발단의 원인이 매우 상이하다. 이것이 아들을 잃고 애통하여 사정이 간절한 까닭에 윤색하여 날조해 고소한 것인지, 처음부터 원억寃抑이 있었으나 해결되지 못한 것인지, 반드시 공평하고 확실하게 심리해야 한다. 그래야 비로소 그 마음을 납득시킬 것이다. 현재 늑보는 수정綏定에 주차駐劄하고 있어 아직 성도成都로 돌아오지 않았다. 유각의 안건은, 특청액特淸額에게 넘겨 안건 속의 증인을 직접 엄정히 살피고 형벌을 정하여 상주하게 하라. … 특청액은 이전에 도이가都爾加의 사건을 처리할 때 또한 진지하고 성실하였다. 지금 특별히 그에게 넘겨 직접 조사해 심리토록 한다. 이는 곧 흠차欽差와 다름없다. 만약 유각이 호소한 바가 진실하다면, 특청액은 늑보가 원심을 했으며 현재 같은 관직에 임하고 있다는 이유로, 마음에 주저함이 있어서는 안 된다. 또한, 종전에 이미 은전이 더해져 참감후로 고친 칙지가 있었다 하여 조금도 구애되어서는 안 된다. 다만 정말로 사실에 근거하여 조사해 처리하고 이로써 명확한 판결을 해야 한다. 만약 호소한 바가 완전히 거짓이라면, 즉시 유각의 윤색해 날조한 망령된 고소를 반드시 가중하여 치죄함으로써 교활한 악풍을 징벌해야 한다. 만약 이번 심판을 거친 후, 여전히 모든 진실이 밝혀지지 않거나 단호왕종袒護枉縱하여, 또 한 차례 반공反控이 있다면, 특청액은 문책을 피하지 못할 것이다. 원고 유각, 포고抱告(원고의 대리 출정인) 유윤흥劉允興은 해당 부에 명하여 법에 따라 보내어 신문에 대비하게 하라." 흠차欽此.

嘉慶十二年二月十二日奉上諭. 據都察院奏, 四川巴縣監生劉恪以謀命奪産等情具控, 請旨飭交勒保審辦一摺. 詳閱所控情節, 此案先經勒保具題, 以劉恪之子劉仁沛同弟劉仁浩, 在田收割. 劉大模地界相連. 劉大模酒後路遇, 心疑偸割打鬧. 劉仁沛等將伊捆縛欲毆. 劉仁源瞥見伊父被捆情急, 點放携帶鐵銃, 希圖嚇退, 致傷劉仁沛殞命. 劉仁沛係劉仁源小功服兄. 將劉仁源依律問擬斬決. 刑部核題議覆, 業經降旨, 以劉仁源救父情切, 適傷劉仁沛身死, 並無必欲致死之心. 從寬改爲斬候. 今據劉恪所控伊子劉仁沛受傷斃命緣由, 則係劉大模等謀產不遂, 執持鳥鎗 · 大棒, 向劉仁沛打鬧, 點放斃命. 並稱, 鎗傷三十二, 銖子透內, 棒傷右耳門, 兩目突出. 又稱, 地棍伍廷簡有通盜濟匪之事. 與該督原題誤傷身死, 起衅根由, 逈不相同. 是否因痛子情急, 砌詞捏控, 抑係寃抑莫伸, 必當秉公確審, 方以折服其心. 現在勒保駐剳綏定, 尚未回赴成都. 所有劉恪控案, 著交特淸額, 親提案內人證, 嚴審定擬具奏. … 特淸額前次辦都爾加一案, 尚屬認眞. 今特交伊親提此案審訊. 卽與欽差無異. 倘劉恪所控屬實, 伊固不可因勒保係原審之人, 現任同官, 意存瞻顧. 亦不可因從前曾經有加恩改爲斬候之旨, 稍涉拘泥. 惟當據實核辦, 以成信讞. 若所控全屬子虛, 則劉恪砌詞妄訴, 必應加倍治罪, 以懲刁風. 倘經此次審辦後, 尚有不實不盡袒護枉縱之處, 一經反控, 則特淸額不能辭咎矣. 所有原告劉恪抱告劉允興, 著該部照例解往備質. 欽此.[55]

재종제再從弟가 재종형再從兄을 죽였다. 살해의 동기 · 정황 · 양태의 인정을 둘러싸고 피해자 측은 불만을 품고 사천에서 북경까지 와서 도찰원에 제소했다. 이른바 경공京控 사안이다. 소송에 앞서 판결은 이미 정해져 있었다. 즉, 사천총독은 싸움에서 질 것 같은 아버지를 구하고자 위협용으로 쏜 총의 탄환이 잘못하여 명중한 것으로 판단하고 법률대로 참입결로 의죄하여 상주하였고,[56] 형부도 이를 타당하다고 판단하여 황제에 전했다. 황제는

55 『대청율례』 권28 〔毆大功以下尊長〕 상란.

56 『대청율례』 〔毆大功以下尊長〕 율문, "비유(卑幼)가 본종(本宗) 및 외가친족의 시마(緦

기재된 죄상에 참작의 여지가 있다고 느껴 신하의 입안을 고쳐 참입결이라는 법규정보다 한 단계 관대한 판결을 내렸다. 그 후, 재산상의 다툼이 이유가 되어 행해진 극도로 잔학한 살해행위였다고 하는 피해자 측의 호소가 황제의 귀에 들어갔다. 그리하여 황제는 특청액特淸額이란 인물에게 사실상의 흠차대신欽差大臣으로 재심리에 임할 것을 명하였다. 그때 가져야 할 마음가짐으로서 동료인 원심관에 대해 망설이거나 하는 일이 없어야 함은 물론이고, 황제가 일단 정상참작하여 판결을 내렸다는 사실에도 조금도 구애받아서는 안 된다고 특별히 훈령이 내려진 것이 주목된다. 그의 심리 결과 여하에 따라 황제는 당연히 판결을 변경할 용의가 있었다. 더구나 특청액에 의한 이번 재심이 이론상 종심인 것은 아니다. 만약 그의 심리에 단호왕종袒護枉縱, 즉 가해자를 감싸고 무거운 죄상의 추궁을 삼가는 등의 불공평이 있으면, 반공反控, 즉 피해자 측이 재차 소송을 제기할 수 있음을 경고하고 있다.

또 한 가지, 마찬가지로 가경제嘉慶帝의 상유에 다음과 같은 사건이 있다. 이것은 소에 의해서가 아니고, 황제 스스로가 판결의 부당함을 발견하여 고친 예이다.

> 가경10년 윤6월 23일, 상유를 받들었다. "본일 짐이 형부가 올린 가경9년분 하남성의 추심정실책秋審情實冊을 열람하니, 그 안에 조방趙芳이 호향씨胡向氏를 강간하려 했으나 따르지 않으므로, 그 남편 호약胡約을 교사하여 향씨向氏를 구타 상해

麻) 형제를 구타하여 … 사망에 이르게 하면 참한다[교형과 참형은, 본종 소공(小功) · 대공(大功) 형제자매존속이라면 입결(立決)이다. 나머지는 모두 감후(監候)이다. 고살(故殺)을 언급하지 않는 것은 그 또한 참형에 그치기 때문이다](凡卑幼毆本宗及外姻緦麻兄姊 … 死者斬[絞斬在本宗小功 · 大功兄姊尊屬則決. 餘俱監候. 不言故殺者, 亦止於斬也])". 본건에서는 총을 쐈으므로, 『대청율례』〔鬪毆及故殺人〕조례11, "다툼으로 인해 멋대로 총을 쏘아 사람을 죽이면 고살로 논죄한다(因爭鬪擅將鳥鎗 · 竹銃施放殺人者, 以故殺論)"에 따라 고살로 의죄될 수도 있으나, 그렇다해도 형은 참입결이다.

하게 하여 죽게 한 안건이 있다. 이 안건에서, 조방은 먼저 호약의 어미 조씨趙氏와 간통하였고, 또 호약의 처 향씨가 젊고 아름다운 것을 보고 강간하려는 마음을 품었으나 향씨는 따르지 않았다. 해당 죄인 조방은 호약이 그에게서 돈을 빌린 것을 빌미로 호약을 교사하여 향씨를 때리고 핍박하게 하였다. 향씨는 그래도 승낙하지 않았다. 조방은 호약을 나무라고 명령하여 향씨를 때리게 하니 향씨가 사망하였다. 실로 인간의 윤리를 어지럽히며 음란하고 흉폭하며 불법한 사건이다. 참감후로 의죄하여 정실情實에 넣는 것으로는 여전히 죄가 법보다 가볍다고 생각된다. 호약의 경우, 먼저 조방이 그의 어미 조씨와 통간하였음에도 그로부터 금전적 도움를 받았기 때문에 전혀 저지하지 않았다. 이는 이미 양심을 잃고 천리를 버린 것이다. 조방이 그의 처 향씨가 젊고 미인인 것을 보고 다시 동침을 기도하려 함에, 처에게 부탁하여 통간을 권유하게 하였다. 향씨는 강경한 태도를 취하여 따르지 않고, 정말로 호약을 위해 규문閨門을 지켰다. 호약은 이내 조방을 방으로 오게 하여, 향씨가 침상에 누워 잠자고 있는 것을 틈타, 직접 억눌러 움직이지 못하게 하고, 조방으로 하여금 강간하게 하였으니, 부끄러움을 모르는 것이 이미 극에 달했다. 이어서 호약이 다시 조방에게서 돈을 빌려써야 하므로, 결국 교사에 따라 향씨를 때리고 핍박하여 조방과 동침하게 하였다. 그럼에도 향씨는 승낙하지 않았다. 그러자 호약은 식탁의 다리를 주워 그녀의 좌우 팔을 때려 상처입혔고, 다시 조방이 질책해 명령하자 그녀의 왼 귀뿌리를 때려 상처를 입히니 목숨을 잃게 되었다. 통간을 강요하고 고의로 죽인 것이니 실로 사람의 부류가 아니다. 생각해보면, 처를 고의로 살해한 보통의 안건조차 마땅히 교감후로 의죄해야 한다. 혹은 매간賣姦 등의 다른 정황으로 인해 사건을 일으켰으면, 추심秋審 때 구勾(집행명령)를 내린다. 지금 해당 순무가 '일반인이 함께 구타한 때 종범은 감등하는' 예를 원용하여 호약을 유죄流罪로 의죄한 것은 유달리 가벼운 것이다. 형부가 의논한 대로 심사해 회답한 것은 실로 옳지 않다. 대개 형벌을 명확히 하는 것은 그것이 교화를 돕는 까닭이다. 그리고 교화는 윤리와 강상을 가장 중히 여긴다. 짐은 여러 옥사를 신중히 하였다. 무릇 부모를 구하려는 사정이 절박하여 인명을 해친 자가 있으면, 왕왕 사정을 헤아려 관대히 용서하여 구결勾決을 내리지 않았다. 진실로 인륜을 바로 세우기 위한 것이다. 인륜을 저버린 안건이라면 마땅히 엄하게 징벌을 보여야 한다. 지금 이 안건의 정황은 실로 풍속의 교화에 관계된다. 만약 겨우 원래 의논한 것에 비추어 처리하면, 염치없는 무리가 경계하고 두려워 함을 모를 것이다. 무엇으로 벌을 밝히고 법을 세울 것인가. 조방은 즉시 참형을 집행하라. 호약은 현재 어느 곳에 유배되어 있든, 해당 성省의 지방관에게 통지하여 즉시 배소配所에서 해당 범인의 교형을 집행하라. 처음 의죄함에 착오한 순무와 안찰사는 해당 부에 명하여 직명職名을 조사하여 의논해 처분케 하라. 경솔하게 심사해 답신한 형부의 당관堂官 역시 명하여 조사해 밝히고 의논케 한다. 이후 사법기관이 이와 유사한 안건을 접하면, 즉시 남편을 교감후로 의죄하라. 또한, '일반인이 함께 모의해 구타한' 율에 비추어 수범首犯과 종범從犯을 분별하여 의죄해서는 안 된다. 이로써, 공평타당함을 밝히고 풍교風教를 유지할 것이다. 이를 통유通諭하여 알려라." 흠차.

嘉慶十年閏六月二十三日奉上諭. 本日朕閱刑部呈進嘉慶九年分河南省秋審情實冊, 內有趙芳因強姦胡向氏不從, 主使本夫胡約, 將向氏毆傷身死一案. 此案趙芳先與胡約之母趙氏通姦, 又因見胡約之妻向氏少艾, 起意強姦不從. 該犯因胡約向伊借錢, 卽主使將向氏毆逼. 向氏仍不依允. 該犯輒喝令胡約, 將向氏毆傷致斃. 實屬亂人倫紀, 淫兇不法. 問擬斬候入于情實, 尚覺罪浮于法. 至胡約一犯, 先經趙芳與伊母趙氏通姦, 因利其資助, 並未阻止. 已屬喪心蔑理. 迨趙芳見伊妻向氏少艾, 復欲圖姦宿, 囑令勸誘. 向氏堅執不從, 正爲胡約謹守閨門. 及該犯輒令趙芳至房, 乘向氏睡臥在牀, 自行按住, 令趙芳強姦, 無恥已極. 詎該犯又因向趙芳取錢應用, 遂聽從主使, 毆逼向氏與趙芳姦宿. 向氏仍不依允. 該犯順拾木桌脚, 毆傷其左右肐肘. 復經趙芳喝令, 毆傷其左耳根, 以致殞命. 逼姦故殺, 實非人類. 試思尋常故殺妻之案, 尚當問擬絞候. 其或有因賣姦等項別情起衅者, 秋讞時無不予勾. 今胡約一犯, 該撫援照凡人共毆爲從減等例, 問擬流罪, 殊屬輕縱. 刑部照議核覆, 實屬非是. 夫明刑所以弼教, 而教化首重倫常. 朕欽恤庶獄. 凡遇毆親情切, 致斃人命者, 往往原情寬宥, 不予勾決. 正所以扶植人倫. 至背棄倫理之案, 尤當嚴示懲創. 今此案情節, 實于風化攸關. 若僅照原議辦理, 是寡廉鮮恥之徒, 罔知儆畏, 何以明罰勅法. 趙芳著卽行處斬. 胡約現在流徒何處, 著行知該省地方官, 卽將該犯于配所絞決. 所有原擬罪名錯誤之巡撫 · 臬司, 著該部查取職名議處. 其率行核覆之刑部堂官, 竝著査明察議. 問刑衙門遇有似此案件, 卽將本夫問擬絞候. 不得仍照凡人同謀共毆律分別首從定擬. 以昭平允而維風敎. 將此通諭知之. 欽此.[57]

남편이 다른 남자에게서 돈을 빌리는 등의 편의를 얻기 위해 처에게 그 남자의 요구에 응하여 간통하도록 압박했는데, 처가 정도正道를 지켜 승낙하지 않자, 그 남자와 둘이서 처를 핍박하고, 결국에는 구타하여 살해한 사건이다. 간부姦夫는 수범으로 참입결, 남편은 종범이라 하여 유형流刑으로 각각 판결이 정해졌다.[58] 전자는 옥에 가둬 추심秋審(1년에 한 번 행해지는 사형 집행 가부의 심사)의 결과를 기다리고, 후자는 이미 배소로 보내져 유배된 몸

---

57 『대청율례』 권26〔威逼人致死〕 상란. 『형안회람』 권35, 2b〔強姦不從主使本夫毆死其妻〕는 이 상유를 축약한 것이다. 상유의 문장 중 "胡約現在流徙何處"에서 '徙'자가, 전자에는 '涉', 후자에는 '徒'로 되어있다. 『회전사례』 권806〔威逼人致死〕의 역대사례 및 대청율례의 이종판본 중 23판본에 '徙'로 되어 있는 것을 따랐다. 나카무라 시게오(中村茂夫)씨가 알려주었다.

58 그 법적 근거는 상유의 문장 가운데 앞에서는 "일반인이 함께 구타한 때 종범은 감등하는 예를 원용하여", 뒤에서는 "일반인이 함께 모의해 구타한 율에 비춰"라고 제시되고 있다. 『대청율례』〔鬪毆及故殺人〕의 "만약 함께 모의하여 사람을 구타하여 그로 인해 사망에 이르면, 치명상을 입힌 것을 중하게 본다. 직접 [치명적인 중상을] 입힌 자는 교[감후]이며, 주모자는 [함께 때렸는지 아닌지 여부를 따지지 않고] 장1백 유3천리에 처한다(若同謀共毆人, 因而致死者, 以致命傷爲重. 下手[致命傷重]者, 絞[監候], 原謀者[不問共毆與否]杖一百流三千里)"라는 규정을 가리키는 것처럼 보인다. 그런데 이 율에 따르면 본건에서는 남편이 직접실행자로서 교형, 간부(姦夫)가 주모자로서 유형이 될 터이기에, 사실과 부합하지 않는다. 아마도 실제는 『대청율례』〔威力制縛人〕의 "만약 위력으로 [다른] 사람을 구타하도록 교사하여 사망이나 부상에 이른 경우, 모두 교사한 이를 수범으로 보고, 실행범을 종범으로 논죄하여 [교사한 이로부터] 1등 감한다(若以威力主使[他]人毆打, 而致死傷者, 並以主使之人爲首, 下手之人爲從論, 減[主使]一等)"라는 규정을 원용한 것일 것이다.

이 되어있는 시점에서, 사건기록이 황제의 눈에 들어왔다. 황제는 죄정에 비해 조치가 지나치게 가볍다고 판단하여, 간부의 형을 즉각 집행하고, 남편의 형을 교형으로 고쳐 이 또한 즉각 집행할 것을 명했다. 즉, 각각 판결을 변경하여 참입결 및 교로 고쳤다. 또한 이를 장래 동종의 사건에 적용해야 할 법으로 삼도록 명했다.[59] 이상이 본건 상유의 대략적인 내용이다.

황제는 추심정실책秋審情實冊을 보면서 이 사건을 인지했다. 가경9년분의 책을 다음해 윤6월에 보고 있다는 것은, 9년 동지冬至 이전의 심사에서 책 속의 어떤 자는 집행되고 어떤 자는 집행을 면제받아 남겨져, 이미 용도가 다한 책을 황제가 짬짬이 만약을 위해 되풀이하여 보고 있었다는 것이 된다. 즉, 본건의 수범 조방은 9년의 추심에서 정실情實(집행이 마땅한 부류)에 들어갔으나 실제로 구결勾決(집행명령)이 내려지는 것은 면하고 있었는데, 이때에 황제의 눈에 들어왔을 것이다. 그런데 사건이 추심정실책에 실려 있었다는 것은, 과거에 황제의 재가에 의해 참감후의 판결이 정해져 있었음을 의미한다. 황제가 각 기관에서 제출되는 문안에 수정 없이 재가를 내릴 때, 보통은 문안의 말미에 '의의依議(의논한 대로 하라)'라는 두 글자를 적는 것으로 행해진다. 그러나 사형의 경우는 반드시 피고인의 이름과 형의 종류를 재가하는 글 안에서 반복하여 명시한다. 일반적인 예에서 미뤄보면, 본건에서는 "조방趙芳은 의죄한 것에 따라 마땅히 참이다. 감후하다가 추심秋審 이후에 처결하라. 나머지는 의논한 대로 하라趙芳依擬應斬, 著監候秋後處決. 餘依議"는 문언에 의해 수범 조방의 사형과 종범 호약의 유형이 재가되었음이 틀림없다.[60] 여기서 유형 쪽은 매우 빠르게 집행되었다. 그리고 얼마 뒤 황

---

59 이 명을 받아 『대청율례』〔威逼人致死〕조례20, "강간했는데 따르지 않자 남편을 교사하여 부인을 때려 죽이면, 교사한 이는 참입결, 남편은 교감후로 의죄한다(強姦不從, 主使本夫, 將本婦毆死, 主使之人擬斬立決, 本夫擬絞監候)"(가경15년)라는 조례가 제정되었다.

60 『예안전집』, 『예안속증전집』에 자주 나오는 실례로부터 이렇게 추리할 수 있다. 다만 황제가 자필로 그러한 문언을 주서(朱書)한 것인지, 황제가 구두로 선고한 것을, 가령 대학

제 스스로 너무 가볍다고 판단하여 변경을 명한 것이다.

상유上諭 속에서는 본건의 심리에 관여한 각급 관원의 경솔함을 비난하고 의처議處, 즉 징계처분 절차를 개시하도록 명하고 있다. 짓궂지만 그것을 최종적으로 재가한 황제 자신의 책임은 어떻게 되는지 물어보고 싶어진다. 그중에서도 문제인 것은 종범인 호약이었다. 일단은 유배된 지역에 쫓아가서 사형에 처해버렸다. 형무소에서 복역하는 도중 어느 날 갑자기 판결이 바뀌었다는 것이 알려지고 그대로 목이 매달려버리는 것 같은 무서운 일이, 드문 현상이었음은 틀림없겠지만 실제로 일어날 수 있던 것이다.

요컨대 황제의 재가에 따라 정해진 판결이라도 역시 황제 자신이 그것에 기속되는 일은 없었다. 따라서 '확정'이라고는 말하기 어려운 것이었다. 윤언여한綸言如汗(임금의 말은 땀과 같아 한 번 내린 말을 취소하기 어렵다)이라는 격언은 작동하지 않고 있었다. 오히려 관내 인민의 소송을 담당하는 지현이 잘못을 고치는 것을 꺼리지 않도록 명심한 것과 동일한 정신에 황제 또한

사(大學士)가 받들어 "대학사 아무개가 칙지를 받들었다. … 흠차(欽此)"라고 검은 글씨로 쓴 것인지는 확실하지 않다. 아마도 후자가 보통이었을 것이다. 또한 여기서 문제가 되고 있는 것은, 기관이 제출하는 공문인 '제본(題本)'에 대해서인데, 이는 본질적으로 황제에 보내는 서신과 다를 바 없는 '주접(奏摺)'과는 별개의 것임에 주의해야 한다. 이상, 國立故宮博物院, 『宮中檔光緒朝奏摺』 1-3, 1973. [후기] 황제의 자필인가, 대학사의 글씨인가 생각한 것 중 어느 것도 아니었던 것 같다. 1981년 6월, 북경의 중국제1역사당안관에서 형부당안 가운데 적당히 한 건을 보여달라고 부탁하고 시간을 들여 정독할 기회가 있었다. 일본의 불교경전처럼 연달아 접은 세로 26cm, 가로 12cm의 직사각형의 한 책이 하나의 안건을 이룬다. 건륭4년(1739) 2월, 하충(賀忠)이란 남자가 산길에서 동행자를 살해하고 돈을 빼앗았다는 인명사안으로, 형부 13명, 도찰원 12명(이상, 당관 외에 관계된 관원을 포함한다), 대리시 4명, 합계 29명이 연명한 제본이었다. 그 첫 번째 면, 즉 표지에 해당하는 면에 묵서(墨書)는 단 한 글자, '제(題)' 자가 중앙에 조그맣게 적혀있다. 그 오른쪽에는 정성스레 두 행에 걸쳐(다만 2행째는 세 글자뿐이다) "하충은 의죄한 것에 따라 마땅히 교이다. 감후하다가 추심 이후에 처결하라. 나머지는 의논한 대로 하라(賀忠依擬應絞. 著監候秋後處決, 餘依議)"는 문장이 주서(朱書)로 적혀있는 것을 볼 수 있었다. 글씨체가 고지식한 정자체인 것을 볼 때 황제의 친필이라고는 생각되지 않는다. 대학사가 칙지를 받들어 주필을 대신 했을 것이다. 지현에게도 주필을 대신 하는 막우가 있었으므로(본장 제1절 p.197 주41), 여기서도 주필을 대신했다 해도 이상하지 않다.

입각해 있었다는 것이 진상이다. 지현은 한 현의 황제와 같은 자, 황제는 천하에 임하는 지현과 같은 자였다고 말해도 좋을지도 모른다.[61] 사실, 이 양자 모두 '민의 부모'란 표어로 그 본질을 표현하고 있었다.

제3절 총괄적 고찰

1.

대략의 목표만 정하고서 본장을 쓰기 시작했으나, 다 쓰고 나서 되돌아보니, 결국 판결의 기속력이라는 것, 그리고 그것이 청대의 사법제도 안에는 존재하지 않았던 것이 문제의 핵심을 이루고 있음을 새삼 깨닫는다. 그로 인해 오늘날 우리의 제도와 상이한 여러 현상이 파생하는 것이며, 우리가 생각하는 확정판결이라는 것이 그로 인해 생겨날 수 없다는 것도 당연한 귀결이다. 그런데, 사법과 행정을 각각 이념적으로 대비해 보았을 때, 판결의 기속력이라는 것은 틀림없이 사법이념에서 생기는 것이다. 그 증거로서, 오늘날 우리의 제도에서 현상적으로는 사법기관인 법원의 행위라고 해도, 행정이념이 작용하는 성질의 행위에는 기속력이 인정되지 않는다. 이미 보았듯이, 판결절차 속에서의 결정과 명령이 그러하다. 또한 "성질로 보면 행정에 가까운 것이면서도, 사권私權과 직결되는 정도가 강하기 때문에 다른 국가기관—특히 행정기관—에서 맡지 못하므로, 부득이하게(!) 법원이 담당할 수밖에 없는 사건"이라는 성장배경을 가진 비송사건非訟事件 절차에서는[1] 본안本案의 재판 자체가 결정의 형식으로 행해지고 또 그것에는 기속

---

61 황제 자신이 문책되지 않는 것도, 지현이 잘못하여 태장을 집행하여도 주현자리(州縣自理)의 틀 안에 있는 한 문책받지 않은 것과 마찬가지였다고 말해도 좋을지 모르겠다.

력이 수반되지 않는다(일 · 비송사건수속법 제17조, 제19조, 한 · 비송사건절차법 제17조, 제19조).[2] 다른 한편, 사법 이념이 작용하는 부분, 즉 민사 · 형사의 소송에서 본안의 재판에서는, 법원이 자기가 내린 재판에 기속되는 것이 거의 자명한 원칙으로 요청되며, 이것이 결여되면 소송제도는 안으로부터 붕괴될 수밖에 없다고 여겨진다.[3] 그래서 입법이나 법학설상에서 판결의 기속력이 논해지는 경우 그 원칙 자체보다는 오히려 원칙을 형식 측면에서 완고하게 관철할 때 발생할 우려가 있는 불필요한 불합리를 피하는 한편, 동시에 원칙의 정신을 관철하기 위해 취해야 하는 조치의 측면에서 논해진다. 즉, 형식 면에서 말하면, 이 원칙을 경미한 범위에서 완화하는 방향의 것이 실제적인 문제로 여겨지고 있는 것으로 보인다.[4] 원칙 자체는 너무나도 당연한 것으로 생각되기 때문에, 아무튼 깊게는 의문시되지 않는다. 그런데 이 원칙이 청대의—청대에 한정하지 않고 황제지배체제 중국의 전 시대를 통틀어 말할 수 있음은 거의 확실하지만— 사법제도에 존재하지 않았다는 것은, 행정과 사법을 이념적으로 대비했을 때의 사법 이념이란 것이 결락되어 있었음을 의미한다. 국가의 사법사무—그것은 어느 체제에도 반드시 존재한다—가 전근대 중국에서는 행정이념에 의해 경영되었다고 해야 한다.

---

1 三ヶ月章, 『民事訴訟法研究』 5, p.64. 兼子一 · 竹下守夫, 『裁判法(新版)』, 有斐閣, 1978, pp.11-12에서도 비송사건은 "실질적으로는 행정처분에 해당한다"고 한다.

2 鈴木忠一, 『非訟事件の裁判の既判力』, 弘文堂, 1966에서는, 비송사건수속법 제19조 제1항에 의한 취소 · 변경 외에, 도리적으로 사정변경에 의한 취소 · 변경이 인정되어야 한다고 한다(pp.29-32, 96). 또한, 같은 법 제19조 제1항이 "입법 연혁에서 말하면, 민소법에서 항고가 있은 경우 재차 고안하여 재판을 경정(취소 · 변경)하는 것의 변형과 다름이 없다"(p.105)라고 설명하는 것이 매우 흥미롭다.

3 三ヶ月章, 『民事訴訟法』, p.18.

4 일 · 민소법 제193조의 2, 제194조; 일 · 형소법 제415조 이하. 三ヶ月章, 『民事訴訟法』, pp.306-307; 青柳文雄, 『新訂刑事訴訟法通論』, 立花書房, 1967, pp.783-784. 일본의 현행 민소법과 형소법에 원칙 자체를 정한 규정은 없다. 구 민소법에는 제240조 "재판소는 그 선고한 종국판결 및 중간판결 속에 포함된 재판에 기속된다"라는 규정이 있었는데, 어째서 삭제한 것인지는 알 수 없다. 중화민국의 민소법에는 규정이 있다(제 231조). 菊井維大 · 兼子一, 『中華民國民事訴訟法』 1, 1934, p.394.

이전의 논고에서 시도한, '재판의 행정적 성격' 내지 '행정의 일환으로서의 사법'이라는 성격 파악이 부당하지 않다는 것이 여기서 다시 확인된다고 생각한다.[5]

본래 여기서 말하는 사법의 행정적 성격이란 것은, 지방 단계이든 국가 단계이든 시정施政상의 문제들에 대한 배려가 특정 개인 간의 분쟁 해결이나 범죄사실의 판정 및 형벌의 양정이라는 작업의 장으로 들어와서, 그것에 영향을 미치는 구조로 되어 있었다는 의미는 결코 아니다. 청대의 형안刑案·판독判牘 등의 사료를 통해 알 수 있는 한, 안건은 그 자체의 시비곡직에 따라 재정裁定되고 있었다. 적어도 그렇게 재정하는 것이 제도였다. 이 점은 특히 오해가 없도록, 그리고 청대 사법제도의 명예를 위해 명확히 해두고 싶은 사항이다.

그런데, 청대인의 마음속에는 자동적으로 몇 개의 심급을 거칠 것을 요하는 도형 이상의 형을 과하기 위한 절차와, 그 외에 주현의 범위에서 낙착되는—당사자의 상소가 있어야 비로소 상급기관이 관여하는— 절차 사이의 구별이 의식되고 있었다.[6] 전자는 두 말할 것 없이 형사절차이다. 하지만 후자, 즉 주현자리州縣自理의 절차는, 오늘날 우리의 관점에서 보면 형사적 요소와 민사적 요소를 혼합한 성질의 것이었고,[7] 개중에는 행정소송이라 불

---

5 이 책 제1장 p.23. 막스 베버는 가산군주제적 재판(die patrimonialfürstliche Rechtspflege)에서 사법과 행정은 일체화한다고 주장했다. 그리고 이를 두 가지로 나누어, 가산군주제적 재판의 신분제적 형태(die ständische Art)에서는 모든 행정이 사법의 형식을 취한다는 의미에서의 일체화, 가부장제적 형태(die patriarchale Art)에서는 모든 사법이 행정의 성질을 띤다는 의미에서의 일체화가 각각의 특징을 이룬다고 지적한다. 또한 중국의 재판을 후자, 즉 가부장제적인 방식에서 사법과 행정이 뒤섞인 하나의 유형으로 분류하고 있다. 이상에 대해서는 나중에 알았다. Max Weber, *Wirtschaft und Gesellschaft*, 4 Aufl, pp.485-486(世良晃志郎 옮김, 『法社會學』, 創文社, 1974, pp.441-445).

6 예를 들면, pp.246-247에서 든 유형(劉衡)의 말에서도 '위로 상신하는 안건'과 '청송(聽訟)'이 서로 짝을 이루고 있다.

7 예를 들면, 본장 제1절에서 다룬 항춘현(恒春縣)의 이노재(李老在)와 이표(李標)의 다툼도, 절도나 무고의 측면에서 보면 형사문제이고, 소의 소유권이 누구에 귀속되는가의 측

리기에 적합한 사안도 포함되어 있었다.[8]

전장에서, 중국의 형사재판은 말하자면 검찰 단계에서 끝나는 것인데, 여기서 말하는 검찰이란 스스로가 한 당사자가 되어 법정에 서는 것이 아니라, 피해자 · 가해자 사이의 공평한 재정자이고자 하는 절대적인 검찰이라고 성격 파악을 시도했다.[9] 이 비유는 확실히 유지될 수 있을 것으로 생각한다. 하지만 무릇 비유라는 것은 사물의 어느 일면에만 통하는 것이라는 제약을 충분히 의식해야 한다. 본질적으로는 오히려 심히 들어맞지 않는 다른 비유를 사용한다면, 지주知州 · 지현知縣이란 자가 경찰 · 검찰—양자는 미분화되어 있다—에 상당하고, 도형 이상의 형벌에 관계되는 상신 · 복심의 절차는 구형求刑을 동반하는 공소제기에 상당한다고 볼 수도 있다. 이 비유 위에서 말한다면, 오늘날 우리와 마찬가지로, 거기에서는 기소편의주의起訴便宜主義가 행해지고 있었다. 지주나 지현은 법 규정을 발동하여 도형 이상의 형에 맞출 수 있는 사건이라도, 일단 그것을 경고하고 나서 종종 어떤 정상참작 사유를 들어 주현자리州縣自理의 범위 내—징벌로서는 최고 가호枷號까지의 각종 체벌, 조사중의 신병 구속, 벌금, 질책 등—에서 끝내버리는 것이 적지 않았다. 법에 비추어 원래 태 · 장 · 가호의 형에만 해당하는 가벼운 악행에 관해서는,[10] 이미 서술하였듯이 새삼스럽게 법규적 근거를 신경 쓰지 않고 적당히 앞서 든 여러 수단으로 징치하여 끝내는 것이 보통

면에서 보면 민사문제이다. 두 개의 요소를 무리하게 나누어 논하는 것은 불가능하다.

8 도광연간 하남부(河南府)의 판어집인 李鈞, 『判語錄存』에 특히 그 예가 많다. 영세한 세액은 동전으로 징수하는 것을 허용하여, 이를 현(縣)에서 은장(銀匠)에게 넘겨 은으로 바꾸게 하는 것을 관례로 하는 지방에서, 은가가 등귀하여 종래의 교환비로는 감당할 수 없게 되자, 현에 교환비율 개정을 요청하였으나 거부당한 은장 조합이 담당 서리를 피고로 하여 부(府)에 제소했다는 사건(권1, 31a〔買銀解糧事〕), 범인을 릴레이로 압송하는 역(役)이 종래의 관례에 반하는 방식으로 부과된 것에 불복하여 인민이 담당 서리를 현과 부에 제소한 사건(권2, 17a〔派差事〕) 등등.

9 이 책 제1장 p.90.

10 『대청율례』〔不應爲〕조까지 생각에 넣으면, 모든 가벼운 악행은 태 · 장에 해당한다.

이었다.

여기서 '징치懲治'라는 것은, 관헌이 특정시민의 어떤 행동을 단속할 필요가 있다고 판단했을 때, 그 자에게 어떤 불이익을 부과하여 불쾌 · 굴욕 · 번거로움의 생각이 들게 하여, 실제로 그 자에게 반성을 촉구하고 장래를 경계하게 하는 효과를 가지는 등의 관헌의 행위를 널리 지칭하는 의미라고 이해해주었으면 한다. 물론 그러한 징치 행위가 형벌인가, 강제조사인가, 혹은 행정적인 조치인가 등의 명목은 따지지 않고, 오로지 그 실제적인 효과에 착목할 때의 이해방식이다. 이러한 의미에서는, 현대 일본의 경찰도 여러 가지 징치 수단을 갖고 있다. 그런 일을 하면 경찰에게 혼난다, 시말서를 제출한다, 잘못하면 잡혀들어갈지도 모른다는 서민의 의식이 존재하는 것이 무엇보다 이를 잘 보여주고 있다고 말할 수 있을지 모르겠다. 여기서 히로나카 토시오廣中俊雄 교수의 「경찰관이 담당하는 법적 기능」이라는 글은 그 점을 학문적으로 조명하는 것으로서 참고가치가 크다.[11] 이른바 '미죄처분微罪處分'(경미한 범죄의 불기소처분)에서 피의자는 엄중한 훈계에 더하여, 피해자에 대한 피해회복, 위로와 사과 및 기타의 방법을 강구하라는 유시諭示를 받는 등 위에서 말한 징치를 받은 후, 비로소 석방되고 경찰의 손에서 일이 마무리된다. 이러한 사정과 같은, 경찰관의 행위에 의한 제재의 여러 양태가 거기에서 명확히 서술되고 있다. 태평양전쟁 종전 이전까지 거슬러 올라가면, 경찰서장은 '위경죄즉결례違警罪卽決例'에 근거하여 과료 또는 구류의 형을 즉결재판으로 선고할 수도 있었다.

청대의 지주나 지현은 확실히 경찰서장(겸 검사)의 측면을 가지고 있다.[12] 그리고 경찰에 불가결한 징치의 수단으로 가호 이하의 체벌을 즉결집행하

---

11 廣中俊雄, 『法と裁判』, 東京大學出版會, 1971, pp.92-116(『ジュリスト』 1955년 3월 15일호에 최초 게재).

12 관내에서 발행한 살인이나 도적 사건이 미궁에 빠지면, 지주 · 지현에게는 육부처분칙례의 규정에 비추어 책임을 물었다(『육부처분칙례』 권41, 42〔盜賊〕, 권43〔人命〕 참조).

는 권한을 부여받았다. 주현자리 절차 안에 포함되는 오늘날의 눈으로 보면 형사적이라고 칭할 요소는, 앞서 든 경찰의 위경죄즉결 또는 미죄처분에 대응하는 것으로 비정해 보는 것이 가장 적절한 비교가 되지 않을까 한다. 물론, 지주 · 지현은 경찰서장의 역할에 그치는 존재는 아니었다. 그것에 뒤지지 않는 중요한 측면으로서, 그들은 동시에 세무서장이였고, 또한 당연히, 지방의 주민사회에 위로부터 군림하는 관선官選의 수장이기도 했다. 현대 일본에서는 분해되어 몇 개의 기관이 담당하는 기능을 한 몸에 겸비한 존재였다.

또한 지주 · 지현은 민民의 소송을 처리했다. 이 측면에서 보면, 그는 또한 재판관이기도 했다.[13] 다만 여기서 메이지明治(1868-1912) 이래 현대에 이르기까지의 일본에서 경찰 또한 민의 송사를 처리하고 있는 것은 아닌가 하는 점을 생각해볼 필요가 있다. 민사적인 분쟁이 있을 때 우선은 경찰에 기대어 그 해결을 도모하려 하는 발상은 지금까지도 일본의 민중 사이에서 상당히 뿌리 깊게 존재하고 있다.[14] 그것은 일본의 경찰이 민사적 쟁송의 해결에 관해서도 모종의 실적을 올려 온 것이 반영된 결과이다. 앞서 소개한 히로나카 토시오 교수의 논문은 이 점에 대해서도 깊이 파고든 해명을 제시한다. 경시청의 가사상담소에서 "가사상담 혹은 방범상담이란 명목으로 해마다 아주 엄청나게 많은 수의 민사분쟁을 다뤄왔고, 이혼과 파양, 내연 등 기타 관계, 부양, 친자인지親子認知, 가옥명도, 가옥임대차, 금전대차, 유가증권 거래, 대여금 미변제, 물품대차, 계약불이행 등과 관계된 사건들에서는

13 영미의 치안판사(justices of the peace)와의 비교는 하나의 흥미로운 연구과제일 것이다.

14 사사키 요시오(佐々木吉男) 교수의 앙케이트 조사는 1958년 시마네현(島根縣) 및 1961년 오사카시를 대상으로 한 것이다. 그에 따르면, 도시 지역에서는 66%, 농촌 · 산촌 지역에서는 76%가 민사분쟁 시 즉시 법원에 의지하기보다, 먼저 누군가 적당한 사람에게 해결을 의뢰한다고 대답하였다, 그 '적당한 사람'으로서 도시 지역에서 12.4%, 농촌 · 산촌 지역에서는 13.3%가 '경찰 혹은 주재소(駐在所)'를 들고 있다. 佐々木吉男, 『民事調停の研究』, 法律文化社, 1967, pp.25, 88.

각각 30% 내지 60%를 '해결'하고" 있으며, 취급건수에서 보아도 "현실사회에서 이 제도가 수행하고 있는 역할은 … 가정재판소나 간이재판소 또는 지방재판소에서의 조정에 비견할 수 있다"고 하는 실정이 명확히 서술되고 있다.[15] 청대의 지주 · 지현이 주현자리 절차에서 여러 종류의 많은 민사분쟁의 처리에 힘쓴 것도 정확히 이것에 대응하는 현상으로 비정하는 것이 그 본질에 부합한다고 생각된다. 다만 이렇게 대비했을 때 양자간의 중요한 차이는, 현대 일본의 경찰이 제공하는 '상담相談'이란 서비스 자체는 국가권력의 인가로서 행해지는 것이 아니지만, 청대 주현아문의 청송은 민사분쟁에 대한 국가권력의 인가 그 자체라는 것이다. 또한 이것 외에 분쟁 시 국가권력의 비호庇護를 구할 길은 없는 성질의 것이었다.

본래 현재의 경찰을 의미하는 폴리차이Polizei라는 말은, 15세기부터 18세기에 이르는 독일의 여러 법령 속에서 검출할 수 있는 한, 이하의 의미를 지닌다. 첫째, (국가적) 공동체의 안정된 질서 상태ein Zustand guter Ordnung des (staatlichen) Gemeinwesens이다. 둘째, 첫 번째 의미의 Polizei를 실현해 유지하는 것을 지향하는 법령을 의미한다. 그리고 셋째, 18세기 들어서부터 질서를 감시하고 위반을 단속하는 것을 임무로 하는 각종의 특정 관공서 및 공무원이 점차 설치되기 시작한다. 이들의 명칭을 구성하는 요소로서 Polizei란 말이 앞에 놓이는 일이 많아지는데, 이리하여 오늘날 형식적인 의미에서의 Polizei(경찰)라는 말이 정착되었다고 한다.[16] Polizei의 원래 뜻에서는 어떤 사항이 구체적으로 이에 속하는가의 확실한 경계는 존재하지 않는다. 대략 사회생활상의 폐해가 지각되었을 때 이를 교정하기 위해 군주가 명령을 반포하였다.[17] 돌이켜 보면, 중국의 전통에서는 '풍속을 바로잡

---

15 廣中俊雄, 『法と裁判』, pp.106-107, 110.

16 Franz-Ludwig Knemeyer, "Polizeibegriffe in Gesetzen des 15. bis 18. Jahrhunderts", *Archiv des öffentichen Rechts* 92, 1967, pp.153-180.

17 Knemeyer, *op.cit.*, pp.161, 169.

는 것'은 황제 및 관료의 중심적인 임무라고 여겨져 왔다. 바꿔 말하면 그들은, 매우 내용이 풍부한 본래적, 포괄적인 의미에서의 Polizei의 실현을 자기 임무로 삼은 존재였다고 할 수 있다. 그런데 독일에서는 Polizei의 함의는 충분히 넓으면서도, 그에 대한 현저한 제약으로서 "사법die Handhabung der Justiz은, 바람직한 Polizei라는 관점 아래 규제되어야 할 것은 아니라고 말해지고 있었다."[18] 그리고 18세기 이래, 사법사건Justizsache과 경찰사건Polizeisache의 경계가 실무상 중대한 문제로 논의되게 되었다.[19] 사태를 상세하게 추급하는 것은 비전문가가 할 수 있는 일이 아니지만, 요컨대, 독일에서는 Polizei와 나란히 유스티츠Justiz(justice)의 영역이 존재했다는 것만은 누구의 눈에도 명백하다. 먼저 신민臣民이 자기의 사권私權(Privatrecht)을 주장하는 사건은, 안정된 질서라는 이념 속에서는 해소될 수 없는 고유의 문제성이 있다는 원리적인 인식을 보여준다. 그리고 그러한 사건을 재판하기 위한 고유한 준칙으로서의 법체계, 그 운용을 담당하는 법원의 구성과 거기서의 절차 규정 등이 보인다. 여기에서는 이들을 포괄적으로 Justiz의 영역으로 이해해 두자. 그것이 역사의 흐름 속에서 어떻게 전개되었는가에 대해서는 상세하게는 들어가지 않아도, 어느 시대에나 어느 형태와 정도에서는 그것이 존재했다는 사실만을 파악해두면 충분하다. 중국에는 이 Justiz의 영역이 되는 것이 존재하지 않았다. 거기서는 민간의 분쟁을 해결하고 진정시키는 작업도 전적으로 Polizei의 관점 아래에 포괄되어, '민民의 부모', 즉 질서와 복지의 총관리자인 지주·지현의 중요한 직책으로 여겨지고 있었다. 따라서 거기에서는, 직책이 좁게 한정된 일본의 경찰에서는 전면에 내세우기를 꺼리면서 '상담相談'이란 형태로 행하고 있는 것과 동일한 성질의

---

18 Knemeyer, *op.cit.*, p.179.

19 Knemeyer, *op.cit.*, pp.173-174; 村上淳一, 「『良き旧き法』と帝國國制」, 『法學協會雜志』 90-11, pp.49-52. 두 문헌 모두 독일 근대법 성립과정에서 사법이 행정에서 독립한 것이 아니라, 행정(또는 Polizei)이 사법에서 독립한 것이라 설명한다.

사항이, 당당하게 제도화되어 일종의 법정절차로 나타나는 것이다. 이렇게 생각하면 주현자리 절차 안에서 민사적 요소와 형사적 요소가 거의 분리되기 어렵게 융합되어 있었던 것도 자연스러운 이치로 납득될 것이다. 거기서는 위경죄즉결 또는 미죄처분과 같은 수법이나 민사조정적인 수법이 막힘없이 자유롭게 사용되었던 것이다. 거기서의 재정은 본래 판결Rechtsspruch이 아니므로, 그것이 기판력Rechtskraft을 낳지 않은 것 또한 당연한 일이다.[20]

어쨌든, 청대 주현에서의 청송聽訟은 일본의 민사소송과 비교하여 고찰해야 할 것이 아니다. 그것보다는 비송사건절차 및 민사조정절차와의 사이에 훨씬 강한 유사성이 인정된다.[21] 이 점은 본장의 범위에서 제외한 청대 청송에서의 재판준칙 문제를 고찰할 때 중요한 지침이 될 수 있으며, 또한 그 문제의 고찰을 거쳐 비로소 충분히 입증될 수 있을 것이다. 이 책의 제4장, 제5장이 이를 목표로 한다.

2.

제1절에서 당사자로부터 준의遵依를 받음으로써 비로소 낙착되는 성질의 재판은 이미 재판이 아니라 조정이 아닌가 하는 문제를 남겨 두었다. 이

---

20 한편 여기서 법정과 민중 사이의 심리적 거리라는 문제를 생각해 볼 가치가 있다. 현재 일본의 민사소송보다도 청대 중국에서 '소송을 거는(打官司)' 쪽이 훨씬 민중의 일상생활 가까이에 있었던 것이 아닐까 하는 것이 수년 동안 필자가 품은 감각이다. 소송 건수가 실제로 어느 정도 있었는가에 관한 자료를 모아보는 것은 하나의 흥미 있는 연구과제인데, 예를 들면 고정요(高廷瑤)가 10개월 동안 1,360여 건을 처리했다고 하듯이(본문 p.248), 상당히 다수에 달하고 있는 것이 주목된다. [후기] 청대의 민중은 관청에서의 소송을 일상적이고 친숙한 것으로 이용하고 있었다는 사실을 주도면밀한 근거로 논증하려 한 연구로서, 中村茂夫, 「傳統中國法=雛型說に對する一試論」, 『法政理論(新潟大)』 12-1, 1979의 제2절 「民間處理說とその疑点」을 참고하기 바란다.

21 비송(非訟)과 조정(調停)을 동일선상에서 생각하는 것이 자연스럽다는 점에 관해서는, 三ヶ月章, 『民事訴訟法硏究』 5, p.89 주4를 참고하라.

문제를 당사자로부터 서약서를 제출받는다는 하나의 사실에 초점을 좁혀 논하는 것은 적절하지 않음이 명백하다. 서약서는 이론적으로는 분명히 자발적인 승복의 의사표시이지만, 그것의 제출을 결정할 자유가 실제로 완전히 보장되었다고는 말하기 어렵다. 거의 저항하기 어려운 압력하에 억지로 이를 쓰게 하는 경우가 적지 않았던 것이다. 한편, 서약서가 제출되는 것은 하나의 실적이 될 수는 있어도, 그것으로 절대적으로 쟁송을 해결하고 이후 다툼을 반복하는 것을 불가능하게 할 정도의 힘을 갖지는 않았다. 어쨌든 어떤 하나의 형식에 절대적 효력을 부여함으로써 그 한에서 실질논의를 매듭짓고 법관계를 안정시키려 하는 사고나 제도는 존재하지 않았다. 쟁송은 절차상의 수단을 다 써버려 더는 '다툴 수 없게' 됨에 따라서가 아니라, 절차가 쌓여간 끝에 결국 어느 당사자도 실제로 더는 '다투지 않게' 됨에 따라 낙착되었다. 그러한 형태의 분쟁처리를 종합하여 어떻게 성격을 규정할 것인지 문제삼아야 한다.

위에서 서술한 바와 같은 분쟁처리의 방식은 확실히 본질적으로는 조정이었다고 말할 만하다. 다만 조정이라고 해도, 그것을 당사자 간의 화해를 용이하게 하기 위한 조언으로 받아들일지 말지가 당사자의 의사에 달려있다는 분위기에서 이루어진 제안은 아니었다. 관헌의 지혜로운 판단과 그 강권強權을 최후의 보루로 삼아, 구제를 바라고 나타나는 인민에게 조리에 기초하여 가장 공정타당하다고 생각되는 조치를 공권적으로 전달하고, 관헌의 위신과 징치권을 배경으로 강력하게 그것의 수용과 준수를 다그치는 것이었다. 그것은 상식적으로는 역시 재판이라고 불러 마땅하다. 여기서 재판인가 조정인가의 양자택일을 묻는 것은 아마도 의미가 없을 것이다. 오늘날 일본의 민사조정제도는 정규 소송절차의 존재를 전제하고, 언제라도 소송으로 이행할 수 있음을 보장받은 가운데 행해지며, 따라서 소송=재판이라는 도식과는 명료하게 구별된다. 그럼에도 일반인은 이를 매우 자연스럽게 조정재판調停裁判이라고 부른다.[22] 우리도 청대의 제도를 조정적 재판調

停的裁判이라고 불러도 좋지 않을까 생각한다.

D. F. 헨더슨 교수가 일본 에도江戶 시대의 민사분쟁처리제도를 해명하기 위해 도입한 교유적 조정이라는 개념 또한 여기에 도움이 된다고 생각된다. 교유적 조정은 하나의 질서있는 사회 내부에서 행해진다는 점에서 국가 이전의, 혹은 법 이전의 조정prestate or prelegal conciliation과 구별된다. 다른 한편, 조정에 의지할 것인지 소송할 것인지 선택의 여지가 충분히 주어져 있지 않은 상태에서 행해진다는 점에서 임의적 조정任意的調停(voluntary conciliation)과도 구별된다. 그러므로 발전단계로는 양자의 중간에 위치한다. 이러한 유형의 조정은, 하나의 중심적 요소로서 강제의 관념을 포함하고 있기는 하나, 그것보다 한층 더 설득적 · 교육적 · 교훈적persuasive, educational, and instructive 요소가 현저하다. 이 점에 착목하여, 헨더슨은 강제적 조정强制的調停(coercive conciliation)보다는 교유적 조정敎諭的調停(didactic conciliation)이라 부르고 싶다고 말한다. 그리고, "도쿠가와德川 시대의 조정, 전통중국의 조정 및 현대 공산 중국의 조정조차도 각각 현상적으로는 심대한 차이를 가지지만, 분석적으로 말하면 어느 것이든 교유적 조정이다"라고 한다.[23]

그런데 여기서 몇 가지 점에 주의해야 한다. 헨더슨이 도쿠가와 조정 Tokugawa conciliation이라고 하거나 막부 조정 과정Shogunate conciliation process이라고 말하는 경우,[24] 그 역점은 아래와 같다. 첫째, 정町 · 촌村의 수장인 나누시名主 등의 단계에서 강력하게 조정의 노력이 이루어져, 많은 분

---

22 佐々木吉男, 『民事調停の研究』, p.87 주1. 학문적으로도 조정을 조리(條理)(오히려 형평?)에 기초한 공권적 판단의 제시로 보고, 당사자의 합의를 그 판단의 공정함(조리(형평)에 기초한 판단의 공정함은 객관적, 제도적으로는 보장할 길이 없다)의 담보로 보는 것이 이 책의 기본적인 입장이 된 것처럼 보인다(pp.136-137, pp.164-165).

23 Dan Fenno Henderson, *Conciliation and Japanese Law: Tokugawa and Modern*, Univ. of Tokyo Press & Univ. of Washington Press, 1965, pp.4-5.

24 Henderson, *op.cit.*, pp.7, 127 등. 다만 이러한 표현은 본래 설명이 충분하지 않아, 논술을 난해하게 만들고 있다. 독자는 여기저기에서 단서를 찾아 저자의 진의를 헤아리는 수밖에 없다.

쟁이 당국의 손을 번거롭게 하지 않고 해결되었으며, 막부도 그것을 장려했다. 둘째, 막부의 법정에서도 당사자를 유도하여 '내제內濟'(내부에서 다툼을 해결하는 것)로 정리하는 것을 상책으로 보고 '재허裁許'를 내리는 것을 극력 피하려고 하는 경향이 있었다. 그리고 '재허' 자체는 역시 conciliation이 아니라 judgement로 파악하고 있는 것으로 보인다. 그런데 만약 교유적 조정이라는 개념을 전통 중국에 적용한다면, 지금까지 서술해 온 주현자리州縣自理의 절차 자체를 가리켜 그렇게 이름 붙여야 한다. '내제內濟'에 대응하는 것으로서 중국에도 '조처調處' 또는 '화식和息'이란 말이 있지만, 무조건적으로 '화식和息'이 좋다고 하여 가능한 한 관의 판단을 피하려 하는 경향은 중국에서는 그다지 현저하지 않다. 오히려 분석적으로 말하면, 관의 판단 그 자체가 교유적 조정이었다고 파악해야 한다.

도쿠가와 일본의 제도와 청조 중국의 제도 사이에는 유사함과 함께 상당한 차이가 있었다. '재허청증문裁許請證文'과 '준결遵結'의 유사성에 관해서는 앞서 서술하였으나,[25] 여기에서도 또한 서로 큰 차이가 있었다. 일본의 에도시대에는 오사다메가키御定書(법령) 중에 "재허를 내렸으나 받아들이지 않는 자 중추방裁許不請もの 中追放", "재허를 서로 받아들이는 것처럼 하고 은밀하게 따르지 않은 자 중추방裁許相濟候儀を內證ニ而不用破候もの 中追放"이라는 개별조목이 있어,[26] 재허가 있으면 당연히 이에 대한 수락을 표명한 청증문請證文을 제출해야 한다는 것을 상당히 무거운 벌칙으로 강제하고 있었다. 이에 반해, 청대의 법에는 그러한 규정은 존재하지 않으며, 저항할 수 없는 강제수단에 의해 준결을 취하는 것은 오히려 위법이고 당사자에게는 정당한 상소이유가 되었다. 상소 · 재소의 길이 거의 무제한으로 열려있던 것 또한 청대 제도의 특색으로, 도쿠가와 막부의 재판에서 원칙적으로

---

25 이 장 제1절 p.194.

26 『棠蔭秘鑑』亨(御定書下卷) 19(『德川禁令考』, 創文社, 별권 수록).

초심初審이 곧 종심終審이고, 재허에 대해 다시 다툴 길은 없었던 것과 비교하여 큰 차이이다. 대체로 에도시대의 '재허' 쪽이 청대의 '단斷'보다도 재판적 성격을 강하게 가지고 있었다. 바꿔 말하면, '재허'와 '내제' 사이의 낙차가 '청단聽斷[27]'과 '조처調處' 또는 '화식和息' 사이의 낙차보다도 컸던 것이다. 그 때문에 교유적 조정이라는 같은 말이라도 그 말의 적용방식을 서로 달리 해야 한다고 생각한다.

에도시대 일본에서 정 · 촌 책임자의 조정에 의한 민간자치적인 분쟁해결을 헨더슨 씨는 교유적 조정으로 인식하고 있지만,[28] 청대 중국에서의 그것을 마찬가지로 교유적 조정으로 인식하는 것에 필자는 주저하게 된다. 한 가지 중요한 차이는, 에도시대에 재판소에 소를 제기하기 위해서는 서류에 나누시에게서 인장을 받거나 첨부하는 서한을 간청해 받을 필요가 있었다는 점이다.[29] 반면, 청대 중국에는 그러한 제도는 존재하지 않고, 관아의 문은 모든 민중에 대해 열려있었다. 같은 나누시 지배하의 사람이 분쟁을 재판소에 가져가려고 해도, 나누시는 당연히 쉽게는 인장을 찍어주지 않고, 직분의 위신을 배경으로 강력한 교유적 조정을 행하였는데, 청대 중국에는 이에 대응하는 것이 없다.[30] 청대 중국에서 행해진 민간조정은 순수하게 사회적 현상이지 국가적 제도는 아니었다.[31] 또한 최후의 수단으로서 언제라

---

27 『學治臆說』 권상, 19b의 "청단(聽斷)에는 법을 갖고 하고, 조처(調處)에는 정을 갖고 한다. 법이란 시비를 가리지 않으면 안되지만, 정이란 시비를 다소 양보해도 괜찮다(蓋聽斷以法, 而調處以情. 法則涇渭不可不分, 情則是非不妨稍借)"라는 대목에 기초하여, 청단이라는 말을 제시해 둔다.

28 Henderson, *op. cit.*, pp.16, 56.

29 Henderson, *op. cit.,* p.128; 石井良助, 『日本法制史概論』, p.478 주3.

30 명대 초기 이노인(里老人)에 내려진 직책이 이에 대응하지만, 청대에는 일찌감치 기능하지 않게 되었다. 이 책 제2장 pp.124-125.

31 지방관이 수리한 안건을 적당한 민간인의 '조처(調處)'에 부탁하는 일은 있었다. 그러나 조정 불성립 취지의 회답이 있으면, 안건은 다시 관의 손에 돌아왔다. 『臺灣私法附錄參考書』 3상에 수록된 항춘현(恒春縣)의 당안에 그 예가 많다.

도 '타관사打官司', 즉 관공서에 호소하는 길이 열린 상태에서 이루어지는, 오히려 임의적인 조정으로서 파악하는 것이 적절하지 않을까 생각한다.

3.

마지막으로 한 마디, 중화인민공화국의 사법제도와 관련하여 깨닫게 된 것을 부언해 두고 싶다. 앞 절 7에서 청대의 사정을 일관되게 설명하기 위해 도입한 형사판결의 '발효發效'('확정'이 아니라 '발효')라는 개념이 현대 중국의 제도를 이해하는 데도 도움이 된다고 생각한다.

이하, 아사이 아츠시淺井敦 교수가 설명하는 바에 따라 문제점을 살펴보고자 한다.[32] 먼저, 중화인민공화국의 제도는 2심제이고, "상소심의 판결 또는 결정(환송하는 경우를 제외하고)으로 사건은 확정된다",[33] "인민검찰원人民檢察院은 … 피고인이 동일 범죄사실에 대해 … 확정판결을 받은 경우에는 기소해서는 안 된다"라고 하고 있다.[34] 여기에 한해서는, 분명히 일사부재리의 원칙이 인정되고 있는 것처럼 보인다. 그러나 다른 한편에 이러한 이중위험double jeopardy의 방지를 실제상에서 형해화하는 듯한 제도가 등장하기 때문에, 고개를 갸웃하지 않을 수 없다.

중화인민공화국의 제도에서는 확정된 판결(또는 결정)에 오류가 있는 경우에 대비하여 '감독심監督審'과 '재심再審'이라는 두 개의, 그러나 하나로 이어진 절차가 준비되어 있다고 한다.[35] 요약하면, ① 모든 법원의 원장은 해당 법원에서 내린 판결에 대해, ② 상급의 인민법원은 관내의 모든 하급 법원이 내린 판결에 대해 각각 감독권이 있으며, 확정판결 중에 잘못된 것

---

32 淺井敦, 『現代中國法の理論』, 東京大學出版會, 1973, 제4장 「刑事裁判手続の構造」.
33 淺井敦, 『現代中國法の理論』, p.133.
34 淺井敦, 『現代中國法の理論』, p.126.
35 淺井敦, 『現代中國法の理論』, pp.134-136.

이 있다고 판단할 때 감독심을 개시시키는 권한이 있다. ①의 경우는 해당 법원의 재판위원회에서, ②의 경우는 재판원 3명으로 구성되는 임시의 합의체를 설치하여 심리를 행한다. ③ 상급인민검찰원 또한 감독권을 가지고 있고, 법원에 '항의抗議'를 제출함으로써 ①이나 ②의 형태의 감독심을 개시시킬 수 있다. 피고인, 그 가족, 그 밖의 일반 공중은 재판을 다시 하도록 '신소申訴'할 수 있으나, 그것은 감독자의 주의를 촉구하는 의미에 그친다. 즉, 감독심은 직권에 의해 개시되는 절차이자 관청 내부의 심사절차로서, 당사자의 소환 · 심문은 행해지지 않는다. 사실의 확정과 법률의 적용 중 어느 측면인지 따지지 않고 원판결이 잘못이라고 판단되면, 이미 확정된 원판결이 파기되고, 이어지는 '재심再審'의 절차로 이행된다. 여기서는 감독심과는 다른 재판원이 통상의 소송절차에 따라 다시 재판한다.

어떤 사유가 감독심 개시의 단서가 될 수 있는가에 대해 "법률상의 제한은 없다". "각급 인민법원의 재판활동의 총괄 · 점검 및 그에 대한 상급법원의 사후조사, 학자가 하는 판결비평이나 대중의 재판비판 등의 검토를 통해 오류가 발견되는 경우도 있을 것"이라 한다. 더구나 감독심 개시의 단서가 될 수 있는 전술한 '신소申訴'는 무형식주의이며, "시기에도 제한이 없다". 즉, 판결은 확정 후 아무리 시간이 지나도 감독심의 대상이 될 가능성을 잃지 않는다. 그리고 저자 자신이 본문 속에서 서술하고 있지는 않지만, 주석에 인용된 중국 학자의 논의를 보면,[36] 감독심 · 재심의 결과 "양형이 피고인에 불리하게 변경되는" 경우가 있을 수 있음이 암묵적으로 전제되어 있다.

일본에도 재심제도가 있다. 하지만 위와 같은 감독심 · 재심의 제도와는 정도 차이가 아니라 질적인 차이가 있는 것으로 생각된다. 사후조사에 의해 언제든지, 그리고 피고인에게 유리 · 불리 어느 방향으로도 변경될 가능성

---

36 淺井敦, 『現代中國法の理論』, p.142 주38.

이 있는 '확정판결'이란, 형용모순처럼 생각되기도 한다.

여기서 아사이 교수가 '확정판결'이라 한 것은 본래 번역어로서, 원어는 "[已經]發生法律效力的判決", 직역하면, "[이미] 법적 효력이 발생한 판결"이다.[37] 약간 장황하지만, 그것이 하나의 전문용어이다. 이것이 어떤 외국어(예를 들어 러시아어)의 역어인지, 중국의 공산계 법률가가 만든 말인지 필자는 모른다.[38] 아무튼 중국의 법령용어인 이상은 이 중국어를 오리지날한 것으로 보아야 한다. 그것을 일본어로 번역한다면, 우선은 순수 어학적으로 보아 '확정'보다 '발효'가 타당하며, 실제 제도의 문맥 안에서 본다면, 그것은 집행력을 발생시킨다는 의미라고 이해하는 것이 지당하다고 생각된다.[39] 형사판결이 확정되지 않고서 발효(집행력이 발생)한다는 이해방식에

---

37 向山寬夫, 『中華人民共和國の刑事法』, 中央經濟研究所, 1971은 '확정(確定)'으로 번역하면서 원어를 부기하고 있다(p.237). 원어의 용어법은, 『中華人民共和國法規彙編』 1에 수록된 중화인민공화국 인민법원조직법 11조, 12조; 중화인민공화국 인민검찰원조직법 16조 등에서 확인할 수 있다. 항상, "已經發生法律效力的判決和裁定(이미 법적효력이 발생한 판결과 재정)"이라고 하듯이, 판결과 결정이 연칭된다.

38 청말의 여러 법전의 초안에서 현재의 중화민국 법제로의 이어지는 계열 속에서는 이 말이 나오지 않는 듯하다.

39 '發生法律效力'이라는 말이 독일어의 Rechtskraft라는 말에—직접적이나 간접적으로—기원하고 있는 것이 아닌가 하는 추측도 당연히 품을 수 있다. 그렇다고 하여도, Rechtskraft의 안에는 집행력과 기판력이 나눌 수 없이 일체적으로 함의되어 있다(학문상에서 집행력은 materielle Rechtskraft의 내부적 효력, 기판력(일사부재리)은 그 외부적 효력으로 설명된다. 團藤重光, 『新刑事訴訟法綱(七訂版)』, p.312). 그에 비해, '法律效力'에서는 기판력의 측면이 탈락 내지는 희박화되어 있음을 부정할 수 없다.
[후기] 이것은 1980년에 중국을 방문한 소메노 요시노부(染野義信)의 보고에 의해 매우 명료해진 감이 있다. 소메노 씨는 "법적 효력(원어는 '法律效力')이란, 말할 것도 없이, 사람은 다시 기소되지 않는다, 이중의 위험에 노출되지 않는다는 의미로밖에 읽어낼 수 없지 않은가"라는 일본의 법률학자로서는 극히 자연적인 발상으로 질문했다. 이에 대한 상대방의 대답은 "'법적 효력(法律效力)'이란, 유죄판결을 받은 자에 대한 형이 5년이면 5년간 징역에 복역하게 하는 효력을 말하는 것이고, 민사재판이라면 1백 위안(元)의 지급을 명한 판결에 따라 1백 위안의 징수가 공적으로 가능하게 된다는 것일 뿐"이라는 것이었다. "그 견해의 전제에는, 확정판결이 그 내용대로의 징역이나 집행을 하게 하는 강제력을 지니는 것과 그 판결을 뒤집을 수 있는가 하는 것은 별개의 문제라는 인식이 명료하게 자리잡고 있는 것처럼 판단된다." 더구나 이 점에서는, 중국사회과학원, 북경대학, 상해사회과학원 각각의 학자의 견해가 모두 큰 차이가 없었다고 한다(染野義信, 「中國の法と

저항감이 있다면, 그러한 저항감은, 그것이 결코 세계사상 전대미문의 일이 아니며 다름 아닌 중국의 전통 속에 그 선례가 있었다는 것을 이해함으로써 대폭 제거될 것이다. 여기서 필자는, 중국의 전통이 신중국의 제도 가운데 연속하고 있다고 당장 주장하려는 것은 아니다. 여기서 문제삼는 법률은 '소련 추종 일변도向蘇一邊倒'의 시대에 만들어진 것이므로, 전통과의 관련보다도, 여러 사회주의 국가의 법과의 관련성이 연구에서 중시되어야 한다고 생각한다. 그럼에도 불구하고, 중국의 역사 속에서 찾아낸 '발효'라는 개념이, 현대중국의 제도를 이론적 · 정합적, 그리고 비교법적으로 이해하는 데 도움이 된다는 사실은 부정할 수 없을 것이라 생각하므로, 역사연구의 효용을 예증하는 것으로서 이것을 언급해 두고 싶다.[40]

[부기] 이 글의 초고를 쓰면서 경찰에 관한 문헌에 대해 사사키 유시佐々木有司, 로쿠모토 가헤이六本佳平 두 분으로부터 가르침을 얻은 것에 대해 감사의 뜻을 표한다.

裁判の理論狀況」, 『法律時報』 52-11, pp.66-67, 인용부의 괄호와 강조는 필자 시가 슈조에 의함).

40 1980년 1월 1일 시행된 중화인민공화국 형사소송법 및 1982년 10월 1일 시행된 중화인민공화국 민사소송법(시행(試行))에서도 상황은 조금도 변하지 않았다. 이에 대해서는 아래의 연구를 참조. 滋賀秀三, 「法制史の立場から見た現代中國の刑事立法—斷想的所見」, 『法學協會百周年記念論文集』 1, 有斐閣, 1983, pp.318-322.

한양대학교
한국법사학연구소번역총서

04

민사적 법원法源의 개괄적 검토

정情 · 리理 · 법法

1.

어느 나라의 법제사에서도 법원法源에 관한 연구가 불가결하다. 오히려 법제사는 먼저 법의 원천에 대한 논술에서 시작한다고 할 수 있다. 중국법제사에서 법원론은 이른바 법전편찬의 연혁 문제로서 옛날부터 연구되어 왔다. 이 방면에서도 해야 할 일은 여전히 무수하게 남아있지만, 법원론에는 또 하나의 다른 길이 있으며 오히려 불가결하기도 하다. 그것은 현실의 소송에서 무엇이 재판의 근거가 되었는지를 재판사례의 분석을 통하여 밝힌다는 길로, 이 글은 그 시도이다.[1]

대개 소송에서 당사자는 그 한쪽 또는 양쪽이 어떤 이익의 단념을 요구받거나 형벌, 배상 등의 불이익을 부과받는 결과에 이른다. 당사자에게 그가 바라지 않는 바를 억지로 받아들이도록 강제하는 공권력의 판단 · 의욕의 표명인 재판에는, 싫어하는 당사자에게도 억지로 그 결과가 무리한 것이 아니라고 납득시킬 만큼의 준비가 있어야 한다. 바꿔 말하면, 재판은 어떤 보편적인 판단 기준에 비추어 해당 안건을 판결하는 것으로, 누구라도 비슷한 상황하에서는 비슷한 판결을 받을 것이고, 어떤 사람만 변덕스러운 취급을 받는 것이 아니라는 보장을, 어느 정도라도 당사자가 느끼게 하지 않으면 안 된다. 위에서 말하는 '어떤 보편적인 판단 기준'이란 것을 가능한 한 넓은 의미로 파악하여, 이를 이 글에서 법원法源이라고 부르고자 한다.

청대 중국에서 오늘날 우리의 민사소송과 형사소송과 같이 처음부터 끝까지 다른 궤도 위를 진행하는 이원적인 절차가 있었던 것은 아니다. 다만 도형徒刑 이상의 형벌을 과하려는 절차와 그렇지 않은 절차는 확실히 서로

1 이 글은 일찍이 동양문고(東洋文庫)에서 진행된 「청대의 재판에 나타난 가족법」이라는 다소 부적절한 제목의 강연을 위해 서술한 것을 발전시킨 것이다. 강연요지는 『東洋文庫書報』 7에 게재되어 있다.

성격을 달리하고 있었다.[2] 전자의 경우 주현 단계에서는 판결을 입안할 뿐, 사건서류를 피고인의 신병과 함께 상급기관에 보내면 소정의 복심覆審을 거쳐 판결이 정해진다. 판결은 엄격하게 법률에 의거하고 선례를 참조하여 도출된다. 필요에 따라 황제의 권위에 의해 미세한 수정이 가해질 수 있는데, 그러한 미세 수정이 다시 선례가 되고 나아가 종종 법률의 새로운 조문이 되어 정착한다. 몇 단계나 상급자의 비판의 눈을 견딜 수 있도록 주현의 입안은 주도면밀함을 요했고, 여기서 과오를 범하면 징계처분의 대상이 되어 근무평정상에 실점을 기록하게 된다. 이상을 좁은 의미의 형사절차라고 불러도 좋을 것이다.[3]

반면, 도형 이상의 형벌 문제를 포함하지 않는—혹은 포함하고 있더라도 정식으로 문제삼지 않는— 안건은 주현의 재판에만 맡겨진다. 이를 주현의 자리사송自理詞訟이라 칭하고, 상급기관은 당사자의 상소가 있을 때에만 개입하였다. 그 절차는 흡사 일본의 태평양전쟁시기를 전후한 경찰의 위경죄즉결違警罪卽決, 또는 미죄처분微罪處分의 기능과, 분쟁 '상담'이란 이름 아래 행해진 민사조정적 기능이 혼연일체가 되어 당당히 제도화되어 있던 것으로 성격을 규정할 수 있다. 재판관인 지주 · 지현은 양 당사자 및 관계자

---

2 청대 당시의 사람이 이 구별을 확실하게 의식하고 있었음은, 예를 들면 다음의 글로 알 수 있다. "그러나 주현의 옥사들을 판결할 때, 성단(城旦)(도형(徒刑)의 아칭) 이상은, 법으로서 군수(郡守)(지부(知府)의 아칭)가 심사해 전하여 안찰사에 달한다. 외성(外省)에는 독무가 있어 그 성과를 고찰하고, 경사(京師)에는 삼법사(三法司)가 있어 법을 가지고 그 이후를 논의한다. 적어도 사람이 매우 불초하지 않다면, 결코 감히 가벼운 마음으로 종사하는 자는 없다. 그러나 자리사송(自理詞訟)에 이르러서는 문법(文法)(법률)이 서로 얽힌 것이 없고 다만 이익과 욕심이 유혹하는 것이 있다. 또한, 정치하고 상세하여도 그에 따라 상고(上考)(고위의 근무평정)에 오르지 않고, 잡다하고 어지러워도 그에 따라 탄장(彈章)(탄핵)에 오르지 않는다. 이 때문에 금당(琴堂)(현(縣) 아문)의 소송서류 태반은 먼지투성이가 된다(然州縣斷擬庶獄, 自城旦以上, 例由郡守審轉, 以達於臬司. 外有督撫考其成, 內有三法司, 執法以議其後. 其人苟非甚不肖, 斷無敢輕心以從事者. 獨至自理詞訟, 則幷無文法之相繩, 惟有利欲之是誘. 且也, 精詳者無由登上考, 踳駁者無由列彈章. 是以琴堂訟牘, 大半塵封)"(『府判錄存』「朱爲弼序」).

3 자세히는 이 책 제1장을 참조.

· 증인 등으로부터 사정을 청취하고 서로 대결을 시키고 문서증거와 물적 증거를 조사하여 사안의 사실관계를 파악해 나간다. 그때 오늘날 법원에서 행해지듯이 자유심증주의自由心證主義에 기초하여 일방적으로 사실판정을 내리지는 않고, 온갖 수단을 다하여 당사자의 인정을 얻는 데 힘썼다. 즉, 거짓을 주장하고 있다고 점찍은 당사자나 증인, 위조 · 변조로 추정되는 문서증거의 제출자에 대해, 진술의 모순을 지적하고 반대증거를 들이밀어 반박할 말이 없는 상태로 몰아넣는 수법이 취해진다.[3a] 이리하여 형성된 사실 인식에 기초하여 내려지는 재판의 결론 또한 일방적 선고에 의해 발효하는 것이 아니라, 당사자의 수락을 구하고 또 압박하는 것이었다. 각 당사자가 '준의결장遵依結狀'이라 칭하는 서약서를 제출하여 재정裁定을 수락하는 것으로 비로소 한 사건이 낙착된다. 그러나 그것은 일단의 낙착이고, 상소 · 재소의 길은 이론적으로는 무한하게 열려있었다. 재판관은 신병의 구속이나 관례상 용인되는 모종의 체벌 등 자신의 권한에 있는 강제력을 발동했다. 그것은 부채가 있는 당사자를 징치하여 상대방을 만족시키는 의미를 가지는 일도 있는가 하면, 재정의 수락을 압박하는 위협으로서도 기능했다. 이러한 강제력의 발동과, 세상의 도리와 대국적으로 본 이해득실을 알아듣게 타이르는 권유와 교도라는, 양쪽의 수단을 구사하여 사건의 낙착을 지향하였다. 즉, 조정적 색채가 강한 재판이며, D. F. 헨더슨 씨의 말을 빌리면 교유적 조정didactic conciliation이었다고 말할 수 있다. 여기서는 사건마다 판단

3a 이것은 판어류 자료를 몇 건 읽으면 피부로 느낄 수 있다. 예를 들면 이 책 p.407 이하 구황(邱煌)의 판어를 통해 독자도 그것을 알 수 있을 것이다. 또한 그때, 유력한 증거가 있는 사실을 완고하게 부인하거나, 또는 허위의 의심의 짙은 사실을 완고하게 주장하며 승복하지 않는 당사자에게 고문적인 수단이 사용된 일도 있었다. 『府判錄存』 권1, 52b의 금전채무 사안을 보자. 채무자 진유(陳瑜)는 채권자가 근거로 삼는 장부가 잘못되었다고 주장하였으나, 세 사람의 증인이 틀림없다고 말하였다. "그 때문에 진유는 여러 차례 형책을 받는 데 이르렀으나 완고하게 승복하지 않고 부(府)에 가서 상소하였다(以致陳瑜屢受刑責, 堅不輸服, 赴府申訴)"는 것이 그 한 예이다.

의 적부適否를 근무평정에서 따지는 일은 없다. '청송聽訟'이란 대체로 이 절차영역을 가리키는 말이었다.[4]

한편 좁은 의미의 형사절차가 언제부터 개시하는지는 일정하지 않다. 사건의 발단에서부터 이미 형사절차로 나아갈 것으로 가늠이 되고 그렇게 진행되는 안건도 있었을 것이고, 청송의 과정에서 사건 전체 또는 사건에서 어떤 요소만을 형사절차로 옮길 필요를 느끼는 일도 있다. 재판관이 그것을 판단한 시점에서 형사절차가 시작되고 조서의 작성방식도 변하게 된다. 이론적으로 말하면 청송의 결심結審 시점까지도 형사절차로 이행할 가능성이 있었다.[5]

이상과 같은 소송제도 가운데 이 글은 오직 청송의 장을 시야에 두기로 한다.

2.

재판을 포함하여 일반적인 민정民政에 관한 청대의 사료문헌을 어느 정도 훑어보면, 당시의 인사들이 공무의 처리에서 자신의 판단 지침으로 생각하고, 기회가 있을 때 입에 담는 말 중에 '법法', '리理', '정情'의 세 가지가 있었음을 알게 된다. 세 가지에 각각 글자를 덧씌워 그 함의를 천명하면, '국법國法'(또는 '국가율법國家律法', '국법왕장國法王章' 등), '천리天理', '인정人情'이 된다. 예를 들면 청대 초기의 탕빈湯斌은 관직에 있는 사람의 마음가

4 자세히는 이 책 제3장, 특히 제3절 p.295 이하를 참조. 거기에서 헨더슨이 말하는 의미도 소개하였다. 여기서 차용하는 것은 헨더슨의 용어이지 중국의 상황에 관한 그의 견해 그 자체는 아니다. 중국의 민간에서 행해진 조정을 교유적 조정이라고 하는 시각에 필자는 결코 찬동하지 않는다.

5 이것은 필자로서는 처음 발언하는 것이고 사료적 뒷받침은 훗날을 기약한다.

짐을 설명하며 아래와 같이 말했다.

> 유자儒者는 리理를 믿지 않는 것을 걱정하지 않는다. 걱정하는 것은 지나치게 믿는 것에 있다. 그러나 법을 사용하는 것이 지나치게 엄한 것 역시 하나의 병이다. 천지 간에 법과 정리情理의 두 자가 원래부터 나란히 행해져 어그러지지 않았다. 만약 관사官司로서 직분을 다하지 못하는 자가 있는데, 관대하게 용서하여 해害를 배태하는 것은 본디 불가하다. 그렇다고 이를 지나치게 미워하여 반드시 중죄重罪를 가하여 목숨을 잃고 일족이 흩어지는 데 이르게 하는 것 또한 불인不忍이니, 인술仁術이 있어야 한다. 그 죄를 가볍게 하여 그로 하여금 일찍부터 멀리하게 하면, 나 역시 잔혹으로 흐르지 않으니, 민은 이미 그 해를 벗어날 것이다.
>
> 儒者不患不信理, 患在信之過. 而用法過嚴者, 亦是一病. 天地間, 法情理二字, 原並行不悖. 如官司有弗稱職者, 若優容貽害固不可. 必嫉之過而加以重罪, 至隕命析産亦不忍, 有仁術焉. 輕其罪使之蚤去, 則我亦不流於殘, 而民已除其害矣.[6]

관이 느슨하게 대처하여 악이 횡행하도록 허용하는 것은 좋지 않지만, 단속이 너무 엄하여 희생자를 많이 만드는 것 또한 인자仁者가 할 만한 일은 아니라는 것이다. 이 교훈을, "천지 간에 법과 정리情理의 두 자(법 · 정 · 리 세 자의 오타인가)가 원래부터 나란히 행해져 어그러지지 않았다"는 일반적 명제로 기초짓고 있다. 광서연간 섬서성 포정사布政使였던 번증상樊增祥은 당시 함녕咸寧 · 장안長安의 두 현에서 형벌제도 근대화의 일환으로 시작된 습예소習藝所(교도소)의 설치와 운영을 위해 번고藩庫, 즉 성의 회계에서 지출을 요청한 신청서를 각하하면서 아래와 같이 말하였다.

> 심사해보니, 외현外縣 모두 감금된 죄범監犯에게 습예習藝(기능교육)하게 함에 일

---

6 『學斯錄』 권1, 14a.

찍이 포정사고에서 경비를 신청한 자는 없었다. 함녕 · 장안 두 현의 죄범이 어찌 유독 이처럼 돈을 들일 가치가 있겠는가. 나라의 경제에는 상규가 있고 창고에 저장된 것은 멋대로 쓰지 못한다. 정, 리, 그리고 법의 삼자 어느 것에 비춰봐도 설명되지 않는다 . 포정사고에서 어찌 감히 이러한 근거없는 경비를 지출하여 이를 죄있는 사람에 주겠는가. 스스로 두 현과 더불어 상의하고 계획하게 하라. 포정사는 관여하지 않는다.

查外縣皆令監犯習芸, 從無在司庫請款者. 彼咸 · 長兩縣之罪犯, 何獨如是之值錢耶. 國計有常, 庫儲不易. 情理與法, 三者皆講不去. 司庫何敢出此無名之費, 畀諸有罪之人. 仰自與兩縣籌商. 本司不管.[7]

여기서 "정, 리, 그리고 법의 삼자 어느 것에 비춰봐도 설명되지 않는다"라고 단정하고 있는 것도, 이들이 명료하게 삼자로 불리고 있는 예로서 주목된다. 형법의 적용을 둘러싸고도 이 삼자가 고려된다. 가경연간 대명부大名府 지부로 재임한 장오위張五緯는 어떤 소송에 대해 쓴 비批에서 자신이 어떻게 청송에 마음을 다하는지 설명하며 다음과 같이 말했다.

원죄冤罪를 입어 원한을 품은 자의 소장에 대해, 본 지부는 일찍이 번거로움을 마다하지 않고 수고를 두려워하지 않았다. 어떤 사건은 법을 집행하여 흉폭함을 없앴고, 어떤 사건은 상세하게 사정을 물었다. 또 어떤 사건은 어리석고 몽매한 일시의 잘못을 개도開導하여 양 당사자로 하여금 오랫동안 화목하게 하여, 소송사건을 통해 오랫동안 갈등을 끊기게 했다. 어떤 사건은, 조사해보니 리로 관대해서는 안 되고, 정으로 용납해서는 안 되며, 법으로도 용서해서는 안 되었으므로, 곧바로 법에 따라 징치하여, 이로써 어리석고 완고한 자에게 경계를 나타내었다.

負屈含寃者之呈訴, 本府從不憚煩畏勞. 或一事執法除暴, 或一事委曲原情. 或一

---

7 『樊山政書』 권17, 6b.

事開導愚蒙一時之誤, 使兩造永歸和好, 俾訟案永斷葛藤. 或一事訊係理不可寬, 情不可容, 法不可貸, 立予照例究治, 藉以示警愚頑.[8]

리와 정과 법, 어느 면에서 봐도 악질이고 참작의 여지가 없다고 생각될 때 비로소 "조례구치照例究治", 즉 정규의 형사사건으로서 엄정하게 형법을 적용하는 것이라고 말한다. 장오위는 또한 다른 글에서, 타인에게 구타당한 원한을 부주의하게 늙은 부친에 말하여, 화가 난 부친과 함께 복수하러 나가 부친이 상해사건을 일으키는 계기를 만든 아들의 행위를 질책하며 말했다.

이는 천리 · 인정 · 국법에 비춰 헤아려 실로 죄를 벗어날 수 없는 것이다.
揆諸天理 · 人情 · 國法, 實屬罪無可逭.[9]

같은 표현은 형안刑案에서도 나타난다. 건륭8년 7월, 형부가 칙지를 받아서 박회駁回한 한 사건을 보자.

심사해보니, 이 안건은 유원희劉元熙 · 유원조劉元照가 상의하여 포제胞弟 유만자劉滿仔를 살해하려 꾀한 것이 발단이 되었다. 그 때문에 그들의 부친 유기영劉奇英 · 모친 이씨李氏가 함께 유방통劉方通 · 이세순李世順에 의해 즉시 살해되는 데 이르렀다. 유원희 등은 잔혹하고도 비인간적이어서, 사전에 관에 신고하여 신원伸冤하려 하지 않았고, 사후에 감히 시신을 들쳐메고 가서 버려 묻었다. 그 역악逆惡의 죄만으로도, '천리天理'와 '인정人情'이 용서하지 않는 바인데, 또한 어찌 '국법왕장國法王章'이 조금이라도 용서할 만하겠는가. 해당 순무巡撫는, 율에 인용할만한

8 『講求共濟錄』批詞, 2b.
9 『講求共濟錄』示諭, 2b.

조항이 없다 하여 유원희는 겨우 자손으로서 조부모 · 부모의 시체를 훼손하고 유기한 율에 비춰 참감후로 의죄擬罪하고, 유원조는 종범으로 하는 율에 따라 유형으로 의죄하였다. 이는 죄정과 죄목이 어울리지 않는 것이다.

查此案劉元熙 · 劉元照商同謀殺胞弟劉滿仔起衅, 以致伊父劉奇英 · 母李氏俱被劉方通 · 李世順立時殺死. 乃劉元熙等忍心滅性, 既不首告伸寃于前, 復敢擡屍棄埋于後. 其逆惡之罪, 已爲天理 · 人情所不容, 又豈國法王章可少貸. 該撫以律無正條可以引用, 僅將劉元熙比照子孫毁棄祖父母父母身屍律, 擬斬監候, 劉元照依爲從律擬流. 情罪未協.[10]

판어判語에서 예를 찾으면, 도광말년 강서성 파양현鄱陽縣에서 내린 심연경沈衍慶의 판어에서 그 서두를 아래와 같이 쓰고 있다.

무릇 듣자하니, 부자 · 부부는 모두 대륜大倫에 있어 중하다. 국법과 인정은 반드시 천리天理에 부합해야 한다.

蓋聞父子夫婦, 並重於大倫. 國法人情, 必衷諸天理.[11]

이는 혼약 중의 양가 사이에서 투구鬪毆 사건이 일어나 소송이 되어 그 자체는 해결되었지만, 여자 쪽 집안은 앙심을 품고 혼약을 파기하려 한 반면, 남자 쪽 집안은 그것을 허용하지 않은 것에서 발생한 소송이다. 여자 쪽을 설득하려 해도 듣지 않으니, 여성의 부친은 만약 가마를 들이면 딸은 그날 중에 자살할 것이라 말하고, 여자 또한 설사 평생 시집가지 않는 한이 있더

10 雅爾哈善, 『成案彙編』 권16, 91b. 동생이 절도를 범했다 하여 형 두 명이 목매달아 죽였다. 이를 본 부친이 화를 내며 도끼로 내려치려는 것을 제3자가 막으려 하여 서로 밀고당기는 가운데 잘못하여 부친과 모친을 죽였다. 부모의 시체를 구덩이에 묻었으나 동생이 나중에 소생하였다는 기묘한 사안이다.

11 『槐卿政蹟』 권16, 19b〔受禮賴婚事〕.

라도 아버지의 원수에게는 시집갈 수 없다고 하며 끝까지 버텼다. 심연경은 여자는 평생 아버지의 집에 있으며 정절을 지키고, 남자는 아내를 맞아서는 안 되며 첩을 맞는 것이 나을 것이라는 재정을 내렸다. 아울러 "이와 같은 한번의 변통으로 여러 도리가 서로 맺어지니, 정과 법을 모두 다 해낸 것 같다如此一變通間, 庶倫紀足以相維, 而情法似覺兼盡"라 말한다. 즉, 서두의 말은, 투구사건 정도로는 혼약의 해소를 인정하지 않는다는 국법의 입장과, 싫어하는 자와 억지로 혼인할 수 없다는 인정의 요청을, 천리에 따라 절충한다는 의미를 갖게 된다.[12]

옹정연간의 명사名士 서사림徐士林이 안휘성 안경부安慶府 및 복건성 정장도汀漳道에서 작성해 내린 판어를 모은 『서우봉중승감어徐雨峰中丞勘語』라는 책이 있다. 광서24년(1898) 이를 복각할 때 서문을 쓴 이조년李祖年은 서사림이 재판하는 태도를 기려 아래와 같이 쓰고 있다.

> 이 책을 보면, 한 사건의 관건을 쥐고서 여러 사람의 같고 다름을 명확히 하며, 시비의 지당함을 갖고 판결한다. 천리로 헤아려도 편안하고, 인정으로 생각해보아도 들어맞으며, 국가의 율법과 견주어도 조금도 더하고 덜함이 없다. 아, 이 얼마나 신묘한가.
> 乃觀是書, 握一獄之關鍵, 晰衆口之異同, 而折以是非之至當. 揆之天理而安, 推之人情而準, 比之國家律法, 而無毫釐之出入. 吁, 何其神也.

천리를 생각해도 불안이 없고, 인정을 생각해도 균형잡혀 있으며, 국가의 법률에도 잘 맞고 있어, 삼자 어느 쪽에서 생각해도 무리가 없는 것을 재

12 다만 일종의 수사이므로, 어느 정도 정확한 개념조작인지는 문제 삼지 않도록 하자. 판결은 여자에게 엄격한 것처럼 보이는데, 이렇게 해두면 결국 어느 쪽인가가 굽혀서 원만하게 해결될 것이라고 전망하고 있었을 것이다.

판의 요체로 여기고 있었음을 알 수 있다. 이상을 보면, 이 삼자야말로 청송의 현장에서 이 글에서 말하는 의미의 법원法源이었다고 짐작하여도 우선 틀리지는 않을 것이다.[13]

한편 전후 대만의 법학잡지에 이 삼자를 논제로 한 수상록 풍의 짧은 글이 몇 편 보이는 것도 흥미롭다. 논지는 제각각이지만, 어느 것이나 사물의 시비곡직을 가늠하는 세 종류의 척도로서 인정 · 천리 · 국법을 말하는 전통적인 사고가 현대에도 의미를 잃지 않는다는 견지에서, 현대에의 적용 방식을 논한다.[13a] 또한, 로스코 · 파운드 기념논문집에 기고된 차오원옌曹文彦 씨의 논문은 이렇게 쓰고 있다.

> 분쟁의 해결에서 먼저 정(human sentiment)에 의거하고, 다음으로 리(reason)에 의거하며, 마지막으로 법(law)에 의거하는 것이 중국인의 예로부터의 전통이다.

나아가 『형안회람』, 『명공서판청명집名公書判清明集』, 『당음비사棠陰比事』, 『백씨장경집白氏長慶集』 등의 재판사례를 인용하여 정과 리의 작용을 설명한다.[13b] 이들 현대 중국의 법학자의 말에 의하더라도 전술한 짐작이 틀리지 않았음이 뒷받침된다고 할 것이다.

---

13 方大湜, 『平平言』 권4 〔禁幼女出家爲尼〕 51b에도 자신이 내린 어떤 행정조치를 자찬하여 "천리를 논하고 국법을 논하고 인정을 논하여도 모두 이처럼 해야 한다(論天理, 論國法, 論人情, 均應如此)"라 말한다.

13a 陳顧遠, 「〔法務漫談〕 天理, 國法, 人情」, 『法令月刊』 6-11, 1955, pp.287-289; 史延程, 「天理, 國法, 人情之解說」, 『法學叢刊』 5, 1957, pp.12-13; 「〔社論〕 國法, 人情, 天理」, 『法律評論』 32-5, 1966, pp.1-3.

13b Wen-yen Tsao, "Equity in Chinese Customary Law", in *Essays in Jurisprudence in Honor of Roscoe Pound*, Bobbsmerrill, 1962, pp.21-43. 이 책의 교정 중에야 이 논고의 존재를 알게 된 것은 필자의 태만함이었다.

3.

'법', '국법'이 무엇인가에 대해서는 특별히 설명이 필요하지 않다. 그것은 국가의 제정법이다. 사실, 판어에서 자주 법이 인용, 참조되고 있다.[14] "율에 실려있기를律載", "조례에 실려있기를例載"이라고 전치하고 조문의 일부나 전부를 원문대로 인용하는 것이 가장 명확한 방법이며, 그 예는 일일이 셀 수 없을 정도이다. 하지만 또한 "만약 남편이 도망하여 돌아오지 않으면, 법에 따라 관에 알려 개가하는 것을 승인한다若其夫逃亡不還, 例准告官改嫁",[15] "무릇 재산은 반드시 관이 승인한 계약서로써 하고, 가보家譜는 법에서 빙거로 삼지 않는다夫管業必以印契, 家譜例不爲憑",[16] "또한 해당 여인은 분명히 남편이 있음에도 숨기고 이름을 대지 않는다. 굳이 부녀를 소송의 주체로 하는 것 역시 법으로 금한 바이다且該氏明有丈夫, 匿不出名. 胆以婦女主訟, 尤干例禁"[17] 등과 같이 법의 취지를 취하거나 암시하는 문체를 사용하는 경우도 있다. "여자가 후계 없는 재산을 취득하는 것은 이치상 당연하다. 어머니가 재산을 딸의 혼수로 주는 것은 법에서 금하지 않는 바이다女得絶産, 理之當然. 母以産陪嫁, 例所不禁",[18] "처를 내쫓을 경우 법에서는 대귀大歸(친정에 복귀하는 것)하게 하고 있다. 관에 고하여 돈을 받고 다른 곳에 시집보낸다는 내용은 전혀 없다出妻例令大歸. 並無告官嫁賣之文"[19] 등은 규정이 없다는 측면에서 역시 법을 참조하고 있는 예이다. 위에서 "법에 따라" 등으

---

14 판어에 관해서는 이 책 제3장 제1절을 참조. 이하에서는 "비(批)"와 "판(判)"을 모아 사료로 한다.

15 『槐卿政蹟』 권4, 11b. 여기서 '예(例)'란, 『대청율례』〔出妻〕조례2를 가리킨다.

16 『槐卿政蹟』 권6, 19a. 여기서 '예(例)'란, 『대청율례』〔盜賣田宅〕조례8을 가리킨다.

17 董沛, 『吳平贅言』 권1, 6b. 여기서 '예금(例禁)'이란 『대청율례』〔越訴〕조례7을 가리킨다고 생각된다.

18 『講求共濟錄』 批詞, 65a.

19 鍾體志, 『柴桑傭錄』 권2, 5a.

로 풀이한 '예例', 그리고 '예금例禁', '정례定例' 등의 숙어가 국가의 법규를 말할 때 즐겨 사용되는 말이다. 이처럼 판어에서 국법의 인용, 참조 사례를 어느 정도 광범위하게 골라내어 살펴본 종합적 소견으로 다음과 같이 말할 수 있다고 생각된다.

첫째, 모든 또는 대다수 안건에서 국법이 인용·참조되고 있는 것은 결코 아니다. 국법을 언급하지 않고 결론을 내는 안건의 수가 더 많다. 주지하다시피 민사의 법원이 될 수 있는 국법의 조문은 수가 극히 적다. 또한 후술할 것처럼, 청송에서 주현자리의 범위에 들어가는 경죄에 관해서는 새삼스레 율문에 비기지 않는 것이 보통이었으므로 이는 당연한 일이다.

둘째, 판어判語에서 인용·참조되는 국법이란, 구체적으로 말하면, 대체로 『대청율례大淸律例』라는 단 하나의 법전에 한정된다.[19a] 청조에는 『대청회전大淸會典』, 『회전사례會典事例』를 비롯하여 각부의 『칙례則例』 등등 법제적인 편찬물이 다수 있었지만, 그것이 명확히 인용·참조되고 있는 것은 판어 속에서 거의 찾을 수 없다.[20] 다만, 어떤 특수 사항에 관해 만들어진 단행법單行法이 인용·참조된 경우가 없지는 않다. 예를 들어, 이하가 그 예이다.

> 옹정4년 유지諭旨를 받았다. "잃은 지 오래된 토지를 둘러싸고 일체 증거가 없이 제기된 소송은 해당 아문이 모두 폐기하라."
>
> 欽遵雍正四年諭旨, 年久被失之地, 所有無憑詞告, 該衙門俱行註銷.[21]

> 물이 넘쳐 새롭게 생긴 땅은 모두 건륭57년 의논해 정한 발보撥補(과거에 토지를

19a 대청율례에 대한 적당한 해설로는 滋賀秀三, 「清朝の法制」, 坂野正高 등 엮음, 『近代中國研究入門』, 東京大學出版會, 1974를 참조하라.

20 도부(道府) 레벨의 판어에서 관원에 대한 처치로서 『육부처분칙례』를 인용하는 예는 있다(『徐雨峰中丞勘語』 권3, 18a〔徐天禧揑造文冊案〕).

21 董沛, 『汝東判語』 권2, 4a.

유실한 자에게 새로 생긴 땅을 지분에 따라 지급하는 것)의 규정에 따라 각각의 호號(지구地區)에 귀속시키고, 업호業戶에게 주어 수령 · 경작하게 한다.

所有新漲地畝, 着援照乾隆五十七年議定撥補之例, 各歸各號, 撥給業戶領種.[22]

조사해보니, 건륭35년의 정례定例에 "전典계약도 (회속回贖하지 않고 10년을 경과했다면, 그 시점에서 매매계약과 마찬가지로) 계세契稅를 납부하게 하라"라고 되어 있다. 또한 선후국善後局(지방 차원에서 설치한 토지정리사무국)의 새로운 규정에도 "무릇 승承 · 당當 · 병倂 · 발撥 등 (명칭은 달라도 결국 토지를 인도하는 내용의) 각종의 계약은 토지, 가옥의 매매와 마찬가지로 한결같이 계세를 징수하라" 하고 있다.

查乾隆三十五年定例, 典契十年以外補稅. 又善後局新章, 凡承當倂撥各約據, 照買賣田房, 一律納稅.[23]

지방의 제례 등을 개최하는 경우, 기독교인에게는 비용 분담을 면제한다. 이는 이전에 총리각국사무아문總理各國事務衙門으로부터 각 성省에 통달하여 취지를 철저히 한 바로서, 기록에 수록되어 있다.

迎神賽會等項, 教民免其派費. 前經總理衙門, 通行直省曉諭在案.[24]

기실 위 사례들이 필자가 지금까지 찾아낸 모든 것으로 그 빈도는 극히

---

22 李鈞, 『判語錄存』 권3, 4a.

23 熊賓, 『三邑治略』 권5, 3b. 이 건륭연간의 정례(定例)는 대청율례 각종 사판본(私版本)의 戶律 · 田宅〔典買田宅〕의 상란에 동일한 문장으로 나타난다. 당연히 어떤 긴 문건이 축약된 것이지만, 원 문건을 필자는 아직 찾아내지 못했다. 웅빈(熊賓) 자신도 율례의 사판본에서 인용했을 뿐일 것이다. 『三邑治略』 권5, 15a에도 "비록 정례에 10년이 지나면 보충하여 계세하는 조항이 있지만(雖定例有十年以外補稅一條)"이라 한다. 인용한 사료와 같은 것이다.

24 『汝東判語』 권3, 12b.

낫다 할 것이다.[25] 그 외에 지방의 정례定例—편찬되면 『성례省例』가 된다—를 인용하고 있는 것도 조금 보인다.[26] 다른 한편, 하나하나 조문에 대응하지는 않아도, 관원의 상식상 머릿속에 있는 행정관례를 '예例'라는 단어로 말하고 있는 경우도 적지 않다고 생각된다.[27] 필자가 놓쳤거나 조사가 부족한 것도 물론 있겠지만, 대체로, 오늘날의 육법전서에 해당한다고 할 『대청율례』는 민民의 송사를 듣는 이의 참고용으로서, 기본적으로는 대략 그만큼의 용도로 족했으리라 생각된다. 당시의 법전이 대부분 오늘날 전해지지 않기 때문이기는 할지라도, 남송의 판어집인 『명공서판청명집』에서는 다른 곳에서는 알 수 없는 적지 않은 분량의 중요한 민사적 법규를 수집할 수

---

25 또한, 『汝東判語』 권2, 5a〔王啓等呈詞判〕에서 "건륭40년 황제의 특지를 받드니, 독자가 양 방(房)의 후계를 잇는 것을 허락한다(乾隆四十年欽遵高宗特旨, 准以獨子兼承兩房宗祧)"라고 하였는데, 이것은 내용적으로 『대청율례』〔立嫡子違法〕 조례5에 흡수되어 있다. 강희58-60년의 판어인 戴兆佳, 『天台治略』에는 "본디 응당 신례에 따라 책임을 물어 의죄해야 한다(本應接照新例究擬)" 등 신례(新例)라는 말이 나온다(권3, 22b, 32a). 이는 강희연간에 빈번하게 발생한 새로운 조례를 가리킨다. 옹정연간에 정리되어 이윽고 대청율례로 정착하였다.

26 『汝東判語』 권3, 1a〔曾正秀等呈詞判〕에 "예(例)에 실려있기를, 군호(軍戶)가 민전(民田)을 사는 것을 허락하되 마찬가지로 등기하여 세량을 낸다(例載, 軍戶准買民田, 一律過割完糧)"라고 있다. 이것은 같은 책의 다음 안건〔曾正秀等續呈判〕에서 "군호가 스스로 민전을 소유함에 일률적으로 계약세를 거둔다. 이미 라(羅) 전임이 보고하여 포정사의 지시를 받았으니, 정례에 비추어 상문(詳文)하여 순무의 비칙을 받아 통행하라 했다(軍戶自置民田, 一律稅契. 業經羅前任稟奉藩憲, 查照定例, 詳蒙撫憲批飭通行)"(권3, 2b)라고 하고 있어, 강서성의 입법임을 알 수 있다. 마찬가지로 董沛, 『晦闇齋筆語』 권1, 2a〔熊申階等呈詞判〕에 보이는 것도 아마도 같은 것일 것이다. "예(例)에 실려있기를, 물이 넘쳐 모래가 쌓인 토지는 반드시 한 무(畝)씩 직접 밟아 조사하고, 한 무씩 시험하여 파 보아야 한다. 만약 진흙이 쌓인 것이 두텁지 않은데 아직 복구하지 않았다면, 게으르고 불량한 백성이 고의로 황폐하게 한 허물이 있다. 만약 진흙이 쌓인 것이 실제로 깊다면, 상세히 보고하여 면세를 청한다(例載, 水沖沙壅田地, 必須逐畝履勘, 逐畝試掘. 如淤積不厚, 未能挑復, 卽干游惰莠民, 有心荒蕪之咎. 如或淤積果深, 詳請豁免)."

27 예를 들어 『汝東判語』 권2, 18b "절도안건은 전리(典史)가 예(例)로 조사해 다스린다(竊盜之案, 典史例得查究)"; 『講求共濟錄』 堂斷, 21b, "생각해보니, 민간에서 부모가 있으면 그 아들이 멋대로 하지 못한다. 까닭에 매매가 그 부모에게서 유래하지 않으면, 몰래 팔거나 몰래 사는 것이니, 범행이 무겁게 처벌되어야 한다. 이것이 정례(定例)이다(查民間有父母者, 其子不得自專. 故凡買賣不由其親, 卽爲盜買盜賣, 犯必重究. 此定例也)" 등.

있다. 그러나 청대의 판어에 같은 기대를 거는 것은 헛된 일이다.[28]

청대의 '형안'류 서적에 수록된 형사안건에서는 의율擬律의 적부—바꿔 말하면 양형의 타당성—를 둘러싼 논의에서 성안成案, 즉 판례가 높은 빈도로 인용·참조된다. 이와 반대로, 판어 속에서 사안의 민사적 처리와 관련하여 어떤 재판의 전례가 인용·참조되는 일은 전무에 가깝다. 강서성 각지에서 지현을 역임한 동패董沛가 내린 광서초년의 판어를 보자. 이것은 자식 없이 사망한 동생의 후사로 과부가 종질從姪(고인의 종형제의 아들)을 입사立嗣한 것에 불만을 품고, 형이 자기 아들을 후사로 세워야 한다고 제소한 소장을 각하한 '비批'이다.

> 함풍연간에 상음현湘陰縣의 부장副將 주청원周淸元이 전사하였다. 그의 처 유씨柳氏는 이미 당질堂姪 계웅繼熊을 후사로 세워 아들로 삼았다. 그 후, 주남정周南汀이 그 형의 아들을 후사로 세우고자 하여 그와 쟁송하였다. 호북순무 호문충胡文忠공이 해당 지현에 비칙批飭하여 즉시 주남정을 엄하게 징처懲處하였다. 이것이 구안舊案이다. … 예例 가운데 의거할 만한 것이 있고, 안案 가운데 원용할 만한 것이 있다. 법에 따라 징치하여 풍속을 바로 잡는다 해도 또한 무엇을 아낄 것인가.
> 咸豊中湘陰縣副將周淸元陣亡. 其妻柳氏已立堂姪繼熊爲子. 其後周南汀欲伊兄子入嗣, 與之争訟. 鄂撫胡文忠公批飭該縣, 立將周南汀嚴行懲處. 此舊案也. … 有例可據, 有案可援. 卽使依法懲治, 以正風化, 亦何所惜.

---

28 청명집에서 당시의 법규를 수집하는 일은 二井田陞, 「清明集戸婚門の研究」, 『中國法制史研究(法と慣習・法と道德)』, 東京大學出版會, 1964에서 행해진 외에, 徐道隣, 「宋律佚文輯註—摘自名公書判淸明集」, 『中國法制史論集』, 志文出版社, 1975과 같은 전문적인 논고도 있다. 두 시대의 판어를 함께 보면, 송대 쪽이 청대의 그것보다도 민사적 법규의 내용이 풍부했다는 인상을 금할 수 없다. 이에 대한 분석적인 연구는 다른 기회로 넘기지 않을 수 없다.

이 정도가 조금 주목되는 정도이다.[29] 관원 사이에서 스스로 재판에 관한 정보나 경험이 교환되는 것은 분명 있었다.[30] 어느 정도 세간의 통념과 같은 것이 형성되어 있었다 해도, 확립된 판례법이 발생할 수 있는 밑바탕은 전혀 없었다. 참고로 덧붙이면, 이것에 익숙해진 눈으로 『원전장元典章』을 다시 보면, 민사적 사항에까지 중앙정부에 의해 판례를 통일하려는 지향이 상당히 명확히 인지되는 것에 신선한 놀라움을 느끼게 된다. 이는 똑같이 황제지배체제 중국이란 거대한 틀 안에서 나타나는 시대상의 한 추이로 주목할 수 있다.[31] 요컨대, 우리가 『대청율례』를 보고, 민사적 법원法源으로서 불비와 애매함을 느낀다면, 그것은 그대로 청대 민사법의 불비·애매함이었다고 생각해도 좋은 것이다.

셋째, 국법이 인용·참조된다는 것은 반드시 재판관이 엄밀하게 법의 문자에 구속된다는 것은 아니다. 우선 국법의 형사적 측면에 대해 말하면, 법에 비추어 도형 이상의 형벌에 해당하는 사건이라도, 협의의 형사절차에 올

---

29 『吳平贅言』 권1, 5b〔彭大受呈詞判〕. 동패(董沛)는 다른 곳에서도 "며느리를 빼앗아 판 안휘와 절강의 성안(略賣子婦皖浙成案)", "가경22년 형부가 박회한 안휘의 성안(嘉慶二十二年部駁皖省成案)", "가경19년 하남의 성안(嘉慶十九年河南成案)"이라고 말하고 있는데(『汝東判語』 권1, 4a; 권2, 5b, 7a), 어느 쪽이든 형안(刑案), 혹은 예부(禮部)의 행정 선례에 속하는 것일 것이다.

30 호학순(胡學醇)의 재판실화집 『問心一隅』에 〔控欠別斷〕이란 제목의 이야기가 있다(권하, 26a). 각지에 십수 개의 지점이 있는 상점에서 이십 여년을 근무한 늙은 지배인이 5백여 량(兩)을 사적으로 쓰고 갚지 않아 제소를 당했다. 노인의 인품이 성실하고 그렇게 해도 이상하지 않은 사정이 있었음을 고려하여, 노인의 다섯 아들을 지점에 고용하고 급료의 반액을 아버지가 사적으로 쓴 돈의 변제에 충당하도록 하는 재정(裁定)을 상점의 젊은 주인이 받아들이게 하여 낙착시켰다. 이를 현명한 재판이라고 칭찬하는 사람에게 호학순은 이렇게 대답했다고 한다. "대수로울 것 없다. 이전에 도대(道臺) 요실보(姚實甫)가 무진현(武進縣) 지현(知縣)으로 있었을 때 부채의 변제를 요구하는 소송으로 이 안건과 대동소이한 것이 있었다. 나는 단지 그 방법을 흉내냈을 뿐이다(無寄也. 昔日姚實甫觀察, 令武進時, 有控欠者, 與此案大同小異. 余特仿其意而行之爾)." 선배의 재판 속에서 옛 지혜를 배운 것이다.

31 본장의 바탕이 되는 원고의 의뢰를 수락했을 때 실은 송원대와 청대의 비교론을 구상하였으나, 착수하고 보니 지면도 시간도 부족했다. 다른 날을 기약할 수밖에 없다.

려 상급기관으로 보내지 않고, 주현의 재량으로 가벼운 징계로 끝내거나 장래를 경고한 후 방면하는 일도 적지 않았다. 이 점에 관해서는 무고죄와 위핍치사죄威逼致死罪를 예로 든 나카무라 시게오中村茂夫 씨의 상세한 연구가 있다.[32]

또한, 율례의 형벌규정 가운데 태 · 장 · 가호까지의 형이 판어에서 정확하게 의율擬律되고 있는 예는 극히 조금밖에 찾아볼 수 없다. 더구나 거의 대부분이 상급기관에서 내려온, 따라서 상급기관으로의 보고를 요하는 안건이다.[33] 한편, 판어 가운데는 가호나 장책杖責(법률에서 말하는 태 · 장. 실제로는 판板이라는 형구로 볼기 · 허벅지를 때린다) 외에 장책掌責(손바닥으로 뺨을 치는 것), 고수심敲手心(계척戒尺이라는 형구로 손등을 치는 것), 벌罰(벌금) 등을 과하는 예가 나타난다. 특히 장책杖責과 장책掌責은 일일이 들 수 없을 정도로 많다. 거의 모든 경우 그 법규상의 근거는 제시되어 있지 않다. 장책掌責 등은 그 이름 자체가 애당초 법규상에는 전혀 나타나지 않는 것이므로, 법적 근거를 제시할 수 있을 리 없다. 지주 · 지현은 지방행정장관으로서 직책 수행상 필요하다면 언제라도 가호 이하의 체벌 같은 강제수단을 발동하는 것이 권한으로 인정되고 있었고, 재판에서도 그것이 이용된 것이다. 가벼운 범죄는 이렇게 처리되어 버리기 때문에 정식으로 의율을 할 필요가 없었다. 그러는 한, 율례의 가호 · 태장의 벌조는 어떤 행위가 경범죄라고 경고하는 의미를 가질 뿐, 형을 양정하는 척도로는 사실상 대체로 쓸모없게 되었다고 보아야

---

32 中村茂夫, 「淸代の判語に見られる法の適用—特に誣告､威逼人致死をめぐって」, 『法政理論(新潟大)』 9-1, 1976.

33 『雅江新政』 看語, 30b〔祝丹徐控曽萬斗案〕은〔侵占他人田宅〕율에 의해 장60이다. 『府判錄存』 권1, 36b〔光十九年八月二十五日奉督憲批一案〕은〔不枉法贓〕에 의해 장70이다. 『誠求錄』 권4, 8b〔報明男命等事〕는 『대청율례』〔誣告〕조례10에 의해 장80이다. 같은 책, 15b〔變計賣餉等事〕는〔重複典賣〕에 의해 태50이다. 같은 책, 23b〔詭佔混斷等事〕는〔盜賣官田〕율에 의해 장1백인 등의 사례를 찾을 수 있는 정도이다. 이것들은 모두 상사비발(上司批發)의 안건이다.

할 것이다.[34] 또한, 율례에 규정된 경범죄 전부가 실제로 체벌의 대상이 되었던 것도 아니고,[35] 법에 규정은 없더라도 아무튼 체벌을 받기 십상인 행위 유형도 발견된다.[36] 무엇을 어떻게 징치할 것인가는 결국 재판관인 지방관의 재량에 따른 것이었다.[37]

국법의 민사적 측면을 보아도 마찬가지이다. 예를 들면, 이중혼약에서 법은 어디까지나 전의 혼약을 유효, 후의 혼약을 무효로 한다. 만약 전 혼약의 남자 쪽 집안이 주장을 양보하지 않는다면, 설령 후의 혼약이 이행되어 성혼에 이르렀을지라도 여자는 도로 전 혼약의 남편에게 돌려보내야 한다고 규정되어 있다. 하지만 실제로는 후약이 이미 현실이 되었음을 인정하여

---

34 물론, 중죄안건에서 종범 등이 가호 이하의 죄에 해당하는 때에는 이 또한 정확하게 의율(擬律)되었고, 상사로부터 형사사건으로 조사를 명받은 사안에서는 모든 범인이 가호 이하인 경우에도 정확하게 의율하여 답신되었다. 『紙上經綸』 권1 「招」에 수록된 안건 가운데 그 예가 보인다(18a〔宦蠹鑲詐等事〕 등). 주현만으로 일이 일단락되는 때는 대개 무용했다는 의미이다.

35 예를 들면 "전택을 전매(典買), 구매함에 세계(稅契)하지 않는 자는 태50이며, 계약한 전택의 가격 절반을 몰수한다(凡典買田宅, 不稅契者, 笞五十. 契內田宅價錢一半入官)"(『대청율례』〔典買田宅律〕) 등의 규정이다. 백계(白契)가 발견된 때는 보세(補稅), 즉 그 시점에서 납세할 것을 명받을 뿐인 것이 보통이다. 극히 드물게 가액의 절반을 관에 몰수하라는 명이 내려진 예는 있지만(『誠求錄』 권4, 32b〔假契夥佔等事〕), 태50이나 기타의 체벌 등을 받은 예는 조금도 보이지 않는다. 『대청율례』〔男女婚姻〕율문, "문득 후회하여 물리면 태50이다. … 만약 (혼약을 맺고서) 다른 사람과의 혼인을 다시 승낙하면, 성혼하지 않아도 장70이다(而輒悔者, 笞五十. … 若再許他人, 未成者, 杖七十)"라는 규정도 마찬가지이다.

36 예를 들어, 엄밀한 의미에서 무고가 아니라도 이치에 맞지 않는 건송(健訟) 행위는 자칫하면 체벌을 받는 경향이 있다.

37 관대한지 엄한지는 재판관의 인품에 따라 달라질 수 있었다. 건륭연간 봉상부(鳳翔府) 지부(知府)였던 강(康) 아무개는 인자한 사람으로, 체벌은 대략 세 번을 쳤을 뿐이어서, "강삼판(康三板)"이란 별명으로 구전되었다(『府判錄存』 권5, 86b). 반대로, 도광연간 직예성 획록현(獲鹿縣)의 지현 감숭경(甘崇敬)은 사람을 보면 즉시 800대를 때린다고 두려워하여 감팔백(甘八百)이라 불렀다(杜超萬, 『宦遊紀略』 권4, 2a). 호학순은 벼 이삭 몇 줌을 훔쳐 베었다가 붙잡혀 관에 넘겨진 도둑을 보통은 한 번 아프게 때리고 끝내지만, 때리는 것보다 가호(枷號)가 좋다고 여겼다. 또한 한 곳에서 10일 동안 가호하는 것보다는 하루에 네 문을 돌아가며 대중에게 보여주는 것이 더 좋다고 생각하여 그렇게 처치하였는데, 이후 훔쳐 베는 일로 발각된 자가 확 줄었다는 경험을 말하고 있다(『問心一隅』 권하〔治小竊〕 10a). 징계의 수단에는 폭넓은 선택의 여지가 있었음을 말해준다.

금전배상으로 문제를 해결하고 있는 예가 적지 않다.[38] 매휴매휴賣休買休(이혼의 매매), 즉 자기의 처를 금전과 맞바꾸어 다른 사람의 처로 하는 행위의 경우, 이를 처벌함과 동시에 그 처는 본 남편으로부터도, 후의 남편으로부터도 떨어져 친정에 돌려보내야 하는 것으로 법은 규정하고 있으나, 정황에 따라 후의 남편과의 관계를 추인追認하여 일을 마무리하는 예도 보인다.[39] 그리고 가산분할을 둘러싼 분쟁의 출소기한出訴期限을 정한 조례 등은 그 존재가 거의 잊혀있었던 것은 아닐까 할 정도이다.[40]

다른 한편, 법의 문언이 요건을 특정하여 규정하고 있는 경우, 반드시 그 특정한 요건에 구속되지 않고, 거기에 담긴 법의 정신을 일반화하여 판단의 기초로 하는 현상도 보인다. 도광연간 섬서성 봉상부鳳翔府 지부知府였던 구

---

38 『徐雨峰中丞勘語』 권4, 60a〔黃氏告黃講等案〕; 『府判錄存』 권3, 98a〔道光二十年三月初二日山西稷山縣民韓四子具控鄜劉吉等一案〕 등.

39 『判語錄存』 권4, 8a〔已賣復訛事〕; 『槐卿政蹟』 권3, 15b〔活割事〕 등. 지방의 주현에서만이 아니라 형부에서도 마찬가지였다. George Jamieson, *Chinese Family and Commercial Law*, Shanghai, 1921, pp.134-135 및 Wen-yen Tsao, "Equity in Chinese Customary Law", pp.35-36에서 번역해놓은 『형안회람』 권7, 25b〔居喪改嫁由母主婚酌免離異〕(가경21년 설첩)는 형부에선 현심(現審)한 사안(이 책 pp.46, 77 참조)이다. 사안을 담당한 강서청리사(江西淸吏司)의 조치를 율례관이 반박하였다(이 점에 관해 Jamieson과 Tsao 모두 오해가 있다). 죽은 남편의 상중에 시어머니가 혼사를 주도하여 개가한 여성을 이혼시켜 돌려보내라고(離異歸宗) 재단한 강서청리사의 조치는 분명히 "율에 비추어 처리한" 것이었다. 하지만, 율례관은 이 건에서는 제반 사정을 고려하여 후의 남편과의 연을 다하는 것이 리(理)에 맞는 것이라고 논한다. 그 맺음말에서 "조사해보니, 우리 형부가 현심(現審)을 처리함에, 가난으로 인해 아내를 파는 경우는 율에서 이혼해야 할 죄를 범한 것이라도, 정상을 참작하여 뒤의 남편에 가서 함께 살도록 단(斷)한 것이 있다. 이는 앞으로 본따 처리해도 좋을 것 같다. 해당 부인을 뒤의 남편 임통신(任統信)에게 주어, 수령해 함께 살도록 한다(査本部辦理現審, 有因貧賣妻, 律干離異, 仍酌情斷歸後夫完聚者. 似可仿照辦理. 將該氏斷給後夫任統信, 領回完聚)"라고 한다. 거상개가(居喪改嫁), 매휴매휴(賣休買休) 모두 율에서 '이혼시킨다'는 규정이 반드시 강행되지는 않았던 것이다.

40 『대청율례』〔典買田宅〕 조례1, "집안의 재산과 토지를 고소해 다투는데 5년 이상이 지났다면 … 거듭 분배하거나 다시 사들이는 것을 허락하지 않는다. 소장을 접수해서 사건으로 해서는 안된다(告爭家財田產, 但係五年之上, … 不許重分再贖. 告詞立案不行)". 판어 가운데 이 조례를 언급한 것이 하나도 보이지 않을뿐더러, 후술할 사례⑫(p.335)와 같이, 5년은 고사하고 36년 후에 소송이 일어나 심리된 예가 있다.

황邱煌의 판어를 보자. 자식 없이 사망한 자의 후사를 둘러싼 동족간의 상속 다툼에서 "모두 후사를 다투는 이들이니 법에 따라 승계를 허락하지 않는다俱係争繼之人, 照例不准承繼"라 하여, 다투는 두 사람을 함께 상속에서 제외하고 제3자를 선정한 예가 있다.[41] "법에 따라"라는 것은 이하의 조례를 가리키고 있음이 명백하다.

> 승계를 다투어 인명사건을 발생시킨 경우, 재산을 다투고 승계를 꾀하는 방분房分(족 내부의 갈래)은 모두 후사를 이음을 허락하지 않는다. 호족戶族(동족)이 별도로 함께 의논하여 계승하도록 해야 한다.
> 因争繼釀人命者, 凡争産謀繼及同争繼之房分, 均不准其繼嗣. 應聽戶族另行公議承立.[42]

첫머리의 "승계를 다투어 인명사건을 발생시킨 경우"라는 한정의 문구는 제쳐두고, 일반적으로 소송까지 하여 진퇴양난에 빠진 경쟁자는 양쪽 모두 승계자격자에서 제외한다는 의미로 활용한 것이다.[43] 도광말년 산동성 박평현博平縣 지현으로 호학순胡學醇이 있을 때, 두행斗行(공인된 곡물상인조합)이 시골의 어느 대가족에 돈적囤積(매점買占) 행위가 있다고 소를 제기하였다. 그는 "간사한 민이 매점하여 기다리는 것은 법으로 명백히 금한 것奸民囤積居奇, 則例有明禁"이라 판단하여 즉시 조사에 나섰다. 그런데 실은 자기 집에서 쓸 용도로 고물을 사서 쟁인 것으로 판명되었으므로, 사는 것은 괜찮지만 팔아서는 안 된다고 판시判示했다.[44] 여기서 "법으로 명백히 금한

---

41 『府判錄存』 권3, 1a〔道光二十年二月初八日薛福凝一案〕. 본건은 같은 책, 권2, 52a〔道光十九年十二月十四日薛福凝等一案〕을 거듭 소송한 것이다.

42 『대청율례』〔立嫡子違法〕조례6.

43 『判語錄存』 권3, 58b〔不爲胞兄立嗣〕에 "소송과 원한이 쌓였다면, 법으로 상속을 허용하지 않는다(積有訟嫌, 例不取繼)"라 한 것도 같다.

44 『問心一隅』 권상, 11a〔斗行公稟〕.

것"이라 하였는데, 짐작되는 것으로 아래의 조례가 있을 뿐이다.

> 오성五城에서 표준가격으로 쌀을 평조平糶할 때, … 각 상점에서 보유한 쌀 · 보리 · 잡곡 등의 재고는 종류별로 160석石을 초과해서는 안 된다. 이 수량을 넘겨 매점 투기를 하는 자는 위제율違制律에 비춰 처벌한다.
>
> 五城平糶米石時, … 各舖戶所存米麦雜糧等項, 每種不得過一百六十石. 逾數囤積居奇者, 照違制律治罪.[45]

오성(북경 성내)에서 평조平糶, 즉 관미官米를 방출하여 판매하는 시기의 경우, 상점이 일정 한도 이상으로 매점하는 것을 금하는 규정이다. 그러한 장소나 시기에 관한 한정이 지방관의 머릿속에서는 빠져 있었던 것이다. 또한, '본리곤산本利滾算'(이자를 원금에 더하여 복리를 얻는 일), '준절지무準折地畝'(대여금의 대물변제로서 토지를 취득하는 일) 모두 '예금例禁'에 저촉되는 행위로 단정한 말이 판어에서 종종 나타난다.[46] 그러나 그것을 직접적으로 규정한 조문은 보이지 않는다. 아마도, '준절지무'는 통상, 매매계약서를 작성시켜 대금을 수령했다고 기입하게 하고는 실제로는 이를 지급하지 않고 대

---

45 『대청율례』〔市司評物價〕조례1.

46 "조사해보니, 이정질(李廷秩)은 채무를 복리로 거듭하여 그 변제로서 토지를 취득하였으니 본디 예금(例禁)을 범한 것이다. 이미 사망한 점을 고려하여 일단은 깊이 추궁하지 않는다(查李廷秩賬債滾利, 準折地畝, 本干例禁. 念已身故, 姑免深究)"(『府判錄存』 권1, 50a); "원금에 이자를 붙여 복리로 불리는 것이 예금을 범한 것임은 물론이고, 부채를 재산으로 환산하는 것 또한 허용되지 않는다(姑無論本利滾算, 有干例禁, 卽賬債折業, 亦屬不應)"(권3, 40a); "원금에 이자를 붙여 복리로 불리는 것이나 빚 대신 토지를 취하는 것은, 향리의 우매한 이들이 예금을 알지 못한 것임을 고려하여(本利滾算, 準折地畝, 姑念鄉愚未諳例禁)"(권3, 50b); "또한 채무를 복리로 하여 원금으로 하고 전당한 토지를 갈음하는 것은 더욱이 예금을 범한 것이다(且以賬債滾利作本, 折典地畝, 更干例禁)"(권4, 68b); "타인에게 빚을 진 것을 장원으로 환산해 갚을 수 없다. 어찌 형제간에 융통했다가 재산을 강점하는 것이 옳겠는가(在他人借貸, 尚不應準折莊田. 豈兄弟通融, 乃反可強踞產業)"(『徐雨峰中丞勘語』 권3, 64a).

금과 빚을 상쇄하는 방법으로 행해지기 때문에, '허전실계虛錢實契'의 금지에 저촉된다는 생각이었을 것이다.[47] 이 자리에서 이 문제를 특별히 논할 필요는 없을 것이다. '본리곤산本利滾算'(추리작본推利作本이라는 것도 마찬가지)에 관해서는 아래의 조례가 있다.

> 고리대를 놓는 자들이 액면을 부풀린 증서를 쓰게 하여 원금에서 미리 공제함으로써, 교묘하게 법이 정한 제한을 넘는 높은 이자를 취하는 경우 이를 엄히 처벌한다.
> 放債之徒, 用短票扣折, 違例巧取重利者, 嚴拿治罪. (『대청율례』〔違禁取利〕 조례6)

이 조례를 인용하여, "이자를 원금에 넣어 증서를 고쳐쓰는 것은, (조례에서 금지된) 단표구절短票扣折과 다르지 않다推利作本, 換寫借券, 卽與短票扣折無異"라고 설명되고 있다.[47a] 이 마지막 부분 등도 역시 법의 정신이 일반화한 예라 할 것이다.

이상을 요약하면, 청송의 장에서도 재판관은 국법에 무엇인가 판단의 기초가 되는 조항이 있지는 않은가 하고 일단은 생각해보는 것이 보통이었다. 그러나 모든 판단이 국법의 해석으로 도출되어야 한다는 사고방식은 원래부터 없었고, 또한 법의 문구 하나하나가 엄격하게 판단을 규제해야 한다고도 생각되지 않았다. 광서연간 방대식方大湜의 말을 보자.

---

47 『대청율례』〔盜賣田宅〕 율문, "만약 허위로 [가격을 써서] [계약서를 세워] 실제로 출전(出典)하거나 매매한다면, … 죄가 최고 장80 도2년이다(若虛[寫價]錢實[立文]契典買, … 罪止杖八十徒二年)." 또한 판어 중에, 제3자에 전(典)으로 내준 토지를 매수하여 매매대금과 전가(典價)의 차액만을 지급했음에도, 계약서에는 매매대금 전액을 넘겨 청산했다고 기재한 것을, "허위 대금으로 계약서를 만든 것이므로 예금(例禁)에 저촉된다(係屬虛價實契, 有干例禁)"라고 판정하고 있는 예가 보인다(『府判錄存』 권2, 80a-82b). 대략 계약서에 적은 대금의 전부 또는 일부를 실제로 현금으로 수수하지 않았다면, 예금에 저촉하는 것이다.

47a 『府判錄存』 권1, 55b.

주현자리州縣自理로 끝나는 소송은 원래부터 구석구석까지 법률에 비춰 대조할 필요가 없는 것이다. 다만, 사건의 사실관계를 보고 그것이 율이나 조례의 어느 조문에 해당하는가 명백히 생각해 둘 필요가 있다. 그러고 나서 그 지역의 풍속을 고려하여, 정情을 헤아리고 리理를 참작하여 융통성을 발휘하는 편이 좋다. 율례와 완전히 상반되는 것만큼은 피하도록 주의한다. 그렇지 않으면, 당사자가 상소하여 상급기관에서 지령이 와서 사건서류를 제출하라는 단계가 됐을 때 변명이 불가능할 것이다.

自理詞訟, 原不必事事照例. 但本案情節, 應用可律可例, 必須考究明白. 再就本地風俗, 準情酌理而變通之. 庶不與律例十分相背. 否則上控之後, 奉批錄案, 無詞可措矣.[48]

위는 그러한 실정을 잘 파악한 말이라 할 것이다.

4.

'리'와 '정'은 앞서 방대식의 말에서도 보이는 '준정작리準情酌理'—대동소이한 표현으로 '준정탁리準情度理', '형정작리衡情酌理' 등 모두 같은 의미이다—라는 말, 그리고 명사로 줄이면 '정리情理'라는 숙어로 연결하여 사용되는 경우가 적지 않다. 두 글자를 나누어 고찰하기 전에, 우선 이 연결표현에 대해 살펴보고 싶다. 다만, 그 의미는 추상적으로 정의하는 것보다 실제의 용례를 통해 음미하는 편이 나을 것이다. 아래에 민사적 법원의 견지에서 보아 의미를 지니는 몇 가지 용례를 들어보겠다.

48 『平平言』 권2 〔本案用何律例須考究明白〕, 63b.

① A는 토지 40석石을 담보로 하여 B에게서 은 40량兩을 빌렸다. 연 8량의 이자를 3년간은 지급하였으나, 그 후 전혀 원금과 이자의 지급이 없자 B가 제소하였다. 지현은 담보로 지정된 토지는 B에게 인도되어야 하지만, 40량의 저당으로 토지 40석은 과하다고 보았다. "이제 본 지현은 정情을 짐작하고 리理를 참작하여 판결을 내리니今本縣斟情酌理, 斷令 …", B는 증서에 적힌 40석 중에서 22석은 인도받고 18석은 양보하여 A에 돌려주도록 하는 것이 정 · 리 둘 다 공평한 것情理兩平이라고 판시하였다.[48]

② 사성謝姓에게 소작료 수입 2백여 통桶의 일족이 보유한 제전祭田이 있다. 무생武生의 자격을 취득한 족인 A는, 자신의 조부가 족의 구성원들과 의논하여 이 제전 중 30통분을 장학을 위해 자신에게 나누어주어 영원히 관장하게 하게 했다고 주장한다. 족중에는 그렇지 않다고 하는 자가 많아 몇 번인가 현에서 소송을 거친 끝에 비로소 도대道臺에 상소하였다. 도대는 현으로부터 받은 사건 서류를 심사하여—당사자를 호출한 흔적은 없다— 판결을 내렸다. 판어는 먼저 일반적인 도리를 말한다. 제전에서의 수입을 자본으로 삼아 족중에서 독서에 뜻을 둔 자를 원조하거나, 가난에 빠진 자에게 1, 2년 제전의 일부를 할당하여 그 수익을 얻게 하는 것은 "뿌리를 돈독히 하고 족을 화목하게 하며 독서를 장려하는 뜻으로서 정리에 당연하다此敦本睦族, 鼓勵讀書之意, 情理當然" 했다. 그러나 족인이 입학하였다 하여 갑자기 제전 일부를 나누어 주어 영구히 그 사람의 재산으로 한다면, 그것은 "정리로서 통하지 않고情理之所不順," 구성원들의 분쟁을 초래하는 일에 반드시 이르게 된다. A가 주장하는 의논한 약속은 설령 정말로 성립하였더라도 "일단 소송이 되면, 역시 그것을 개정하여 다툼을 그치게 하여야 한다而一經控斷, 尚當改正息爭" 하였다. 이하 상세히 증거상의 의문점을 지적하여 A의 주장을 배척하고, 그 건송健訟한 책임을 물어 징계로서 15판板을 때리는 징치를 명하였다.[49]

48 『天台治略』 권3, 15a〔一件負噬吞佔等事〕. A는 호명세(胡名世), B는 엽중관(葉中觀).

③ 진성陳姓의 A · B 형제는 분가하지 않은 가운데, A는 사망하여 자식이 없이 처만 남았고, B는 부부 모두 사망하여 그의 7세 아들 C가 남았다. A의 과부는 주성朱姓의 D를 후부後夫로서 집에 들이는 형태의 재혼인 이른바 '초부招夫'를 했다. C는 D부부의 손에서 자라게 되었는데, 얼마 안 가 C는 외삼촌에게 몸을 의탁했다. C가 16세가 된 때, 백부 A와 부친 B의 유산인 원옥園屋(야채 과수원과 주택)의 반환을 요구하며 D를 제소했다. D는, A의 과부와 결혼할 때 장래 태어나는 아이를 A의 후계로 할 것을 양가친족이 의논해 정하였고, 그것에 근거하여 출생한 아들을 진陳E라 이름 붙이고, A의 위패에 E의 이름을 제사를 모시는 이로 적어 넣은 것, 그리고 원옥 가운데 야채 과수원은 이미 전典으로 내주었던 것을 은 60량兩을 내어 회속回贖한 사실을 항변했다. 지현은 원옥을 C · E에게 균등하게 나누라고 판결을 내렸으나, D는 회속에 소요된 은의 반액인 30량을 상환받을 때까지 인도하지 않겠다고 버텨, 3년간 결착이 나지 않고 도대道臺에 상소되었다. 도대는 서면 심리만으로 지현에 대한 지령 형태로 재단裁斷을 내렸다. 먼저, E가 성을 바꾸어 제사를 잇는 것이 A의 임종 때 유촉에 따른 것이라 해도, "다만 주성朱姓의 아이가 어떻게 진성陳姓을 잇는 것이 가능하다고 생각하겠는가 … 유촉이 있었다 할지라도, 그것은 시골 백성의 지극히 무지한 견해로, D에게 보증서가 되지는 않는다獨不思朱姓之子, 何可以繼陳姓 … 卽果有之, 亦鄕愚至無知之鄙見, 朱疊何得執爲把柄"라 했다. C는 학대당하여 외삼촌에게 몸을 의탁하였다 하니, D에게서 돌봐준 은혜를 입지 않았다. E는 C에게 친근한 감정도 없거니와 동족도 아니다. 그를 무리하게 종형제로 간주하여 재산의 균분을 명한 것은, "명분이 바르고 말이 이치에 맞다고 할 수 없으며, 천리와 인정도 있다고 할 수 없다名正言順之謂何, 天理人情之謂何"라 하여, 현의 재판을 부당하다 하였다. 60량의 절반을 상환하라는 주장은, "정리에 맞는 것처럼 생각된다似屬情理"고 보았다. 하지만 D가 다년간 거주 · 관리해 왔으므로, 그 집세 상당분과 수익을 어림잡는다면 60량은 거의 상쇄되는 계산이 된다. 본래는 그렇

49 『徐雨峰中丞勘語』 권4, 12a〔永定縣生員謝潤堂告謝崇達等案〕. A는 사윤당(謝潤堂).

게 단斷해야 하겠으나, D가 원옥을 멋대로 팔아버리거나 하지 않고 유지해 온 것은 여전히 양심을 잃지 않은 것이라 평가된다. 그러므로 상쇄하지는 않고, C로 하여금 지급 연한을 정하지 않고 60량을 내어 원옥을 회속하게 한다. 거주하는 주택은 정원 내의 과수를 포함하여 즉시 C에게 넘겨주고, E는 주성朱姓으로 회복시켜 위패에서 이름을 빼고, C로 하여금 A의 후계를 잇게 하라고 명하였다.[50]

④ 상급기관으로부터 지현이 심리를 명받은 사안. A는 집이 가난한 B 부부로부터 외동아들 C를 사서 종으로 삼았다. 그 계약서에는 몸값이 3량이라고 적혀 있다. B가 사망하자 B의 형 등이 A가 승인하지 않았음을 무릅쓰고 C를 그 아비의 장례를 위해 데리고 돌아왔다. B의 과부는 C의 신병을 도로 사들여 슬하에 두고 싶다고 생각했다. A는 그것을 유괴라고 하며 제소하고, B의 과부는 A가 가진 계약서는 위조라고 하며 다투었다. 지현은 계약서가 진짜이며, 전典이 아니라 매매임을 확인하였다. 다만, 과부의 외동아들인 점을 고려하여 은혜를 베풀어 원가로 도로 사들이는 것을 인정하기로 했다. 몸값에 관해 A는 액면대로 3량이었다고 하고, B의 과부는 실제로 수령한 것은 은 7전(0.7량)뿐이었다고 우겼다. "속례俗例에서 사람을 전매典賣할 때 실제로 몸값을 할증하여 계약서에 기록하는 것은 보통 있는 일이라도, 4배나 할증한 것은 이상하다查俗例典賣人口, 加寫契價, 事雖常有, 亦未必四倍其數." C는 A에 의해 다년간 양육되었으므로 B의 과부가 겨우 은 7전을 반환한다는 것은, "매우 정리에 반한다殊非情理" 하여 계약서대로 3량을 반환하게 한다는 취지로 입안立案하여 상급기관의 재가를 구하였다.[51]

⑤ A의 아버지는 실명하여 가산의 관리를 그의 장인에게 위임하였다. 장인이 임종

50 『徐雨峰中丞勘語』 권4, 91b〔陳陽告朱疊等案〕. A는 진학(陳學), B는 진동(陳同), C는 진양(陳陽), D는 주첩(朱疊), E는 진후(陳厚).

51 『誠求錄』 권4, 1a〔拐窩謀奪等事〕. A는 구지갑(區之甲), B는 황지정(黃之丁)의 처 아무개씨, C는 아(亞) 아무개.

에 즈음하여 A 부부와 자신의 아들 B를 불러 장부를 보여주고 청산했다. 그 후, 당시 전錢 580,000문文을 B가 인계하여 맡고 있겠다는 계산이었다고 주장하며 A가 B를 제소했다. 때는 이미 20년이 지났고 확실한 증거는 없다. 지현은 두 사람이 친척이며 B의 가계가 풍족한 것을 고려하여, B가 후하게 A를 원조하라고 단斷하였다. 부府에 상소되었으나 부 또한 현의 판결을 "정리에 적합한 것尙屬情理"이라고 인정하여, 580,000문의 반액인 290,000문을 원조하라고 명하였다.[52]

⑥ A · B · C 삼형제 중 A에게만 아들 하나가 있고 나머지는 자식이 없이 사망했다. 동족 가운데 두 사람이, 각각 B와 C의 후사로 입사立嗣되었다고 주장하였고 다른 동족이 증인으로 연명한 사단嗣單을 제출했다. C의 처는, 남편이 생전부터 A의 아들로 하여금 B와 C의 후사를 함께 맡는—이른바 겸조兼祧를 시키는— 것으로 정해져 있으며, 두 사람의 입사에 관해서는 알지 못하며 원하지도 않는다고 말했다. 지부知府는, 두 사람 중 한 사람이 과거에 응시할 때 제출한 부조삼대父祖三代의 기재에 친부 · 친조부가 적혀있고 사부嗣父라는 명칭이 없다는 사실, 그리고 두 개의 사단嗣單이 동일인의 필적이라는 사실을 들이밀고 계약서 2건 모두 위조라고 판정하였다. 이런데도 여전히 사단이 증거라고 우기고, 한사코 과부의 사자嗣子 선정권을 빼앗아 평소 애정도 없는 자를 억지로 후계자로 세우려고 하는 것인가, "리와 정 양면에서 생각해도 어느 쪽도 도리에 맞지 않는다準理揆情, 兩無一可"라 하며 두 사람의 요구를 물리쳤다.[53]

⑦ A와 B는 예전에 합과合夥(조합) 경영한 때가 있었는데 그때를 전후하여 B는 A로부터 몇 차례 돈을 빌렸다. A는 임종에 즈음하여 입회인에게 장부를 보여주고

---

52 『判語錄存』 권1, 33a〔錢債事〕. A는 주경석(周景錫), B는 교리방(喬理邦).

53 『府判錄存』 권2, 58a〔道光十九年十二月十六日崔彦芳一案〕. A는 최숭덕(崔崇德), B는 최순덕(崔順德), C는 최성덕(崔成德).

아들(당시 출타 중)의 처 C에게 채권을 승계시켰다. 그때 B를 불러 확인을 요구하려 했으나, B는 면회를 피하여 나타나지 않았다. 아들이 돌아와 B와 담판을 지으려 했으나 진전이 없었고, 얼마 안 있어 아들이 사망하자 B는 더욱더 모른 척하였다. 이에 C는 현에 제소하고 또 부에까지 상소했다. 부에서 조사하여도 정확한 진실을 파악하지 못했다. B는 도광10년(1830) 정월에 합과관계를 청산한 증서를 가지고 있고, C도 확실한 장부를 가지고 있어 어느 쪽도 전적으로 무시할 수는 없었다. "따라서 양쪽이 가진 장부와 증거를 절충하여 판결을 내리면, 정리에 맞추는 것도 기대할 수 있을까惟於兩家所執簿據, 折衷定斷, 庶得協於情理之平乎" 하며, 지부는 단斷을 내렸다. 도광10년 정월 이전의 채권은 합과관계와는 별도로 발생한 것일지도 모르지만 C로 하여금 포기하게 하고, 이후 발생한 채권 합계 140관串에 관해서는 이미 지급된 20관—그것이 무슨 의미였는지에 대해 다툼이 있지만—은 그 변제에 충당된 것으로 인정하여 이를 공제하고, 다시 20관을 양보하게 하여 100관을 B가 C에게 지불하도록 명했다.[54]

⑧ 이미 타인과 약혼한 A녀가 중병에 걸렸는데, 그때 처치를 해준 의술에 소양이 있는 B남에게 뜨거운 마음을 품게 되었다. A의 어머니도 집이 가난하여 B가 요구하는 진료보수를 지급하지 못하는데, A가 B와 맺어져 보수와 빙재聘財(신랑이 신부 친정에 증여하는 재물)가 상계되는 것을 바랐고, A · B 사이에 실제로 관계가 발생해버렸다. 인근 현에 사는 A의 약혼남은 이 단계가 되어 비로소 사실을 알고 당황하여 소를 제기하였다. 법정에서 A는 B의 아내가 되지 않는다면 죽음이 있을 뿐이라는 결의를 피력하고 꿈적도 하지 않았다. 지현은, "율은 규정대로 적용하는 것이 좋다고 하나, 정은 적당히 예외조치를 취하는 것을 허용하는 것이다律宜執法, 情可通權" 하였다. 율에 따라 A와 B를 헤어지라고 명하면, 자살소동을 일으킬

---

54 『府判錄存』 권4, 22a〔道光二十年三月初八一李王氏一案〕. A는 이성릉(李成陵), B는 소등복(邵登福), C는 이왕씨(李王氏).

지도 모르니, 그것보다는 원칙을 굽혀 맞추는 쪽이 "오히려 정에도 맞고 리에도 가깝다고 할 수 있는 것이 아닌가轉覺準情近理" 하였다. 그리하여 장죄杖罪의 속贖으로서 1만 문文과 빙재聘財의 배에 해당하는 3천문을 합쳐 B가 약혼남에게 지급하게 하고, A와 B의 결혼을 추인하였다.[55]

⑨ 과부 A는 딸이 다섯 있고 아들이 없다. 죽은 남편의 조카를 후계자로 세우고, 증서를 만들어 다섯 딸에게 각각 약간의 토지를 나눠주었다. 그 후 수해를 입어 가세가 기울자 족원들의 입회하에 다섯 딸에게 이야기하여 예전에 나눠준 토지를 일률적으로 삭감하여 돌려받았다. 장녀 B는 소작료가 6석石 5승升에서 4석 3두斗로 삭감되었는데, B의 남편이 이에 불복하여, 이미 휴지조각이 된 과거의 증서를 가져와 제출하여 제소했다. 지현은, 다섯 딸 모두 일률적인 삭감이고 B도 불복을 말하지 않는데, 그 남편인 자가 아내의 친정에서 재산을 나누어 준 은혜를 생각하지 않고, 오히려 농隴나라를 얻고 나니 촉蜀나라를 갖기를 바라는 것은 "매우 정리에 반한다殊非情理"라고 하며 그 소를 물리쳤다.[56]

⑩ 오라비와 여동생의 다툼이다. 여동생은 부친에게서 토지 7무畝 3분分을 지참재산으로 나눠받아 시집갔고, 그 토지의 소유와 납세 명의는 남편의 집안에 이전되었다. 그 후(아마도 후술하는 조모 사망 후) 여동생은 오라비에게서 토지 2무 7분을 샀으나 아직 명의는 옮기지 않았다. 조모가 사망하자 오라비는 가난하여 장례 때문에 부채를 졌다. 오라비가 여동생의 지참재산 중 일부라도 돌려받으려고 무엇인가 트집을 잡아 제소한 것 같다. 지현은, 여동생이 죽은 부친의 은혜를 받아 토지를 나눠받았으므로 조모의 장례를 극진히 지원하는 것이 "본래 정리로서 기

---

55 『槐卿政蹟』 권2, 20a〔滅約廢婚事〕. A는 왕씨(王氏), B는 반경괴(潘景魁).

56 『槐卿政蹟』 권6, 29a〔遵批呈字事〕. A는 왕황씨(王黃氏), B는 서용(瑞容), 그 남편은 장앙의(張仰儀).

대되는 일本在情理之中"이라고 하며, 지참재산에 관해 오라비가 다투는 것은 용납하지 않되, 매수한 후 명의를 옮기지 않은 2무 7분의 토지는 그대로 오라비의 소유로 할—즉, 이미 지급한 대가를 조모의 장례에 대한 원조로 치는— 것을 명했다.[57]

또한, 한 사건의 소송 중에 어떤 부분에 관한 판단 혹은 중간적인 판단에서, 정리情理가 입에 오르는 것도 적지 않았다. 다음의 예가 그것이다.

⑪ A는 B집안에서 아내를 맞았는데, 그 후 실종되어 생사불명이다. A의 어머니가 발의하여 홀로 남은 처를 B집안이 사람을 골라 제2의 남자에게 개가시켰다. 새 남편으로부터 지급받은 은을 A집안에 주어 초혼 시의 빙재聘財를 상환한다는 약속이었으나, B집안이 그 일부를 개가하는 부인의 의복비에 충당하고 넘겨주지 않은 일로 분쟁이 일어났다. 특히 A의 동생이 집요하게 트집을 잡아 원래 약속한 이상의 은을 획득하려고 하였기 때문에 시끄러운 소송이 되어 도대道臺에까지 상소되었다. 도대의 재판은 요약하면 A의 동생의 건송健訟을 징치하는 결말이다. 그 전제로, A의 어머니로서는 아들의 생사를 알 수 없고, 집이 가난하여 그날그날의 생활이 곤란한 정황하에서 아들의 처를 개가시키려고 한 것도, 본래 다른 방도가 없는 일이며 "정리에도 법률에도 위배되지 않는다而亦不悖乎情理 · 律例者" 하였다.[58]

⑫ A · B · C 삼형제가 분가하였는데, 36년 후 A의 손자가 B에게, 분가 당시 미분할된 재산이 있고, 이를 B가 독점하고 있다며 트집을 잡아 다투었다. 친족 등의 조정에 따라 B부자는 친족간의 정을 생각해 A의 손자로부터 부동산을 고가에 매수해 주는 것으로 결말을 지었다. A의 손자는 여전히 다툼을 반복하여, 9년 후에는

57 『汝東判語』 권4, 18b〔陳協恭等控案判〕.

58 『徐雨峰中丞勘語』 권4, 79b〔蔡仁告張英等案〕. A는 채재(蔡才), 그 어머니는 진씨(陳氏), B는 장(張) 아무개.

부府의 재판이 되었다. A의 손자는 논거의 하나로, B가 꺼릴 것이 없다면 토지를 고가로 사들이거나 할 리가 없다고 주장하였다. 지부는, B의 자식의 입장에서 보면, 종형從兄의 아들이 바른 생업에 힘쓰지 않아 가세가 영락하고, 자신은 자산을 쌓아 탐내는 표적이 되어 소송이 일어나 친족과 친구가 조정에 나서는 정황으로, 우애를 보전하는 것도 되고 영구히 분쟁의 싹을 자르는 것도 될 것이라 여겨, 동의하여 고가로 사준 것이라 보았다. 나아가 이는 "실로 천리와 인정의 강상이라 할 만하니實屬天理人情之常" 의혹을 느낄 여지가 없다 하여 이 논거를 물리쳤다.[59]

그 밖에 정리라는 말은 가치판단이 아니라 사실판정상의 판단에서, 상식적으로 있을 수 있는(또는 있을 수 없는) 것, 말하자면 경험법칙의 의미로도 쓰이지만, 이 글의 논제와는 관계가 없는 것으로 해둔다.[60]

이상을 보면, 정리라는 말은 강제성 있는 공서양속公序良俗이라는 의미에서 작용하는가 하면(②, ③, ⑪), 더하여 둘로 나눈다는 것에 가까운 절충의 수법도 되고(⑤, ⑦), 산술적인 수량상의 균형을 어림셈하는 작용을 하는 때도 있는가 하면(①, ④), 권리만을 분석하여 논하지 않고 사회관계 전체 속에서 이익의 조정을 꾀하는 원리도 된다(⑨, ⑩, ⑫). 정리와 법률이 일치하는 경우도 있는가 하면(⑪, 그리고 명시적인 말은 없지만 ⑥), 정리가 법률을 변통하는 경우도 있다(⑧). 전체적으로 말하면, 정리란 사회생활에서의 건전한 가치판단, 특히 평형감각을 말하는 것이라고 이해해 둘 수밖에 없을 것이다,[61] 주

---

59 『府判錄存』 권1, 67a〔道光十九年十一月二十五日馬驥一案〕. A는 마건(馬健), 그 손자는 마기(馬驥), B는 마훈(馬訓), 그 아들은 마효룡(馬效龍).

60 예를 들면, "원수끼리 만나는 순간 함께 결탁하여 나쁜 짓을 하는 것은 정리로서 있을 수 없는 일이다(仇雠相遇, 狼狽爲奸, 此尤情理之所必無者)"(『徐雨峰中丞勘語』 권3, 16b) 등의 경우가 있다.

61 왕휘조(汪輝祖)는 독서인이 현실의 책무를 돌보지 않고 옛것을 고담(高談)하는 것을 경계하여 말한다. "통달한 이들이 말하는 것은, 정리를 두루 이해함으로써 경전을 인용해 일을 처리하는 것임을 모르는 것이다(不知通人云者, 以通解情理, 可以引經制事)"(『雙節堂庸訓』 권5〔讀書以有用爲貴〕). 정리에 통하는 것, 즉 현실사회의 양식과 맞지 않으면,

의할 점은, 정리는, 관습으로서 실증적으로 논해질 수 있는 것도 아니라는 사실이다. 그것은 다음의 예에서도 알 알 수 있다.

⑬ 옹정초년 사천성 홍아현洪雅縣에서의 한 사건이다. 황성黃姓의 A · B · C는 본래 일가로서 지금은 나뉘어 있다. 그중 A만이 진정으로 황성의 피를 잇는 자이고, B와 C는 모두 데릴사위贅壻의 자식으로 황성을 칭하고 있는 자이다. 선인先人(아마도 A의 조부)은 3인에게 가산을 균분하여 토지 9두斗(두는 파종량으로 계산하는 넓이의 단위로 짐작된다)씩 주었다. 최근 관에서 토지 측량을 하자, 3인의 소유지는 모두 명목상의 9두보다 훨씬 넓었다. A는 선인이 B와 C에게 준 것은 9두이므로 초과분은 모두 자신의 것이라고 주장하고, B와 C는 삼자가 균분이었다 하며 다투었다. 지현은 증거불충분 등을 이유로 현상유지를 명하였는데, 판어 말미에 "적자嫡子와 이종異宗의 자식이 재산을 균분하는 것은, 정리로서 올바른 것은 아니다. 그러나 홍아현의 지방 풍습으로는 그것이 관례로 되어있고, 장래를 위해 이를 엄금하는 것이 좋다 할지라도 과거로 소급하여 일일이 고치는 것은 불가능하다. 그렇다면, (3인의) 소유지는 종래대로 해두는 것이 소송을 그만두고 평화롭게 지내게 하는 길일 것이다夫嫡子與異宗, 平分産業, 非情理之正也. 洪邑陋俗相沿, 但可嚴禁其未來, 不能悉追其已往. 則照舊管業, 亦息訟寧人之一道也夫"라 하였다.[62]

여기서는 "정리로서 올바른 것情理之正"과 "홍아현의 지방 풍습洪邑陋俗"이 각각 규범과 사실로서 오히려 대항관계에 놓여있다.[63]

독서도 의미가 없다는 생각이다.

62 『雅江新政』 審斷 57a〔黃世孝控黃世例卷〕. A는 황세효(黃世孝), B는 황세례(黃世禮), C는 황세충(黃世忠).

63 이 점에 관해서는 제5장에서 다시 한번 검토할 것이다(이 책 pp.414-415). 또한 『雅江新政』에 수록된 사안에서는, 이밖에도 부계제도의 원칙에서 벗어난 현상이 다수 나타난다. 그것이 해당 지역의 풍습을 이루고 있었다고 생각된다. 그런 의미에서도 『雅江新政』은 재미있는 사료이다.

국법이 성문成文에 기초한 실정적인 판단기준인 것에 비해, 정리는 성문, 선례, 관습 등의 어느 것에도 실증적 기초를 두지 않는, 일반적으로 실정성實定性을 갖지 않는 자연적인 판단기준이다. 오늘날 일본의 제도에 적용하여 말하면, 결국 조리條理에 해당한다. 실제로 량치차오梁啓超는 "조리란 일본법률상의 전문용어이다. 재판관은 법문이 없을 때는 조리에 기대어 재판한다. 우리나라의 준정작리準情酌理와 같은 것이다條理者, 日本法律上專用之一名詞. 裁判官於法文所不具者, 則推條理以爲判決. 如我國所謂準情酌理也"라고 주석하여, 일본어의 조리를 중국인에게 친숙한 준정작리라는 말로 설명했다.[64]

하지만 조리와 정리 사이에는 미묘한 차이가 있는 것 같다. 메이지8년(1875) 태정관포고太政官布告 제103호 재판사무심득裁判事務心得 제3조에 "민사의 재판에 성문이 없는 것은 관습에 따르고, 관습이 없는 것은 조리를 미루어 고찰하여 재판해야 한다"라고 했다. 이 조리를 둘러싼 최근 민법학자의 논의는 상세하게 알지 못한다. 적어도 필자가 민법 과목을 청강했을 때는, 유명한 스위스 민법 제1조에서 규정하듯이, "자기가 입법자라고 한다면 법규로 정립할 만한 것"에 따라 재판하는 것이 "조리를 미루어 생각하여 재판"하는 것이라고 하고 있었다.[65] 즉, 조리나 정리 모두 실정성이 없는 판단 기준이라는 점에서는 같지만, 전자는 역시 그 나름의 규칙을 지향하는 사고구조를 가진다. 이에 반하여 정리에는—공서양속적 요소는 조금 문제가 다르므로 잠시 접어놓고— 그러한 규칙 지향성이 미약하며, 반대로 목전의 당사자 각각이 처해 있는 구체적인 정황을 구석구석까지 배려한다는 측

---

64 梁啓超, 『中國成文法編制之沿革』, 台北中華書局, 1957, p.12 할주. 중국어에서 '조리(條理)'라는 숙어는 체계적인, 정연한 수순 같은 의미로 사용된다. 『平平言』 권1 〔有條理〕, 42a, "일은 크고 작음을 막론하고, 모두 조리가 있어야 한다. 조리가 없으면 순서대로 처리되지 않는다. 한신(韓信)은 병사를 거느림에 많으면 많을수록 좋다 했으나, 분(分), 수(數), 명(明)의 세 가지를 벗어나지 않았다(事不論大小, 總要有條理. 無條理則亂次以濟. 韓信將兵, 多多益善, 不外分數明三字)."

65 我妻榮, 『民法總則』, 岩波書店, 1933, pp.16-17.

면이 농후하게 나타난다. 그것은 한편으로는 정리의 구성요소인 '정情'이란 글자의 작용에 의한 것이라고 말할 수 있다. 그러나 더 기본적으로는, 재판이라는 것이 확립된 규칙에 따라 권리—그것은 인간관계 전체 가운데서 나온 추상물이다—의 유무를 판정하는 것이 아니라, 전면적인 시야에서 인간관계를 조정調整하는 활동이라는 성격을 갖고 있던 것에 기인한다고 말할 수 있을 것이다.

정리란, 수사이지 확실히 정의된 전문용어는 아니다. 재판관은 특수한 의도를 가지고 어떤 경우에 이 말을 사용하고, 다른 경우에 그 사용을 피하는 것은 아니다. 입 밖으로 말하든 말하지 않든 상관없이, 정리는 항상 재판관의 마음을 움직이고 있었다. 그러한 의미에서는 판어집은 모두 이 정리의 책이라고 해도 좋다. 국가의 법률은 정리의 큰 바다 곳곳에 떠 있는 빙산에 비유될 수 있을지도 모른다. 이에 반해 오늘날 우리는, 물 위를 덮고 있는 얼음에 구멍이 났을 때, 조리로써 임시로 덧대어 구멍을 메우려 한다. 이것이 가장 기본적인 차이이다.

5.

정리情理는 말할 것도 없이 정情과 리理의 연칭이다. 두 글자를 나누어 논하면, '리'는 사물에 입각하여 생각되는, 따라서 같은 종류의 사물에는 보편적으로 타당한 것 같은 도리를 말한다. "빌린 것이 있다면 반드시 돌려주는 것이 정해진 리이다有借必還, 一定之理",[66] "아버지가 살아있으면 아들은 마음대로 해선 안 되는 것이 리이다父在子不得自專, 理也"[67]라고 말해지듯, 빌린

---

66 『問心一隅』 권하, 7a. 『樊山政書』 권1, 10a에도 "부채가 있으면 갚아야 함은 정해진 리이다(欠債還錢, 一定之理)"라고 쓰고 있다.

돈은 돌려주어야 하는 것이 리이며, 아버지가 생존해 있는 한 자식은 집의 재산을 마음대로 처분할 수 없는 것도 리라고 여겨진다. 전자는 객관적으로 보아 동서양을 불문하고 모든 인간에게 타당한 규범이며, 후자도 과거 중국에 살았던 사람들의 의식에서 본다면 역시—이적夷狄은 어떨지 모르겠지만, 적어도 왕의 교화를 받은— 모든 인간에게 타당한 규범이었다. 그밖에 앞선 든 사례 ③의 문맥에서 본다면, 사람은 나면서 얻은 성姓을 바꾸지 못한다는 것이 천리로 여겨지고 있다. 또한 "동생의 채무를 형이 갚는 리는 없다有無弟債兄償之理"는 것은[68] "부채자환父債子還", 즉 아버지의 채무는 그의 사후에도 자식이 변제해야 함이 천하의 리임을 의식하여, 그것과 대비하여 말한 것이라고 볼 수 있다. 또한 "민간의 전산田產을 타인에게 전典으로 주었는데, 그것을 내다파는 것을 금하는 리는 결코 없다民間田產典當與人, 幷無不準(准)出賣之理", 즉 타인에게 전으로 내준 부동산의 소유권(실질적으로는 회속回贖의 청구권)을 소유자가 제3자에게 매도할 수 있음은 당연한 리라고 하였다.[69] 이처럼 리라는 말은 이해하기 쉽다. 우리가 말하는 조리條理와—무엇을 리라고 하는지 내용에는 차이가 있을 수 있으나— 사고방식에서 큰 차이는 없다고 생각해도 좋다.

한편, 판어에 나타나는 '리'라는 글자에는, 주자朱子의 이기설理氣說에서 말하는 철학적인 냄새는 전혀 느껴지지 않는다고 해도 좋다.[70] 그리고 청송의 장에서는, 사람에게 어려움을 강요하는 엄숙주의rigorism의 요소가 나타

---

67 『徐雨峰中丞勘語』 권3, 61b.

68 『問心一隅』 권하, 35a. '유(有)'는 잘못 쓴 것이거나 군더더기로 보인다. 또는, "…의 리가 있는가 없는가(설마 있을 리 없다)"라는 어기(語氣)인지도 모른다.

69 『府判錄存』 권5, 46a.

70 『判語錄存』, 변봉홰(邊鳳翽)의 서문에 따르면, 저자 이균(李鈞)은 "뛰어난 가운데서도 이학(理學)을 중심으로 했다"라고 하고 있으나, 그의 판어 가운데 이러한 부분에서의 특별한 개성은 느껴지지 않는다. 주자학을 모르는 자에게도 이해하기 어려운 점은 없다. 혹은 그러한 상식적인 '리' 개념을 창출 내지는 유행시킨 것이 애당초 송학(宋學)이었는지 필자로서는 잘 모르겠다.

나지 않는다. 이 점은 일반적인 인상으로서 거의 단언할 수 있다.

'정'이라는 글자의 함의와 그 작용은 상당히 다면적이어서 설명하기 어렵다. 더구나 그것이야말로 중국적인 '정리'를 해명하기 위한 관건이리라 생각된다. 우선 정에는 사정, 정황 등과 같이 구체적 사실관계를 가리키는 의미가 있다. 영국인이 만든 사전에서는 circumstances라고 번역된다. 형안류 자료에서 "정죄미협情罪未協"(죄정罪情과 형벌 간에 균형이 맞지 않는다)이라 일컬어지는 것도 이러한 방향의 의미이다. 일견 동떨어져 있는 것으로 생각되는 이 의미가, 판단 기준으로의 정과 실제로는 깊은 관련성을 갖고 있다. 즉, 판단에 즈음하여 직접적인 대상이 되는 사실현상만을 고립시키지 않고, 배경이 되는 여러 사실현상과의 구체적인 관련 가운데서 동정적同情的으로 이해하고 평가해야 한다는 요청이 '정리'에서 정이라는 글자에 맡겨져 있다. 판어에서 "무릇 크고 작은 옥사는, 반드시 그 정으로써 한다. 대씨戴氏는 파혼했다. 또한 그 파혼이 어떠한 정인지를 살펴야 한다夫小大之獄, 必以其情. 載氏悔婚矣. 亦察其悔婚者何情耶"라고 말한 것은 이와 같이 사실과 평가를 연결하고 있는 용례라고 할 수 있다.[71]

정에는 본디 '마음'이라는 의미가 있다. 다만 거기서—특히 '인정'이라고 굳어졌을 때— 의미하는 것은 언제나 살아있는 평범한 사람의 마음이라고 정해져 있다. 평균적인 사람이 보통 상대방은 이렇게 느끼고 생각하여 행동할 것이라고 서로 기대도 하고 배려도 하는 것, 그것이 '인정'이라고 말해도

---

71 『徐雨峰中丞勘語』 권4, 3b〔林禋告蘇送等案〕. 어느 남성이 전처가 시어머니와 사이가 나빠 딸 하나를 남기고 자살했다는 사실을 숨기고, 초혼인 것처럼 가장하며 오십 가까운 연령을 28세로 속이고 성명까지 바꿔 친족을 중매인으로 하여 처녀에게 구혼하였다. 여자 쪽 집안에서 사위의 용모를 시장에서 지나가는 길에 한번 보고 싶다고 한 때에도, 중매인과 결탁하여 다른 사람을 가리켜 그로 믿게 하는 등의 수단을 써서 혼약을 성립시켰다. 나중에 사정을 안 여자 쪽 집안이 성혼을 거부하자 소를 제기하였는데, 현의 재판에서는 혼약의 취소를 인정하지 않아 여자 쪽 집안이 크게 곤경에 빠졌다. 당시 현의 판정을 뒤집어서 여자 쪽 집안을 구제한 도대(道臺)의 판어에서 나온 구절이다.

좋을지도 모른다. 좋든 나쁘든 그러한 평균적인 사람의 기대를 넘거나 짓밟는 것은 "인정에 가깝지 않은不近人情"(eccentric) 것이다.[72] 재판에서도 이처럼 평균적인 사람에게 이상하지 않은, 무리가 없는 요청이 중시되어야 한다. 예를 들면, 관유지 위의 불법 건축으로 판명되어 철거 명령이 내려지고 취득가격의 반액 보상을 약속받은 현 거주자가 여전히 즉각적인 퇴거에 난색을 보이는 것을, "이 또한 인정이다此亦人情"라고 하여 퇴거의 강제집행을 유예한 예가 있다.[73] 또한 과부가 시어머니와 아들이 있는 시댁에 부재하고 사위의 집에 머무는 일이 많은 것을 꺼려, 장모와 사위 사이의 왕래를 금해주기를 바라며 소를 낸 과부의 시어머니의 주장은, "또한 특히 정이 아니다亦殊不情" 하여 물리쳤다.[74]

정이라는 글자에는 또한 정의情誼라고 하는 경우와 같이 우호적인 인간관계라는 의미가 있다. '정면情面'이라 하면, '체면을 세우다', '얼굴을 봐서'라고 할 때의 얼굴面이며, 계절이나 경조慶弔의 인사, 그리고 그때의 선물 자체를 가리켜서도 '인정'이라 한다. 재정裁定을 내림에 가능한 한 우호적인 인간관계를 유지 · 수복하는 방향을 요청하는 역할이 '정리'에서 정이라는 글자에 맡겨졌다. "형제 사이에 정은 법보다 무겁다兄弟之間, 情重於法", "형제 사이에는 모두 정을 리보다 우선해야 한다兄弟之間, 總當以情勝理" 등의 표현은 일종의 입버릇처럼 사용되어,[75] 형제 등 친족 간의 우호유지에 특별한 고려가 기울여졌다. 기본적으로는 리가 없는 당사자라도 극단까지 몰

---

72 영문 번역은 H. A. Giles, *A Chinese English Dictionary*, 1892에 따른 것이다. "아마도 복건성에서 이러한 인정은 없을 것이다(恐閩省中無此人情)"(『徐雨峰中丞勘語』 권4, 78b)라고 말할 때의 '인정(人情)' 등은 '통상적인 일', '습관'이라는 의미가 된다.

73 孫鼎烈, 『四西齋決事』 권1, 46a〔王珊友批〕. 이는 광서연간 절강성 회계현(會稽縣)에서 "파차탄압(派差彈壓)"(무력 부대의 파견)을 청하는 서리(아마도 서리일 것이다)의 신청을 물리치는 비(批)이다.

74 『汝東判語』 권2, 15a〔欒李氏呈詞判〕.

75 『汝東判語』 권5, 14ab; 『汝東判語』 권3, 28b. 그 외에, 『徐雨峰中丞勘語』 권1, 7a; 『天台治略』 권3, 13a 등.

아붙이지 않고 사소한 만족을 얻게 하려고 하고, 또한 부자와 빈자 사이에서는 부자에게 어느 정도의 관대함을 요구하는 등의 즐겨 사용되는 재판의 수법도 이러한 '정'의 작용이다. "법을 간략히 하고 정을 말한다略法言情",[76] "격외의 정을 다한다格外盡情"[77]라는 것은 재판관으로 그러한 참작을 가하는 것을 말하며, '정양情讓'[78]이란 승소자로 하여금 일부를 호의적으로 양보하게 하는 것을 말한다.

이상과 같이 법 · 리 · 정 삼자를 보면, 한편에서는, 법은 실정적이고 리와 정은 자연적이라는 대비가 성립하지만, 다른 한편에서는, 법과 리가 가지는 일률성, 즉물성卽物性에 대비하여 정이 가지는 구체성, 심정성心情性이 대치한다. "법에서도 관대히 용서하는 일이 없지 않은데, 더구나 정에서는 전체를 고려하여 양해해주어도 괜찮을 것 같다雖於法不無寬貸, 而於情似可曲全",[79] "이 부인은 리를 논하면 본래 적절하지 않지만, 정을 논하면 또한 용서할 만하다該氏論理固有不合, 論情亦尚可原",[80] "그러므로 인정으로 리와 법의 다함을 변통할 뿐이다故以人情通理法之窮耳"[81]라고 하듯이, 정은 법과 리의 엄격함을 수정 · 완화하는 작용이 있다. 수재를 막기 위해 여럿이서 의논하여 제방을 구축하게 되었으나, 그중에 한 사람, 제방의 부지에 걸쳐 있는 자기소유의 손바닥만한 토지를 공용으로 제공하기를 완고하게 거부하는 자가 있었다. 이에 여럿이서 그자에게 물을 이용하는 것을 방해하여 박해한

---

76 『四西齋決事』 권7, 10b; 『徐雨峰中丞勘語』 권1, 5a; 『槐卿政蹟』 권6, 23a.

77 『府判錄存』 권2, 7b.

78 『槐卿政蹟』 권4, 15a 등.

79 『槐卿政蹟』 권3, 16b〔活割事〕. 매휴(買休)로 성립한 관계를 추인하였다.

80 『汝東判語』 권2, 15a〔欒李氏呈詞判〕. 과부가 사위의 거소에 오래 머물러도 무리하게는 문책할 수 없다고 한다. 본장 주30에 나온 늙은 지배인에 대해서도 "리로 논하면 마땅하지 않지만, 정으로 논하면 오히려 용서할 만한 점이 있다(論理不該, 論情尚有可原)"라고 하고 있다.

81 『徐雨峰中丞勘語』 권2, 7a〔覆審陳阿謝立繼案〕. 때때로 한 사람의 후계자로 두 사람을 병립시키는 일이 있다는 것을 판결에서 설명하여 말한 것이다.

결과 소송이 되었다. 이 사건에서, 지현은 그 한 사람을 "리는 있으나 정이 없다有理無情", 나머지 뭇사람을 "정은 있으나 리가 없다有情無理"라고 하며, 토지는 제공하게 하되 박해는 멈추게 했다. 또한 무리 가운데 주도자를 징치하는 판결을 내려, "정과 리 모두 평형을 맞추어 분쟁의 발단을 영구히 그치게 함을 기대한다庶情理胥準其平, 而争端可期永息矣"[82]고 하였다. 조금 기교적인 수사이기는 해도, 리와 정의 대비를 나타내는 것으로 재미있다 할 것이다.

6.

위에서 분석한 것처럼 리와 정은 대립하는 개념인 동시에, 서로 연결되어 보충하면서 '정리情理', 즉 중국적 양식良識을 형성한다. 그리고 그것이야말로 가장 보편적인 재판기준이었다 할 수 있다. 그중에서도 인정이야말로 모든 것에 으뜸이 되는 규범이었다고까지 볼 수 있는 구절이 있다. "왕도는 인정을 가까이 한다王道近人情",[83] "왕도는 인정에 뿌리를 둔다王道本乎人情",[84] "왕법은 인정에 뿌리를 둔다王法本乎人情"[85] 등의 구절은 법실무에 임하는 자의 일종의 상투어였을 것이라 생각된다. 왕자王者가 존중하는 '예禮'라는 것도 바로 인정을 체현한 것이며, 인정을 억압하는 것이어서는 안 된다. 왕휘조汪輝祖가 말하는 "또한 예는 인정을 좇는다. 정情이 금하지 않는 바를

---

82 『槐卿政蹟』 권6, 2b〔阻築坑陥事〕.

83 『問心一隅』 권하, 10b〔瘋壻退婚〕. 풍병(瘋病)이 발병한 약혼남과의 성혼을 강요하지 않고 연기시킨 재판이다.

84 『徐雨峰中丞勘語』 권3, 69a〔黄香等争繼逐繼案〕. 앞의 주82와 같은 사안이다.

85 『형안회람』 권40, 9a〔兩房各爲娶妻後娶之妻作妾〕. 민간에 행해지는 겸조(兼祧)의 관행에서 2명의 처를 두는 것을〔有妻更娶妻〕율에 따라 이혼하도록 명하는 것은 인정에 반한다 하여 뒤에 들인 처를 법률상으로는 첩으로 인정하여 묵인하려고 하는 의논에서 나온 말이다.

예를 가지고서 빼앗는 것은 불가하다且禮順人情. 情之所不可禁, 不能執禮以奪之也"[86]에서 "예는 인정을 좇는다"라는 것 또한 일종의 상투어였다.[87] 평범한 사람들의 당연한 기분을 짓밟지 않는 것이 왕도王道의 요체로 여겨지고 있었다 할 것이다. 심연경沈衍慶이 적절하게 말한 것처럼, "인정이 편하게 여기는 바가 곧 왕도가 허용하는 바人情之所便, 卽王道之所許也"인 것이다.[88]

이처럼 정리情理가 광범위하게 기능했던 것은 결코 국법이 무시되었거나 경멸되었다는 뜻은 아니다. 강희연간 양월순무兩粵巡撫로 재임하며 입사立嗣를 둘러싼 분쟁을 재판한 주홍조朱弘祚의 판어를 보자. 주홍조는 관련 율례의 조문을 인용하고 나서 "율문이 규정하는 바가 매우 명확하고, 모두 정리에 지당하다律文開載甚明, 皆於情理至當"라고 평가한다. 또한 "무릇 민간에서 사사롭고 불법한 것이 있으면, 관사는 정리를 짐작하여 판결하고, 만약 강폭하게 따르지 않는 자가 있으면, 법에 따라 징치한다凡民間有不公不法之事, 官司斟酌情理判決. 其有強梁不遵者, 依法懲治"라고 말한다.[89] 법은 정리를 명

---

86 『夢痕餘錄』, 86a. 전후의 문맥에 대해서는 이 책 p.368.

87 『吳中判牘』, 24b. 친척인 남녀가 남몰래 깊은 관계가 되었다. 여자 쪽 집에서 소장을 내어 남자의 방문을 금지하고 딸을 장살(杖殺)해 달라고 하였다. 관은 빙재(聘財)를 납부하도록 시켜 혼인을 인정하였다. 그 판어에서 "율에서 비록 대법을 밝혀 세우더라도, 예에서는 더욱 인정을 귀하게 여겨 그를 따라야 한다(律雖明設大法, 禮尤貴順人情)"라고 하였다. "율로는 대법을 세우고, 예는 인정을 따른다(律設大法. 禮順人情)"라는 것은 후한(後漢) 탁무(卓茂)의 말이다(『後漢書』 권55 「卓茂傳」). 汪輝祖, 『學治續說』〔法貴準情〕에도 같은 말이 보인다. 신혼인 자에게 잘못이 있어 장형 · 가호에 처해야 할 때는 잠시 유예하여 후일 집행하는 것이 낫다 하며, "정을 통하면서도 법을 굽히지 않는" 것이 어진 이의 기술이라고 설명한다. 주75, 81에서 인용한〔欒李氏呈詞判〕에서 또한 "이는 국가가 인정을 받아들인 것으로, 가엾기가 이를 데 없다는 뜻이다. 만약 존비의 명분에만 근거하여 예로써 다스린다면 왕왕 그 평(平)을 얻지 못한다(此國家體驗人情, 哀憐無告之意. 如第據尊卑名分, 以禮相責, 往往不得其平者)"라 한다. 명분도 예(禮)도 인정의 '평(平)'(무리없음)에 길을 양보한다. 『대청율례』〔立嫡子違法〕상란의 집주(輯註)에서도, 입사(立嗣)를 둘러싼 조례의 입법이유를 설명하며 "소위 예는 인정을 따른다는 것이다(所謂禮順人情也)"라 한다.

88 『槐卿政蹟』 권6, 16b〔奪繼絶嗣事〕.

89 『淸忠堂文告』 권3, 8a〔審斷嚴觀長承祧〕. 저자 주홍조(朱弘祚)의 이름은 교토대학 인문과학연구소 한적목록(漢籍目錄)에서 색인하였다.

확히 하고 그것에 강제력을 부여하는 것이지, 결코 정리와 법이 적대관계에 서는 것은 아니다. 가경연간의 장오위張五緯는 한층 명쾌하게 "율례라는 것은 천리와 인정에 기초하여 정한다律例者, 本乎天理人情而定"[90a]라 한다. 법률 또한 정리에 기초하는 것이라면, 정리에 근거함이 법률의 무시 · 경멸로 귀결된다는 구조적 연계는 생각할 수 없는 일이다. 광서연간 동패董沛의 판어에서도 마찬가지로 입사立嗣에 대한 율례를 인용하며, "이는 인정에서 연유한 것을 예例로 정한 것이다. 즉, 이른바 애계愛繼(애정에 의한 후계자 선정)의 설說이다. 성인聖人은 민을 굽어살피니, 현자를 세우고 아끼는 이를 세우는 일 하나에서도 주도면밀하다. 그 예例는 응계應繼(친소관계에 의한 후계자 선정)에 비해 더욱 상세하다此緣人情定例. 卽所謂愛繼之說也. 聖人俯察民隱, 於立賢立愛一端, 委曲周密. 其例視應繼爲更詳"라고 해설하고, "밝은 율례는 어명에서 나오니 성省과 부府의 고관 또한 필시 삼가 준수해야 한다. 남산南山은 옮길 수 있지만, 이 판判은 바꿀 수 없다煌煌律例出自御定, 省府各大憲亦必恪遵. 南山可移, 此判不可易也" 하면서 법률에 따른 재판은 어디에 내놓아도 흔들리지 않는다고 당사자를 타이르고 있다.[91] 마찬가지로 동패董沛 또한 "생각건대 남편을 잃고 재가하는 것은 금령에 들어가지 않는다. 이것은 성인聖人이 정을 체휼한 것이다惟夫亡再醮不入禁令. 此聖人體恤之情也"[92]라 말한다. 율례란 성인이 인정을 체휼體恤(남의 입장에 서서 배려하다)하여 제정한 것이므로, 이를 입에 담을 때는 "공손히 대청율례를 살펴보면", 또는 "무릇 대청율례는 만세토록 바꾸지 않을 경전이다"라고 표현하기도 한다.[93] 도대체 이러한 사고방식 어디에 '법의 경멸'이 있다 할 수 있겠는가.[94] 인민이라 하여 법을 경멸하고

90a 張五緯, 『未能信錄』 권1〔原起總論〕, 1a.

91 『吳平贅言』 권1, 4b이하〔彭大受呈詞判〕, 〔彭余氏呈詞判〕.

92 『汝東判語』 권3, 5b〔陳王氏呈詞判〕.

93 『汝東判語』 권3, 19a, 2b.

94 仁井田陞, 『中國法制史』, 岩波全書, 1963에 「東洋社會における法の輕蔑意識」이라는 항목이 있지만(pp.51-53), 그 논지는 지리하고 구체성이 부족하다.

있었다고는 말할 수 없다. 관헌으로서 개입해서는 안 될 곳까지 그들의 개입을 바라며 소訴나 신청이 행해진 사례가 산견된다는 사실을, 편견 없이 생각해 볼 필요가 있다. 족보를 고쳐쓴 행위를 벌해주기를 바라며 호소하였으나 "국가에 그 항의 율문이 없다. 무엇에 의해 살펴 의죄하겠는가"라고 하며 배척된 사례,[95] 과부가 개가할 때 남편의 실종으로 인해 개가하는 경우와 마찬가지로 관의 증명서를 교부해주기를 바란다고 신청하였으나 거부된 사례,[96] 기독교 개종자가 지역동족의 전통적인 영신새회迎神賽會 행사의 비용분담을 거부하는 것을 단속해주기를 바라며 호소하였으나, 총리아문總理衙門의 통달通達을 인용하여 "어찌 일족一族의 조규祖規가 일조一朝의 왕법王法보다 크겠는가"[97] 하며 배척된 사례 등이 그것이다. 앞서 든 며느리와 그 결혼한 딸과의 왕래를 금지해주기를 바란다는 시어머니의 소 등도 이와 비슷하다. 근대 민주주의가 침투하기 이전의 일본 민중도 무엇인가 마음에 들지 않는 현상을 보면, 마구잡이로 "왜 법률로 단속하지 않는가" 하는 단순한 사고가 없지 않았을 것이다. 이와 마찬가지로, 거기에는 역시 일종의 관헌 의존 또는 이용의 심리가 있었다고 보아야 할 것이다. 고상한 법의식은 아닐지도 모르지만, 법의 경멸이라고는 말할 수 없다.[98]

국가의 법률은 정리情理를 부분적으로 실정화한 것이고, 정리 일반의 작용에 단서를 제공하는 것이라는 성격을 가지고 있었던 것이다. 그 때문에 법률의 문언은 또한 정리에 의해 해석도 되고 변통도 될 수 있었다. 서사림徐士林은 혼약에서의 신의성실 문제를 둘러싼 율례의 해석을 전개하는 서두에서, "무릇 율은 국법이다. 즉, 인정이다夫律國法也. 卽人情也"라고 선언하고

---

95 『晦闇齋筆語』 권1, 10a〔魏汝泰呈詞判〕.

96 『晦闇齋筆語』 권1, 28a〔余陳氏呈詞判〕.

97 『汝東判語』 권3, 3b이하〔艾昇遠呈詞判〕,〔艾應辰等呈詞判〕. 이 책 제3장 pp.186-187에서 든 비(批)도 비슷한 부류이다.

98 中村茂夫, 「傳統中國法=雛型說に對する一試論」, 『法政理論(新潟大)』 12-1, 1979의 제2절 「民間處理說とその疑点」은 이에 대한 통설에 비판을 전개한 경청할만할 논의이다.

있다.[99] 큰 바다와 빙산의 비유는 이 의미에서도 적절하다. 정리라는 물의 일부가 응집된 형태를 이룬 것이 바로 법률이다.

법원法源으로서 고찰해야 할 것으로, 또한 '예禮'와 경의經義(유교 고전의 원용) 및 관습이 있다. 지면의 제약 상 상세한 논의는 후일을 기약하고 예상되는 결론만 말하면, 예가 언급되는 사안은 예상외로 적다. 예는 다분히 리의 일부와 겹치고[100]—리는 널리 거래법 분야까지 미치지만, 예는 거의 신분법 분야에 한정된다— 또 다분히 국법 가운데 체현되어 있어 직접적으로 '예'라는 이름으로 작동하는 일이 적다. 또한 "예禮는 때에 따르는 것을 중히 여기니, 옛것에 구애되지 않는다禮貴從時, 非可泥古", 현재의 법률은 "고례古禮의 틈을 보충한다"라고 하여[101] 예의 고전보다 현 왕조의 법률 쪽이 효력 면에서 우선한다고 되어 있었다. 형이 그의 요절한 아들을 위해 명혼冥婚(요절한 여자를 찾아 망자끼리 부부가 되게 하는 것)하는 것을 방지할 목적으로 동생이 소를 제기하고 『주례周禮』를 인용하여 그 잘못을 논하였다. 이것에 대해, "지금 세상에 태어나 고례古禮를 원용함으로써 망령되이 왕법을 고치는 것은 불가능하다. 어찌 옛 제도를 고집하여 망령되이 지금의 율을 고칠 수 있겠는가生今之世, 不能援古禮, 以妄改王章. 安能執古制, 以妄補今律乎"라고 우선 원칙을 제시한 후, 명혼과 같이 예에 근거가 없어도 민간에서 행해지는 풍습으로서 율문에도 금지가 없는 것을 단속할 수는 없다고 하여 소를 물리쳤다. 이러한 사례의 존재는 예의 효력면에서 주목할 만하다.[102]

관습에 관해서는 모든 것을 후일을 기약하되, 다만 한 가지만은 말해 두

---

99 『徐雨峰中丞勘語』 권4, 3a〔林禋告蘇送等案〕(앞서 든 주72의 사안).

100 예를 들면 "자식과 며느리는 따로 저축하는 것이 없고 자기 소유의 재물이 없다. 부친이 살아있다면 예(禮)로서 당연한 것이다(子婦無私蓄, 無私貨, 有父在則禮然)"(『槐卿政蹟』 권4, 2a)라고 하는 것과 앞서 든 "아버지가 살아있으면 아들은 마음대로 해선 안되는 것이 리이다(父在子不得自專, 理也)"는 실질적으로 같은 것이다.

101 『汝東判語』 권2, 5a〔王啓等呈詞判〕.

102 『汝東判語』 권3, 19a〔桂如祿呈詞判〕.

고 싶다. 즉, 지방관습 중에서 규범을 찾아내어 그것에 기초하여 판결을 내렸음이 분명한 사안을 필자는 끝내 찾아낼 수 없다. 사려 깊은 지방관이 부임한 지방의 풍속을 알기 위해 힘쓴 것은 사실이지만, 그것은 보편원리인 정리를 작용시키기 위한 전제로서의 사실 인식을 심화하기 위한, 즉 인정에 통하기 위한 것이었지 관습법이라는 실정적 규범에 정통하기 위한 것은 아니었다. 그것은 이따금 나타나는 것이기는 하지만, 판어 속에서 누속陋俗·토풍土風·토례土例가 어떠한 문맥에서 나타나는지를 살펴보아도 대략 짐작할 수 있다.

위와 같은 인식에 기초하여 관습법은 '청송聽訟'에서 법원法源의 고찰에서 제외된다고 하자. 판례법이 존재하지 않았음은 이미 서술하였다. 그리고 민법학자는 조리를 법원으로 치지 않는 것이 보통이다. 같은 용법에 따른다면 정리 역시 법원法源이 아니라고 말해야 한다. 결국, 중국 청대에는 극소수의 국법 조문—게다가 그 적용은 정리에 따라 변통될 수 있다— 이외에는 민사적 법원은 존재하지 않았다는 것이 된다. 그것이 사실이며 또 이상하지 않은 것이다. 왜냐하면, 본장의 서두에서 말했듯이 '청송'이란 교유적 조정이었고, 스포츠 경기의 심판과 뿌리가 같은 성질의 소송—노다 요시유키野田良之 씨가 말하는 아곤Agôn적 소송—이 아니었으므로, 규칙을 세세하게 정해 놓을 필요가 없었던 것이다.[103] 재판에서 공평성의 보장은 설령 마지못해 하는 것일지라도, 당사자의 수락에 의해 낙착된다는 절차구조 속에 놓여있었다. 당사자와 재판관 사이에서, 말하자면 밀고당기기를 통해

---

103 野田良之, 「私法觀念の起源に關する一管見—L. Gernetの研究を據所として」, 『私法學の新たな展開—我妻榮先生追悼論文集』, 有斐閣, 1975를 참조. 대부분의 분쟁이 민간지도자의 지방관습에 의거한 조정에 의해 해결되었기 때문에, 국가의 법정에서는 많은 법률을 필요로 하지 않았다는 시각(Sybille van der Sprenkel, *Legal Institutions in Manchu China*, 1962, p.119)에는 찬성할 수 없다. 아무리 많은 사안이 관헌에게 올라온다고 해도—사실 충분히 많은 사안이 올라오고 있었지만— "elaborate codification"의 필요는 생기지 않았을 것이다. 문제는 더 뿌리가 깊다.

정리가 낙착되는 곳이 정해졌다.

이상으로 불완전하지만 본장을 맺는다. 후일 이것이 보완된다 하더라도 여전히 기본적으로 부족할 것이다. 그것은 이미 서술한 것과 같이 '정情', '리理'라는 것은 수사이지 개념이 규정된 전문용어가 아니기에, 문자에 착목하는 본장의 연구법에는 기본적으로 한계가 있기 때문이다. 문자에 얽매이지 않고 사안의 내용 그 자체를 보아 거기에 작용하는 판단의 유형이나 성향을 끌어내야만 비로소 중국적인 정리의 구조가 여실히 해명될 것이다. 잡다한 사안의 내용을 그러한 방법으로 총괄적으로 연구하는 것은 불가능하다. 그러므로 그것은 혼약, 금전채권 또는 토지경계 분쟁 등과 같은 사안 유형별의 분석적 연구가 될 수밖에 없을 것이다. 본장의 표제를 '개괄적 검토'라고 한 것은 이 때문이다.

보유補遺

1. 도광연간 직예성 난성현欒城縣에서 토지에 할당되어 부과되는 요역은 금호衿戶(관신官紳 · 생원生員의 집)나 관역官役(궁병弓兵 · 문두門斗 등)에 충당되는 호戶에게는 종래 일반적으로 면제하고 있었다. 이것을 총독의 새로운 지령에 의해 이들에게 30무畝 분만 면제하는 것 외에는 일반 민호民戶와 마찬가지로 부과하는 것으로 하였다. 이 조치가 엄하게 관철되는 과정에서, 어느 생원이 교유敎諭(현학縣學의 교관)를 경유하여 불복을 제기하였다. 『학정전서學政全書』에 "거인과 공생, 생원은 모두 잡차雜差를 면제하여 학업에 전념토록 한다擧貢生員, 槪免雜差, 俾得專心肄業"라고 되어있다. 그러므로, 생원은 안지행차按地行差(토지에 할당되는 요역)도 본래 완전히 면제되어야 한다는 것이 그 주장이었다. 지현 계초만桂超萬은, 『학정전서』에서 말하는 '잡차雜差'라는 것은 문맥상 "총갑總甲 · 도차圖差 등 학업에 방해되고 굴욕을 초래하는 것을 가리켜 말하는 것이며, 안지행차의 차差—이것은 학업에 방해되지 않으며 굴욕을 초래하지도 않는다—를 가리켜 말하는 것이 아니다"라고 단斷하였다. 다만, 그것을 사견私見으로서가 아니고, 부府에 상신하여 이 해석의 승인을 얻은 후 생원에게 타일렀다(桂超萬, 『宦遊紀略』 권4, 3b-8a). 소송사건이 아닌 진정陳情과 그에 대한 대응에서 있던 일이지만, 『학정전서』와 같은 편찬물이 원용되는 것은 흥미를 끈다. 주20의 보충으로서 적어 둔다.

2. 대청율례는 결코 고정된 것이 아니고, 끊임없이 조례의 개정과 추가가 있었다. 그 개정 · 추가는 많은 경우 어떤 구체적 사안을 계기로 행해졌다. 형사안건과 조례 사이의 그러한 관계는 이 책 제1장, 제2장에서 이미 명확히 한 바인데, 민사적 사안을 둘러싸고도 동일한 관계가 보인다. 예를 들면, 『대청율례』〔인호이적위정人戶以籍爲定〕조례20, "안휘성 휘주徽州 · 영국寧國 · 지주池州 세 부의 민간 세복世僕으로, 현재 주인의 집에서 복역하는 이들은, 해방되고

3대가 지난 후 낳은 자손이라면, 비로소 연납捐納하여 시험에 응시함이 허락된다. 만약 이미 해방되어 현재 노복으로 복역하며 봉사하고 있지 않으며, 또한 현재 노복과 결혼하지 않은 자라면, 비록 과거에 토지주인의 산에 장사지내거나 토지주인의 땅을 소작했더라도, 모두 풀려나 양민이 된 것이다. 이미 3대가 지났다면, 즉시 그들이 연납하여 시험을 치를 수 있도록 한다安徽省徽州·寧國·池州三府民間世僕, 如現在主家服役者, 應俟放出三代後, 所生子孫, 方准報捐考試. 若早經放出, 並非現在服役豢養, 及現不與奴僕爲婚者, 雖曾葬田主之山, 佃田主之田, 均一體開豁爲良. 已歷三代者, 卽准其報損考試"(嘉慶十五年續纂)라는 규정을 보자. 이것은 가경14년(1809), 영국현寧國縣의 민民 아무개가 경공京控하여, 유성柳姓의 사람이 헌금을 하고 감생監生 신분을 취득한 것은 위법이라고 다툰 사건이 계기가 되어 생겼다고 알려져 있다. 아무개의 주장에 따르면, 상대방인 유성은 자기 집안에서 대대로 복무한 노복世僕 출신으로, 오래전의 일이라서 인신을 판매한 계약서 등은 현존하지 않으나, 유성의 먼 조상이 명대 선덕宣德연간(1426-1435) 이래 자기 집안의 산에 장사지내진 것이 그 증거라고 한다. 세복世僕은 천하기 때문에 관신官紳·생원生員이 되는 것이 불가능하다. 이 사건에 대해 부府의 통판通判 신분으로 그때그때의 필요에 따라 투입되는 관원의 지위에 있던 고정요高廷瑤와 안경부安慶府 지부 요명기姚鳴岐 두 사람이 순무로부터 명을 받아 심리를 담당했다. 그들은 아무개의 주장을 물리치는 단안斷案을 세움과 동시에 장래를 위한 입법을 건의했는데, 그것이 채택된 것이 앞서 든 조례이다(高廷瑤,『宦遊紀略』 권상, 48a-49b). 민사적 분야에서 판례에 의거한 사례는 보이지 않지만, 그와 유사한 의미를 갖는, 구체적 사안에 대해 취해진 처리법이 입법화되는 현상은 있었던 것이다. 하지만 그것도 손가락으로 헤아릴 정도였음이 틀림없다. 이 책 pp.320-321의 기술과 관련하여 부기한다.

3. 정은 법과 리의 엄격함을 수정·완화하는 작용을 한다고 서술한 것(pp.342-343)의 예시로서『번산비판樊山批判』중에서 다음의 두 가지 예를 추

가해두고 싶다.

〔유라주柳羅周의 정呈에 대한 비批柳羅周呈詞〕 "소장訴狀의 취지는 잘 알겠다. 이적선李積善은 3년 전에 그대들을 중개인으로 하여 760량兩에 왕조씨王趙氏의 가옥을 샀다. (가옥은 제3자에게 출전出典하였고) 그 기한이 만료되기 전으로, 매매계약서를 작성하였을 뿐, 대금은 아직 지급하지 않았다. 지금, 왕조씨는 다시 이 가옥을 초성焦姓에게 팔아 분규를 발생시키기에 이르렀다. 매수인(이적선)으로서는 리理로써 다투어, 당연히 먼저 계약한 자가 목적물을 취득해야 한다고 주장하지만, 매도인(왕조씨)은 정情으로써 간원하여 대가를 많이 내는 쪽에 가옥을 양도하고 싶다고 말한다. 매도인은 부인으로, 돈이 궁하여 가옥을 파는 것이며, 손익 외에는 안중에 없다. 초성이 대가를 100량 추가하였기 때문에 저쪽은 그만두고 이쪽으로 가려는 것이다. 리로는 이치에 맞지 않으나 정으로는 무리하게 책망될 수 없다. 이성李姓은 부자이므로, 어디에서라도 다른 물건을 입수할 수 있지 않은가. 빈궁하고 우매한 부인과 이런 보잘것없는 일로 싸울 필요는 없다. 이 가옥은 왕조씨가 다른 이(즉, 초성)에게 파는 것을 허락하고 전에 작성한 계약서는 폐지廢紙로 하는 것이 옳다據呈已悉. 李積善於三年前, 憑爾等作中, 以七百六十金, 買王趙氏房屋. 因當期未滿, 立約而未交價. 今趙氏復將此屋, 賣給焦姓, 致滋轇轕. 在買主執理而争, 自應成約在前者得業, 而賣主以情相懇, 總願出錢多者得房. 房主是一婦人, 因窮賣屋, 惟利是視. 因焦姓加價百金, 遂背彼而就此. 雖理說不去, 而情實可原. 李姓既有多金, 何處不可置業. 何必與貧窮糊塗之婦人, 争此閒氣. 此房著聽其另賣, 前約作爲廢紙可也."(권8, 8b)

출전出典중인 물건을 매수하는 때는 매매계약과 동시에 매수인이 매매대금에서 전가典價를 공제한 금액을 매도인에게 지급해 두고, 후일 매수인이 승전인承典人에게 전가를 지급하여 물건을 회속回贖하는 것이 보통이다. 이 건에서 대가를 일절 넘기지 않았다는 것은 이상하지만, 그것이 사실이었다고 한다면 이적선의 입장에도 약점이 있기에 '리'로 논하여도 미묘할 것이다. 판어는 그런 논의에는 들어가지 않고, 사회적 약자에 대해 강자의 관대함을 구한다는 논리로 밀어붙이고 있다. 리와 정의 문자 자체는 여기서도 일종의 표현 기교로 사용되고 있는데, 각주83에 첨부한 사건과 함께 음미하기에 적당하다.

〔요뢰씨姚雷氏의 정呈에 대한 비批姚雷氏呈詞〕 요뢰씨姚雷氏라는 부인이, 요유씨姚劉氏라는 동족 부인이 후사를 세우지 않고 사망한 후, 그 사위가 집을 점거하여 사손嗣孫 자격이 있는 자신의 아들 등이 얼씬 못하게 한다고 제소하였다. 이에 대해 조사한 후 처치할 것을 기다리라고 비批하였다. 그 가운데 사안을 평가하는 말로서, "예안例案을 가지고 말하자면, 이성異姓을 양자로 하여 종宗을 어지럽히면 안 된다. 하지만 속정俗情으로써 말하면, 아들과 사위가 대등하게 처우되는 일도 왕왕 있다. 요유씨로서는, 동거하는 사위 쪽이 소원한 동족의 질손姪孫보다도 훨씬 더 바람직하다는 것도 있을 것이다以例案言, 則異姓不可亂宗. 而以俗情言, 則兒婿兩當, 亦事所時有. 在姚劉氏視之, 上門女婿, 勝於遠房姪孫多矣"라고 말한다(권8, 29a).

속정俗情이란, 정통적인 것은 아니지만, 세간에 자주 보이는 보통사람의 마음으로 보아 무리가 없는 풍습이라고 뜻풀이할 만한 말일 것이다. 그것이 예안例案, 즉 법률의 원칙을 누그러뜨린 것이다.

05

법원法源으로서의 경의經義와 예禮, 그리고 관습

제1절 경의經義와 예禮

1.

본장은 이 책 제4장 중 원 게재지의 지면 제약으로 인해 상세한 논의를 후일로 기약한 마지막의 약 1페이지 부분에 관해 논술을 보완하려는 것이다. 전편에서 주된 고찰의 대상으로 한 국법國法 · 천리天理 · 인정人情은, 특별한 의도 없이 사료를 바라볼 때 떠오르는 세 가지로, 말하자면 사료의 흐름에 몸을 맡겨 고찰을 진행한 것이다. 이 장에서는 반대로 어떤 의도를 갖고 사료를 대했을 때 무엇이 나오는가, 또는 나오지 않는가 하는 것을 검증하는 데 초점을 맞추고 있다.

첫째, 경의經義, 즉 유교의 고전과 그 해석을 근거로 하는 입론 및 '예禮'라고 하는 것이 청대의 청송聽訟에서 판단의 이유로 원용되는 일은 없었는가, 그리고 그 비중은 어느 정도였는가 하는 문제이다. 이것은 완전히 중국 고유의 문화적 맥락 속에서 출발한 질문이다.

전한前漢의 무제武帝 당시 유학이 중국의 정통적 교학教學체계로서의 지위를 확립한 이래, 경서經書를 원천으로 형성되는 유교적 가치체계가 입법지침의 역할을 맡고, 시간의 흐름과 함께 법의 내용에 농후하게 침투해 나간 것은 이른바 '법의 유교화'라 하여 이미 잘 알려져 있다.[1] 그러나 그것에 그치지 않고, 종종 구체적 사안을 처리할 때 직접적으로 유교의 경서가 원용되는 현상이 발생했다. 가장 유명한 것은 한무제 치세에 동중서董仲舒가 조정에서 난해한 안건이 있을 때마다 자문을 받아 『춘추春秋』의 의義에 따

1 주요한 문장으로, T'ung-tsu Ch'ü, *Law and Society in Traditional China*, Mouton, 1961, p.267 이하, "The Confucianization of Law". 瞿同祖, 『中國法律與中國社會』, 龍門書店, 1967, p.241 이하.

라 판단을 회답하였다는 고사이다. 그 회답을 집성한 『춘추결옥春秋決獄』 이란 서책은 지금은 산실되어 전해지지 않으나, 다른 책에서 일부 전해지는 문장을 모음으로써 그 극히 일부분의 내용을 알 수 있다.[2] 후한의 진총陳寵도 정위廷尉로서 "종종 의문스러운 옥사를 의론하여 항상 직접 상주문을 만들었다. 매번 경전을 좇고, 힘써 관대히 용서하고자 했다"고 전해진다.[3] 동진東晉의 웅원熊遠은, 분별없이 사안마다 구체적 타당성을 고려함으로써 법의 획일성이 손상되는 폐해를 지적한 다른 신하의 상주에 대해 아래와 같이 말했다. 먼저 "무릇 박의駁議를 하는 자가 설령 율령의 절도節度를 위배하더라도, 마땅히 경전 및 전비前比 · 고사故事에 맞아야 한다. 정情에 맡겨 성법成法을 깨뜨려서는 안된다"라고 논했다. 그리고 "무릇 의議를 세우는 자는 모두 마땅히 율령과 경전을 인용해야 한다. 곧바로 정으로써 말하고, 의거하는 바 없이 구전舊典을 손상해서는 안된다"는 취지의 입법을 행하도록 진언했다.[4] 여기서는 명백히 경전, 즉 유교의 경서가 율령과 나란히 일종의 법원法源으로서 자각되고 있다. 칼 뷩거Karl Bünger의 당대唐代의 법원에 관한 논의에 "법원으로서의 고전古典"이라는 절을 두고 있는 것은—거기서의 논의가 적절한지와 밀도가 어떠한지는 제쳐놓고— 혜안이라고 할 것이다.[5]

---

2 동중서(董仲舒)의 이 고사는 『漢書』「董仲舒傳」에는 간단하게, 『後漢書』「應邵傳」 및 『晉書』「刑法志」에 거의 같은 문장으로 자세히 나타나 있다. 西田太一郎, 『中國刑法史硏究』, 岩波書店, 1974, p.87 이하; 程樹德, 『九朝律考』漢律考7〔春秋決獄考〕 참조. 니시다 타이이치로(西田太一郎)는 동중서에 국한하지 않고 일반적으로 '춘추(春秋)의 의(義)'라 말해지는 예를 모았으며, 청슈더(程樹德)는 동중서의 『춘추결옥』의 일문(佚文)을 게재하고 있다. 같은 일문을 모은 것으로, 『漢魏遺書鈔』 21에 수록된 "춘추결사(春秋決事)", 『玉函房輯佚書』 31에 수록된 "춘추결사"가 있다. 이들은 채록에 다소의 차이는 있지만 대체로 같은 일문 몇 개 조를 모으고 있다. 그 글은 Escarra, *Le droit chinois*, p.279 이하를 참조(谷口知平 옮김, 『エスカラ支那法』, p.313 이하에도 요약 번역되어 있다).

3 『後漢書』「陳寵傳」. 西田太一郎, 『中國刑法史硏究』, p.75 이하에서 기타 동종의 예를 들고 있다.

4 『晉書』「刑法志」(內田智雄 엮음, 『譯註中國歷代刑法志』, 創文社, 1964, pp.165-166).

5 Karl Bünger, *Quellen zur Rechtsgeschichte der T'ang-Zeit*, Monumenta Serica Monograph Ⅸ, 1946, pp.61-65. 『舊唐書』「刑法志」에 보이는 격투에서 아버지를 도와

하지만 시대를 내려와서 청대의 사태를 보면, 적어도 형안류 자료를 읽은 한에서는, 일상적인 형사의 법원으로서 경의經義가 원용되는 일은 거의 없다고 해도 좋다.[6] 청대 정도가 되면 형사사법의 직접적 준거로는 성문법과

적을 죽인 강매득(康買得)의 사건, 아버지의 원수를 갚은 양열(梁悅)의 사건 및 이 사건을 둘러싼 한유(韓愈)의 상주문이 고찰 대상이 되고 있다. 이 두 사건에서 고전의 장구를 원용한 것이 "사람들이 그것들을 재판관의 판결에 구속력 있는 것으로 생각하고 있었음은 의문을 품을 여지가 없는" 듯한 방식으로 행해지고 있었다고까지 말하는 것에는(p.62) 의문이 든다. 하지만 상주문 분석의 결론으로, "아무튼 고전의 장구 앞에서 성문법은 원리적으로 길을 양보하고 있었다고 말할 수는 없다"(p.65)라고 한 것은 옳다고 생각된다.

6 직접 자세히 조사하지는 않았으므로 결정적인 것을 말할 수는 없지만, 일반적 인상으로는 확실히 그렇게 말할 수 있다. 법사(法司)가 경의(經義)를 인용하여 의죄(擬罪)한 예로 겨우 눈에 띈 것은, 『형안회람』 권23〔因姦致死養媳議覆棘寺簽商〕(도광2년 설첩)이 『禮記』「曾子問」의 경문(經文)과 여러 주석을 인용하여 이례적으로 장문의 의론을 전개한 정도이다. 성혼하지 않은 민며느리(童養媳)와 그 시어머니 사이에 고부의 명분을 인정해야 한다고 논하고 있다. 민며느리가 항간의 풍습으로 고전에는 보이지 않고 법으로 정해진 복제(服制)에도 그 규정이 없기에 발생한 문제이다. 마찬가지로 민며느리를 둘러싼 형사사건으로 형부까지는 올라가지 않은, 시대적으로는 앞의 형안보다도 이른 시기의 사건이 왕휘조(汪輝祖)의 자서전에 보인다(『病榻夢痕錄』 권상, 乾隆二十一年(『汪龍莊遺書』, 華文書局, 1970, pp.284-286에 수록)).

건륭21년(1756), 강소성 무석현(無錫縣)에 포사(浦四)라는 자의 부인으로 어려서부터 기른 왕씨(王氏)가 있었는데, 포사의 숙부 포경(浦經)과 간통하여 발각됐다. 형명(刑名) 분야의 주석(主席) 막우(幕友)는 친족관계로써 논해야 한다고 하고, 차석 막우인 왕휘조는 일반인 간의 사안으로 논해야 한다고 말했다. 지현은 왕휘조에게 판결의 초고를 쓰도록 했는데, 왕휘조의 입안(立案)은 부(府)에서도 안찰사에서도 박(駁)을 당했고, 순무(巡撫) 또한 재차 박하였다. 그때마다 왕휘조는 해명하여 자신의 설을 관철했다. 그 마지막 해명문에서 말하길, "예기(禮記)에서, 아직 시집 사당에 참배하지 않은 며느리가 죽으면, 여자를 친정에 돌려보내 장례한다. 아직 며느리가 되지 않았기 때문이라 했다(『禮記』「曾子問」). 지금 왕씨는 아직 시댁 사당에 참배하지 않았으니, 아직 며느리가 되지 않은 것이다. 또한, 예기에 말하기를, 형벌을 내림에 가벼운 것에 따른다(『禮記』「王制」) 하니, 사람의 허물을 처벌함에 가벼운 것으로 견주는 것을 말한다. 서경(書經)에서는, 죄가 의심스러우면 가볍게 할 뿐이다(『書經』「大禹謨」) 했다. 며느리로 어려서부터 기른 것은 며느리에 가까운 것처럼 보인다. 예를 들어 왕씨가 이미 포사 가문에 들어간 것은 보통과는 차이가 있으므로, 보통과 비교하여 조금 무겁게 하는 것은 가능하다. 그러나 죄벌을 부과함에 친족관계로써 하는 것은 가벼운 것에 따른다는 의미와 부합하지 않는다. 하물며 만약 간통보다 무거운 다른 종류의 범죄가 있을 때 또한 성혼한 것과 똑같이 논하면, 형량의 변화가 너무 크지 않겠는가. 청컨대, 중가호(重枷號) 3개월에 따르되, 왕씨는 친정으로 돌려보내고, 포경은 포사를 위해 다른 여자를 처로 구해주게 한다. 이렇게 해도 가볍게 놓아준 것은 아닐 것이다"라 했다. 이것이 순무에게 받아들여져 사건이 낙착되었다.

선례가 이미 충분히 조밀하게 정비되어, 경의로 빈틈을 메울 필요가 거의 없어졌기 때문이라 할 것이다. 형사사법의 근본 토대에 유교적 가치체계가 일반적 지침으로 자리잡고 있었음은 부정할 수 없지만, 이 일반적 지침에는 이미 성문법의 구체적 · 기술적인 규정이 되어 충분히 담겨있으며, 법을 통해 작용할지언정 법을 뛰어넘어 직접적으로 작동하는 일은 없어졌다고 보아도 좋을 것이다.[7] 그렇다면 청대의 청송 현장에서 사정은 어떠했는가. 바

나중에 거론할 동패(董沛)의 판어(본장 주28, 29)를 함께 살펴보면, 마찬가지로 경서를 인용하여 논하고 있지만, 건륭, 도광, 광서로 시대가 내려옴에 따라 민며느리에게도 며느리의 명분이 성립하는 것으로 판단하는 방향으로 세상의 통념이 굳어져 갔던 것으로 보인다.

또 하나, 건륭34년, 아들이 다른 집안 10세의 어린 여자를 강간하여 더럽히자 그에 상심한 모친이 자살한 사건이 있었다. 삼법사는 이를 '부녀가 남과 통간하자 그 부모가 수치스러워 자살한 예(婦女與人通姦父母羞忿自盡例)'나 '10세 이하의 어린 여성과 관계를 가지면 화간이어도 강간과 같이 논죄하는 율(姦十歲以下幼女雖和同強論律)' 어디에 비춰보아도 교감후(絞監候)에 해당한다고 의죄(擬罪)했다. 그런데 황제는 부녀의 간통에 의한 부모의 자살과, 아들의 범간(犯姦)에 의한 부모의 자살은 전혀 사정이 다르다고 하여 판결을 변경하도록 명하였다. 상유 속에서 "또한, 경(經)에 의거하여 율(律)을 정한다. 그 리(理)는 본래 서로 같은 것에 속한다. 『春秋』에는 허(許)나라 세자가 독으로 왕을 시해함을 막았다는 고사가 있으니, 의례가 자세하다. 다만 스스로 독약을 먹어보지 않은 것을 죄로 하여 한 글자 '주(誅)'를 면하지 못했다. 형부 당관(堂官) 가운데 어찌 독서하여 경의(經義)에 통하는 자가 없겠는가. 어째서 끝내 천천히 생각해보지 않고, 법을 인용하여 오류를 범하는 것이 이와 같은가"라고 꾸짖고 있다. 이 또한 간접적이지만 사법과정에서 경의(經義)가 인용되고 있는 예이다(『회전사례』 권819). 여기서 『春秋』란 昭公十九年, "하오월 무진일, 허나라 세자가 그 부군이 시해되는 것을 막았다(夏五月戊辰, 許世子止弑其君買)"라는 좌전(左傳)과 곡량전(穀梁傳)의 기사를 가리킨다. 이상과 같은 예도 있긴 있지만, 조금만 찾아보면 얼마든지 나올 정도로 자주 나오는 것은 결코 아니다.

7 許同莘, 『公牘學史』, 上海商務印書館, 1947, p.188 이하에 다음과 같은 흥미로운 기사가 보인다. 가경초년, 행실이 좋지 않은 시어머니가 며느리에게도 간음을 강요했는데 따르지 않자 때려죽였다는 사건이다. 그때 예부(禮部)의 사관(司官)이었던 공양학자 유신수(劉申受)라는 자가, 율에 의하면 이 시어머니의 범행은 존비의 명분 때문에 경감되어 사죄(死罪)가 되지 않는데, 그것은 부당하다고 하여 『書經』의 「康誥」, 『春秋』, 『白虎通』, 『儀禮』의 「喪服」 등을 종횡으로 인용하며 율문에 얽매이는 것의 잘못을 논했다. 그리고 "조정은 경(經)을 씀으로써 법을 유지한다. 한갓 고부의 명분에 집착하여 민으로 하여금 예(禮)를 버리고 율로 징계하게 하면 안 될 것이다"라고 건의문을 끝맺었다. 허동신(許同莘)은 그 요지를 들어 엄격한 평석을 가한다. "상과 벌에는 당연히 각 시대의 왕조 법령이 있을 터이다. 한대(漢代) 사람이 옥사를 의논할 때 경의(經義)를 끌어온 것은, 그 시대의

꿔 말하면 성문법이 미비한 민사적 분야에서도 경의가 법원으로 큰 기능을 갖는 일은 없었는가 하는 것이 여기서 논할 문제이다. 그것은 또한, 법 · 리 · 정과 나란히 '예'라는 것이 또한 판단의 기초로서 즐겨 입에 오르는 일은 없었는가 하는 질문과 실질적으로 다분히 서로 겹치게 된다. 유교의 교설 가운데 사회생활의 외면적 규율에 관련되는 분야는 바로 예라는 말로 파악되고 있기 때문이다.

2.

왕휘조汪輝祖는 『좌치약언佐治藥言』 중에 "독률讀律"과 함께 "독서讀書"라는 절을 두고, 막우幕友인 자의 주의사항으로서 법률에 정통하는 것뿐 아니라 힘써 일반적으로 유익한 책을 읽는 것을 권하며 다음과 같이 말한다.

법망(法網)이 듬성듬성했기 때문이다. 그 때문에 경의를 가지고 법령의 옹색함을 구제했다. 시어머니가 며느리를 죽인 죄 등은 건륭연간에 이미 특별조문이 성립되었으니 멀게 경설(經說)을 끌어올 필요가 없다. 건륭37년의 정례(定例)에, '존장이 비유를 살해한 사건에서 남과 통간하여, 그로 인해 며느리가 눈에 거슬려서 억지로 명하여 함께 음행하자 했는데, 따르지 않자 죽여서 입을 막자고 모의한 경우는, 모두 일반인 간의 모살(謀殺) 율에 따르며, 수범과 종범을 분별하여 각각 참감후, 교감후로 한다(凡尊長故殺卑幼案內, 如有與人通姦, 因媳礙眼, 抑令同陷邪淫不從, 商謀致死滅口者, 俱照平人謀殺之律, 分別首從, 擬以斬絞監候)'(『대청율례』〔謀殺祖父母父母〕조례2)는 것이 있다. 또한 건륭56년의 정례에 '간음으로 인해 자녀를 죽여 입을 막은 자는, 자신이 주도했는지와 관계없이, 친모라면 교감후에 처하고 계모나 후모라면 참감후에 처한다. 시어머니가 간음으로 인해 며느리를 죽여 입을 막은 경우에도 동일하다(因姦將子女致死滅口者, 無論是否起意, 如係親母, 擬絞監候, 繼母 · 嗣母擬斬監候. 姑因姦將媳致死滅口者同)'(『대청율례』〔毆祖父母父母〕조례6)는 것이 있다. 유신수가 이 옥사를 의논한 것은 가경초년의 일이다. 그때 예부의 사원(司員)은 설사 율령에 밝지 않다고 해도, 형부에는 사람이 없었을 리가 없다. 어째서 이런 일을 모를 수 있는가." 더욱이 유신수의 말은, 경의의 해석으로 보아도 완전하지 않다고 하며 그 약점을 지적하여 "경전이 그릇됨을 낳는 것을 보면, 대체로 이와 같다"라고 끝맺는다. 여기에서 법실무가의 기상(氣像)을 보는 듯한 느낌이다. 청대의 법실무는 이미 그만큼 치밀한 것이 되어있었다.

고전을 학습하여 관官의 길로 나가는 것을 막우가 자신의 책임으로 명심할 필요는 없다. 하지만 막우는 관을 보좌하여 다스림을 행하는 자이며, 역시 주인主人과 의논을 격렬하게 주고받을 책임이 있다. 난해한 큰 사건이라도 만나면, 경서經書를 인용하여 결정적 근거로 삼을 필요가 있는 경우가 생긴다. 평소 독서하지 않으면 그것을 하지 못한다.

學古入官, 非可責之幕友也. 然幕友佐官爲治, 實與主人有議論參互之任. 遇疑難大事, 有必須引經以斷者. 非讀書不可.

그리고 이어서 자신이 직접 다룬 두 사건을 예로 들고 있다. 하나는 건륭 27년 절강성 수수현秀水縣에서 지현 손이주孫爾周의 막우로서 예기禮記에 보이는 '부식祔食'이라는 개념을 원용하여 부호 도씨陶氏의 족인 간에 있었던 입사立嗣를 둘러싼 분쟁에 결판을 낸 사건이다. 다른 하나는 건륭44년 절강성 오정현烏程縣 지현 홍덕興德 밑에서 처리한 사건이다. 풍馮A라는 자는 동종同宗에 사람이 없어 모계의 피가 이어진 이성異姓의 사람을 양자로 삼고 있었다. 그가 사망하자 동성同姓이지만 종宗이 다른 풍B가 나타나 자기의 상속권을 주장하여 소송이 되었다. 왕휘조는 송나라 유학자 진순陳淳(주희의 문제門弟)의 『북계자의北溪字義』에서 "계통은 동종을 무겁게 본다. 성이 같아도 종이 다르면 곧 이성과 차이가 없다系重同宗. 同姓不宗, 卽與異姓無殊"라는 설을 인용하여 B의 주장을 물리쳐 쟁단을 끊었다. 두 사건 모두 왕휘조의 자서전 『병탑몽흔록病榻夢痕錄』에도 적혀있다.[8]

위의 첫 번째 사건에서 말하는 부식祔食이란, 고례古禮에서 어떤 죽은 자의 위패를 전용장소에 안치하여 전용공물을 바치지 않고, 그자의 부조父祖의 위패에 종속하는 형태로 안치하고 부조를 위한 공물이 그자에게도 분향分享되도록 차려놓은 제사방식을 말한다. 『예기禮記』「상복소기喪服小記」

8 『汪龍莊遺書』, pp.206-208, 307-308, 354에 수록.

에는 다음과 같이 쓰고 있다.

> 서자庶子(적장자 이외의 모든 아들)는 미성년으로 사망하거나 자손을 남기지 않고 사망한 자에게 제사지내지 않는다. 미성년 사망자와 자손을 남기지 않고 사망한 자는 조부祖父에 부식祔食하기 때문이다.
>
> 庶子不祭殤與無後者. 殤與無後者, 從祖祔食.

먼저, 성년이 되기 전에 사망한 자 및 후손이 없는 자의 경우 그 위패를 만들었다면, 이것을 그자의 부친이든 조부이든 이미 사망하여 제사의 대상이 된 선조 가운데 가장 가까운 세대의 선조의 위패에 부식祔食시킨다는 일반 원칙이 있다. 그런데 서자는 자신의 집에 아버지의 위패를 갖고 있지 않다. 그것은 종자宗子(적처가 낳은 장자)의 집에 있다. 서자의 아들이 그 서자에 앞서서 또 자신의 자손을 남기지 않고 사망한 경우, 이 사망자는 서자의 아버지(사망자의 조부)에 부식하게 된다. 그러나 그 위패는 종자의 집에 있으므로 서자는 자기보다 먼저 사망한 이 자식을 위한 제사를 스스로 제주祭主가 되어 행할 수 없다. 앞서 소개한 경전의 글은 그것을 말한 것이다. 그렇다면, 자손을 남기지 않고 사망한 자를 위해 동종同宗 중 소목昭穆에 해당하는 사람을 선택하여 후사로 세우는 일은 없었는가. 이 점에 대해서는 후세의 관습과는 현저하게 다른 고례古禮의 원칙이 있다. '타인의 후사가 되는' 것, 즉 후세에서 말하는 입사立嗣(구어로는 과계過繼, 과방過房)는 대종大宗, 즉 적자의 후계가 끊기지 않게 하기 위해 행해진 것이다. 그러므로 서자는 후계가 끊어져도 입사하지 않고, 부식의 방식으로 제사가 계속 이어진다면 그것으로 충분하다고 여겨지고 있었다. 『의례儀禮』「상복喪服」〔자최부장기齊衰不杖期〕장에서 "타인의 후계된 자는 그 부모를 위해 보답한다爲人後者, 爲其父母報"는 부분에서는 아래와 같이 말한다.

> 타인의 후계가 되는 것이란 누구의 후계가 되는 것인가. 대종의 후계가 되는 것이다. … 대종은 족을 하나로 합쳐가는 것이니, 끊을 수 없다. 그러므로 족인은 자기의 후계가 아닌 자식을 내세워 대종의 후계로 한다.
>
> 爲人後者孰後. 後大宗也. … 大宗者收族者也, 不可以絶. 故族人以支子後大宗也.

이상의 언설 속에 부식의 이념이 표명되어 있다. 그런데, 도씨陶氏의 안건이란 다음과 같다. 도혜선陶惠先이란 재산가에게 5명의 아들이 있고 그 사후에 다섯 형제의 가족이 여전히 분가하지 않고 생활하고 있었는데, 그 가운데의 장방長房(장남의 집안)의 대가 끊어졌다. 순서로서는 차방次房의 아들을 주어 대를 이어야 한다. 그런데, 도혜선의 부친은 본래 2명의 형제 중 형이고 혜선은 그 외아들이었는데, 형제 중에 동생 쪽(혜선의 숙부)에 아들이 없었기 때문에 혜선이 대를 이어 숙부의 후계자가 되었다는 사실이 있다. 혜선의 셋째 아들, 즉 삼방三房이 이 사실을 방패로 삼아, 혜선의 둘째 아들은 돌아가서 혜선의 친부의 제사를 계승하는 것이 아버지 혜선의 유명遺命이었다고 날칭했다. 따라서 차방은 혜선파派 아래의 상속문제에서는 제외된다. 그리고 순서상 그 다음에 해당하는 삼방, 즉 자신의 아들이 장방을 이어야 한다고 주장하여 분쟁이 된 것이다.[9] 동족의 여론도 두 파로 나뉘었고, 소송은 성도省都의 포정사布政司와 순무에게까지 넘겨져 많은 명사名士가 의견을 내었으나 해결되지 않았다. 왕휘조의 주인主人이 순무로부터 그 조

---

9 왕휘조가 『夢痕錄餘』 가경10년(1805)의 단에 기록한 후일담에 따르면, "도씨 집안은 재산이 많아 아직도 나뉘지 않았다(陶氏家貲巨萬, 向未分析)" 한다. 즉, 혜선의 부친과 숙부가 분가하지 않은 것처럼, 혜선의 다섯 아들도 분가하지 않았던 것이다(『汪龍莊遺書』, p.740). 아마도 혜선의 부친은 비교적 일찍 죽고 숙부에게는 아들이 없어, 숙부와 혜선이 부모 자식 관계처럼 되어버렸을 것이다. 차방(次房)을 혜선의 친부에게 보내 대를 잇게 해야 한다는 의론은 물론 친부와 숙부의 세대로 거슬러 올라가 그루터기부터 분할을 해야 한다는 의미는 아니다. 오방(五房)이 가지 끝에서 분할하는 것을 당연한 전제로 한 후, 장방(長房)의 후사로서 차방(次房)이 아들을 내보내는 것을 견제하기 위한 정도의 논의이다.

기 해결을 지시받았을 때, 왕휘조는 밤새워 생각한 끝에 예경禮經의 부식祔食이라는 글이 머릿속에 번뜩였다고 한다. 이것을 원용하여, 차방이 혜선의 친부를 계승하는 것은 할아버지 항렬인 자를 아버지로 삼는 형태가 되기 때문에 결코 불가하다고 먼저 정해두고, 혜선의 친부는 그의 아버지, 즉 혜선의 할아버지에 부식하는 것이 좋다, 그렇게 하면 혜선의 자손이 이어지는 한 혜선의 친부의 제사도 끊기지 않게 된다는 단안斷案을 세웠다. 이로써 그토록 어려운 사건도 해결되어,[10] 자서전의 표현에 따르면 "한 때의 헛된 명예가 갑자기 일어나" 왕휘조의 평판이 자자해졌다 한다.

왕휘조는 그 후에도 이 부식의 설을 애용했다. 절강성 평호현平湖縣에서는 자산가의 상속 사안이 다발하여 고민거리였다. 이에 왕휘조는 주인主人과 상의하여, 친아들이 없이 본인이 생존하고 있거나 본인은 사망하고 그의 처가 생존해 있다면, 살아있는 본인이나 처가 자주적으로 대를 이을 자를 고르도록 하고, 부부가 모두 사망했는데 친아들이 없어 발생한 다툼에 관해서는 "후사가 없으면 조상에 부식한다"는 예禮를 원용하기로 하였다. 즉, 유산을 부제祔祭를 위해 족인이 공동관리하는 목적재산으로 지정하고, 그 수익으로 제수 비용을 충당하도록 하되, 특정한 한 사람을 사자嗣子로 세워 유산을 승계토록 하는 것은 인정하지 않는 방침으로 임하기로 하였다. 이를 수년간 행하자 소송이 꽤 줄어들었다고 한다. 그동안 다룬 안건 중 두 가지 안건에 대해서는 자서전에서 상세하게 말하고 있다.

첫 번째 안건은, 수구殳球라는 자가 시마숙緦麻叔인 수봉우殳鳳于가 죽고 아들이 없는 것을 보고, 친소의 등급으로 말하면 자신이 그의 사자嗣子가 되어야 한다고 다툰 사건이다. 수봉우에게는 형이 있었는데, 형에게는 아들이 한 명밖에 없어 아들을 보내 대를 잇게 하지는 못한다. 수봉우는 형과 분

---

10 장방(長房)의 후사가 어떻게 되었는지는 구체적으로 적혀있지 않지만, 차방(次房)으로부터 대를 잇는 것으로 결말지어졌을 것이다.

가하지 않은 채 사망하였고, 그후 그의 처도 사망하고 딸은 시집을 갔으며, 유산(형과 분가하지 않았는데 유산이 있다고 한다면 처가 지참해 온 재산이었던 것일까)으로 전지 270무畝가 있었다. 왕휘조는 이에 대해 비批를 내려, 유산 중 100무를 시집간 딸에게 주고, 20무는 수봉우 부부의 장례 비용으로 하며, 150무는 제사용 재산으로 하여 수봉우 부부를 그의 아버지에게 부祔하여 제사하는 것으로 하되, 수구는 참견해서는 안 된다고 재정하였다. 수구가 부府에 상소하자 지부知府는 왕휘조의 판단을 평하기를 "굽은 것을 바로 잡는 것이 실로 지나쳐서, 평윤平允을 밝히지 못했다", 즉 그것이 지나치게 독창성이 강한 것에 난색을 표했다. 그리고 "명하노니, 법을 조사하여 후계를 정하고 법에 비겨 결과를 보고하라", 즉 대청율례에 준거하여 사자嗣子를 세우는 방향으로 검토하여 다시 입안하여 보고할 것을 하명했다. 이에 대한 왕휘조의 해석은 조례에서 자식이 없는 자는 동종의 소목에 해당하는 조카로 하여금 승계시키는 것을 "허許"한다고 하며, 대를 이은 이에게 소홀함이 있으면 관에 고하여 다른 이를 세우는 것을 "청聽"한다고 말하고 있으므로,[11] 어느 규정이나 입사를 강제하는 의미는 아니라는 법률해석론에서 시작한다. 이어서 자신의 판단이 얼마나 정리情理에 맞는지를—정리라는 말 자체는 쓰지는 않지만— 하나하나 해명한 상세하고 이치에 맞는 의론으로 대답하니, 지부도 그의 식견과 문장에 감명하여 마침내 동의하였다.

두 번째 안건은, 왕휘조가 부식祔食의 수법을 자주 쓰는 것을 보고, 반대로 족장이 부식을 신청한 사건이다. 나이는 30여 세이고 아들 없이 두 딸을 데리고 과부로 산 지 4년 된 한 과부가 있었다. 남편의 유산 42무가 있으나, 족장은 부식의 예에 비추어, 그 유산을 모두 종사宗祠에 맡겨 제사를 위한 재산으로 삼고 방장房長이 이를 관리하도록 하여 과부가 멋대로 매각하는

11 『대청율례』〔立嗣子違法〕조례1, 3.

것을 막고 싶다고 신청하였다. 왕휘조의 주인인 지현은 황제를 배알하기 위해 일시적으로 임지를 떠났기에, 막우인 왕휘조도 집에 돌아와 대기하고 있었다. 그 부재중에 부임한 지현 대행이 이 신청을 허가하여, 전지는 족장이 임대료를 거두고, 임대료로 받은 쌀 가운데 매년 30석을 과부에게 주되, 나머지는 모두 종사에 넣으라는 결정을 내려 당사자들의 준결遵結을 모두 받아버렸다. 얼마 안 가 임무로 복귀한 왕휘조는 이 지현 대행의 조치를 뒤집었다. "부인이 남편을 잃고 아들 없이 절개를 지키는 경우 남편의 몫을 계승한다", "호戶가 끊긴 재산은 동종으로서 승계할 사람이 없으면 친딸이 승계한다"는 것이 법의 규정이라는 것이다.[12] 그러한 권리가 있는 과부와 친딸에게 겨우 1년에 30석을 주고 부외자인 족장이 재산을 장악하는 것에 대해 "이러한 제도가 없고 이러한 풍속도 없다"라고 하고, 새로운 조치로서 42무 가운데 5무를 제사용 재산으로 지정하게 했다. 다만, 친딸이 출가하고 과부가 사망하면 비로소 종사에서 임대료를 거두어 부부를 부제祔祭하는 것으로 했다. 남은 37무는 과부의 운영에 맡겨 이를 유지하거나 환금하되, 족인이 간섭해서는 안 된다고 정하여 과거의 준결을 파기하고 새로운 준결을 마련하여 종결지었다.[13]

이상을 보면, 왕휘조는 예경禮經의 부식이라는 말에서 하나의 아이디어를 얻은 것이지, 예경 안에 정리된 형태로 어떤 규범명제가 기재되어 있고 그것을 원용하여 그 구속력에 의거하고자 한 것은 아니다. 그의 논지에서 주요한 흐름은 법률에서도 단서를 찾으면서 전개되는 정황 타당성의 설득, 즉, 정리론情理論이다. 어느 정도의 자산이 있는데 아들을 남기지 못하고 사망한 자의 후계로는, 그것이 몇 명이든 동종 소목의 해당자 중에서 사자를

---

12 『대청율례』〔立嗣子違法〕조례2;〔卑幼私擅用財〕조례2.

13 이상 평호현(平湖縣)에서의 일은 『病榻夢痕錄』 건륭31년의 기사에 보인다(『汪龍莊遺書』, pp.318-325).

세워 제사를 지내게 하는 동시에 자산을 승계하게 하였다. 이것은, 상고上古 시대에는 어떨지 모르겠으나, 후세의 중국에서는 없애기 어려운 세상의 풍습이었다. 그리고 그 자체는 올바른 일이지만, 왕왕 제사를 명분으로 삼아 실제로는 재산을 노리는 추한 분쟁이 일어나 다투기도 했다. 그러한 폐해로부터 구하기 위해 왕휘조는 부식이라는, 사자를 세우지 않고 끝내는 방식을 생각해 내었다. 만약 내용적으로는 같은 것을 다른 말을 써서 자신이 창안한 것으로 설명했다면, 당사자도 그의 상사도 결코 납득하지 않았을 것이다. 경서에서 부식이라는, 옛사람이 남긴 규범 · 선례를 빌려옴으로써 사람들을 안심시키고 승복시키는 것이 가능했다. 그러나 어떤 경우에 부식의 방식에 따를 것인가 하는 규범까지가 경서에서 취해졌던 것은 아니다. 그 운용은 오로지, 법률도 주시하면서 이루어지는 정리의 판단 가운데 놓여 있었다. 경서가 가지는 규범성이란 대체로 이러한 것이었다는 점을 충분히 유념할 필요가 있다.[14]

왕휘조 자신도 위와 같은 점을 자각하고 있었다. 호건胡虔이라는 인물이 『좌치약언佐治藥言』을 읽고, 앞서 본 수수현秀水縣 도혜선의 사건에 관해 왕휘조가 취한 조치에 대해 비판의견을 저술했다. 그 문장을 보고 왕휘조가 해명, 반론한 말 속에 그러한 자각이 엿보인다.[15] 고례古禮에 의하면 서자는 자식이 없어도 형제의 자식을 데려와 후계자로 삼는 일은 없었으므로, 혜선이 숙부의 후계가 된 것이 애당초 부당하다. 또한 혜선의 장자도 대종大宗이 아니므로 후계자를 세울 수 없으며, 부식이라 한다면 혜선의 숙부를 할아버

---

14 중국의 고전이 가지는 규범성의 의미에 관해, 『吉川幸次郎全集』 2, 筑摩書房, pp.307-310, 445-446을 참조. "(오경(五經)) 가운데는 도리를 짐작할 수 있는 사실이 있을 뿐, 도리를 도리의 형태로 설명한 부분은 매우 적다", "불교나 회교의 계율이 살생을 금하고 돼지고기를 먹는 것을 금지하는 것과 같은 글귀는 (중국의 경전에는) 드물었다"라고 설명한다.

15 이하, 『夢痕餘錄』 가경10년의 기사(『汪龍莊遺書』, pp.740-742).

지에 부祔해야 한다는 것이 호건의 의론이다. "예문禮文에 근거하여 회답해 설명하니, 그 말이 심히 옳다"라고 왕휘조도 그 논지를 일단 긍정했다. 하지만 그것은 "지금의 상황"에는 적합하지 않다. 거슬러 올라가 혜선의 지위까지 문제로 삼았다면, 그 점을 파고들어 부유한 집의 재산을 노리는 동족의 무리가 소란을 일으켜 도씨 집안은 파산에 이르지 않을 수 없었을 것이다. 자신은 "일시적인 편의적 조정"으로 그렇게 할 수밖에 없었던 것으로, 그 결과 도씨 집안은 안정을 지켰다. "또한, 예禮는 인정人情을 좇는다. 정情이 금하지 않는 바를 예를 가지고서 빼앗는 것은 불가하다." 세간에서는 아들이 없는 경우, 조금이라도 자산이 있으면 입사立嗣하지 않는 자가 없는데, 호건의 설에 따르면 혜선의 숙부도, 장자도 입사하지 못한다. "이를 인정에 비춰 헤아리면, 역시 평안하지 않은 것" 아니겠는가. "내가 전에 서술한 것처럼, 경서를 인용하여 옥사를 결단하는 안건에서 왕왕 경서의 뜻은 반드시 그와 같지 않음이 있다. 매번 경서를 빌려와 인심을 억누를 뿐이다. 자연히 지방의 경영이 어려워지고 온 신경이 경전에 쓰인다. 그러므로 경서에 밝은 상관上官은 굽혀서 따라주지 않음이 없는 것이다." 즉, 왕휘조에게는 경서에 있는 말의 순수 학술적인 의미가 무엇인가는 반드시 심각한 문제는 아니었으며, 보다 고심한 것은 정리情理에 적합한 해결이었다. 사람들의 마음을 승복시키기 위한 유효한 수단으로서 경서의 말이 도움이 된다면 그것으로 충분했던 것이다.

또한 젊은 나이에 미혼으로 죽은 자의 후계자를 입사시켜야 하는지가 자주 큰 분쟁의 씨앗이 되었는데, 여기서도 예禮에 대한 언급이 나타난다. 마찬가지로 왕휘조가 건륭25년 강소성 소주蘇州의 장주현長洲縣에서 다룬 과부 주장씨周張氏의 사건이 그것이다.[16] 장씨에게는 남편의 유복자인 계랑繼

---

16 『病榻夢痕錄』 건륭25년의 기사(『汪龍莊遺書』, pp.740-742).

郞이란 아들이 있었다. 18세가 되자 혼약을 하였는데, 다음 달 성혼이 예정된 시점에서 사망해버렸다. 장씨는 이 계랑의 후사를 세우려고 했으나, 족인들은 장씨의 남편을 위해 입사해야 한다고 주장했다. 18년 동안 소송이 계속되어 여전히 결판이 나지 않았다. 그럴만도 한 것이, 역대의 지현은 모두 족인들끼리 의논하여 결정하라고 지시했을 뿐, 스스로 책임이 있는 판단을 내리려고 하지 않았기 때문이다. 건륭19년에 장씨는 어떤 자를 거명하여 그를 남편의 손자(즉, 계랑의 아들)로 입사하려고 하였으나, 족인들은 그자는 아직 갓난아기여서 장성할 것인지 아닌지를 알 수 없다고 말하며 반대하여, 이 일 또한 흐지부지되고 말았다. 또다시 소를 낸 장씨의 소장을 보고, 두께가 몇 자에 달하는 종래의 사건 기록을 조사한 왕휘조는 다음과 같은 비批를 기초했다.

> 장씨는 유복자인 계랑을 보살펴 길렀으나, 계랑이 결혼을 목전에 두고 사망해버렸다. 그 마음의 아픔은 필시 보통의 배가 될 것이다. 입사立嗣하지 않으면 계랑은 뒤가 끊겨버리게 된다. 18년간 보살펴 기르며 고생한 것도 결국 소용없는 일이 되어버린다. 계랑을 위해 입사하고 싶다고 생각하는 것이 참으로 인정에 가까운 것이다. 족인들은 "계랑은 처를 얻지 못하고 사망했다. 입사하면 그 사자嗣子에게는 어머니가 없는 것이 된다. 천하에 어머니 없는 아이는 없을 터이다"라고 주장한다. 그러나 이 성어는 경전에 보이지 않는다. 오히려 "요절한 자의 뒤를 잇는 자는, 그 복服으로써 복服한다"라고 한 것이 예禮에 명문이 있는 말이다.[17] 만약 요절자에

---

17 『禮記』「喪服小記」, "요절한 자의 뒤가 되는 자는, 그 복으로써 복한다(爲殤後者, 以其服服之)." 정현(鄭玄)의 주에 따르면, "뒤가 된다고 말하는 것은 계승하는 것을 말함이다. 요절자는 아버지가 될 수 없으므로, 본래의 복제(服制)로써 복제를 하는 것이다(言爲後者, 據承之也. 殤無爲人父之道, 以本親之服服之)"라고 한다. 주에서 말하는 것은, 보통 "뒤가 된다"는 것은 부자관계를 의제적(擬制的)으로 설정하는 것을 말하지만, 여기서는 그렇지 않다. 대종(大宗)의 현 당주가 미성년이고 더욱이 사망하고 만 때는 족인이 들어와 대종을 잇는 것인데, 그때 "뒤가 된다"는 것은 그것을 이어받는 것, 즉 대종의 지위를

게는 입사하지 않는다는 것이 규범이라면, 누가 요절자의 뒤를 잇는 것인가. 율에 규정이 미비한 것을 예로 해결할 수 있다. 요절자의 후세를 끊어 다정한 어머니의 마음에 상처를 주기보다는, 요절자에게 입사하여 정절 있는 부인의 뜻을 완수하게 하는 쪽이 좋지 아니한가. 건륭19년에 장씨가 손자로 입사시키려고 했던 어린 아이는 지금 이미 16세가 되었고, 공동의 선조로부터 내려온 세대世代의 수에서 보아도 적격이니, (이 자를 사자로 정함으로써) 즉시 결판을 짓는 것이 좋다. 이 위에 여전히 다투어 소송서류를 어지럽게 쌓아올릴 필요가 어디 있겠는가.

張撫遺腹繼郎, 至於垂婚而死. 其傷心追痛, 必倍尋常. 如不爲立嗣, 則繼郎終絶. 十八年撫育苦衷, 竟歸烏有. 欲爲立嗣, 實近人情. 族謂, 繼郎未娶. 嗣子無母. 天下無無母之兒. 此語未見經典. 爲殤後者, 以其服服之, 禮有明文. 殤果無繼, 誰爲之後. 律所未備, 可通於禮. 與其絶殤, 而傷慈母之心, 何如繼殤, 以全貞婦之志. 乾隆十九年, 張氏欲繼之孫, 現在則年已十六, 昭穆相當, 卽可定議. 何必彼此互争, 紛繁案牘.

이에 대하여 동료 막우는 모두, "율을 버리고 예禮를 인용하는 것은 일을 함에 기이함을 좋아하는 것 같다", 또한 종래 몇 번이고 족인들 사이에서 상의하라고 지시한 안건에 대해 관이 갑작스럽게 억단臆斷을 내리면 반드시 물의를 빚을 것이라고 비평했다. 주인主人도 꽤 난색을 나타내었으나, 왕휘조는 직을 걸고 소신을 관철했다. 과연 족인이 빈번히 재소했으나 모두 수리하지 않고, 마침내 순무에까지 상소되어 사건 서류의 제출을 명받는 사태

잇는 것에 착목하여 말하는 것이다. 요절자에게는 다른 이의 아버지가 될 자격이 없다. 까닭에 이때 대종을 계승한 족인은 미성년으로 사망한 선대를 아버지로 하여 3년상을 지내지 않고, 종래부터의 자연적인 혈연관계에 대응하는 복상의 형태를 취할 뿐이라는 의미이다. 그렇게 보면, 여기의 비문(批文)과 같은 문맥에서 이를 인용하는 것은 사실 적당하지 않고, 오히려 긁어 부스럼이 되는 것은 아닐까 하는 의문이 생긴다. 이 또한 앞서 본 왕휘조의 말에서 "왕왕 경서의 뜻은 반드시 그와 같지 않음이 있다"라고 한 것의 한 예일지도 모른다.

가 되었다. 그러나 왕휘조는 꿈적도 하지 않았고, 결국 그의 단안斷案을 순무巡撫(『오종유규五種遺規』 등의 저서를 남긴 진홍모陳弘謀)가 받아들임으로써 사건은 낙착되었다.

위의 사건을 오늘날의 관점에서 보면, 대청율례 속에 상세한 규정이 있어(『대청율례』〔입적자위법立嫡子違法〕 조례5), 사망자가 16세 이상 혹은 기혼이라면 원칙적으로 입사하고, 15세 이하이고 또 미혼이라면 원칙적으로 입사하지 않는 것으로 정하고 있어서 18세에 사망한 아들에게 입사하는 것은 당연하다 할 것이다.[18] 그러나 이 조례는 건륭40년에 제정된 것으로, 왕휘조가 위 안건을 다룰 때는 율례의 규정이 없었던 것에 그의 고심이 있었던 것이다. 그것은 비문批文의 "율에 규정이 미비한 것을 예로 해결할 수 있다律所未備, 可通於禮"라는 말에도 표현되고 있다. 동료 막우가 그것을 "율을 버리고 예를 인용한다舍律引禮"라고 평한 것은 실은 무리한 비난이지만, 그렇게 오가는 말 속에서, 법원法源으로서 가장 우선하여 의거해야 할 것—이의를 봉쇄하는 데 가장 유효한 것—은 현 왕조의 성문법이며, 예의 고전을 인용하는 것은 그 미비한 곳을 보강하는 자리매김이었다는 사정을 읽어 낼 수 있다. 그리고 비문의 전반부를 매듭짓고 있는 "참으로 인정에 가까운 것이다實近人情"라는 구절은 매우 중하다. 왕휘조로서는, 18세에 사망한 아들에게 입사하고 싶다는 모친의 요구가 보통사람으로서 무리가 없는 바람이라는 직관적 · 총체적 판단이 있었기에, 예경禮經에 의해 그 합리화를 시도해 볼 기분도 들고, 소신을 관철하는 용기도 가질 수 있었다고 볼 수 있을 것이다.

위와 같은 종류의 사건이 동패董沛의 『여동판어汝東判語』에도 보인다.[19] 위 사건과는 반대로, 장성한 차남이 있음에도 불구하고, 이 차남의 어머니

---

18 자세히는 滋賀秀三, 『中國家族法の原理』, 創文社, 1967, p.383 이하를 참조.

19 『汝東判語』 권1, 2a〔劉裕行等呈詞判〕; 권4, 7b〔劉金元等控案判〕. 전자는 비(批), 후자는 판(判)으로 합쳐서 보면 사건의 경위를 알 수 있다.

와 누나가 말을 꺼내 차남을 설득하여 겨우 몇 살에 사망한 장남의 후사로 사자嗣子를 세웠는데, 사자의 친부가 집안일에 간섭하여 분쟁을 낳았다는 사안이다. 관이 동족에게 조정을 명하였음에도 공정한 결론이 나오지 않자 단斷을 내려, 사자를 폐하여 친가로 돌려보내고 입사 때 사자에게 준 재산은 모두 장남·차남의 아버지를 제사하기 위한 재산으로 삼도록 명했다. 그 판문判文의 서두에서 "요절한 자는 잇지 않음은 예경에 실려 있다. 율문을 보니, 역시 요절한 아들이 있으면 후사를 이을 수 없다는 등의 말이 있으니, 이것이 고금의 공통된 뜻이다殤者不繼,[20] 載在禮經. 攷之律文, 亦有夭亡之子, 不得立繼, 等語. 此古今通義也"라 하고, 글 가운데는 "일이 이미 관에 이르렀다. 오직 정례에 근거해서 명을 내려 바꿀 뿐이다事既到官. 惟有遵照定例, 飭令更正"라 말한다. 당시는 광서연간으로 이미 건륭40년에 제정된 조례가 있으므로 그것이 전면에 나오고 그 보강으로서 예경도 한 번 언급하는 모양이 되었다.

가족의 재산은 특유재산으로 인정되는 특정한 내력의 것을 제외하고 모두 하나의 가산家產으로 계산되고, 가부家父가 세상이 있는 한 모든 가산은 가부가 장악하며, 이러한 공재관계共財關係(가산의 경제적 이용을 공동으로 하는 관계)*는 가산분할에 의해서만 단절된다는 중국가족법의 기본원리 또한 '예禮'를 인용하여 권위를 뒷받침하는 경우가 있다. 심연경沈衍慶의 판어에는 아래와 같은 구절이 있다. 오랫동안 아버지를 도와 일해 집안을 일으킨

20 "요절한 자는 잇지 않는다(殤者不繼)"란 뜻을 취한 문구이고, 이것 그대로의 말이 경서에 적혀 있지는 않다. 경서의 어디를 가리키고 있는 것인지는 불분명하나, 주17에서 든 「喪服小記」의 문장을 왕휘조와는 완전히 반대의 의미에서 염두에 두고 있는 것인지도 모른다.

* [역주] 시가 슈조는 전통 중국에서의 가(家)의 본질적 요소를 동거공재(同居共財)라는 생활양식에서 찾는다. 그에 따르면, 첫째, 구성원 각각의 노동의 소산을 모두 전원을 위한 단일공동의 회계, 즉 가계(家計)에 넣는 것이 동거공재의 핵심을 이룬다. 둘째, 동거하는 각 성원의 생활에 필요한 소비는 전면적으로 공동의 회계에서 조달된다. 셋째, 이러한 생산과 소비 전면에 걸쳐 공동의 회계에서 발생한 잉여는 전원을 위한 공동의 자산, 즉 가산으로서 축적된다. "요컨대, 동거공재라는 경제적 이용에서의 공동관계가 가(家)란 무엇인가를 정의한다." 滋賀秀三, 『中國家族法の原理(제2판)』, pp.68-74, 81.

큰 형과 연령차가 큰 두 사람의 이복동생이 있었다. 그런데 조상으로부터 물려받은 재산의 태반을 지금 큰 형이 점유해버렸다고 하여 막내동생이 소를 제기했다. 이를 수리하여, 죽은 부친이 생전에 가산분할을 한 경인庚寅년을 경계로 하여 그 이전에 취득된 토지는 설령 큰 형의 명의로 취득된 것이라도 분할의 대상으로 할 것을 명했다. 이 사건에서 심연경이 "하물며 자식과 며느리는 따로 저축하는 것이 없고 자기 소유의 재물이 없다. 부친이 살아있다면 예禮로서 당연한 것이다況子婦無私蓄, 無私貨. 有父在則禮然"라고 말한 것이 그 예시이다.[21] 무엇보다 이와 같은 것—가산분할 이전은 공재共財이며 이후에는 별재別財라는 것—은 특별히 예라고 할 것까지도 없고 오히려 당연한 이치이기도 하다. 예를 들면, 구황邱煌의 판어에는 이하와 같은 안건이 있다. 장방長房·삼방三房·사방四房의 종형제 사이에서 가산분할을 행하여(차방은 스스로 꾸린 재산의 독점을 인정받는 대가로 가산지분을 포기하였으므로 관계가 없다) 각자 100무畝를 취득하였다. 한편 현재 생존 중인 장방의 어른(장방의 아들 입장에서는 부친)에게 노년을 위한 토지 180무를 남겨 두었다가 그가 사망하면 이를 다시 균등하게 분할할 것을 약속하였다. 그런데 사망 후 장방이 이를 계속 독점하였기에 소송이 되었다. 장방은, 이 180무는 공채公債(가家라는 공재共財 집단의 채무. 이를 장방이 인수하였다)의 변제를 예비하여 남겨 둔 재산이라 주장했다. 그러나 그것이 진실이라면 재산분할 장부에 그렇게 적는 것에 아무 방해도 없었을 터이다. 하지만, 장부에는 "노년을 위한養老"이라고 적혀있으므로 가경9년에 가산분할을 하기 전에 공채는 없

---

21 『槐卿政蹟』 권4, 1b〔負罪求均事〕. 여기서 예(禮)란, 『禮記』「內則」, "자식과 며느리는 사사롭게 빌림이 없고, 따로 저축하는 것이 없으며, 자신의 기물이 없고, 감히 사사롭게 빌려주지 않으며 사사롭게 주지도 않는다. [집안일은 존장에게 통솔되는 것이다](子婦無私貸, 無私蓄, 無私器, 不敢私假, 不敢私與. [家事統於尊也])"라는 구절을 가리킨다. 『禮記』「曲禮上」에도 "부모가 살아계시면 죽음으로 친구를 따라서는 안되며, 독자의 재물을 가져서는 안된다(父母存不許友於死, 不有私財)"라고 말한다.

었음이 확실하다. 가경9년 이후에는 설사 부채가 쌓여있다고 하더라도 가산분할 후의 일이므로 그것은 사채私債(장방의 독자적 채무)이지 배분하여 부담할 것이 아니며, 공채를 위해 유보한 공동의 토지를 사채 변제에 대비한 재산으로 삼아서는 안 될 것이다. "그 리理가 매우 명확한 데다가 의심스러운 부분도 없다其理甚明, 更無疑義"라고 단斷을 내렸다.[22] 전장의 논고에서 글자 '리理'를 논하면서 인용한 "아버지가 살아있으면 아들은 마음대로 해선 안 되는 것이 리이다"라는 말도 같은 부류이다.[23] 하나의 기본원리가 여러 가지 측면에서 '예禮'라고 불리거나 '리理'라고 불리거나, 혹은 기타 많은 사례에서 매우 자주 예라고도, 리라고도, 법이라고도 무엇도 말하지 않은 채 실질적으로 동일한 원리가 기능하고 있거나 하는 것이다.

이상을 종합해 보면, 청송에 임하는 관헌의 머릿속을 기본적으로 지배하고 있었던 것은 전편에서 고찰한 것과 같은 정리情理이며, 경의經義와 '예禮'는 정리 일반의 작용에 단서를 부여하는 위치에 있었다는 것을 알 수 있다. 정리 그 자체는 글로 형용할 수 없는 것임에 반해, 경의와 예는 고전의 말이라는 형체 있는 것에 의거한다. 정리가 순수하게 비실정적인 것임에 반해, 경의와 예는 모종의 실정성을 가지며, 따라서 그것이 단서로서 기능하는 것이다. 그러한 의미에서 경의와 예는 국가의 법률과 동류의 입장에 선다. 하지만 그 실정성은 물론 법률처럼 현저하지는 않다. 법률이 현시점에서 질서와 문화의 유지를 책임지는 성천자聖天子가 정하는 것으로서 시세時勢에 조응한 규범명제를 명시하는 것이라면, 이에 반해 경서는 옛사람이 남긴 규범이자 선례로, 그 말은 다분히 암시적이다. 효력에서도 법률이 우선한다. 사

---

22 『府判錄存』 권1, 47a〔道光十九年十一月十四日審訊得鄜縣監生包琳控包彰等一案〕.

23 『徐雨峰中丞勘語』 권3, 60b〔王越萬父子重典私賣案〕. 부친이 A에게 출전(出典)한 토지를 아들이 중복하여 B에게 팔았다. 그런데 부친이 A로부터 추가로 돈을 지급받고 A에게 완전히 판매한 후에도, B는 아들의 계약서를 방패 삼아 토지에서 손을 떼려 하지 않았다. B의 불법함을 꾸짖는 문맥에서 본문에 인용된 문구가 나타난다.

람들이 의거할 것을 찾아 첫 번째로 원용하려고 한 것은 법률이며, 경서의 말에 의거하는 것은 법률의 흠결을 보충하는 것 내지는 그것을 보강하는 것으로서 나타난다. 또한 사법私法 관계 중에서도 예禮에서 단서를 찾을 수 있는 것은 사실상 상속법을 포함하는 의미에서의 신분법 분야에 한정되고, 재산법 분야는 거의 예와는 관계가 없다. 이 점에서도 예의 효용은 제약된다.[24] 사실, 비율로 볼 때, 예가 언급되는 사안은 생각외로 적다고 해도 좋을 것처럼 생각된다.

3.

예禮가 덮고 있는 범위는 재산법 분야에는 미치지 않는다. 반면, 오늘날 우리의 관념에서 보면 법의 분야에는 속하지 않는 사항이지만, 예에서는 매우 중요한 사항이 존재한다. 죽은 자에 대한 장례와 상례에서의 법식 등이 그것이다. 죽은 자에 대해 어떠한 관계에 있는 자가 어떠한 무게의 상복을 착용하고 얼마만큼의 기간 복상해야 하는지를 둘러싸고, 예로부터 '복제服制'라 칭하는 극히 체계적이고 또한 상세하며 복잡한 제도가 성립하였다. 그 기본을 이루는 것으로 의례儀禮의 상복喪服 편을 위시한 고전의 기록이 있으며, 역대 왕조 또한 시의적절하게 약간씩의 수정을 가하여 당대의 복제를 정하고 있었다. 이러한 복제와 같은 특수한, 즉 예적인 분야에서 어려운 문제가 발생하면, 그것은 일반적인 정리로는 처리하지 못하고 제도의 논리에 따라 해결해야 했다. 청송의 장에는 이러한 종류의 안건도 때때로 들어온다. 그리고 이와 같은 종류의 안건에 한해서는 자주 고전과 그 주석을 종

---

24 신분법 분야에서도, 예를 들면 형제 균분의 원칙 등은 법률에는 규정되어 있지만(『대청율례』〔卑幼私擅用財〕 조례1), 그것이 예(禮)의 요청이라는 식으로 말하는 것은 전혀 나타나지 않는다. 그리고 실제로는 굳이 법률을 원용하거나 하는 일 없이 당연한 것으로 처리되고 있는 것이 실상이었다.

횡으로 인용한 상당히 전문적인 논의가 발견된다. 하지만 여기에서도 예의 고전이 최고의 권위가 있는 것으로 여겨진 것은 아니다. 고전보다도 현 왕조에 의해 제정된 제도 쪽이 우선한다. 또한, 후세에 생긴 편법적인 풍습으로 고전에는 근거가 없는 것에 대해서도, 그것이 당대인의 풍습이라면 이를 인정하여 받아들이고 그것에 그에 합당한 자리를 내어준다는 태도가 관철된다.[25]

예를 들어, 계모의 부친인 외조부의 장례식에 상복을 입지 않고 출석하였다가 계모의 형제인 외삼촌이 꾸짖자, 말다툼이 벌어지고 구타당해 경상을 입은 사건이 있다.[26] 계모의 부모를 외조부모로 인정하여 상복을 입어야 할 것인가에 관해서는 복제상 복잡하게 얽힌 문제가 있었으므로 그것이 양자의 견해가 갈리고 언쟁이 벌어진 원인이 되었다고 생각된다. 부상 자체는 큰일이 아니었기에 화해하라는 것이 판어의 결론인데, 그 전제로 외삼촌의 주장이 옳았음을 타일러 다음과 같이 말한다.

> 율律을 살피건대, 외손外孫은 외조부모를 위해 소공小功의 상복을 입어야 한다. 손극가孫克家는 전모前母 서씨徐氏의 소생으로, 후모後母 왕씨王氏에게서 태어나지 않았다. 예기禮記에는 "전모의 일가를 위해 복상하면, 후모의 일가를 위해서는 복상하지 않는다"고 하니, 고례古禮에서는 원래 무복無服이었다. 하지만 지금의 율에서는 일률적으로 '외조外祖'로 칭하고 있고 모두 소공으로 복상하게 되어있다.[27] 계모라 하여도 수가 많으니 그 친정의 친족 모두를 위해 상복을 입을 필요는

25 그렇다고는 하나, 그 예로 들 수 있는 것은, 이하에서 보듯 이상하게도 모두 광서연간의 동패(董沛)라는 인물의 판어이다. 그가 예제(禮制) 상의 상세한 문제에 깊이 파고들어 의론할 학식과 흥미가 있었다는 사정도 있었을 것이다.

26 『吳平贅言』 권3, 1b〔孫克家等控案判〕.

27 『禮記』「服問」에 "전(傳)에 말하기를, 모친이 집을 나갔다면 계모의 일족을 위해 복상한다. 모친이 사망했다면 모친의 친족을 위해 복상한다. 모친의 일족을 위해 복상했다면, 계모의 일족을 위해 복상하지 않는다(傳曰, 母出則爲繼母之黨服. 母死則爲其母之黨服. 爲

없지만, 지금 집에 있는 계모는 친모와 다름이 없다. 손극가는 계모를 따라 장례식에 나갔고 손윗사람의 장례식이므로, 리理로서 율에 따라 상복을 입었어야 했다. 按律外孫爲外祖父母, 應服小功. 孫克家係前母徐氏所生, 並非後母王氏所生. 禮云, 爲前母之黨服, 卽不爲後母之黨服, 在古禮原本無服. 惟今律同稱外祖, 並服小功. 雖繼母衆多, 無須徧服, 而在堂之繼母, 卽與所生不殊. 孫克家隨母臨喪, 屬在長親, 理應遵律.

여기서 분명히 고례古禮보다 그것을 부분적으로 수정한 현 왕조 제정의 복제에 의거하는 것이 옳다고 판시하고 있다.

또한 아래와 같은 사건이 있다. 남녀가 어렸을 때 혼약하였다. 여자의 부모가 타지에 돈을 벌러 나간 수년 동안 여자는 남자 집에 맡겨져 길러졌다(즉, 반半 민며느리). 이 관계에서, 다음 해 길일을 골라 가마를 들이기로 정했는데, 그 해 3월에 남자의 어머니가 사망하였다. 남자 집안에서는 약혼녀가 당장 집으로 와 며느리로서 복상할 것을 요구하였으나 여자 집안이 이를 완고히 거부했다. 이 때문에 두 집안의 족인 사이에 주먹다짐이 벌어져 경상자가 나왔다. 여기서도 투구상해는 극히 경미하여 큰 문제가 아니었고, 지현은 어느 쪽의 주장이 예로서 옳은가의 판단을 요구받고 있었다.[28] 결론적으로 지현은 남자 집안의 주장이 옳다고 했다. 하지만 여자 집안의 당사자가 경서를 인용하여 자기의 주장을 뒷받침했기도 해서, 판어에서 많은 문헌

其母之黨服, 則不爲繼母之黨服)"라고 한다. 친모가 이혼하여 계모가 온 경우와 친모가 사망하여 계모가 온 경우를 나누어, 후자에서는 계모의 친정 친족과의 사이에서 복(服)의 관계는 발생하지 않는 것으로 보는 것이다. 그것이 고례(古禮)였다. 이 건의 당사자도 후자의 경우였다고 생각된다. 하지만 대청율례의 복제에서는〔爲外祖父母〕에 대한 주석에서 "곧 친모의 부모이다. 지금 있는 계모의 부모와 … 는 모두 친부모의 복제와 같이 한다(卽親母之父母. 爲在堂繼母之父母 … 均與親母之父母服同)"라고 한다. 친모의 이혼과 사망을 불문하고, 계모가 현재 있는가 없는가에 따라 그 외조부모를 위한 복(服)의 유무를 정한 것이다. 예제에 이러한 변천이 있었으며, 판어가 말하는 것도 그 선에 따르고 있다.

28 『汝東判語』 권4, 2a〔方如斗等控案判〕.

을 인용하여 경서의 해석으로 그것이 옳지 않다는 것을 논증하는 데 붓을 다 쓰고 있다.[29] 그러나 최후의 결정타가 되는 논리는 아래와 같다.

> 고대에는 민며느리童養媳의 풍습이 없었으므로, 예禮에도 민며느리의 상복에 관한 규정이 없다. 지금의 율에도 규정이 없는 것은, 그것이 지방의 누속陋俗이어서 복제도服制圖에 명문으로 기술하기에는 적절하지 않기 때문이다. 그러나 "며느리는 시부모를 위한다"라는 복제도의 한마디 말 속에 (민며느리의 시부모도) 실은 이미 포함되어 있다고 해석해야 한다. 또한, 과거의 성안成案에서도, 민며느리가 남편의 사망 이후 다년간 절개를 지켰을 때는 기혼의 며느리와 마찬가지로 표창하고, 민며느리가 시부모에게 잘못을 범한 때는 기혼의 며느리와 마찬가지로 처벌하고 있다. 어찌 민며느리에게 아직 고부의 명분이 성립하지 않는다고 말할 수 있겠는가.
>
> 古無童養媳之事, 卽無童養媳之服. 今律所以不言者, 亦因鄕曲陋俗, 未便明著服

---

29 여자 집안은 『禮記』 「曾子問」에 "여성이 아직 남성집안의 사당에 인사드리기 전에 사망했다면, 조묘(祖廟)로 옮기지 않고 죽은 시어머니와 합사하지 않는다. 사위는 곡할 때 지팡이를 짚지 않으며, 짚신을 신지 않고, 상주가 되지 않는다. 여성을 그녀의 일족에게 돌려보내 장사지내는 것은 며느리가 되지 않았음을 나타낸다(女未廟見而死, 不遷於祖, 不祔於皇姑. 婿不杖, 不菲, 不次. 歸葬於女氏之黨, 示未成婦也)"라는 대목을 인용한다. 출가했더라도 사당에 인사드리기 전까지는 "며느리가 되지 않았다"라고 되어 있으므로, 혼례를 올리지 않은 어린 여식은 더더욱 고부의 명분이 성립하지 않는다고 주장한 것이다. 그러나 지현은 이를 좁은 견해라 한다. 위의 구절에 대해 정현(鄭玄)의 주석에서는 "사위가 비록 상례를 갖추지는 않더라도 그를 위해 재최복을 입어야 한다(婿雖不備喪禮, 猶爲之服齊衰)"라고 하고, 공안국(孔安國)의 주소(注疏)에서는 "그 딸의 부모는 대공복으로 강급한다(其女之父母則降服大功)"라고 하여, 사당에 인사드리지 않은 며느리라도 상복상으로는 완전히 며느리가 된다. 또한 예기의 흠정의소(欽定義疎)에 따르면, 전술한 대목은 시부모가 사망한 경우에 관해 말하는 것이다. 따라서, 민며느리로 한번 시집에 들어가 시부모에게 절한 적이 있는 여자에게, 상술한 구절을 원용하는 것은 부당하다. 뿐만 아니라, 마찬가지로 「曾子問」에 "신랑이 신부를 맞이하는 도중에 사위될 사람의 부모가 사망하면, 신부는 심의(深衣)와 호총(縞總)으로 갈아입고 가서 상례를 지낸다(親迎女在塗, 而婿之父母死, 女改服深衣縞總, 以趨喪)"라고 하고 있다. 출가 도중에 시부모의 부고를 접하면, 며느리는 얼굴도 본 적 없는 시부모를 위해 복상해야 하는데, 어릴 때부터 길러 수년간의 은혜와 의리가 있는 시부모에게는 더욱 그렇다는 논지가 전개되고 있다.

圖. 然婦爲舅姑一語, 實已包括其中. 歷來成案, 童養媳夫亡守節, 與已婚者一律褒旌, 童養媳違犯舅姑, 與已婚者一律科斷. 安得謂童養之媳, 無姑婦之名耶.

즉, 향곡의 누속이라고 해도 현재 민간에 자주 보이는 풍습에 대한 배려와, 그에 대해 국가가 종래에 취해 온 대처법이 판단의 기초가 되고 있었다.

전장에서 그 말만 인용해 둔 "예禮는 때에 따르는 것을 중히 여기니, 옛것에 구애되지 않는다禮貴從時, 非可泥古"라는 자구는(이 책 p.348), 겸조兼祧 양처兩妻를 둘러싼 사안에서 보인다. 장방長房의 외아들이 차방次房을 겸조하여 각각 처를 맞았다. 이 두 명의 처는 실은 자매여서, 각각 장이씨長李氏, 소이씨小李氏로 불리고 있었다. 소이씨가 자식 없이 사망하자, 차방의 조모(소이씨의 시어머니)가 장이씨의 아들 가운데 한 명을 뽑아 자가의 손자로 삼고, 소이씨를 위해 사자嗣子로서 참최斬衰 3년으로 복상하기를 바랐다. 그러나 족중에 다른 의견도 있어서 동족이 연명하여 지현의 판단을 구하였다(소송은 아니고 지시를 청하는 안건이다).[30] 장방의 손자가 차방의 손자가 되는 것 자체에는 이론이 없었다. 문제는 그때 상복은 어떻게 되는가 하는, 예제 상의 고도로 기술적인 문제이다. 판어는 우선 판단의 전제로 아래와 같이 말하고 있다.

(겸조는 확실히 고례에는 없지만) 그렇다 해도, 가정의 경계와 곡절은 다 말하기 힘들다. 예는 때에 따르는 것을 중히 여기니, 옛것에 구애되지 않는다. 건륭40년

---

30 『汝東判語』 권2, 4b〔王榮等呈詞判〕. 겸조(兼祧)에 관해서는, 滋賀秀三, 『中國家族法の原理』, p.319 이하를 참조. 겸조양처(兼祧兩妻)란, 장방 · 차방의 형제 두 쌍의 부부가 어느 쪽인가에서 태어난 한 명의 아들에 의지하여 며느리와 그 며느리에게서 태어나는 손자를 각자 확보하려고 하는 편법이라고 말할 수 있다. 본건에서는 차방의 며느리가 손자를 낳지 못하고 사망하였다. 그래서 장방의 손자 1명을 받고자 했다. 이는 과계(過繼), 즉 입양의 일종이지만, 입양된 손자 쪽에서 보면, 부친은 과계의 전후를 통틀어 동일인이지만 모친과 조부모에 대한 관계만이 변한다는 기묘한 사태가 되는 것이다.

황제의 특지에 따라, 외아들로 두 방房을 겸하여 잇는 것을 용인한 것은 인도가 다함을 구하고 고례의 흠결을 보충하려 한 까닭이다.[31] 복장服章을 의논해 정하여 널리 영갑令甲으로 삼은 것이다.[32]

이처럼 겸조와 같은 편법적 풍습도 나름 용인되어야 할 것이며, 지금은 법률상으로도 그것이 허용되고, 또 그때 발생하는 복제상의 문제도 기본적으로는 입법으로 해결되고 있음을 분명히 하고 있다. 하지만 본건과 같이 장방의 손자 한 명이 겸조하는 차방을 승계한 경우에 관해서까지는 아직 규정이 마련되지 않았다. 가경22년 예부禮部의 성안成案이 있는데, 거기서는 입계入繼하는 곳의 조모祖母는 '종조모從祖母'(조부의 형제의 처. 자연적 혈연은 확실하게 그대로이다), 모母는 '서모庶母'(부친의 첩을 이복의 자식이 부르는 호칭)라 하여 각각 소정의 상복을 입어야 한다고 판단되었으나, 판어는 이 선례를 채용하지 않았다. 우선 그것이 도광9년(1829)에 겸조와 관련된 복제 일반이 입법화되기 전의 일이라는 이유에 따른 것이지만, 한편으로는 그것이 "단지 예경禮經을 인용했을 뿐, 겸조를 허락하는 뜻에 크게 위배"되기 때문에 "무엇보다 통론이 아니다" 하여 이를 물리쳤던 것이다. 확실히 1명의 남자가 2명 이상의 정처正妻를 갖는 것은 예제禮制상으로도 법률상으로도 용인되지 않는 일이며, 겸조 양처의 경우 나중에 맞이한 어느 한쪽을 첩으로 자리매기지 않을 수 없다. 따라서 그를 다른 쪽의 자식이 보면 '서모庶母'가 된

---

31 이 건륭40년의 입법이 대청율례 속에 들어와서, 『대청율례』〔立嫡子違法〕조례5가 되었다.

32 '영갑(令甲)'이란 일반적으로 법령을 지칭하는 아어(雅語)이다. 여기서 구체적으로는, 대청율례의 사판본(私版本)인 『大清律例彙輯便覽』 권3 「服制」, 〔附纂通行〕 속에 수록된 기사 가운데 개조식으로 기재된 3개 조를 말한다. 기사는 아래와 같다. "예부(禮部)가 한 아들이 겸조하는 사안에서 복제가 정비되지 못하였기에 삼가 마음을 다해 아뢰오니 살펴 헤아려주실 것을 상주하였다. … 도광9년 11월 19일 지(旨)를 받으니, 의논한대로 하라 했다. 이에 따랐다. 12월 24일 절강에서 자문을 받아 통행하였다(禮部謹奏, 爲一子兩祧案內, 服制未備, 謹悉心酌議恭摺奏, 祈聖鑒事. … 道光九年十一月十九日, 奉旨, 依議. 欽此. 十二月二十四日, 浙省准咨, 通行)."

다. 요컨대, 가경22년의 선례는, 겸조 및 겸조한 손자 세대에서의 한 방房에서 다른 방으로의 출계出繼라고 하는, 편법적이기는 해도 현재 행해지고 있는 사실에 대해 어떠한 배려도 표하지 않고, 예의 원칙만을 관철한 것이므로, 판어가 이를 채용하지 않은 것이다. 다만 판어도 본건의 소이씨小李氏를 첩으로 자리매길 수밖에 없다는 입장은 고수하였다. 또한 사부嗣父가 없음(자식 쪽에서 보면 소이씨의 남편은 친부와 다르지 않다)에도 사모嗣母의 명목을 인정하는 것은 리理에 맞지 않는다고 했다. 결국, 두 처는 자못 사이가 좋고, 아이들을 함께 키우며, 아이들도 두 사람을 똑같이 어머니라고 부르고 있다는 사실에 착목하여, 고전과 현행 제도에 모두 규정되어 있는 '자모慈母'라는 것을 확장해석하고,[33] 소이씨를 자모로 인정하여 3년상에 복하는 것이 좋을 것이라 판시하고 있다.[34]

요컨대, 고전적으로는 겸조라는 풍습 자체가 없었으므로 예제에서도 겸조에 관한 상복 규정이 없었다. 그 점에서는 앞서 본 민며느리와 같다. 다만

---

33 자모(慈母)란, 『儀禮』「喪服」에서 〔齋衰三年〕의 부분에 등장한다. "자모는 어머니와 같다. … 전(傳)에 말하기를, 첩 가운데 아들이 없고, 첩의 아들 가운데 어미가 없을 때, 아비가 첩에게 명하여 네가 아들로 삼아라 하고, 아들에게 명하여 네가 어미로 모셔라 한다. 이처럼 살아서는 그를 봉양하여 종신토록 어머니와 같이 대하고, 죽어서는 어머니와 같이 3년상을 하니 아비의 명을 무겁게 여긴 것이다(慈母如母. … 傳曰, 妾之無子者, 妾子之無母者, 父命妾曰, 女以爲子, 命子曰, 女以爲母. 若是則生養之, 終其身如母, 死則喪之三年如母. 貴父之命也)." 이처럼, 첩 가운데 자식이 없는 자에게, 어려서 어미를 잃은 다른 첩의 자식을 그 아비(즉, 두 첩의 남편)가 명하여 자식으로서 양육하도록 할 때, 자식의 입장에서 자모란 양육해준 어미를 칭하는 말로 복제는 친모와 같이 한다. 대청율례의 복제에는 참최(斬衰) 3년의 한 항목으로, "아들은 계모 · 자모 · 양모를 위해 복상(服喪)하며, 며느리 역시 동일하다(子爲繼母, 爲慈母, 爲養母, 子之妻同)"라고 규정하고, 주석에서 "자모는 모친이 죽자 다른 첩으로서 부친에게 명을 받아 자신을 기른 자(慈母, 謂母卒, 父命他妾養己者)"라 말한다. 여기서는 부친이 명한 것을 언급하고 있을 뿐, 다른 첩의 자식으로 어미를 잃은 자라고는 말하고 있지 않다. 이것이 확장해석을 가능하게 한다는 것이 판어의 논리이다.

34 그리고 후일 차방(次房)의 조모가 사망한다면, 이 아이는 승중손(承重孫)으로서 역시 3년 복상한다. 그것은 도광9년의 입법에 규정된 것으로—종조모(從祖母)의 복상만 인정하지 않았던 가경22년의 성안은 그로 인해 이미 무의미해졌다— 문제가 없다고 판어는 부언하고 있다.

겸조 사례 쪽은 현행율에서 이를 받아들여 복제도服制圖에 부록으로 싣고 특별규정을 두게 되었다. 거기에 여전히 마저 규정되지 않은 특수한 사례를 앞에 두고, 판어는 "인도가 다함을 구하고 고례의 흠결을 보충하려 한 까닭이다"라는 입법 정신의 보충적 실현에 마음을 쏟고 있다.

전장에서 서술한 명혼冥婚 사안에서 형이 요절한 아들을 위해 명혼시키려 한 일이 있었다. 이것을 고례가 인정하지 않는 바이므로 금지해달라고 제소한 동생의 주장이 물리쳐진 것도 같은 선상에 있는 것으로 이해할 수 있다.[35]

제2절 관습

1.

두 번째로 검증해야 할 것은 관습 또는 관습법—이하 관습(법)이라고 쓴다—에 관한 것이다.[1] 앞 절에서 논한 경의經義와 예禮에 관한 검증이 중국

---

35 『汝東判語』 권3, 19a〔桂如祿呈詞判〕. 동생은 『周禮』 「地官」〔媒氏〕에서 "이장하여 모시게 하거나 요절자를 명혼시키는 것을 금한다(禁遷葬者與嫁殤者)"라는 대목을 원용하여 제소한 것으로 짐작된다. 다만 판어는 그것을 역이용하여 당시에 민속으로 응용되고 있었기 때문에 선왕(先王)이 금령을 세운 것이라고 말한다. 정현(鄭玄)의 주석에 "오늘날 취회라는 것이 이것이다(今時娶會是也)" 하듯이, 한대(漢代)에는 '취회(娶會)'라는 이름으로 행해지고 있었다. 이후 역사에 남아 있는 예를 들 수도 있다. 대청율례에도 혼인을 둘러싼 위법행위가 상세히 규정되어 있으나 명혼(冥婚)을 금지하는 규정은 없다. 각지의 풍속은 달라도 명혼은 어디에서나 행해지고 있었다. "옛날에는 곤면(袞冕)이라 하고 지금은 포괘(袍褂)라 한다. 옛날에는 변두(籩豆)라 하고 지금은 반완(槃椀)이라 한다." 의복도 기물도 옛날과 지금은 다르므로, "지금 세상에 태어나 고례(古禮)를 원용해서 망령되이 왕법을 고칠 수 없다. 어찌 고제(古制)를 가지고서 망령되이 현행율을 보완할 수 있겠는가." 형이 민간의 보통 풍속으로도 법률로도 금하지 않은 것을 행하려 하는 것을, 비유(卑幼) 주제에 "주례(周禮)를 고집"하여 저지해서는 안 된다고 말하는 것이 판어의 논지이다.

1 星野英一, 『民法槪論』 1, 良書普及會, 1971, p.32의 표목(標目)에 따라 관습 내지는 관습

학자 측에서 출발한 물음에 답하는 것이었다면, 본 절에서 논하는 것은 법학자 측에서 출발한 물음에 답하려 하는 것이다.

전절에서 언급한 것과 같이 메이지8년 태정관 포고 제103호에 "민사의 재판에 성문이 없는 것은 관습에 따르고, 관습이 없는 것은 조리를 미루어 고찰하여 재판해야 한다"라고 하였다. 완전히 같은 원리가 중국에서도 민국民國2년(1913)의 대리원大理院 판결에서 선언되었다.[2] 성문법, 관습, 조리 삼자를 거론한 우선순위대로 재판기준으로서 고려하는 것은 근대법학에 있어서 일종의 대략적인 상식이다. 또한 성문 민법전을 가지려는 지향을 굳히면서도 아직 현실로는 갖지 않은 단계의 정부로서는, 성문법의 미비를 보완하는 것으로서 우선 관습에 의거하도록 지시하는 것은 극히 자연스러운 발상이었다고 말해야 할 것이다. 같은 발상을 가지고 과거의 역사상을 뇌리에 그린다면, 성문화된 사법私法 체계가 없었던 구시대 중국에서 민사의 재판은 주로 관습과 조리에 따라 행해졌을 것이라 생각하는 것 또한 자연스러운 일이다.[3] 그런데 선입견 없이 사료를 볼 때 나오는 것은 법法 · 리理 · 정

법이라는 의미로 '관습(법)'이라는 표기를 사용하기로 한다. 다만, 일일이 그렇게 표기하는 것은 매우 번거로우므로 이하의 문장 가운데서는 단지 '관습'이라고만 적는 경우가 많지만, 다른 의미가 있는 것은 아니다. 호시노 씨에 따르면, "사회규범에서 '법'이라고 불릴 만한 것을 '관습'이라고 하는"(星野英一, 『民法概論』 1, p.32) 것이며, "사회학적으로 관습법과 관습을 구별하는 것은 극히 어려운 일"이다(星野英一, 『民法論集』 1, 有斐閣, 1970, p.159). 비전문가의 억측으로는, 같은 것이 어느 쪽으로도 표현될 수 있는 것은, 영어 · 불어를 번역하면 관습이 되고 독일어를 번역하면 관습법이 된다는, 번역상의 사정에 의한 것이 아닐까 하고도 생각된다.

2 〔二年上字第64號〕, "민사안건을 판단함에 응당 법률이 규정한 바에 우선 의거해야 하며, 법률에 명문이 없다면 관습법에 의거한다. 관습법이 없다면, 조리에 의거한다(判斷民事案件, 應先依法律所規定, 法律無明文者, 依習慣法. 無習慣法者, 依條理)"(郭衛 엮음, 『大理院判決例全書』, 成文出版社覆印, 1972, p.29). 중화민국민법 제1조에도 "민사에서 법률에 규정하지 않은 바는 관습에 의거하고, 관습이 없다면 법리에 의거한다(民事, 法律所未規定者, 依習慣. 無習慣者, 依法理)"라고 규정되어 있다.

3 예를 들면 田中耕太郎, 『法家の法實證主義』, 福村書店, 1949, p.99, "(중국에서는) 경제생활의 방면에서 성문의 합리적인 법은 존재하지 않고, 분쟁의 결정은 관습 및 실질적인 정의 판단(正義判斷)에 맡겨져 있었다"(밑줄은 저자 시가 슈조의 강조 표시임).

情의 삼자로, 미비하기는 하나 어느 정도의 성문법과, 조리에 해당하는 '정리'뿐이다. 관습이라는 것이 크게는 나타나지 않는 것은 어째서인가, 애당초 그렇게 보는 것에 인식의 오류는 없는가 하는 문제이다.

필자가 직접 검증한 결과는, 사실 지방의 민간 풍습 속에서 법학에서 말하는 의미의 관습(법), 즉 법으로서의 의미가 있는 사회규범을 도출하여 그것에 기초한 판결을 내렸음이 명료한 사안은 한 건도 찾을 수 없다고 정리할 수 있다. 지방의 민간 풍습을 의미하는 '풍속風俗', '속례俗例', '토례土例', '토풍土風' 등의 말이 때때로 판어 가운데 나타나지 않는 것은 아니다. 그러나 그것을 하나하나 검토해 보면, 어느 것이나 법원法源으로서의 관습이라는 확실한 문맥에 놓여있지는 않다. 이하에서 어느 정도 번거로움을 마다 않고 눈에 띄는 대로 사례를—비유적으로 말하면 음성반응을 통한 실험예로서— 소개하기로 한다.

또한 여기서 문제를 정리해 둘 필요가 있다. 전술한 것과 같이 성문법, 관습, 조리라는 서열이 상식적으로 생각되는 근저에는, 조리가 순수하게 비실정적인 것임에 반해, 관습은 나름대로 어느 정도는 실정적인 것이라는 암묵적인 이해가 자리잡고 있다고 보아야 한다.[4] 이 암묵적인 이해를 유지한 채 청대 중국의 사법제도에서 법원法源의 하나로서 '관습'이라는 기둥을 세워 고찰할 때, 어떠한 결론이 나올 것인가 하는 것이 여기서의 문제이다. 앞 절에서, 경의經義 또는 '예禮'는, 고전의 말이라는 형체 있는 것에 의거하는 까닭에, 모종의 실정성을 지니는 것으로서 정리情理 일반의 작용에 단서를 부여하는 기능이 있음을 보았다. 마찬가지로 관습이 무엇인가 형체 있는 것에 의거하여 논해질 수 있다면, 그 형체 있는 것으로는 무엇이 생각될 수 있을까.

---

4 田中耕太郎, 『法家の法實證主義』, p.125, "관습법이 성문법과 다른 점은 그것이 성문법과 마찬가지로 실정법이지만, 실정화의 정도에서 비교적 원시적인 상태에 그친다고 하는 것뿐이다."

첫째로 생각할 수 있는 것은 관습을 수록한 문헌이다. 무엇인가 그러한 것이 존재한다면, 당연히 거기에 기재된 것에 의거하여 관습이 논해질 수 있다. 비교법제사에서 예를 든다면, 프랑스의 앙시앙 레짐 시대에 편찬된 각종 관습법전coutumiers은 그중 가장 뚜렷한 것이다.[5] 그것에 대응할 만한 것 또는 조금이라도 그것과 닮은 듯한 것은 청대 중국에 전혀 존재하지 않았다. 서지학적인 지식 속에도 그러한 것은 존재하지 않고, 판어에서도 나타나지 않는다. 따라서 이것은 논외로 한다.[6]

둘째로 생각할 수 있는 것은 민간의 법언法諺이다. 대개 속담은 사회생활상의 지혜를 짧지만 기지 있는, 외우기 쉬운 표현으로 응축한다. 법으로서의 의미가 있는 사회규범이 속담이라는 표현형식을 취한 것이 법언이며, 원시적인 방식이기는 하지만, 역시 어느 정도는 관습을 객관화하는 작용을 한다. 중국의 민중이 법언 내지는 법언 같은 것들을 풍부하게 갖고 있음은 잘 알려져 있고, 사회생활상에서 크게 도움이 되었을 것으로 상상된다.[7] 하지

---

5 山口俊夫, 『概說フランス法』 상, 東京大學出版會, 1978, p.26 이하.

6 어쩌면 프랑스에서 관습법집을 낳은 에너지에 대응하는 성질의 에너지가, 중국에서는 막대한 수의 지방지(地方志)를 낳았다고 말하는 것이 가능할지도 모른다. 그리고 지방지 가운데 법제사 연구에서 주목할 기사가 적지 않은 것도 사실이다. 그렇지만, 지방지를 관습법집으로 성격규정할 수는 없다. 청말부터 민법전 편찬의 준비작업으로 관습조사의 필요를 느끼고 노력을 거듭한 결과, 중화민국 시기 『民商事習慣調査報告錄』, 中華民國司法行政部, 1930이라는 책이 간행되었다. 전통시대에는 비슷한 부류가 없는 가치 있는 책이지만, 이 또한 그 서명이 보여주듯이 사실에 대한 조사보고이지, 관습을 규범명제로 문언화한 책은 아니다.

7 그것은 『민상사습관조사보고록』 중에도 다수 수록되어 있다. 예를 들어 보자.
"房倒爛價", "房塌爛價": 전(典)으로 취한 가옥이 불타버리거나 무너졌을 때 전가(典價)의 반환을 요구할 수 없다는 의미이다. 그때 가옥 대지(垈地)까지 전(典)의 목적물에 포함하는 등의 특약이 없는 한, 전(典) 관계는 서로 어떤 청구권도 남기지 않고 단순히 소멸하며, 대지만이 출전인(出典人)에 돌아온다(p.47, 봉천성 태안현(台安縣); p.56, 길림성 부여현(扶餘縣); p.252, 산동성 황현(黃縣); p.262, 산서성 해현(解縣); p.492, 절강성 정해현(定海縣)에도, 속담의 존재 여부는 언급하지 않지만, 같은 취지의 관행이 있다고 한다).
"租不攔典, 典不攔賣"(란(攔)을 압(壓)이라 하고 전(典)을 당(當)이라 하는 경우도 있었다): 임차인은 목적물이 제3자에게 출전(出典)되는 것을 방해할 수 없으며, 승전인(承典人)은 목적물이 제3자에게 출매(出賣)되는 것을 방해할 수 없다(pp.37-38, 봉천성; p.63

만 청송의 장에서 지방관이 민간의 법언을 인용하고 있는 예는 그다지 눈에 띄지 않는다. 그것에 가까운 것으로 겨우 다음과 같은 예가 보인다.

도광말년 산동성 박평현博平縣의 사건. 고강씨高姜氏라는 70이 넘은 늙은 과부가 일찍이 3무畝의 토지를 남편의 동생 고서행高書行 및 남편의 조카 고동대高東岱 · 고동산高東山 세 사람 공동명의 앞으로 출전出典하고 대가로 4만5천문文을 얻었다. 고강씨는 추가로 무당 5만문을 받고 전典을 매매로 변경하고 싶다고 고서행에게 요청하였다. 고서행은 당연히 이를 거절하였고, 인근의 제3자 중에서도 그러한 높은 가격에 사려는 자는 없었다. 이에 고강씨는 고서행이 자신의 토지를 사지 않을 뿐만 아니라, 고강씨가 다른 사람에게 팔려고 하는 것을 방해한다고 날조해 말하며 소송을 일으켰다. 고강씨에게 리理가 없음은 확실하지만, 빈궁한 늙은 과부를 버려둘 수는 없다는 사정도 있다. 그래서 지현 호학순胡學醇은 고서행을 타일러 "골육을 중히 여기고 돈과 재물을 가벼이 여겨야 한다. 고강씨가 설령 3무의 전지를 너에게 전典으로 내준 적이 없다 할지라도, 너에게 융통을 요청하면 너희는 응해야 한다. 만약 그녀가 자활할 힘이 없으면, 너희는 그녀를 버리고 부양하지 않겠다고 할 것인가. 본 지현은 이제 공단公斷을 내린다. 고강씨의 땅을 이미 너에게

이하, 흑룡강성 각 현; p.244, 산동성 자양현(滋陽縣) · 요성현(聊城縣); p.364, 강소성 단도현(丹徒縣)).

"攔典不攔賣": 전(典) 기간 중 출전인(出典人)이 회속(回贖)하여 다른 사람에게 출전하려고 하는 것을 승전인(承典人)이 저지할 수는 있지만, 회속하여 다른 사람에게 출매(出賣)하려고 하는 것을 저지하지는 못한다(p.263, 산서성 기현(祁縣); p.627, 섬서성 장안현(長安縣)).

"滴水滴自己. 飛檐飛他人": 시가지에서 맞배지붕의 장방형 가옥의 측벽면(側壁面)(이를 '산(山)'이라 한다)은 대지를 꽉 채워 세우고, 인접지 소유자에게는 훗날 집을 지을 때 이를 그대로 신 가옥의 측벽으로 공용하여, 연결하여 건축하게 하는 관습에서 나온 속담. 주옥(主屋)의 낙숫물은 자신의 대지 안에 떨어지게 해야 하나, 측벽면을 비로부터 지키기 위해 가설한 비첨(飛檐)(기와집의 네 귀가 높이 들린 처마)은 경계를 넘어 밖으로 내뻗어도 좋다는 의미이다(p.538, 복건성 복주(福州); p.232, 산동성 평도현(平渡縣)의 "借山不借水"도 비슷한 의미). 滋賀秀三, 『中國家族法の原理』, 創文社, 1967에 언어(諺語) 색인을 부록해놓았다. 참고하기 바란다.

전典으로 내주고 있는 이상, 당연히 너에게 조가找價(추가 지급)를 제안할 수 있다. 다만 말하고 있는 1무 5만문이라는 액수에는 근거가 없다. 그런데 '매매가가 10이면 전가典價는 5'라는 것은 풍속에 정해진 예가 있는 바이다. 고강씨는 과거에 전가로 4만5천문을 취득했다. 고서행은 그 위에 매매가격으로 4만5천문을 추가 지급하라. 그것이 지극히 공평하고 마땅한 것이니, 어느 쪽도 이론은 없을 것이다骨肉爲重, 錢財爲輕. 高姜氏卽無三畝田, 典給于爾, 向爾通緩急, 爾們亦不能不應. 倘伊無力自存, 爾等將棄之不養乎. 本縣今有公斷. 高姜氏之地, 旣已當給于爾, 自應向爾找價. 所言一畝五十千之數, 原不可憑. 但値十當五, 俗有定例. 高姜氏已用過當値四十五千. 高書行再找給賣價四十五千. 至平至允, 兩無異議"라고 단斷하고, 고동대 · 고동산과 분담하면 감내할 수 있다고 설득하여, 결국 이를 승복시켰다.[8]

이 지방에서는 "매매가가 10이면 전가典價는 5値十當五"라는 속담이 있었을 것으로 짐작된다. 그것은 매매가 10의 토지를 전당으로 내놓으면 전당가는 5 정도라는, 거래 시의 대중을 말하는 것이다. 지현은 그것을 이용하여 늙은 과부의 터무니없는 호가를 철회시키는 동시에 상대방에게도 친족 부양의 의미도 겸하여 양보하게 하는 절충의 목표로 삼았다.[9] 확실히 속담이 인용되었다고는 하나, 그것은 모종의 사회규범, 즉 승전인承典人은 출전인出典人의 청구가 있으면 원래의 전가典價와 동등한 금액을 추가 지급함으로써 목적물을 매수할 의무를 진다는 취지의 사회규범이 존재하고(있을 리가 없지만) 지현이 그것을 원용했다는 성질의 것이 아니다. "매매가가 10이면, 전가典價는 5"라는 속담 자체가 어떤 물건을 전典으로 취할 때의 가격의

---

8 『問心一隅』 권하, 3b〔當地找價〕.

9 같은 책에는 동족 간의 친분으로 거의 매매가에 가까운 값으로 전(典)을 취했는데, 출전인(出典人)이 다시 같은 금액으로 매수해 주기를 바라며 부추기다가 거절당하자 난폭한 일을 벌였다는 다른 사건도 보인다(『問心一隅』 권하, 17a〔楊秉奎控楊淸如持刀行兇並附楊籂一案〕. 이것은 당사자가 "値十當五"를 근거 없는 요구의 구실로 이용한 것이지만, 난폭자는 기타의 악행도 적발되어 징벌을 받았다.

대중을 말하는 것뿐이고, 승전인을 구속하는 어떤 규범을 말하는 것이 아니다. 본래의 의미에서 법언이라고 할만한 정도의 것이 아니다.

또한, 옹정연간 복건성의 정장도汀漳道를 지낸 서사림徐士林의 판어에서 "조지개옥租地蓋屋"(부지를 빌려 가옥을 세운다), "매옥불매지賣屋不賣地"(가옥을 팔아도 그 부지는 팔지 않는다)라는 '토례土例'를 언급한 다음과 같은 사건도 보인다.

> 곽창郭倡·곽박郭博 형제는 조상이 남긴 재산으로 방옥광지房屋曠地(가옥 부지용의 빈 땅) 1곳을 가지고 있다. 다만 이 토지를 담보로 하여 조상 때부터 태차胎借(부동산의 점유를 이전하지 않고 그것을 담보로 지정하여 금전을 차용하는 것을 복건성과 대만의 관습어로 '태胎'라 한다)의 차용금이 있고, 그 채권은 현재는 허세징許世徵이란 사람의 손에 귀속되어 있다. 허세징은 곽창으로부터 매년 이자로 곡물을 징수하고 있다. 허세징은 문제의 빈 땅이 자신의 집과 접하여 있으므로 이를 취득하려 시도했으나, 곽창은 조상이 남긴 재산을 소중히 하여 내놓으려 하지 않아 분쟁이 일어났다. 곽안郭安, 채국蔡國, 허빈許斌, 곽도郭都 등의 제3자가 곽창으로부터 빈 땅의 일부를 빌려 오두막집이나 변소 등을 세웠고 이 건조물들을 제3자 허세징에게 매도한 것이 양자의 관계를 복잡하게 만들고 있다. 거기에 도대道臺의 조사로 판명된 바에 따르면, 허세징 측은 계약문서를 몰래 수정하는 등 여러 간계를 부렸다. 현縣에서는 최초의 재판에서 채권액을 32량兩으로 인정하여, 이를 곽창이 상환하게 하고 토지는 곽창의 것으로 한다고 재정裁定했다. 곽창은 그에 따라 32량을 공탁했으나 허세징은 불복하여 이 돈을 수령하지 않고 다시 소송을 일으켰다. 현에서의 제2차 재판에서는 정반대로, 허세징에게 32량을 내게 하여 앞의 공탁금 32량과 합쳐 곽창이 수령하게 하되 토지는 허세징의 것으로 한다고 명하여, 곽창에게 강제적으로 매도문서를 쓰게 하였다. 곽창 및 때마침 대만에서 돈을 벌다가 귀향한 동생 곽박이 이에 불복하여, 현에서 수령하게 한 돈을 모두 지참하고 도대에 상소했다. 도대는 현의 기록을 가져오게 하고 관계인을 소환하여 직접

조사에 나섰다. 그 결과 허세징의 여러 간계를 적발하여 엄하게 이를 징계하고, 돈은 허세징이 수취하게 하며, 현에서 곽창에게 작성하게 한 계약서는 무효로 하고, 토지는 그대로 곽창 형제가 관리하도록 한다고 심판한 것이 사건의 개요이다.

이 안건에서 제3자인 곽안, 채국 등이 오두막집과 변소를 허세징에게 팔았다는 문제를 둘러싸고 판어 안에 조지개옥租地蓋屋의 토례土例를 언급한 것이 보인다. 먼저, 종래의 소송경과를 개설하는 부분이다.

그 후 곽안 · 채국 · 허빈 · 곽도 등은 원래 곽서郭瑞(곽창의 아버지)에게서 오두막집 · 변소용으로 토지를 빌렸는데, 각각 그 오두막집과 변소를 허세징에게 전매轉賣했다. 장주부漳州府의 각지에는 종래부터 '조지개옥', '매옥불매지賣屋不賣地'의 토례가 있기 때문이다.

自後郭安 · 蔡國 · 許斌 · 郭都等, 原租郭瑞屋地廁池, 各將屋廁轉賣於許世徵. 以漳屬向有租地蓋屋, 賣屋不賣地之土例也.

이후 허세징의 간계를 하나하나 꾸짖는 부분이다.

허세징이 채국 · 곽안 · 허빈 · 곽도 각각의 오두막집이나 변소를 매수하였다는 점에 관해 말하면, 그 토지는 모두 곽성郭姓(죽은 곽서와 그의 아들인 곽창 형제)의 토지이다. 다만 채국이 변소를 판 증서 하나에만 "곽서의 토지 안에 위치한다"라고 기재되어 있고, 그 외 각각의 계약서에는 곽성의 토지에 있는 건조물이라는 것이 전혀 적혀있지 않다. 그뿐 아니라 곽안을 매도인로 하는 계약에는 "곽서의 토지와 접한다"라는 (헷갈리기 쉬운) 말이 적혀져 있다. 매도인을 신문하자 모두 말하기를, 원래 글자를 모르므로 다른 사람에게 부탁하여 대필받은 것이기에 글이 애매해진 것이라고 한다. 명백히 이것은 허세징이, 남정현南靖縣에서 조지개옥租地蓋屋, 즉 땅을 빌려 집을 세울 때는 땅을 빌리는 증서를 작성하지 않는 것이 종래의 관습이었던 것을 이용하여, 시골 사람을 속여 복선을 깔아두고 수년 뒤에 이 가짜 증서를 가져와 곽성의 토지를 전부 삼켜버리려고 꾸민 것임이 틀림없다. 허세징의 간계로 이것이 네 번째이다.

至許世徵取買蔡國 · 郭安 · 許斌 · 郭都各房屋廁池, 其地皆郭姓地也. 止有蔡國賣廁池一契, 載明在郭瑞地內, 其餘各契, 並不聲明郭地. 而郭安一契, 又載與郭瑞毗連之語. 訊問賣主, 俱稱原不識字, 倩人代筆, 所以寫得不明. 明係許世徵因靖邑租地蓋屋, 向無批約, 欺哄鄉愚, 暗伏機關, 數年之內, 將執此弊契, 擧郭姓之田地而併呑之. 許世徵之奸弊, 此其四.

그리고 마지막에 결론으로 재정을 내리는 대목이다.

허세징이 매수한 곽안 등의 오두막집과 변소에 관해서는, 토례土例로 인정된 조지개옥租地蓋屋에 해당하는 이상 건물을 철거하여 그 부지를 반환하게 해서는 안 된다. 현에 명하여 원래 땅을 빌린 자(곽안, 채국 등)를 모두 출두시켜, 원래 곽성에게 지대를 얼마를 납부했는지 묻고, 허세징으로 하여금 승인장을 작성하게 하여, 매년 겨울철에 곽창이 거두는 지대를 완납하게 한다. 곽창이 현에서 쓴 매매계약은 무효로 한다. 곽안 등의 각각의 매매계약에는 곽창 형제의 토지임을 밝히는 문장을 추가로 기입하여, 간사한 수작의 실마리를 봉쇄한다.

至許世徵所買郭安等房屋厠池, 土例既係租地蓋屋, 不便拆屋還基. 飭縣弔齊原佃, 訊明原納郭姓租穀若干, 著落許世徵出具認狀, 按冬完納郭倡租穀. 郭倡賣契塗鎖. 郭安等各賣契, 批明郭地字樣, 以杜奸謀.[10]

위에 보이는 '조지개옥租地蓋屋', '매옥불매지賣屋不賣地'라는 것은, 부동산의 거래 · 운용에서 선택 가능한 어떤 행위 유형을 지칭하는 명칭이지, 어

---

10 『徐雨峰中丞勘語』 권4, 50b〔南靖縣民郭博告許世徵等案〕.

떤 '명제'라는 요소는 포함하고 있지 않다. 따라서 본래 의미에서 속담이란 것에는 해당하지 않는다. 그것이 '토례土例'라는 것은 그 행위 유형이 해당 지역의 주민에 의해 허용되고, 나아가 애용되기도 했다는 '사실'의 차원에 속하는 것으로, 관으로서는 그러한 행위 유형의 일례를 접하였으므로, 행위의 내용, 즉 당사자 간에 약정한 취지에 따르는 것처럼 판결을 내렸다는 것에 지나지 않는다. 사실을 소상히 밝히고 타당한 판단을 내린다는 청송 일반의 운영 속에서 풀어낸 것으로, 특별히 관습의 원용이라고 할 정도의 것은 아니다.[11]

셋째로 생각할 수 있는 것은 관습을 숙지하는 자로 하여금 관습이 무엇인가를 법정에서 증언하게 하는 방법이다. 요동반도 끝부분을 일본이 조차하고 관동청關東廳을 설치하여 지배하던 당시, 현지 법정에서는 중국인 주민 사이의 관습을 알기 위해 빈번히 감정인 신문을 행했다.[12] 그 정도로 정규적인 형식을 취하지는 않더라도 그것과 닮은 어떤 것이 청대의 주현아문에서도 행해졌던 것일까. 왕휘조가 법정의 방청인 가운데 원숙한 자 몇 사람을

---

11 '조지개옥(租地蓋屋)'과 '매옥불매지(賣屋不賣地)' 어느 것에 따르든, 부지와 가옥의 소유자가 다른 상태가 발생하는 까닭에 두 가지가 연칭되는 것이라 하겠지만, 이것은 장주부(漳州府)만의 특유한 문화는 아니다. 『민상사습관조사보고록』에는 특별히 어느 성(省) 어느 지방에 한정되지 않고 동류의 보고가 산견된다. 그것을 크게 나누면, 빌려준 땅으로부터 지대를 징수하는 방식과(pp.67, 822 등) 지대는 취하지 않고 일정한 햇수가 지난 후 건물의 소유권은 지주에게 돌아간다고 약정하는 방식—'토흘목(土吃木)'(땅이 나무를 먹는다)이라고 속칭 되는 방식(pp.47, 508, 672 등)—이 있다. 다만, 같은 보고서에서 보이는 바로는, 어느 것이나 계약서를 작성하며, 차지권(借地權)은 상당히 강고하여 가옥과 차지권(내지는 지상권(地上權). 양자를 개념적으로 구별하는 사고방식은 없었다)을 제3자에게 양도하는 것도 자유였다. 이 판어에서 보이듯이, 조지개옥이 계약서를 작성하지 않고 간편하게 행해지는 것에 특수성을 느껴 이를 '토례(土例)'라고 말했을지도 모른다. 어찌되었든, 여기서 법률문제로서 중요한 것은, 가옥소유자는 가옥과 그 근거인 차지권을 지주의 승낙 없이 제3자에게 양도할 수 있는가 하는 점이라고 생각된다. 하지만 판어에서 이 점을 심각하게 고찰한 흔적은 없다. 그것은 당연한 것으로서 긍정되고 있다. 그것이 당시 중국인의 상식, 즉 정리(情理)였을 것이다.

12 『關東廳ノ法廷ニ現ハレタル支那ノ民事慣習彙報』(滿鐵調査資料 165), 1934는 그러한 감정인 신문조서를 주로 수록한 자료집이다.

뽑아 "풍속을 체문體問"하는 것이 좋다고 가르치고 있는 것에 대해서는 나중에 서술하더라도, 판어 가운데도 다소 그것을 연상시키는 것이 나타난다.

예를 들면, 광서3년(1877) 경, 호북성 동호현東湖縣에서 있었던 웅빈熊賓의 판어 중에 유장전溜莊錢을 둘러싼 사안이 전후 4건 보인다.[13] "해당 전호佃戶는 이미 유장溜莊을 지급한 적이 있고 예전의 전호가 적은 빙거도 있다"[14]라는 말에서도 알 수 있듯이, 유장전이란 전호가 지주의 토지를 경작하기 시작하면서 지주에게 납부하는 압조押租와는 별도로, 그때까지 경작하고 있던 전호에게 지급하는―따라서 전의 전호에게서 그 영수증을 받는다― 금전이다. 지주가 계약을 해지하고 압조를 반환하여 토지를 돌려주려 할 때, 전호는 압조에 더하여 유장전을 상환 받지 않으면 퇴거할 수 없다고 항변하여 분쟁이 된다. 4건 모두 같은 유형의 사안이다. "조사해보니 유장은 동호현의 악습이다. 그렇지만 적폐가 뿌리깊어 완전히 없애는 것은 불가하다."[15] 즉, 유장전은 지주가 알지 못하는 가운데 신구 전호 사이에 수수된 금전이며, 역대 전호 사이에서 임의로 전호경작권에 가격을 붙여버린 듯한 것이다. 유장전을 가지고 지주에게 대항하는 것은 본래는 이치에 맞지 않는 일로, 그런 의미에서 악습이지만, 이를 지급하지 않으면 이전의 전호와 교체하는 것이 불가능했다. 그러한 상황에서 여러 해 쌓인 악습의 결과를 최후의 전호 한 사람에게 불합리하게 전가하여 그에게만 손해를 입히는 것으로 해버릴 수도 없다. 그렇다고 해서 전호가 주장하는 전액을 인정할 수도 없으므로 '참작하여 결단'해서 지주에게는 어느 정도 금액의 지급을, 전호

---

13 『三邑治略』 권5, 1a〔訊盧上達一案〕; 24a〔訊胡建堂一案〕; 25a〔訊羅永寶一案〕; 26a〔訊趙永承一案〕. 유장전(溜莊錢)(기타 유사한 관행을 포함하여)에 관해서는 寺田浩明, 「田面田底慣行の法的性格―概念的分析を中心として」, 『東洋文化研究所紀要』 93, 1983, pp.111- 125를 참조. 여기서 전면권(田面權) 발생의 계기라는 견지에서 조명하고 있다.

14 『三邑治略』〔訊羅永寶一案〕.

15 『三邑治略』〔訊羅永寶一案〕.

에게는 그것을 수취하여 퇴거할 것을 명하여 양자를 타협시키는 것이 4건에 공통적으로 보이는 해결법이다. 그중 한 건의 전문은 이하와 같다.

> 노상달盧上達의 진술에 의하면, "진전갑陳傳甲(혹은 진전복陳傳福)·진종택陳宗澤이 공동으로 제 밭을 경작함에 정말로 단지 압조전押租錢 22관串을 지급했을 따름입니다"라 한다. 이를 진전복·진종택에게 질문하자, "그 외에 유장전 100여 관을 지급했습니다"라 했다. 조사해보니, 그 전지는 조액租額이 겨우 9석 4두에 불과하다. 양저헌楊著軒·채금선蔡琴仙 등에게 "이 지방의 풍습에서 9석 4두의 전지라면, 대체로 유장溜莊은 얼마 정도인가"라고 신문하자, 대답하여 말하기를, "아무리 많아도 7, 80관을 넘는 일은 없습니다"라고 진술했다. 이에 단斷을 내리니, 노상달로 하여금 유장전 80관을 내도록 하고, 압조전 23관을 반환케 하여 기한을 연내로 정하여 금전의 급부와 퇴거를 이행시킨다. 담당 차역에게 명하여 진전복·진종한陳宗漢(진종택)을 데리고 가되 확실한 보증인을 세우게 한다. 혹시 퇴거하지 않으면 즉 보증인을 문책하기로 한다. 각자의 계약서를 사건기록에 넣는다. 이에 유諭한다.
>
> 據盧上達供, 陳傳甲·陳宗澤夥種生田, 實只押租錢二十二串文. 質之陳傳福·陳宗澤供, 另外去有溜莊錢一百餘串. 查此田僅只九石四斗. 訊詰楊著軒·蔡琴仙等, 此處土風, 若九石四斗, 究有溜莊若干. 復供稱, 至多亦不過七八十串文. 斷令盧上達出溜莊錢八十串, 外給押租錢二十三串, 限年內給錢搬家. 仰原差將陳傳福·陳宗漢帶去, 取連還的保. 如不搬家, 即爲保人是問. 各結附卷. 此諭.[16]

위와 같이, 유장전이라는 '악습'의 존재 자체 및 그 의미와 성질에 관해서는 현지에서 조금만 지현의 실무를 행하면 자연스럽게 이해되었을 것이다. 그러나 그 금액이 통상적으로 어느 정도인지에 관해서는 양저헌, 채금선이

---

16 『三邑治略』〔訊盧上達一案〕.

라는 두 사람의 주민—그들이 어떤 자격으로 법정에 나왔는지는 명확하지 않지만—에게 질문하고 그 진술을 참고하여 판단을 내리고 있다. 이러한 것들이 어느 정도 감정인 신문에 가까운 것을 연상시키는, 실제로 눈에 띄는 것들 중 최적의 예이기는 하다. 하지만 사안은 금액의 시세라는 수량적인 문제에 불과하고 권리의 득실에 관련된 사회규범의 존재 여부를 따지고 있는 것은 아니다. 이 정도의 것밖에 나오지 않는다. 또 하나의 예를 굳이 든다면 섬서성 봉상부鳳翔府에 있었던 구황邱煌의 판어에 다음과 같은 예가 있다.

임왕씨任王氏의 시아버지 임취량任聚良은 건륭40년에 수전水田 10무畝를 종건황鍾建黃에게 당當(전典)하여 가격으로 18관串을 받고, 또한 세량稅糧 4두 2승 4합合 9작勺 가운데 4두는 납세 명의는 옮기지 않은 채 전주典主(승전인)가 부담하는 것으로 약정했다. 후에 임왕씨가 회속을 요구하자 종건황은 응하지 않고 토지를 사들인 것이라고 주장하였다. 건륭53년에는 이를 범수덕范守德에게 전매轉賣하여 가격으로 35관을 취득하고, 또한 납세명의인인 임왕씨의 아주버니인 임검任儉의 동의를 얻어 세량 4두의 명의를 범수덕에게 이전했다. 도광2년 7월, 임왕씨는 친정 오빠인 왕춘선王春先과 함께 종건황에게 원약原約(과거 임취량이 종건황에게 교부한 계약서)의 제시를 요구하여 살펴 보았다. 그러나 두 사람 모두 글을 읽지 못했고, 입회한 향약鄕約 후몽연侯夢蓮의 증언은 애매했다. 또한 같은 해 8월에 종건황의 집에 불이 나서 계약서가 불타버렸으므로(사실은 종건황이 말을 지어냈을지도 모르지만), 원계약이 전당계약이었는지 매매계약이었는지 지금으로서는 확인할 방법이 없다. 임왕씨는 도광2년에 소송을 일으킨 이래 몇 차례 상소를 반복하여 19년이나 소송이 계속되었다.

지부知府 구황은, 토지를 임성任姓이 종성鍾姓에게 넘긴 단계에서는 소유권을 이전하지 않고 종성이 범성范姓에게 넘긴 단계에서 비로소 이전한 것은, 첫 번째 거래가 본래 매매가 아니고 전典이었음을 말하고 있다고 판단했다. 또한 당시 세량 가운데 4두만을 종성의 실질 부담으로 하고—이 4두가 지금은 범성의 소유로 되어 있다— 2승 4합 9작은 토지가 없어졌음에도 불구하고 여전히 임성의 명의로 남아 있는 것 역시 이를 뒷받침하는 것이라 했다. 이 판결에 대해 종성과 범성의 양 당사자 모두 "변론할 것 없어 고개를 떨구고 죄를 인정"했으며, 법정의 방청인들도 기쁘게 납득하는 목소리를 높여 사건이 해결되었다. 다만(판어의 문장이 반드시 명쾌하지는 않지만) 토지를 임왕씨에게 회속시키는 대신, 종성으로부터 20관, 범성으로부터 10관을 내게 하여 임왕씨에게 주게 했다. 즉, 금전배상으로 그녀를 만족시키는 것으로 하고, 남아 있던 2승 4합 9작의 세량 부담을 범성 명의하에 옮기는 것으로 사건을 결말짓고 있다. 그런 가운데 종성, 범성의 책임을 논하여 다음과 같이 말한다.

"이 사건에서 종건황은 전매였던 것을 속여 매매라고 주장하여 다년간의 소송이 되었다. 하지만 현재 이미 사망하였기 때문에 죄과는 없는 것으로 한다. 범수덕은 사들일 때에 원계原契를 제시하게 하여 실제로 확인하는 일을 하지 않았다. 그것은 정말로 소홀했다고 말할 수 있다. 그런데, 물어보니, 이 지방의 풍습으로는, 일반적으로 가옥이나 토지를 사들일 때 노계老契의 교부를 요구하지 않는 것이 보통이다. 그것이 민간의 풍습이며, 예부터 그렇게 해왔다고 한다. 그 때문에 종건황의 간사한 계략이 성공하였다. 범수덕은 사정을 알고 공모하여 매수한 사실이 없다此案鍾建黃, 揑當作賣, 搆訟多年. 現已身故, 應毋庸議. 范守德承買之時, 并未索看原契. 實屬疎忽. 但查訊此邦風俗, 凡承買房地, 槪不索取老契. 民間相沿, 歷係如此. 是以鍾建黃得售奸欺. 而范守德尚無知情串買情事."[17]

노계老契란, 부동산의 매도인이 목적물을 전 소유자로부터 사들인 때의 계약서로, 매도인이 정당한 권원權原이 있는 자임을 증명하는 기능을 가진다. 이것을 매매 시에는 새롭게 작성하는 매매 계약서에 첨부하여 매수인에게 인도하는 것이 일반적이며, 인도하지 못하는 사정이 있으면 그러한 사정

17 『府判錄存』 권4, 70a〔道光二十年三月十九日審得鄖縣孀婦任王氏具控鍾萬鎰一案〕.

을 계약서에 기입한다. 다만 지방에 따라서 노계를 인도하는 풍습이 없는 곳도 있다.[18] 판어의 "물어보니, 이 지방의 풍습으로는"이라는 표현이 구체적으로 무엇을 말하는지 명확하지는 않다. 하지만 범수덕을 힐문하자 이렇게 변명하였고 주변 사람 또한 이를 긍정하며 말을 거들었기에, 관도 그것을 받아들였다는 상황을 떠올리는 것이 자연스럽지 않을까 한다. 일반적으로 이러한 안건에서 가급적 무겁게 징벌당하는 자를 만들고 싶지 않은 것이 관헌의 심리이며, 범수덕을 면책하기 위한 알맞은 구실로서 관은 편하게 변명을 받아들였을 것이다. 어쨌든 이 점을 둘러싼 현지의 관습이 어떠한지가 당사자의 권리 득실을 판가름하는 것과 같은 심각한 문제를 포함하고 있지는 않다.

넷째로, 당사자가 자기에게 유리한 어떤 관습의 존재를 내세워 그 입증에 힘쓰는 일이 있다면, 법원은 필연적으로 그 관습의 존재 여부 및 그것이 법으로서 효력을 인정하기에 적합한지를 인정·판단 내리지 않을 수 없고, 재판을 통하여 관습이 실정화하게 될 터이다. 중국에서도, 근대법학의 훈련을 받은 법률가가 이미 어느 정도 양성되어 있었던 민국초년경이 되면, 예를 들어 대리원 판결례에서 그것이 확실하게 나타난다.[19] 그렇다면 청대의

---

18 『민상사습관조사보고록』에서 새로운 매매계약서에 첨부하여 노계(老契)를 넘긴다는 보고는 일일이 셀 수도 없다. 그러나 지방에 따라서는 "모든 노계 및 최근의 세량 영수증은 일체 교부하지 않는다(所有上手老契, 及近年糧串, 均不交出)"(p.228, 하남성 확산현(確山縣)·낙녕현(洛寧縣))는 식의 보고도 조금 있다.

19 〔三年上字第733號〕, "관습법 성립의 요건은 네 가지가 있다. 공공질서에 반하지 않을 것이 요건 중의 하나이다. 본건에서 상고인이 주장하는 구습이 다른 요건을 갖추었는지는 일단 논외로 한다. 다만, 선장(船長)의 고의나 과실로 인해 타인에게 발생시킨 손해를 면책할 수 있다면, … 그 폐해는 이루 다 말할 수 없다. 따라서 이러한 구습이 사실이라 하더라도, 공공질서를 헤아릴 때 역시 법적 효력을 주는 것은 단연 어렵다(習慣法成立要件有四. 而以無背於公共秩序爲要件之一. 本案上告人主張之舊習, 具備其他條件與否, 玆姑不論. 但其因船長之故意·過失所加於他人之損害, 而可以免責, 則 … 其弊何可勝言. 是故此項舊習卽使屬實, 而爲公共秩序計, 亦斷難予以法之效力)"(郭衛 엮음, 『大理院判決例全書』, p.29); 〔四年上字第2354號〕, "당사자가 주장하는 관습법이 심판아문이 조사해보니 사실이고, 또 법적 효력이 있음을 인정할 수 있다면, 마땅히 응당 그것을 원용하여 판

주현아문에서는 어떠했을까. 이 점에 있어서도 판어에서는 다음과 같은 극히 미약한 예가 겨우 보일 뿐이다.

광서초년, 강서성 청강현清江縣의 한 사건. 강서성 청강현이 태평천국의 손에 떨어졌다가 다시 관군이 되찾았을 때, 병화兵禍에 의해 파괴되어 뼈대만 남은 상태가 된 소유자불명의 폐가를, 관비官費 약 200량兩으로 수복하여 임강영臨江營이 사무소로 사용하고 있었다. 20여 년 후 난을 피해 절강성으로 피난하였던 소유자 이성李姓이 나타나 가옥의 반환을 요구했다. 관은 반환에는 응하겠으나 과거에 지출한 수복비 200량을 납부하라고 하였다. 이에 대해 이성李姓은, "도시주민 사이에서 세입자가 집주인의 가옥(즉, 빌린 집)을 수리하면 모두 집세에서 공제하는 것으로 되어있다市民修葺東家房屋, 均係扣租", 즉 20여 년간 집세는 받지 않았으므로 이를 합산하면 수리비를 상쇄하고도 잔액이 있다고 항변했다. 관은 소유자를 모르는 폐가를 수리한 것으로 일반적인 수리가 아니며, 또한 이성과의 사이에서 임대차 관계가 있었던 것이 아니라는 논법으로 이를 각하했다.[20]

단의 준거로 삼아야 한다. 조리에 근거하여 처리해서는 안 된다(當事人主張之習慣法, 則經審判衙門調查屬實, 且可認爲有法之效力者, 自應援用之, 以爲判斷之準據. 不能仍憑條理處斷)"(郭衛 엮음, 『大理院判決例全書』, p.30) 등. 또한 『민상사습관조사보고록』에서도 지방심판청의 기록 가운데 구체적 안건에서 당사자가 주장하여 심리한 결과 그 존재를 인정받은 관습을 초록(抄錄)하여 보고하고 있는 것이 보인다(p.457, 절강성 창화현(昌化縣); p.459, 용천현(龍泉縣); p.472 이하, 영가현(永嘉縣); p.477, 영가현; p.484, 경녕현(景寧縣) 등이 그것이다. 한편 그중 영가현에 관해서는 『민상사습관조사보고록』 간본(刊本)에 오류가 있다. p.473 1행, "者故同一 …"에서 p.474 8행 "某某爲業"까지는, p.462 10행 "未經客民開墾"의 다음에 이어져 같은 쪽 11행 "… 其田 …"과의 사이에 삽입되어야 할 것이다. 그 아래의 항목번호 (4), (5), (6)은 교정쇄에서 부주의하게 가해진 정정(사실은 오류)이라고 보고, 이를 각각 (2), (3), (4)로 고쳐야 한다). 법제근대화의 일환으로 현(縣)의 아문과는 별도로 지방심판청(地方審判廳)이 설치되었다. 그 결과 확인되는 특히 이러한 면의 선진성은, 재판방식도 근대적인 것으로 변해가고 있었음을 느끼게 한다.

20 『吳平贅言』 권1, 15b〔李凌漢呈詞判〕. 이 사건은 같은 책 권1, 16b〔李凌漢續呈判〕; 권3, 10b〔提訊李之實等判〕; 권7, 14b〔購買營署稟〕으로 이어진다. 이성(李姓)은 이를 팔아 그 대금 중에서 수리비를 공제하고 얼마간을 얻으려 하지만, 살 사람을 찾지 못했다. 이 사정을 알고서 현(縣)에서는, 차라리 관에서 매수하는 것이 상책이라고 보아, 번고(藩庫)에서

여기서 당사자는, 임차인이 우선 자기의 비용으로 가옥을 수리했을 때 그 비용은 집세와 상계하는 형식으로 조금씩 상환받아 나가는 것이 통례通例라고 하는 사회규범, 즉 관습의 존재를 주장하고 있다. 다만 이것도 안건의 중핵과 닿아있는 주장은 아니고, 본건의 폐가는 일반적인 의미의 세 놓은 집이 아니라 하여 간단히 물리쳐 버렸다. 이것이 눈에 띄는 거의 유일한 예이지만, 당사자가 풍속을 방패로 하여 논한 다음과 같은 예도 있다.

광서연간, 절강성 태평현太平縣에서 있었던 사건. 엽성葉姓과 임성林姓이 분산墳山의 귀속을 다투었다. 오래된 조상의 분묘로 어느 쪽도 매매계약서를 갖고 있지 않지만, 엽성은 양관糧串(토지의 세량을 납부할 때마다 관청에서 교부받는 수령증)을 갖고 있다. 임성은 양관도 없지만 단지 조종의 분묘였다고 하며 버틴다. 당연히 임성이 패소하였으나, 그 판어에서 다음과 같은 구절이 보인다.

"해당 동童(임성 당사자가 과거 시험의 수험생인 '문동文童'이기 때문에 이렇게 부른다) 등은 조상의 분묘가 있는 것을 알 뿐, 국가에 세금이 있는 것은 모르는가. 설령 주장대로 태평현의 풍속에서 세량은 토지의 매도인이 현 소유자인 매수인을 대신해 납부하는 경우가 있다고 하더라도, '재산을 전매典買하거나 구매하고도 과할過割(납세명의를 바꾸는 것)하지 않는 자는 죄가 태장笞杖에 해당하며, 그 과할하지 않은 재산은 입관入官한다'라는 법률이 있음을 모르는가. 하물며 (주장의 전제로) 매도인의 이름을 밝힐 수 있어야 하고 그 매도인이 대신 납부한 양관을 증거로 제출할 수 있어야 할 터이다. 지방에 이러한 악습이 있다고 하여, 그것을 방패로 하여 납세 명의도 없이 토지를 점거하는 부적으로 삼을 수 있겠는가該童等知有祖宗墳墓, 獨不知有國家糧賦耶. 卽云太邑風俗, 有糧由賣主代完者, 不知, 典買産業, 不過割者, 罪應笞杖, 其不過割之産入官. 況亦必有賣主可指, 代完糧串可憑. 安得以地方有此惡習, 籍爲無糧覇佔之護符."[21]

그 자금을 지출해주기를 바란다는 취지로 상신한 결말이 되었다.

21 『四西齋決事』 권5, 32a〔葉喜意等判〕.

토지를 매매했다면 지체없이 세량의 납세명의를 변경하는 것이 법률상으로는 벌칙으로 강제되어 있었다. 그러나 여러 가지 이유에서 그 이행을 게을리하여 구소유자 명의로 납세를 계속하면서, 실질적인 세량 부담은 신구 양쪽 소유자 사이의 내부관계로 처리하여 끝내는 일은, 사실 해당 지역만이 아니라 어디에서나 종종 행해졌던 일이다. 하지만 임성은 그것이 태평현의 풍속이라고 주장하여 자신이 납세명의, 곧, 양관糧串을 갖고 있지 않아도, 실질적으로는 정당한 소유자일 수 있다고 변명하였다. 그러나 적극적으로 정당한 소유자라는 사실의 증거를 들어 보여주지 않는 이상, 그것은 궁색한 궤변에 지나지 않아 관에 의해 일축되어버렸다. 애당초 여기서 '풍속風俗'이란 것은 일의 일상성日常性을 말할 뿐이지 규범성規範性이 있는 관습이란 의미가 아니다.

청대 중국은 이상과 같은 정황이었다. 예를 들면, 앙시앙 레짐 시대 프랑스에서, 관습법의 성문화 이전에 소송절차로서 이용되었던 증인단에 의한 조사l'enquête par turbe와 같이, 당사자가 그 지방의 법률실무가 가운데 10명의 증인을 선정하고 이들을 데리고 출정하여 증인이 전원일치로 관습의 존재 여부를 답신하는 것과 같은 일은[22] 청대 중국에서는 꿈조차 꿀 수 없는 일이었다. 그리고 전장에서 기술한 것처럼(이 책 p.320), 청송의 장에서 민사적 분쟁의 취급에 한정하여 볼 때, 유사한 사안의 재판 선례를 참고하는 일은 거의 없었고, 판례를 통하여 관습이 실정화하는 것 또한 생각할 수 없는 일이었다.

이상 '풍속' '토속' '토례' 등의 말에 착목하여 검증하였다. 또한 '성규成規', '구규舊規', 그리고 수리水利를 둘러싼 '거규渠規' 등 '규規'라는 말에 관해서도 간단히 다뤄두고자 한다. 도광연간 하남성 하남부河南府 지부 이균

---

22 山口俊夫, 『概說フランス法』 상, p.30; 野田良之, 『フランス法概論』 상2, 有斐閣, 1955, p.277.

李鈞의 판어에서 이상할 정도로 집중적으로 그 예가 나타난다.

낙양현洛陽縣의 유가구劉家溝 · 양가촌梁家村 · 왕부장王府莊 · 방가루方家樓 네 마을은 행정상 하나의 보保를 이룬다. 차무差務(임시의 공동역무)가 있을 때는 양가촌이 50%, 왕부장 · 방가루가 공동으로 25%, 유가구가 25%의 비율로 마을 단위로 분담하는 관례가 있었지만, 민력民力과 부담이 불균형하다는 불만이 해소되지 않고 남아있었다. 도광8년, 관병이 통과할 때, 지방地方(보保의 책임자)이 응접에 필요한 역무를 "구규舊規에 비춰 분파分派"한 것을 유가구의 주민 유토귀劉土貴가 불공평하다고 하여 제소하였고 몇 번이나 상소하여 부府의 재판이 되었다. 부는 단斷하기를, "살피건대, 세량은 토지에서 나오고, 차무는 세량에 따라 분파한다. 토지에 비옥함과 척박함의 차이가 있다면, 세량에는 곧 다과가 있다. 차무도 또한 마땅히 경중이 있다. 세량을 살펴 차무를 결정하는 것은 실로 불변의 법이다. 마을을 살펴 분파함이 한 보保의 구규舊規라 할지라도, 금석今昔의 상황이 같지 않으니 이를 고집해 지킬 수는 없다. 이후 해당 보保가 일체의 차무를 처리함에, 모두 세량을 살펴 분파하게 하여 공평하고 적합하게 한다"라고 유諭하여, 구규를 고쳐 세량에 따라 나누는 방식을 따르게 하였다.[23]

위에서 보듯이 '규規'라는 글자는 사회생활 일반이 아니라 오히려 어떤 구체적인 용무를 둘러싼 약속을 말하는 말로 이해할 수 있다. 그것이 언제 어떻게 약속되었는가는 이미 기억에 없고 단지 예로부터 관례로서 의식되어온 것까지를 포함하여, 혹은 오히려 그것을 주로 하는, 요컨대 어떤 구체적인 규칙을 가리킨다. 위와 비슷한 예로, 관물官物 수송이나 죄수 압송이 현을 통과할 때 그 지역에서 역의 할당에 관한 '구규舊規',[24] 유배되어 온 충

23 『判語錄存』 권2, 1a〔按糧派差事〕.
24 『判語錄存』 권2, 17a〔派差事〕.

군充軍 범인을 수용할 의무를 지는 둔위屯衛(이름은 위여도 실상은 통상의 농촌과 거의 다르지 않다)가 일정한 금전을 내어 군두軍頭(충군범인 중 고참인 두목)에게 충군범인의 수용과 관리를 맡기는 '구규' 등이 있다.[25] 그리고 과재행過載行이라는 운송업자조합이 영업면허의 보답으로 통과하는 관차官差의 수송을 담당한다는 '구규', 그것이 관차의 통로에 해당하지 않는 인근 현의 동업자와 비교하여 불공평하다고 하자 부府의 재단에 의해 인근 현의 동업자에게는 약간의 분담금을 부과하되, 특정 화물에 관해서는 인근 현의 동업자가 취급하는 것을 금하고 해당 현의 업자가 독점한다는 조치를 취하여 지금에 이르고 있다는 사정[26] 등이 판어에서 나타난다. 양행糧行(곡물업)의 아기牙紀(중매인)로서 두축행頭畜行(가축업)의 총행두總行頭(조합장) 역할을 맡고 있던 자를 "성규成規를 어지럽힌" 자로서 파면한 예,[27] 수리水利 다툼에서 일어난 무고 등의 복잡한 안건을 매듭짓고 이후로도 "거규渠規에 따라 공정하게 물을 대야 한다"라고 명한 예 등도 보인다.[28] 이런 성규, 즉 관례를 둘러싼 분쟁이 일어났을 때, 관은 위반자를 질책하고 성규의 유지를 명하는 경우가 있는가 하면, 성규 자체를 재검토하여 다소라도 수정하거나 불명확한 점을 명확히 하기도 하고, 또는 처음에 든 예와 같이 구규를 폐지하고 새로운 방식의 채용을 명하기도 한다. 즉, 성규는 재판의 준칙이라기보다는 오히려 재판을 통하여 그 합리성이 음미되는 사회적 사실관계의 일부를 구성한다고 자리매길 수 있다. 또한, 판어에서 성규·구규로서 나타나는 것은, 위에서 보았듯이 많은 경우 무엇인가 관헌과 관계가 있는 용무를 둘러싼 것이다. 하지만 순수하게 사적인 조직의 조직·운영·활동에 관한 규약이나 관례 또한 '규規'—두 글자로 하면 '규구規矩'—라고 불린다. 전장에서 인용한,

---

25 『判語錄存』 권4, 60a〔收管軍犯事〕.

26 『判語錄存』 권2, 14a〔過載行發脚事〕.

27 『判語錄存』 권2, 10a〔公請輪充頭畜行總行頭事〕.

28 『判語錄存』 권4, 5a〔領欵無着事〕.

"어찌 일족一族의 조규祖規가 일조一朝의 왕법王法보다 크겠는가"(이 책 p.347) 라는 문구에 있는 '조규' 등이 그것이다. 이 또한 비유하자면, 거래행위에서 당사자 간의 약정과 같은 차원에 서는 것이다. 국가의 법정에서는 가능하면 그 취지에 따라 재결이 내려지지만, 항상 지지받고 강행된다고는 할 수 없다. 법원法源으로서의 관습법이라는 문맥에서 문제가 되는 사항은 아닌 것이다.[29]

2.

이상의 검증으로 청대 법원론法源論에서 관습(법)이라는 기둥을 세우기는 어렵다는 것이 명확해졌다고 말해도 좋을 것이다. 그러나 한편으로는 성심을 가진 지방관이나 그 막우가 좋은 재판을 하기 위한 전제로서 부임지의 민간 풍속을 알고자 힘쓴 것 또한 사실이다. 또다시 왕휘조의 말을 인용하면, 막우의 입장에서 저술한 『좌치약언佐治藥言』에 다음과 같은 구절이 있다.

---

29 동업조합의 규칙에 관련된 다음과 같은 판어도 있다. 『吳平贅言』 권3, 2b〔黄春德等控案判〕, "황춘덕(黄春德)이 섭상광(聶祥光)이 행(行)을 넘어(동업규제를 무시하고) 콩을 매수했다고 제소한 안건을 조사해보았다. 황춘덕은 조금도 확실한 증거를 제출하지 못했다. 그가 거론한 첨부항목은 진위를 따질 필요도 없이 모두 빙거로 삼기에 부족하다. 임강부(臨江府)의 아행(牙行)에는 종래 일정한 장정(章程)이 없고, 따라서 준수할 바가 없게 된 까닭이다. 화풍(和豊) 등의 행(行)에 명하여, 회동하여 의논해서 명색(名色)을 분별하고 다과(多寡)를 검토하여 일률된 법을 확정한 후 공정하게 아뢰고, 지시를 기다려 준수토록 하라. 이로써 오랫동안 계속되게 하여 의견이 갈려 다시 사단이 자라는 것을 면하게 한다. 이 안건은 말소하도록 하라. 계속 소송할 필요는 없다. 이에 판(判)한다." 짧은 글이어서 자세히는 모르겠으나, 중매인(仲買人) 동료의 영역 규제를 둘러싼 분쟁이라 짐작된다. 여기서 말하는 '장정(章程)'이 바로 '규(規)'의 개념에 해당한다. 함께 논의하여 명확한 규약을 만들어 관에 제출하고, 인가를 얻은 뒤 준수하게 한다는 조치가 취해졌다. 즉, '규'란 자치적 법규(by-laws)—불문의 관례인 경우도 포함하여—로서의 관습과는 조금 다르고, 그 준수나 위반을 둘러싼 분쟁이 발생했을 때 분쟁처리의 규칙까지는 내장하고 있지 않다.

막우의 학문을 하는 것에서, 율律을 읽는 것은 귀중하다. 그 운용의 묘는 무엇보다 인정을 잘 체득하는 데 있다. 생각건대, 각처의 풍속이 왕왕 같지 않으니, 반드시 마땅히 허심하게 직접 물어, 그 속상風尙이 적절한 바를 좇아 수시로 조절하고, 그런 연후에 율령을 널리 편다면, 상하가 서로 협력하여 관의 명성이 두드러질 수 있고, 막우의 명망도 절로 높아질 것이다. 만약 한결같이 자신의 방식을 행한다면, 혹여 원망이 쌓이고 비난이 발생할 수 있다. 예로부터 말하기를 "이익이 백이 아니면 새로 일으키지 않고, 폐단이 백이 아니면 없애지 않는다"라 하였다. 진실로 경험자의 말이다. 유념하지 않으면 안 된다.

幕之爲學, 讀律尚已. 其運用之妙, 尤在善體人情. 蓋各處風俗往往不同, 必須虛心體問, 就其俗尚所直, 隨時調劑. 然後傳以律令, 則上下相協, 官聲得著, 幕望自隆. 若一味我行我法, 或且怨集謗生. 古云利不百不興, 弊不百不除. 真閱歷, 不可不念也.[30]

지현이 된 후 그 입장에서 저술한 『학치억설學治臆說』에서는 아래와 같이 말한다.

인정과 풍속은 각처에서 같지 않다. 지방에 들어가 금하는 것을 묻는 것은, 관리라면 또한 당연한 일이다. 처음 관에 부임할 때, 마음에 맡겨 일을 판단하면 안 된다. 대개 재판하는 바가 여론의 정서에 맞지 않으면 의론이 무성해진다. 이것을 뒤로 미룬다면, 힘을 쓰기가 조금 어려워진다. 한 가지 일을 들을 때마다, 마땅히 당하堂下의 많은 사람들 가운데 노련한 자 몇 명을 택하여 불러, 풍속을 체문體問(성의를 다해 몸소 질문)해야 한다. 연후에 절충하거나 판단하면, 자연히 정情과 법法을 겸비하게 된다. 하루에 한 가지 일을 해결하면 백일에 백 가지 일을 해결할 수 있다. 몇 개월 되지 않아 여러 일이 일목요연해질 것이다. 단지 이사理事(재판)가 적절함

30 『佐治藥言』〔須本俗情〕(『汪龍莊遺書』, p.221).

을 얻을 뿐아니라, 명령의 하달 역시 흐르는 물같이 되리라.

人情俗尚, 各處不同, 入國問禁, 爲吏亦然. 初到官時, 不可師心判事. 蓋所判不協輿情, 即滋議論. 持之於後, 用力較難. 每聽一事, 須於堂下稠人廣衆中, 擇傳老成數人, 體問風俗. 然後折中剖斷, 自然情法兼到. 一日解一事, 百日可解百事, 不數月, 諸事了然. 不惟理事中肯, 亦令下如流水矣.[31]

두 개의 문장 중 후자는 앞에서 다뤘듯이 법정에서 방청인 가운데 사람을 뽑아 그들에게 지역의 풍속을 말하게 하여 판단에 참고할 것을 권하는 것이다. 그것에 의해 어떠한 효과가 기대되는가 하면, "자연히 정情과 법法을 겸비하게 된다", 즉 '법'(여기서는 법률과 도리를 함께 의미할 것이다)만이 아니라 '정'에도 맞는 재판이 가능하게 될 것이라고 말한다. 바꿔 말하면 구체적 정황을 자세히 고려하고, 사람들의 어쩔 수 없는 기분을 억압하지 않으며, 우호적인 인간관계의 유지 · 수복에 도움이 되는, 더구나 '법'이라는 도리에서 기본적으로 일탈하지 않는 재판이 되리라는 것이다. 즉, "풍속을 체문" 하는 것은 정을 다해야 한다는 요청으로, 상투어로 말하면, "크고 작은 옥사는 반드시 그 정으로써 한다夫小大之獄, 必以其情"[32]라는 일반적인 요청의 한 측면에 해당하는 것이다. 첫 번째의 문장을 보아도 마찬가지로, "(율의) 운용의 묘"는 "인정을 잘 체득하는" 데 있다는 것이 글의 주제이다. '인정'이라는 일반적 개념 가운데는 "각처의 풍속이 왕왕 같지 않다"는 지역별 정황의 차이까지 포괄적으로 함축되어 있다.[33] 결국, 풍속은 정 · 리 · 법이라는 전술한 판단구조 속에서 해소되는 것으로, 그것들과는 별개로 하나의 기둥

---

31 『學治臆說』 권상〔初任須體問風俗〕(『汪龍莊遺書』, p.37).

32 이 책 p.341에서 인용한 『左傳』, 莊公十年에 보이는 말이다.

33 "사람들의 어쩔 수 없는 기분을 억압하지 않는다"는 '정(情)'의 함의에서, '사람들'이란 직접적으로는 지역적 정황 가운데 살고 있는 당면한 관계인이다. 말하지 않아도 당연히 안건의 배경을 이루는 지역적 정황은 '정'이라는 판단구조 속으로 들어오게 될 것이다.

으로 세워질 만한 성질의 것은 아니다. 왕휘조가 앞에서 말한 "각처의 풍속이 왕왕 같지 않으니, 반드시 마땅히 허심하게 직접 물어, 그 속상風尙이 적절한 바를 좇아 수시로 조절하고, 그런 연후에 율령을 널리 펴야 한다"라는 말과, 국법과 정리情理의 관계를 나타내는 전장(이 책 p.328)에서 인용한 방대식方大湜의 말을 비교해볼 필요가 있다. 방대식은 "다만, 사건의 사실관계를 보고 그것이 율이나 조례의 어느 조문에 해당하는가 명백히 생각해 둘 필요가 있다. 그러고 나서 그 지역의 풍속을 고려하여, 정情을 헤아리고 리理를 참작하여 융통성을 발휘하는 편이 좋다"라고 하였다. 이 둘을 비교해 보면, 말의 순서와 역점을 두는 곳이 거꾸로일 뿐, 완전히 같은 사항을 서술하고 있다고 말해도 좋은 관계에 있음을 깨달을 것이다.

왕휘조 자신은 풍속을 아는 것에 마음을 쓰면 좋은 재판을 할 수 있다는 실례를 말하고 있지는 않다. 하지만 다른 사람들의 판어에서 그에 해당하는 사례가 나타난다. 예를 들면, 옹정연간, 복건성 정장도汀漳道로 있었던 서사림徐士林의 판어에 다음과 같은 사건이 있다.

> 이천李天과 엽축葉丑 사이에 엽축이 현재 소유한 가옥이 전典인가 매매인가를 둘러싼 다툼이 있었다. 이천은, 조부가 진화저陳和姐에게 출전出典하자, 진화저가 이를 두 구획으로 나누어 이성李姓(이천과는 다른 사람)과 엽성葉姓에게 전전轉典, 즉 다시 전으로 내주었다고 한다. 여기서 이성李姓에게 전전된 부분은 이미 회속하였으나 엽성에게 전전된 부분은 아직 회속하지 않고 남아있는데, 그것이 엽축의 가옥이라고 주장하여, 이를 회속하려고 한다. 엽축은, 가옥은 진화저로부터 전으로 취한 후 다시 매매로 변경한 것이며, 그것이 이성李姓(이천의 조부)의 원재산임은 모른다고 한다. 진성陳姓도 또한 아버지(진화저)가 조부의 재산을 엽성에게 판 것으로, 원래 이성李姓에게서 전으로 취하거나 한 것이 아니라고 주장한다. 현縣은 처음에는 이천의 주장을 인정하여 가옥의 원가에 수선비를 더해 회속하라고 단斷하였으나, 엽축은 승복하지 않았다. 이어서 현은 복심覆審에서 단斷을 바꾸어 엽축

의 주장을 인정하고, 가옥은 엽축의 재산이니 회속을 위해 이천이 공탁한 금전은 갖고 돌아가라고 명했다. 이천이 이에 불복하여 도道에 상소하자, 도道에서 사건 서류를 받아 심사하였다. 그 결과 원심에서 조사가 미진한 몇 가지 요점과 판단의 의문점을 지적하고 사건을 현으로 환송하여 다시 심리하여 판단한 후 보고하도록 명한 판어이다. 당사자가 아닌 원심의 지현이 수신자인 문서이다. 그 가운데, 원심관原審官이 힐문한 말을 집어내어 그것이 잘못 생각한 것임을 지적한 다음과 같은 구절이 있다.

"이 가옥이 과연 진화저의 조부의 재산이라면, 어째서 또한 이가李家에게 지급하는 지대로서 은 4전錢을 가져왔고, 이가는 매년 이를 징수하고 있는 것인가. 이 점에 대해 본 도대道臺가 늘 봐온 바에 따르면, 남방인 사이의 가옥 거래에서 만약 절매絶賣라면 계약서에 '부지 몇 무畝 또는 몇 분分(분은 무의 1/10)을 포함하여'라는 문언을 넣지만, 가옥의 출전出典에서는 (부지는 전당의 목적물에 포함하지 않고) 지대를 받는다는 토례土例(지방민간의 풍습)가 있다. 예전에 그 이유를 사람에게 묻자, '전은 가격이 낮고 또 회속할 수 있습니다. 그 때문에 계약에 '부지를 포함하여'라고 적지 않고 매년 지대를 취하는 것입니다'라고 말하는 자가 있었다. 각 성省의 풍토가 같지 않으므로, 이 말을 갖고 일률적으로 논하는 것은 애당초 불가하다. 하지만, 해당 지현知縣은 이천을 힐문하며 말했다. '만약 그것이 과연 너의 가옥이고, 진가陳家에게 출전한 것이라면, 무슨 까닭에 이 가옥의 부지에 대해 너는 또 지대를 취하고 있는 것인가.' 이 말은 이성李姓에게 유리한 사실을, 역으로 가옥이 진성陳性의 것이었다는 증거로 삼는 (불합리를 범한) 것이라고 말하지 않을 수 있겠는가至此屋如果係陳和姐祖業, 因何又帶李家地稅銀四錢, 逐年收取. 本道每見, 南人房屋, 若係賣絶, 則契開隨帶地基, 或幾畝或幾分, 而典屋則有收稅土例. 問嘗尋訪其故, 或云, 典價輕而許贖. 故契內不開隨帶地基, 而每年收稅. 在各省風土不同, 此說自難概論. 然如該縣詰問李天所云, 如果是你屋, 出典陳家, 爲何這屋地, 還是你收租之語. 恐不無以李姓之左券, 而反作陳屋之把柄."[34]

엽축은 진성陳姓에게서 재산을 매수했다고 주장한다. 그러나 이천은 과거 진성에게 전당 준 이는 자신의 조부이며, 조부는 목적물인 가옥을 진성에게 전당 준 것에 불과하다고 주장한다. 여기서 엽축이 이천에게 가옥 부지의 지대를 지급하고 있었다면, 적어도 그것은 이천에게 유리하고 엽축에게 불리한 정황증거이다. 이를 가지고 이천을 힐문한 원심 지현의 사고방식은 확실히 이상하며, 이를 반박해 바로잡은 도대 서사림은 지현보다도 식견이 뛰어나다 할 것이다. 또한 그 뛰어난 식견은 평소부터 임지 주민의 거래관행에 유의하고 그 이유를 사람들에게 물을 정도의 열성이 있었기에 길러졌음을 알 수 있다. 그리고 이 판어는 재조사를 명하는 결어 부분에서, "자신의 설을 고집하는 것도 좋지 않으며, 상사에게 영합하는 것도 좋지 않다. 오로지 해당 지현의 청단聽斷이 공평하고 적합하며, 정에 맞고 리에 맞기를 바랄 뿐이다不可執泥, 亦不可迎合. 惟在該縣聽斷, 公平允協, 合情合理而已"라고 말하고 있다. 정에 맞고 리에 맞아야 한다는 것이 요점이며, 토례土例에 관한 지식도 그것에 일조하는 관계에 있음을 알 수 있다.

도광연간, 섬서성 봉상부 지부대행으로 재임한 구황邱煌의 판어에도 같은 의미에서 거론하고 싶은 다음과 같은 사건이 있다.

왕정신王正新은 숙모 왕고씨王高氏에게 입양되어 사자嗣子가 되었다. 왕고씨에게는 여동생의 아이로 성회成會라는 자가 있다. 왕고씨는 성회를 총애하여 가능하면 그를 후계자로 삼고 싶었으나 중의衆議에 의해 제지당해, 죽은 남편의 동족인 왕정신을 사자로 하지 않을 수 없었다는 사정이 있다. 왕고씨 생전에 성회는 왕고씨로부터 전錢 300관串을 1분分(월리 1%의 의미일 것이다)의 이자를 붙이는 약속으로 빌린 적이 있으며, 그 차약借約(차용증)이 남아있다. 왕고씨 사망 이후, 왕정신은 이 증서에 따라 변제를 요구했으나 성회는 돈을 빌린 사실을 부인하여 소송이 되었

---

34 『徐雨峰中丞勘語』 권4, 18b〔紹安縣民李天告葉丑等案〕.

다. 왕정신은 현의 재판에 불복하여 부府에 제소했고, 부의 지시로 현에서 제2차 재판이 있었다. 그러나 이 또한 불복하여 다시 부에 제소하였는데, 때마침 지부대행으로 부임해 온 구황이 직접 법정을 열어 심리하게 되었다. 한편 차용증은 성회의 자필로 작성된 것이 아니었기에, 현의 재판에서는 왕정신에게 대필자를 스스로 찾아오라고 명하여 곤란해졌다는 복잡한 경과가 있다. 이 점에 대해 구황은 다음과 같이 말했다.

"살피건대, 섬서성의 풍속에 차용증에는 중견인中見人의 이름이 있을 뿐, 본인이 자필로 차용증을 쓰지 않는다. 본 지부는 도광2년 섬서성 내의 지방관으로 임명되어 민간의 차용금에 관한 소송에서 차용증이 자필이 아닌 것을 보고 상당히 기이하다고 생각하였다. 그러나 지금 18년이 지나고 보니 비로소 풍속은 과거부터 이대로였던 것이고, 이상하게 여길 것이 아님을 알게 되었다. 성회는 '자신은 글을 알고 있는데, 어찌 자필로 차용증을 쓰지 않는 일이 있겠습니까'라고 주장한다. 그러나 생각해보라. 왕고씨는 여성이고 글을 모른다. 선심 쓰듯 돈을 빌려주려 하는 때에 자연히 증서의 필적을 따질 기분도 들지 않았을 것이다. 거기다가 성회의 기분도 또한 자청하여 자필로 증서를 써서 후일 더욱 확실한 증거를 남기려 할 리도 없지 않은가. 그 주장은 교묘한 말로 사실을 가려 숨기려고 하는 것임이 명료하다查陝省風俗, 借券內只有中見, 幷無親筆書字之事. 本府於道光二年履任秦中, 見民間具控錢債, 券非親筆, 頗爲駭異. 今閱歷十八年來, 始知風俗歷係如斯, 不足爲異. 至成會供, 本身識字, 何以幷不親書借券. 試思王高氏係屬女流, 本不識字. 當其慨然借貸之時, 自不暇辨別筆跡. 況成會本意, 又何樂於親筆書券, 留爲異日柄據. 是其所供之處, 顯係巧言支飾."

물론 이것만으로 사건이 정리된 것은 아니다. 이 증서의 중인中人(이 사건에서는 왕고씨의 형제)은 이미 사망하였고 그의 자식은 성회의 편을 들어 진실을 말하지 않는다. "만약 진실로 증거가 있지 않으면, 성회의 마음을 복종시키기에 충분하지 않다." 그래서 왕정신이 금전차용의 사정을 알고 있을 것이라고 주장한 왕응王凝이라는 인물—현의 기록에 의하면 현에서는 금전차용 사실을 모른다고 진술하고 있지만—을 조사하였다. 왕응은 도광15년 5월에 그와 중인, 그리고 왕정신 · 성회가 어느 주관酒館에서 이야기하여, 왕정신이 변제를 요구하였으나 성회는 지급 연기를 요청하였고 증인도 옆에도 연기를 권한 사실이 있다고 진술하였으며, 현의 기록에 있는 사실은 아마도 서리胥吏가 잘못 쓴 것이리라고 하였다. 하지만 성회는 매우 교활하니, 왕응만을 증인으로 해서는 왕응이 뇌물을 받아 왕정신의 편을 든다고 변명할 여지가 있고, 또한 그 마음을 복종시키기에 충분하지 않을 것이다. 그래서 기록을 보니, 성회의 친척 중에 위통魏統이라는 자가 있어, 현에서는 역시 모른다고 진술했지만, 이 자를 "거듭 타이른 후 따로 심문再三開導, 隔別研訊"하여 왕응과 대질시켰다. 거기에 더해 "본 지부가 알아낸 바에 따르면, 왕응만이 아니라 위세풍魏世豊 · 옥정재玉廷才 · 유조괴劉兆魁 세 사람도 사정을 알고 있다. 만약 네가 인정하지 않더라도, 장래 이 세 사람을 불러내어 대질시키면 반드시 진실이 판명된다. 그때 너는 재물을 속여 취한 죄를 면할 수 없을 것이다"라고 으름장을 놓자, 비로소 위통도 입을 열었다. 위통은 이전에 성회로부터 부탁을 받아 차용금 300관 가운데 100관을 깎고 200관만 갚는 것으로 교섭하였으나, 왕정신이 승낙하지 않아 성사되지 않고 끝난 사실이 있음을 진술했다. 이만큼 증인을 확보한 후 법정을 열어 변명하여 발뺌하려 해도 소용없음을 말하자, 성회도 비로소 고개를 숙여 죄를 인정했다. 이에 따라, 성회는 마음이 탐욕스럽고 교활하기는 하나, 결국에는 진실을 진술하고 복종한 점을 헤아려 처벌을 면하게 했다. 또한, 성회와 왕정신은 친척이고 왕정신의 어머니(사모嗣母)가 성회를 총애하고 있음을 고려하여 왕정신에는 이자를 양보시켜 원금 300관만의 반환을 명한다고 단斷하니, 양 당사자가 기뻐하며 승복하였다.[35]

여기서도 다년의 경험을 통해 민간에서의 차용증 작성의 관례를 알고 있

35 『府判錄存』 권1, 56a〔道光十九年十一月十六日審訊得扶風縣民王正新控告成會賴債一案〕. 또한, 차용증서에 국한하지 않고 거의 거래증서를 자필하지 않는(물론 거기에 자필로 서명은 하지만) 것은, 어디에서도 일반적으로 볼 수 있는 일이라 생각된다. 구황이 초임 무렵에 놀랐다는 것의 정확한 의미는 잘 모르겠다.

던 지부가 원심 지현보다 뛰어난 견식을 나타냈다. 다만 그것은, 인정된 사실관계를 기초로 하여 어느 당사자에게 얼마만큼의 권리를 인정해야 하는가 하는 법률문제의 차원에서 민간의 관습에 대한 지식이 판단의 근거로 도움이 되었다는 의미가 아니다. 교활하게도 금전차용 사실 자체를 부인하는 피고의 주장에, 원심의 지현이 속아넘어가서 원고에게 가혹한 증거보완을 요구하였지만, 민간의 관습을 알고 있는 경험 많은 지부는 피고의 주장이 궤변이라고 짐작할 수 있었다. 나아가 마침내 피고를 설복시켜 사실을 자백하게 할 수 있었다. 이는 사실문제에서 진실발견의 차원에서 풍속에 대한 지식이 도움이 되어 식견이 제시되었다는 의미이다. 당사자가 인정함으로써 사실이 확정되자, 그 다음에는 원금을 변제시키고 이자를 양보하게 한다는 간단한 조치로 사안이 정리되고 있다. 비유적으로 말하면, 여기서 지부가 마치 명탐정 같은 역할을 한 것에는 풍속에 관한 지식이 도움이 되었던 것이다. 이 또한 정情(사실의 자초지종)을 소상히 밝힌다는, 재판의 일반이념 가운데에 포섭되는 사항이다.

구황은 또 다른 안건에서 "풍속은 비단 남북에 따라 마땅함을 달리할 뿐 아니라, 고금의 정형 역시 시간에 따라 바뀐다. 모름지기 헤아려 변통해야 한다. 바라건대, 고집하는 폐해를 면할 수 있기를"이라고도 말하고 있다. 토지에 따른 풍속의 차이와 시간의 경과 속에서 발생하는 사정의 변경은, 마찬가지로 정황 다양성의 문제로서 동시에 포착되어 "정을 헤아려 판단을 결정衡情定斷"하기 위한 고려대상이 되는 것이다.[36]

---

36 『府判錄存』 권2, 63a 〔道光十九年十二月十六日審訊得鳳翔縣民炊世泰具控賈珍等一案〕. 해당 지방의 군지(軍地)는 7, 80년 전쯤에는 차역과 세량이 무거웠기 때문에 헐값으로 타인에게 양도하여 부담을 피하려고 하는 자가 많았지만, 지금은 요역이 경감되고 토지 생산력도 상승하여 땅값이 상당히 등귀해 있다. A의 조부도 과거에 부담을 면하기 위해 군지를 타인에 '추여(推與)'(군지이므로 표면상 매매할 수 없는 것이기에 '매(賣)'라고 하지 않고 '추(推)'라고 한다)하였다. 그 토지의 절반이 돌고 돌아 지금은 B의 손에 있었다. B의 입수가격은 6관(串)으로 계약서에 "금전으로 회속할 수 있다(錢便許贖)"고 적혀

이렇게 보면, "풍속을 체문體問"하라는 권유는, 개인의 좁은 주관에 틀어박히는 일 없이, 널리 인간 세상의 정황 다양성에 대해—그 한 측면으로 토지마다 미묘하게 다른 인정풍속에 대해서도— 만족할 줄 모르는 탐구심과 열린 마음을 가질 것을 권하는 것이지, 지방마다 확고하게 성립되어 있는 관습(법)이야말로 재판의 준칙이어야 하며 지방관인 자는 그에 정통하는 것이 첫 번째로 힘쓸 일이라는 의미의 권유가 아님을 알 수 있다.

인간 세상의 정황 다양성에 대한 감각과 인간 세상의 항상 보편의 도리에 대한 감각이란, 실은 분리하기 어려우며 짝을 이뤄 작용하며 성숙하는 것이다. 중국의 문헌에서 '정'과 '리' 두 글자가 즐겨 연칭되고, 연칭되는 한에서는 거의 분리하기 어렵게 서로 얽혀있는 것으로 의식되는 것은 이 때문이다. "풍속을 체문"하는 데 노력하는 지방관이 해당 지방의 관습(법) 전문가가 되는 것은 아니다. 어느 임지로 옮겨도 통용될 것으로 보이는, 일반적으로 유능한 민사의 재판자에게 요구되는 자질을 체득해 나가게 되는 것이다. 그 자질이란 가족 · 혼인 · 친족 등의 신분질서 및 재산의 보유와 거래 등 경제질서 부분에 있어서의, 사실과 규범을 포함한 세상의 평상과 구체적 정황의 다양성에 관한 넓은 식견, 빈틈없는 통찰력을 의미한다.

위와 같은, 재판자에게 요구되는 자질, 식견과 통찰력은 우선은 사인士人

있었다. A는 이를 방패 삼아 원가로 회속할 것을 요구했으나, 원가와 시가는 너무나도 동떨어져 있었다. 지엽적인 것을 대폭 생략하여 요약하면 이상과 같은 사안이다. 현에서는 회속을 명하였으나 B는 이에 불복하여 부에 상소했다. 지부대행 구황은, 원심의 재판을 일단 "해당 지현은 리에 따라 판단하였으니 본래는 공정한 것이다(該縣準理定斷, 本屬平允)"라고 평가하면서, 본문에서 인용한 "정황을 헤아려 판단을 결정"한다는 총론적인 의견에 이어서 7, 80년간의 사정변화 양상을 상세히 설명한다. "금전으로 회속할 수 있다"라고 쓴 것은 "표면상의 문구를 쓴" 것—군지의 양도를 꺼리는 기분에서 붙인 수식적인 말이라는 의미일까—이지, 당사자 사이에 실제로 그 의사가 있던 것은 아니라고 한다. 결국, "본 지부가 정황을 헤아려 판단을 결정하니"라는 말을 시작으로 판단을 제시하여, B는 현에서 받게 한 6관에 2관을 더해 A에게 반환함으로써 토지를 회수하고, A는 "퇴거를 허락하되 빼앗아서는 안된다(許退不許奪)"라는 증서를 작성하여 B에 급부하도록 명했다.

으로서의 일반적인 학습과 교양, 즉 독서·작문과 스승·친구와의 교류 및 넓은 인생체험의 축적을 통하여 그 밑바탕이 형성된다. 사인의 독서는 결코 유학의 경서를 위시한 고전에만 한정되는 것이 아니다. 정치·행정상의 유용한 책을 읽는 것이 권장되고 있었다. 혼인과 상속, 가산분할, 그리고 부동산의 거래와 운용 및 금전의 대차 등 우리가 말하는 사법私法 분야에 속하는 사안에 대한 지식은, 혹은 스스로 체험하여, 혹은 친족·이웃·친구 등 주변에서 발생한 사례를 보고 들음으로써, 즉 인생 체험의 일부로서 터득되어 나간다. 그리고 재판의 실무에 임하는 것은 일반적인 교양이나 인생체험과는 어떤 의미에서 질적으로 다른, 밀도 높은 방식으로 관원을 단련시키는 기회가 되었을 것이다.

왕휘조는 "각처의 풍속이 왕왕 같지 않고", "인정과 풍속은 각처에서 같지 않다"는 사실을 강조하며, "한결같이 자신의 방식을 행하는" 것, "마음에 맡겨 일을 판단하는" 것을 경계하고 있다. 뒤집어 생각해보면, 이제 처음 부임한 지방관에게, 행하려 하는 '자신의 방식'이, "마음에 맡겨"라고 할 때의 '마음' 속에 하나의 체계적인 학식으로 갖춰져 있었는가 하면, 그것은 아니다. 12세기 이래, 유럽의 여러 대학에서 강의된 로마법Roman law·카논법canon law에 상당하는, 보편타당성을 지닌 법체계의 전문적인 지식과 훈련은 중국 사인의 교양 속에 존재하지 않았다. 대청율례라는 법전이 존재하고 지방관은 일단 그것을 읽었을 터이지만, 그것은 사법私法 분야에 관한 한, 흠결 없는 실정법체계를 부여하는 구성의 것이 아니다. 이미 본 것처럼, 내용적으로 띄엄띄엄하게 존재하는 조문이 정리情理 일반의 작용에 단서를 부여하는 효과를 지니는 지위에 있었던 것이다. 임지로 부임하는 지방관은 그곳에서 자신이 담당자로서 봉사해야 할 국가법·보통법과 임지의 지역 관습(법)이라는 두 개의 규칙 체계 사이의 모순과 조우했던 것이 아니며, 자연히 왕휘조가 후자의 우위를 설파했던 것도 아니다. 오히려 그들은 이른바 청송聽訟이라는 업무의 실습교재로서 특정 지역을 할당받아 그것과 씨름했다.[37] "풍속을 체문"하는 노력을 통하여, 직접적으로는 특정 지역을 교재로 삼으면서, 다분히 어디서나 통하는 지식, 일반적인 청송에서의 요령 같은 것을 터득해 나가고, 그것은 후일 다른 임지로 옮긴 때에도 도움이 된다. 임지가 바뀜으로써 종래 경험하지 못했던 미지의 사태에 조우하는 것도 당연하지만, 그때에도 이전 임지에서의 경험이 비교의 자료가 되어 새로운 임지에서의 다른 사태를 더 빠르게 파악하는 데 도움이 될 것이다. 요약하자면, "풍속을 체문"하는 것을 통하여 준정작리準情酌理의 판단능력이 성숙하는 것이다.

풍속(또는 그 유의어)이란 말 자체가, 반드시 항상 특정 지역과 관련되어 언급되는 것도 아니다. 전절에서 다룬 왕휘조의 재판사례 가운데 그가 "이러한 제도가 없고, 이러한 풍속도 없다"(이 책 p.366)라고 한 말은, 현대어로 번역하면, "법률상으로도 관습상으로도 이러한 일은 절대 인정되지 않는다"는 의미이다. 여기에서 풍속은 보편적인 것으로 말해지고 있다. 전장에 인용한 녹영逯英의 『성구록誠求錄』에 실린 판어에서, "속례俗例에서 사람을 전매典賣할 때 실제로 몸값을 할증하여 계약서에 기록하는 것은 보통 있는 일이라도, 4배나 할증한 것은 이상하다査俗例典賣人口, 加寫契價, 事雖常有, 亦未必四倍其數"(이 책 p.331 ④)라고 할 때의 속례—규범적인 의미가 아닌 사실로서의 세상의 평상을 말하지만— 역시 마찬가지이다. 앞에서 남방인(구체적으로는 복건성)의 토례土例에 대해 말한 서사림徐士林은 다른 판어의 서두에

---

37 처음 임지로 부임하는 지방관은, 현대 일본의 제도 속에서 비슷한 예를 찾는다면, 어떤 사람이 가정법원의 가사조정위원으로 위촉되는 것과 어떤 의미에서 유사하다고 말할 수 있을지도 모르겠다. 각각의 인생 체험을 쌓은 양식 있는 사람들이 조정위원으로 위촉되기는 하지만, 실제로 사건을 다뤄 보면, 평소 자기가 살아온 환경에서의 상식에는 존재하지 않는 듯한 인생의 천태만상과 그 심각성에 직면하여 새삼 놀라는 일도 많을 것이다. 그때 조정위원으로서는, 평소 자신의 생활태도나 신념을 관철하는 형태로 단칼에 사안을 결론지어서는 안 될 터이다. 중국의 지방관에게 요구되었던 "풍속을 체문"하라는 요청도 본질적으로는 같은 것이다. 종래의 생활 속에서 형성된 한 개인의 주관을 휘두르지 말고 차근차근 현지에 관해 공부하라는 권유와 다름없다.

서 다음과 같이 말한다.

> 비批. 무릇 토지재산을 매매할 때, 만약 목적물이 다른 사람에게 출전出典되어 있어서 매매계약서를 작성해 거래가 성립한 시점에 당장 회속할 수 없다면, 그 경우에는 매매대금에서 전가典價를 공제하여 (매수인이 매도인에게 금액을 지불하고, 훗날) 매수인이 자금을 마련하여 회속하는 것으로 의논해 정한다. 전가典價를 전부 변제하면 매수인이 토지를 손에 넣고, 전가가 전부 변제되지 않은 동안은 전주典主가 토지를 계속 보유한다. 이것으로 어느 쪽도 지장이 없으니, 이것이 각지에서 토지를 매매할 때의 통례이다.
>
> 批. 凡買賣田產, 或先出典於他人, 立契成交之時, 未能當下取贖, 卽於賣價內, 扣除典價, 議令買主措備取贖. 價淸則買主執業, 價未淸則仍典主執業. 兩不相礙, 此各處買田之通例也.[38]

여기서 말하는 통례通例라는 것은, 속례, 토례 등과 마찬가지로 민간 관례의 의미이며, 더구나 그것이 특정 지방이 아니라 어디에서나 통하는 관례라고 생각되고 또 선언되기 때문에 '토례'가 아닌 '통례'라고 표현되고 있다.

그런데 앞에서 왕휘조가 "이러한 풍속이 없다"라고 말하거나, 서사림이 "이것이 각지에서 토지를 매매할 때의 통례이다"라고 말할 때는, 결코 충분

---

38 『徐雨峰中丞勘語』 권4, 94a〔沈瑞告趙威案〕. 무생(武生) 심등방(沈騰芳)이란 자가 파종량 1석(石)의 토지를 샀는데, 그 가운데 7두(斗)는 다른 세 사람에게 출전(出典)되어 있는 토지였다. 후일 두 사람으로부터 합계 5두분의 토지를 회속하였으나, 최후의 한 사람 조위(趙威)가 전당받은 토지 2두만은 아직 회속하지 않고 있다. 심등방은 이웃으로 사귀기 힘든 인물이었던 것 같다. 조위는 종종 회속을 촉구하여 원가를 받고 갈등을 잘라내려고 하였으나, 심등방은 질질 끌며 이에 응하지 않았다. 그래서 조위는 심등방을 "가격을 속이고 전지를 강점한다(騙價霸田)"고 제소했다. 그리고 아마도 어떤 다른 사정이 있었겠지만, 현의 재판에서는 불가사의하게도 심등방으로 하여금 반대로 8두의 토지를 전부 원가로 조위에게 매도하게 하여 분규를 끊도록 명해 버린 안건이다. 판어는 이를 바로잡은 것이다.

한 실증적 근거가 있어서 그렇게 말한 것은 아니다. 각자 막우나 지방관으로서 경험이 있는 인물이기는 해도 직접 경험한 임지의 수는 한정되어 있다. 전국 각지를 두루 돌며 민간의 관례를 조사할 기회를 얻은 것도 아니고, 전국에 걸친 관습조사보고서와 같은 것을 가지고 있었던 것도 아니다. 즉, 그것은 사회과학자처럼 사실을 기술하는 말이 아니고, 재판자로서 단정하는 말이다. 경험으로 뒷받침되면서도, 한정된 경험적 사실을 넘어 사물의 본성을 응시하는 통찰력에서 나온 말이다. 그들이 설명하는 바는, 바꾸어 말하면 '정리情理'로, 그 가운데에서 특히 '리'의 함의와 실제로 서로 겹치는 것이 있다. 가령, "이러한 풍속이 없다無此風俗"를 "매우 정리에 반한다殊非情理"로 바꿔 말하고, "이것이 각지에서 토지를 매매할 때의 통례이다此各處買田之通例也"를 "이것이 정리로서 올바른 것이다此情理之正也"라고 바꿔 말해 보면, 문장의 흐름으로는 당연히 어색해지지만, 말하려 하는 실질을 현저히 왜곡하게 되지는 않을 것이다. 사실 앞서 든 '통례'의 선언으로 시작되는 서사림의 판어도, 이어지는 문장에서는 통례에 비추어 크게 불합리한 전임 지현의 재판을 평하면서, "이런 리가 있겠는가, 이런 정이 있겠는가有是理乎, 有是情乎"라고 엄하게 나무라고 있다. 현임 지현에 대해서도 또한 "정리를 직접 조사하지 않고" 전임자의 불합리한 재정을 고치려 하지 않는 것을 꾸짖는 식으로, 정리라는 말을 축으로 하여 판단을 제시하고 있다.

위에서 바꿔 말해보자고 하며 쓴, "정리로서 올바른 것情理之正"이라는 표현은, 전장에서 인용한 『아강신정雅江新政』에 실린 노견증盧見曾의 판어에서 정말로 사용된 말이다(이 책 p.337 ⑬). 거기서는 "정리로서 올바른 것"과 "홍아현洪雅縣의 지방 풍습洪邑陋俗"이 대치되고 있다. 데릴사위에게 약간의 재산을 분여하는 일은 있어도 친아들과 평등하게 가산을 균분하지는 않는 것이, 실제로도 비교적 보편적이었고 또한 이념적으로도 "정리로서 올바른 것"으로 정착해 있었다. 그런데 홍아현에서는 친자와 데릴사위 사이에 가산을 균분하는 것이 비교적 저항 없이 행해지고 있었기에, 이를 보고 "홍아현의 지방 풍습"이라고 평가한 것이다. 이로부터도 정리情理와 풍속은 서로 떨어진 별개의 것이 아님을 알 수 있다. 또한 더 중요한 것은, "풍속을 체문하여", "속상風尚이 적절한 바를 좇는다"는 것이, 그 지역에 현재 행해지고 있는 것을 모두 무조건적으로 긍정하고 그 선을 따라 재판한다는 의미가 아니고, 국지적인 풍습에 대하여 보편과 정통의 입장에서 평가를 가함을 의미한다는 사실이다. 누습이라 하여 한 단계 낮게 평가되는 것도 있고, 앞서 본 유장전溜莊錢과 같이 악습으로서 부정적으로 평가되는 것도 있다. 그럼에도 불구하고 그렇게 평가하면서, 오히려 그 누습 · 악습에 대해 크건 작건 동정을 표하는 재판이 행해지는 것이 보통이다. 사람에게 너무나도 무리한 것을 강요하지 않는다는 '정情'의 요청이 거기에 작용하는 것이다.

이상 누누이 서술해온 것을 요약하면, 청대 중국에서의 관습(법)을 거슬러 찾아보면, 그것은 '정리情理' 안에서 해소된다는 것으로 귀결된다. '정리'와 관습은 별개의 것이 아니다. 그것은 또한 '정리'라고 하는 것을 골똘히 고찰한 경우에도 마찬가지로 도출되는 결론이다.

예를 들면 전장에서 인용하였듯이 "아버지가 살아있으면 아들은 마음대로 해선 안 되는 것이 리이다"(이 책 p.339) 했다. 이것은 아버지와 아들은 별개의 재산을 갖지 않고 양자가 각자 일하여 얻은 것을 전부 가家의 공동재산으로 보유한다는 중국의 전통적 가족제도를 무언의 전제로 삼되, 그러한 가산家産을 아들이 아버지가 살아있는 동안은 자신의 의사로 처분하지 못한다는 도리道理를 말한 것이다. 그것은 확실히 당시 중국인에게는 거의 자명한 리였을 것이나, 고금중외古今中外에 타당한 도리라고 할 수는 없다. 현대 일본에서는 자식이 일해서 얻은 것은 자식의 재산이고, 부모가 생존 중이든 아니든 관계없이 누구나 자신의 재산을 자신의 의사로 처분할 수 있는 것이, 반대로 자명한 리로 되어있다. 즉, 그것은 전근대 중국인의 관습(법)이었던 것이다. 하지만 그것이 중국인에게는 너무나도 항상적 · 보편적으로 유지된 생활양식이었기에, 그리고 동아시아 세계에서 중국은 너무나도 큰 문화세력이었기에, 그것이 새삼스럽게 관습이라고는 의식되지 않고, 단적으로 그것이 '리'라는 설득으로 결말지어졌던 것이다.[39]

또한 "빌린 것이 있다면 반드시 돌려주는 것이 정해진 리이다"라고 한다(이 책 p.339). 빌린 돈은 반환해야 한다는 것은, 일단 동서고금에 통하는 도리라고 해도 좋다. 그러나 빌린 돈에 이자의 약정이 있고 더구나 이것이 쌓였을 때, 해가 지나 원금과 쌓여 가는 이자를 합계한 전액에 대해 채무자가 계속 책임을 지는가 하면, 반드시 그렇다고는 말하기 어려울 것이다. 청대 중국의 재판사례를 보면, 오래된 채무는—특히 초기의 얼마 동안 채권자가 이자 수익을 거두고 있었던 것과 같은 경우— 채권자가 어느 정도 양보함으로써 정리되는 것이 보통이라고 해도 좋을 것이라 생각된다.[40] 물론 채권자는 양보하지 않으면 안 된다는 확고한 규정이 있는 것은 아니다.[41] 어느 정도의

---

39 화북지역 농촌의 관행조사에서, 조사원이 형제 중 1명이 번 돈으로 사들인 토지도 분가 시에는 형제에게 균분되어 버리는 이유를 농민에게 따지듯이 질문하였다. 그러자 농민이 "이것은 중국의 관습이다"라고 말하여 벗어나는 예가 보인다(滋賀秀三, 『中國家族法の原理』, p.75). 다른 문화로부터 충격을 받음으로써 그것을 비로소 알아차리는 것이다. 한편 여기서 논한 바와 같은 가족생활 양식이 하나의 규범으로서, 추상적으로 문언화하여 법률에 규정되는 일은 없다. 하지만 이것을 무언의 전제로 하여 개별적으로 구체적인 사항을 규정한 조문은 역대왕조의 입법 속에서 수차례 나타난다. 즉, 이러한 가족생활 양식은 법률에 의해 창출된 것이 아니라 오히려 법률의 기초에 위치해 있고, 법률 속에 침투하여 그러한 한에서 법률로도 지지받는 관계에 있는 것이었다.

40 여기는 그 자세한 사정을 실증적으로 해명할 곳은 아니므로, 다만 인상면에서 서술해 둔다. 臨時臺灣舊慣調査會, 『臺灣私法附錄參考書』 3하, p.453 이하, 「附錄 民事訴訟」은 항춘현(恒春縣) 당안(檔案)의 실제조사에 기초한 기술이다. 그중에도, "예를 들어, 원고가 피고에게 대여금 1백원(元)의 변제를 청구하는 소송에서, 지현은 원고가 주장하는 사실을 인정하면서도 원고가 부유하고 피고가 재력이 없다거나, 또는 그 대차가 오랜 시간에 걸쳐 있어 원고가 이미 다액의 이자를 받은 때는, 피고채무의 일부를 면제하고 원고에게 50원을 지급하라는 판결 같은 것은 일일이 거론할 수도 없다"(p.474)라고 한다. 에스카라(Escarra)도 정직하고 교양있으며 서양의 법제에도 밝은 사람들과의 대화에서 이와 같은 것을 "백 번 들었다"라고 말한다(J. Escarra, *Le droit chinois*, p.82(谷口知平 옮김, 『エスカラ支那法』, pp.91-92).

41 대청율례에 이자 제한법의 일환으로 "연월이 비록 오래되더라도 1의 원금에 1의 이자를

양보가 타당한가에 관해서도 정해진 것이 없다. 구체적 국면은 무한히 다양하며, 해당 국면에서 타당하다고 생각되는 선이 모색된다. 양 당사자 및 재판자의 개인적인 인품 여하 또한 사태의 낙착 방식에 영향을 줄 것이다. 이것은 극히 단순한 일례에 지나지 않지만, 이러한 측면이 '정情'이라는 말로 포착된다. 거기서는 사람마다 크고 작은 차이가 있을 터인 형평 감각의 평균치 같은 것이 모색된다. 사람마다라고 할 때의 그 사람들이란 말할 것도 없이 전근대 중국사회라는 역사 정황 속에서 살았던 사람들이며, 직접적으로는 양 당사자 및 양쪽의 관계인, 재판자, 옆에서 지켜보는 지역사회의 사람들이다. 거기에서 발견되는 해결은 당연히 전통중국적인 개성을 띤 것이 된다. 해결은 일률적이지 않고 개별적이며, 서로 가지런하지 않을 수 있지만, 총체적으로 보았을 때는 어느 것이나 어떤 얼개, 혹은 어떤 틀로 정리되어 담긴다. 그 가지런하지 못한 방식과 얼개 혹은 틀의 총체가 틀림없이 전통 중국적인 것이다. 당사자나 재판자의 인품이 해결방식에 차이를 가져올 수 있는 것과 마찬가지로, 분쟁이 발생한 지역의 특성도 해결방식에 경향의 차이를 낳을 수 있었다. 그러한 갖가지 성질의 다양성을 포용하지만 총체로서는 역시나 중국적이다. 바꾸어 말하면 '정情'이라는 것 또한 중국의 관습인 것이다. 다만 그것은, 관습이라는 말에 통상적으로 함의되는, 문장화되어 있지는 않지만 내용적으로는 하나의 의미로 정해진 어떤 구체적 규범이라는 요소를 주의 깊게 소거한 후에—다양성을 포용하면서 총체적으로 성립하는 대략적인 얼개나 틀을 마음에 그린 후에— 관습이라는 말을 사용한다면, 혹은 사용하는 것이 허용된다면, 그렇게 말할 수 있다는 의미에서이다. 이러한 의미에서 말한다면, '준정작리準情酌理'의 판단이란, 관습상 타

넘지 않는다(年月雖多, 不過一本一利)"(『대청율례』〔違禁取利〕 율문), 즉 적체된 이자는 원금과 같은 금액까지로 제한하는 규정이 있다. 하지만 지금 여기서 문제로 삼는 것은 원금까지 포함하여 양보가 이루어지는 경우에 관해서이다.

당하다고 생각되는 해결과 다를 게 없다.

무엇인가 해결을 요하는 이해의 대립이 뒤얽힌 국면이 무한한 다양성으로 일어날 수 있는 것, 그리고 구체적 국면을 둘러싸고 무엇이 타당한 해결인가에 대해 당사자는 당연히 말다툼을 하고, 관계된 주위 사람들의 견해·평가 역시 사람마다 미세한 차이를 가지며 다양하게 갈리는 것 자체는 어느 사회에서나 마찬가지일 것이다. 하지만 만약 여기에, 구성하는 사람은 바뀔지언정 기관으로서 동일성을 영속하는 강력한 법원法院이 존재한다고 해보자. 그리고 법원이 눈앞의 쟁송에 대해, 과거에 일어난, 혹은 미래에 일어날 동일성질의 쟁송의 해결법과 모순이 생기는 일이 없도록 한다는 엄밀한 배려하에 재판을 행하고, 일단 성립한 판결은 움직일 수 없는 것으로 하여 타협 없이 이를 집행하게 한다고 하자. 그러면 법원의 판례가 집적되는 가운데 사회생활의 제반 국면에 대응할 수 있는 주도면밀한 규칙 체계가 형성되고, 내버려 두면 여러 갈래로 다양하게 흘러갈 터인 사람들의 견해가 여기에서 공권적公權的인 통일점을 찾아내게 될 것이다. 그 최적의 예는 영국 국왕법원에 의해 형성된 코먼로Common Law이다. 거기에서는 국왕법원이 '왕국의 일반적 관습general custom of the realm'에 따라 재판한다고 하였다.[42] 즉, 코먼로는 왕국 안에서 공통으로 행해지는 영국인의 관습이라는 것을 가장 본원적인 성격규정으로 삼은 것이다.[43]

청대 중국에서는 이러한 법원法院이 존재하지 않았다. 지주·지현이라는 형태로 재판자는 전국에 설치되어 있었으나, 그들이 민사적 분쟁에 대해 행하는 재판이란 것은 본질적으로 일종의 조정이었다. '민의 부모'로 성격

---

42 田中英夫, 『英美法總論』 하, 東京大學出版會, 1980, p.510.

43 *Black's Law Dictionary*, West Publishing Co., 1986에서 'custom'의 항목을 찾으면, 여러 많은 해설 속에 섞여 아래의 설명이 보인다. "장기간의 관행과 선조들의 동의에 의해 성립된 불문(不文)의 법. 만약 그것이 보편적인 것이라면, 그것은 코먼로이다. 만약 이곳저곳 그 장소에 특유한 것이라면, 그것은 고유한 의미에서 custom이다."

규정된 지방관이 그 위신과 식견을 걸고 사태의 진상을 규명하고 통찰하여, 한편으로는 징벌권을 발동하거나 위협을 가하고, 다른 한편으로는 강력한 설득과 권유로 수락을 강요했던 것이다. 이것은 초인격적 · 몰개성적으로 타당한 냉철한 규칙에 의거하는, 또는 규칙을 지향하면서 전개되는, 대립하는 주장 사이의 투쟁과 그에 대한 승패 판정의 작업이라는 구조를 가지는 것은 아니었다. 재판자와 당사자 사이에서 개별적으로 성립하는 해결(분쟁의 진정鎮靜)일 뿐이었다. 상소의 길도 열려 있었으나, 상소가 가져오는 것은 한 단계 높은 위신을 지닌 또 한 사람의 재판자의 개입이라는 것일 뿐, 재판의 성격 자체를 본질적으로 바꾸는 것은 아니었다. 중앙의 황제 아래에서도, 중죄안건이기에 죄명의 의정擬定이라는 형태로 행해지는 형의 양정에 관해서는 전국적인 판례의 통일을 꾀하는 기능을 가진 기관으로서 형부가 있었다. 그러나 민사안건에 관해 사법私法적인 규칙을 세움으로써 판례의 통일을 꾀하는 기관은 어디에도 존재하지 않았다. 이러한 까닭에, 관습이 실정성 있는 법체계로 형성되는 일은 없었다. 실마리로서 주어진 약간의 체계적이지 않은 성문법은 존재하더라도, 주로 정리情理라는 비실정적인 양상인 채로 존재하게 되었던 것이다.

3.

일본어의 관습, 영어의 custom, 프랑스어의 coutume 등의 말은 상당히 다의적인 용어로 쓰인다고 생각된다. 그 다의성을—그에 더해 독일어의 Gewohnheitsrecht까지 고려하여— 분석 · 정리하여 제시하는 것은 도저히 필자의 능력이 닿지 않는다. 다만 전통 중국법을 논할 때 모종의 '관습' 개념은 피하지 않으면 안된다는 것을, 지금까지 논해온 것의 배경으로 지적해 두고 싶다.

관습이라는 말의 적어도 상당히 주요한 용법에서, 그 규제가 미치는 범위에 대해 어떤 의미에서의 경계선의 존재가 의식되는 것이 보통이다. 예를 들면 W. 겔다트W. Geldart의 『영국법원리』에서 보이는 다음의 한 절을 생각해 보자.

> 비자유非自由 토지보유는 영주의 토지를 경작한다는 봉사에 따른 것이었다. … 이들은 자신들에게 토지를 보유시키고 있는 영주의 장원 법원(manor court)에 있어서만 보호된다. 그래서 이 토지보유는 등본 토지보유로 알려지게 되었다—이들은 장원의 관습(custom)에 따르면서 법원기록의 등본에 근거하여 토지를 보유하고 있었던 것이다. … 16세기에는, 이들이 국왕법원의 보호를 받게 되었고, 국왕법원은 영주를 강제하여 장원의 관습을 지키게 했다. 이들 토지보유자가 토지를 보유하는 정확한 보유의 조건은 개개 장원의 관습(the custom of the particular manor)에 달려 있었다.[44]

여기에서 말하는 관습이란 영주의 장원법원이 그것을 인지하고 강제력을 부여한 규칙이며, 장원법원의 관할권이 미치는 범위가 곧 관습의 규제력이 미치는 범위임이 분명하다. 또한, 폴 비노그라도프Paul Vinogradoff는 중세 전기의 유럽에서 속인주의적 법신분의 교착 속에, 이윽고 "어느 재판관할구역jurisdictional district에서나 거의 빠짐없이 지역관습local customs이 생겨나 그곳 주민의 통상적인 거래를 규제하게 되었다"는 사실을 지적하고, 다채로운 지역 관습들이 편재하는 것을, 서로 붙어 모양을 이루는 스테인드글라스의 조각들에 비유하였는데, 이때에도 마찬가지로 재판관할의 경계가 곧 지역 관습의 규제가 미치는 경계가 된다.[45] 앙시앙 레짐 시대 프랑스

---

44 W. M. Geldart, *Elements of English Law*, 1952, p.97(末延三次 옮김, 『イギリス法原理』, 東京大學出版會, 1958, p.128).

45 Paul Vinogradoff, *Roman Law in Medieval Europe*, Speculum Historiale reprint, 1968, p.28.

북부 관습법 지역의 경우, 각 지역 관습이 미치는 범위를 지도에 적어서 표시하는 것도 가능하였다.[46] 원래 관습에는, 고대 로마 말기에 제국 영내로 이주한 여러 부족의 법관습the legal customs of the various tribes—그것을 유지하는 것이 허용되어 있었던 까닭에 결국은 중세전반기의 속인주의적인 여러 법의 교착상태가 출현한다—의 경우와 같이,[47] 지리적인 선이 아니라 출신부족이라는 눈에 보이지 않는 선으로 규제의 경계가 획정되는 경우도 있다. 또한 일본의 상법 제1조에 "상사商事에 관하여 본법에 규정이 없는 것에 관해서는 상사의 관습법을 적용하고 상사의 관습법이 없는 것은 민법을 적용한다"고 정한 것처럼, 상사라는 사항에 따라 경계가 그어지는 경우도 있다.

위와 같은 관습의 개념은 전통중국의 법상태를 이해하기 위해 일반적으로 대입해서는 안 되는 것이다. 중국에서 '풍속'의 어의語義에는 어디까지 그 규제가 미치는가와 같은 요소는 포함되어 있지 않다. 이 점에서도 "각처에서 같지 않다"고 하는 중국의 '풍속'을, 지방마다 다른 관습(법)으로 속단해서는 안 되는 것이다.[48] '토속土俗', '토례土例', '속례俗例', '토풍土風' 등의 유의어도 모두, 위에서 용례로 든 것과 같은 의미에서의 관습(법)이 아니다.[49] 위에서 본 것과 같은 법적인 의미에서의 custom에 명확하게 해당하는

---

46 山口俊夫, 『概說フランス法』 상, p.43.

47 Paul Vinogradoff, *op. cit*., p.15.

48 Sybille van der Sprenkel, *Legal Institutions in Manchu China: A Sociological Analysis*, University of London, Athlone Press, 1962, p.102 note 3; p.150 Appendix 4, no.35에서는, 이 책 pp.403-404에 게재한 왕휘조의 언설, "각처의 풍속이 왕왕 같지 않으니, 반드시 마땅히 허심하게 직접 물어, 그 속상(俗尚)이 적절한 바를 좇아 수시로 조절해야 한다(各處風俗往往不同, 必須虛心體問, 就其俗尚所宜, 隨時調劑)"라는 말을 "Now as *customs* often vary from place to place, it is essential to find out all about them, without preconceptions, and make it your chief concern *to abide by them*."(이탤릭은 저자, 즉 시가 슈조에 의함)이라고 번역하고 있다. 이것은 무리라 할 것이다.

49 다시 W. M. Geldart, *Elements of English Law*에서 인용한다면, "영국의 어느 지방에서는 A의 건축용으로 B가 자유보유(自由保有)의 토지를 팔고, 매수인(A)이 창설한 영구적 지대 부담의 형식으로 B가 대금을 취득한다는 것이 관습(practice)이다. 이 관습(practice)은 더 일반적인 건축임대차(building lease)를 대신하는 것이다"(p.138, 원서

말은 중국의 전통적인 어휘 가운데는 존재하지 않았다고 해야 한다.[50] 그런 까닭에 근대법학의 습득에 수반하여 '습관xiguan'(일본어의 관습과 같은 의미)이라는 말이 조어되어야 했다. 만약 앙시앙 레짐 시대 프랑스에서의 다수의 상이한 관습법의 지역적 분포상황을 염두에 두고, 그것을 더 잘게 만든 무수한 소지역 관습법이 북적거리는 구도로 전통 중국 법상태의 이미지를 형성한다면, 그것은 현실에서 동떨어진 허상이 될 수밖에 없을 것이다. 예를 들어 르네 다비드René David의 비교법개설서 초기 판본에서 그러한 이미지를 볼 수 있다.

> (중국법의) 기본적인 법원法源은 관습이었다. 관습만이 민중의 정서와 일치하여, 각자의 권리와 의무를 사물의 자연적인 질서에 따라 특정할 수 있었다. 중국의 관습은 국내에서 독립적인 존재를 가진 공동체가 존재하고 있던 그 수만큼 다양하고, 따라서 실제로 무수히 많았다(Les coutumes chinoises sont aussi variées qu'il y a en Chine de communautés ayant une existence indépendante. et sont donc pratiquement innombrables).[51]

위 서술은 우리가 채택할 수 없는 것으로, 같은 책 또한 개정판에서는 이

---

p.104)라는 서술에서 practice라는 말이 바로 '토속(土俗)', '토례(土例)'에 대응한다. 다만 영어 문헌에서, 여기서 말하는 practice에 해당하는 것을 가리켜 custom이라 하는 용례는—적어도 비법률적 문헌에서는— 얼마든지 나오므로 설명하기 어렵다.

50 에스카라는, "중국의 법률이 얼마나 약한 정도로밖에 이 (서구적인) 정의(定義)에 대응하지 않는지 사람들은 알고 있다. 마찬가지로, 중국인의 사고에서 로마법=카논법적인 관습의 개념(la conception romano-canonique de la coutume)은 친숙함이 없는 것이었다고 생각된다"라고 말한다(*Le droit chinois*, p.62(谷口知平 옮김, 『エスカラ支那法』, p.67)). 앞뒤로 아무것도 부연 해설하고 있지 않아, 학식이 얕은 필자로서는 정확하게는 그 의미를 파악하는 것이 어려우나, 주목할 만한 발언으로 적어둔다.

51 René David, *Les grands systémes de droit contemprains*, Dalloz, 1964, p.523. 이 부분의 기술은 1969년의 제3판에서 대폭 고쳐져서 '법과 관습'이란 제목의 소절 자체가 해체되었고, 여기서 인용한 말은 흔적도 없이 사라졌다.

를 삭제하였다. 관습이 기본적인 법원法源, 즉 분쟁해결 기준이며, 그것이 '다양'하였다고 말한다면, 이미 보았듯이 중국에서 관습은 정리情理와 구별되는 별개의 실체로 의미를 가질 수 없으므로, 그것은 독립적인 공동체(?)의 수만큼이 아니라 개개 안건의 수만큼 다양했다고 말해야 할 것이다. 구체적 타당성은 개개 안건마다 추구되어야 하기 때문이다. 더욱이 그것을 총괄하여 말하면 '정리'라는 한 단어로 귀속되는데, 그러한 의미에서는 또 극히 보편적이다. 다만 구체적 안건마다의 다양함이 지역마다 총체적으로는 자연스럽게 어떤 경향의 차이를 드러낼 수는 있을 것이다. 지역적인 다양함이란 그 정도의 의미밖에 없음을 알아야 할 것이다.[52]

상술한 르네 다비드의 말은, 같은 책의 초판보다도 2년 전에 나온 S. 반 더 스프렌켈Sybille van der Sprenkel의 저서에서 그려진 구도와 동일선상에 있고, 어쩌면 그것에 입각하여 나온 것이 아닌가 억측된다.[53] 스프렌켈의 저서는, 국가 법정에서의 재판과 민간의 분쟁처리기구의 복합적인 총체를 사법제도legal institutions로서 포착하는 관점에서 쓴 논술이다. 거기서는 적절한 제3자가 중간에 서서 행하는 비공식적인 조정informal mediation(pp.116, 118), 종족 · 길드 · 촌락 등 사람이 직접 소속된 민간집단의 권위에 의한 '공식적인 재판formal adjudication'(pp.112, 118. 동사형으로), 그리고 마지막으로 지주 ·

52 일반적으로, 중국의 실태가 지역마다 다르다는 것이 지나치게 무책임하게 말해지는 것은 아닐까. 그것이 종종, 발언하는 연구자 자신이 실태를 파악하지 못하고 있는 것을 가리는 연막으로도 이용된다. 헨리 맥칼리비(Henry McAleavy) 씨가 "중국의 광대함은 사람으로 하여금 이 나라의 어느 부분과 또 하나의 다른 부분 사이에 틀림없이 관습(custom)에서 깊은 차이가 있을 것이라고 믿어버리게 만드는 경향이 있다. 사실, 중국인 자신이 아주 옛날부터 끊임없이 그들의 지역적 풍습(local habits)의 다양함에 주목해 왔다. 그러나 이 점에서도 또한, 외국인은 과도한 강조에 빠지지 않도록 주의할 것을 충고받아 마땅하다. 중국문화의 다종다양성보다도 오히려 그 일체성에 주의하지 않으면 안 된다"고 말한 것에 나는 큰 공명을 느낀다. Henry McAleavy, "Chinese Law", in ed. by J. Duncan M. Derrett, *An Introduction to legal Systems*, Sweet & Maxwell, 1986, pp.110-111.

53 Sybille van der Sprenkel, *op.cit.*.

지현아문에서 이루어지는 관헌의 재판이라는 세 가지 레벨의 존재가 설정된다. 그리고 그 가운데 두 번째 레벨을 관헌으로부터도 인가된 하급법원 subordinate tribunals(p.112)이었다고 본다. 특히 촌락village이나 지역locality의 지도자들에 의해 여론의 지지를 배경으로 하여 행사되는 재판권jurisdiction (pp.98, 124)의 효율과 기능을 매우 과장하여 형용하려는 경향이 두드러진다. 예리함과 답답함, 그리고 꽤나 억지스러운 입론이 교차하는 이 책을 전면적으로 논평하는 것은 지금 여기서 해야 할 것이 아니지만, 아래의 문장을 보면 확실히 앞서 든 다비드의 말처럼 간략화될 수 있는 요소를 포함하고 있다.

> 이 시스템 전체를 조망하여 평한다면, 개인에 대한 통제에서 주요한 부분이 개인이 직접적으로 속한 집단의 손에 맡겨지지만, 거기서부터 관헌의 법정으로의 상소의 길이 열려 있는 관계로 되어있다는 점을 역설해야 할 것으로 생각된다. 사건은, 해당 사안의 사실관계와 지역의 법(local law)을 가장 잘 알 수 있는 사람들에 의해 처리되는 것이 보통이고, 대부분의 사안은 그 이상으로는 진행되지 않았다. 이것이 중국 전역에 걸쳐 관습의 두드러지는 다종다양성(the great diversity of custom)을 육성하는 하나의 경로였다. 이에 반하여, 만약 법을 적용하는 임무 전부를 관헌의 법정에서 부담시켰다면, (당시의 실제보다도) 훨씬 비용이 드는 행정이 요구되고, 또 꼼꼼하고 치밀한 법전편찬의 문제를 발생시켰을 것이다.[54]

이 글은 청조의 국가 법정에서 민사적 법원法源의 해명을 과제로 하고 있으므로, 당시 민간에서의 자주적인 분쟁해결기능의 문제에 관해서는 필자 자신에 의해서든 다른 연구자에 의해서든 추후 별도로 논해져야 할 것이다.

---

54 Sybille van der Sprenkel, *op.cit.*, p.199. 이 구절은 전장의 주103(이 책 p.349)에서도 간단히 다루었다. 한편 같은 책의 다른 곳에서 custom과 local law는 등치될 수 있다고 말한다(p.111).

반 더 스프렌켈 식으로 구상하는 것이 적절한지도, 본격적으로는 거기서 결판을 지어야 할 문제이다. 하지만 우선은, 중국의 전 주민이 무수한 민간적인 법정의 소지역 재판권 중 어느 하나 아래에 놓여있었다는 식의 구도는, 사실 인식의 문제로서 도저히 성립될 수 없다는 점만큼은 여기서 확실히 말해두고 싶다.

같은 책에서 촌락의 재판권을 구상하기 위한 직접적인 증거로 무엇을 원용하고 있는지 다시 살펴보면, 생각 외로 빈약함을 알게 된다. Y. K. 렁과 L. K. 타오가 공저한 일반적인 묘사풍의 오래된 저서와, 마틴 양이 자신이 태어난 고향인 산동성 Taitou 촌의 정황을 회상하여 사회학적으로 서술한 저서, 거의 이 두 가지뿐이라 해도 좋다. 더구나 두 저서가 인용된 페이지를 보면, 전자는 촌의회와 비슷한 기능을 가지는 촌묘村廟가 그 직원을 통해 행사하는 경미한 형사사건에서의 사법기능judicial functions in petty criminal cases—종종 강도와 같은 중대사건도 관에 고하지 않고 처리해 버리기도 한다—을 말할 뿐, 민사적인 분쟁을 재판한다고는 말하고 있지 않다.[55] 후자가 그리고 있는 사태는 오히려 비공식적인 조정 쪽으로 분류해야 할 사항이며, 저자 자신은 자신의 논술에 의미를 부여하여 "사적인 조정private mediation은 전국에 걸쳐 농촌지대에서의 가장 중요한 사법기구legal mechanism였고 현재도 그러하다"라고 말하고 있다.[56] 어느 것도 스프렌켈이 논한 바를 뒷받침

---

55 Sybille van der Sprenkel, *op.cit.*, p.19 note 2; Y. K. Leong & L. K. Tao, *Village and Town Life in China*, London, 1915(Hyperion Press reprint, 1973), pp.34-35. 범죄 내지는 규율위반의 단속과 민사분쟁의 처리는 일의 성질이 다른 것으로 구별하여 생각해야 한다. 종종 언급되는 종족이나 길드의 사법기능이란 것도 충실히 분석해 보면 아마도 주로 전자였음이 해명되지 않을까 한다. 그 점은 추후의 고찰을 기다려야 할 것이지만, 적어도 종족의 규약 중에 쟁송은 먼저 족(族)에 보고하라는 식의 규정은 있더라도, 문제의 해결을 위한 실제적 준칙으로 도움이 될 수 있는, 일본의 민법과 같은 조항을 가지는 것은 조금도 보이지 않는다는 점에 주의해야 한다. 뒤의 주58 참조.

56 Sybille van der Sprenkel, *op.cit.*, p.101 note 1; Martin C. Yang(楊懋春), *A Chinese Village: Taitou, Shantung Province*, Columbia University Press, 1945, pp.165-166.

하기에는 부적절하다.[57] 이것만을 기초로 촌락의 재판권이라는 구상으로 전 중국을 파악해 버리는 것은 상당히 무리이다. 단지 증거가 없다는 것만이 아니다. 전쟁 중 일본의 연구자에 의해 행해진 화북농촌의 관행조사에서도 조정이 나타나기는 한다. 그러나 그것과 레벨이 다른 것으로 보아야 할, 촌락 지도자에 의한 민사재판권의 행사를 말해주는 듯한 것은 무엇도 나타나지 않는다고 말해도 좋다.[58] 이것은 하나의 반증이 될 수 있으며, 앞서 본 구도는 전체상全體像으로서 무너지지 않을 수 없다.[59]

촌락의 법정이라고 이름 붙일 만한 것을 가지고 있던 촌락이 어딘가에는 있지 않았는가 한다면, 그것을 단정적으로 부정할 수는 없다.[60] 하지만 그것

---

57 Sybille van der Sprenkel, *op.cit.*, pp.101-111에서 원용한 Fried도, 당사자 사이의 '감정'에 호소하는 우호적 해결, mediators에 의한 청문(聽問)과 이성에 호소한 해결, 국가의 법정으로의 출소(出訴)라는 3단계를 말할 뿐이다. 이를 받아서 갑자기 village leaders를 운운하기 시작하는 것은 이상하다. 또한, 같은 책에서는 1920년대 국민당 정부나 지방군벌 정권에 의해 추진된 각 촌락의 식송회(息訟會) 설치정책을 들어, 그것이 전통적으로 비공식적으로 존재하고 있었던 실체에 제도적 표현을 부여하려고 한 것이라고 의미부여하려 하고 있다(p.114). 그러나 이것은 상상에 그치는 것으로 실제 현실은 모른다고 할 수밖에 없다. 이 식송회라는 시책은 명대 초기의 이노인(里老人)(이 책 p.124)을 연상시킨다. 어느 쪽도 성공하지 못하고 흐지부지되었다. 그러한 시책이 성공하기 어려운 체질을 중국사회는 뿌리 깊이 가지고 있었다고 보아야 한다. 현대 중국에서의 조해위원회(調解委員會)가 장래에도 정착해서 기능을 계속한다면 그것은 그야말로 혁명적인 성과라고 할 것이다.

58 이것은 『中國農村慣行調査』, 岩波書店, 1952-1958를 훑어본 것에 한한 잠정적 결론이다. 여기서도 작물절도와 같은 단순 경미한 범죄가 촌락의 재판권으로 파악되는 듯한 현상이 나타난다. 『中國農村慣行調査』 5, p.15 전체에 걸친 하북성 여창현(黎昌縣) 후가영(侯家營)의 상황 등이 그것이다. 사당(廟)으로 끌고 가서 촌정(村正)의 명을 받아 범인을 때린다고 한다. 그러나 민사분쟁은 이렇게 간단히 끝날 리도 없고, 같은 책 여기저기에 보이는 중재(仲裁) · 설합(說合)은 어떻게 보아도 mediation이지 adjudication은 아니다. "촌내에서 중재할 때 장공소(莊公所)를 사용하는 일은 있는가? 없다. 당사자의 집에서 중재한다"(『中國農村慣行調査』 4, p.359, 산동성 역성현(歷城縣) 노가장(路家莊))라고 쓰여있다.

59 또한 같은 책에서 중국사회를 개관하는 가운데 마을의 토지와 이웃 마을 토지의 경계가 있었다고 설명하지만(Sybille van der Sprenkel, *op.cit.*, p.18), 적어도 화북농촌에서는 그러한 경계의 의식이 없었음이 조사에 의해 실증되고 있다(旗田巍, 『中國村落と共同體理論』, 岩波書店, 1973, pp.58-120).

이 어딘가에 있었다고 하더라도, 거기서 행해지는 재판이란 역시 정리情理에 근거한 것으로, 본질적으로는 조정이었음이 틀림없다. 왜냐하면, 국가 법정에서의 재판이 이미 그러했으며, 민간의 비공식적인 조정 또한 정리에 의한—그리고 특히 정情을 중시하는— 것이었다고 한다면,[61] 그 중간에 위치하는 촌락의 재판만이 '관습', 즉 불문의 법에 의한 재판이었다고는 극히 생각하기 어려운 일이기 때문이다.

사실인식 상의 무리를 범하여, 내지는 무리함을 알아차리지 못하고 반 더 스프렌켈의 구도가 탄생한 것은 그 근저에 법(그 한 양태로서의 관습)과 재판에 관한 서구적 관념—굳이 말하자면 선입견—이 불식되지 않고 가로놓여 있었기 때문이다. 그것은, 재판이란 법을 적용함으로써 쟁송에 결말을 짓는 것, 그리고 법이란 재판에 적용되는 규칙의 다발—그것이 성문화되지 않고 단지 장기간의 관용慣用에 의해 성립된 것이라면 이를 '관습'이라 한다—을 말하는 것이라고 보는 사고방식이다. 실은 애당초 이러한 관념이, 관헌과 민간을 통틀어서 중국인에게는 친숙하지 않은 사고방식이었다는 것이 사실에 가깝다.[62] 스프렌켈 자신은, 비서구지역의 공업화 이전의 사회를

---

60 소설이기는 하나, 趙樹理, 『李家莊的變遷』, 人民文學出版社, 1952의 책 첫머리에 용왕묘(龍王廟)에서 열린 촌락의 재판집회가 묘사되어 있다. 『判語錄存』 권3, 〔悔婚抗斷事〕 56b에 "금방(金榜)은 그의 일족을 불러 모아 사장(社場)에서 우두머리와 논쟁하였다(金榜糾其族人, 在社場與魁争論)"라는 대목이 있다. 여기서 '사장(社場)'이란 촌락의 공개된 장소로, 거기에서 논쟁을 걸었다고 한다면 조직적인 것이 아니라고 하더라도 일종의 재판집회와 같은 것인가 하고 생각되지만, 애당초 확실하지 않다.

61 왕휘조는 지방관은 청송에 힘쓰더라도, 경우에 따라서는 친우(親友)의 조처에 맡기는 편이 좋을 수도 있음을 명심해야 한다고 말한다. "청단함에는 법을 갖고 하고, 조처(調處)함에는 정을 갖고 한다. 법이란 시비를 가리지 않으면 안되지만, 정이란 시비를 다소 양보해도 괜찮다. 리(理)가 바르면 친우(親友)의 정(情)을 통하고, 의(義)가 굽더라도 공정(公庭)의 법은 면해야 한다"(『學治臆說』 권상, 〔斷案不如息案〕)라 한다. 청송도 정리에 따라 법을 변통하는 것이지만, 조처가 된다면 법이 갖는 징벌적인 요소를 동반하지 않기 때문에 한층 더 자유롭게 정을 작용시킬 수 있다. 大山彦一, 『中國人の家族制度の研究』, 關書院, 1952에서는, 만주에서의 현지조사 경험을 근거로, 중국사회에서 무슨 일이든 간에 "인정에 따르는" 해결방법이 가장 중시되고 있음을 반복하여 역설한다(p.41, 58, 76).

논하기 위해서는 law와 legal이라는 말을 유연하게 사용해야 함을 호소하고 있지만,[63] 그래도 여전히 뿌리 깊은 곳에서는 서구적 관념을 끊어내지 못했던 것이다. 다비드가 개정판에서 이 노선을 버린 것에서야말로 훌륭한 사고의 유연성이 느껴진다.

서구사회에서 전통적으로 법률가가 맡아온 사회적 기능은 어느 사회에서도 누군가에 의해 어떤 형태로든 담지되어야 하는 기능인 경우가 많다. 이것을 중국에서는 비전문가가 동료들끼리 서로 바꿔가며 담당해 왔다는 측면이 크다. 예를 들면, 서구에서 오랜 전통을 갖고 중요한 역할을 담당해 온 공증인公證人(notaire; Notar)이라는 직능은 중국에는 존재하지 않았다. 대신에 부동산의 거래, 가산분할, 혼약의 체결 등 중요한 법률행위는 반드시 제3자(통상적으로 복수의)인 중인中人—혼약이라면 매인媒人—의 중개 · 입회하에 약정내용을 특정하고 의사표시를 확인하고, 문서, 즉 계약서를 작성한다(혼약은 예禮의 요소가 강하다는 점이 조금 특수하지만). 그리고 공시公示의 의미를 겸하여 어떤 향연을 베푸는 것이 중국에서 아주 옛날부터 행해져 온 보편적인 관행이다. 부동산 거래에서 매도인의 권원權原 확인과 같이, 영국인이라면 솔리시터solicitor에게서 받았을 서비스에 해당하는 것을, 중국인은 이의를 제기할 가능성이 있을 것 같은 주요한 인물을 계약이나 향연의 장소에 부르는 것으로 처리했다. 거기에서는 사회에 필요한 어떤 공증적인 기능이라는 것이, 특정한 전문가나 제도적 기관의 손에 집중시키는 일 없이 확산된 형태로, 그때그때의 상황에서 요청을 받아 관여하는 사람들에 의해 처리되는 구조로 되어 있었다. 따라서 누구라도 언젠가 요청을 받아 그 기능을 담당하게 될 가능성이 있었다. 마찬가지로 분쟁이 발생한 때에도 제3

62 중국에도 재판에서 적용되는 규칙의 다발로서 형법이 있지 않았는가 하는 반론에 대해서는 후술할 중국 형법의 성격으로 답하고 싶다(p.437).

63 Sybille van der Sprenkel, *op.cit.*, p.119 note 1.

자가 요청을 받거나 자진해서 떠맡아 조정에 임하였다. 이런 식의 활동이 중국에서는 아마도 다른 사회에서보다 활발하였으며, 사람들은 그것에 숙련되어 있었다고 보아도 좋을 것이다. 오늘날 우리는 양쪽이 변호사를 세워 절충할 것을, 비전문가끼리 중간에 설 것을 요청하거나 요청받거나 하며 처리해 온 것이다.

그러한 환경 속에서 도드라지게 돌출한 공적인 제3자로서 민의 부모인 지주知州 · 지현知縣이 재임하고 있었다. 그는 반드시 다른 지역 출신으로 관할 하 지역 내에 사적인 연고가 없는 점, 공권력(실력장치)의 장악자인 점, 관료기구의 일원으로 국가적 규율에 복종하는 점 등 여러 면에서, 민간인인 제3자 조정인과는 차원이 다른 존재이다. 그렇다고는 하나, 그 본질은 역시나 비전문가—뛰어난 교양과 식견, 통찰력을 기대받아 공적인 위신을 몸에 지닌 비전문가—와 다를 바 없다. "군자의 쓰임은 고정되어 있지 않다君子不器"라 하듯, 백성의 부모되는 이는 한두 가지에 치우친 전문가여서는 안 되었다. 그리고 이들 관민을 통틀어 비전문가가 공유하는 판단기준이 바로 '정리情理'였던 것이다.[64]

정리 판단의 중핵부에는 누구도 다툴 기분이 들지 않는 자명하고 보편적인 도리가 있으며, 주변부에는 구체적 정황에 응답하는 고도의 유연성이 있다. 다만, 유연성은 결코 무원칙적인 것은 아니고, 그 세계에 살며 익숙해진 사람들에게는 낙착지점이 거의 짐작되는 유연성이었다. 그리고 실제에서는 당사자와 중간에 선 제3자(민간인인 조정자 또는 청송하는 지방관) 사이의 인내를 요하는 입씨름을 통해 사건마다 그 구체적인 낙착 방식이 합의되었다. 그것은 확실히 주식회사 같은 기업형태가 기능을 발휘하기에 적합하지 않

---

64 정리라는 판단기준을 관민이 공유한다는 것과, 제1장의 결어에서 논한 관헌의 소외는 결코 모순되는 것이 아니다. 어느 쪽이든 지역적인 특수의식, 독립을 향한 지향을 키우지 않는 요소이다.

은 환경이었음에 틀림없다. 그러나 당시 그 세계에 살았던 사람들의 입장에서 보면, 필요한 제반의 활동을 가능하게 할 만큼의 거래와 재산권에 관련된 법적 안정성—이라고 오늘날 우리가 부르는 것에 상응하는 것—이, 유연한 형태로 사회 안에서 유지되고 있었다는 것을 생각할 필요가 있다. 그것이 경제적인 계산감각이 뛰어나고 필요와 실정에 부응하여 계약과 재산권의 여러 유형을 만들어 낸 사람들의 사회였음은 『민상사습관조사보고록』 등을 일독하면 피부로 느껴진다. 위에서 아래까지 법 비전문가의 나라—반대로 말하면, 비전문가 법의 나라—였던 것에 중국의 저력이 있다고 말해야 하지 않을까.

한편, 관습이란 말을 둘러싸고, 반 더 스프렌켈의 저서에 인용되면서도 반드시 활용되고 있지는 않은, 폴 비노그라도프의 아래의 구절에 보이는 비쟁송적 관습non-litigious custom이라는 개념에 주목해 보는 것도 좋지 않을까 생각된다.

> 법적으로 준수되는 규칙의 단서를 이루는 것은 항쟁(conflicts)이 아니라, 합리적인 교제와 사회적 협력의 기브 앤 테이크의 고려에 따라 인도되는 일상의 관행(practices)이다. 상속도 소유도 점유도 계약도, 직접적인 입법이나 직접적인 항쟁에서 시작된 것이 아니다. 상속은 일가의 주인이 사망함에 즈음하여 세대원에게 필요하다고 여겨지는 조치에 그 뿌리를 가지고, 소유는 선점으로부터 시작되었다. 점유는 사실상의 소지로 환원될 수 있고, 계약의 기원은 물물교환의 관습에까지 거슬러 올라간다. 원시사회에서 권리를 둘러싼 분쟁은 비쟁송적 관습의 적용을 둘러싼 것이 두드러진다.[65]

---

65 Sybille van der Sprenkel, *op.cit.*, p.127(Paul Vinogradoff, *Outlines of Historical Jurisprudence*, Vol. 1, London, 1920, pp.368-369).

확실히, 예를 들면『민상사습관조사보고록』에 실린 것은, 전부 일상적으로 어떠한 행위유형이 움직이고 있는가에 대한 다채로운 기록이지, 분쟁해결을 위해 적용되는 규칙의 기록은 아니다.『민상사습관조사보고록』은 그야말로 비쟁송적 관습의 화원花園이라고 말할 만하다. 그리고 일본어의 '관행'이란 말은 이 비쟁송적 관습에 상당히 들어맞는 것이 아닌가 생각된다. 전쟁 중 법사회학적 관심에서 행해진 화북농촌의 조사가, 관습조사가 아니라 '관행조사'라 이름 붙여진 것은 의도치 않은 선인의 지혜가 발휘되고 있었다고 볼 수 있을지도 모른다.

관행이 정상적으로 작동하고 있는 한—압도적으로 정상적으로 작동하고 있었지만— 문제는 일어나지 않는다. 그러나 일단 문제를 낳아 분쟁이 되었을 때 그것을 해결하기 위한 규칙이 관습에 따라 준비되어 있었는가 하면 그렇지는 않다. 그것은 정리情理 판단에 맡겨지는 것 외에는 없었다. 다른 측면에서 말하면, 정리란 결코 허공에서 작동하는 판단구조가 아니다. 중국적 관행들과 밀착하여, 말하자면 그것을 소재로 하여 작동하는 것으로, 따라서 그 자체가 그야말로 중국적인 것이었다는 말이 된다. 이것은 아마도 오늘날 우리가 말하는 '조리'에 관해서도 마찬가지여서, 하나의 보편적인 조리가 있는 것이 아니라 자세히 보면 각 국가의 조리가 있을 터이다.

4.

마지막으로 한마디, 전통 중국에 있어서 관습과 국가 법률의 관계에 관해 서술해 두고 싶다. 법률은, 개략적으로 말하면, '정리情理'를 부분적으로 실정화한 것이며, 정리 일반의 작용에 단서를 주는 것, 따라서 또한 정리에 따라 해석뿐 아니라 변통될 수도 있는 것이라는 성격을 가지고 있었음은 이미 전장에서 밝힌 대로이다(이 책 p.347). 즉, 법률과 정리는 기본적으로 서로 가까운 것이었다. 그리고 이제 관습과 정리가 서로 별개의 것이 아님이 명확해졌다고 한다면, 관습과 법률 또한 서로 가까웠다는 인식으로 인도되는 것이 당연하다. 그런데도 종종, 중국인에게 있어 전통적으로 관습이 가장 높고, 국가의 법률은 경시되어 힘이 없거나 반감을 초래하고 있었다고 보는 류의 견해가 세상에 횡행하는 것은 무엇 때문일까.[66] 이러한 견해가 어떠한 사실을 논거로 삼고 있는지 찾아보면, 전부라고 말해도 될 정도로 민국 시대의 현상을 근거로 하고 있음을 깨닫게 된다. 예를 들어, 반 더 스프렌켈이 인용하는 것은, 해석과 의미부여에 문제가 있는 왕휘조의 말(본장 주48을 참조)을 제외하고는, 다니엘 H. 컬프Daniel H. Kulp와 페이 샤오퉁費孝通인데, 모두 민국기에 이루어진 사회조사이다.[67] 에스카라Escarra가 “중국에서는 의무, 질서, 적정한 것, 한마디로 말해, ‘예禮’의 관념이 ‘법法(fa)’, 즉 droit, loi라는 훨씬 기교적인 관념과 비교하여, 얼마나 뿌리 깊은 것이었는가”를 보여주는 예로 들고 있는 것도 당연히 예외는 아니다. 국민당 소속의 어느 고관이 민법전이 남녀의 평등한 상속권을 규정하고 있어도 자신의 아내가 친정의 유산에 말참견하는 것을 결코 용납하지 않을 것이라 했다는 것이다.[68]

근대화를 지향한 중화민국의 법제와 전통중국적인 생활양식 사이에는 깊은 단절과 가치관 자체의 충돌이 있다. 그러므로 단기간 내에 법이 사회에 침투할 리가 없으며, 또한 얼마간 영향력을 가지기 시작한 때에 한해서는, 관습과 마찰을 일으켜 반감을 초래하는 경우가 있었다는 것도 상상하기 어렵지 않다. 이처럼 기껏해야 겨우 30년 정도의 중국 역사상 극히 특수한 시기의 현상에서 얻어지는 이미지를 과거의 전통시대에까지 투사하여 생

---

66 이하에서는, 문헌의 표시를 최소한으로 그치고, 평소 느끼고 있는 것을 조금 대담하게 서술하는 것을 용서해주길 바란다. 성문법에 대한 ‘반감’이라는 표현은 田中耕太郎, 「支那社會の自然法秩序に就て」, 『法家の法實證主義』, 福村書店, 1947(『法律哲學論集』 3, 岩波書店, 1952; 『田中耕太郎著作集6 法哲學—自然法』, 春秋社, 1966에도 수록)에 보인다.

67 Sybille van der Sprenkel, *op.cit.*, pp.102-103.

68 Escarra, *Le droit chinois*, p.20(谷口知平 옮김, 『エスカラ支那法』, p.20).

각하는 것을 우선 스스로 경계하지 않으면 안 된다.

더구나 종래에는 종종, 전술한 바와 같은 근대법전에 대한 무시 · 반감이라는 과도기적 현상이 유가儒家와 법가法家의 대립이라는 사상사적 맥락과 결부되어 논해지기도 했다. 성문법의 가치를 천명하고 강조한 법가사상이 전국시대에 번영했을 뿐이고 학파로서 길게 존속 · 발전하지 못하고, 성문법에 높은 가치를 두지 않는 유가사상이 한대漢代 이래 장기간 정통의 지위를 유지한 것은, 자연적 질서의 애호, 기교적 법률의 혐오라는 중국인의 체질이 그렇게 만든 것이며, 또한 거꾸로 유가사상의 지배에 의해 그러한 중국인의 체질이 배양되어 나갔다는 식으로 이해되었다. 이 문제는 간단하지 않다. 애당초 유가란 무엇을 말하는가. 제자백가가 대립한 전국시대에 관해 말할 때는 유가라는 호칭법도 어울리겠으나, 대립하는 학파가 사라져 버린 한대 이후에는 이러한 호칭법 자체가 적절하지 않다고 생각된다.[69] 성문법에 반대하는 유가사상의 표명으로 종종 인용되는 것 중에 정鄭나라의 자산子産이 형서刑書를 솥으로 만들자, 그에 대해 진晉나라의 숙향叔向이 비난하여 보냈다고 전해지는 서간(『左傳』, 昭公六年)이 있다. 그런데 춘추시대 후반, 자산이나 공자가 생존한 무렵은 시대의 커다란 전환이 그야말로 시작되려고 하는 시기였음에 유의해야 한다. 법전의 제정, 공포라는 것은 혁신적인 움직임이었기 때문에, 보수적인 입장에서는 비판이 이루어졌다. 그것은 어떤 의미에서는 청말에 대청형률초안大清刑律草案이 배포되자 그것에 대해 많은 비판이 쏟아진 것과 상통하는 현상으로 보아도 좋을지 모른다. "이를 인도함에 정政으로 하고, 이를 가지런히 함에 형刑으로 하면, 백성이 (형을) 면할 것이나 수치가 없을 것이다道之以政, 齊之以刑, 民免而無恥"(『論語』「爲政」)

---

69 위진남북조 이후에는 도교 · 불교와의 대립이 문제 되지만, 도교 · 불교는 각각의 성직자를 가진 종교라는 점에서 제자백가의 대립과는 다르다. '유(儒)'란, 대략 지식인 일반—종교의 성직자 · 수행자를 제외하고—의 다른 이름이 되었다.

라는 공자의 말은 널리 알려져 있다. 그러나 그 가운데서도 성문법을 일률적으로 잘못이라고 보는 의미가 포함되어 있다고는 생각되지 않는다. 오히려 "반드시 명名을 바르게 할 것이다必也正名乎", 즉 사물의 정의定義를 혼란하게 만들어서는 안 된다는 요청의 일단에서 치우침 없는 항상적인 형법전이 희구되고 있다고 보아도 무리가 아닐 것이다. "명名이 바르지 못하면, … 형벌이 알맞지 않고. 형벌이 알맞지 않으면, 백성은 손발을 둘 곳이 없다名不正, 則… 刑罰不中, 刑罰不中, 則民無所措手足"(『論語』「子路」)라는 것 또한 공자의 말이다.

그리고 우리에게 중요한 것은, 해석이 갈릴 수 있는 옛 시대의 일보다도 한대漢代 이후 2천 년의 현실이다. 공자의 학파에서 기원한 경서를 중핵으로 하는 교학 체계가 지식인의 필수 교양으로 존속한 2천 년 동안, 지식인 관료로 구성되는 역대왕조는 모두 법제의 정비에 힘썼다는 사실이다. 그것도 필요악으로서가 아니다. 한나라 초 소하蕭何와 조참曹參을 기린 백성의 노래에서 "소하는 법을 만듦에 한결같게 하였고. 조참은 그를 대신하여 지키면서 잃지 않았네. 그것을 받들어 편안하게 다스리니, 백성은 하나되어 평안하네蕭何爲法, 講若畫一. 曹參代之, 守而勿失. 載其淸靖, 民以寧壹"(『漢書』 권39 「曹參傳」)라고 하였다. 이것이 후세에까지 고사로 사람들의 입에 오르는 것은, 획일한 법이 역시 그 자체로 하나의 가치였음을 이야기한다. 소하가 정비했다고 전해지는 구장률九章律에 몇 명의 학자가 주석을 달았는데, 후한의 대유大儒 정현鄭玄도 그중 한 명이었다. 그리고 당나라의 장손무기長孫無忌가 지은 「율소律疏를 올리는 표表」의 웅장하고 거침없는 문장을 음미하며 읽으면, 사의事宜에 적합하고 경중輕重이 적절한 법전을 가지는 것이 왕자王者의 덕의 체현으로 의식되고 있었음을 깊이 실감할 것이다. 소동파蘇東坡가 "만 권을 읽더라도 율은 읽지 않는다讀書萬卷不讀律" 하며 큰소리쳤다고 세상에 소문이 나 있다. 그러나 이것도 실은 이 구절을 포함한 긴 시의 문맥을 무시한 오해이며, 소동파 자신은 결코 법률을 혐오하지 않았음이 최근

고증되고 있다.[70] 이상을 요약하면, 적어도 유가사상이 성문법에 반대하는 입장을 취한다고 단순히 말할 수 있는 것은 아니다.

그렇다고 해도 역대 왕조가 정비에 힘쓴 것은 형법과 행정적인 법규였지, 사법私法 분야는 포함하지 않고 있지 않았는가. 그것은 사람들이 사회생활에서 상호의 관계를 기술적인 법률을 통해 냉철한 권리의무 관계로 규제하는 것에 반감이 있었기 때문은 아닌가 하는 반론이 제시될지도 모르겠다. 하지만 이것은 반감이라는 것보다 더 깊은 문제이다. 사실을 말하면 오늘날 우리가 말하는 사법私法 분야에 속하는 사항과 관련된 법률 조항도 있기는 했으나, 그것은 전장에서 쓴 비유에 따르면 정리情理의 대해에 떠 있는 빙산과 같은 것이었다. 조금 극단적으로 말하면, 있으면 있는 대로 좋고, 없으면 없는 대로 그다지 불합리를 낳지는 않는다는 성질을 다분히 가지고 있었다.[71] 법이라는 것을, 상쟁하는 두 주체 사이에서 권리와 의무를 획정하기 위한 엄격한 준칙으로 생각하는 사고방식, 그러한 법을 실정화하여 시민 생활의 제반 국면에 대해 분쟁의 결말을 줄 수 있는 완비된 체계로 완성해낸다는 발상, 한마디로 말하면, 실정 사법 체계實定私法體系라는 착상 자체가 중국에서는 본래 생기지 않은, 혹은 생겨났다 하더라도 육성되지 않았던 것이다.[72] 그것

---

70 徐道隣, 「法學家蘇東坡」, 『中國法制史論集』, 志文出版社, 1975, pp.309-326. 또한 『天台治略』 권3, 5b〔一件棍劣串呑事〕에서 "어찌 책을 읽는다 하면서 율을 읽지 않는가(豈所云讀書, 不讀律耶)"라 한 것은, 소동파의 이 구절이 근대 이전에도 사람들의 입에 오르고 있었음을 말해주기는 하지만, 율을 읽지 않는 것을 긍정하는 것이 아니라 야유하는 어조로 이야기되고 있다.

71 예를 들면 당령(唐令)의 戶令〔應分〕조의 한 구절에는 "처가가 얻은 재산은 분할의 범위에 있지 않다(妻家所得之財, 不在分限)"라는 규정이 있다. 이와 같은 규정, 혹은 실질적으로 이것과 같은 내용의 규정은 명청시대의 법률에 나타나지 않는다. 하지만 처의 지참재산은 부부의 특유재산으로 남편의 친형제를 포함한 가(家)의 재산과는 구별한다는 법리 자체는, 시대에 따른 어떤 변화도 없었다. 이런 부류의 것은 이 외에도 예를 들 수 있을 것이다.

72 이것은 논리적 가능성으로서 말하는 것일 뿐, 일어났을 개연성을 시사하는 어떤 사료를 염두에 두고 말하는 것은 아니다.

은, 사상이나 학파의 여하를 묻지 않고, 단순히 존재하지 않았기에, 존재하지 않는 것에 대해 반감을 가질 리도 없는 것이다. 이른바 법가의 설에서도 사법私法 이념에 연결되는 것은 보이지 않는다. 소송에 관한 이론적인 고찰도 없다.[73] 설사 공자의 학문이 아니라 한비자韓非子의 학문이 후세에 정통의 지위를 점하였다 할지라도, 역시 중국에서 실정 사법 체계는 태어나지 않았을 것이다. 유가와 법가의 대립보다 더 뿌리 깊은 중국의 문제성이 거기에 있다.

그 문제성이란 다름 아니라 이 책을 통해 해명하고 일관되게 지적해 온 바인, 중국에서의 소송 · 재판이란 것의 기본적인 성격, 제1장에서 '재판의 행정적 성격' 내지 '행정의 일환으로서의 사법司法'이라고 표현한 기본적인 성격이 바로 그것이다. 거기서는 범죄처벌을 위한 절차도, 민의 송사를 처리하는 것도, 모두 민의 부모이자 질서와 복지의 총관리자인 황제가 관료기구를 통해 시행하는 사회 관리 작용의 일부로 자리매겨져 있다.

이러한 소송관념 아래에서, 형법은 아마도 세계사상 유례없이 이른 시기부터 고도의 발달을 이루었다. 그러나 그것도, 왕자가 시행하는 형벌이라는 것이 범해진 죄의 무게에 대응하여 섬세하게 경중의 균형을 지켜야 한다는 요청에서 나온 양형의 준칙을 그 기본적 성격으로 삼는 것이다. 특정 피고인에 대해 국가 측에서 형벌권이 발생하고 있는지 그렇지 않은지를 둘러싸고, 공권력과 피고인 사이에서 전개된 격렬한 승부에 결판을 짓기 위한 준칙이라는 성격을 갖지는 않았다. 그리고 이러한 소송관념 아래에서 실정 사법 체계는 생기지 않았다. 거기에는 민사적 분쟁은 청송이라는 교유적 조정—관련된 법률의 조항이 있다면 그것에서도 단서를 찾지만, 공적 위신과

---

73 공자의 언설로는 "송사를 듣는 것은 나 또한 다른 사람과 같다. 반드시 소송을 없게 할 것이다"(『論語』「顔淵」)라는 유명한 말이 있다. 그것은 무송(無訟)을 이상으로 보는 의미이고, 현실에서 송사가 있는 한 송사를 처리하는 능력은 역시 사인(士人)에게 요구되는 능력이라는 것을 암시적으로 긍정하는 의미를 포함하고 있다. 하지만 상앙(商鞅)이나 한비(韓非)가 소송이라는 것을 어떻게 평가했는가는 이상하게도 알 수 없다.

공권력을 배경으로 하면서, 주로는 정리情理에 기초하여 양 당사자를 납득하게 함으로써 사건을 결착시키는 절차—에 따라 처리되었기 때문에, 단단한 준칙으로의 법은 필요하지 않았다. 한층 더 근본적으로 말하면, 청송이라는 절차에서는 무엇이 해당 안건에 적용되어야 할 법인지 선언되는 일이 없었기 때문에, 장래에 실정 사법 체계로 성장해나갈 소재가 될만한 것이 애초부터 발생하지 않았던 것이다. 요컨대, 어떤 문화에서 소송의 존재양태가 그 문화에서의 법의 존재양태, 나아가서는 또 법사상의 존재양태를 규정한다. 그 반대는 없는 것이다.

이 점에서는 전장의 말미에서 언급해 둔 노다 요시유키野田良之의 논고에서 최상의 시사를 얻는다.[74] 그가 루이 제르네Louis Gernet의 연구에 의거하면서 밝힌 바에 따르면, 고대 그리스의 소송은 경기와 밀접하게 관련되면서 발전하였다. 경기 또는 경기장을 의미하는 아곤ἀγών이라는 말은 일반적으로 소송을 표현하는 말이기도 하였다. 아곤에서 소송당사자는 문장과 증거를 무기로 하여 일정한 규칙에 따라 투쟁하였다. 재판인은 투쟁에 개입하지 않고 단지 경기가 공정하게 행해지는 것을 지켜보고, 유효타격을 기록하여 승패의 결과를 확인해 선언하는 것을 그 역할로 했다. 이 절차를 통해 '법(디케, δίκη)', 즉 '올바름'이 어느 쪽에 있는지가 선언된다.[75] 노다에 따르면, 이

---

74 野田良之,「私法觀念の起源に關する一管見—L. Gernetの研究を據所として」,『私法の新たな展開—我妻榮先生追悼論文集』, 有斐閣, 1975.

75 노다 요시유키는 고대 그리스의 소송에서 "모든 디케는 정의(定義)상 오직 하나에 우월을 부여하는 것에 지나지 않는다"(野田良之,「私法觀念の起源に關する一管見—L. Gernetの研究を據所として」, p.41)라 하여, 단 한 곳에서 디케란 말을 언급한다. 노다의 다른 논고「權利という言葉について」,『學習院大學法學部研究年報』14, 1974에서는 디케 및 유스(ius)의 원의가 "어떤 자에게 일정한 상황에서 무엇이 적당한가(올바른가)를 나타내는 개념"이라고 설명한다. 함께 읽으면 배울 것이 매우 많다. 중국의 '의(義)'나 '예(禮)' 등의 글자도 역시 '올바름', '적당함'을 의미하는데, 이것과 디케, 유스와의 차이를 어디에서 찾을 수 있을 것인지 의문이 생긴다. 극히 자연스럽게 생각하면, 그 차이는 디케·유스는 다툼이 있으면 소송(아곤적 소송)을 통해 확정될 수 있는 성질의 올바름, 적당함으로 한정되는 점, 직접적이든 간접적—어떤 경우에는 돌고 돌아서 간접적—이든 어디

러한 소송관과 소송구조의 기초에는, 자신의 일은 자신이 처리한다는 개인적 자율의 정신과, 투쟁은 사회의 생리현상이며 사회는 투쟁에 의해 진정 살아있는 사회가 된다고 보는 사회관이 있었다. 그것은 인도유럽인 공동의 선조가 먼 옛날에 길고 긴 기간에 걸쳐 경험한 유목생활을 통하여 각인된 멘탈리티에 뿌리를 두고 있으며, 오늘날까지 각종의 변주를 낳아왔지만 기본적으로는 서구인 속에 계속해서 살아남아 있다고 한다. 노다는 이러한 유구한 전통을 가진 현대 서구법 속에서 뿌리 깊게 살아있는 소송관을, 그중 하나의 원초적 · 전형적인 형태인 고대 그리스의 소송에서 이름을 따 "아곤적 소송"이라고 명명하고, 이것과 서구법의 기본적인 성격 사이의 불가분한 관계를 다음과 같이 명쾌하게 논단한다.

> 이 투쟁을 공정하게 수행하기 위한, 말하자면 경기의 규칙에 해당하는 것이 법이다. 원래 이 사회에서 구성원은 각자 자기의 일은 자기가 처리해야 한다고 여겨져 초기에는 분쟁의 해결에 자력구제가 널리 용인되고 있던 것 같다. 하지만, 얼마 안 있어 투쟁을 더 평화롭고 공정하게 수행하기 위해 제3자인 심판 아래 말을 통해 서로 싸우게 되었고, 여기에서 전술한 아곤적 소송이 생겨났는데, 그때 심판이 의거해야 할 규칙이 법인 것이다. 그러므로 유럽법권에서는 법의 원형은 재판규범으로서의 사법私法에 있다.[76]

이렇게 하여 서구법적인 사법私法의 관념이 왜 서구에서만 발생하고 중국 · 일본 등 동아시아 세계에서는 발생하지 않았는지가 설명되고 있다. 그

선가에서 소송과 연관되어 있는 점에 있다고 밖에 생각할 수 없다. 만약 그렇다면, 중국에서 오늘날 말하는 '권리'라는 말이 발생하지 않은 까닭 또한 그러한 소송구조의 차이로 귀결시키게 된다. 그렇게 생각해도 좋을지 아닌지 진심으로 가르침을 얻고 싶다.

76 野田良之, 「比較法文化論の一つの試み」, 『早稲田大學比較法研究所創立記念講演集』, 1978, p.39.

것은 동아시아의 세계가 '아곤적 소송'을 갖지 않았기 때문이며, 그 근저에는 사회는 자연스럽게 이루어진 것으로, 원래 처음부터 평화로운 것, 평화로워야 하는 것으로 보아 투쟁을 병리적 현상으로밖에 평가하지 않는 농경민적 멘탈리티가 있으며, 이것이 모든 것을 규정하고 있다고 설명한다.

돌아보면, 필자 역시 이 책에 수록한 논고를 집필하면서 끊임없이 서구법문화에서의 소송과의 대비를 염두에 두고 있었다. '판정'이라는 말에 내 나름의 특별한 의미를 부여하여 "중국의 재판관은 위와 같은 의미에서의 판정을 위탁받은 자는 아니었다"(이 책 p.89)라고 말해 보거나,[77] 관료인 재판관이 판결을 내리는 일본의 현행소송제도에서도 판결의 단계에서 재판관의 역할은 "소송이라는 국가적 행위의 주재자에서, 법과 정의의 판정자로 바뀌는데"(이 책 p.233), 중국의 재판관에게는 그것이 없고 시종 높으신 관(오카미お上)으로서 행동했던 것이라고 말해 보았을 때, 언제나 서구적 소송관이 대립하는 것으로 어렴풋이 상념되고 있었던 것이다. 하지만 서구 소송제도의 더없이 복잡다기한 시대적, 지역적 발전의 여러 양상을 파악한 위에 이야기하는 것은 정신이 아득해지는 듯한 작업으로 범인의 몸으로는 도저히 할 수 없는 일이다. 따라서 대놓고 서구와의 대비를 입에 담는 것은 피하지 않을 수 없고, 겨우 Polizei라는 말을 실마리로 하여 몇 가지를 이야기한 것이 고작이었다(이 책 pp.294-295). 이제 서구법에 조예가 깊은 노다 요시유키를 따라 '아곤적 소송'이라는 말로 가장 중핵적이면서 서구법문화에 두루 담긴 요소를 묶어내보니, 이로써 이야기가 매우 쉬워졌다는 느낌을 금할 수 없다. 중국의 '행정의 일환으로서의 사법司法'은, 중국이라는 하나의 보편적인 세계에서 적어도 2천 년 이상 불변의 전통을 가진 소송구조이기 때

77 水林彪, 「近世的秩序と規範意識」, 『講座日本思想3 秩序』, 東京大學出版會, 1983, p.120에서 일본 중세법을 '판정(判定)의 법'(그리고 근세법을 '관리(管理)의 법')으로 포착하는 것도 같은 의미라고 생각된다. '판정(判定)'이란 용어법이 이제 와서는 반드시 아류가 아니게 된 것에 용기를 얻은 느낌이다.

문에 '아곤적 소송'의 대조군으로서 대표격이라고 말해도 좋을 것이다.[78]

문제는 왜 중국에서 이러한 소송구조가 부동의 전통이 되었는가 하는 것이다. 그것은 노다가 설명하듯이 궁극적으로는 농경민적인 멘탈리티로 귀결될지도 모른다. 아니, 아마도 귀결될 것이다.[79] 하지만 현재의 필자에게는 아직 거기까지 천착할 각오는 없다. 역사를 연구하는 자로서는 그것보다 더 가까운 곳에서, 왜 또는 어떻게라는 역사과정의 추급을 시도해야 할 터이다. 이 수수께끼는 당연히 중국 상대사上代史 속에 숨겨져 있음에 틀림없다. 이 책 제1장 말미에서 상대上代의 소송에 관해 약간 언급했을 때—그렇다 해도 실질적인 것은 거의 아무것도 말하지 않은 것에 가깝지만—는 여기서 말한 것 같은 문제의식을 미처 명확하게는 갖고 있지 않았다. 까닭에 그 단계에서 논의한 것을 지금 와서 보면 상당히 불안감도 느껴진다. 다시금 본격적으로 재검토하는 작업을 장래에 기대하고 싶다. 다만 다른 해야 할 일이 많으므로, 생전에 그에 관한 견해를 표명할 수 있게 될 것인지는 모르겠다.

---

78 노다는 아곤적 소송의 대조군으로, 에도시대 일본에 입각하여 '소원(訴願)적 소송관(うったえ的訴訟觀)'이란 개념을 세웠다. 필자는, 일본과 중국의 유사점과 차이점을 판별할 만한 식견에 미치지 않았으므로 이것을 중국의 현상까지 설명하기 위해 차용하는 것은 유보하고 싶다. 또한, 일본에 대해 말하자면, 에도시대와 가마쿠라시대의 소송관을 동일하게 다루어도 좋은가 하는 문제가 있을 것으로 생각되고(水林彪, 「近世的秩序と規範意識」), 중세까지 산로키쇼(參籠起請) · 유키쇼(湯起請)와 같은 넓은 의미에서의 일종의 신판(神判)이라 할 만한 것이 행해진 것(石田良助, 『日本法制史概說』, p.289)은 오히려 서양에 근사한 것으로도 생각된다. 중국과 서구와의 대비에서는 그처럼 분간하기 어려운 부분이 전혀 없다고 해도 좋지 않을까.

79 野田良之, 「比較法の基礎としての法の'元型'を尋ねて」, 『學習院大學法學部研究年報』 18, 1983은, 인간의 멘탈리티, 집단적 무의식이란 것을 파 내려간 대작이다. 어디까지 넓어지고 깊어질지 헤아리기 어려운 노다 요시유키의 탐구 행보에는 감탄하지 않을 수 없다.

보유補遺

최근 감명받은 책으로 Arthur P. Wolf and Chieh-shan Huang, *Marriage and Adoption in China, 1845-1945,* Stanford University Press, 1980이 있다. 대북주臺北州 해산군海山郡의 일본통치시대 호구 장부에 대한 정치한 분석을 주축으로 하여 해당 지역에서의 통상적 혼인 · 데릴사위혼招婿婚 · 민며느리혼童養息이라는 혼인의 세 가지 형태 각각의 특성과 빈도, 그리고 입양, 특히 양녀의 실태 등을 해명한 역작이다. 마지막에는 시야를 중국 전역으로 넓혀 민며느리 관행의 분포상황을 논하여 머릿속에 어떤 지도를 그려낸다(Chapter 26). 이러한 견실한 연구는 매우 유익하며 추천 · 장려되어야 한다. 제2절 주52에 서술한 것이 단면적으로 이해되는 일이 없도록 이것을 부기해 둔다.

부록

당률唐律의 공범
청대 판독判讀 목록

당률唐律의 공범

1.

하나의 범죄를 2인 이상이 협력하여 수행하는 것은 인류 사회 어디에서도 보이는 보편적인 현상이다. 이때 협력자들의 행동을 사람별로 분해하여 평가하는 것이 아니라 하나의 종합적인 성과에 대한 협력행위로 평가하고 문책해야 한다는 것, 나아가 각자의 책임에 있어 협력관계에서 수행한 역할이 중심적이었는가 주변적이었는가의 차이에 따라 어떤 단계를 구별해야 합당하다는 것, 이 또한 인류 보편의 상식이었다고도 말해도 좋을 것이다. 그렇다면 구체적으로 어느 범위의 사람을 범죄 협력자로 파악하고 어떤 표지로 그들 사이에 책임 단계를 나눌 것인가 하는 점이 되면, 민족에 따라 시대에 따라 법을 세우는 방식은 각양각색이었다. 개괄적으로 말하면, 대륙법계에서는 정범正犯, 교사범, 방조범이라는 극히 이론적인 개념이 기본이 되고, 영미법계에서는 제1급 정범, 제2급 정범, 사전공범, 사후공범이라는 다분히 실제적인 독자적 구분방식이 만들어져 있었다. 그런데 중국법계—청말에 이를 때까지 구 중국사회의 법은, 그것이 지배한 시대가 길고 인구가 많으며 내용이 독자성을 띠는 까닭에 세계사상 유수한 법계法系의 하나로 손꼽을 수 있다—에서는 위의 어느 것과도 다른 방식을 취했다. 즉, 원칙적으로 공범 중 한 사람을 수범首犯으로 삼아 그에게 해당 범죄에 관해 규정된 법정형을 과하고, 다른 자는 종범從犯으로서 1등을 감한 형을 과하는 방식이었다. 이러한 수범 · 종범의 개념과 현대 형법학상의 개념들을 비교하여 서로 어떠한 관계로 자리매김해야 하는가를 고찰함으로써, 말하자면 양자 간에 대화를 실현하고자 하는 것이 이 글의 의도이다.

중국법계에도 긴 역사가 있으나, 여기서는 당대唐代의 형법전인 율律과 그 공권적 주석에 해당하는 율소律疏—양자의 합본을 당률소의唐律疏義라 한다—에서 공범의 취급방법을 개략적으로 살펴두고자 한다. 당률소의는 앞선 수백 년 동안 왕성하게 이어진 법률학의 결실이라는 성립 경위를 반영하듯, 논리적으로 고도로 세련된 작품—그러한 의미에서 중국의 역대 법률문헌 중에서 가장 세련된 작품—이며, 기본적인 사고의 형태를 찾기 위해 알맞은 자료이다. 당대 이후가 되면, 논리를 헤아리는 학문적인 노력보다 천변만화하는 사회적 현실에 대한 구체적 타당성을 실현하려는 실무적 노력이 현저해지고, 선례의 집적 · 정리라는 형태로 법이 발전하는 방향이 강해졌다. 그러한 실무적 노력의 자취를 선명하게 전해주는 것으로서 청대의 율에 부가된 조례와 다량의 판례집은 또다른 매력을 가진 연구 대상이 되지만, 이 글에서는 거기까지 파고들 여유는 없다.

혹시나 하여 적어두면, 당률唐律의 기본적인 형벌을 가벼운 것부터 꼽으면, 태笞 5등(태10부터 10 단위로 태50까지), 장杖 5등(장60부터 10 단위로 장1백까지), 도徒 5등(도1년부터 반년 단위로 도3년까지), 유流 5등(유2천리부터 5백리 단위로 유3천리까지. 그리고 번외로 가역류加役流가 있다), 사死 2등(교絞와 참斬), 합계 20등으로 이루어진다. 이것은 흡사 하나의 자 위에 새겨진 눈금처럼 모든 것이 연속하되 한 눈금의 중간에 위치한 형벌이란 것은 존재하지 않는다. 법정형은 모두 이 눈금의 하나로 표시된다. 절대적 법정형주의이며, 법정형 범위 내에서 형의 양정이라는 문제는 존재하지 않는다. 관료인 재판관에게 형을 양정할 객관적인 척도를 주는 것이야말로 율(음율의 율과 통한다. 스케일scale의 의미)의 기능이었다. 1등을 감한다고 하면, 이 눈금의 한 금을 내리는 것이다. 다만 유의해야 할 것은 사형과 유형에서 1등을 감한다고 할 때,

교와 참의 구별이나 거리의 차등을 무시하고, 사형 · 유형 그 자체를 각각 1등으로 센한다는 것이다(가등한다고 할 때는 그렇지 않고, 유형 거리의 한 눈금을 1등으로 센한다). 참형에서 1등을 감하면 교형이 아니라 유3천리가 되고, 다시 1등을 감하면 유 2천5백리가 아니라 도3년이 된다. 이 단계에서는 1등의 차이가 생사의 갈림길이 될 뿐 아니라 무기형無期刑의 효과를 낳는 유형과 유기有期의 도형을 가르기도 한다. 종범에게 1등을 감하는 실제적 의미는 결코 가볍지 않다.

2.

당률 12편 가운데 제1편 '명례名例'는 오늘날 우리의 형법총칙에 해당한다. 그 제42조에 공범에 관한 가장 원칙적인 규정을 두고 있다.

> 무릇 공동으로 죄를 범하면, 조의造意한 자를 수首로 하고, 수종隨從한 자는 1등을 감한다.

율의 문장은 주요한 포인트를 간결하게 지적하는 것에 그치고, 율 전체의 문맥에서 오해의 소지가 없는 듯한 사항에 대해서는 다시 확인하지 않는다. 이를 오늘날의 말로 번역하려 하면, 어지간히 많은 말을 보충하지 않으면 안 된다는 것이 드러난다. 위의 조문에서도 "수首로 한다"라는 말의 이면에 '수首로 정해진 자에게는 법정형을 과한다'라는 명제가 자명한 것으로 함의되어 있다. 그리고 수종한 자는 그에 비해 1등이 감해진다. 명례 제14조는 이를 종좌감從坐減이라 이름 붙이고 수많은 법정감경사유의 하나로 들고 있다. '종좌'는 줄여서 간단히 '종從'이라고도 표현된다. 그러한 '수'와 '종'을 이해하기 쉽게 수범首犯 · 종범從犯이라 부르기로 하자. 즉, 위의 조문 속에 명시적 또는 묵시적 형태로 두 쌍의 개념이 포함되어 있다. '조의造意'와

'수종隨從'이 한 쌍을 이루고, 수범와 종범이 한 쌍을 이룬다.

조의란, 글자의 뜻 그대로 '의지를 만든다originate'는 것, 즉 범죄를 수행하려는 공동의지의 형성 및 지속에서 가장 주도적인 역할을 수행한 것을 말한다. 율에서는 조의 대신에 '원모元謀'라는 말을 사용하고 있는 곳도 있다. 조의 · 원모한 자에게 끌려가서 범죄에 참여한 것이 수종이라는 것은 말할 것도 없다. 결국 조의와 수종은 범죄 의지 형성에서의 주도성에 착목한 개념이다. 범죄를 실행할 때, 몸소 행한 역할의 경중—일어난 결과에 대한 각자의 행동에서 직접성의 정도—은, 나중에 보듯이 '하수下手', '가공加功', '행行' 등의 개념으로 포착된다. 이것과 조의 · 수종과는 마치 직각으로 교차하는 두 개의 선과 같이 차원이 다른 개념이며, 조의자는 동시에 실행행위자인 경우가 있다면, 범행 현장에 나타나지조차 않는 경우도 있다. 수종자의 경우도 전적으로 동일하다. 그러한 것과 관계없이 조의 · 수종이라는 개념은 성립한다.

조의 · 수종과 수범 · 종범이라는 두 쌍의 개념은 긴밀하게 겹쳐지는 것이므로, 실제로는 자못 혼동되기 쉽다. 율 속에 '종從'이라는 단어는 수범에 대한 종범의 의미로도, 또한 조의에 대한 수종의 의미로도 자유롭게 쓰이고 있다. 그것은 '종좌從坐'의 생략이기도 하며 '수종'의 생략이기도 하다.[1] 하지만 후술할 것처럼, 예외적으로 조의자가 반드시 수범이 아니고 수종자가 반드시 종범이 아닌 경우가 있으므로, 두 쌍의 개념은 구별되지 않으면 안 된다. 한마디로 말하면, 조의 · 수종은 사실 인정 단계에서의 개념이며, 수범 · 종범은 법적 평가 단계에서의 개념이다. 조의라 인정된 자를 수범이라 평가하고, 수종이라 인정된 자를 종범으로 평가해 1등을 감한다. 이것이 율

1 예를 들면, "따라서(從) 가공한 자는 교한다(從而加攻者絞)"(〔賊盜〕 9조)에서 '종(從)'은 수종(隨從)의 의미이며, "조의한 자를 종(從)으로 한다(造意者爲從)"(〔賊盜〕 50조)에서는 종범(從犯)의 의미이다.

의 통칙이다.

명례 속에는 위의 통칙뿐 아니라, 이에 대한 약간의 예외 규정을 두고 있다. 첫째로 사람의 생명·신체·재산에 대한 침해라는 요소를 포함하지 않는 범죄—주로 행정범 또는 화폐위조私鑄錢, 도박 등의 범죄—에 관한 특례이다. 이 경우 가족이 공동으로 죄를 범했을 때, 존장 한 사람에게만 죄를 묻고 나머지는 면책한다(〔名例〕 42조 1단 후반 및 2단). 둘째로, 범죄의 대상물에 대해 관할권이 있는 관리와 일반인이 공동으로 죄를 범했을 때, 관리를 수범으로 하고 일반인을 종범으로 한다(〔名例〕 42조 3단). 실질적으로 보면 조의·수종 관계가 어떤 식으로 있다고 해도 그것을 따지지 않고 형식적으로 수범을 정하는 것이다. 셋째로, 각칙 본조에서 형명刑名 위에 '개皆'라는 글자가 붙어 있을 때는 수범과 종범을 나누지 않고 전원 일률적으로 소정의 법정형을 과한다(〔名例〕 43조 2단). "기친존장期新尊長(직접적으로는 백숙부모, 고모, 형제자매를 가리키지만, 조부모와 부모도 당연히 포함된다)을 살해하려 꾀한 자는 모두 참한다皆斬"(〔賊盜〕 6조)와 같은 것이 그것이다. 형제 3인이 아버지를 죽이려고 모의했다면 그 모의 사실만으로 3명 모두 참에 처해진다(형제가 아닌 타인과 모의했다면, 타인은 단순한 모살謀殺(살인 음모)의 죄가 성립할 뿐이고, 그가 조의인지 수종인지에 따라 도3년 또는 2년반의 형에 처해진다).[2] 율 가운데 이렇게 '개皆'가 붙은 조문은 반역·존속살해·주인살해·잔학행위 등의 부류에 속하는 죄에서 합계 17개 조가 있다. 영국법에서 반역죄treason의 부류에 속하는 죄에 대해 정범principal과 공범accessory의 구별을 두지 않는 것과 비교해서 생각해보면 흥미로운 현상이다.[3] 넷째로, 강도, 강간 및 인신을 강제로 취해 노비로 만드는 것, 금지구역에의 난입, 도망, 관문 등의 사도私度(통행증 없이 다른 이들에 섞여서 통과하는 것)·월도越度(샛길을 통해 통과하는 것)의 죄

---

2 〔名例〕 43조 1단에 흡사 일본 형법 65조 2항에 상당하는 규정이 있다.

3 *Kenny's Outlines of Criminal Law*, 17th ed., 1958, p.96.

에 관해서도 수범 · 종범의 구별을 두지 않는다(〔名例〕 43조 3단). 율소律疏가 설명하는 바에 따르면, 여기에 열거된 죄는 '각자 몸소 범하는' 성질의 죄라는 점에 그 입법 이유가 존재한다고 한다. 확실히, 두 남자가 함께 계획하여 한 부녀자를 윤간했을 때, 한 쪽이 범의犯意 형성 과정에서 수종隨從했다고 해서 그가 단독으로 같은 짓을 범했다면 처벌될 형보다 가볍게 벌해야 할 이유는 없다. 한편, 그때 현장에서 가세하거나 배후에서 계략을 세우거나 한 동료—종종 여성일 경우도 있다—가 있다고 해도, 자신의 몸으로 범한 자 외에는 간죄姦罪로 묻지 않는다. 그들은 간죄에 대해서는 본래 수범도 종범도 아니며, 이를 처벌한다고 하면 별개의 규정—간姦을 둘러싼 그와 같은 별개의 규정은 적어도 당률에서는 발견되지 않지만—에 따르거나, 합당한 비부比附(analogy)에 따르는 것이 입법 취지라고 해석된다. 난입과 도망 및 사도 · 월도에 관해서도 완전히 동일하다.[4] 강도가 여기에 거론된 것에 대해 율소는 역시 그것이 "각자 위력을 함부로 쓰는" 것이라는 점을 입법 이유로 삼고 있다. 하지만 나중에 보듯이, 범행현장에 임하지 않아도 장물의 분배에 관여한 자는 강도죄(수범과 종범을 나누지 않고 일률의 형을 과한다)로 묻는다는 것을 생각하면 이 설명은 조금 구차하다. 강도(인신을 강제로 취하는 것도 이에 준한다)가 여기에 거론되고 있는 것은 사항의 성질에서 비롯된 논리적 귀결이라기보다, 정책적 고려에 기초한 것이라 판단해야 할 것이다(이 고찰을 뒷받침해주듯이 명청률의 명례名例에서 〔공범죄분수종共犯罪分首從〕 조는 강도와 약인略人을 이 열거로부터 제외하고 있다. 강도에 대해서는 각칙에서 '모두皆', '수범과 종범을 나누지 않고不分首從'라 규정하고 있으므로 실질적으로 같은 것이 되지만, 약인의 경우 실질적으로도 당률과는 다른 취급을 받는다).

---

4 사도(私度)와 월도(越度) 외에 모도(冒度)라 하여, 타인 명의의 통행증으로 속여 통과하는 불법적인 방법이 있지만, 그것은 여기에서 거론되지 않는 것에 주의하라. 모도에서는 지적인 책략이 범행의 주된 요소를 이루기 때문이다.

3.

이상과 같은 명례名例의 규정 외에, 각칙에서 특정한 죄의 공범에 대해 한층 더 구체적으로 규정하는 경우가 있다. 명례의 규정과 각칙의 규정이 저촉할 때는, 말할 것도 없이 후자가 우선한다(〔名例〕 49조 1단에 이 취지의 명문이 있다). 이렇게 해서 조의 · 수종을 갖고 수범 · 종범을 정하는 명례의 통칙에는 어느 정도 수정이 가해지게 된다. 그러한 의미에서 수정 중 가장 주요한 것으로서, 모살謀殺, 도범盜犯, 구상毆傷 세 가지 죄의 공범 규정을 살펴보고자 한다.

'모살'이란 살인의 예비음모라는 의미이며, 그 형은 도3년이다. '이상已傷', 즉 실행에 착수하여 상처를 입혔을 뿐 미수에 그친 때에는 교絞, '이살已殺', 즉 살해를 기수한 때는 참斬이 된다(〔賊盜〕 9조). 공범의 경우 예비음모의 단계에서는 통칙대로이지만, 이살已殺의 단계가 되면 가장 현저히 모살죄 특유의 규정이 나타난다. 물론 조의자를 수범으로 하는 것에는 변함이 없다. 그뿐 아니라 "조의자가 '행行'하지 않는다 할지라도 그대로 수범으로 한다. 사람을 고용하여 살해한 자 역시 같다造意者, 雖不行仍爲首. 雇人殺者, 亦同"라고 하여, 실행행위자가 아니라 범의 형성의 주도자를 수범으로 해야 함—이는 통칙이지만—을 꼼꼼하게 규정했다. 수정은 수종자와 관련하여 나타난다. 즉, 수종자를 일률적으로 종범이라 하여 1등을 감하는 것으로 하지 않고, 수종자 중에 ① '가공加功'한 자, ② '행行'하되 '가공'하지 않은 자, ③ '행'하지 않은 자의 세 부류로 나누어 각각 다른 형을 과한다. 일반적으로 살인 및 상해의 범행에서, 직접적으로 결과를 발생시키는 행위를 '하수下手'(직접 실행하다)라고 한다. '가공'은 '하수'를 포함하는 한편 그보다 약간 넓은 개념이다. 동료 한 사람이 희생자를 억누르거나 퇴로를 가로막거나 하는 동안 다른 사람이 그를 칼로 찔러 죽인(즉, 하수한) 경우, 이 두 사람은 함께 가공자가 된다. 요컨대, 범행시에 직접적인 역할을 수행한 것이 '가공'이다. '가공'한 수종자는 교형에 처해진다. 수범인 조의자에게 부과되는 참형만은 면하지만, 역시 사형이며 통상의 1등 감형은 아니다. '행行'이란 단적으로 '범행 현장에 임하다'는 의미로 해석된다. 현장에는 갔으나 기세를 올리거나 망을 보거나 했을 뿐 살인 자체에는 가공하지 않은 자, 그것이 ②의 부류이며 형은 유3천리(확실히 1등 감하였다)이다. ③의 '불행不行'인 자, 즉 모의에 가담했을 뿐 현장에는 가지 않은 자는 다시 1등을 감해서 도3년에 처해진다. '이상已傷'의 경우는 가공과 불가공을 구별하지 않고, 수종한 자 중 행한 자는 1등을 감하되(유3천리), 불행인 자는 다시 1등을 감한다(도3년). 이처럼 '가공'과 '행'은 전형적으로는 외상外傷 수단에 의한 살인에 대해 성립하는 개념이지만, 독살 등에 관해서도 그에 알맞게 유비적으로 판단함으로써 이 구별을 세울 수 있을 것이다.[5]

도범盜犯에 관해서는, 우선 "무릇 함께 훔친 자는, 장물을 합쳐서 논한다諸共盜者, 併贓論"(〔賊盜〕 50조 1단)는 명문이 있다. 그 의미는, 공범 일당의 형은 모든 피해자에게서 탈취한 장물의 총액에서 산출한다는 것이다. 즉, 수범에게는 위 총액에 대응하는 법정형을, 종범에게는 1등 감형을—다만 강도가 되면 일률적으로 법정형을 적용한다— 과한다. 사람별로 그가 나눠 가진 장물액으로 형을 산출하지 않음을 분명히 한 규정이다. 도범의 형은 장물액에 대응하여 정하는데, 절도는 태50(장물이 없거나 1척尺 미만)에서 가역류加役流(장물이 50필疋 이상)까지, 강도는 도2년(장물이 없거나 1척 미만)에서 교형(장물이 50필 이상)까지 이를 수 있으므로, 이 규정은 실제로 극히 중요한 의

---

5 가공(加功)이라는 단어는 율 속에서 모살에 관해서만 쓰이고 있다. 가공이 하수(下手)를 포함한다는 것은 〔賊盜〕 9조에 하수자에 대한 규정이 없는 것에서도 알 수 있다. 가공이 하수보다 넓은 개념이라는 것은 〔賊盜〕 18조의 소(疏)에 "따라 가공하여 율에서 사죄(死罪)에 부합한다 하더라도, 하수하여 함께 살해하지 않았다면 이향(移鄉)하지 않는다(雖有從而加攻, 準律合死, 既不下手共殺者, 卽不移鄉)"라는 구절로 알 수 있다. 사면을 만나 사형을 면할 때, 원수를 피할 목적으로 이향의 처분에 부쳐지는 것은 조의자와 하수자만으로, 그 밖의 가공자는 포함하지 않는다는 것이 소의 의미이다.

의를 지닌다. 각자의 행동을 하나의 종합적인 성과에 대한 협력행위로 파악한다고 하는 공범이란 법 개념의 본질이, 형벌을 장물액에 따라 정한다는 당률의 독자적인 체제 속에서 이처럼 선명한 형태로 떠오르고 있는 것이다. 이는 우리의 이론적 성찰의 재료로서 매우 주목해야 할 것이다. 한편, 이야기가 잠시 옆길로 새지만, 한 차례의 범행으로—예를 들면 무리를 이룬 행상인 일행을 습격해서— 동시에 여러 명의 소유자에게서 재물을 훔친 때는 피해자별로 하나의 도죄盜罪가 성립하는 것으로 했다. 병합죄가 되어 장물액 총계의 반액과 한사람에게서 뺏은 장물액의 최고액 중 액수가 큰 어느 쪽을 기준으로 형이 정해진다(〔名例〕45조 5단 문답).

그런데 현장에 있었거나 장물을 분배 받았다면, 절도에서의 수범과 종범은 원칙적으로 통칙대로 조의인지 수종인지에 따라 정해진다. 단, 모의에는 참여했으나 '불행不行', 즉 현장에 임하지 않았고, 또한 '불수분不受分', 즉 장물의 분배도 받지 않았다는 자가 있을 때, 이 자와 관련하여 통칙이 수정된다. 조의자가 불행 또는 불수분일 때 그는 종범이 되어 절도라면 1등을 감하고, 강도라 하더라도 장물액 5필을 넘어 사형에 해당할 때 특별히 1등감이 된다(강도에서 종범의 감경이 인정되는 유일한 예외이다). 그리고 수종자 중 현장에서 지휘를 맡은 자가 수범首犯이 된다. 수종자 가운데 불행 또는 불수분인 자는 절도일 경우 태40, 강도일 경우 장80에 처해진다(〔賊盜〕50조 2단). 이 형은 경미한 죄에 대한 만능적 처벌 규정인 불응위不應爲(〔雜〕62조)의 형과 합치한다. 즉, 이것은 이미 통상적인 의미에서의 종범이 아니라, 말하자면 경범죄법의 대상이 되는 것에 지나지 않는다.

강도를 모의했으나 현장에서는 절도만 행하였을 때, 또는 절도를 모의했으나 현장에서는 강도를 행했을 때, 현장에 나가지 않은 동료는 조의와 수종, 수분과 불수분의 구별에 따라 어느 쪽이든 절도의 수범과 종범, 또는 경범죄로 논해진다(〔賊盜〕51조).

불행不行 또는 불수분不受分인 자에 관한 위 규정의 예외가 있다. 주인이 집의 부곡部曲이나 노비奴婢에게 명하여 절도하게 했을 때, 주인은 장물을 수취하지 않아도 항상 수범이 된다. 부곡 · 노비가 자기 의지로 강도 또는 절도를 행했는데, 주인이 사정을 알고 장물을 수취한 때라면, 주인은 수취한 만큼의 장물액에 대해 절도의 종범으로 논해진다(〔賊盜〕 50조 4단).

마지막으로 사전 모의 없이 우연히 만난 몇 사람이 함께 절도 행위를 한 때에는, 그 자리에서 지휘를 맡은 자를 수범으로 하고 나머지를 종범으로 한다. 물론 강도행위를 하면 이 구별은 문제가 되지 않는다(〔賊盜〕 50조 3단).

구상毆傷, 즉 폭행 · 상해 · 상해치사에서의 공범에 대해서는 명례名例의 통칙이 상당히 현저하게 수정된다. 우선 '동모同謀'의 경우, 즉 사전 모의에 기초한 공동 폭행에서는 '하수下手함이 중한 자', 즉 가장 중대한 상처—상처로 인해 사망한 때는 사망의 원인이 된 상처(치명상에 한하지 않는다. 상처가 화농해서 죽는 경우도 있다)—를 가한 자를 '중죄重罪', 즉 수범으로 한다. 율은 이 조에 한해서는 '수首'라 하지 않고 '중죄'라는 표현을 쓰고 있는데, 어감상의 문제는 제쳐두고 개념의 이론적 내용을 보는 한, 수범이라 바꿔 말해도 지장이 없다. 그에게는 상처의 정도 또는 사망이란 결과에 대응하는 법정형을 과한다. 나머지는 그에 비해 감경되게 되지만, 거기에서 두 단계를 나눈다. 원모元謀(모수謀首라고도 한다. 조의와 같은 뜻)는 1등을 감하고 수종자는 2등을 감한다. 원모자인 동시에 '하수함이 중한 자'인 경우는 당연히 그를 수범으로 하고, 나머지는 모두 2등을 감한다(〔鬪訟〕 7조 1단). 누가 어느 상처를 입혔는지 식별되지 않을 때도 원모를 수범으로 하고 나머지는 모두 2등을 감한다(〔鬪訟〕 7조 3단).

폭행상해의 형은 상처의 양태 및 결과의 중대성 정도에 따라, 구타했으나 상처를 입히지 않으면 태40, 손가락 하나를 부러뜨리면 도1년, 한쪽 눈의 실명, 혹은 사지 가운데 하나의 골절을 발생시키면 도3년, 사지 가운데 두 개의 골절에 이르면 유3천리 등 매우 구체적으로 상세하게 단계가 정해진다. 가장 높은 것은 피해자를 사망하게 한 경우로, 교형에 이른다. 거기서 공범에 관한 특별한 규정이 이루어지는 것은 다음과 같은 논리의 귀결 때문이라고 생각된다. 즉, 폭행상해 사건에서 모의에서의 주도성 여하나 애당초 모의가 있었는지 없었는지와는 상관없이, 피해자에게 '하수下手한' 자는, 적어도 그 자신의 손에 의한 행위에 대해서만은 책임을 물어야 한다는 원리가 입법자의 뇌리에서 대전제로 존재한다. 공범관계는 자신의 손에 의한 행위 외에 동료의 손에 의한 행위까지 책임을 묻는 사유로 작용할지언정, 자신의 손으로 한 행위에 대한 책임을 감면하는 사유로는 작용하지 않는다. '하수함이 중한 자'가 자기가 하수한 상처에 대응하는 법정형 그 자체를 부과받아야 한다는 점은 이 대전제로부터의 당연한 귀결이며, 공범 이전의 문제라고 해야 할 것이다. 그런데 가장 중대한 상처에 대해서는 직접적인 하수자뿐 아니라, 스스로 전혀 하수하지 않거나 혹은 가벼운 상처밖에 입히지 않은 동료 또한 '동모同謀'라는 관계인 까닭에 책임을 묻지 않으면 안 된다.[6] 이 점이야말로 실로 공범이란 법 개념의 본질적인 기능이다. 그런데 통상의 죄에서는, 공범 중 1인에게 법정형을 과했다면 나머지는 1등을 감하는 것이 율의 원칙이다. 동시에 수종자는 조의자에 비해 1등이 감해진다는 점 역시 율의 원칙이다. 두 가지 원칙을 조합한 결과가 원모자는 1등을 감하고, 나머지는 2등을 감한다는 규정으로 정리된 것이리라고 생각한다. 그리고 원모·모수謀首 위에 한 단계 더 죄가 무거운 자가 놓이는 형태가 되는 까닭에 그를 특히 '중죄'라 부르게 된 것이리라. 물론 이 감경의 법은 각자 스스로 하수한 상처에 대한 책임을 면하게 한다는 의미를 가지는 것은 아니다. 그러므로 '하수함이 중한 자' 외에는 스스로 하수한 가벼운 상처에 대응하는 법정형과 동료가 하수한 가장 무거운 상처에 대응하는 법정형에서 1등

6 하수하지 않은 자도 종범으로 죄를 물을 수 있다는 것은 소(疏)의 문면에서 명확하다. 하지만 현장에 임하지 않은 자까지 똑같은 죄를 물을 수 있는지는 분명하지 않다. 아마 적어도 원모(元謀) 이외에는 현장에 임하지 않은 한 죄를 묻지 않았다고 생각된다.

또는 2등 감형한 것을 비교하여 무거운 쪽의 형벌을 실제로 부과받는 것이다(〔鬪訟〕 7조 3단 문답). 어쨌든, 여기서 상처의 하수자를 식별할 수 있는 한, 원모자가 원모를 이유로 수범이 되지는 않음을, 통칙에 대한 커다란 예외로서 주목할 만하다. 폭행상해의 모의에서 어느 정도의 상처를 가해야 할 것인가까지 정하는 것은 드물며, 또 상해나 치사의 형은 결과적 가중의 성질을 가진다는 점에서도, 그와 같은 취급방식의 합리성을 찾을 수 있는 것처럼 보인다.

덧붙여서, 여기서 말하는 모의란, 실행에 옮길지 아닐지가 궁극적으로 각자의 자유의지에 달려있는 성질의 것을 말한다. 원모는 모의를 주도하고 각인의 행동을 지휘하기는 하지만, 그 지휘에 복종하여 실행에 옮기는 것을 불가항력적으로 강제할 수 있는 힘과 의지는 갖고 있지 않다. 만약 누군가가 타인을 강제하여 폭행상해를 실행시켰다면, 그것은 '원모元謀'가 아니라 '위력'의 행사자라는 별개의 개념이 된다. 이 경우 실행행위자는 하수한 상처에 대응하는 법정형을 감경받는다. 〔투송鬪訟〕 8조 2단에 "만약 위력으로 사람을 시켜 구타하여 사망이나 상해에 이르게 하면, 하수하지 않았다 할지라도 위력을 쓴 자를 중죄重罪로 하고, 하수자는 1등을 감한다卽威力使人毆擊, 而致死傷者, 雖不下手, 猶以威力爲重罪, 下手者減一等"라고 규정한 것이 그것으로, 이는 공범 일반과는 별개의 사항으로 이해해 두어야 할 것이다.

'부동모不同謀'의 경우, 즉 어떤 사전 모의 없이 우연히 마침 그 자리에 있던 몇 사람이 한 사람의 피해자에게 폭행상해를 가한 때는, 누가 어떤 상처를 입혔는지 식별된다면 각각 하수한 상처에 대해 책임을 묻는다. 즉, 이것은 공범이 아니라 단독범의 동시 발생으로 처리된다.[7] 누가 어떤 상처를 입

---

7 갑이 한쪽 다리를 부러뜨리고, 이어서 을이 다른 다리를 부러뜨렸을 때, 갑과 을이 함께 모의했다면 두 다리를 부러뜨린 죄가 성립하고 을은 '하수함이 중한 자'가 된다. 그러나 함께 모의하지 않았다면 갑과 을 각자가 한 다리를 부러뜨린 죄를 범한 것에 불과하다. 이 점에서도 후자는 공범이 아닌 것이다.

혔는지 식별되지 않을 때 비로소 발생한 결과에 대해 폭행에 참가한 전원이 공범이 된다. 그리고 마지막으로 하수한 자를 수범으로 하고 나머지는 2등을 감한다(〔鬪訟〕 7조 2단). 하수의 선후를 알 수 없을 때는 최초에 공격한 자를 수범으로 하고 나머지는 2등을 감한다(〔鬪訟〕 7조 3단).

이상 3종의 죄 외에 상대방이 있어야 성립하는 여러 필요적 공범에 대해서도, 각칙 본조에 양쪽이 같은 벌, 또는 한 쪽은 몇 등 감형하거나 무죄로 하는 등 구체적인 명문을 두는 경우가 많다. 자주 나타나는 조문의 체재로서 쌍방을 의미하는 말을 주어로 두고, '각各' 자를 붙여 형명을 기술하는 경우("동성혼을 하는 자는 각 도2년" 등), 이 각各 자는 양자가 같은 벌이라는 의미를 표시한다. 전술한 것에서는 명례의 통칙이 작용할 여지가 없다. 각칙에 별도의 규정이 없는 두세 가지 경우에 대해, 율소는 개개의 경우에 입각한 해석을 주고 있고, 일관된 통칙 같은 것은 인정하지 않는다.[8]

4.

위에서 서술한 것처럼 당률에서 공범의 취급 방식을 바라보면, 누구나 현대 형법학의 공범이론과 당률의 사고 양식 사이에 현저한 대비가 존재한다는 점을 알아차릴 것이다. 우리가 정범正犯이란 개념하에 실행행위를 범죄적 협력관계에서 중심적 역할로 규정하는 것에 비해(이 점은 영국법의 principal이라는 개념도 마찬가지다), 당률은 조의造意=수범首犯이란 개념하에 이른바 수모자首謀者, 거물을 중심에 둔다. 이 대비의 기저에는 또한 피아간의 사고방식의 방향 차이가 존재한다. 오늘날 우리의 사고에서는 우선 정범

8 구 원고에서는 "율소(律疏)는 통칙의 적용이 있다는 입장을 갖고 있다"라고 하였다. 이 견해를 여기서 변경한다. 자세히는 滋賀秀三 譯註, 「名例」, 律令研究會 엮음, 『譯註日本律令5 唐律疏議 譯註篇1』, 東京堂出版, 1979, p.259를 참조.

이 의심할 것도 없이 처벌해야 할 것으로 파악되고, 이어서 정범과의 관계에서 처벌해야 할 유형으로 교사범 · 방조범이 부가적으로 규정되어 간다. 이에 비해, 당률에서는 처벌해야 할 일체가 먼저 '함께 죄를 범한 자'라는 통일적인 개념에 의해 파악되고, 뒤이어 그중에서 수범이 종범으로부터 가려내진다. 일찍이 오노 세이치로小野清一郎가 당률의 공범을 논하며 "오늘날의 형법에서와 같이 공동 정범 · 교사범 · 방조범의 병렬적인 세 형식을 인정하지 않고, 포괄적으로 하나의 '공범' 형식을 인정하여 거기서 조의와 수종에 따라 수범과 종범을 구분한다. 이것은 근래의 이른바 확장적 정범 개념extensiver Taterschaftsbegriff으로, 구성요건적 결과의 실현에 대해 넓은 의미에서의 행위공동자를 공범으로 하는 것과 같다"라고 한 것은 실로 지극히 마땅한 말이다.[9]

확실히 당률에는 '함께 죄를 범한 자' 외에 다른 종류의 공범 유형은 존재하지 않는다. 교사에 해당하는, 혹은 비슷한 말로 '교령敎令'이란 말이 율 가운데 3개 조에서 쓰이고 있기는 하나, 각조 각각의 특수한 사정에 따라 이 말이 필요하게 된 것이지 결코 일반적으로 공범의 한 유형으로 교령이라는 개념이 세워져 있는 것은 아니다. 이 점에 대해서는 별도의 기회에 좀 더 상세히 설명한 것을 참조하기를 바란다.[10] 오늘날 우리의 형법에서 교사 · 방조로 여겨지는 행위에 당률을 적용하면, 많은 경우 '함께 죄를 범한 자' 속에 포함되어 버린다. 그렇지 않은 경우, 더는 공범으로 인정되지 않고 개별적 처벌 규정에 저촉하거나 비부比附나 불응위不應爲 조에 따라 논해지지 않는 한 불문에 부쳐지는 수밖에 없다.

이처럼 '함께 죄를 범한 자'란 많은 행위 양태를 포괄할 수 있는 넓은 개

---

9 小野清一郎, 「唐律に於ける刑法總則的規定」, 『國家學會雜誌』 52-4, p.18(『刑罰の本質について · その他』, 有斐閣, 1955에 수록).

10 滋賀秀三, 「譯註唐律疏議」 名例28條 譯註9, 『國家學會雜誌』 75-22, p.64. 앞의 주8의 책, pp.259-265.

념이기는 하지만, 그 논리구조에 대해 말한다면, 의심할 여지 없이 우리의 공동정범에 해당한다. 읽으면 그 글자 그대로 '함께共同 죄를 범한 자正犯' 이다. 다만 구체적으로 무엇을 '죄를 범한다'는 행위로 인정할 것인가 하는 점에서는 사고방식이 서로 다르다. 당률에서는 '죄를 범한다' 외에 '죄를 교사한다', '죄를 방조한다' 등의 대립하는 유형 개념이 존재하지 않는다. 까닭에 그것들과의 구별에 번거롭게 신경 쓰는 일 없이 널리 범죄에서의 협력을 '죄를 범한' 행위로 인정하는 것이 되는 것이다. 현대 일본법에서도 주지하는 바와 같이 공모공동정범共謀共同正犯을 인정하는 판례가 축적됨에 따라 정범개념은 실무상 이미 현저히 확장되고 있다. 교사 · 방조가 별도로 법률에 명기되어 있는 것에서 생기는 제약을 걷어치우고, 이 개념을 넓힐 수 있을 만큼 넓힌 것이 당률에서 말하는 '함께 죄를 범한 자'에 다름 없다고 생각해도 좋을 것이다. 따라서 정범으로 포함하는 것이 아무리 개념을 확장해도 논리적으로 무리로 보이는 경우는, 당률에서도 '함께 죄를 범한 자' 속에 포함되어 있지 않다. 이미 보았듯이 강간 · 난입 · 도망 · 사도私度와 월도越度 등 행위자 자신이 직접 실행해야 하는 성질, 이른바 궁행성躬行性이 현저한 범죄에서는, 자신이 몸소 범한 자 이외의 협력자는 '함께 죄를 범한 자'로 인정하지 않는 것이 법의 원칙이었다. 무고죄의 경우 "무릇 남을 교령하여 고발하게 하였는데 허위였기에 반좌反坐해야 할 때 … 고발한 자를 수범으로 하고, 교령한 자를 종범으로 한다諸教令人告, 事虛應反坐 … 皆以告者爲首, 教令爲從"(〔鬪訟〕 56조)라고 율에서 특별히 교사教唆를 언급하고 있다. 이것은 입법자가 무고죄를 고소장에 서명한 자만이 범할 수 있는 자수범自手犯으로 보았기 때문이다. 통상의 죄, 예를 들어 도범盜犯이라면 남을 교령하여 절도하게 하는 것은 '함께 죄를 범한' 것과 다를 것이 없으므로, 별도의 규정이 없어도 당연히 처벌해야 할 행위가 된다. 하지만 무고죄의 경우 그 점에 관해 적어도 의문이 있고, 더욱이 배후의 책모자—이른바 송사訟師—를 방면하는 것은 아무래도 타당하지 않기 때문에, 특별히 이러한 교령의 규정이 필요해졌을 것으로 생각한다.

공모공동정범을 인정하는 것은 고전적인 정범 개념에서 보면 이단인 것은 틀림없다. 그러나 다른 한편, 학설의 공격을 받으면서도 판례가 이미 흔들 수 없을 정도까지 축적되어 버린 것 가운데는 소박한 상식이라는 정당한 요소가 그렇게 만들었다는 측면이 있다는 것도 부정할 수 없을 것이다. 단지 결벽하게 이를 부인하는 것만으로는 현실상의 문제가 해결되지 않는다. 이미 확립된 실무의 이면에 무엇인가 나름대로 존재함이 틀림없는 이론적 근거를 탐구하고, 실무를 이론의 궤도 위에 올림으로써 거꾸로 그 탈선을 적절히 방지하려는 시도도 당연히 이루어져야 마땅하다. 그러한 과제와 정면에서 맞붙은 작업으로 후지키 히데오藤木英雄의 논문은 독자에게 깊은 감명을 준다.[11] 뒤집어보면, 이와 같은 문제에 처음부터 고심할 필요가 없었던 당대唐代의 법률가들은 안이하다고 하면 안이했다고 할 수 있을지도 모르겠다. 하지만 그들은 사실 한 걸음 더 앞의 문제와 씨름하고 있었다. 형사재판의 종착 목표는 형의 선고이며, 어떤 자를 공동정범으로 파악할 수 있을지 아닐지를 결정하는 것은 그 도정의 한 단계에 지나지 않는다. 공동정범이 된다고 해서 모두 동일한 형이 선고될 만한 성질의 것은 아니며, 사법의 실상에서도 동일한 형이 선고될 리 없다. 그리고 정범 개념이 확장된다면, 그에 대응해서 공동정범 가운데 다시 책임의 경중을 구별할 필요가 증대한다. 오늘날 우리의 형법전에서는 법정형에 충분히 넓은 폭이 주어져 있기 때문에 이 문제는 모두 재판관의 재량에 의해 해결되고, 대개는 논의 대상이 되지 않는다. 그런데 절대적 법정형주의를 부동의 전통으로 하는 구 중국법에서는, 선고한 일체의 형이 어떤 법원法源에서 객관적으로 도출되지 않으면 안 된다. 공동정범 중에 책임의 경중을 나눈다고 하면, 이 또한 법에

---

11 藤木英雄, 「共謀共同正犯の根據と要件」, 『法學協會雜誌』 78-6; 79-1.

실려야 있어야 한다. 그래서 생긴 것이 수범 · 종범이라는 개념이고 기술이었던 것이다.

이처럼 수범과 종범은 중국율의 독특한 구조 속에서 생긴 독특한 개념이었다. 오늘날의 형법 속에서 구태여 유비의 대상을 찾는다면, 내란죄 및 소요죄에서 수괴首魁 · 솔선率先 · 수행隨行의 구분과 상통하는 성질이 있다고 할 수 있을지도 모르겠다. 한 학자는 위의 두 범죄를 다중범多衆犯이란 범주에 넣어, 여기에는 형법 총칙의 공범에 관한 규정이 적용되지 않기에, 특별 규정이 있는 내란 방조를 제외하고, 교사범 · 방조범은 있을 수 없다고 한다.[12] 뒤집어 말하면, 모두가 정범이 되는 것이다. 당률의 원칙도 그대로였다. 그리고 수괴 · 솔선 · 수행은 '처벌의 경중을 위한 구별'로 여겨진다. 당률의 수범 · 종범도 바로 그와 같았다. 당률은 공범 일반을 다중범적 시각에서 보고 있었다고 말할 수 있지 않을까 한다.

그러나 유비는 여기서 그쳐야 한다. 수괴와 수범 사이에는 또한 넘어서기 어려운 차이가 존재한다. 수괴는 여러 명일 수도 있고, 소요죄에서는 존재하지 않을 수도 있는 데 반해, 수범은 수범과 종범을 구별하지 않는 특별한 죄인 경우를 제외하고 항상 한 사람에 한정되며, 또한 한 사람이 반드시 존재한다.[13] 이 차이는 수괴가 독립된 범죄구성요건은 아니라고 해도, 하나의 정형定型으로서 파악된 개념인 데 반해, 수범은, 그리고 그 기저에 있는 조의造意 역시 오로지 '비교'에 의해 정해지는 '상대적'인 개념이라는 데서 유래한다. 가장 주도적이었던 자가 조의=수범인 것이다. 율 속에는 "검거된 범인이 자신이 아니라 도망 중인 공범을 가리켜 수범이라고 변명하는데, 그

12 團藤重光, 『有斐閣法律學全集 刑法各論』, pp.10-11. 이하 내란 · 소요에 대한 것은 같은 책에 의한다.

13 율 전체의 문맥으로부터 의문의 여지가 없지만, "각각 이 수범과 종범을 나누는 법에 따르되, 오직 한 사람을 수범으로 하고 나머지는 종범으로 한다(各依本首從爲法, 止用一人爲首, 餘爲從坐)"(〔賊盜〕 50조의 소(疏)) 등의 문언으로도 증명된다.

것을 부정할 증거가 없을 때는 우선 그 범인에게 종범의 형을 집행해 두어야 한다"라는 규정도 있다(〔名例〕 44조 1단). 수범이란, 비교하지 않으면 정할 수 없는 개념, 더욱이 완전히 똑같은 사람이 두 명 존재하지 않는 이상 비교를 통해 반드시 그중 한 사람을 지정할 수 있는 개념이다.

여기까지 생각해왔는데, 문득 오늘 아침(7월 20일) 신문을 들여다보니, "주범 ○○, 공범 XX 함께 체포"라는 큰 기사 제목이 눈에 띄는 것 아닌가. 형법학 속에는 존재하지 않는 이 주범主犯이란 말이야말로, 마침 당률의 수범과 같은 발상에서 나온 말이 아닌가. 공범 가운데, 이론이야 어떻든, 민중의 일치한 상식이 이 자야말로 가장 무겁게 처벌받아야 한다고 판단하는 듯한, 범행의 주도자라 하는 자가 자연스럽게 존재하는 경우가 많은 것이다. 저널리즘은 이 상식을 받아들여 주범이라는 말을 정착시켰다.[14] 당률도 같은 상식 위에 서서, 게다가 이를 하나의 기술적인 법제도로까지 완성해내고 있었다고 할 것이다.

---

14 다른 분야에서의 같은 현상으로 예를 들면, '집중호우'라는 말은 저널리즘 용어로 기상학상 전문용어는 아니다(高橋浩一, 『日本の天気』, 岩波新書, 1963, p.58). 한편, 중화인민공화국 형법의 공범에 관한 규정 가운데, 기본적으로는 당률적 사고양식의 연속으로 보이는 것에 대해서는 滋賀秀三, 「法制史の立場から見た現代中國の刑事立法」, 『法學協會百周年記念論文集』 1, 有斐閣, 1983을 참조하기 바란다.

청대 판독判讀 목록

(명말明末 사료를 포함)

일러두기에 서술하였듯이 이 목록은 모든 문헌의 총망라를 의도한 것은 아니다. 각 서명에 대해서 제1행에 서지 사항을 기록한다. 도쿄대학 동양문화연구소 소장이 아닌 문헌에 한해 그 소재를 명시하고, 근래의 영인 · 번역 등이 있는 것은 그 취지를 기재한다. 제2행에는 어디의, 어느 수준의 관청의, 언제쯤의 판독이었는지, 제3행에서는 해당 서적의 어느 부분에 판독이 포함되어 있는지 개략을 기록하는 것을 원칙으로 한다.* 원서에 부분마다 표제標題가 기재되어있는 것은, 〔 〕 안에 넣어 표시한다. 서명의 배열은 대부분 내용의 연대순에 따른다.

莅辭 12권

- 張肯堂 撰, 숭정7년(1634) 서序, 台北 · 學生書局 影印(明代史籍彙刊 20, 1970)
- 직예 대명부大名府 준현濬縣(청대에는 하남성 위휘부衛輝府 소속), 천계5년(1625)-숭정7년(1634)
- 판判 308건

資治新書 首卷 · 14권, 2집 20권

- 李漁 輯, 강희2년(1663) 서, 2집 강희6년(1667) 서
- 명대 후기 및 청초의 여러 명사의 관독官牘을 모은 것.

---

* [역주] 사료의 성격에 따라 제2행 혹은 제3행이 생략된 경우도 있다.

• 권8-권14〔判語部〕, 특히 권13「婚姻」,「承繼」,「坟墓」, 권14「産業」,「租賃」,「争毆」,「抄搶」,「誆騙」,「匿名」; 2집 권15-권20〔判語部〕, 특히 권20「犯上」,「婚姻」,「繼嗣」,「撫孤」,「墳墓」,「田産」,「租賃」,「争毆」,「小憤」

憑山閣增定留青全集 24권

• 陳枚 輯, 강희23년(1684) 서, 도쿄대학 법학부 소장

• 권3〔讞語〕당시의 여러 명사의 판判을 모은 것

棘聽草 20권

• 李之芳 撰, 순치11년(1654) 서

• 절강성, 주로 금화부金華府 순치5년(1648)-10년(1653)

• 권1-권13은 금화부의 추관推官으로서의 관독官牘, 권1〔勘詳〕은 소송안건이 아니므로 제외하고, 권2-권12〔讞司〕에「人命」,「盜情」,「衙蠹」,「科詐」,「糧課」,「産業」,「婚嫁」,「姦淫」,「誣妄」,「詐僞」,「踈逸」의 항목으로 나누어 합계 275건의 판을 수록하고, 권13〔錄囚〕를 붙임. 권14-권20은 같은 기간 중에 겸섭兼攝한 엄주부嚴州府, 금화현金華縣 등에서의 관독官牘으로, 권14 · 권19의〔勘詳〕을 제외한 다른 것은 모두〔讞語〕, 합계 163건의 판을 수록

  (五男 李鍾麟 교정, 강희41년(1702) 서序, 전 12권의 별본이 있다. 원본 권14-권20 중〔讞語〕를 분해하여 원본 권2-권12의 각 항목 말미에 부록하고, 원본 권1 · 권14 · 권19〔勘詳〕은 삭제하여『賦役詳稿』라는 별서로 옮기면서 권 번호를 1번부터 차례로 올려 전 12권이 되었다. 원본에 있는 구점, 방점을 생략하여 백문白文으로 하는 한편, 원본의 문구 · 문단을 삭제한 곳도 적지 않다. 교정에 의해 문체는 약간 정리되었다고 하지만, 사료가치의 면에서는 원본을 밑돈다 보아야 할 것이다)

守禾日記 6권

• 盧崇興 撰, 건륭4년(1739) 서

• 절강성 가흥부嘉興府, 강희10년대(1671-)

• 권4-권6〔讞言〕판 188건

未信編 2집 6권

- 潘杓燦 撰, 강희27년(1688) 서
- 절강성 임안현臨安縣(항주부杭州府 소속), 강희24년(1685) 경-27년(1688)
- 권5-권6〔讞語部〕판 135건

紙上經綸 6권

- 吳宏 撰, 강희60년(1721) 서
- 강희30년(1691) 경-55년(1716) 경 15년간 여러 지방을 도는 막우 생활 사이에 기초한 문안 중 좋은 것을 수록. 개개 문안의 날짜, 지점, 관청 수준은 제각각이며 일반적으로는 알 길이 없음
- 권1〔招〕, 권2〔詳〕, 권3〔駁〕은 주로 형사안건에 관한 관청 간 문서, 권4〔讞語〕자리自理 안건의 판 28건, 권5〔公示〕, 권6〔補遺〕

天台治略 10권

- 戴兆佳 撰, 강희60년(1721) 서, 도광26년(1846) 중간重刊
- 절강성 천대현天臺縣(대주부臺州府 소속), 강희58년(1719)-60년(1721)
- 권1-권2〔詳文〕중에 상사위심上司委審에 대한 보고문 등 소송 관계의 것이 약간 산견, 권3〔讞語〕자리自理 안건의 판 58건, 권10〔呈批〕소장에 대한 비批 66건

雅江新政 不分卷

- 盧見曾 撰, 옹정3년(1725) 서, 광서2년(1876) 중각발重刻跋
- 사천성 홍아현洪雅縣(가정주嘉定州(훗날의 가정부) 소속), 옹정2년(1724) 8월-3년 9월(1725)
- 〔看語〕(25a-42a) 상사비발上司批發의 안 10건,〔審單〕(42a-65a) 자리안건의 판 33건

徐雨峰中丞勘語 4권

- 徐士林 撰, 광서32년(1906) 간刊
- 안휘성 안경부安慶府, 옹정5년(1727)-10년(1732); 복건성 정장도汀漳道, 옹정11년(1733)-건륭원년(1736)

• 권1-권3 안경부의 판독 70건, 권4 정장도의 판독 32건

誠求錄 4권

• 逯英 撰, 건륭11년(1746) 서
• 광동성 보창현保昌縣(남웅부南雄府의 부곽현附郭縣, 후에 폐지하여 남웅직예주가 됨), 번우현番禺縣(광주부廣州府의 부곽현), 나정직예주羅定直隷州, 건륭6년(1741)까지의 약 20년간
• 권2 중〔判語〕자리안건의 판 16건, 권4〔審案〕상사비발上司批發의 안건 13건

講求共濟錄 5권

• 張五緯 撰, 가경17년(1812) 서
• 직예성 보정부保定府, 대명부大名府, 광평부廣平府, 천진부天津府, 가경13년(1808)-16년(1811)
• 권3 중〔歷任堂斷〕판 14건, 권4〔歷任批詞〕상소장에 대한 비批 70건

判語錄存 4권

• 李鈞 撰, 도광13년(1833) 간행
• 하남성 하남부河南府, 도광9년(1829) 5월-12년(1832) 12월
• 판 100건. 각 건에 날짜를 주기註記하였음

府判錄存 5권

• 邱煌 撰, 도광20년(1840) 서. 다만, 권5는 도광25년 이후의 보각補刻, 미국 콜럼비아대학 East Asian Library 소장, 도쿄대학 법학부 복사본 보유
• 섬서성 봉상부鳳翔府, 동주부同州府, 도광16년(1836)-25년(1845)
• 권1 전반, 제1차 봉상부 지부대리 시기의 판(도광16년 2월-3월) 9건, 권1 후반-권4, 제2차 봉상부 지부대리 시기의 판(도광19년 8월-20년 3월) 124건. 이상 각 건의 날짜로 서술을 시작하고 날짜순으로 배열. 권5 동주부 지부대리 시기의 판(도광20년-25년) 21건

槐卿政蹟 6권

• 沈衍慶 撰, 동치원년(1862) 간, 文海出版社 영인『槐卿遺稿』(近代中國史料叢刊 378)

• 강서성 흥국현興國縣(공주부贛州府 소속), 안의현安義縣(남강부南康府 소속), 태화현泰和縣(길안부吉安府 소속), 파양현鄱陽縣(요주부饒州府의 부곽현), 도광18년(1838)-함풍2년(1852)

• 권2-권6〔判牘〕판 135건(홍국현 14건, 안의현 17건, 태화현 39건, 파양현 65건)

勤愼堂自治官書偶存 3권

• 劉如玉 撰, 함풍10년(1860) 서, 광서24년(1898) 간, 교토대학 인문과학연구소 소장, 文海出版社 간행(近代中國史料叢刊 765)

• 호남성 영원현寧遠縣(영주부永州府 소속), 차릉주茶陵州(장사부長沙府 소속), 함풍2년(1852)-11년(1861)

• 권2(29a-51b) 소장訴狀에 대한 비 23건, 권3 판 16건. 각 건에 연차年次를 주기. 함풍7년까지가 영원현, 8년 이후가 차릉주

吳中判牘 不分卷

• 蒯德模 撰, 동치13년(1874) 서, 광서4년(1878) 재판발再版跋, 嘯園叢書 6에 수록

• 강소성 장주현長洲縣(소주부蘇州府의 부곽현), 태창직예주太倉直隸州, 동치5년(1866)부터의 판判 45건

吳平贅言 8권

• 董沛 撰, 광서7년(1881) 서

• 강서성 청강현淸江縣(임강부臨江府의 부곽현), 광서6년(1880)-7년(1881)

• 권1-권2〔判上〕·〔判中〕비 62건, 권3〔判下〕판 21건

이 책 및 아래의 『汝東判語』, 『晦闇齋筆語』에서 안건표제로 「某某呈詞判」이라 하는 것은 비批이고, 「某某控案判」 또는 「提訊某某判」이라 칭하는 것이 판判

汝東判語 6권

• 董沛 撰, 광서9년(1883) 서

• 강서성 동향현東鄕縣(무주부撫州府 소속), 광서8년(1882)

• 권1-권3〔判〕비 99건, 권4-권5〔判〕판 43건

晦闇齋筆語 6권

- 董沛 撰, 광서10년(1884) 서
- 강서성 건창현建昌縣(남강부南康府 소속), 광서9년(1883)-10년(1884)
- 권1〔判〕비 43건

柴桑傭錄 4권

- 鍾體志 撰, 광서16년(1890) 간
- 강서성 덕화현德化縣(구강부九江府의 부곽현), 광서13년(1887)-15년(1889)
- 권1〔讞語〕판 45건, 권2〔判詞〕비 79건

樊山批判 12권 · 별권1권

- 樊增祥 撰, 광서23년(1897) 간, 文海出版社 영인(近代中國史料叢刊 續輯 609, 610)
- 섬서성 함녕현咸寧縣(서안부西安府의 부곽현), 위남현渭南縣(서안부 소속), 광서18년(1892)-23년(1897)
- 권1-권4〔批〕함녕현, 권5-권14〔批〕위남현, 합계 비 약 1,600건; 별권〔判〕판 10건

四西齋決事 8권

- 孫鼎烈 撰, 광서30년(1904) 서 · 간
- 절강성 회계현會稽縣(소흥부紹興府의 부곽현), 태평현太平縣(대주부臺州府 소속), 임해현臨海縣(대주부의 부곽현), 광서22년(1896)-30년(1904)
- 권1-권4〔會稽治牘〕, 권1 비 63건, 권2 판 32건; 권5-권6〔太平治牘〕, 권5 비 40건, 판 13건; 권7-권8〔臨海治牘〕, 권7 비 11건, 판 9건.

  권4 서두「僕約」의 말미에 "丙申十月加識"이라고 기재된 것으로 보아 찬자의 회계현 부임이 광서22년이었음을 알 수 있다. 그러나 이 시기의 『대청진신전서大淸搢紳全書』를 두루 조사해도 해당 세 현縣의 지현으로서 손정렬孫鼎烈의 이름은 나타나지 않는다. 이상하기 그지없다.

秀山公牘 5권

- 吳光燿 撰, 광서29년(1903) 간

• 사천성 수산현秀山縣(유양직예주酉陽直隸州 소속), 광서27년(1901)-28년(1902)

• 권3〔詞批〕비 133건, 권4〔堂判〕판 119건. 안건에 종종 해설의 후기를 덧붙였다.

三邑治略 5권

• 態賓 撰, 광서31년(1905) 서, 교토대학 인문과학연구소 소장

• 호북성 이천현利川縣(시남부施南府 소속), 동호현東湖縣(의창부宜昌府의 부곽현), 광서27년(1901)-31년(1905)

• 권3〔文告〕의 후반부에 지현知縣의 비(현의 이름은 미상) 8건, 「在撫院收詞擬批稿」(湖北巡撫가 상소장에 대해 주었던 비의 작성원고) 21건, 권4〔堂判〕이천현의 판 74건, 권5〔堂判〕동호현의 판 80건

권6에 천문현天門縣(안륙부安陸府 소속)의 판을 수록하고 있을 것이나, 교토대학 인문과학연구소 소장본에서는 결본. 國務院法制局 編,『中國法制史參考書目簡介』, 法律出版社, 1957, p.187에서 완본을 담고 있다.

宛陵判事日記 1권

• 何恩煌 撰, 광서29년(1903) 서, 미국 의회도서관 Far Eastern Law Division 소장, 도쿄대학 법학부 사본 보유(아마도 잔결본)

• 안휘성 의성현宣城縣(영국부寧國府의 부곽현), 광서29년(1903) 윤5월 26일부터 6월 30일까지 날짜순으로 판 64건

그 밖의 재판 관련 사료

鹿洲公案 2권

- 藍鼎元 撰, 옹정7년(1729) 서, 宮崎市定 定譯(平凡社 · 東洋文庫 92) 1967*
- 광동성 조양현潮陽縣(조주부潮州府 소속), 옹정5년(1727)-7년(1729) 재판 실화 24건

宦游紀略 2권

- 高廷瑤 撰, 동치원년(1862) 간, 동양문고東洋文庫 소장
- 가경7년(1802)에서 도광7년(1827)까지 안휘성, 광서성, 광동성에서 부府의 통판通判, 지주 대리, 지현 대리, 지부 등을 역임했던 치적을 기술. 재판 실화를 다수 포함하고 있다.

宦游紀略 6권, 속 1권

- 桂超萬 撰, 함풍2년(1852) 서〔正篇〕, 동치2년(1863) 서 · 간, 文海出版社 영인(近代中國史料叢刊 810), 1972
- 正篇은 도광13년(1833)에서 30년(1850)까지, 속편은 동치원년(1862)-2년(1863)까지 강소성, 직예성, 복건성에서 지현, 동지, 지부, 도원, 안찰사 대리 등을 역임한 치적을 기술. 재판실화 및 그 문안을 다수 수록
- 권1 강소성 양호현陽湖縣(상주부常州府의 부곽현); 권2-권4 직예성 난성현欒城縣(정정부正定府 소속), 만전현萬全縣(선화부宣化府 소속), 풍윤현豊潤縣(준화직예주遵化直隸州 소속)(권4: 19b 이하), 하북하무관北運河務關의 동지同知(권4: 25a 이하); 권5 강소성 양주부楊州府와 소주부蘇州府의 지부; 권6 복건성 정장룡도汀漳龍道; 속권1 복건성 안찰사 대리

問心一隅 2권

- 胡學醇(字: 秋潮) 撰, 함풍원년(1851) 서, 광서32년(1906) 서 · 간

---

* [역주] 이 책은 한국어로 번역되어 있다. 남정원, 『녹주공안: 청조 지방관의 재판기록』, 차혜원 옮김, 이산, 2010.

• 산동성 박평현博平縣(동창부東昌府 소속), 도광24년(1844)-함풍원년(1851) 재판실화 46건

이 책 자체에는 찬자의 실명을 알 수 있는 단서가 없고, 책 제목에도 자字로 "胡秋潮 撰"이라고 저록되어있을 뿐이다. 『대청진신전서』의 기재 및 『續修山陰張川胡氏宗譜』(광서12년 간, 동양문고 소장) 권18, 68a 이하에 실려 있는 본인의 전기로 이름이 '학순學醇'임을 알 수 있다.

역자 후기

이 책은 고故 시가 슈조(1921-2008)의 『청대 중국의 법과 재판清代中國の法と裁判』(創文社, 1994)을 번역한 것이다. 역자들이 이 책과 함께 번역한 시가 슈조의 유고집 『속 · 청대 중국의 법과 재판續 · 清代中國の法と裁判』(創文社, 2009)도 곧 출간을 앞두고 있다.

중국법제사와 한국법제사 연구자, 특히 전통 중국의 가족제도, 법전, 재판제도에 관심이 있는 사람이라면 시가 슈조라는 이름을 반드시 접하게 될 것이다. 그의 학문성 성과는 전통 중국 가족법의 체계적 복원, 당률로 대표되는 역대 법전에 관한 사료 고증형 연구, 재판의 존재 양태에 관한 실증적 · 원리적 연구라는 세 개의 독자적인 분야로 구성되는데(데라다 히로아키寺田浩明, 「시가 슈조 선생을 그리며滋賀秀三先生を偲ぶ」, 『법제사연구法制史研究』 58, 2008), 그중 그의 연구 생활 후반기에 집중하였던 세 번째 분야의 연구 성과가 '청대 중국의 법과 재판'이란 타이틀의 두 책에 담겨 있다. 시가 슈조의 역작을 처음으로 우리말로 번역한 책을 내놓을 수 있어서 역자로서는 큰 보람과 기쁨을 느낀다.

시가 슈조는 이 책에서 청대 중국의 재판이 가진 기본적 성격을 '재판의 행정적 성격' 혹은 '행정의 일환으로서의 사법'이라는 측면에서 파악하고, 재판기구와 재판제도의 편성 방식, 재판의 절차 및 규준의 양태와 성격에 대해 주도면밀하게 논하고 있다. 시가에 따르면, 서양에서의 재판 혹은 오늘날 우리가 재판의 본질이라고 생각하는 것은 서로 다투는 주장에 대해 공권적으로 내려지는 판정을 의미하며, 법관은 사안의 진실은 누구도 알 수 없음을 전제하면서 그 진실에의 근사성을 보증하는 법원의 구성 및 심리 절차 아래에서 어느 주장이 정당한지를 공평하게 판정하는 역할을 사회로부터 위탁받은 자이다. 그러나 청대 중국의 재판에서는 바로 이 '판정'으로서의 성격이 존재하지 않았으며, 전근대 중국에서는 행정(또는 경찰)Polizei에 대비되는 사법Jusitz(justice)의 이념과 영역이 존재하지 않았다. 거기에서는 범죄의 처벌이나 인민의 송사를 처리하는 것도 모두 민에 대해 '부모관父母官'의 위치에 있는 국가 권력(황제와 그 관료기구)이 좋은 질서의 유지 · 실현 및 개개 인민의 생존과 복지를 보살피기 위해 행하는 권력적 작용인 '행정'의 일환으로서 사안을 인식하고 취급하는 방식으로 이루어졌다. 재판이 행정관료에 의해 행해지는 것, 행정기관의 권한 분배 원리에 따라 재판사무가 배분 · 취급되고 아래에서 위로 올라가면서 필요적 복심을 거치도록 제도가 설계된 것, 판결의 확정이란 관념이 존재하지 않고 실질적인 정의를 지향하여 항상 재정이 변경될 가능성이 있는 것, 당사자 스스로 죄책을 승인하거나 판결에 승복하지 않으면 재판이 결말에 이르지 못하는 것, 사안의 진상을 파악하고 당사자의 승복을 이끌어내는 데 재판관이 특별히 절차적으로 구속받지 않는 것 등은 모두 청대의 재판이 행정적 성격을 띠고 있음을 보여주는 것이다.

시가 슈조는, 특히 청대 관헌이 민사적 성격의 분쟁 사안을 심리하여 재정할 때 취해지는 수법과 그 절차 구조적 특징에 유의하여 청대 관헌의 청송을 '교유적 조정教諭的調停'이라고 성격 규정한 것으로 유명하다. 그러한 성격의 청송에서는 공적 위신과 공권력을 배경으로 주로 정리情理에 기초하여 양 당사자를 납득시킴으로써 사건을 결말짓는 방식으로 분쟁이 처리되었다. 분쟁과 관련된 법률 조항이 있다고 해도 그것은 정리情理 일반의 작용에 단서를 부여하는 정도의 위치에 있었고, 법을 상쟁하는 두 주체 사이의 권리와 의무를 확정하기 위한 엄격한 준칙으로 생각하는 사고방식이나 서양법사의 맥락에서 형성된 관습법 개념과 같은 것도 존재하지 않았다고 하였다. 왜냐하면, "청송이란 절차에서는 무엇이 해당 안건에 적용되어야 할 법인지 선언되는 일이 없었기 때문에, 장래에 실정 사법私法 체계로 성장해 나갈 소재가 될만한 것이 애초부터 발생하지 않았"(이 책 p.438)기 때문이다.

이상과 같은 시가의 학설은 전통 중국의 재판 및 법원法源의 존재 양태와 성격을 둘러싼 논의에서 반드시 검토되어야 할 주제와 주장을 담고 있으며, 관련 논쟁에서 중요한 한 축을 이루고 있다. 시가가 제시한 '정리情理에 따른 조정'론에 대해 필립 황Philip C. C. Huang(黄宗智)이 청대 중국의 지방관은 법에 따른 재판을 통해 민의 관습적 권리를 보호했다는 주장으로 맞섰고, 두 사람의 주장에 대해 시가의 제자인 데라다 히로아키寺田浩明가 시가의 학설을 비판적으로 계승하면서도 제3의 견해를 세우려 하였다. 이 책의 속편인『속 · 청대 중국의 법과 재판』에 필립 황과 데라다 히로아키의 주장에 대한 시가 슈조의 반박이 실려있으니 참고하기를 바란다.

전근대 중국에 과연 민법 혹은 사법私法이라고 부를 수 있는, 하나의 체계를 이루며 응집된 규칙들의 집합체가 존재하였는가 하는 문제는 매우 심각한 논쟁 대상이다. 민간 관행에서 존재하고 재판의 장에서 참조된 것으로 보이는 어떤 것들을, 민법, 관습법, 권리, 소유권, 재산권, 계약이란 개념을 이용해서 해석 · 설명할 수 있는지, 그러한 것들을 제정법, 재판실무, 민간 관행에서 끌어모은 소재들을 통해 재구성할 수 있는가 하는 문제부터 이미 논쟁거리이다. 이 지점에서 시가는 '재판 성격론'과 '법원론法源論'이 긴밀히 연관되어 있으며, 양자의 관계를 따진다면, 전자가 후자를 규정하는 위치에 있다고 말한다. 즉, "어떤 문화에서 소송의 존재 양태가 그 문화에서의 법의 존재 양태, 나아가서는 또 법사상의 존재 양태를 규정한다. 그 반대는 없다."(이 책 p.438)

시가 슈조의 학설 및 관련된 논쟁은 한국법사 연구자에게도 시사점이 많다. 동시대 중국에서와 마찬가지로 '사송詞訟', '청송聽訟', '청리聽理' 등으로 불렸던, 조선시대의 민사소송과 법원法源에 관해서는, 종래 재판의 실태와 성격, 리 · 리법理法 · 관습(법)의 의미와 실체가 충분히 논구되지 않은 채 대략 '조선시대의 송관訟官은 성문법 · 관습 · 리에 따라 재판하였다'라고 설명되고 있던 가운데, 최근 들어 시가를 비롯한 몇몇 학자들이 전개한 '관습법 개념 부재론'이나 '정 · 리에 따른 조정론'을 적극적으로 수용하여 기존의 설명을 비판하고 새로운 시각을 제시하려는 시도가 이루어지고 있다. 역자 역시 시가의 주장에 공감하면서 나름 조선 후기와 대한제국기 민사 재판의 실태, 법 · 리 · 관습 등의 재판 규준으로서의 의미와 역할을 규명하려는 연구를 해왔다. 물론, 시가의 학설이 조선시대의 법과 재판의 양태와 실질을 적실히 설명해 준다고 말하려는 것이 아니다. 조선시대의 법사료에서 드러나는 것을 충실히 이해하고 원리적 · 개념적인 설명을 시도하려 한다면, 시가를 비롯하여 전통 중국의 법과 재판에 관한 외국학자의 연구 성과와의 비교 검토가 필요하고 또 유익하며, 그중에서도 재판과 법원法源, 그리고—이 책에서 다루고 있지는 않지만— 가족법에 관한 엄밀하고 충실한 실증적 · 원리적 연구, 특히 법학자가 하는 법제사 연구의 한 모범이자 탁월한 성과로서 시가의 논저를 읽고 그의 학설과 씨름해야 할 이유와 가치가 매우 크다는 점을 강조하고 싶다. 다만, 우리 학계의 논의를 지켜보면, 시가와 그가 한 축을 담당한 학문적 논의의 구도와 내용이 반드시 적확하게 이해되고 있지는 않다는 느낌이 들기도 한다. 이 책의 번역이 우리 학계에서 시가의 학설에 대한 이해 및 조선시대, 나아가 동시대 중국의 법과 재판에 대한 논의를 더 풍부하게 하는 데 일조하기를 바랄 따름이다.

사실 역자는 중국법제사를 전공하지도 않았고 시가 슈조의 학문적 성취를 꿰뚫고 있는 것도 아니다. 그런 역자가 이 책의 번역하기로 마음먹은 데는, 일단 그의 저작 중 그나마 이 책에서 다루는 주제와 내용이 필자에게 가장 익숙하고, 또 한국법제사와 중국법제사 연구자 양쪽 모두로부터 관심을 받을 수 있을 것이라는 생각이 들었기 때문이다. 그러나 명청대 형벌제도사 연구로 일본 교토대학에서 박사학위를 취득한 공역자 김한밝 교수가 없었다면, 이 책은 당분간 세상에 나오기 힘들었을 것이다. 이 책은 역자의 전문

분야가 아닌 중국법제사를 다루고 있을 뿐 아니라, 수많은 법문과 재판 관계 사료를 원문 그대로 제시하거나 한문 훈독을 한 정도로 그친 것이 많아 역자 혼자서는 감당할 수 없는 영역이 있었는데, 김한밝 교수와의 공역으로 난관을 돌파할 수 있었다. 우연한 기회에 데라다 히로아키 선생에게 이 책과 속편의 한국어 번역 계획을 언급했을 때, 데라다 선생은 김 교수가 공역자인 것이 든든하고 분명 좋은 번역이 이루어질 것이라고 기대하였다. 또한, 김 교수는 공역자로서뿐 아니라 번역 원고를 후배들과 함께 읽으며 문장과 표현을 가다듬는 수고를 마다하지 않았다. 이 자리를 빌려 김 교수와 그의 후배 연구자들에게 감사의 말씀을 드린다.

이 책의 번역 출간에 한양대학교 법사학연구소의 센터장인 이승일 교수로부터 격려와 지원을 받았다. 이승일 교수는 법제사 연구의 저변을 확대하고 후진을 양성하기 위해 누구보다도 열성적으로 노력하고 있다. 시가 슈조의 말처럼 소송의 존재 양태가 그 문화에서의 법, 나아가 법사상의 존재 양태를 규정한다고 할 때, 이 책이 법제사, 나아가 법문화사의 연구와 교육의 입문 및 심화를 위한 유익한 자료를 제공할 수 있기를, 그럼으로써 한양대학교 법사학연구소의 비전과 목표의 실현에 조금이라도 도움이 될 수 있기를 바란다.

마지막으로, 이 책의 번역 출간을 허락해 준 고단사講談社 출판사 관계자, 번역서의 출판 준비와 편집 · 교열 과정에서 도움을 주신 민속원의 홍종화 사장님과 편집부 여러분께 깊은 감사를 표한다.

2025년 12월
역자를 대표하여
문준영 씀

찾아보기

일반용어

ㄱ

ㄴ

ㄷ

ㅈ

ㅊ

ㅋ

ㅌ

ㅍ

ㅎ

인명

ㄱ

ㄴ

ㄷ

ㅂ

ㅅ

ㅇ

ㅈ

ㅊ・ㅍ

ㅎ

지은이

시가 슈조滋賀秀三(1921. 5. 1.-2008. 2. 25.)

1921년 야마구치현山口縣의 이와쿠니정岩國町에서 태어나 1941년 도쿄제국대학 법학부에 입학, 1943년 고등문관시험 사법과에 합격하고 법학부를 졸업하였다. 직후 대학원 특별연구생으로 채용되어 일본법제사 분야의 권위자인 이시이 료스케石井良助(1907-1993) 교수에게 사사하며 동양법제사를 전공하고, 1948년 도쿄대학 법학부 조교수로 임용되어 이후 1959년에 교수로 승진, 1982년에는 도쿄대학을 정년 퇴임할 때까지 동양법제사 강좌를 담당하였다. 정년 퇴임 후에는 도쿄대학 명예교수, 치바千葉대학 법경대학 교수로 교육과 연구활동을 이어갔다. 저서로 『중국가족법론』(1950), 『중국가족법의 원리』(1967), 『청대 중국의 법과 재판』(1984), 『중국법제사논집: 법전과 형벌』(2003) 등이 있다. 곧 번역 출간될 시가 슈조의 유고 『속 · 청대 중국의 법과 재판』(2009) 부록에 상세한 연보와 저작 목록이 실려있으므로 참고하기 바란다.

옮긴이

문준영文竣暎

현 부산대학교 법학전문대학원 교수

서울대학교 법과대학을 졸업하고, 동 대학원에서 법학석사 · 박사학위를 취득하였다. 2006년부터 부산대학교 법과대학, 2009년부터 같은 대학교 법학전문대학원에서 재직 중이다. 주로 사법제도를 중심으로 한국법의 역사를 연구하고 있으며, 저서로 『법원과 검찰의 탄생: 사법의 역사로 읽은 대한민국』(역사비평사, 2010), 『일제강점기 사법제도와 감옥』(공저, 동북아역사재단, 2025) 등이 있다. 조선시대 사법제도에 관한 논문으로, 「사형 판결 없는 살옥죄인의 처리와 징벌: 19세기 살옥사건 심리 · 처결의 경향과 특징」(『한국문화』 98, 2022), 「조선 후기 민사재판에서 단송短訟의 의미와 재판격식의 변화상」(『법사학연구』 60, 2019) 등이 있다.

김한밝KIM HANBARK

현 중앙대학교 인문대학 역사학과 조교수

연세대학교 문과대학 사학과를 졸업하고, 동 대학원에서 문학석사, 일본 교토대학에서 문학박사학위를 취득하였다. 타이완 중앙연구원 근대사연구소 박사후연구원, 부산대학교 인문학연구소 연구교수를 거쳐, 2025년부터 중앙대학교 인문대학 역사학과 조교수로 재직 중이다. 명청시대 중국의 형벌제도를 주 연구영역으로 하고 있으며, 저서로 『配流刑の時代: 清朝と刑罰』(교토대학학술출판회, 2022), 공역 『만문노당 역주』(소명출판, 2017)가 있다. 논문으로 "Chang Fu'er's Flight: Offenders, Exile, and the Laws of Imperial China in 1768-1780"(*Journal of Asian History* 58, 2024), 「사법의 명청교체: 속형의 역설과 실형주의로의 전환」(『명청사연구』 61, 2024), 「清代中期における徒刑の變質と"里程"の導入」(『法制史研究』 70, 2021) 등이 있다.

한양대학교
한국법사학연구소번역총서2

시가 슈조, 청대 중국의 법과 재판

초판1쇄 발행 2025년 12월 31일

지은이 시가 슈조
옮긴이 문준영 · 김한밝

주간 조승연
편집 · 디자인 오경희 · 조정화 · 오성현 · 신나래 · 정성희
관리 박정대

펴낸이 홍종화
펴낸곳 민속원
창업 홍기원
출판등록 제1990-000045호
주소 서울 마포구 토정로 25길 41(대흥동 337-25)
전화 02) 804-3320, 805-3320, 806-3320(代)
팩스 02) 802-3346
이메일 minsokwon@naver.com
홈페이지 www.minsokwon.com

ISBN 978-89-285-2213-2
SET 978-89-285-2103-6 94360